让 我 们 甲骨文 一 起 追 寻

〔英〕多米尼克·利芬（Dominic Lieven）著

吴畋 王宸 译

俄国与拿破仑的决战

RUSSIA AGAINST NAPOLEON

THE BATTLE FOR EUROPE 1807 TO 1814

鏖战欧罗巴

1807~1814

社会科学文献出版社

SOCIAL SCIENCES ACADEMIC PRESS (CHINA)

社会科学文献出版社甲骨文图书

《俄国与拿破仑的决战》

本书获誉

2009 年沃尔夫森历史奖大奖

2009 年拿破仑基金会拿破仑奖

2009 年达夫·库珀奖最终入围奖

《星期日电讯报》年度最佳图书

《经济学人》年度最佳图书

《每日电讯报》年度最佳图书

"令人手不释卷……出色的故事讲述方式的胜利……让人惊叹和印象深刻的非凡成就……宏伟且出众的杰作……如同最惊险的小说一般令人兴奋和感动，又充斥着对残酷战斗、传奇骑手与卓越人物的新发现与生动描述。"

——西蒙·塞巴格·蒙蒂菲奥里，《标准晚报》

"杰作！"

——迈克尔·戈夫，《星期日电讯报》年度最佳图书

"（这是）历史学家版本的《战争与和平》……高水准的军事史，让我们投入龙骑兵猛冲、髭须翘立的世界，

在那里，有史以来集结规模最庞大的军队惨败于莫斯科城外的冰雪之中。"

——多米尼克·桑德布鲁克，《每日电讯报》年度图书

"一本里程碑式的图书。"

——《经济学人》年度最佳图书

"关于拿破仑怎样被击败，（这本书）完全颠覆了我们的假设。"

——安德鲁·罗伯茨，《每日电讯报》年度最佳图书

"不朽之作!"

——奥兰多·菲格斯

"多米尼克·利芬为世人提供了此前所缺乏的，对俄国外交、行政和军事领导层清晰而详尽的记载……他的著作无疑会成为拿破仑战争中俄国视角的权威记述。"

——杰弗里·霍斯金，《伦敦图书评论》

"权威著作……《俄国与拿破仑的决战》是一本极好的精巧图书。"

——亚历山大·M. 马丁，《文学评论》

"两位迷人人物，两个庞大帝国，两种不可调和的世界观间的史诗性斗争。利芬以他作为爱好者的一切激

情和优秀学者的全部博学讲述了这一故事……这是学术成就与迷人叙述的完美结合。"

——亚当·扎莫伊斯基,《支点》

"这本博学而非凡的历史研究著作……是伟大的故事,依托于一系列令人印象深刻的资料来源与细节。"

——查尔斯·克洛弗,《金融时报》

"真正开拓新领域的书籍并不经常出现……《俄国与拿破仑的决战》既富有可读性,又是一本划时代的历史著作……是对拿破仑战争学术研究的重要补充。"

——戴维·奥马奥尼,《爱尔兰观察家》

"利芬完成了一本令人瞩目的著作,表明当代西方世界对拿破仑时代解读的最大空白在于俄国。"

——艾伦·马林森,《观察家》

"它带来了真正的崭新领悟……其中有广阔的智慧,结合了源自对这一题材完全掌握的文雅幽默和轻快笔调。作者依次表现出刺激与散漫,条分缕析与极度诙谐。他的判断既简练又具备决定性。"

——艾伦·福里斯特,BBC 历史频道

献给我勇敢的妻子美喜子，纪念俄罗斯帝国军队在1812～1814年的伟大战争中参与战斗、经受苦难并最终凯旋的各个团

目　录

插图列表

伊拉里翁·瓦西里奇科夫

约翰·冯·利芬

阿列克谢·戈尔恰科夫

德米特里·洛巴诺夫－罗斯托夫斯基

格奥尔格·坎克林

安德烈·科洛格里沃夫

列兵：普列奥布拉任斯科耶近卫团

列兵：芬兰近卫团

列兵：梁赞步兵团

中尉：战列野战炮兵连（重炮连）

列兵：叶卡捷琳诺斯拉夫胸甲骑兵团

中尉：近卫龙骑兵团

列兵：苏梅骠骑兵团

列兵：立陶宛枪骑兵团

拿破仑在蒂尔西特向列兵拉扎列夫授予荣誉军团勋章

博罗季诺：战后的拉耶夫斯基多面堡

1813 年春季：哥萨克在汉堡

费尔尚普努瓦斯：近卫哥萨克团进攻法军步兵

图片来源：

乔治·道（George Dawe）绘画，布里奇曼艺术图书馆（Bridgeman Art Library）/盖帝图片（Getty Images）

克里斯托夫·冯·利芬：不列颠图书馆

阿列克谢·阿拉克切耶夫：不列颠图书馆

亚历山大·德·朗热隆与法比安·冯·德·奥斯滕－萨肯：不列颠图书馆

安德烈·科洛格里沃夫：不列颠图书馆

阿尔布雷希特·亚当（Albrecht Adam）素描：AKG Images

维克托·别佐托斯内

近卫顿河哥萨克俱乐部/库尔布瓦（Courbevoie）

地图列表

中文版导言

为《俄国与拿破仑的决战——鏖战欧罗巴，1807~1814》中译本撰写简短的导言，对我来说是一件极大的乐事。此书已经被翻译成七种欧洲语言，然而这是我的著作的第一个亚洲语言译本，因此中文版给我带来了特别的欢乐。在感谢对我这本书的关注之外，中国读者对200年前发生在欧洲的这些事件兴趣盎然，这也让我十分高兴。

也许我应当先介绍一下自己。我在1952年生于新加坡，母亲来自信奉天主教的爱尔兰家庭，但她的祖辈中也有法兰西人和苏格兰人，她本人生在印度。我父亲出生于祖父母流亡途中，当时他们正在逃离俄国革命。他的家族来自如今被称为拉脱维亚的地区，但是他们并非拉脱维亚人。他们可能被界定为波罗的海德意志人，因为他们属于信奉新教的波罗的海省份统治阶层。可是就认同感而言，他们比绝大多数波罗的海贵族家族更接近俄罗斯人，此外他们还因这个家族的先祖可以追溯到一位利瓦部落首领的事实而骄傲，在俄罗斯人、德意志人甚至拉脱维亚人到来之前，利瓦部落就在世界上占据了自己的一席之地。在本书中读者会发现我的一些先祖——尤其是利芬、帕伦和奥尔洛夫－杰尼索夫。毫无疑问，家史有助于激发我对俄国与拿破仑之战的兴趣。

但是，欣赏此书叙述的故事并不意味着需要和这个时代建立家族联系。拿破仑与俄国对抗的这段历史跌宕起伏、有强烈的戏剧性和许多令人着迷的人物，充满了刺激与趣味性。虽然身为教授，但我试图通过对其中所涵盖的人物及戏剧性事件的充分把握来讲述这个故事。可能与绝大多数读者一样，我最初很大程度上是被托尔斯泰的《战争与和平》吸引到这段历史中来的。哪怕再活上一千次，我也无法在文笔、出色的人物描写、范围宏大的叙事上同托尔斯泰相提并论。但是我已经尽力而为，不至于（让这本书）与他的著作相差太远。

然而在某些方面，我这本书是为反驳托尔斯泰对俄国在拿破仑战争及拿破仑时代中角色的描述而写的。在写作《战争与和平》时，托尔斯泰对它的设想远大于一本小说。对他而言，这本书主要写的是战争对俄罗斯民族意识的影响。起初他希望把对战争年代的研究同战时经历如何导致了1825年的所谓十二月党人起义联系起来，那时候年轻的激进派军官们正试图推翻罗曼诺夫王朝的专制统治。正如经常发生的那样，战争年代实在太令托尔斯泰着迷，因此他从未写到1825年左右。但这本书的最初写作动机甚至对托尔斯泰构思、撰写最终的定稿版影响深远。对托尔斯泰来说，故事的主人公是俄罗斯人民，他在书中称颂他们自然而生的爱国主义热情。他的著作有意识地同对伟人的狂热崇拜唱反调，那些人经常被宣称能够引领历史的进程。在托尔斯泰看来，伟人都是幻影。就连拿破仑在《战争与和平》中都是自夸却近乎小家子气的形象，他被更深层次的、甚至自己无法理解、更谈不上控制的潮流裹挟着往前走。托尔斯泰也没在塑造俄国领袖的形象上多花多少时间，米哈伊尔·库图佐夫却是个主要的例外。他不仅将库图佐夫歌颂成俄罗斯民族精神的化身，还让他体现了更深层次的、不可战胜的非人格化力量。

我并非完全不同意托尔斯泰的说法。可是我确实认为，他对历史事件和它们发生原因的解释时常是错误的。就公众对俄国在拿破仑垮台过程中所扮演角色的理解而言，他这部小说的影响力比任何一本已经写成的历史书都要大得多，因此对我来说，挑战托尔斯泰的某些观点就是有价值的，我这本书也试着这么去做了。在我看来，托尔斯泰对俄国与拿破仑之间这场战争起因的解释很大程度上是错误的。非常具体的利益分歧会让人去冒险，但个人品质，特别是领导力的影响也至关重要。在谈到战争的进程与结果时，这一点同样正确。事实上俄国的大战略比托尔斯泰所暗示的要明智、有目的、成功得多。孩童时代初次读到托尔斯泰的作品时,我首先注意到的一点是,他这本书到完结时只写了俄国击败拿破仑整个故事的一半。在 1813～1814 年,一路把俄军带到巴黎的巨大努力和决定性胜利去哪里了?

我意识到的这个遗漏涉及了问题的核心:托尔斯泰的作品为何会在 1812～1814 年真正发生了什么这一点上对读者们造成了误导?对他来说,1812 年因它对俄罗斯民族意识的影响而意义重大。他并不关心国际关系和俄国对欧洲的影响,而这些是 1813 和 1814 年里的关键方面。托尔斯泰忽略了俄国与拿破仑战争的后半段,从而对俄罗斯社会或多或少将 1813～1814 年排除于自身记忆之外这一事实影响极大。此书中最不寻常的看点或许是,我将 1813 年而非 1812 年置于历史事件的中心。这么做意味着对俄国与拿破仑的冲突有了新的整体认知和关注点。一些古老问题得到了更令人满意的回答,但新问题也出现了。值得记住的一点是,对亚历山大一世而言,俄国境内的防御作战始终只是更广大的、旨在摧毁拿破仑对欧洲统治的战争的第一步,这对解释俄国领导层如何计划并执行了 1812 年战局很有帮助。

1813～1814 年发生的历史事件本身极富戏剧性,也充满了悬念。与人们在《战争与和平》中获得的潜在印象相反,战争在 1812 年冬季远未结束。拿破仑于 1813 年重建了军队,离再次确立他对欧洲的统治近在咫尺。他的努力如何遭遇挫败的故事从未被充分讲述过,之所以会这样,而最重要的因素在于,俄国在击败他的过程中所做出的巨大贡献始终被放到了一边。本书述说了这个故事,在这么做的过程中,它不仅花不少篇幅介绍了欧洲的国际关系,也大量介绍了俄国的历史和为何会在俄国内外出现如此之多的误解。因此我希望,我的中国读者们能够同时欣赏我述说的这个故事,并思考它提出的若干问题。

多米尼克·利芬

2014 年 5 月

于剑桥

致　谢

　　太多的人和机构在我研究和撰写此书的过程中提供了帮助，因 xiii
此在正常情况下，很难确定该从哪里开始我的致谢。但是其中一个
机构——利弗休姆（Leverhulme）信托——给予的帮助实在太过重
要，所以毫无疑问它必须被排在第一个。2006 年时我获得了利弗休
姆信托提供的一笔重点研究资助，这让我可以在接下来的两年中自
由地写作本书，也为我在俄罗斯档案馆里的绝大部分研究提供了资
金。利弗休姆信托的慷慨赞助令我受益良多。保罗·布什科维奇
（Paul Bushkovitch）教授、威廉·富勒（William Fuller）教授和杰弗
里·霍斯金（Geoffrey Hosking）在我申请资助时提供了支持，在此
也要对他们致以深切谢意。

　　2006 年夏天，我获得了由英国学术院提供的为期两个月的研究
员资格，这让我可以在赫尔辛基的斯拉夫图书馆里工作。那两个月
里，我能够读到参加过拿破仑战争的所有俄军部队单位的团史，也
阅读（或是至少复印）了所有 1917 年之前在俄国出版的与我研究
课题相关的期刊论文。对任何研究俄罗斯帝国的历史学家来说，赫
尔辛基图书馆都是一座独特的宝藏，以伊琳娜·卢卡（Irina Lukka）
为首的管理员们亲切而高效率的帮助使得这一点更加突出。我不仅
要对伊琳娜致以诚挚的谢意，还要感谢帮我安排考察日程并使之十
分愉快的乌拉·蒂兰德（Ulla Tillander）。理查德·斯蒂茨（Richard
Stites）和在图书馆里工作的历史学家团体也对我十分友善。

　　俄罗斯国家军事历史档案馆（Rossiiskii gosudarstvennyi voenno -
istoricheskii arkhiv/Российский государственный военно - исторический
архив，简写为 RGVIA）中一部分与拿破仑战争有关的资料在我研究

启动前不久被制成了微缩胶卷。这部分是第 846 号全宗，也就是所谓的军事科学文献（Voenno - uchenyi Arkhiv／Военно - ученый Архив，简写为 VUA）。翻阅我参考文献的读者都会发现，它们包含的信息对此书来说是无价的。伦敦政治经济学院图书馆（BLPES）的管理员琼·赛克斯（Jean Sykes）和图书馆的主要俄国问题专家格雷厄姆·卡姆菲尔德（Graham Camfield）引进了这批极有价值的收藏品，我永远欠他们这个人情。

尽管如此，本书中使用的档案资料主要来自俄罗斯国家军事历史档案馆位于莫斯科的藏品，而非军事科学文献。最重要的是关于战时征募新兵的文件（第 1 号全宗），绝大部分和野战部队给养、装备、武器有关的资料（第 103 号全宗），同后备军团相关的文件（第 125 号全宗），以及大有帮助的俄军各团的人事记录（第 489 号全宗）。多亏了塔季扬娜·尤里耶芙娜·布尔米斯特罗娃（Tatiana Iurevna Burmistrova／Татьяна Юрьевна Бурмистрова）和俄罗斯国家军事历史档案馆的工作人员，在莫斯科从事学术旅行的六周里，我才得以翻完所需的全部资料。

然而，如果没有瓦西里·卡希林（Vasili Kashirin／Василий Каширин）的协助，我永远不可能做到这个程度。我的研究因家庭的需要而变得复杂，部分时间里档案馆因维修而关闭但只做最小限度的通知这个事实使之更加麻烦。要是没有瓦西里在发现资料、确保我能够收到它们在这方面提供的帮助，这本书将会单薄很多，他对我研究的贡献比其他任何人都要大。几位档案保管员同样值得我特别致谢，尤其是亚历山大·卡皮托诺夫（Aleksandr Kapitonov／Александр Капитонов）。阿波隆·戴维森（Apollon Davidson）和他夫人柳德米拉（Liudmilla）亲切地在一系列场合为我提供了在莫斯科的住宿，还在档案文件出错时安抚我的坏脾气。

我也非常感谢带我去战场的朋友们。维克托·别佐托斯内（Viktor Bezotosnyi／Виктор Безотосный）把我带到了位于小雅罗斯拉韦茨（Maloiaroslavets／Малоярославец）的战场，他同样是忠告、知识和友谊的充沛源泉。保罗·西蒙斯（Paul Simmons）和瓦西里·卡希林（Vasili Kashirin/Василий Каширин）陪我在博罗季诺（Borodino/Бородино）度过了难忘的一天。多米尼克·赫布斯特雷特（Dominic Herbestreit）和克里斯廷·皮尔茨（Christin Pilz）带我在莱比锡（Leipzig）战场四周转了一圈，还开车送我去现在位于捷克共和国境内的库尔姆（Kulm）。更富有英雄气概的是我姐姐埃莱娜·利芬教授，她开车带我深入波兰乡间，前往卡茨巴赫河（Katzbach）战场。我们的考察得到了亚历山德拉·波拉达（Alexandra Porada）的很大帮助，她协助我们穿越这片地区。

我的代理人娜塔莎·费尔韦瑟（Natasha Fairweather）、出版商西蒙·温德尔（Simon Winder）和温迪·沃尔夫（Wendy Wolf），企鹅（Penguin）出版社的艾丽斯·道森（Alice Dawson）和理查德·杜吉德（Richard Duguid）都是关键的盟友。伊丽莎白·斯特拉特福德（Elizabeth Stratford）是一位极有效率的技术编辑。我从孩提时代就希望写作此书，他们鼓励我这样做。然而我认为，在 2012 年的战争 200 周年纪念到来之前及时写出本书的最初动力来自我的同事詹姆斯·休斯（James Hughes）教授。

在伦敦政治经济学院（LSE）给我巨大帮助的各位中，休·斯塔基（Sue Starkey）格外突出。当我由电脑、复印机和其他技术挑战引起的歇斯底里症状频繁发作时，她负责安抚我。她在政治学系总办公处的同事们［吉尔·斯图尔特（Jill Stuart）、赛瑞斯·琼斯（Cerys Jones）、玛德琳·博特（Madeleine Bothe）、希斯泽赫·塔里克（Hiszah Tariq）］也帮助过我，让我平静下来。我的同事珍妮特·哈特利（Janet Hartley）教授非常友善地通读了全书，指出了一些可以修改之处，我们的学生康纳·里弗尔（Conor Riffle）和梅根·图拉克（Megan Tulac）也是如此。待在伦敦政治经济学院的头 24 年里，我尽可能地远离学校事务管理工作。撰写这本书的时候，我起初是系主任，后来成为伦敦政治经济学院管理委员会的成员之一。这让我对校务负责人霍华德·戴维斯（Howard Davies）爵士的聪慧、高效和良好的幽默感有了一定的洞见。校董事会主席托尼·格拉比内（Tony Grabiner）勋爵不光展现了智慧，还体现出了伟大的慷慨精神。他不求回报地投入大量时间为学校服务，学术界没有多少成员意识到他的奉献程度。

我还必须感谢帕特里克·奥布莱恩（Patrick O'Brien）教授在战争、金融和经济问题上的建议，以及亚历克西斯·德·蒂森豪森（Alexis de Tiesenhausen）就插图提出的帮助和忠告。

从事研究的最初 18 个月里，我大部分时间住在远离不列颠图书馆的地方，也得到了馆员的许多帮助。在研究中途进入不列颠图书馆以后，我才发现对几乎所有学者而言，这里的资源是多么丰富灿烂——对研究俄罗斯帝国的历史学家来说尤其如此。

2006 年春天，我在《评论》（*Kritika/Критика*）上发表了一篇文章，勾勒出了此书主题和写作目的的轮廓。对提出了有益批评建议的刊物编辑和读者们，我在此致以感谢。

我的家人——美喜子（Mikiko）、阿莱卡（Aleka）、马克斯（Max）和托利（Tolly）——在我研究和写作此书的过程中受了不少煎熬，但他们一直帮助我坚持走下去。

说　明

　　在本书所涵盖的时代里，俄国使用儒略历，19 世纪时这要比欧
洲绝大部分地区使用的格里历晚 12 天。此书中涉及的事件一部分发
生在俄国，一部分发生在俄国以外。为了避免混淆，我在全文中一
律使用格里历，亦即欧洲历法。注释中引用的文字资料保留原貌，
如果出现基于儒略历的日期，我会在后面的括号里加上字母 OS（指
旧历）。

　　在从俄语转写词语时，我使用了美国国会图书馆系统的修正版
本。为了避免使母语为英语的读者们感到困惑，正文里我没有把俄
语人名、地名中的软硬符号、重音或强调符号包括进去。需要指出
的一点是，俄语中的字母 e 通常发音为 ye，然而有时候字母 e 被重
读以表示强调，在俄语中以 ё 的形式出现。这种情况下它通常发音
为 yo，尽管跟在有些辅音后面时会被省略成 o。本书中频繁出现的
词，例如彼得（Petr/Пётр，亦即 Peter）的发音是 Pyotr，波将金
（Potemkin/Потёмкин）的发音是 Patyomkin，谢苗诺夫斯科耶近卫团
（Semenovsky Guards Regiment/Семёновский лейб - гвардии полк）中
Semenovsky 的发音是 Semyonovsky。亚历山大·切尔内绍夫
（Aleksandr Chernyshev/Александр Чернышёв）在书中令人印象深
刻，他的姓氏在英语中的发音接近于 Chernyshoff。很多俄国姓氏以
字母 - ii 结尾，看上去像形容词，但是为了符合英语习惯，我使用
的是字母 - y。因此读者们会发现，像亚历山大的参谋长彼得·沃尔
孔斯基（Petr Volkonsky/Пётр Волконский），他名字的写法就没有
采用语法上更准确的 Volkonskii。

　　当面对非俄罗斯人出身的姓氏时，我尝试着——虽然不是总能

成功——把它们翻译成原先的拉丁形式。这么一来，我自己名字的原貌是 Lieven，而非长度被压缩、简化过的 Liven。处理洗礼名时，我同样把俄国人名转写了，但是德意志人、法国人和其他欧洲人的名字就采取了更加通用的西方写法。因此亚历山大的参谋长被叫作彼得·沃尔孔斯基（Petr Volkonsky），但是考虑到冯·德·帕伦（von der Pahlen）将军的波罗的海德意志人出身，他的名字就被改写成了彼得（Peter）。然而在这方面并没有一套完美的体系，特别是因为这个时期的俄国精英成员有时会根据语气和他们所使用的语言种类，给出自己名字的各种不同拼法。

　　如果一座城镇的英语化名字更加通用，我就会采用这种说法。因此本书中被烧掉的是莫斯科，而不是莫斯克瓦（Moskva/Москва）。但是俄罗斯帝国境内的其他城镇通常采用俄文写法，除非它们的德文或波兰文名字对英语读者来说更加熟悉。哈布斯堡帝国和德意志境内的城镇通常被冠以它们的德文名字。这是为了方便头昏脑胀、试图在正文和地图中跟上部队运动的读者们，然而在可能出现疑问的地方，我也会用括号补出地名的其他写法。

　　俄军各团的名字也可能成为问题。首先这可以归结为是否使用形容词化写法（亦即 -skii 结尾）的问题。试举一例，我更倾向于使用莫斯科（Moscow）团，而非莫斯科夫斯基（Moskovskii）团。但是在写到近卫军时出现了几个例外，比如说，资历较深的近卫步兵团是以莫斯科郊外的无名村庄命名的，保留它们惯常的形容词化写法就有意义得多：换言之，我会采用普列奥布拉任斯基（Preobrazhensky）近卫团而非普列奥布拉任斯科耶（Preobrazhenskoe）的写法①。在可能出现疑问的地方，括号里会补出团名的其他变体，如立陶宛近卫团会

① 根据中文读者习惯，本书仍然采用名词写法，将其分别翻译为普列奥布拉任斯科耶、谢苗诺夫斯科耶、伊斯梅洛沃近卫团。此外，俄军团名中的地名并不等于该团兵员征集地，读者务必注意。——译者注

写成 Lithuania（Litovsky）Guards。我接受了传统做法，将禁卫骑兵团写作惯常所见的法文版本 Chevaliers Gardes，而非俄文转写的 Kavalergardsky/Кавалергардский。我也遵照传统，将近卫哥萨克团写成 Cossack Life Guards。

法军前进路线
法军退却路线

1812 年战局

科斯特罗马

伏尔加河

雅罗斯拉夫尔

下诺夫哥罗德

特维尔

弗拉基米尔 •

莫斯科

洛扎茨克
2日,10月30日）

莫扎伊斯克 （9 月 15 日,10 月 19 日）
博罗季诺

• 别洛伊

菲利

莫斯科河

察列沃-宰米谢

福明斯科耶
塔鲁季诺

维亚济马
（8 月 29 日,
10 月 29 日）

小雅洛斯拉韦茨
（10 月 24 日）

梁赞

多罗戈布日

尤赫诺夫

卡卢加

• 图拉

• 叶利尼亚

斯摩棱斯克
18 日,11 月 9 日）

奥廖尔

• 坦波夫

• 沃罗涅日

北

西   东

南

0   100   200公里

1813 年秋季战局

北
西 东
南

0 10 20 30 40 50 公里

奥得河

鲁 士

奥得河

尼斯河

博贝尔河

特拉亨贝格

本茨劳
莱格尼茨
戈尔德贝格
奥得河
包岑
卡茨巴赫河
勒文贝格
布雷斯劳
希尔施贝格
赖兴巴赫

希米亚
地 利
易北河
布拉格

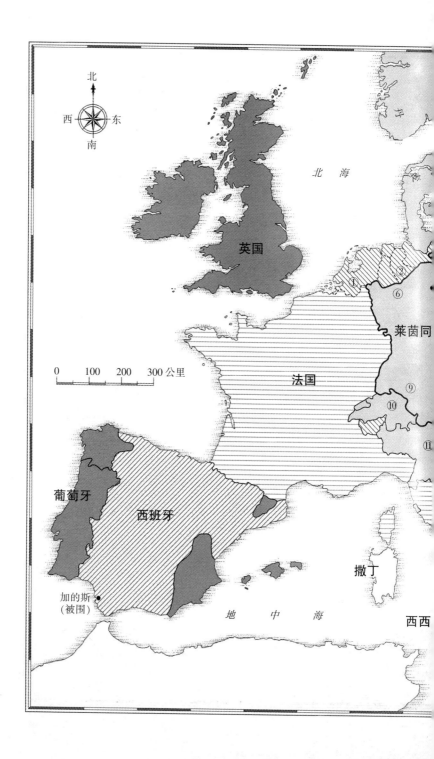

北

西 东

南

北 海

英国

0 100 200 300 公里

法国

莱茵同

葡萄牙

西班牙

撒丁

加的斯
（被围）

地 中 海

西西

1812 年 5 月的欧洲

① 荷兰
② 奥尔登堡
③ 瑞属波美拉尼亚
④ 但泽
⑤ 立陶宛
⑥ 威斯特伐利亚
⑦ 萨克森
⑧ 巴伐利亚
⑨ 符腾堡
⑩ 海尔维第邦联

⑪ 意大利王国
⑫ 伊利里亚诸行省
⑬ 西里西亚
⑭ 塞尔维亚
⑮ 黑山
⑯ 摩尔达维亚
⑰ 比萨拉比亚(1812 年并入俄国)
⑱ 瓦拉几亚
⑲ 爱奥尼亚群岛(争议)
⑳ 马耳他

1809 年 12 月的法国疆域
法国在 1810~1812 年兼并的领土
法国占领或管理的地区
法国的卫星国或盟友
英国及其附属国
—— 莱茵同盟边界

普鲁士

俄国

华沙大公国

奥地利

黑 海

奥斯曼帝国

那不勒斯

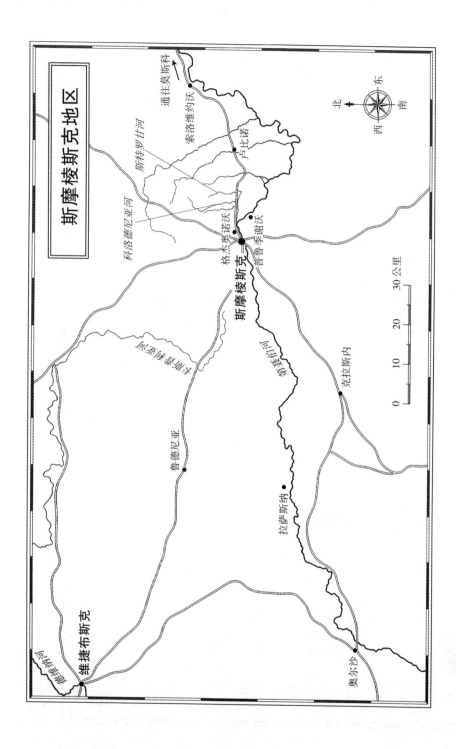

斯摩棱斯克地区

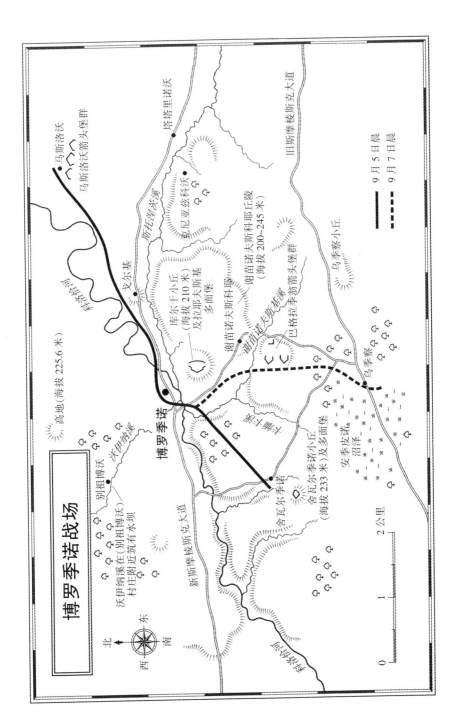

博罗季诺战场

北
东
南
西

马斯洛沃
马斯洛沃箭头堡群

旧斯摩棱斯克大道

9月5日晨
9月7日晨

塔塔里诺沃

斯托涅茨溪

戈尔基

高地（海拔225.6米）

科洛恰河

起尼亚兹科沃

谢苗诺夫斯基多面堡

摩尔干小丘
（海拔210米）
及拉耶夫斯基多面堡

谢苗诺夫斯科耶丘陵
（海拔200~245米）

乌季察小丘

谢苗诺夫斯卡娅溪

巴格拉季翁箭头堡群

乌季察

博罗季诺

别祖博沃

沃伊纳溪

战土斯工堡

安季皮诺
沼泽

舍瓦尔季诺小丘
及多面堡
（海拔233米）

乌季察
沼泽

新斯摩棱斯克大道

沃伊纳溪在（别祖博沃）
村庄附近筑有水坝

科洛恰河

0   1   2公里

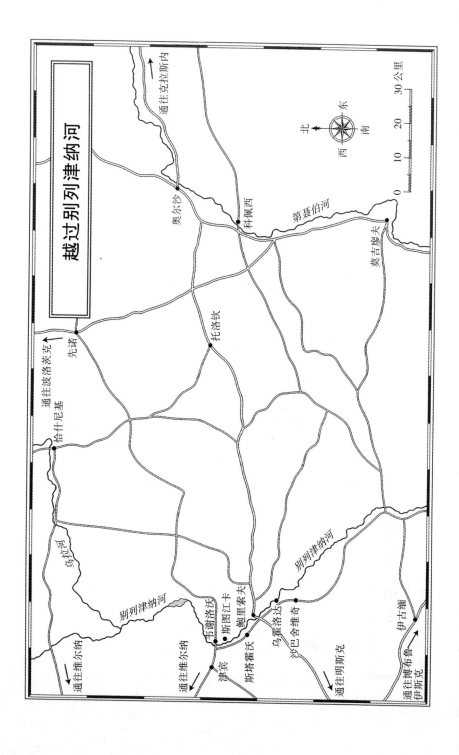

越过别列津纳河

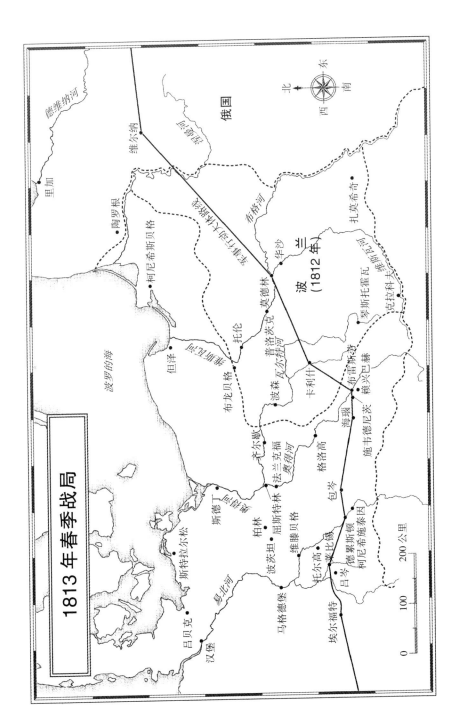

1813 年春季战局

德维纳河

俄国

里加

陶罗根

柯尼希斯贝格

波罗的海

但泽

布龙贝格

维尔纳

尼曼河

涅曼河

布格河

华沙

波兰
(1812 年)

扎莫希奇

莫德林

托伦

普洛茨克

瓦尔特河

普森

卡利什

奥斯托瓦

维斯瓦河

克拉科夫

布雷斯劳

赖兴巴赫

海瑙

魏德尼茨

施韦德尼茨

格洛高

包岑

法兰克福

奥得河

施普雷河

齐尔豪

斯德丁

斯特拉尔松

吕贝克

汉堡

易北河

柏林

波茨坦

屈斯特林

维滕贝格

马格德堡

托尔高

迈森

德累斯顿

柯尼希施泰因

吕岑

埃尔富特

0   100   200 公里

北 东
西 南

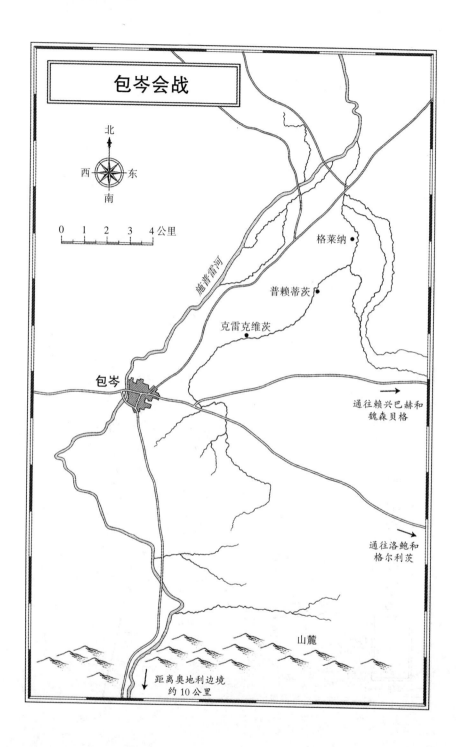

包岑会战

北
西 东
南

0 1 2 3 4公里

施普雷河

格莱纳

普赖蒂茨

克雷克维茨

包岑

通往赖兴巴赫和
魏森贝格

通往洛鲍和
格尔利茨

山麓

距离奥地利边境
约10公里

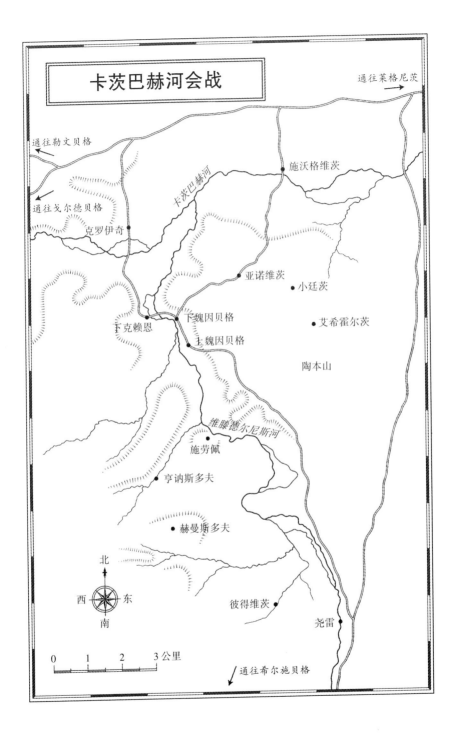

卡茨巴赫河会战

通往莱格尼茨

通往勒文贝格

通往戈尔德贝格

施沃格维茨

卡茨巴赫河

克罗伊奇

亚诺维茨

小廷茨

艾希霍尔茨

下魏因贝格

克赖恩

上魏因贝格

陶本山

维滕德尔尼斯河

施劳佩

亨讷斯多夫

赫曼斯多夫

北

西　　东

南

彼得维茨

尧雷

0　　1　　2　　3公里

通往希尔施贝格

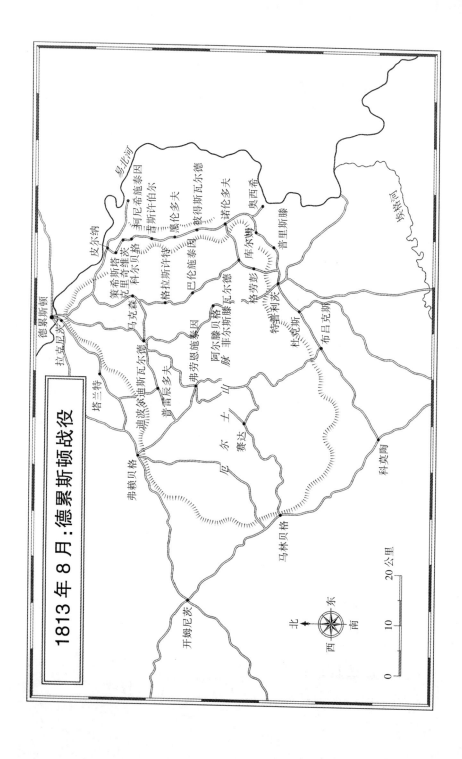

1813年8月：德累斯顿战役

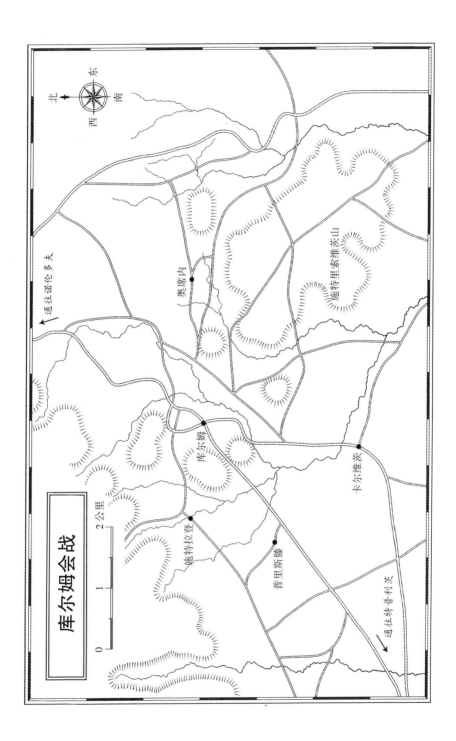

库尔姆会战

通往诺伦多夫

通往普利茨

施特里索维茨岭山

奥帝内

库尔姆

卡尔维茨

施特拉登

普里斯滕

0   1   2公里

北
西   东
南

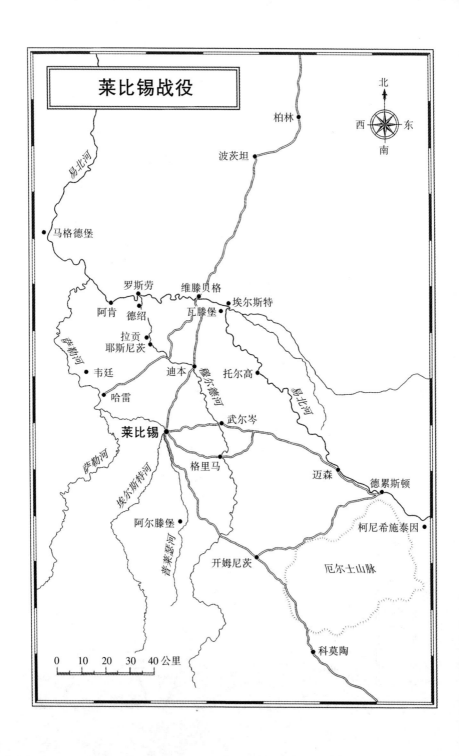

莱比锡战役

北
西　东
南

柏林

波茨坦

易北河

马格德堡

罗斯劳　维滕贝格
阿肯　德绍　埃尔斯特
瓦滕堡
萨勒河
拉贡
耶斯尼茨
韦廷　迪本
穆尔德河　托尔高
哈雷
易北河
莱比锡
武尔岑
萨勒河
埃尔斯特河
格里马
迈森
德累斯顿
阿尔滕堡
柯尼希施泰因
普莱瑟河
开姆尼茨
厄尔士山脉
科莫陶

0　10　20　30　40公里

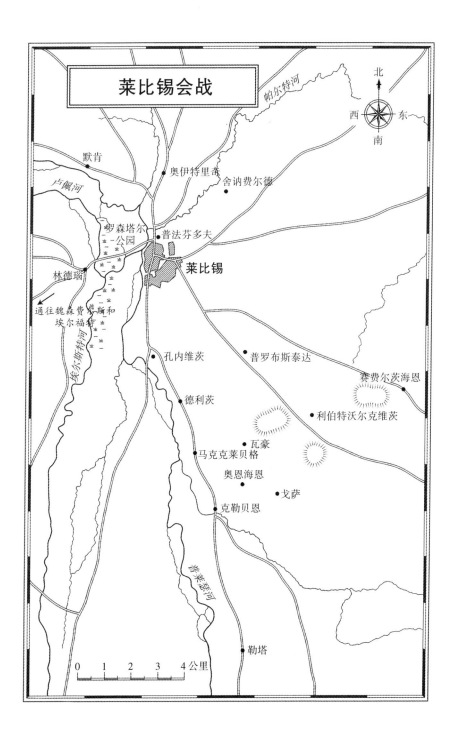

莱比锡会战

北
西　东
南

帕尔特河

默肯

奥伊特里奇

舍讷费尔德

卢佩河

罗森塔尔
公园

普法芬多夫

莱比锡

林德瑙

通往魏森费尔斯和
埃尔福特

埃尔斯特河

孔内维茨

普罗布斯泰达

赛费尔茨海恩

德利茨

利伯特沃尔克维茨

马克克莱贝格

瓦豪

奥恩海恩

戈萨

克勒贝恩

普莱瑟河

勒塔

0　1　2　3　4公里

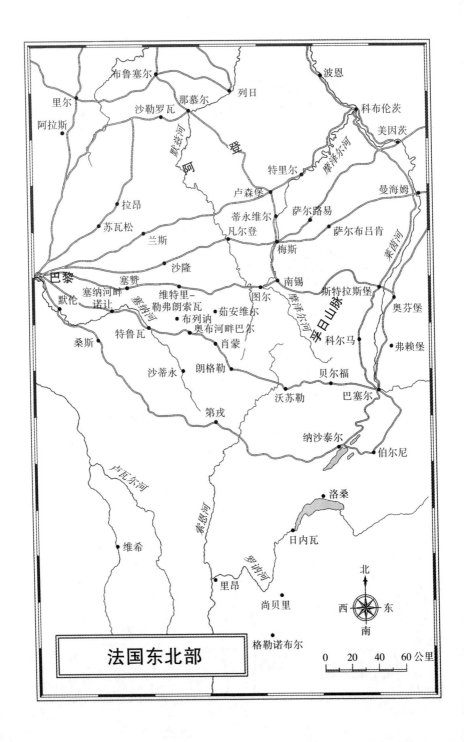

布鲁塞尔
里尔
阿拉斯
沙勒罗瓦
那慕尔
列日
波恩
科布伦茨
美因茨
默兹河
阿登
特里尔
摩泽尔河
曼海姆
卢森堡
蒂永维尔
萨尔路易
萨尔布吕肯
索菊河
拉昂
苏瓦松
凡尔登
兰斯
沙隆
梅斯
巴黎
塞赞
塞纳河畔诺让
维特里-勒弗朗索瓦
南锡
摩泽尔河
斯特拉斯堡
孚日山脉
奥芬堡
默伦
塞纳河
茹安维尔
布列讷
图尔
科尔马
弗赖堡
特鲁瓦
奥布河畔巴尔
肖蒙
桑斯
沙蒂永
朗格勒
贝尔福
巴塞尔
沃苏勒
第戎
纳沙泰尔
伯尔尼
卢瓦尔河
洛桑
塞恩河
维希
日内瓦
罗讷河
里昂
尚贝里
格勒诺布尔

北
西　东
南

法国东北部

0　20　40　60公里

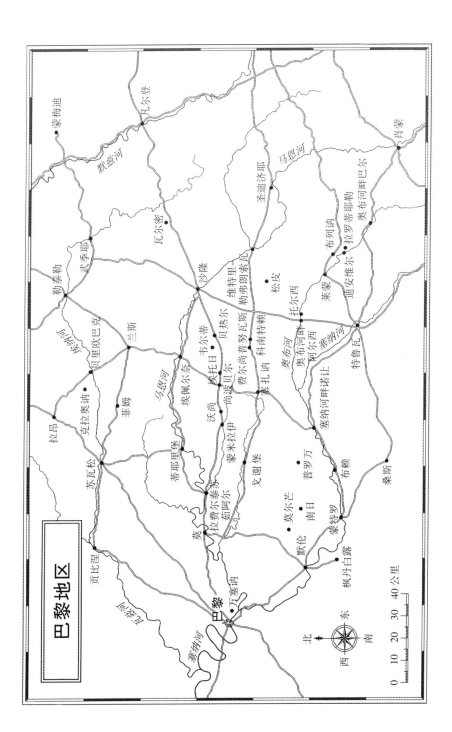

巴黎地区

默兹河
蒙梅迪
凡尔登
肖蒙
马恩河
圣迪济耶
瓦尔密
武季耶
勒泰勒
拉罗河畔巴尔
奥布河畔巴尔
布列讷
拉罗蒂耶
来蒙
通安维尔
松皮
沙隆
维特里
勒弗朗索瓦
托尔西
蒙弗朗索瓦
贝里欧巴克
兰斯
韦尔蒂
贝尔尔
奥布河
埃托日
科南特特赖
费尔尚普努瓦斯
尚波贝尔
蒙扎讷
埃佩尔奈
奥布河畔
阿尔西
塞纳河畔诺让
马恩河
菲姆
兔拉奥讷
拉昂
蒂耶里堡
沃尚
蒙米拉伊
塞纳河畔瓦
特鲁瓦瓦
苏瓦松
戈谢堡
普罗万
布赖
桑斯
莫
拉费尔泰苏
茹阿尔
莫尔芒
南日
贡比涅
默伦
蒙特罗
塞纳河
万塞讷
巴黎
枫丹白露

北
西 东
南

公里
0 10 20 30 40

第一章
序　言

　　俄国战胜拿破仑是欧洲历史上最富戏剧性的历史事件之一，其 过程充满了波折。不光在 1812 年，就连在 1813 年的大部分时间里，战况都依然极不确定，大部分优势看起来似乎还在拿破仑一边。那些年里皇帝的个人生活是一连串关于傲慢自大和报应天罚的故事，其中充满了各具吸引力、令整段历史生气勃勃的人物，读史时极易令人移情于此。这个故事中还包括了两场欧洲历史上最伟大的会战——莱比锡会战和博罗季诺会战——和其他无数令后世战争史学家沉迷其中的华彩篇章，它同时提供了许多关于当时欧洲社会政治和文化的信息，从俄国视角来看，整个故事也具备了那个至关重要的因素——一个幸福的结局。拿破仑的第一个大军团于 1812 年在俄国境内被摧毁，第二个于 1813 年在德意志战场上被击败。在这场欧洲历史上最为漫长的战局里，俄军一路把法军从莫斯科追到巴黎，并于 1814 年 3 月 31 日率领取得胜利的联军攻入敌国首都。

　　我想讲述这个故事已经很多年了。就某一层面而言，这也是此书最单纯的目标。但我是个老派的历史学家，喜欢讲述真实的故事，或者至少在所获得的证据允许的前提下进行诚实、博采众家且一丝不苟的研究，以期尽可能接近事实真相。许多年前我就得出了这个结论：在西欧和北美对这段历史的讲述，实际上同史实相去甚远。一遍遍听到不真实的故事在耳边重复可把我惹恼了，因此本书的另一个目标是，用一种对我来说更加可信的方式来解释：为何俄国会击败拿破仑，它又是怎样将其击败的？[1]

　　在英、法、美等国出版的书籍中，1812～1814 年发生过的种种通常被扭曲了，这并不令人吃惊。关于拿破仑时代的畅销书大多需要遵循一套固定模式，比如说在英国，讲述纳尔逊（Nelson）和特拉法尔加（Trafalgar）海战，或者威灵顿（Wellington）和滑铁卢（Waterloo）之战的著作简直汗牛充栋，它们是英雄主义的叙事，也是不列颠国家认同的象征。关于拿破仑和他麾下大军的描述对英国人来说也自有其魅力——在操法语的公众中亦是如此。不管怎么说，绝大部分作者并没有阅读多种文字或者横跨多个国家查阅档案资料的能力，他们希望通过专家的研究成果来获取信息。然而在探讨俄国在打败拿破仑的过程中所扮演的角色这一问题时，此类研究成果和专家并不存在。没有西方教授曾经写过与俄国为击败拿破仑而做出的战争努力相关的专著，如果想让一所英国大学把你拒之门外（美国那边就更不必提了），最保险的办法就是，说你希望研究的是战争、外交和君王们的历史。[2]

在很多军事史领域，高校留下的缺口被军队参谋学院弥补了。相当一批关于拿破仑时代的优秀著作出自军事专家——通常是，但不全是现役军官——之手，但是几乎没有一本提及俄国。[3]军事专家们对俄国避而不谈的一个原因是，俄国军事档案直到1991年才对外国研究者开放。然而更重要的是，他们相信拿破仑时代的法军和普军要值得研究得多，因为这两支军队看起来更加"现代化"。人们能从拿破仑这位军事天才身上学到的东西几乎无穷无尽，更何况法军在若干方面开了现代军队之先河，例如各兵种合成的师或军。而普军这边拥有克劳塞维茨（Clausewitz），他通常被看作近代战争方面最伟大的思想家。此外，人们认为拿破仑时代的普军还创造了两个推动军队现代化的关键因素：第一个现代化的总参谋部和战斗力强大、积极性很高的普遍征兵制军队。与之相反，在俄军还明显处于旧制度的情况下，努力学习俄语、为研究这支军队而从档案中搜求资料似乎就没有多大意义了，其结果是历史中属于俄国的那一面被忽略或曲解，历史学家们主要通过法文或德文材料的视角来观察俄国。

　　至于法文材料，[4] 主要通过敌方视角来分析军队和战局的危险性是显而易见的。当然，法国军官们通常为了获得晋升、增强自信、赢取光荣、替自己的行为辩护而撰写报告或回忆录。看看那个时代的军服就会知道，根本没法指望穿着这种华服的人表现得十分谨慎或自谦。相反，咄咄逼人、夸夸其谈的自我吹嘘在拿破仑和他敌手们的军队里都大行其道。如果说法国人比其他人更爱自夸的话，他们也自有其理由，到1812年为止，法军在绝大多数方面都是欧洲最出色的。当面对俄国人时，法军平日里的优越感时常被一种看待殖民地居民般的轻蔑情绪加强了，在他们眼里，俄国人不过是生活在欧洲边陲、毫无理性可言的野蛮人。定下这个调子的是拿破仑自己，在他对除哥萨克之外的俄国军队的评论中，根本找不出几句好话。一定程度上来说，这可能反映了对于"异国情调"、"东方风格"之类主题的法国式认知。将失败归咎于哥萨克或者天气，这一招同样有效，因为法军中没有哥萨克部队，天气也是一场上帝降下的"不公平"灾难。法国军官们可以放心大胆地将这些因素视为灾祸之源，根本不用担心他们的个人素养或专业能力遭到质疑。英文著作经常不加鉴别地照搬法文材料的内容，这种做法很可能让研读过俄方资料，甚至仅仅从所提及的战场上走过的人们忍无可忍。

　　德文资料的状况则更加混杂不清。1812～1814年，德意志人既同俄国联手，又与俄国为敌。在1812年同俄国并肩作战的德意志人不是有德意志血统的沙皇臣民，就是为了与拿破仑作战而离开他们自己部队的军官。事实上有一批用德文写成的回忆录充分记述了俄军的状况和1812年里俄国为战争而做出的努力。试举一例，在所有俄军将领的回忆录中，符腾堡的欧根亲王（Prince Eugen of Württemberg）那份大概是最好的，而它使用的正是德文。[5] 即便如此，英文作家也很少运用这些材料。其他那些用德文写成的珍贵回忆录也遭到了同样的对待，因为它们的作者绝大部分曾是亚历山大皇帝的臣属。[6] 到目前为止，最经常被引用的德文材料出自克劳塞维茨之手，这既是因为他的名望，也是因为他对1812年战局的记载已

5

经被翻译成了英文。[7]

　　克劳塞维茨的记述确实极富趣味性、很有帮助，但是我们必须始终记得，它是在怎样的背景下写成的。由弗里德里希大王（Frederick the Great）统率的普鲁士军队曾被看作欧洲第一劲旅，也是外国军官学习的典范。但是在 1806 年，这支军队不但被打败了，还蒙受了羞辱，有时候哪怕面对着人数少得多的敌军，后卫和驻防部队 6 中都出现了崩溃和投降现象。当弗里德里希·威廉三世（Frederick William III）于 1812 年站到拿破仑一边时，这种耻辱感进一步增长，克劳塞维茨之类高度爱国的军官尤其如此，他们索性辞去了军职，转而为俄军效力。1812 年时的俄国军队排外性极强并且派系林立，对像克劳塞维茨这样的外国军官来说，它是个非常令人沮丧的地方。他不会说俄语，因此不可避免地在理解他此时加入的军队和社会状况方面出现了障碍。在阅读克劳塞维茨的著作时，我有时会把他和一位在"自由法国"军中效力、1940～1944 年身处伦敦的情报参谋进行类比。这样一位军官可能会留下引人入胜的记述，或许可以对关于英国战争努力的传统说法加以修正，但如果我们只通过他的视角来了解这场冲突的话，那未免就会令人吃惊了。[8]

　　关于 1812 年战局的英文研究成果主要集中在拿破仑的失误、俄国的地理和气候状况给法军带来的问题、拿破仑大军在从莫斯科撤退的过程中表现出来的惨状和显著的英雄气概等方面。对 1813 年战局的记述传统上属于因普鲁士的复兴和德意志爱国主义的胜利而欢庆的德国作者。一部分在普军总参谋部任职的历史学家是非常优秀的，鲁道夫·冯·弗里德里希（Rudolph von Friederich）尤其如此。[9]不过毫无疑问的是，绝大部分回忆录和许多历史著作都从普军的立场来阐释历史事件。这一点也影响了后来的英国和美国作者。奥地利官方历史也持类似观点，它直到 1914 年前不久才写成，若干章节带有明显的反俄意味。[10]如果说对 1814 年战局的记述和之前有什么区别的话，那就是各事件中俄国的视角甚至受到了更少的关注和同情。军事史学家对拿破仑在 1813 年令人失望的表现后重现的天才津津乐道，另一方面，外交和国际关系史学家关注的是梅特涅（Metternich）和卡斯尔雷（Castlereagh），他们是稳定而有秩序的欧洲新政治体系的创建者。这些著作有时候带着冷战的感觉，为英奥（或者不列颠与德意志）两国政治家达成的联盟而欢庆，这一联盟确保了欧洲免于俄国霸权的威胁。[11]

当然，所有国家的历史书写中都存在基于国别的偏见，在记述战争时更是如此。通常来说，战争是宏大民族主义神话的最好源泉。[12] 拿破仑战争发生时恰值现代欧洲民族主义的黎明期，正是在那个时代，许多潜藏于近代民族主义后的理念第一次被表达出来。不久之后的工业革命创造了城市、大量有读写能力的民众和现代社会的其他全部层面，而这些因素进一步促进了民族主义的兴盛。试举一例，传统说法中英国人把滑铁卢之战的全部功劳据为己有，普军在此战中的决定性贡献很晚才在英文著作里得到承认。[13] 在这样的背景下，这些现象就丝毫不令人吃惊了：普鲁士人在记述 1813 年战局时把俄国的影响撇到一边，这一时期的法国历史学家则因拿破仑和他麾下军队的业绩而自豪，没有在敌方的记载、外国历史学家的叙述上花多少心思。

各国历史学家对拿破仑战争中的一个重要领域关注得都很不够，这个领域是后勤学，换句话说就是怎么装备和养活军队。在互相敌对的那些军队和社会中，军需官都没有什么地位，他们的努力也几乎没有赢得历史学家的注意，这相当不幸，因为他们的角色通常至关重要。拿破仑在 1812 年毁掉了他的军队，很大一部分原因就是后勤方面的失败。与此相反，在俄国为战争而做出的努力中，一个关键性的胜利就是 1813～1814 年成功地为俄罗斯国境之外的 50 多万大军提供食物和补给。在当时只有两座城市人口多于 50 万的欧洲大陆上如何做到这一点，是此书中很关键的一部分。这场战争同七年战争（1756～1763）的对比正中问题要害，在七年战争中，后勤供给削弱了俄军为战争而做出的努力。[14]

就许多方面而言，1812～1814 年俄国为战争而做出的努力中，最伟大的英雄不是某个人，而是马匹。一定程度上来说，在当时欧陆上发生的所有战争中，这一点都没错。马匹实现了如今坦克、卡车、飞机和摩托化炮兵的功能，换句话说，它是一种具备突击、追击、侦查、运输和移动火力等特点的武器。在俄国击败拿破仑的过程中，马匹是至关重要的——或许甚至是最具决定性的——因素。俄军轻骑兵拥有的巨大优势在拿破仑军队从莫斯科撤退时发挥了重要作用，使得这支大军得不到食物和休整，从而摧毁了它。拿破仑在 1812 年不仅损失了他麾下几乎所有的士兵，事实上也失去了他入侵俄罗斯时带着的所有马匹。1813 年里他可以也确实补充了兵力，但征集新的马匹被证明是一项难度大得多、最终也导致了灾难性后果的问题。最重要的一点是，因为缺乏骑兵，拿破仑无法在 1813 年春季战局中取得决定性的胜利，还因此同意了致命的、长达两个月的夏季休战，这对他最后的失败影响深远。联军于 1814 年发起的最后攻势拿下了巴黎、推翻了拿破仑，而这一结果也是由俄军轻骑兵截获了写有皇帝全盘部署、表明首都城防脆弱的法军机密急件导致的。对长达两年的战事而言，这是个很合适的结局，俄军轻骑兵从一开始就占据优势，1812 年 9 月以后更是彻底掌握了支配权。然而这种支配权并不是上帝或自然的赐予。历史学家需要研究俄国的马匹产业，以及 1812～1814 年它是怎样被政府动员起来的。俄国人如何在这些军事行动中管理、维持和补充他们的骑兵团，对这一点的把握同样重要，这也是此书中的关键部分之一。[15]

　　自然而然地，人们通常对战场上士兵们的英雄事迹很感兴趣，却不太关注士兵们是怎么被喂饱的，他们又怎样保持马匹的健康，民族主义历史学家们更是如此。和其他大国一样，俄罗斯也是如此，她从拿破仑时代中发掘出了若干民族国家神话。沙皇治下关于 1812 年战局的官方神话是，俄国人民团结在君主周围，在贵族的领导下毁灭了踏上神圣国土的入侵者。这个俄国神话多多少少比它的普鲁士—德意志同类更接近史实，那一神话宣称，当弗里德里希·威廉三世发出"致我的人民"的呼吁后，普鲁士全境都于 1813 年拿起了武器，准备为解放德意志而战。

俄国之所以能够击败拿破仑，一个完全正确的原因是，许多有能力的年轻军官在战争中被提拔到了他们能够胜任的关键岗位上。亚历山大·切尔内绍夫和约翰·冯·迪比奇（Johann von Diebitsch）28 岁、米哈伊尔·沃龙佐夫（Mikhail Vorontsov/Михаил Воронцов）30 岁就都成了中将。他们只是冰山一角。卡尔·冯·内塞尔罗德（Karl von Nesselrode）伯爵于 1808 年接掌俄国在巴黎的情报活动时年仅 28 岁。后来他在 1813 ~ 1814 年里担任亚历山大的首席外交顾问。年长一代的将领们甚至通常也并不是太老：亚历山大的参谋长彼得·米哈伊洛维奇·沃尔孔斯基（Petr Mikhailovich Volkonsky/Пётр Михайлович Волконский）在战争结束时只有 38 岁。接下来的几十年里，这些人掌握了俄国的军队和政府。德米特里·布图尔林（Dmitrii Buturlin/Дмитрий Бутурлин）和亚历山大·米哈伊洛夫斯基 - 丹尼列夫斯基（Aleksandr Mikhailovsky - Danilevsky/Александр Михайловский - Данилевский）在撰写关于这场战争的官方历史时十分谨慎，不去冒犯这些政要。在英国也有相应的例子，威灵顿公爵在滑铁卢之战后又活了将近 40 年，而且有机会将他对那场战役的个人看法变得几乎等同于权威。[16]

然而，俄军将领和威灵顿之间存在重要的差异。尽管公爵在 19 世纪 20 ~ 30 年代里有许多政敌，去世时他却是国民偶像。和他活得一样长的那些俄军将领们就远没有这样的待遇。1825 年亚历山大一世亡故后不久，一批被称作十二月党人的军官就试图推翻君主专制政体、建立立宪甚至共和政体。在战争中功勋卓著的米哈伊尔·奥尔洛夫（Mikhail Orlov/Михаил Орлов）、谢尔盖·沃尔孔斯基（Serge Volkonsky/Сергей Волконский）公爵等人也参加了这一集团。政变被粉碎了。亚历山大·切尔内绍夫、亚历山大·本肯多夫（Alexander Benckendorff）、彼得·沃尔孔斯基等主要战争英雄参与了镇压行动，此后也继续在尼古拉一世朝中担任重臣，直到 19 世纪中期为止。

"十二月党人起义"及其被镇压是异常痛苦的俄国左右两翼分裂的开端,这种分裂局面直到1917年革命才告结束。两大阵营之间的激烈仇恨为对1812～1814年记忆的毒化和扭曲推波助澜。彼得堡的冬宫中有一座精美的画廊,里面陈列着1812～1814年几乎所有俄军将领的肖像。20世纪70年代时我在苏联读研究生,曾经同一位年轻女子激烈争吵起来,后来在尼古拉一世治下出任秘密警察头子的亚历山大·本肯多夫的肖像也挂在画廊当中,她因这一事实而怒不可遏。我努力争辩说,本肯多夫是战争英雄,但是这没用。我把本肯多夫称作游击队领袖——1812～1814年的大部分时间里他确实如此——时,她气势汹汹地带着厌恶情绪走开了。这位年轻学生根本不是亲共分子,但她是盛行于莫斯科知识界的激进自由主义思潮的产物。对她来说,1812年战局中的英雄们都是"人民之友",游击队员们更是如此,因而这些人当然是她所属的激进政治阵营和传统的荣誉成员。

在继承了关于1812年战局的神话,使其成为苏联爱国主义必不可少的一部分以后,共产党政权在很大程度上让这些想法变得铁板钉钉。关于俄国战争努力的史实必须被惊人地歪曲,以同斯大林时代的官方意识形态相适应。亚历山大一世需要被边缘化、被贬低,这场战争前后的国际形势也被扭曲了;库图佐夫(Kutuzov/Кутузов)被抬升到了与拿破仑持平甚至更高的水准,而他的贵族出身和在宫廷中的人际关系〔和彼得·巴格拉季翁(Petr Bagration/Пётр Багратион)公爵的人际关系一样〕都必须被忽略;民众对拿破仑抵抗的意义必须被夸大,对地主和政府官员的偶然抗拒被莫名其妙地解释成一场既反国内暴政,又反法国人的"人民战争"中的建设性要素。这类官方标准在相当一段时间里使得俄国学者对拿破仑时代的研究遭受重创,同时也在许多老一代普通俄国人对1812～1814年战争的认识上留下了不可磨灭的痕迹。然而,当代俄罗斯历史学家早已幸运地从关于拿破仑时代的斯大林主义神话中逃了出去。[17]

虽然做了不少粗糙的扭曲，但苏联时代对拿破仑战争的官方解释在很多方面上依然是托尔斯泰（Tolstoy/Толстой）精神的延续，考虑到他对俄国（及别国）对俄罗斯在拿破仑时代所扮演角色认知的影响，他也是迄今为止最重要的 19 世纪神话制造者。托尔斯泰把天生的俄罗斯爱国主义描述成了团结起来捍卫国土。他把库图佐夫描绘成俄罗斯爱国主义和智慧的化身，让他和所谓"职业军事专家"的愚蠢行为形成鲜明对比，在托尔斯泰看来，后者指的是德意志人和书呆子。无论如何，他的历史概念里都没有给富有技巧的领导，乃至用理性态度来引导历史事件的尝试留出多少空间。与此相反，他歌颂普通俄国人的道德力量、勇气和爱国主义精神。或许最重要的是，托尔斯泰把他的小说《战争与和平》结尾定在 1812 年12 月，那时候战争才打了一半，最大的挑战还没有降临。那条从1812 年 12 月的维尔纳（Vilna/Вильна）通到 1814 年 3 月的巴黎漫长艰辛但最终大获成功的道路在他的书中没有位置，就和它在苏联爱国主义教条、当代俄罗斯民众记忆中被彻底忽略了一样。在俄国每出版一本关于 1813 ~ 1814 年的书，同时出版的关于 1812 年的书可能就有 100 多本。在最近一次撰写既贴近大众又富有学术价值的1812 ~ 1814 年整体历史的尝试中，那本著作用 490 页的篇幅阐述了1812 年里发生的事件，在描述接下来两年里更漫长也更复杂的战局时，却只用了 50 页。[18]

在俄国人中流行的或者说"托尔斯泰式的"对战争的解释同外国记录相当搭调，这类说法贬低了俄国军队和政府在战胜拿破仑的过程里发挥的作用。拿破仑本人更倾向于归咎地形、气候和运气：它们免除了他对这场惨败的责任。历史学家们通常会在这个算式中加入拿破仑的误算和失误，可是他们中不少人乐于赞同托尔斯泰的隐含结论，即俄国领导层对重大事件没有多少控制力，而俄国的"战略"是即兴发挥和意外事件的混合。同样不可避免的是，俄国人对 1813 ~ 1814 年那段历史缺乏兴趣，把这一领域留给了其他国家的历史学家，他们很乐意在讲述那几年的历史时忽略俄国的作用。

　　俄国人更倾向于认为这是一场发生在自己国土上、为保卫莫斯科而战、由名叫库图佐夫的统帅指挥的战争，此举的缘由当然不难理解。对在德意志和法国境内进行、由名叫维特根施泰因（Wittgenstein/Витгенштейн）和巴克莱·德·托利（Barclay de Tolly/Барклай де Толли）的将领指挥，为保卫真实存在但有点形而上的、扎根于欧洲权力平衡观念的俄国国家安全概念而战的诸多战局保持着同样的热情就要困难得多。当这场战争的 100 周年纪念于 1912 年到来时，人们对此兴趣高涨，结果也涌现了不少新书。然而那时俄国恰好处在战争前夕，正要与 1813 年的盟友霍亨索伦（Hohenzollerns）王朝和哈布斯堡（Habsburgs）王朝交手，这明显不是庆祝俄德团结的最好时机。1813～1814 年里，俄军中最杰出的两位参谋是波罗的海德意志人卡尔·冯·托尔（Karl von Toll）和转为俄军效力的普鲁士参谋之子约翰·冯·迪比奇。联军中运作最成功的一个军团中——布吕歇尔（Blücher）元帅的所谓西里西亚（Silesia）军团——几乎 2/3 的士兵事实上是俄国人，但布吕歇尔手下两个俄国军的指挥官却是亚历山大·德·朗热隆（Alexandre de Langeron）和法比安·冯·德·奥斯滕 - 萨肯（Fabian von der Osten - Sacken）。尼古拉·鲁缅采夫（Nikolai Rumiantsev/Николай Румянцев）和亚历山大·库拉金（Aleksandr Kurakin/Александр Куракин）在那时都被边缘化了，而且在亚历山大的主要对外政策顾问中，根本找不到民族学意义上的俄国人。与此同时，皇帝本人甚至给了不少俄国人这样的感受，他认为俄国发展迟缓并且与他的理想不相称，并且愿意以欧洲安全的名义牺牲俄罗斯的利益，借此为他自己在主导着潮流的欧洲赢得掌声。

　　所有这些问题的根源是作为帝国的俄罗斯和作为国家、民族的俄罗斯之间的冲突，这一点对历史学家来说是非常熟悉的。[19] 1814 年时，英国人、法国人和德意志人都已经建立了或者正在建立民族国家。在拿破仑战争中生发出来的民族主义神话正好同这一实际状况和企图相称。而 1814 年时的俄罗斯是一个处于王朝治下的实行贵族政治的多民族的帝国。它的核心是俄罗斯国土、人民和贵族，但这些并没有建构起一个民族国家，而且只要由王朝统治的帝国存在，就不可能彻底做到这一点。俄罗斯帝国赢得了 1812 ~ 1814 年的战争，但是后来活在俄国人记忆中的神话都首先是同民族国家有关的。 12 这就是从拿破仑战争中生发出来的俄罗斯民族神话大大低估了 1812 ~ 1814 年俄国成就——这一点独一无二，而且同德、法、英等国的情况完全相反——的最重要理由。[20]

此书的一个关键目标是，超越俄罗斯民族神话，回到 1812 ~ 1814 年俄国战争努力的现实。我最感兴趣的一点是，阐述俄国如何克服又为何得以克服那些年里拿破仑造成的巨大挑战。除此之外，尚有质疑拿破仑时代俄罗斯民族神话各个方面的其他理由。

理由之一是对帝国和国家的不同印象。就普遍状况和俄罗斯的情况而言，在我看来都存在这样一种误解，即认为帝国的所有惯例都是有害的，而民族国家必然是美德的化身。这绝不是为当今世界上的新帝国开脱的理由。然而在繁盛时期的帝国——与许多民族国家不同——经常是相对宽容、多元，甚至偶尔对在它们庇护下的众多社群表现出仁慈态度的。在说到俄罗斯帝国大部分时间里对大部分非俄罗斯人的待遇时，这一点也同样成立。乐意并有能力利用、信任如此之多的非俄罗斯精英的忠诚，这当然是亚历山大一世统治时期帝国的长处之一。更具体地说，不管怎样理解"俄罗斯"这个词，把亚历山大的外交政策看成是"帝国的"、不为俄国利益服务的都似乎是个错误。在 1812 年之前，拿破仑已经相当明显地表现出为何他对欧洲的掌控是对俄罗斯国家安全和经济利益的巨大威胁。1813 年时，亚历山大抓住了将法国人赶出德意志、重建欧洲权力平衡基础的机会，这种做法完全正确。随后做出的让俄军越过莱茵河（Rhine）、推翻拿破仑的决定就有争议了。然而在我看来，相信俄国最需要的是欧洲的和平与稳定而拿破仑政权的存续会导致这两者都无法获得，是亚历山大做出的又一个正确判断。拿破仑时代是俄国与欧洲安全如何相互依赖的经典案例。那也是一个俄国为恢复欧洲的和平与稳定做出了巨大贡献的时代。

13　　　俄国人有充分的理由为他们的国家、军队在 1812～1814 年取得的成就而骄傲。具有讽刺意味的是，俄国历史学家对 1812 年军事行动的传统迷恋是以对之后两年的忽视为代价的，这无助于俄军的声望。为战争而进行的训练和战争的实际状况之间有相当大的差距，这种差距甚至比在大多数别的活动中都要明显。到了 1813～1814 年，军队从实战经验中学习良多。那时候许多将领都是一流的，参谋们的表现也比 1812 年战局之初要好很多。在 1813～1814 年的战场上，预备队经常能被利用起来，骑兵、步兵和炮兵的协同也比之前类似情况下高效得多。考虑到军队在与基地相隔遥远的地方开展军事行动，对野战军的增援和补给都组织得可圈可点。不管他们是在俄罗斯土地上还是出国作战，纪律、以团为单位的自豪感、对同伴们的忠诚、前近代的宗教虔诚和对君主的效忠都激励着皇帝军队中的普通士兵们。对任何一个阅读过作战记录［试举三例，库尔姆、莱比锡和克拉奥讷（Craonne）］的人来说，军队的积极性或斗志在 1812 年之后不断衰退的观点看上去都非常奇怪。

　　将 1813～1814 年发生的种种也涵盖进来的最后一个关键原因是，如果没有这段历史，1812 年的历史也将失去意义。在 1812 年时，亚历山大与他的战争大臣米哈伊尔·巴克莱·德·托利就计划打一场延续至少两年，甚至很可能会更漫长的战争。他们在一定程度上依靠出色的情报工作基础制定了计划。他们不仅了解拿破仑本人的意图，还清楚他的军队和王朝的优势与劣势。他们的计划从一开始就是通过在俄国境内的防御作战消耗拿破仑，然后将被打败的敌人赶出国境，在欧洲掀起一场针对他的暴动。在俄国的军事、情报和外交文件中可以找到关于这一见解的充分证据。只有在长期作战的情况下，充分动员起俄国资源和人力的方式才有意义。俄国能够击败拿破仑的关键原因之一是，它的领导核心比拿破仑想得更深远。他们在 1812 年计划一场持久战，随后成功地把它强加给拿破仑，充分确信这是他最不擅长进行的一种战争。1813～1814 年，亚历山大将外交和军事策略结合在一起，对先在欧洲精英，后来甚至在法国精英中孤立拿破仑很有帮助。拿破仑当然在他自己的垮台中扮演了重要角色，但敌人自我毁灭的能力永远是亚历山大谋划的一部分。那些年里俄国的政策构想相当明智，也以始终如一的决心得到了执行，托尔斯泰式的神话里却把这些内容远远排除在外。 14

本书的核心内容是对大战略、军事行动和外交——换句话说就是权力政治——的研究。在那个年代，军事与外交政策紧密交织、错综复杂，因此必须放到一起来研究。在谈到俄奥关系——1813～1814年俄国外交政策最敏感，大概也最重要的方面——时，这一点尤其正确。

从1810年夏天直到拿破仑入侵，尽管原则上外交居于核心地位，但俄国的政策很大程度上受到军事考量的影响。俄国设在巴黎的情报机构提供了极有价值的信息，使亚历山大确信拿破仑决心入侵俄国，这对俄国的外交和战略计划影响深远。俄国皇帝倾向于接受防御性的军事战略，这或多或少地抹消了他试图确立俄普同盟的可能性。在1812年和1813年秋季战局中，外交几乎没有多少重要性，起决定作用的是军事行动。然而在1813年春季和1814年战局中并非如此，外交和政治考量影响了军事战略，有时甚至能够决定后者。这在1813年春季战局中几乎导致了灾难。决定俄国大战略和外交的是亚历山大一世，他对军事行动通常也有不小的影响力。他的观点、个性和做法至关重要。如果没有他，1813年时俄军很可能不会到德意志境内追击拿破仑，当然也永远无法触及巴黎。因此本书确实是对君王和战争的研究。

权力政治要求政权的存续，同时也受到一个国家有多大权力、其政权的组织形式如何的影响。本书着眼于亚历山大统治时期俄国权力的来源，这当然意味着帝国军队，特别是它的指挥架构、战术、"军事学说"和人事状况。但是这也意味着俄国的军事工业、公共财政、马匹产业和人力资源。俄国在这些领域的优势与劣势对解释帝国如何作战、为什么能够取胜很有帮助。正如经常出现的那样，政治制度和社会环境对帝国怎样调动、使用资源有深远影响。俄国政治和社会秩序的基石是农奴制。帝国军队是一支专业武装力量，士兵们是国家内部的独立阶层，一生中要服役 25 年。这样的社会和军队为什么能够应对和克服拿破仑的挑战，又是如何将其击败的？俄国的军官团——特别是高级军官——很大程度上是全体帝国精英的一部分，其本身依然保留着浓厚的贵族色彩。军队、上层社会和政府是一座由家族和庇护人网络构成的迷宫。我们要是不把这一点考虑进来，就时常难以理解军队的运作方式。

　　在说到帝国军队将领们的价值观与文化时，这一点也同样适用。荣誉、当众表现出来的勇气、对团和军官同伴们的忠诚都至关重要。以符合自己身份和军衔的方式处事也是如此。与决斗时类似，荣誉可以在战场上得到公开宣示和捍卫。在某些方面，"荣耀之地"——换言之就是战场——也是如今体育赛事的先驱。"胜利"意味着守住自己的阵地，夺取火炮、军旗之类的战利品。这些男性军人的价值观看上去不仅富有古典风貌，有些时候也相当幼稚；然而这些关系重大，因为它们会影响士气，使军官们在面对死亡和伤残的时候坚定不移。1812 年战局中出现的一个关键问题是，这些价值观正好与俄军的必要战略撤退相悖。[21]

　　尽管历史学家可以比较自信地描绘军官们的价值观念与动机，理解普通士兵们的心态却要困难得多。1812 ~ 1814 年，150 多万人曾作为列兵或军士，在军队和民兵组织中效力。他们中只有两个人留下了回忆录。[22]这一不足可以用数十年后被记载下来的若干口述回忆录、档案中保存的许多团的人事资料来填补。然而人们时常不得不根据士兵的实际行动和军官讲述的话语诠释普通士兵的价值观。这一点有明显的危险性。如果哪本书简单地将俄军士兵在面对可怕的贫穷以及上司有时施加的野蛮对待时体现出的勇气、忍耐力与忠诚看作理所当然，就会忽略掉战争中最重要但也时常令人困惑的要素之一。

　　在当代西方世界对拿破仑时代的理解中，俄国是最宽阔的一道

鸿沟，此书的目的就是要填平这道鸿沟。可是，一种对俄国势力与
政策的更有见地的、更加现实的理解也足以改变对拿破仑时代的整
体看法。这一时期的俄国没有英国那么强大，它的全球影响要弱得
多。然而与奥地利或普鲁士不同，俄国的利益与视野不仅仅局限于
欧洲大陆。对相当一部分地位显要的统治精英来说，拿破仑战争就
某种程度而言只是令人分心之事，不过是余兴节目而已。在他们看
来，俄国的主要利益在于向南边的奥斯曼帝国和波斯地区扩张。这
些人很少将法国本身看成是俄国主要的或者说不可避免的敌人。他
们中大多数人都相信，拿破仑帝国不过是因特殊情形和拿破仑的天
才而生的、转瞬即逝的现象。这个群体中令人印象最深刻的是尼古
拉·鲁缅采夫伯爵，他实际上从 1807 年底到拿破仑入侵俄国为止一
直担任俄国外交大臣。在他眼里，俄国最大的长远挑战来自英国对
全球金融、贸易和工业日益增长的控制，以及它对海权的垄断。这
种对俄国利益的看法最终被亚历山大一世推翻了。最重要的是，它
被强迫俄国政府为了其首要利益与法国开战的拿破仑逐渐破坏了。
但是鲁缅采夫的观点在 1812 年对俄国政策产生了一定影响，因为米
哈伊尔·库图佐夫也同意他的部分见解。它同样提供了一个观察拿
破仑时代某些潜在事实的有趣视角。

　　1800～1815 年的拿破仑战争是一场全球的，而非单纯欧洲范围
内的斗争。[23] 因为那些年里的绝大部分战斗发生在欧洲境内，这一
观点看起来或许有些奇怪。在这个层面上来说，即便与 18 世纪 90
年代的法国革命战争相比，拿破仑战争也是一场更加 "欧洲式" 而
不怎么 "全球化" 的战争。它远不及七年战争或美国独立战争 "全
球化"，那两场战争中的许多重大战役都发生在西半球和亚洲。然
而事实上，拿破仑战争很大程度上局限于欧洲的原因是，英国正越
来越接近与法国争夺全球霸权的百年战争的最终胜利。关于拿破仑
战争的最基本事实是，英国的海权把法兰西帝国锁在了欧洲范围内。
由于多种原因，在欧洲创建任何形式的帝国都要比在海外困难得多。
若干俄国观察家都这么认为，正是在法国革命和拿破仑战争时期，

16

英国巩固了它十分强大的全球帝国，这一帝国既是领土意义上的，又是商业意义上的。从某个角度看来，拿破仑创建欧洲帝国的企图只是为了与不列颠帝国主义相抗衡，避免法国在与英国长达一个世纪之久的冲突中战败的富有英雄气概的最后努力。拿破仑的运气相当不好，虽然在 1812 年之前他看上去非常接近成功。

事实上，我们可以在许多不同的层面研究拿破仑战争。研究者在一端拥有上帝视角。这一视角以全面、长时段的方式看待历史事件，兴趣点在于地缘政治的影响、1789 年后欧洲思想观念和文化价值观的转变、全球贸易和金融的格局。而在另一端，研究者可以具备所谓的"虫豸的视角"。这包括那个时代里普通人的日常观念，也包括枪机、弹药纸之类对俄军射击技术的不可靠程度有所影响的重要细节。这里还可以举一个例子，人们会看到对 1813 年 5 月 21 日下午发生的事件的讨论，当时米歇尔·奈伊（Michel Ney）元帅的失误夺走了拿破仑在包岑（Bautzen）会战中可以获得的决定性胜利，从而也可能抹消了他决定 1813 年战局并使奥地利远离战争的机会。在上帝与虫豸两种视角之间，人们可以发现历史学家通常讨论的其他事项。例如在此书中，它们包括俄国的步兵战术、俄国的军事工业、俄国对奥地利和巴尔干半岛的认识。这本书里包含了以上所有层面，因为它们全都同对俄国怎样击败拿破仑，又如何将其击败的理解有关。

本书的基本叙述方法是编年体。我从 1807 年的蒂尔西特（Tilsit）和谈写起，到 1814 年俄军进入巴黎搁笔。这样做的一个原因是，任何别的叙述方法都会毁掉整个故事，即使是教授也无权对欧洲历史上最精彩的故事之一这么做。但是运用叙事体和编年体的另一个原因是，这通常是对那些年里发生过的事情的最真实的解释方式。下午 2 点钟时存在于战场上的胜机经常会在 4 点钟时消失。对大多数发生过的事情而言，机会、误判和混乱关系紧密。决策所产生的影响会在接下来的几天、几周里一波波扩散出去。然而在书中的若干要点处，我暂时停止叙事，转去介绍背景。例如在第七章，我搁置了对 1812 年战局的叙述,去解释在至关重要的俄国大后方正发生什么。

　　本书是这样展开的。第二章向读者介绍了书中的两个"主角",换言之就是俄罗斯帝国的军队和皇帝亚历山大一世。该章提供了与俄国政治体系、俄国政权能够动用的主要资源、拿破仑时代国际关系的性质有关的基本信息。它以 1807 年的蒂尔西特和谈作结,力图去解释俄国人在会议上的考量,以及法俄为管理欧洲而进行的"交易"的根据,把这两者之间的关系放到了长期和平的基础上。第三章叙述了从蒂尔西特和约起,到拿破仑 1812 年 6 月入侵俄国为止的法俄关系。它主要——但不仅仅——讨论的是外交。这一章里的一个关键要素是对俄国情报行动的讨论,特别是在巴黎开展的那些,还有它们的影响。本章以把法俄关系放到更加广阔的全球环境中的尝试收尾,它也最明显地将从上帝到虫豸的所有层面上的解释结合在一起。第四章关注的是,1807 ~ 1812 年俄军如何备战、制定战争计划。

　　接下来分别是关于 1812 年、1813 年的各四章。这八章中有六章是关于战局的基本叙述,然而在全部六章中,我把很多注意力放到了在描述军队的补给和装备上。这始终是至关重要的,在 1812 年和 1813 年里的某些时间点上,它具有决定性作用。讲述 1812 年和 1813 年秋季的那几章大部分内容是军事,一旦战局开始,外交手段就坐上了冷板凳。与之相反,1813 年的前 8 个月里,要想实现亚历山大的目标,俄国的战略就在很大程度上需要把普鲁士和奥地利带入战争。因此外交在讲述 1813 年春季战局的第九章中占据了重要地位。这八章中的两章致力于描述俄国的大后方,以及 1812 ~ 1813 年里俄国是如何动员资源的,离开了这些,就不可能理解俄国为胜利而进行的战争努力。第十三、十四章涵盖了 1814 年战局。它们同样采用叙事体,不过由于把军事行动、外交、后勤,甚至法国的国内政治编织在一起的需要而显得错综复杂。采取上述写法的原因是,这四个要素紧密地联结在一起,而且对理解俄国的政策和联军的最终胜利都必不可少。

18

第二章

作为大国的俄罗斯

对俄罗斯国家而言，18 世纪是一个胜利时代。在彼得大帝在位（1689 ~ 1725 年）之前，欧洲精英视俄国人为野蛮人、陌生人和无足轻重之辈。像奥斯曼人一样，他们被当作欧洲的局外人：和奥斯曼人不一样的是，俄罗斯人甚至都无法赢得源自恐惧的勉强尊重。然而，到彼得逝世时，欧洲人的态度已经发生了改变。俄国在大北方战争（1700 ~ 1721 年）中痛击瑞典，取代它成为欧洲东北部最为强大的国家。在七年战争（1756 ~ 1763 年）当中，俄国给欧洲人的头脑里留下了更为巨大的影响。它的军队占领了东普鲁士，多次在交战中击败了弗里德里希二世的军队，甚至短暂占领过柏林。是叶丽萨维塔（Elizabeth/Елизавета）女皇在 1762 年的逝世和她的继任者彼得三世戏剧性地改变了俄国政策，才使得普鲁士免于毁灭。[1]

其后便是叶卡捷琳娜二世（Catherine II/Екатерина II）在位时期（1762 ~ 1796 年），在此期间俄国的领土、国力和国际地位都得到了极大提升。大部分波兰联邦领土被并入俄国，此外纳入版图的还有现在被作为乌克兰南部和东部，但当时人称"新俄罗斯"的地方。在彼得治下成为波罗的海头号大国之后，俄国现在也开始主宰黑海，并让它的舰队驶入地中海。拓殖者们开始填充由叶卡捷琳娜征服的肥沃乌克兰草地。随着新俄罗斯经济迅猛发展，俄国未来的国力看似几乎无可限量。叶卡捷琳娜与她最著名的情人格里戈里·波将金计划恢复拜占庭帝国，让她的孙子康斯坦丁（Constantine/Константин）大公坐上皇位。这一计划野心勃勃又令人难以置信，不过同样具备这种特征的不仅是叶卡捷琳娜本人的生活，还有俄国在 18 世纪激动人心的崛起。[2]

　　这些胜利的影响之一就是令俄国精英们习惯于胜利，为他们培 20
养了骄傲、自信与自大。或好或坏，这都对俄国在 1812 ~ 1814 年如
何作战有所影响。同样不可避免的是，胜利强化了罗曼诺夫（Ro-
manov/Романов）王朝和政府专制体制的合法性。俄国是瑞典和波
兰宪政原则的强烈支持者，因为它了解瑞典和波兰君主国的弱点，
认识到这会逐步削弱它的邻邦兼对手。在 1768 ~ 1792 年，俄国对奥
斯曼帝国取得了辉煌胜利，这也在很大程度上得益于软弱的苏丹不
能控制宫廷派系和行省总督。俄罗斯沙皇和奥斯曼苏丹都面临着过
时的军事力量阻碍创建现代化欧式军队的挑战。这些团——俄国的
射击军（strel'tsy/стрельцы）和奥斯曼帝国的耶尼切里（janis-
saries）——因为部署在首都，又和抵制一系列必要改革的政治、宗
教保守团体有关联而愈加危险。彼得大帝在 17 世纪 90 年代毁灭了
射击军。但直到 19 世纪 20 年代才有一位奥斯曼苏丹拥有足够摧毁
耶尼切里的权力和坚定信念。到那时为止，沙皇的国度早已在国力
上超越了奥斯曼帝国。[3]

　　国家权力的基础是罗曼诺夫王朝与土地贵族间的政治同盟。俄
国在这方面与其他四个欧洲大国（英国、法国、奥地利和普鲁士）
类似，它们也都是依靠王室与土地精英间的类似同盟关系。在每个
案例当中，同盟关系都有其特殊之处。以英国为例，君主的权力并
非绝对，贵族则是包括了金融和商贸精英在内的联盟中的高级合
伙人。[4]

　　尽管四个欧陆大国在理论上都是绝对君主制国家，但没有人会
怀疑俄国皇帝的权力较之他的法国、奥地利乃至普鲁士同行更为绝
对。他未经人民许可便能制订法律、征收赋税，俄国也没有法律保
护哪怕最为高贵的贵族臣民免于他的专制冲动。与此相反的是，其
他大国则有继承自中世纪封建主义的贵族议会和司法机构乃至有时
包括君主本人及其亲属在内的社会精英道德风貌，来约束君主权力，
在法国和奥地利尤其如此。其他因素也增强了俄国专制君主的权力。

例如，在欧洲新教地区，此前庞大的天主教会地产已经在宗教改革中被没收，大部分最终落入贵族手中。在 18 世纪，欧洲天主教地区的大部分此类土地依然由教会掌握。然而，到 18 世纪 60 年代为止，俄国君主制政府已经查扣了东正教会的庞大财富，并将大部分此类财富纳入自己名下。这也是为何到 18 世纪 90 年代的所有农奴人口中有百分之四十以上并不属于私人地主，而是属于皇室的重要原因之一。[5]

专制君主的庞大专断权力是俄国政治与政府的日常现实。专制君主管理政府机构和贵族精英二者的方针与技巧是至关重要的。但俄国君主既是拥有无限权力的，又是在某些方面受到严重制约的。即便是俄国的欧洲部分在面积上也要远远大于任何一个其他大国，而它的人口直到 18 世纪 50 年代才超过法国，到亚历山大一世统治年代按照欧洲标准依然是人口稀疏。陆上交通线相当原始，在春季和秋季会崩溃成无法通行的泥淖。国家的官僚机构不但规模较小，而且腐败无能。在 1763 年，俄国的国家官员人数仅仅略多于普鲁士，尽管后者的国土面积只有俄国欧洲部分的百分之一。普鲁士君主可以从诸多德意志大学里招募接受了法律和行政管理培训的官员，其中一些大学自中世纪起一直存续。当亚历山大在 1801 年登上俄国皇位时，俄国只有一座大学，而它是 1755 年在莫斯科创立的。在 1775 年的行省政府改革后，国家在乡村的行政管理有所加强，但在绝大部分情况下，新官员们都来自地方的乡绅地主，而且时常是由乡绅地主们推选出来的。这些人很多时候都是在军队中服役若干年后才回乡结婚并继承小庄园的。因此，地方行政机构的扩张强化了君主政体和地主阶级间的互相依靠。

从一方面看，倘若不依靠地主，罗曼诺夫王朝便会一事无成，一位君主曾称地主为国家的无意识征税人和乡村的征兵代理人。倘若没有贵族在官僚机构中效力，特别是倘若没有贵族在军队中作为军官服役，那么国家也就无法生存下去。但贵族们也十分需要国家。军官或官员职业是重要的收入补充来源。国家也为地主提供免遭农民反抗或暴动威胁的保障。在叶梅利扬·普加乔夫（Emelian Pugachev/Емельян Пугачёв）的领导下，哥萨克和农民于 1773 年在乌拉尔（Urals/Урал）地区发动了范围广大的起义，并一路沿伏尔加河（Volga/Волга）下游蔓延。成千上万的正规部队展开了好几个月的作战才将这一反叛平息下去，这场反叛让数以百计的贵族失去了性命，给精英阶层的意识打下了深深的烙印。对一小部分（尽管其绝对数目依然很大）小贵族而言，军队乃至官僚机构都提供了跃升为贵族精英从而获得财富的渠道。18 世纪的频繁战争为年轻的贵族们提供了许多证明自己的机会。

　　除了罗曼诺夫家族之外，18 世纪俄国经济发展的最大受益者是在这一时代主宰着宫廷、政府和军队，构成了帝国贵族精英的一小群家族。这些家族中有的历史比罗曼诺夫家族还要悠久，其他人的祖先起源则要晚近得多，但到亚历山大一世统治时期为止，这些人已经形成了单一的贵族精英阶层，他们之间以财富和婚姻网络抱团。他们的财富、社会地位和政府职位带来了庞大的能量。这些人的庇护人—受庇人网络遍布在俄国政府和武装力量当中。罗曼诺夫家族自身也来自这一贵族环境。是皇室地位后来让他们远远高于普通贵族，而君主们则决心保护自己的自主权，永远不让自己被任何贵族小圈子绑架。虽然如此，就像任何其他欧洲君主那样，他们视大贵族为天然盟友和伙伴，是运转良好社会的天然秩序与等级的屏障。

　　贵族们使用了许多诡诈手法以保持他们的权力。在 18 世纪，贵族们把自己的儿子早在童年时期就送入近卫军团。等到贵族家庭的小年轻长到二十多岁时，便可以利用他们的“资深”服役年数和近卫军的特权地位一跃进入普通部队各团上校之列。叶卡捷琳娜大帝的儿子帕维尔一世（Paul I/Павел I）在 1796～1801 年统治俄国，他终止了这一诡诈手段，但在 1812～1814 年担当俄军高位的许多贵族已经得益于此。更为重要的则是贵族们利用宫廷职位。尽管这些职位大体是荣誉性的，但它们让年轻贵族宫廷侍从（*Kammerjunker/Камер - юнкер*）和宫廷侍从官（*Kammerherr/Камергер*）能够转入政府中的所谓同一品级高位。

在 18 世纪欧洲的大背景下，这并不是特别令人惊讶的事情。年轻的英国贵族们用金钱开路，在军中各个等级间快速攀升①，依靠他们父辈的口袋选区进入下议院，有时还会年纪轻轻便继承上议院席位。和英国贵族不一样，俄国贵族无法凭借对下议院的主宰控制政府。不过，若是一位俄国君主施政拙劣或过度惹恼了彼得堡精英，他也有可能被推翻和被谋杀。帕维尔一世曾经评论说，俄国国内除了能够与皇帝交谈的人之外，根本就没有显贵（Grands Seigneurs），而且就连那些人的显贵地位也只能在皇帝屈尊与其谈话时维持。他的话对了一半：与他们在伦敦或维也纳的同类相比，俄国显贵更附庸于皇权，自主程度更低。但他也错了一半，在 1801 年由于这一误算付出了生命的代价——被帕维尔的专断行为激怒的俄国贵族们，在彼得堡督军彼得·冯·德·帕伦的率领下将其谋杀。

俄国贵族和乡绅构成了帝国的统治精英与军官团核心。但罗曼诺夫家族统治着一个多民族的帝国。他们使自己与帝国的非俄罗斯贵族结为同盟，将他们纳入朝廷和军队。最为成功的非俄罗斯贵族是波罗的海省的德意志地主阶级。根据一份保守估计，1812 年所有俄军将领中有 7% 是波罗的海德意志贵族。波罗的海人的成功一定程度上归因于这样一个事实，得益于路德宗教会和 18 世纪北欧的启蒙运动，他们的教育程度要远优于普通的俄国外省贵族。[6]

在那个时代，帝国由多种多样的外来精英统治实在极为平常。在奥斯曼帝国的全盛时期，它的统治精英阶层是由改宗的基督徒奴隶组成的。清帝国和莫卧儿（Mughal）帝国分别是由来自中国和次大陆边界以外的精英统治的。根据上述标准，罗曼诺夫王朝的帝国已经是非常俄罗斯化了。即便根据欧洲标准，俄罗斯国家的状况也并非独一无二。奥地利帝国的许多重要军人和国务活动家来自哈布斯堡的领土之外。普鲁士在 1812 ~ 1814 年三位最伟大的英雄——布

---

　① 即英国陆军中的购买军职制度。——译者注

吕歇尔、沙恩霍斯特（Scharnhorst）和格奈泽瑙（Gneisenau）——
都并非生为普鲁士臣民，也都不是在普军中开始军事生涯。

　　当然，俄军中的外来者人数可能确实要多于奥军和普军。欧洲
移民在彼得堡的地位也要比在柏林或维也纳更为突出。在 18 世纪 24
里，有许多欧洲军人和官员为了获得更好的收入和职业前景转而为
俄国效力。在亚历山大统治时期，逃离法国大革命或拿破仑统治的
流亡者也加入了他们的行列。最重要的是，欧洲移民填补了由于俄
国职业教育或职业中产阶级发展缓慢造成的空缺。职业医生就是这
样一个群体。即便到了 1812 年，俄军当中的医生人数也只有 800 出
头，其中许多人是德裔。军事工程师也面临短缺。18 世纪时的俄国
工程兵是炮兵的小兄弟，处于其管辖范围之内。尽管他们在亚历山
大统治时期获得了独立，但受过训练的工兵军官数量依然太少，而
他们需要努力完成的任务范围又极其广阔，因而俄国依然在寻找能
够被吸引到俄军来的外国专家。在 1812 年战争前夕，最为资深的两
位俄国军事工程师分别是荷兰人彼得·凡·叙赫特伦（Peter van
Suchtelen）和德意志人卡尔·奥珀曼（Karl Oppermann）。[7]

　　更为重要的外国人巢穴则是为军队提供总参谋部军官的军需总
监部门。在博罗季诺会战当中，"俄国"参谋里有几乎 1/5 的人连
沙皇的臣民都不是，只有不到一半人拥有斯拉夫姓氏。总参谋部一
定程度上源自制图局，那是一个非常专业化的部门，对工作人员的
数学能力要求相当高。这一点确保了它里面充斥着外国人和非俄罗
斯人。随着军队在拿破仑时代规模膨胀，变得更为复杂，参谋机关
的作用变得相当关键。让许多俄国人感到越发憎恶的是，他们的参
谋当中很大一部分人有非俄罗斯族的姓名。除此之外，拿破仑在
1812 年的入侵引发了俄国的排外主义浪潮，这一浪潮有时会针对俄
军中的"外国人"，这一用语并未对真正的外国人和并非俄罗斯族
的沙皇臣民做出多少区分。然而，倘若没有非俄罗斯人参谋，帝国
是永远无法在 1812～1814 年取得胜利的。此外，这些人中的绝大部
分都完全忠于俄罗斯国家，他们的家庭通常会在一段时间内融入俄

罗斯社会。这些外国工程师和参谋也协助培养了日后取代他们地位的新一代年轻俄罗斯人军官。[8]

25　就像其他大国一样,对沙皇俄国而言,拿破仑时代的巨大挑战在于为战争动员资源。有四个关键要素可以被描述为俄罗斯实力的源泉。[9] 它们是人员、马匹、军事工业和财政。除非了解到上述四个要素中每个要素的基本优势与局限,不然就无法理解俄国怎样进行这些战争,也无法领会到它为何取得胜利。

对任何国家而言,人力都是最明确的资源。当叶卡捷琳娜二世于 1797 年逝世时,俄罗斯帝国的人口大约是 4000 万。与之相比,大革命前夕的法国拥有 2900 万臣民,同时期的哈布斯堡属地则有大约 2200 万居民。就算到了 1806 年,普鲁士人口也只有 1070 万。联合王国的人口介于普鲁士和更为庞大的欧陆大国之间。包括爱尔兰人在内,1815 年的联合王国人口大约是 1500 万人,不过印度的人力也正在成为英国全球力量中的一个因素。因此,俄国的人口数量根据欧洲标准是很庞大的,但它并不比旧制度的对手们大太多,还要远小于拿破仑控制的人力资源。法兰西帝国,或者说由巴黎直接统治的全部领土,在 1812 年拥有 4370 万人口。但拿破仑还是拥有 650 万人口的意大利王国国王、拥有 1400 万居民的莱茵同盟(Rheinbund)保护人。他还可以掌握其他一些领土:从俄国角度而言,最显著的就是华沙大公国,它的 380 万人口为 1812 ~ 1814 年的战争努力做出了不成比例的贡献。简单地列出上述数字,就多少反映出了俄国在那些年里面临的挑战状况。[10]

从国家层面而言,动员俄国人口的优点在于不仅数量庞大,而且价格低廉。威灵顿军中列兵的生活与王公相去甚远,但即便俄军以银戈比计饷,英军列兵的年收入也是他们俄军同行的 11 倍之多。实际上,1812 年的俄军列兵更有可能拿到贬值的纸卢布,其实际价值仅有票面价值的 1/4。由于时常弄不清楚摘引材料中的俄国卢布究竟是纸卢布还是银卢布,对价格和收入的比较总是问题丛生的,而且俄国的生活成本无论如何都和其他国家相去甚远,其差异之大尤以英国为甚。更为现实主义的比较则是这样的事实，即便在和平时期，英军士兵除了面包之外，还可以拿到米、肉、豌豆和奶酪。而俄军列兵拿到的只有面粉和谷粒，尽管他们在战时还可以得到肉和伏特加的补充。士兵们把拿到的谷粒煮成麦片粥，这就是他们的日常主食。[11]

26

俄军的团有时拿到的也不是制服和军靴，而是衣料和皮革，以此自行制作衣服和鞋子。火药、铅和纸也被分发到各个团里，让他们自己制成弹药。国家能够动用的免费劳力也不仅是士兵。一小部分征募人员并没有被送进军队，而是被派到了矿山。更为重要的是，当彼得大帝第一次建立作为俄国军事工业基础的钢铁工场时，他将若干个村庄永久性地整体分配给工场劳作。他在建立一些为军队提供衣料的纺织工场时也是如此。分配给工场的劳动力总是要更为廉价，因为工人的家属依然保有农地，政府期望他们以此自给自足。[12]

只要整个欧洲的军队都是由长期服役的职业军人组成，俄国的军事体系就能在竞争中发挥出色。按照年度征召新兵的系统让俄军成为欧洲最庞大也最廉价的军队，与此同时却没有给人民施加不可承受的负担。然而在 1793～1815 年，法国和普鲁士相继发生了巨大变化，这给俄国军事体系的长期生命力打上了问号。革命中的法国开始普遍征召整个"年龄阶层"的年轻人，希望一旦战争结束便让他们作为崭新共和国的公民重回平民生活。1798 年时，所谓的《茹尔当法令》① 确立了 6 年兵役制，从而将这一制度固定下来。在一段有限时间内征召整个年龄阶层的国家可以投入比俄国更多的军队，它日后也将拥有由依然相对年轻的退役士兵们组成的、训练有素的预备役部队。如果俄国试图效法这一制度，它的军队就不再是国家内部的独立集团，整个沙皇制度下的国家与社会也将发生改变。公民军队是与基于农奴制的社会极不相容的。军队在镇压内部叛乱时

---

① Loi Jourdan，原文误作 Loi Jourdain。——译者注

会比之前更不可靠。贵族地主会面临这样的前景：成群回到乡村的年轻人已经不再是农奴（要是现存法律依然有效的话），而且接受过军事训练。[13]

事实上，拿破仑的挑战来得太快，去得也太快，以致无法让这一威胁完全成为现实。临时的应急措施就足以克服危机。在 1807 年以及 1812 ~ 1814 年，虽然政府领导人中有人担忧民兵在军事上无用，反而可能转变成对社会秩序的威胁，但政府还是组织了大规模的只需在作战期间服役的民兵。当组织民兵的主张于 1806 ~ 1807 年冬季首次被提交讨论时，亚历山大资历最深的顾问之一伊万·弗拉基米罗维奇·洛普欣（I. V. Lopukhin/И. В. Лопухин）公爵便如此警告，"在当下的俄国，削弱（农奴）对地主的依附关系纽带是比外国入侵更加危险的事情"。皇帝愿意冒这种风险，他的判断也被证明是正确的。依靠大量增加正规军和召集民兵对俄国人力进行动员，就足以击败拿破仑，并不需要对俄国政治秩序进行根本性的改变。[14]

作为军事资源，马的重要性仅次于人，而俄国在马匹资源方面拥有超出地球上其他任何国家的自然馈赠。俄国南部和西伯利亚的草原上分布着无数的马群。这些马匹体格健壮、行动敏捷、适应性极强。此外它们也相当便宜。一位研究俄国马匹产业的历史学家称这些草原马是"巨大且取之不尽的储备资源"。最接近纯粹草原马的俄军骑兵马匹出现在它的哥萨克、巴什基尔和卡尔梅克非正规骑兵团里。顿河（Don/Дон）哥萨克马其貌不扬、体格矮小、行动快速、易于操纵。它可以在恶劣天气中的崎岖地形里，只携带最低限度的饲料连续数日长距离行进，这种方式对正规骑兵而言是不可能实现的。本土上的哥萨克马总是被放养出去吃草。在冬季，哥萨克马会用前蹄挖出浅沟，寻找藏在冰雪下的草根和草叶。哥萨克在从军时自行携带马匹，不过 1812 ~ 1814 年政府会为在作战中丢失的马匹提供补偿。哥萨克是极为出色的侦察兵，即便身处黑夜中也能够在任何地形上找到道路，哥萨克还让俄军轻骑兵免于从事让其他军队里的同行们疲惫不堪的勤务，但是俄军骠骑兵团、枪骑兵团和猎骑兵团自身也拥有强壮、坚韧、廉价又快速的马匹，它们也混有相当程度的草原马血统。[15]

从传统上看，中型马（供应龙骑兵）和重型马（供应胸甲骑兵）是大得多的问题。事实上，在七年战争前夕，俄国就没有任何实际意义上的胸甲骑兵团，甚至连龙骑兵团状况也非常糟糕。然而截至 1812 年，状况已经发生了很大的改变，这首先是因为俄国的马场产业在 18 世纪最后几十年里急剧扩张。截至 1800 年，俄国共有 250 个私有马场，它们几乎都是在过去 40 年中创立的。这些马场提供了一些龙骑兵战马和大部分胸甲骑兵战马。在 1812 ~ 1814 年与俄军一同作战的英国军官们赞同查尔斯·斯图尔特（Charles Stewart）爵士的观点：俄军重骑兵"无疑十分出色"。罗伯特·威尔逊（Robert Wilson）爵士写道，俄军重骑兵的"战马是无与伦比的体格、力量、活力、坚韧的结合；既有英国挽马的块头，又有绝不粗劣的血统，而且性格极为和顺，自然而然地使其便于管理，还得到了最佳的梳刷装饰"。[16]

要是说俄军胸甲骑兵的战马有什么问题的话，那可能就是它太过昂贵了——至少在亚历山大一世眼中是这样。就连重骑兵战马的官方价格都高达骠骑兵战马的两倍半，近卫胸甲骑兵——换言之就是禁卫骑兵团和骑马禁军团——的马匹花费自然更是远多于此。胸甲骑兵战马的饲育与养护开支也要比轻骑兵战马昂贵，而且作为体型较大的马匹，它们通常在耐力和韧性上也有所欠缺。因为它们来自马场，所以补充这类马匹也要困难得多。也许正是出于这些原因，俄军胸甲骑兵在 1813 ~ 1814 年时常被留作预备队，参战次数颇为有限。有一回某个奥地利将军动用俄军胸甲骑兵从事前哨勤务，让他们蒙受了不必要的损失，亚历山大因此大发雷霆。[17]

俄国军工业通常可以仰赖国内的原材料资源，不过也存在一些关键性的例外。俄国需要从海外进口大量的硝石和铅，1807 ~ 1812 年，当大陆封锁体系令俄国海外贸易难有作为时，铅就成了军工方面一个昂贵而危险的弱点。军队制服所需的羊毛也是个问题，因为俄国只能生产军队所需总量的 4/5。随着军队规模在 1807 年后膨胀起来，俄国也没有足够的毛纺工场满足军事需求。然而真正至关重要的原材料是铁、铜和木材，而俄国拥有充足的此类资源。亚历山大在位之初，俄国依然是世界上最大的产铁国，在铜产量方面也仅次于英国。彼得大帝曾在欧洲与西伯利亚边界上的乌拉尔地区建立了俄国的第一批大型钢铁工场，以此开发当地丰富的铁矿和木材资

29 源。尽管俄国的金属冶炼技术已经开始远远落后于英国，它却依然能够满足 1807～1814 年的军事需求。俄国的主要武器生产中心位于彼得堡和坐落在莫斯科以南 194 公里的图拉（Tula/Тула）城，乌拉尔地区和那里相距甚远，但效率相当高的水路运输却将这三个地区连接了起来。虽然如此，任何在乌拉尔地区生产的武器或弹药都不可能在一年之内运抵部署在俄国西部边境的军队。[18]

武器生产可以分成两大类：火炮和手持武器。绝大部分俄国铁炮都是在位于彼得堡东北面的奥洛涅茨（Olonets/Олонец）省彼得罗扎沃茨克（Petrozavodsk/Петрозаводск）小镇的亚历山大火炮工兵工场生产的。它们主要被指定用于防守要塞和攻城。大部分野战火炮来自圣彼得堡兵工场：它在 1803～1818 年生产了 1255 门新炮。这两座工场都采用了最新的生产技术。彼得堡兵工场在 1811 年引进了一台蒸汽动力发生器，以此驱动所有的车床和钻探器械。还有一小部分火炮在位于俄罗斯与白俄罗斯交界处附近拥有庞大仓库和工场的布良斯克（Briansk/Брянск）进行生产和维修。当阿列克谢·阿拉克切耶夫（Aleksei Arakcheev/Алексей Аракчеев）针对炮兵的改革于 1805 年完成后，俄国的火炮与炮车也跻身世界最佳之列。改革削减了火炮的种类数目，对装备进行了标准化和轻量化，也仔细思索了如何让武器和装备与它们计划完成的战术任务相适应。唯一可能的缺点是俄国榴弹炮，它所能抬高的仰角不及法国型号，因此在与法国榴弹炮对决时不一定总能打到目标。另外，得益于炮车的轻巧和马匹的质量，1812～1814 年俄军骑炮兵表现得最为机动灵活。[19]

至于手持枪械，状况就远没有那么乐观了。步枪在三个地方生

产：邻近乌拉尔的维亚特卡（Viatka/Вятка）省伊热夫斯克（Izhevsk/ Ижевск）工场在 1812～1814 年生产了大约 10% 的各类枪械；距离彼得堡 35 公里的谢斯特罗列茨克（Sestroretsk/Сестрорецк）工场生产的比前者还少，不过谢斯特罗列茨克在修理现有兵器中发挥了较大的作用；因此，图拉城是 1812～1814 年最为重要的步枪来源。[20]

　　图拉国营兵工场是彼得大帝于 1712 年建立的，但生产任务则由兵工场和私人作坊分担。1812 年时，尽管国营工场生产了大部分新枪，6 位私人承包商也提供了相当多的步枪，然而，这些承包商并没有自己的工场。他们一定程度上通过自己相对较小的工坊满足国家订单需求，但是大部分工作被分包给了许多在家工作的手工业者和工匠。战争部抱怨此举浪费了时间、运力和燃料。然而国营工场本身很大程度上也不过是把小作坊凑在一起，其生产过程时常纯粹依赖手工。劳动力被分成五个行当，每个行当负责一部分生产任务（枪管、木枪托、击发装置、白刃兵器、其他所有步枪部件）。制造枪膛是生产过程中最复杂的部分，也造成了最大的延迟，这一定程度上是因为缺乏熟练劳动力。

　　工场和私人工坊里的最大问题都是技术过时和加工机械不足。蒸汽动力机器直到拿破仑战争末期才被引进，而且此举无论如何都被证明是个失败选择，一定程度上是因为它需要在图拉地区价格极其昂贵的木柴充当燃料。水力是传统的动力来源，图拉兵工场于 1813 年引进了有效得多的机器，大大减少了对水的消耗，让水力机器传动生产能够持续整周运转。然而即便这种机器被引进之后，缺水依然意味着在春季时会有若干周没有动力。同年还引进了用于给步枪钻膛的机械传动钻头：此前这一工作需要 500 人以手工方式完成，是对生产的严重制约。一位曾经参观过英国类似工场的俄国观察家注意到，英国工场在每个生产步骤中都采用了适当的加工机械。而在图拉状况却与此相反，许多专门工具是弄不到的，榔头和钻头尤其如此，弄到优良的铁制加工机械更是几乎不可能。俄国工匠有时候只能使用刨子和凿子。[21]

考虑到它所面临的问题，俄国军工业在拿破仑时代上演了奇迹。尽管俄国武装力量在那些年急剧扩张，1812～1814 年的武器损失也相当大，但绝大部分俄国士兵依然拿到了枪支，而且大部分枪支都是在图拉生产的。这些步枪的花费只有它们的英国同类的 1/4。另外，倘若没有 1812～1813 年从英国进口的 101000 支步枪，俄国也不可能武装在 1813 年增援野战军的后备部队单位。此外，俄国加工机械的问题，以及对生产速度和数量的庞大压力也让其中一些步枪不可避免地不合标准。例如，一份英国资料就对 1808 年的图拉步枪质量进行了严厉批评。另外，法国针对步枪击发装置进行的一次测试却得出结论，俄国型号的步枪多少要比他们自己的步枪更可靠，尽管还是远远比不上英国和奥地利步枪。基本的一点是，那个年代的所有欧洲步枪都是完全不可靠且不完美的兵器。俄国步枪无疑要比英国步枪差，或许也时常会劣于其他主要军队的步枪。尽管俄国军工业在 1812～1814 年实现了宏大的生产规模，但它依然无法提供足够的新式步枪，确保一个营里的所有士兵都拥有同一型号、同一口径的枪支。不过这是所有欧陆军队要共同面临的问题，俄国只不过再次成为一个极端案例而已。[22]

也许枪支的质量对俄军战术确实有所影响。可能只有持乐观态度的俄国将领会认为，装备了此类武器的士兵能够效法威灵顿的步兵列成两列横队，以射击打退推进中的敌军纵队。[23]俄军之所以拥有欧洲军队中最大的火炮—步兵比例，并以庞大火炮数量支援步兵以密集队形作战，步枪的缺陷可能也是一个额外因素。然而，尽管俄国步枪的缺陷可能影响到军队的作战方式，它们却必然没有削弱它在战场上的生存能力。拿破仑时代距离克里米亚战争依然十分遥远，那时工业革命已经开始改变武器装备，英国和法国的线膛化步枪相对于俄国滑膛枪的优势让俄国步兵几乎无法生存。

俄国力量中的第四个也是最后一个要素是财政，换言之就是岁入。在 18 世纪的欧洲，作为一个大国的代价十分昂贵，每当发生战争，开支就要进一步升级。军事开支不仅会导致国家发生财政危机，还会在国内引发政治危机。最著名的案例便是，法国的波旁（Bourbon）政权由于介入美国独立战争花费巨大，导致国家破产，最终引发了 1789 年的政权崩溃。经济危机也削弱了其他大国。例如，在七年战争当中，经济危机迫使哈布斯堡帝国逐步削减军队规模。

财政对外交和军事政策的影响延续到了拿破仑时代。1805～1806 年，缺乏维持军队动员并使其对拿破仑持续构成威胁所需的资金破坏了普鲁士的政策。与之类似的是，奥地利在 1809 年也因为国家无法负担现有军事开支水准，面临着要么立即与拿破仑作战，要么就削减军队规模的抉择。奥地利人选择了战斗，接着被击败，随后背上了令其在此后若干年里军事潜能大为削弱的战争赔偿。更为沉重的破坏性战争赔偿则在 1807 年被施加到了普鲁士头上。俄国在 1789 年的债务水平要高于奥地利和普鲁士。1798～1814 年的战争不可避免地大大增加了债务。和奥地利人、普鲁士人不一样，俄国在 1807 年被拿破仑击败后不用支付赔款。然而，要是它在 1812 年战败，状况就将大有不同。

即便没有战争赔款的负担，俄国依然在 1807～1814 年遭遇了财政危机。自从叶卡捷琳娜二世与奥斯曼帝国的第一场战争（1768～1774 年）起，年度支出就经常性地超过了岁入。国家起初以向荷兰银行家贷款的方式在一定程度上弥补了赤字。但这一方式到 18 世纪末就不可能再持续了：利息支出已经成了财政的沉重负担。而且不管怎样荷兰都已经被法国占领，它的金融市场也对其他大国封闭了。即便在 1800 年之前，财政亏空就要靠印发纸卢布来弥补。到 1796 年时，纸卢布的实际价值只相当于同等票面价值银卢布的 2/3。1805 年后的持续战争导致开支骤增。应付开支的唯一方法就是印发越来越多的纸卢布。到 1812 年时，纸卢布的实际价值大约只相当于"真实"（亦即银卢布）币值的 1/4。通货膨胀导致国家开支激增，其中武器、装备和军队给养的开支也占了相当重要的部分。让岁入迅速增长到足以抵销开支是不可能的。与此同时，财政部则时刻生活在对通货膨胀失控和纸币信用全面崩溃的恐惧之中。即便没有这一点，对贬值中纸币的依赖也给俄军在国外的行动能力带来了严重风险。有些食物和装备需要在战区购买，在盟国领土上作战时尤其如此，但是没有外国人愿意以货物和服务交换纸卢布。[24]

33　　在叶卡捷琳娜二世于 1796 年去世时，俄国的岁入为 7300 万卢布，或者说 1170 万英镑；如果将征收费用考虑在内的话，它将降低到 893 万英镑，倘若考虑到纸卢布贬值因素的话，实际收入还会进一步降低。奥地利和普鲁士的岁入也处于同一级别：以 1800 年为例，普鲁士的总收入是 865 万英镑；奥地利在 1788 年的总收入是 875 万英镑。即便在法国财政处于深度危机的 1789 年，法国王室岁入依然高达 47500 万法郎，或者说 1900 万英镑，这要比上述国家高得多。英国再次处于另一个级别：1797～1799 年开征的新税将它的岁入从 2300 万英镑提高到 3500 万英镑。[25]

　　纵然如此，俄国仍然保持着可畏大国的地位，这是因为在欧洲范围内对岁入进行粗略比较的错漏之处很多。此外，正如我们在这一章中看到的那样，俄国境内的所有重要军事资源价格都要远低于以英国为代表的其他国家。即便在和平时期，国家都很少为某些服务与货物付款。它甚至还让大部分军队在一年中的多数时间里驻扎到各个村庄，成功地把供养军队的部分费用丢给了农民。1812 年时的大规模征用乃至更大规模的志愿捐献将这一原则发挥到了极致。俄国之所以能够在 18 世纪以有限的代价取得胜利，重要原因之一就是，它几乎都是在敌国领土上作战，而且在相当程度上由别国负担战争开支。这在 1813～1814 年再次发生了。[26]

　　1812～1814 年，俄罗斯帝国几乎将自己权力肌腱的每一部分都尽力使用到接近断裂的程度，惊险地击败了拿破仑。即便如此，如果俄国仅仅是依靠自身也还是永远无法摧毁拿破仑帝国的。实现这一点就需要一个欧洲大同盟。创建、维持并在某种程度上领导这个大同盟是亚历山大一世最伟大的成就。亚历山大面前的道路上横亘着许多障碍。如果想理解为何会有这些障碍、这些困难又是怎样被克服的，就需要对这一时期的国际关系运作方式有所了解。[27]

　　在 18 世纪下半叶，欧洲拥有五个大国。这五个大国当中，英法两国是根深蒂固的死敌，普奥两国也是如此。俄国则是其中唯一没有仇敌的，这一点对它极其有利。总的来说，俄国在英法冲突中站在英国一边。这首先是因为，法国在传统上是瑞典、波兰、奥斯曼帝国的庇护者，而这些国家是俄国的近邻兼对头。英国也是俄国货物的最大出口市场。虽然如此，英俄两个大国之间的关系有时也会陷入紧张状态。和其他欧洲人一样，俄国人也因英国在战时对中立国贸易进行的严厉打击而深感不满，在英国海权处于最低点的美国独立战争期间，俄国领导波罗的海国家结为同盟，捍卫中立国权利。1787~1791 年，法国的内部危机似乎削弱了它的实力，从而让英国外交有了更大的回旋空间。恰恰是这个时候，俄罗斯军队正在粉碎奥斯曼军队，向巴尔干纵深挺进。维多利亚时代英俄争夺亚洲主导权的"大博弈"阴影首次出现在地平线上。时任首相的威廉·皮特（William Pitt）扮演了对抗俄国的土耳其拯救者的角色，还试图迫使叶卡捷琳娜二世放弃她的一部分征服果实，尽管这最终并未获得成功。此后不久，法国的扩张就把这些考虑推到了一边，而且在一代人的时间内，这些事情也只是欧洲外交的边角料而已。彼得堡的人们却没有忘记皮特的努力。[28]

　　对俄国而言更有用的是奥地利与普鲁士间的对抗。哈布斯堡王室和霍亨索伦王室从七年战争中学到的教训是：它们的安全依赖于俄国的善意，未来的扩张就更不用说了。叶卡捷琳娜二世精明地拍卖俄国的支持。在 18 世纪 70 年代，她已经得出了正确的结论，俄国通过打击奥斯曼帝国、向南扩张可以得到最大的收益。就这样的方针而言，奥地利要比普鲁士更有用。女皇因此礼貌地允许维也纳赢得她的拍卖。奥地利人为此付出了高昂的代价。在 1788 年，他们发现自己被迫卷入了一场针对奥斯曼人的战争，那场战争符合俄国的利益，却于奥地利无益。

　　早在拿破仑时代，许多在 1914 年让奥地利向俄罗斯开战的问题就导致两个帝国之间关系紧张。这首先是奥地利对越发增长的俄罗

34

斯势力的忧虑。例如，到 18 世纪 90 年代为止，俄国海军不仅主宰了黑海，一支强大的分舰队还在亚得里亚海上，也就是奥地利的后院里活动。在 1768 ~ 1812 年俄罗斯帝国与奥斯曼帝国的三场战争中，俄国军队占领了今天的罗马尼亚。俄国很有可能吞并这块领土，而这对奥地利的利益构成了严重威胁。在巴尔干的基督徒人口中，

35　俄国的强大势力和在他们的奥斯曼领主身上取得的多次胜利令许多人转而拥护俄国。此外，这些基督徒是与俄国人一样的东正教徒。1804 ~ 1812 年塞尔维亚人发起了对奥斯曼统治者的反抗，希望俄国人向他们提供援助。俄国外交官们此时的举动令研究 1914 年之前俄国外交政策的历史学家们倍感熟悉，他们既希望塞尔维亚人成为忠实的代理人，又担心塞尔维亚的野心会把俄国拖进和哈布斯堡帝国的灾难性冲突之中。从奥地利角度而言更糟糕的是，在哈布斯堡治下的东正教臣民中，倾向俄国的人口数量也日益增加，其中成千上万的人在 18 世纪下半叶移民到了南俄和乌克兰的草原上。[29]

　　较之其他任何欧洲大国，俄国起初不怎么关注法国大革命和法国随后的扩张。叶卡捷琳娜不喜欢革命，把少数几个俄国异议分子投入牢狱。她粉碎了波兰的"雅各宾主义"，用这个好借口摧毁了波兰国家地位的最后残余。然而，任何明智的人都不会害怕在俄国发生一场法国式的革命。俄国没有"第三等级"，就算勉强认为这一等级存在，那些中产阶级专业人士也多数来自外国，接受政府的雇用。除了少数个例之外，俄国商人和工匠多数依然十分传统，他们在心态上是东正教徒，就效忠对象而言是君主主义者。启蒙的民意依然为贵族所垄断，它视君主政体为俄国最开明的力量，期望它将整个帝国现代化并欧洲化。在产生了普加乔夫的土地上，对每个受过教育或拥有一定财产的俄国人来说，任何群众革命的想法都是诅咒。[30]

　　至于法国的领土扩张，俄国起初也可以秉持相对放松的看法。法国位于欧洲的另一端，它需要扩张相当一段距离才能威胁到俄国利益。与此相反，法国军队只要稍作推进，就能够迅速进入莱茵兰

和比利时,从而触及哈布斯堡帝国和英国的根本利益。当英国、法国、奥地利(甚至可能加上普鲁士)在欧洲另一端卷入战争时,俄国就没有必要担心它的国家安全,可以满怀信心地追求它的国家利益——波兰便是其中的重要部分。[31]

到 18 世纪 90 年代末时,俄国就不能再感到如此放松了。法国事实上吞并了莱茵兰、瑞士、尼德兰以及意大利的一部分,这令俄国对法国的势力越发感到担忧。当法国将注意力转移到东地中海乃至奥斯曼治下的埃及时,帕维尔一世就多少有理由加入第二次反法同盟了。不过他加入同盟的方式却表明,他视俄国为战争辅助力量,一线作战国家则是奥地利和英国。此外,俄军参战不到一年,帕维尔就同他的盟国失和了。到他统治的最后一年里,帕维尔完全改变了自己的立场。俄国退出了同盟,禁止了与英国的一切贸易,领头建立了保护中立国家海洋权利的新同盟,甚至派出一支哥萨克部队准备对印度发起不切实际的远征。当帕维尔于 1801 年 3 月被暗杀时,就其主要意图而言,俄国已经与法国结为同盟,协助其对抗英国。

新任皇帝亚历山大一世立刻恢复了与英国的良好关系,然而他最初优先考虑的主要是避开国际纠葛,让自己全心投入内部改革当中。俄法间的关系要到 1804 年才开始再次滑向战争。两国会再次开战的主要原因是,让俄国加入第二次反法同盟的地缘政治关切再次出现,而且轮廓比上次更加清晰。那时的法国要比 1798 年时的法国强大得多。在法国的压力之下,神圣罗马帝国已告解体,德意志的格局也在未曾考虑俄国利益的前提下进行了重新安排。拿破仑在 1804 年宣布自己为意大利国王,他通过此举不仅坚持了对意大利半岛的主宰权,还为法国向东地中海、巴尔干和君士坦丁堡扩张建立了强大的基地。在这些基本关注之外,在亚历山大岳父的领土上,拿破仑绑架流亡的法国王室远支成员昂吉安(Enghien)公爵,后来又将其处决的做法,也为开战增加了道德义愤因素。许多法国保王党流亡者生活在彼得堡,俄国贵族们视谋杀昂吉安为拿破仑真正继承了雅各宾恐怖的证明。亚历山大本人的正统主义者成色要比那些彼得堡显贵低得多，但是拿破仑对昂吉安的所作所为，绝非法国领导人蔑视国际条约与规则的仅有案例。[32]

　　所有这些因素都让俄国于 1805 年加入战争。这一回俄国人要比 1798 年时全力以赴得多。虽然如此，亚历山大依然视奥地利、英国
37　和普鲁士为前线参战国，而俄国则会为它们提供无私援助——尽管此战并没有直接影响到俄国的关键利益。普鲁士不愿意尽自己职责这一烦恼导致亚历山大计划强迫柏林加入同盟。尽管亚历山大对俄国利益保持密切关注，但是他心中也涌动着巩固欧洲持久和平与安全的宏大原则。作为启蒙运动之子，他喜欢讲述此类言辞，并用这类眼光审视自己。但他有时会表现出近乎威尔逊式①的倾向，提出一系列重大的国际秩序原则，这种做法与其说根于亚历山大毋宁说是美国式的想法——像俄国那样拥有庞大势力与地缘政治安全的国家，是可以超出普通国家视野、居高临下地为共同利益制订准则的。[33]

　　1805 ~ 1807 年的战争对俄国而言是一场灾难。一部分奥地利军队并未等待米哈伊尔·库图佐夫的俄军抵达，便在 1805 年战局之初攻入巴伐利亚（Bavaria），继而被法军切断退路，被迫投降。库图佐夫将他的军队从潜在的陷阱中解救出来，以杰出的指挥技艺率领俄军向东退入摩拉维亚（Moravia）。俄国士兵保持了一贯具备的冷静纪律，在多次艰苦的后卫作战中挡住了法军。最著名的战斗是 1805 年 11 月 16 日的申格拉本（Schongraben）之战，列夫·托尔斯泰在《战争与和平》中令其不朽。此战中俄军由性情激烈又富有魅力的彼得·巴格拉季翁公爵指挥。到 12 月初为止，这场战局已经开始显得对联军有利了。拿破仑的交通线拉得相当长，而普鲁士似乎也即将加入奥地利与俄罗斯一方。但亚历山大一世否决了库图佐夫的建议，让联军发起进攻，最终导致了 12 月 2 日灾难性的奥斯特利

①　指一战后期提出"十四点原则"的美国总统威尔逊。——译者注

茨（Austerlitz）会战。其结果是奥地利对法媾和，而俄国人则要越过边界退回国内。[34]

其后将近一年的时间里，俄国人与法国人处于一种奇怪的中间休息状态，双方既没有议和，实际上也没有作战。这个阶段一直持续到 1806 年 10 月拿破仑和普鲁士开战。此前的 10 年中，普鲁士人尽力在法国和法国的敌人间保持中立与平衡，以此保护自身安全、扩张本国领土。然而到了 1805 年秋季，法国独霸德意志的暗含意味就令普鲁士倾向于联军一方。但是柏林含糊其辞了太久，拿破仑在奥斯特利茨的胜利便让普鲁士人任凭他宰割。随后的几个月里，普鲁士人体会到了成为拿破仑附庸的羞辱性代价。普鲁士最终于 1806 年秋季投入战争，希望恢复它作为骄傲、独立大国的地位。然而普鲁士军队并未试图坚守易北河（Elbe）一线等待俄国援军，而是向前推进，最终在 1806 年 10 月 14 日的耶拿 – 奥尔施塔特（Jena – Auerstadt）会战中惨遭毁灭。[35]

在战争的剩余 8 个月里，俄国人发现，因为只有一小部分普军幸存下来，所以他们几乎是在波兰和东普鲁士独力与拿破仑作战。在那几个月里，俄军表现得相当不错，给法军造成了严重损失——尤其是在 1807 年 2 月双方打成平手的艾劳（Eylau）会战当中。俄军的指挥官是莱温·冯·本尼希森（Levin von Bennigsen）将军，一位有才智的战略家，也是一位颇有技巧的战术家，他在还是个年轻军官的时候就离开了故乡汉诺威（Hanover），转而加入俄军。然而，力量对比总是对俄军极其不利。拿破仑现在已经控制了西欧、德意志和波兰的大部分地区，只能动用俄国和小小东普鲁士行省资源的同盟注定要被击败。不管怎样，俄国人既没有打算好，也没有准备好依靠自身和拿破仑展开一场生死决斗。帝国的资源远没有全面动员起来。

成千上万的俄军士兵在 1806～1807 年冬季由于缺乏食物而病倒或逃亡。俄军军需官则以迟缓和腐败臭名昭著。本尼希森在战术上的表现远好于后勤。他对当地的普鲁士承包商太过信任，未能在他的后方组织运输、交通和补给基地。然而需要为他说句公道话，俄军是在毫无预警的状况下被迫卷入一场冬季战役的。立陶宛和白俄罗斯——换言之紧邻军队后方的地区——要比帝国的大俄罗斯核心地带或是南俄与乌克兰的富庶农业行省贫穷得多，人口也稀疏得多，更不用说与德意志、波希米亚（Bohemia）或法兰西相比了。歉收在那里时常发生，这让为人马弄到粮草变得更加困难。由于原始的交通条件，从大俄罗斯本土将食物和草料运到这一地区路途困难、代价高昂。此外还有货币问题。在大俄罗斯本土，纸卢布几乎是普遍被接受的。而在帝国西部边境，纸卢布要么被完全拒收，要么在相对于银卢布打上一番明显折扣后才被接受。这就让在这一地区维持军队的代价昂贵得令人咋舌。[36]

39　　政治与地理因素是拿破仑在 1805～1807 年取得胜利的最重要原因。三个东方大国并没有团结起来对抗他：普鲁士在 1805 年、奥地利在 1806 年先后保持中立。事实上，就连其中两个东方大国的主力军都从未在战场上联合起来抵抗拿破仑。当俄国部队抵达战区时，他们的盟军已经被打败了。从某种程度上来说，这是因为奥地利和普鲁士采用了愚蠢的战略，但地理因素已经让联军处于下风。1805 年时，法国在财政与后勤上都能将若干个军集结到布洛涅（Boulogne）地区，以此为基地，他们可以部署全军对抗奥地利。同样从财政和后勤原因出发，俄军不可能在邻近奥地利或普鲁士边境的地方连续集结若干个星期，更不用说集结几个月了。即便俄军有可能如此集结，战争结果或许也不会发生什么变化。从英吉利海峡到巴伐利亚与奥地利国界的距离要远远小于从俄国边境到那里的距离。此外，法军可以沿着许多优良道路通过富饶的乡村，一路以征用满足自身需求。试图以这一速度在俄奥边境行进的军队则会面临饥饿乃至解体。奥地利人和俄国人在 1805 年以不错的效率管理库图佐夫所部的运动，即便如此，他们还是到得太晚了，这在一定程度上要归咎于马克（Mack）。[37]

　　1806 年时联军的地缘政治处境又要恶劣得多，因为拿破仑此时已经在德意志西部和南部拥有了一连串基地和盟友。与俄军相比，他的部队离柏林和普鲁士核心地带近得多。也许普军能够在易北河上阻挡拿破仑，为俄军抵达争取足够长的时间，但这绝没有什么把握。弗里德里希二世的后继者们不大可能（如果不是绝不可能的话）去避免决定性会战，放弃几乎整个普鲁士，退到奥得河（O-der）上等待俄国援救。1805 ~ 1807 年的基本教训是，不仅三个东方君主国要团结起来，而且俄军也必须在军事行动开始时即部署到中欧。这一幕最终在 1813 年发生了，那时的背景却没有人能够预计到。

　　较之俄军的任何弱点，政治和地理因素是 1805 ~ 1807 年更重要的灾难源头。哪怕是在 1805 年，俄军依然在诸多方面令人生畏。这首先是因为普通士兵近乎传奇般的英勇、坚韧与忠诚。民族上的团结也有助于军队的实力。大部分士兵都是俄罗斯人，不过也有相当一部分是白俄罗斯和乌克兰少数民族。乌克兰人在骑兵中分布尤为广泛，由于普通乌克兰人要比来自俄罗斯北部和中部的农民更熟悉马匹，这对骑兵很有好处。然而在这个时代，阶级与宗教才是最重要的事情，因此真正要紧之处在于，这些人是信仰东正教的农民。无论如何，从民族—语言学层面而言，俄罗斯人、乌克兰人和白俄罗斯人都要比一个法国团里从布列塔尼（Brittany）、洛林（Lor-raine）和阿基坦（Aquitaine）征集来的士兵们更加接近。[38]

　　兵役条件在实现团结一致中更显重要。军事史学家们强调，战争中最重要的并不是对国家或意识形态的宏观效忠，而是将士兵和战友及其所属单位联系到一起的忠诚。在亚历山大一世的军队当中，这一忠诚达到了最高程度。1812 年之前的 10 年里，新兵的平均年龄只有不到 22 岁，[39] 而士兵们则要服役 25 年。考虑到就算在和平时期死亡率也很高，对许多士兵而言这就是终身刑罚。很少有新兵识字，因此他们无法通过信件和家中联系。团里的人员记录显示，大部分军士从未休过探亲假。即便在退役之后，大部分幸存士兵也没有返回自家村庄。父母早已过世，而兄弟姐妹们很可能并不欢迎

40

多出一张吃饭的嘴。征兵有时候被当成除去社区中无依无靠年轻人的手段，其执行过程经常并不公道，在私人庄园中更是如此。地主和村社都不一定会欢迎这样一个老人归来，他可能已经不适合干农活，也许还对当年把他作为新兵送走的人们怀有怨恨。事实上贵族地主是可以禁止退役士兵返回村庄的。[40]

另外，一旦新兵适应了军事生活，团就有可能成为他的新家。和新兵一起开伙的战友们在某种程度上替代了家庭。如果其中一个人过世了，他的财产就会分给战友们。每个连都有自己的伙食互助社（artel'/артель），每个士兵的一部分薪饷、一半外来收入和大部分优异表现奖金都会转入其中。团互助社的资金往往能够累积到数千乃至上万卢布之多，在近卫军当中尤其如此。这笔钱被用来给士兵购买"奢侈品"，作为面包和麦片粥正餐之外的补充，并通过大批量购买食物、水壶、运输工具及其他物品来节约资金。在理想情况下，一名士兵会在一个团里服役终身，实际情况下也有许多人确实如此。就算士兵转到新的团里，通常也是全连一起调动，因而能够保持相互之间的不少忠诚和团结。[41]

符腾堡的欧根亲王是亚历山大皇帝的表弟，他在 1807～1814 年先是指挥一个俄军旅，接着统领一个师，最后统率一个军。他相当钦佩下属士兵，不仅由于自身的勇猛指挥表现有良好声誉，还因为不顾皇室身份和士兵们"打成一片"而声名远扬。他的回忆录可能是俄军将领撰写的拿破仑时代战争回忆录中最有用的。欧根回忆说：

> 年轻的新兵通常是有耐心的，也非常渴望学习。与其他国家被强制征召入伍的人们相比，俄国新兵更情愿接受这不可避免的命运……很快团就会成为他的新家，你只有目睹过士兵对团的依恋，才能理解它会激励士兵为这一家庭做出怎样的行为。难怪怀着这种情感的俄军士兵会战斗得如此出色。[42]

亚历山大一世理解团内团结一致的力量，试图尽可能确保军官在升到高级军阶之前始终留在同一团里，从而使这种力量保持下来。

对亚历山大而言，这有时是场失败的战斗，因为军官们可能有转移到其他团的强烈个人动机。亲戚们喜欢在一起服役。若是团里有个军阶更高的兄弟或叔伯，就可以提供相当重要的帮助。而军队的利益有时也会要求军官转入其他团填补空缺，在战时尤其如此。亚历山大统治时期军队的大规模扩张也对军官提出了同样的要求。仅仅在 1801 年和 1807 年之间就新建了十七个团：需要为它们找到经验丰富的军官。在这种状况下，从准尉到上尉之间的全部军官中有超过一半人仅仅服役于一个团，少校中有许多人也是如此，这就相当令人惊讶了。尤其是掷弹兵团，在布良斯克、库尔斯克（Kursk/Курск）步兵团，普斯科夫（Pskov/Псков）龙骑兵团之类资格比较老的团里，军事生涯全在同一团中度过的少校军阶以下的军官比例极高。正如人们可能会预计到的那样，俄军中地位最高的团——普列奥布拉任斯科耶近卫团——是个极端状况，团里几乎所有军官都在该团中度过整个职业生涯。此外还有一个事实是，绝大部分俄国军官都是单身汉，他们对所在团的奉献力量变得相当明显。[43]

虽然如此，承载了最多团内忠诚与传统的人群还是军士。在亚历山大统治时期新建的团里，建团之初高级军士会被从外界调来，随后就在团中度过余下的职业生涯。老资格的团会有强大的军士核心团体，其中的军士们曾在这个团里服役至少 20 年。在像布良斯克步兵团和纳尔瓦（Narva/Нарва）龙骑兵团这样的少数极端案例中，每一位军士长、中士和下士都在团里度过了整个军事生涯。在俄军当中，军士长（步兵中的 *fel' dfebeli*/фельдфебель，骑兵中的 *vakhmistry*/вахмистры）和 10 倍于此的中士与下士（*unter-ofitsery*/унтерофитсеры）之间有清晰的界限。绝大部分中士与下士都是农民。他们作为在和平时期表现得可靠、清醒、技能娴熟，且在战场上发挥勇猛的老兵获得了军士资格。像应征士兵的整体状况那样，大多数中士和下士都不识字。

与此相反，绝大部分军士长则具备读写能力，尽管有些表现出勇气和领导才能的文盲中士会被提拔为军士长——在战时这种状况

42

尤其普遍。许多军士长都是教士的儿子，不过这些教士主要是执事以及其他协助参与东正教活动的低级神职人员。大部分神职人员的儿子能够读写，但不是所有人都能在教会中找到工作。这些人便作为军士加入军队，填补了关键的空缺。然而军士长的最大来源是士兵的儿子们，他们被看作军事阶层的世袭成员。国家为这些男孩设立了特别的义务教育学校：1800 年时，有将近 17000 名男孩就读于此类学校。仅仅在 1805 年一年，士兵的儿子中就有 1893 人加入军队。学校所提供的教育相当基础，纪律也是严酷的，但它们的确为军队训练了许多鼓手和其他乐手，还培养出了一些团属神职人员。然而最重要的是，它们培养出了能够读写、自幼便浸润在军事纪律与价值观中的军士。费奥多尔·卡尔涅耶夫（Fedor Karneev/Фёдор Карнеев）在 1807 年时担任普列奥布拉任斯科耶近卫团团军士长，作为俄军地位最高的团里级别最高的军士，他是职业军人的典范：在团里服役长达 24 年的军人之子，清白无瑕的服役记录，因作战英勇而赢得一枚军事十字勋章。[44]

尽管俄军的基础要素极为强大，但 1805 年时俄军在战术和训练方面存在严重的缺陷。这让俄军除了轻骑兵之外全面劣于法军。导致这一问题的主要原因是，法军在 1792~1805 年几乎毫不间断地与其他大国的军队作战。而俄军除了相对较少的若干个团参加过 1799~1800 年的意大利与瑞士战役之外，缺乏任何可以与之比拟的战时经验。在几乎没有与大国进行实战的状况下，阅兵场上的价值观便主宰了训练，有时竟达到了迂腐乃至痴迷的程度。部分由于这个原因，俄军的射击水平劣于法军，士兵的散兵战技能也同样较弱。俄军使用密集刺刀冲击驱赶散兵，这一做法代价高昂且效果不佳。1805~1806 年，俄军炮兵连在面对敌军散兵火力时，时常得不到较好的保护。[45]

军队最糟糕的问题与团以上规模作战行动中的协同有关。1805 年时，没有任何比团更大的固定单位。在奥斯特利茨，直到最后时刻才凑到一起的俄军和奥军纵队在机动中远不如固定的法国师有效。

俄军在 1806 年创建了自己的师，但战地协同依然是它的弱点。俄军骑兵若是想效仿缪拉（Murat）在艾劳的集群冲锋，就会弄得焦头烂额。塞纳蒙（Senarmont）的炮群在弗里德兰（Friedland）实现了令人印象深刻的集结与机动性，这也必然是俄军炮兵比不上的。

　　然而俄军最重要的弱点在于统帅部，这就意味着高级将领，特别是总司令们是极大弱点。在这一层面上，俄军注定要劣于法军。没有人能够与既是君主又是军事天才的人相匹敌。尽管俄军的军事表现受到了将领间对立的妨碍，但拿破仑不在时法国元帅间的配合也好不到哪儿去。亚历山大在奥斯特利茨战前从库图佐夫手中夺取了实际指挥权，其结果是一场灾难。亚历山大此后便一蹶不振，在 1806～1807 年始终远离战场。这解决了一个问题，却又制造了另一个问题。当君主不在现场时，最高指挥官需要是一个拥有足够声望，在资历上也无疑高于其他所有将领，从而能够获得下属服从的人物。然而到 1806 年年底为止，叶卡捷琳娜时代战争中的所有伟大领袖均已逝世，米哈伊尔·库图佐夫是剩余人物中的最佳人选，但他自奥斯特利茨起便失宠了。考虑到米哈伊尔·卡缅斯基（Mikhail Kamensky/Михаил Каменский）元帅拥有资深地位、丰富经验和相对较好的军事记录，亚历山大任命他指挥军队。不过当卡缅斯基抵达军队时，他令人困惑的甚至表现出衰老特征的行为很快吓坏了下属们。在与法军展开最初激战的前夜，一位年轻将领约翰·冯·利芬（Johann von Lieven）伯爵发问道："难道是这个疯子统率我们与拿破仑作战吗？"[46]

　　卡缅斯基很快就抛弃了军队，自己直奔后方。亚历山大令他回到自家庄园养老，此后不久，卡缅斯基就在那里被自己的农奴们谋杀了。当卡缅斯基不在时，他麾下两位军长中地位较低的莱温·冯·本尼希森或多或少地控制了军队，在给君主的报告中，他夸大了俄军在戈维明（Gołymin）和普乌图斯克（Pułtusk）后卫战中的胜利，从而巩固了自己的地位。本尼希森的彼得堡盟友们在亚历山大耳畔讲述他的指挥技艺和成就。皇帝则做出了这样的回应：忽略

44

本尼希森在谋杀其父皇一事中的作用，任命他为军队总司令，给他塞满了勋章和经济奖励。平心而论，本尼希森必然是卡缅斯基的现有替代者当中最富才能的一位，也是能够迅速控制局面的人物。他让军队从战役之初发觉自身所处的危险境地中解脱出来，表现得令人信服。但这并没有让他的军队不至沦为高级将领间的阴谋之巢。另一位军长弗里德里希·冯·布克斯赫夫登（Friedrich von Bux-hoeweden）憎恶本尼希森，拒绝与他合作，还向他提出决斗挑战。亚历山大本人则派出奥托·冯·克诺林（Otto von Knorring）将军前去监视他的总司令。

1807 年春季战局之初，本尼希森和他手下资历最高的师长——中将法比安·冯·德·奥斯滕－萨肯男爵（他又是一位波罗的海德意志人）之间爆发了一场尤为激烈的争吵。两人间的斗争值得稍作注意，这不仅是因为它体现了军队上层间主要且持久的问题症状，而且因为这两人会在 1812 ～ 1814 年再次扮演重要角色。

和许多俄军高级将领一样，奥斯滕－萨肯坚韧、妒忌、固执、雄心勃勃、骄傲自大。他在社交中表现得迷人且机智，在对待下属官兵时却截然不同。他感觉自己一直受到不公正待遇，满怀辛酸，直到于 1813 ～ 1814 年赢得光荣和普遍尊重后才得以摆脱此类情绪，这可能在一定程度上影响到了他的个性。他的父亲威廉于 1740 年成为安娜（Anna/Анна）女皇的军政要员明尼希①元帅的副官。要是安娜女皇或是她的侄子伊万六世（Ivan VI/Иван VI）能够继续统治下去，威廉可望得到光荣的职业生涯。他的儿子法比安出生不久便会被编入近卫军，到 25 岁左右便成为上校和皇帝副官。事与愿违，伊万六世被推翻，明尼希惨遭流放，威廉·冯·德·奥斯滕－萨肯也被贬入一个卫戍团，在那里度过了此后的漫长军事生涯，没有得到任何晋升。他的儿子法比安有困苦的童年，在常规步兵中凭着勇气和辛勤工作一步步赢得晋升，艰辛地沿着军事阶梯努力向上。这

45

---

① Münnich，旧译米尼赫。——译者注

一进程始于法比安凭借在 1769 年对土耳其战争中的英勇表现获得准
尉军衔——军官阶级中的最低一阶。[47]

　　奥斯滕－萨肯憎恶本尼希森。他在 1806～1807 年的日记就是一
连串针对上级指挥官抱怨的记录，萨肯认为此人对军队的卫生和给
养管理不当，在艾劳未能抓住胜机，而且在关于如何作战方面从未
征询过他的副手，也就是奥斯滕－萨肯的意见——这在萨肯看来可
能是最重要的错误。1807 年战局之初，本尼希森计划让俄军各师从
不同方向协同进军，突袭并包围奈伊元帅势单力孤的军（第六军）。
奥斯滕－萨肯行动迟缓，奈伊得以逃脱。本尼希森指责萨肯蓄意破
坏计划，企图使他名誉受损，继而让自己接管军队。奥斯滕－萨肯
则声称下达的命令自相矛盾。最初的调查毫无头绪：可以预见的是，
本尼希森与萨肯各有一个支持自己的"朋友"网络。调查进程拖延
了几个月，直到 1808 年才有军事法庭认定萨肯犯了错。[48]

　　战争在那时早已结束。拿破仑于 1807 年 6 月 14 日在弗里德兰
会战中击败了俄军，将其赶回了（俄罗斯）帝国边界之内。弗里德
兰是一场惨重的失败：俄军起初估计他们的损失高达 20000 人。虽
然如此，它并非奥斯特利茨那样的溃败，更不是耶拿－奥尔施塔特
那种规模的溃败。绝大部分俄军以相对较好的秩序安然退过了涅曼
河（Neman）。当涅曼河隔在他们和拿破仑之间时，俄军各团迅速恢
复了他们惯有的纪律、秩序和无畏。由德米特里·洛巴诺夫－罗斯 46
托夫斯基（Dmitrii Lobanov - Rostovsky/Дмитрий Лобанов -
Ростовский）公爵和安德烈·戈尔恰科夫（Andrei Gorchakov/
Андрей Горчаков）公爵指挥的两个师从国内前来增援，恰好赶到。
俄国已经征集了 200000 民兵，这些人也很快会被用于补充军队。新
的正规团正在组建，新兵们正在征募，这些都见证了俄国人力资源
远未枯竭。拿破仑此时尚未越过俄国边界，他要走很长一段路才会
威胁到位于莫斯科和彼得堡地区的俄国军事、政治和经济权力中心。
要是俄国有必要在弗里德兰会战之后继续作战，她毫无疑问可以这
么做。

虽然如此，俄国人依然有寻求和平的绝佳理由。财政已经破产，军队的军火库和仓库空空如也，训练、武装新兵，并为其配备军官和装备需要相当长的一段时间。此前的 6 个月中，上万名士兵和许多将领已经因伤病而死亡。亚历山大对本尼希森再没有任何信心，但是又找不到足以代替他的其他将领。要是战争持续下去，俄国就要真正地孤军奋战了。普鲁士的军事力量已被摧毁，英国人不仅在大陆上没有任何军队，也不愿意给予俄国补助金，甚至连贷款都不想给。与此同时，伦敦似乎依然能展开军事远征，试图征服好望角和西属美洲的一部分地区。拿破仑至此已经控制了西欧和中欧的大部分地区，能够为对俄战争动员庞大的资源。入侵俄国心脏地带无疑得让他花上几个月，但这并非亚历山大的顾问们关心的主要问题。真正让他们极为担忧的是，拿破仑此时正在俄国瓜分波兰后获得的行省——这些省份多数位于今天的乌克兰和白俄罗斯境内——边界上，而瓜分也仅仅是上一辈人时的事情。波兰地主和官员依然控制着这一地区，若是拿破仑入侵帝国西部边境，就完全有理由担心波兰人会起来支持他。[49] 得知弗里德兰的消息后，亚历山大就同意了本尼希森的休战请求，派中将德米特里·洛巴诺夫－罗斯托夫采夫公爵去和法国人展开休战谈判。皇帝在给洛巴诺夫的训令中告诉他，

47 "自己不要提出和平谈判的建议，但是倘若法国人首先表达出停战意愿，他就应当回复说亚历山大皇帝也渴望和平"。[50]

对这个半外交使命而言，洛巴诺夫在某些方面是个奇怪的选择。他没有任何外交经验，外表和举止也不像外交家。与此相反，他是个相当粗鲁、急躁的人，还有些笨拙，根本不是用奉承和礼貌抚平误解的人选。洛巴诺夫中等个头，略有些东方方式的斜眼，两次在1788～1792 年的俄土战争中受了重伤（一次还是伤在头上）的事实也无助于他的举止。然而他是位英勇的士兵，这个事实可能让他赢得了与其谈判的法国将领们的尊敬。洛巴诺夫也有其他的优势，他刚刚和自己的师一道从俄国赶来，完全独立于本尼希森以及他麾下派系丛生的军队中其他将领之外。洛巴诺夫也是忠诚可靠之人。同

有些高级军官和官员不一样，亚历山大可以仰仗他执行信中的命令。[51]

洛巴诺夫迅速发现，拿破仑不仅希望得到和平，还希望与俄国结为同盟。在俄国方面，和平条约与同盟条约的具体谈判事宜是由洛巴诺夫和亚历山大·库拉金公爵执行的。1807 年 6 月时，库拉金是亚历山大总部里资历最高的国务活动家和外交家。在帕维尔一世统治时期，他曾一度执掌俄国外交政策，此时则正准备奔赴新的职位——驻维也纳大使。库拉金痴迷于级别、地位和外表的细节，他可能是迂腐的。库拉金本人却要比批评者们眼里的他聪明得多、机灵得多，也更加老于世故。在俄国统治精英中，有一部分人将英法对全球霸权的争夺视为自 1793 年以来破坏欧洲的战争的关键起因，库拉金也属于这些人之列。他认为，只要有可能，俄国就必须在冲突中保持中立，利用英法竞争获取本国利益。尽管在奥斯特利茨战后，他已经将拿破仑的法国看作对俄国安全的威胁，但他还是相信此时保护俄国的最好方法就是与拿破仑签署协定，将欧洲划分为法国与俄国的利益范围。[52]

洛巴诺夫和库拉金是表兄弟，两人都来自古老的贵族世家。尽管库拉金家族相当富裕，到 1800 年时德米特里所在的洛巴诺夫 - 罗斯托夫斯基家族分支相对贫穷。这首先是因为库拉金家族在整个 18 世纪都占据着政府中的顶级职位，而那个时代的政治权力通常会带来丰厚的经济报酬。该家族的联姻也使其位居俄国贵族阶层的核心。库拉金家族每代也仅仅出现一个或至多两个男丁，因此家族财富也没有消散。与此相反，洛巴诺夫公爵在军事或政治上扮演关键角色的时代已经过去很久，德米特里·洛巴诺夫的祖父虽然富裕，却似乎通过三场婚姻成了 29 个孩子的父亲。当托尔斯泰在《战争与和平》中需要一个虚构的家族来将宫廷世界和彼得堡上流社会具体化时，他称呼这些人为库拉金家族（Kuragins/Курагины），不过与托尔斯泰对玩世不恭的贵族廷臣瓦西里·库拉金公爵以及他那一窝被宠坏了的讨厌孩子的嘲弄相比，真实生活中的库拉金家族要有趣

48

得多，也更为多面。正如托尔斯泰的小说角色鲍里斯·德鲁别茨科伊（Boris Drubetskoy/Борис Друбецкой）公爵那样，德米特里·洛巴诺夫是在他富有的表兄弟家里长大并接受教育的，这个表兄弟便是库拉金。[53]

尽管库拉金、洛巴诺夫与塔列朗（Talleyrand）、贝尔蒂埃（Berthier）元帅讨论谈判细节，俄国真正意义上的主要谈判者却是亚历山大一世，他花了几个小时与拿破仑进行一对一谈话。两位君主于1807年6月25日第一次会面，这次著名会面是在涅曼河中央的一条仪式性木筏上进行的。这条河是两支军队的分界线，俄军位于东岸，法军则位于西岸。

在陪伴亚历山大会见拿破仑的6个人——他们全都是将领——当中，级别最高的是他的弟弟兼皇储康斯坦丁大公。皇帝幸运地更像他高大帅气的母亲，而不像他矮小、丑陋又塌鼻子的父亲。康斯坦丁就没有那么幸运了，他不仅外貌像父亲，在个性上也与之类似。这两人都沉迷于军事训练和制服的准确细节。更重要的是，他俩都十分易于激动又反复无常，以令人迷惑的方式不断在各类情绪和主张间摇摆。最关键的是，这两人都容易受到突发暴怒的影响，要是谁足够不幸地成了他们宣泄怒火的目标，就会遭到狂风暴雨般的威胁和侮辱。他俩实际上都能够表现出极大的慷慨和亲切，但骄傲的贵族们对在公开场合蒙羞极为敏感，帕维尔的侮辱正如他反复无常的政策，也正如他对贵族职业生涯的打击，都是不可容忍的。

49　在1807~1814年，康斯坦丁不仅是皇位继承人，也是罗曼诺夫家族中除了亚历山大之外唯一的成年男子。在那时的俄国，推翻君主制或是用其他人选取代罗曼诺夫家族在位都是不可想象的。对200年前的所谓混乱时期，亦即统治俄国的王朝绝嗣，从而导致内战、外来入侵和国家解体等无法无天状况的记忆，让人们忌讳产生此类想法。但是不管俄国贵族们可能有多么厌烦亚历山大，也几乎没有人会梦想让康斯坦丁继位。平心而论，大公无论如何都是尊敬他兄长的，也极不可能支持任何阴谋活动。虽然这一状况巩固了皇帝在国内的地位，不过康斯坦丁距离皇位仅有咫尺之遥的事实却让外国政治家们担忧。康斯坦丁的父亲帕维尔以及祖父彼得三世都以突然急剧改变外交方针而臭名昭著。君主专制政治下的外交方针具有不可预测的固有特性，就算没有康斯坦丁那种已经潜藏在幕后的个性，也已经有足够的理由让人害怕俄国不可依赖了。[54]

　　亚历山大的随从中，最年轻的将领是少将克里斯托夫·冯·利芬（Christoph von Lieven）伯爵。他为人冷静、圆滑、谦虚又努力工作，获得了一个听上去似乎只属中游的职位——皇帝私人军事秘书处处长。这实际上是个权力极大的职位。帕维尔一世将普鲁士的军事行政管理体系引入俄国，在这一体系中，君主是军队的总司令，通过他手下的副官长们管理军队，而副官长名义上不过是个荣耀的秘书罢了。真正的战争大臣待在柏林，很少与国王会面，他负责的是确保军队有合适的靴子。即便是在普鲁士，国王的副官长们也不可避免地攫取了庞大的权力。在对军事细节的了解上，俄国的帕维尔和亚历山大都无法与弗里德里希（大王）相比拟，这就必然增加了他们属下副官长们的重要性。有位历史学家曾正确地称呼利芬为"皇帝军事方面的第一副手"。[55]

　　虽然利芬家族的中世纪起源与其说是德意志人，倒不如说是利沃尼亚人，但利芬本人却最好被定义成波罗的海德意志贵族成员。然而，正如许多其他波罗的海德意志将领和高官一样，利芬的身份虽然混杂，忠诚却是明确的。身为德意志人首先意味着他是个虔诚的路德宗信徒，并具备这种宗教所强调的一切尽职、努力工作和服从的品质。利芬在他父亲担任基辅督军时出生在那里，在彼得堡受教育，整个成年生活都投入到了帝国宫廷和外交事业中。并不令人吃惊的是，他最青睐的两种语言是法语和俄语，前者是国际上流社会的通用语言，后者是军队的语言。他的政治忠诚完全献给了俄国，不过哪怕是和大部分波罗的海人相比，利芬对亚历山大一世和罗曼诺夫家族的个人忠诚意味都要强烈得多。[56]

　　克里斯托夫·利芬是谢苗诺夫斯科耶近卫团军官，而亚历山大自少年起就是该团团长，这个事实在一定程度上对他们之间的个人关系纽带有利。谢苗诺夫斯科耶团和它的姐妹团普列奥布拉任斯科耶团是彼得大帝于 1683 年一道创建的，它为亚历山大提供了许多最亲近的助手，其中包括利芬的前任副手彼得·米哈伊洛夫斯基·沃尔孔斯基公爵。在政府本身由许多关系网和"家族"组成的体制中，谢苗诺夫斯科耶团是皇帝的私人追随者群体之一。在帕维尔一世被推翻的那天晚上，也正是这个团负责宫殿附近的警卫工作。

然而，利芬的母亲是亚历山大之母玛丽亚（Marie/Мария）皇太后最亲密朋友的事实，才是决定利芬的生活与忠诚的最重要因素。夏洛塔·利芬（Charlotta Lieven）是玛丽亚的女官长，也是皇室儿童的女教师，她教出来的孩子们在成年后都始终对她保持忠实。她照管过的孩子们中有后来成为荷兰王后的安娜女大公，她写道："难道训斥皇室家庭不是她的独有特权吗？因为这既不会得到法令批准，也不是世袭权力。"与皇室家庭如此牢固的关系简直贵重得像黄金一般。头衔、庄园和庇护雨点般地落在夏洛塔和她的孩子们头上。克里斯托夫的哥哥是一位将军，后来成为教育大臣。他的弟弟约翰则在 1807 年发挥出色，于艾劳会战中负伤。列夫·托尔斯泰的小说以玛丽亚皇太后的忠实密友安娜·舍雷尔（Anna Scherer）的晚会开篇。在现实生活中，最接近安娜·舍雷尔的人就是夏洛塔·利芬。[57]

亚历山大和拿破仑在 6 月 25 日第一次会面时交谈了几乎两个小时。这两人都是奉承和迷惑的专家，都旨在赢得对方的同情与好意。
51　他们之间交流的许多想法无疑不会付诸笔端，更不用说写入条约了。在早期的一些文献中，俄方和法方有时都会记载亚历山大被拿破仑弄得不知所措，这也在一定程度上解释了法俄条约的条款。然而，人们在解读亚历山大对拿破仑字面上的仰慕时需要非常小心，尤其应当小心提防的是他对法国外交官说的话。在和法国皇帝进行一系列会晤后，亚历山大对俄国和拿破仑的利益、短处与长处有冷静的现实主义理解，他向库拉金和洛巴诺夫下达的秘密训令便植根于此。[58]

在蒂尔西特签署的条约中，亚历山大最终得到了他渴望的大部分东西。最重要的是，他获得了暂时休战的和平，却不用付出失败方通常会蒙受的割地赔款代价。[59]除此之外，他最主要的关注点在于保全普鲁士，这既是出于对普王夫妇的忠诚感，也是因为俄国希望在法国未来向东扩张时，普鲁士可以成为俄国的盟友。为了实现这一目标，亚历山大得付出高昂的代价。法军现在已经占领了整个普鲁士，俄军也没有任何可能将其夺回。拿破仑倾向于瓜分普鲁士，将它的东部领土（多数是波兰土地）留给亚历山大，并让他的德意志仆从国们分割王国的其余部分。

因此，普鲁士的幸存是俄国外交的胜利，尽管这是个意义不明的胜利。普鲁士损失了它的一半领土和人口。它的波兰省份成了一个崭新的小国，也就是所谓的华沙大公国。它的统治者将是萨克森（Saxon）国王，此人的祖先曾在18世纪的很长一段时间里担任波兰国王。新生的大公国将会完全服从于拿破仑，对俄国而言也可能是极为危险的，因为它既是未来越过帝国西部边界展开入侵的基地，也是所有梦想着恢复旧日波兰王国全部版图的波兰人的希望之源。刚刚遭遇割地的普鲁士又被迫削减军队、支付巨额战争赔款，这就让它在拿破仑的势力面前变得太过虚弱，无法作为俄国的防御缓冲存在，这一点在1811~1812年表现得十分明确。虽然如此，亚历山大对保留普鲁士的坚持将在1813年被证明是极为重要的，那时普鲁士将在推翻拿破仑的过程中扮演关键角色。

俄国为普鲁士的存续付出的主要代价是同意加入拿破仑的对英战争。这首先意味着加入拿破仑的大陆封锁体系，将英国商船和货物逐出俄国港口。根据《蒂尔西特和约》的条款，俄国人也一定要把大陆封锁体系强加到瑞典人身上，在必要情况下还可以为此开战。1807年6月时亚历山大对英国未能支持俄国的战争努力倍感恼怒，可他必定并不希望与伦敦发生冲突，理解这将给经济和国家财政造成怎样的伤害。然而，他认为俄国此刻在英法之间已经没有回旋余地了，如果想确保得到可以接受的和平，唯一的方法就是让俄国的经济利益从属于拿破仑的主要关注点，亦即封锁对英贸易。在皇帝看来，要是英国贸易被逐出欧陆，而拿破仑的条件又不过分，那么伦敦是可能接受和平的，他以这种希望安慰自己。一场相互妥协的和平将让英国在欧洲之外的扩张和法国在欧陆上的推进都暂停下来，也就无疑会完美地服从于俄国利益。事实上，《蒂尔西特和约》并没有对俄国做出必须与英国交战的约束，而对瑞战争取胜也许能够让俄国吞并芬兰，从而令彼得堡在瑞典此后发起的任何进攻面前都更为安全，亚历山大可以从中感到更加现实主义的宽慰。[60]

亚历山大可能对拿破仑做出了不必要让步的领域是俄国与奥斯曼帝国的关系。奥斯曼帝国在法国的怂恿下自1806年起即与俄国处于战争状态，希望利用俄国在奥斯特利茨的失败收复它此前30年里损失的一些省份。在《蒂尔西特和约》中，法国许诺自己将在俄国和奥斯曼帝国之间调停，而且土耳其人要是被证明是顽固不化的话，它就得前来支持新的盟友。亚历山大希望拿破仑会接受俄国在奥斯曼帝国内部的主导地位，以此来平衡法国对西欧和中欧的主宰。事实上，不管拿破仑关于俄法在东方的合作和即将消亡的奥斯曼帝国进行了多少浮夸谈话，他的根本方针都是阻止俄国扩张。不管《蒂尔西特和约》怎么说，拿破仑都无疑会悄悄执行这一方针。给他一个调停者的角色，只是让他有更多的机会实现目标而已。[61]

出于方便谈判的考虑，亚历山大和他的顾问们前往位于涅曼河西岸的蒂尔西特，拿破仑将他的总部设在了那里。两位君主一起共度了许多时光，沉浸在范围远远超过和平谈判的交谈之中，还对拿破仑的部队进行了检阅。半个蒂尔西特被交给了俄国人，普列奥布拉任斯科耶近卫团第一营前来保护他们的皇帝。然而，所有人的目光都聚拢在法军身上。尤其是对亚历山大这样一位在军事方面感兴趣的君主而言，观察征服了欧洲的士兵们、聆听历史上最伟大的将领之一解释他的成功秘诀是不容错过的机会。无论如何，这都符合（俄国）皇帝扮演恭敬弟子的角色，从而达到恭维拿破仑的目的。

不过法国君主本该好好观察一下普列奥布拉任斯科耶团的士兵，因为他的最终倒台在很大程度上要归因于俄军中久经沙场的各个团。

普列奥布拉任斯科耶近卫团在绝大多数方面都是俄军的典型代表，或者更准确地说，是俄军各团应当达到的完美要求的化身。它的军官和经验丰富的军士们自然都十分忠诚于他们所属的声名远扬的团。像所有俄国团一样，普列奥布拉任斯科耶近卫团在诸多方面都是自给自足的小世界。士兵们兼职裁缝、鞋匠、建筑工。除此之外，每个俄国团的队列中还有全职的军械士、铁匠、细木工、木工、修车工、蹄铁匠和其他工匠。军医是相当晚近时才出现的补充：不同寻常的是，普列奥布拉任斯科耶团有四位军医。教士与其他低级神职人员则是传统得多的存在，而且在每个团中都可以找到。周日和主要节日时会举办全套东正教弥撒。教士们会向部队士兵发表演讲，宣传士兵有责任为东正教信仰和社群的保护者——沙皇忠诚服务。恰当对待敌军战俘和平民是另一个常见的主题。一些教士会在战斗中真正出现在火线上，不过他们通常是和医生在一起，安慰受伤者，此外还有非常重要的任务——为死者准备合适的葬礼。[62]

与军队整体相比，普列奥布拉任斯科耶近卫团的军官是最不具代表性的。尽管绝大部分俄国军官都是贵族，但其中 6% 是劳工、农民或士兵（这种状况更为常见）的儿子。无论如何，大部分俄国贵族都只能依靠少量收入过活，大部分军官也是如此。1812 年时大约 1/4 的军官拥有庄园，或者是庄园财产的继承人，而且这些庄园一般都不大。常规团里很少有军官家中拥有超过 100 个"魂灵"（即男性农奴）。在亚历山大治下的俄国，几乎找不到任何有质量的免费教育。炮兵军官通常在军官武备学校（Cadet Corps/Кадетский корпус，亦即旨在将男童培训为军官的军校）接受教育，大部分人都对数学和外语有基础性的了解。然而绝大部分步兵军官甚至常规骑兵军官都是以俄文读写的，他们可能对算术一知半解，但不会有其他的受教育成果。[63]

普列奥布拉任斯科耶近卫团的军官就非常不同了。尽管个人档案低估了军官们的财富，但是就连这些档案都显示，团里 2/3 的军官来自拥有 100 个或更多"魂灵"的家庭。超过 1/4 的军官家庭拥有 1000 个以上的"魂灵"，第一营营长米哈伊尔·沃龙佐夫伯爵则是 24000 个"魂灵"的继承人。财富带来了教育和文化。压倒多数的军官会说两种以上语言，几乎一半人能说三种以上。近卫军军官的回忆录和日记谈论着文学、历史和哲学。他们所受的教育在很大程度上使这些人成为全面的绅士和有趣的健谈者，而不仅仅是狭义上的职业军官。他们是法国文学和罗马历史哺育出的俄国与欧洲贵族精英阶层的成员。[64]

　　亚历山大和他手下近卫军军官们之间的关系具备奇怪的双重性。皇帝一方面对他的近卫军感到极其自豪，在身处有文化的贵族军官当中时倍觉亲近。但是另一方面贵族化的近卫团里的军官们却以稀奇的方式在俄国绝对君主制的核心中形成了某种共和国。一名军官回忆说，"在军事上存在严格的服从，但是除此之外，所有军官都是平等的"。如果这一点有所夸张的话，那么年龄与军阶相去甚远的军官们之间不拘礼节的程度令人惊讶，却是千真万确的。非常多的军官家庭都有亲戚联系，或者是世交，这一事实也有助于不拘礼节。对君主而言，近卫军军官们的共和国可能会成为烦恼之源。当主管近卫军部队的"外来人"试图收紧纪律、对待军官态度粗鲁时，他们就很容易面对相当于罢工的事件。皇帝心中的角落里也一定潜藏着近卫军在 18 世纪发起多次兵变的记忆，其中最后一次兵变就发生在蒂尔西特会谈之前 6 年。事实上，近卫军军官们最后一次尝试大规模兵变是在亚历山大死后不久的 1825 年，其目的在于以君主立宪制乃至共和国代替绝对君主制。[65]

　　《蒂尔西特和约》签署后的 7 月 9 日，两位皇帝在法国与俄国近卫军的阅兵式上接受敬礼。阅兵结束后，拿破仑以能够恰如其分地总结君主们在过去两周里所玩弄的把戏的戏剧性姿态，请求亚历山大允许他将荣誉军团勋位奖给普列奥布拉任斯科耶近卫团最英勇的士兵。该团团长米哈伊尔·科兹洛夫斯基（Mikhail Kozlovsky/

Михаил Козловский）完全被拿破仑的平民主义惊呆了，他径直招来了站在第一营最右边的掷弹兵阿列克谢·拉扎列夫（Aleksei Laza-rev／Алексей Лазарев）。作为一名士兵的孩子，拉扎列夫突然发现自己被拿破仑拥抱，成了荣誉军团的军官，得到了1200法郎的年金，这让他大感不解。

但无论是普遍的亚历山大治下的俄国，还是特别的普列奥布拉任斯科耶近卫团，都不能适应这种戏剧性的法国式"社会流动性"范例。两年后拉扎列夫因对一名军士长无礼而被逐出该团。1819年时，他在以准尉身份返回普列奥布拉任斯科耶团的残废营（即老兵营）后，又因袭击两名平民而被拘留。也许这只是因为拉扎列夫的性格难以相处。但是跃入军官团的士兵之子们通常都会面临偏见，在适应新身份时会遭遇一段艰难时光。即便在常规团里，也有许多这样的军官在战后遭到开除或严厉批评，他们的个人档案中记录了酗酒、无能以及其他缺点。如果说从士兵行列中晋升上来的军官们在常规团里都面临着困难，那么作为普列奥布拉任斯科耶团的半退休准尉，拉扎列夫就完全有可能发现生活简直是一场艰苦的斗争。他在自己的案件解决之前便自杀了。[66]

在条约得到批准、阅兵也结束之后，亚历山大离开蒂尔西特返回彼得堡。他没有向任何人透露关于最近这些事件的内心想法。他对自己和法国的新关系有多少希望或信心，这非常难说。亚历山大的确相信，不管俄法关系此后会变成什么样子，他至少为自己的帝国争取了时间，将它从极端危险的境地中解救出来。关于亚历山大的想法，也许最确切的指南是他在普鲁士国王和王后面前对拿破仑所做的评论："他会折断自己的脖子。不管我怎样表演、外在行为如何，我都是你们的朋友，希望能够以我的行动向你们证明这一点。"[67]

无论是同时代的人还是历史学家都发现，亚历山大并不容易让人理解。他是一位优秀的演员，在迷人和奉承的掩蔽下进行表演，他一直保持着深藏不露、令人难以理解、无法信任、难以捉摸的形象。对当时和后世的许多观察者而言，他表现的像是一大堆矛盾的结合体。他一方面是启蒙与开明原则的捍卫者，然而另一方面又对改良他所继承的威权主义政府形式或者这一政府形式所依靠的主人与农奴世界无所作为。在谈论自由主义改革时，他听上去像祖母叶卡捷琳娜二世，在迷恋般地关注训练和士兵在阅兵场上外表的准确细节时，他做得又像父亲帕维尔一世。在外交事务中，他提出了高尚的国际和平与秩序计划，与此同时又在奉行现实政治的方针。这一切都导致某些批评家认为，他只不过是迷惘与虚伪的。[68]

皇帝的确混合了继承自他祖母和父亲的不同兴趣与热情。像叶卡捷琳娜曾经做过的那样，他以大动作吸引欧洲旁观者，试图将自己描绘成真正的欧洲文明人和开明君主。亚历山大的瑞士家庭教师带来了欧洲启蒙主义思想，而他后来又被迫在俄国背景下处事，这就让皇帝在一定程度上认为俄国与他并不相称。倾向于信任外国军事顾问而非自己的将领便是这个事实导致的副作用之一。亚历山大的某种天性让他希望引诱遇到的每一个人，赢得他们的感情。虽然这一点在他对待女性时表现得最为强烈，但他同样以诱惑、情感和魅力对待男人。亚历山大敏感而极易激动。他逃避对抗，不愿意伤害他人感情，以间接方式行事。亚历山大个性中的这些元素对他管理政府和军队的方式有很大影响。在外交政策方面，他有时会通过外交大臣和驻外大使并不知情的秘密个人渠道接收消息并处理事务。在军队方面，他使用与下属的私人关系纽带监视他手下的指挥官。这种甚至带有某种道德怯懦成分的格外敏感令他无法精减将领已然过剩的指挥架构。他也非常倾向于避免为艰难的决定肩负明确责任，躲在将领背后自行其是，使自己远离可能发生的失败。

57   亚历山大的个性对决定俄国怎样面对拿破仑 1807～1814 年的挑战起到了至关重要的作用。虽然如此，除非人们能够理解俄国君主的处事背景与所受的约束，不然他的举动乃至想法都是令人无法理解的。被推翻并被谋杀的不仅是亚历山大的父亲，还有他的祖父彼得三世。彼得之前的一位男性君主伊万六世也是如此。亚历山大自幼就被宫廷政治的派系和阴谋围绕着。作为皇帝,他是荣誉、财富与地位的至高源头。与他交谈的大部分人都希望利用他获取自己的利益,或者实践自己的方针。他们以庇护人—受庇人的网络活动,试图对他隐瞒真相,削弱他的独立性。这些网络遍布宫廷、政府和依然在本质上自成一体的军队。经营着这些网络的人们傲慢、野心勃勃又喜好妒忌,管理他们时常会令人精疲力竭。但皇帝要是想让自己生存下去,并且让军队和官僚机构高效运转,就得管住这些人。面对着彼得堡的社会环境,皇帝在很大程度上变得猜疑、推诿且口是心非,这也是可以谅解的。长年累月下来,关于人类本性的、悲观厌世的绝望几乎注定会滋长。正如他的一位知己曾评论的那样,"要是处在你的位置上,一位天使也会养成猜疑的性情"。[69]

这些年里彼得堡最精明的外国观察家是约瑟夫·德·迈斯特(Joseph de Maistre),他是大陆领土已被拿破仑吞并的撒丁国王的使节。迈斯特评论说:"亚历山大的个性与他统治体系的天然性质让高官们仅仅在自己有限的圈子内活动。他对同时使用两位死敌并且不让其中任何一个吞掉另一个的做法并不排斥,而且从中获得乐趣。"通过这些手段,发生阴谋的概率得以降低。此外,皇帝还有更大的可能了解到,他的大臣们一贯恭顺与服从的表象下真正发生着什么。亚历山大一直准备着铁拳,有时也会动用它,但是总体而言他更倾向于采用隐秘手段。秘密在一定程度上成了他的第二天性,几乎已经是目的本身。不过得为亚历山大说句公道话,君主使用操纵、诱惑与贿赂行事不仅更加安全,也是更加有效的。君主有时会寻找身处彼得堡人际网以外只能完全依靠皇帝本人的顾问,这也完全是自然的。外国人是此类建议的明显源头。[70]

当亚历山大越过彼得堡人际网络向外观察时,他看到庞大的俄国由不健全程度令人悲哀的官僚政府统治着。在他90%以上臣民生活的乡村,公共秩序、税收和征兵完全需要依靠地主的配合。亚历山大并不喜欢农奴制,但他无法摧毁他整个行政体系所依靠的根基,至少在需要动员全国资源抵抗拿破仑时不能这么做。无论如何，考虑到当时俄国政府和社会的发展水平，削弱地主权力难道不是更可能导致混乱而非进步？他让自愿释放农奴变得更容易，而且最重要的是，与此前君主们将成千上万国有农民"赠给"私人农奴主的政策分道扬镳，从而切实开始着手逐步消除农奴制。[71]

人们有诸多理由相信，亚历山大总体上是倾向于代议制机构的，俄国的现实却对宪政改革起了强大的抑制作用。考虑到国家政府机构的虚弱和彼得堡庇护人—受庇护人网络的强大力量，难道皇帝真的希望给予他们一个议会，让他们通过议会对法律、税收和政府施加更大的影响，从而加强这些人际网络吗？俄国的任何代议制机构都会被农奴主们所掌控：其他任何团体都无法在财富、教育和地位上与之相提并论。这样的代议制机构难道不会让俄国的现代化与废除农奴制变得更加艰难吗？增强官僚机构而使之能够为保守的社会带来启蒙革新难道不是更有效吗？皇帝亲近外国顾问，这就更不值得批评了。亚历山大既渴望获得更为和平互助的国际秩序，同时又在追求本国利益，他并不比20世纪那两次世界大战中的盟国领导人们更伪善。[72]

尽管在事后回顾时，人们可以提出这些对亚历山大有利的论点，但在当时他被普遍视为虽然好心却女子气的柔弱人物。这一看法在1812年时影响极大。当奥地利外交大臣梅特涅伯爵在法军深入俄国、最终占领莫斯科的时候写下"我无法指望亚历山大皇帝具有一点点坚定"时，他代表了大部分外国使节和许多俄国精英阶层成员的看法。除非人们将这样的估量考虑在内，不然拿破仑自己的战略就没什么意义。但是亚历山大的勇气并没有在1812年离他而去。它也足以克服俄国1813年入侵中欧时遭遇的艰巨挑战与困难，建立起国际同盟，领导同盟一路前往巴黎。[73]

早在1810年9月，随着法俄关系开始滑向战争，法国驻彼得堡大使就试图向他的政府发出预警，亚历山大实际上要比看起来坚韧得多。

　　人们认为他是软弱的，可他们错了。他无疑可以容忍许多烦恼，隐藏他的不快，但这是因为他面前有终极的目标，这一目标是欧洲的和平，那也是他希望不经过暴力危机便争取到的。但他的忍耐个性也是有极限的，他不会逾越它们：这些极限就像钢铁一样坚固，不会被他放弃。他的个性里充满了善意、真挚和忠实，他的情感与原则也是高尚的，但是在这一切之下，存在后天得到的、皇室式的虚伪，以及任何事物都无法将其挫败的顽强坚持。[74]

第三章

俄法同盟

在批准了与法国的和平及同盟条约后，亚历山大离开蒂尔西特返回彼得堡，并于1807年7月16日抵达目的地。在他返回首都的前一天，这座城市见证了二十一响礼炮和在喀山（Kazan/Казань）大教堂庆祝和平的祈祷仪式。在莫斯科也举行了类似的庆典，奥古斯丁（Augustin/Августин）主教告诉他的会众们，俄军官兵的英勇给拿破仑留下了极为深刻的印象，使其认为需要一个与他为友的俄国。奥古斯丁用这样的话语来掩饰实际的状况。东正教会的确需要做些解释工作，因为根据政府的命令，它曾经让人长年累月在讲道坛上慷慨陈词，抨击敌基督拿破仑。显然，这个故事传到许多俄国村子后就变成了沙皇为了洗清拿破仑的罪孽，与他在一条河中会面。[1]

亚历山大一时还可以忽略他的农民臣民们的困惑——沙皇突然和此前的敌基督成为朋友。但他对莫斯科和彼得堡贵族阶层，以及精英阶层中的一个组成要素，亦即将军和近卫军军官们的意见就不能如此漫不经心了。尼古拉·鲁缅采夫伯爵于1807年秋季成为外交大臣。他后来这样告知法国大使科兰古（Caulaincourt）侯爵：

就这个国家来说，拿破仑皇帝犯了一个错误，总体而言每个法国人都一样。他们并不十分了解这个国度，觉得皇帝就像专制君主一样统治，他的一纸命令就足以改变公众舆论，或者至少能够决定一切……（这个想法）是错误的。尽管亚历山大皇帝的善良与温和闻名于世，但他也许比之前任何一位君主都更能给公众舆论施加影响。叶卡捷琳娜女皇无疑是最专横的女性，也是有史以来最不受约束的君主，但她在这方面所做的却比他少得多。你可以确信这一点。她从未发觉自己身处他现在正面临的艰难环境之中。她极其了解这个国度，从而赢得了公众舆论所有要素的支持。正如叶卡捷琳娜本人曾经告诉我的那样，就连几个老太太的反对情绪她都会仔细处理。[2]

事实上鲁缅采夫正在进行转换阵营的说教，而彼得堡的法国使馆也对公众舆论十分在意。人们广泛认为，推翻了亚历山大的父亲和祖父的政变一定程度上是出于对他们所秉持的对外方针的抵制，尽管科兰古本人则强调这两位君主曾经侵犯过彼得堡贵族阶层中关键人物的个人利益。在科兰古发出的急件中，他告诉拿破仑，某种程度上来说，是对帕维尔皇帝的记忆和对康斯坦丁大公的厌恶让推翻亚历山大一世的企图不致成真。当俄国君主于 1808 年 9 月赶赴埃尔福特（Erfurt）与拿破仑会面时，科兰古注意到作为彼得堡督军的德米特里·洛巴诺夫－罗斯托夫斯基完全可靠，指挥近卫军的费奥多尔·乌瓦罗夫（Fedor Uvarov/Фёдор Уваров）也非常忠诚，因此即便当皇帝不在时，也不可能发生什么麻烦事。然而大使后来注意到，皇帝的妹妹叶卡捷琳娜女大公所培植的俄罗斯民族主义小圈子代表了对皇位的潜在威胁。除了少数极其短暂的时刻外，1809 年时科兰古总的来说还是这样强调：尽管只有少数俄国人希望发动战争，但亚历山大和鲁缅采夫对俄法同盟的支持却让他们在彼得堡成了孤立且不受欢迎的人物。[3]

某种程度上来说，对法国的敌意是出于自尊心受损的感受。18 世纪的俄国曾赢得了它的战争，因此奥斯特利茨和弗里德兰是让人蒙羞的震撼。更不用说对骄傲的贵族们——他们被培养出了对荣誉和名声的敏感关切——而言，这样的公开侮辱就更难以接受了。谢尔盖·沃尔孔斯基公爵回忆说，他和禁卫骑兵团的年轻军官同伴们燃烧着为奥斯特利茨复仇的渴望，用砸毁法国大使馆窗户，然后在任何人能够抓住他们之前跑开的方式发泄挫败的情绪。[4]

军队高级军官中的状况也必然不会有太大不同。在蒂尔西特签订和约后，亚历山大派驻巴黎的第一任大使是中将彼得·托尔斯泰公爵。托尔斯泰是个有英雄般直率作风的使节：他事实上不是个外交官，而是位好战的将领，盼望着逃离位于巴黎的使馆——以托尔斯泰的看法，他只是在使馆里的徒劳差事上浪费时间。他反复告诉在彼得堡的上级，拿破仑（通常状况下他一直尖刻地称之为波拿巴）一心想要主宰全欧洲，并"希望把我们变成亚洲国家，把我们赶到旧日边界后方"。法国人的傲慢和虚荣给托尔斯泰带来了排斥和侮辱，大使在对俄军做了不合法国人口味又略微高调的颂扬并争辩说法军在 1807 年的胜利是源于好运气和压倒性的数量优势后，就几乎与米歇尔·奈伊发生了一场决斗。[5]

亚历山大的家人也有这样的感受。甚至早在皇帝去蒂尔西特谈判时，他的妹妹叶卡捷琳娜女大公就写信告诉他，拿破仑是"狡诈、个人野心和虚伪的混合物"，这人应该为他能够与俄国君主交往倍感荣耀。她补充说："我希望看到她（即俄国）受到实际上而非口头上的尊敬，因为她必定有办法、有权利做到这一点。"叶卡捷琳娜的母亲玛丽亚皇太后成了反对法俄同盟的彼得堡贵族的核心。科兰古抵达彼得堡之初，上流社会中的多数人都将他拒之门外，尽管这让亚历山大烦恼，但还是有些人在科兰古待在彼得堡期间始终对他大门紧锁。许多法国保王党流亡者居住在彼得堡，或者在俄军中服役。他们的行为方式、教养和格调为其赢得了彼得堡上流社会的强烈同情，也助长了他们对拿破仑的敌意。黎塞留（Richelieu）公爵是流亡者当中最杰出的人物之一，他成了新俄罗斯（即乌克兰南部）的督军，并在复辟后作为路易十八的首相返回法国。名列前茅的还有从 1811 年起担任俄国海军大臣的特拉韦塞（Traversay）侯爵，以及在 1789 年之前担任法国驻奥斯曼帝国大使的圣普列斯特（Saint‐Priest）伯爵的两个儿子。最广为人所知的则是约瑟夫·德·迈斯特，他在那些年里为流亡中的撒丁国王担任驻彼得堡使节，还与埃德蒙·伯克（Edmund Burke）并列为欧洲最著名的反革命政治思想家。[6]

然而，彼得堡诸多客厅里的"正统主义"同情心并非仅仅出于对旧制度下法国的羡慕与怀旧。他们也有这样根深蒂固的感受：拿破仑的行动是对他们自己所处的国家和社会所依靠的宗教与历史原则的挑战，也是对任何稳定的欧洲国际关系体系的挑战。以格里戈里·斯特罗加诺夫（Grigorii Stroganov/Григорий Строганов）男爵为例，他曾多年担任俄国驻西班牙宫廷的使节。当亚历山大要求他继续在约瑟夫·波拿巴（Joseph Bonaparte）的宫廷里担任同一职位时，斯特罗加诺夫却予以拒绝。斯特罗加诺夫致信皇帝，表示拿破仑废黜波旁王室侵犯了"最为神圣的权力"，这事实上正是亚历山大本人赖以统治的权力基础。拿破仑劫持并废黜了他自己的西班牙盟友，也以最粗鲁的方式侵犯了"条约的神圣性和诚信"。如果让斯特罗加诺夫继续在马德里代表俄国的话，他会在西班牙人民面前感到自己受到玷污，而且"在我准备好为陛下您的光荣和贡献做出的一切牺牲中，只有我的荣誉是在当下处境里无法提供的"。[7]

在这些感受之外，彼得堡上流社会中还存在强烈的亲英情绪。在他们看来，英国不仅十分强大，还是欧洲最自由的国度。和其他国家不同，英国的自由实际上似乎增强了它的力量，让政府能够以十分易于控制的代价维系庞大的债务水准。英国贵族阶层的财富、受到保障的权利和价值观被视为英国的自由与霸权的关键因素，较之拿破仑的官僚专制主义，它显得更为优越。如果说沃龙佐夫和斯特罗加诺夫家族是彼得堡最突出的亲英派贵族的话，亚历山大的一些同辈密友也一样属于亲英派阵营。

除此之外，在那些决定了俄国经济与财政政策的要人当中，有许多人广泛阅读过亚当·斯密（Adam Smith）的著作，而且十分羡慕英国经济。以决定俄国经济方针的年长国务活动家尼古拉·莫尔德维诺夫（Nikolai Mordvinov/Николай Мордвинов）为例，他在相当大的程度上是斯密和李嘉图的门徒。财政大臣德米特里·古里耶夫（Dmitrii Gurev/Дмитрий Гурьев）将英国的公共财政体系称为"人类智慧最非凡的创造之一"。这一切仰慕都绝非抽象产物。这些

64　人也认为俄国的利益与英国紧密相关。英国是俄国出口货物的主要市场和主要运输者。1808～1812年，莫尔德维诺夫感到尤为惊恐——如果俄国继续追随拿破仑对英国的经济封锁，它将永远丧失这些出口市场。他觉得与英国的互利贸易同选择性保护俄国的稚嫩工业并非不可调和。与此同时，不仅是这些亲英派人士，而且1808～1812年几乎所有俄国高级外交官都承认，拿破仑主宰欧洲的欲望是对俄国利益的主要威胁，英国则是俄国面对这一威胁时的天然盟友。如果说他们没有像彼得·托尔斯泰那样用这些主张轰击彼得堡的话，那是因为他们希望保住自己的职位，而且时常赞同亚历山大本人的观点——尽可能延迟与法国不可避免的冲突是符合俄国利益的。[8]

　　作为1807年时的总司令，莱温·冯·本尼希森将军以其论述触及了此时俄国地缘政治思想的核心。和统治阶层精英里的大部分人一样，本尼希森支持在1807年缔结和约，但不喜欢对法同盟。在他的观点中同样重要的一点是，尽管英国行使海上霸权时的方式间或会伤害俄国的自尊心，但法国对欧洲大陆的主宰却是对俄国关键利益的更大威胁。尤为重要的是，拿破仑的权力让他能够在俄国边境上重建一个拥有1500万人的波兰国家，这将会成为对俄国安全的巨大威胁。本尼希森也认为如果让拿破仑压制俄国对外贸易的话，那么俄国经济将不再能够维系它的武装力量和精英阶层的欧洲文化。俄国将重归它在彼得①之前的半亚洲状况。

　　在本尼希森看来，英国的全球地位十分巩固，就算整个欧洲大陆都团结在拿破仑身后，他也难以将其打破。英国全球霸权的关键因素是它对印度的掌控，这在本尼希森看来是无懈可击的。他争辩说英国已经在印度建立了由当地纳税人提供资金的欧式军事体系。

---

　　① 彼得大帝。——译者注

这支军队"组建的原则与我们的欧洲团一样，由英国军官指挥，装备极好，用我们掷弹兵那样的精确性展开机动"。亚洲的骑兵军队此前曾经越过印度西北边疆征服了次大陆，但这些骑兵在与英印步兵和炮兵对抗时毫无胜算。与此同时，没有任何一支与其敌对的欧洲军队能够抵达次大陆，因为英国人控制了海上通道，而让一支欧式军队越过波斯或阿富汗时所要遭遇的后勤问题则是无法克服的。本尼希森本人曾在波斯北部作战，他在这一点上的说法有权威性。本尼希森从这一分析中得出的结论是，对俄国来说，与法国同盟对抗英国是自杀性的。首先，法国对英国的胜利与俄国利益极端相悖。其次，在（法国）取得与英国的任何经济战争胜利之前，俄国的财政和经济将会早早崩溃。[9]

　　与拿破仑的同盟在彼得堡的潜在敌人总比潜在朋友要多得多。虽然如此，这一同盟还是有可能获得支持。任何关心帝国内部事务的明智官员都知道俄国面临着众多内部问题，而应对这些问题的资源则十分有限。从这方面来看，开销巨大的外交政策和战争是个灾难。1808～1812年俄国内部事务的关键人物是米哈伊尔·斯佩兰斯基（Mikhail Speransky/Михаил Сперанский），托尔斯泰在《战争与和平》里对他进行了不公正的刻画——在写作这部小说时他相当程度上还是个偏狭的外省贵族。斯佩兰斯基是几乎不可能在俄国政府顶层中找到的人物。他是个赤贫的外省教士之子，单单靠着能力进入了位于彼得堡的全俄第一的教会学院。他从那里开始的职业生涯本该是成为主教或东正教会的高级管理人员，不过却被亚历山大·库拉金的弟弟从这样的生活中拔擢出来，他让斯佩兰斯基担任自己的私人秘书，然后将其转入国家官僚体系，以此协助他处理公务。

　　斯佩兰斯基的出色智慧、作为法律和备忘录起草人的技能和惊人的职业道德先是为其赢得了一系列高级官员的赞赏，随后更是得到了亚历山大本人的青睐。尽管并没有理由去质疑亚历山大对斯佩兰斯基的热情，皇帝也将意识到，一位在彼得堡贵族阶层中毫无关系的主要顾问不会具备任何威胁，也可以在必要情况下轻易抛给狼群。1808～1812 年，斯佩兰斯基实际上是皇帝在财政问题、重建中央政府和新近获得的芬兰相关事务上的主要顾问。1809～1812 年，当亚历山大开始于鲁缅采夫背后处理俄国外交和谍报事务时，他把斯佩兰斯基当作传递秘密报告的渠道——那些报告本是被设计来只给君主过目的。亚历山大也与斯佩兰斯基秘密讨论了对俄国社会和政府的根本改革，包括解放农奴、在中央和地方上引入民选议会。

66　　　任何获得此等圣眷的个人都会在彼得堡招惹到无数的嫉妒与批评。斯佩兰斯基是个"新贵"，加之他缺乏构建有用关系的时间和技巧，这些事实让他变得越发易受伤害。关于斯佩兰斯基解放农奴的计划的各式谣言流传开来。一些出自他手、旨在提高行政效率的改革伤害了贵族阶层成员的利益。许多贵族视斯佩兰斯基为"雅各宾党"，是革命继承人拿破仑·波拿巴的崇拜者。这一点几乎毫无真实性可言。斯佩兰斯基的确钦慕拿破仑的一些行政和司法改革，但他在计划中设定的代议制机构更接近英国模式，而非拿破仑的官僚专制主义。此外，尽管斯佩兰斯基希望能够在不受外部问题打扰的情况下展开内部改革，但他并未幻想拿破仑会让俄国和平着手此事。[10]

就某种程度而言，海军大臣帕维尔·奇恰戈夫（Pavel Chichagov/Павел Чичагов）上将则是更为真切的"波拿巴分子"。在亚历山大时期的俄国政府里，这位海军上将的所属类型要比斯佩兰斯基令人熟悉得多。尽管出身于普通贵族家庭，但奇恰戈夫受过良好教育，他本人还是一位杰出海军上将的儿子。法国大使认为奇恰戈夫是法俄同盟最强烈的支持者之一，许多俄国人也这么想。仅举一例，上将在 1807 年 8 月致信亚历山大，指责英国的海上暴政，并为拿破仑的天才喝彩。海军上将时年 40 岁，对一位部级大臣而言这个年纪依然是相对年轻的，他是一位聪明又精力充沛的人，还有一颗活跃的头脑。有些人说他的话语要比行为更令人印象深刻，但科兰古和约瑟夫·德·迈斯特都认为奇恰戈夫是彼得堡最聪明、最有趣的人物之一。上将的不足之处中有一点是，他倾向于被自己的机智牵着走，在交谈中往往会走得太远。像大部分俄国贵族一样，如果他认为自己的尊严被冒犯的话，他会立刻采取报复。这可能会使他成为一位不佳的下属和傲慢的指挥官。让状况糟糕得多的是，奇恰戈夫大体来说对俄国的落后秉持着鄙视态度，他还倾向于将自己国家的不足之处与其他国家相比——尤其是拿破仑的法国。一次在巴黎长期逗留时，他以骇人听闻的程度展开此类比较，这令那里的俄国外交官们十分不快。他们紧密监视着上将，防范他将俄国机密随口说出。亚历山大实际上赞同奇恰戈夫的许多观点，欣赏他，也原谅了他的发作。但到 1812 年为止，在彼得堡已经有许多把磨砺已久的匕首，正等待时机插进奇恰戈夫后背。[11]

　　然而，倘若要让俄法同盟幸存下来的话，拿破仑最需要在彼得堡培植的关键人群是科兰古所称的"老俄罗斯人"，人们可以将他们写实地称为俄罗斯孤立主义者。在几乎所有情况下，他们都来自俄罗斯族，而且时常是老一辈人，这些人不觉得仅仅是因为亚历山大对普鲁士路易丝（Louise）王后的迷恋（这是他们口耳相传的说法），或是他对世界和平友好的幻想，俄国就有理由让自己卷入欧洲事务。在某些状况下，避免与欧洲发生外交和军事上纠缠的渴望是同对法国化的行为与价值观侵入俄国社会、"破坏"它传统的不快一起出现的。然而，许多贵族孤立主义者是有高度文化修养的人，用法语交谈就和用俄语一样轻松。孤立主义也时常有自己的战略进攻事项单。它把针对奥斯曼帝国的向南扩张作为俄国真正的民族利益和民族目标所在，回顾叶卡捷琳娜二世的胜利战争，将其视为未来俄国大战略的模板。孤立主义者也追忆着在叶卡捷琳娜治下领导俄罗斯向南扩张的伟大人物——彼得·鲁缅采夫元帅、格里戈里·波将金元帅和亚历山大·苏沃洛夫（Alexander Suvorov/Александр Суворов）元帅——他们都是俄罗斯人，这与拿破仑时代中亚历山大麾下军队的许多指挥官完全不同。

　　这些俄国孤立主义者和 18 世纪时的英国人在大战略的争论方面有相似之处。许多英国政治家要求奉行真正的"民族性"殖民与海外扩张政策，指责插手欧陆仅仅是对汉诺威王朝的迎合。那些在英国能够从屋顶上大声呼喊的议论在俄国只能以窃窃私语传播。罗曼诺夫王朝也不像汉诺威王朝那样明显来自外国。但当罗曼诺夫王朝男性世系于 1730 年绝嗣时，皇位就通过嫁入荷尔斯泰因王室的彼得大帝之女传承下去。对某些老俄罗斯人而言，彼得三世和他的儿子帕维尔一世对"弗里德里希大王"和他麾下普鲁士军队的敬重反映出来自德意志的毒素已经明显渗入了罗曼诺夫家族的血脉。1809 年 8 月，在对亚历山大的外交政策完全幻灭后，元帅普罗佐罗夫斯基（Prozorovsky/Прозоровский）公爵致信同为"老俄罗斯"贵族和叶卡捷琳娜时代战争宿将的谢尔盖·戈利岑（Serge Golitsyn/Сергей Голицын）公爵，信中称如果拿破仑继续戏耍、削弱俄国的话，那么普罗佐罗夫斯基家族和戈利岑家族无疑会以某种形式保留他们的庄园，但"荷尔斯泰因王室"将不会继续据有俄罗斯皇位。[12]

　　俄国和英国就战略而进行的辩论中的相似之处反映出了一个基本的共同地缘政治现实。英国和俄国是欧洲边缘的大国。对这两个国家而言，向欧洲之外投送力量是更有利可图的事情，在那里攫取胜果更为轻松，而其他欧洲大国也几乎无法予以干涉。在欧洲核心地带取得利益则要付出昂贵得多的代价，不管在获取还是防卫时都是如此。然而到 1800 年为止，如果说英国和俄国都能够从他们的边缘位置得利的话，那么主要的优势则在英国一方。就两大帝国核心领土的安全性而言，海洋是比波兰和白俄罗斯平原好得多的缓冲地带。某种程度上来说，爱尔兰之于英国恰如波兰之于俄国，换言之，那是一片居住着宗教对头和史上死敌的脆弱边境土地。然而，在把几乎整个土著精英阶层剥夺殆尽后，英国人已经能够确信通往不列颠的爱尔兰后门相当安稳——除非一支规模庞大的法军入侵这个国度，而皇家海军的力量却让这几乎无法成真。没有一位俄国国务活动家能够对波兰有类似的安全感。[13]

　　英国在欧洲外围获取利益的位置也要好得多。当俄国人的向南扩张让他们进入君士坦丁堡范围，甚至把舰队派入东地中海时，他们进入的是一块其他大国也认为十分重要，同时它们也能够有效干预以阻止俄国人的地方。此外，尽管向南扩张给俄国在"乌克兰"和黑海沿岸带来了十分重要的收获，但它们却无法与英国霸权在1793～1815年的大步推进相提并论。在法国、西班牙和荷兰海军都几乎被歼灭的状况下，英国人可以夺取南非的大部分贸易，消灭他们在印度的关键敌手，开始利用印度的输出品打入中国市场，而且还巩固了对自己遍及全球的海军基地的控制，极大地增强了它们对国际贸易的掌控。拿破仑时代潜藏的基本地缘政治现实表明了英国未来会取得主导地位，而地缘政治现实又得到了英国工业革命最初迹象的强化，这就使状况变得尤为突出。这一点曾让一些俄国人感到忐忑不安。另外，当时最主要的地缘政治重点则是，如果任何其他大国主宰了欧陆，俄国和英国的国家安全都将处于极度危险之中。[14]

1807～1812年，"老俄罗斯人"最突出的代表是尼古拉·鲁缅采夫伯爵，他也是这一时期的外交大臣。在彼得大帝时代之前，鲁缅采夫家族只是个中等贵族，其地位远在沃尔孔斯基、洛巴诺夫或戈利岑公爵家族之下，但是尼古拉的祖父亚历山大·鲁缅采夫是彼得的亲密伙伴，他俩的关系自童年时期就已开始，并贯穿了彼得的整个统治时期。亚历山大·鲁缅采夫以上将、伯爵和富人的身份去世，彼得确保了他能够通过婚姻进入旧莫斯科贵族核心。此举的一个结果是，他孙子尼古拉的关系网络十分强大：仅举一例，尼古拉是亚历山大·库拉金的表弟。

然而，真正重要的关系同尼古拉的父亲相关。他是叶卡捷琳娜治下的大英雄、元帅彼得·鲁缅采夫伯爵。正如外交大臣曾对科兰古所述，"只有为他的国家谋取巨大利益的希望才能让鲁缅采夫元帅的儿子"留在政府当中。尼古拉·鲁缅采夫敏锐地意识到了他所拥有的遗产，他是一位骄傲的俄罗斯爱国者，坚定地认为他的国家应当列于诸国之首。他对古代俄国手稿和其他古物的极大兴趣展现出了他爱国主义情感的一个方面。他不仅资助对这些珍宝的收集、刊行和展览，还热心地参与横跨俄国寻找古物的探险。当代俄国图

69

书馆和博物馆里收藏的最伟大的罗斯和斯拉夫古物中，有许多件藏品的源头要归于这位杰出的人物，他在临终时把自己的珍藏赠予公众。[15]

在鲁缅采夫的少年时代，俄国不仅正在他父亲的指挥下向南进军，也是欧洲第一大产铁国。然而，正如鲁缅采夫清楚了解的那样，到 1807 年为止，它的相对经济地位正处于衰落之中。在鲁缅采夫担任外交大臣期间，俄国与美国建立了外交关系。美国派往俄国的第一任公使是约翰·昆西·亚当斯（John Quincy Adams），他是一位美国总统的儿子，自己也将在 19 世纪 20 年代担任总统。鲁缅采夫曾向亚当斯吐露秘密，"对一个大帝国而言，麻、牛油、蜂蜡和铁是最上等的出口产品，这并非得意之事"。他对经济事务的兴趣一定程度上是因为他本人是个极为富裕的地主，对西欧的新耕作方法所产生的影响非常关注。然而，他还曾多年执掌过帝国的运河和其他水道，并自 1802 年起担任贸易大臣。这对一位俄国外交大臣而言是独一无二的背景。[16]

对鲁缅采夫来说，拿破仑一定程度上只是个穿插表演，或者说只是个机遇。他真正关心的是英国对世界经济日益增长的控制。外交大臣欢迎拿破仑对英国实施经济封锁："宁可让整个世界的贸易于 10 年内不复存在，也好过永远使其落入英国掌中。"正如他告诉亚当斯的那样，俄国不会走印度的道路。作为贸易大臣，他曾引入新的法令，以确保外国人不会夺占俄国国内贸易和生产份额。与此同时，英国对俄国海外贸易的控制已经形成了"一种主宰，有点像他们在印度所做的那样"，而这一点是"不可容忍的"。鲁缅采夫既把美国培养为俄国贸易的另一个运输者，又将其作为对英国控制全球经济的潜在制约因素。他时常在美洲和中国为俄国商品寻找新的市场。[17]

然而，鲁缅采夫面临的是一个艰巨的任务，即使拿破仑对欧洲贸易的扼杀为不少初生的俄国工业——如制糖业——提供了无限的保护，但俄国社会与俄国经济所处的地位能够让它们利用这一点吗？

科兰古当然欢迎鲁缅采夫的想法，但即便是他也认为，中产阶级和大量熟练工匠的缺乏会严重限制俄国的经济潜力。就长远角度而言，工业革命还需要依靠煤与铁的结合，但是在俄国，只有铁路的出现才能够贯通庞大矿藏间的距离。在更为近期也更与政策相关的角度上，鲁缅采夫对拿破仑的大陆封锁体系感到绝望，皇帝希望用全欧洲对英国的贸易封锁迫使他的头号劲敌屈膝投降。在鲁缅采夫看来，这实际上是在伤害英国的竞争者，把全球贸易装在盘子上送给英国人。[18]

在政治层面上，鲁缅采夫战略的成败也系于拿破仑之手。如果拿破仑忍住不去威胁俄国安全，孤立主义就是唯一可行的战略。在鲁缅采夫看来，不构成威胁首先意味着不去鼓励波兰人。任何被重建的波兰国家都注定希望恢复到它被瓜分前的边界，这就会让俄国失去乌克兰和白俄罗斯的许多土地。正如他告诉科兰古的那样，尽管他自己的所有政治资本都已经倾注到对法同盟当中，"但我本人也会第一个告诉皇帝，宁可牺牲一切都不能同意重建波兰，也不能同意做任何最终会间接导致其复国或传递任何与复国相关想法的安排"。[19]

如果说亚历山大本人在离开蒂尔西特时的确怀有对俄法同盟的些许幻想的话，那么这些幻想很快也就消散了。首先出现的是围绕摩尔达维亚（Moldavia）和瓦拉几亚（Wallachia）的争端，这是俄军于正在进行的战争中占领的两个奥斯曼省份。俄国人希望吞并它们，以此抵偿战争费用——这是一场由奥斯曼帝国于1806年主动发起的战争。尼古拉·鲁缅采夫就任外交大臣一职也很可能加大了他们从土耳其身上索取补偿的胃口。由于这一吞并行动并没有被写入《蒂尔西特和约》之中，法国人声称他们也需要得到补偿，以平衡俄国的收益。亚历山大相信拿破仑曾在蒂尔西特会谈中鼓励他兼并这些省份，因此他被这一要求吓了一跳。然而，真正使其震惊的是法国要求得到西里西亚作为补偿。西里西亚不仅要比那两个土耳其省份有价值得多，而且是普鲁士残存省份里最富庶的一个。让普鲁

士失去它既令亚历山大在弗里德里希·威廉面前蒙羞，也令普鲁士
降为小小公国，完全不能防护俄国的西部边境。此外，西里西亚位
于萨克森和华沙大公国之间，它们的君主都是萨克森国王。萨克
森—波兰君主国是拿破仑在东欧最重要的前哨兼卫星国。如果拿破仑
把西里西亚和它的大批波兰人口赠予萨克森—波兰君主国的话（这是
很有可能的），俄国对波兰复活这一威胁的担忧就会急剧增长。

　　关于奥斯曼治下"公国"的争端是法俄之间就整个奥斯曼帝国
未来所进行的谈判的附属品。这既反映了鲁缅采夫对奥斯曼领土的
强烈欲望，也表现出法国毫不愿意将君士坦丁堡和通往地中海的通
道交给俄国。这些讨论那时候却意外碰上了法国和俄国实现《蒂尔
西特和约》条款时——这要求将大陆封锁体系施加到欧洲其余部分
头上——所造成的危机。俄国人在这桩事中分摊的任务是迫使瑞典
加入大陆封锁体系，他们在 1808 ~ 1809 年的战争中击败了瑞典，从
而实现了这一目标（至少纸面上如此）。从俄国角度而言，这场花
费高昂的战争的主要理由是它会导致俄国兼并芬兰，日后一旦发生
冲突，这会让彼得堡在瑞典的进攻面前显得安全得多。和约于 1809
年 9 月在弗里德里希哈姆签订，亚历山大显得相当满意，他将鲁缅
采夫晋升为首相①，给予了芬兰人堪称慷慨的自治程度。

　　与此同时，法国将大陆封锁体系强加到伊比利亚的尝试却发生
了灾难性的错误。葡萄牙政府和王室在英国海军护送下逃到了巴西。
他们现在完全依靠英国的善意生存，于是即刻让整个葡萄牙帝国向
英国敞开贸易。拿破仑废黜西班牙波旁王室、试图接管西班牙的结
果还要糟糕得多，这让亚历山大和鲁缅采夫因他们对拿破仑的支持
而在彼得堡上流社会中遭到了更多的批评。拿破仑此举不仅让西班
牙与英国展开贸易，还让整个西班牙帝国都与英国通商。西班牙的
起义也让奥地利人相信，这也许是他们发起进攻的最后一次机
会——拿破仑正被牵制在其他地方，而奥地利的财政还能够支撑与

---

①　俄国文官体系中的最高职位，канцлер，也译作"一等文官"。——译者注

大国地位相称的军队。

　　亚历山大曾指出：“我有理由希望这将成为加速欧洲实现整体和平的方法，那正是欧洲所急需的。只要英法之间的战争还在继续，大陆上的其他国家就不会有任何安宁。”他以此向弗里德里希·威廉解释为何要支持大陆封锁体系。亚历山大的一些顾问曾一直警告他，即便这俄联合施压，迫使英国谈判也只是幻想。现在亚历山大本人被迫承认，拿破仑的政策已经让俄国所需的和平越发遥远。法国在西班牙的莽撞入侵已经给了英国“极大的优势”，还促使奥地利着手集结军队，可能引发欧洲大陆上规模更为庞大的战争。[20]

　　就在这危险的国际环境当中，亚历山大于1808年9月前往位于德意志中部的埃尔福特，这是蒂尔西特会谈之后让人等待良久的后续会晤。在盛大的庆祝活动和公共场所表现出的一连串互相倾慕之外，两位君主间的关系却比前一年明显冷却下来。在一定程度上这只是反映了俄国的相对地位有所提高，因此就有了更大的讨价还价空间和更少的对拿破仑无限服从的需求。俄国早已从弗里德兰的失败中恢复过来。法国的军队不再威胁性地部署在它的边境上。与此相反，他们正在西班牙苦战，或者等待与奥地利发生新一场战争的可能状况。法国需要俄国，因而放弃了对俄国吞并摩尔达维亚与瓦拉几亚的反对意见。作为回报，亚历山大许诺在奥地利挑起进攻的状况下支持拿破仑，但是由于这一点已经暗含在《蒂尔西特和约》之中，俄国人事实上没有做出任何实质性让步。

　　比起在埃尔福特的无意义谈判和协定，亚历山大和他的家人之间与会晤拿破仑相关的书信要有意思得多，因为它们反映了他内心深处的许多想法。就在皇帝动身前一周，他母亲写给他一封长信，恳求他不要出发。由于拿破仑劫持了西班牙王室家庭，玛丽亚皇太后因而对她儿子的人身安全状况深感紧张——他身处由法军驻守的外国城镇，被一位毫无顾忌和限制的人控制着。尽管她承认在蒂尔西特达成的和平是必需品，但她也阐述了对法同盟的危险后果。拿破仑操纵俄国，使其发动一场针对瑞典的、昂贵且不道德的战争，与此同时还阻止它与奥斯曼议和，甚至试图让自己干涉俄国与波斯的关系。更加糟糕的则是与英国关系破裂和坚持大陆封锁体系给国内带来的灾难性后果。贸易崩溃，基本必需品价格狂涨，官员薪水的实际价值减半——这让他们只能以偷盗养活家庭。国家岁入的下降和政府官员的道德败坏与腐败预示着危机。然而，拿破仑在西班牙的艰难处境和奥地利的再武装给俄国提供了与法国的敌人团结一致、终结它对欧洲主宰的机会。皇太后指出，在这样一个时刻，如果亚历山大如朝圣般拜访拿破仑并巩固法俄同盟的话，那对他的声望和俄国的利益都将是灾难性的。[21]

74   玛丽亚的主张并不新鲜。亚历山大的许多外交官都能够提出同样的观点，托尔斯泰伯爵还时常在他发自巴黎的急件里强调这些论调。然而，让亚历山大忽略他手下官员们的意见要比让他忽略母亲的看法容易得多。尽管时常被玛丽亚激怒，但他在内心里不仅是个忠诚而礼貌的儿子，还是个深爱母亲的儿子。所以在动身前往埃尔福特之前，亚历山大在一封写给她的漫长手写书信中阐述了他的对外方针，并对其加以辩护。

亚历山大在书信开篇时表示，在这样一桩极为重要的事项上，唯一需要考虑的是俄国的利益与福祉——这是他全部关心所倾注的地方。如果他让自己被无知、浅薄且漂浮不定的公众舆论所左右的话，那将是"罪恶"的。与之相反，他必须依靠自己的良心与理性，用眼睛径直观察真相，不屈服于虚假的希望或情感。此时的基本事实是，法国十分强大，它甚至要比俄奥两国合在一起都强大得多，处境也要好得多。连18世纪90年代被治理不当和内战削弱的法兰西共和国都能够击败全欧洲，那么人们对法兰西帝国又该说什么呢？统治它的专制君主同时是一位军事天才，它还有一支在15年战争锤炼过的老兵组成的军队作为支柱。认为在西班牙的少数几场失败就能严重影响这一霸权的想法是幻觉。

俄国此刻的救赎赖于避免和拿破仑发生冲突，只有让他相信俄国与其共享利益才能做到这一点。"我们的全部努力都必须投入到这一点上，以便让我们自由呼吸一段时间。在这段宝贵时间里，我们可以积累自身的资源与力量。但我们必须在完全沉默的状况下做到这一点，不把我们的军备和准备工作公之于众，也不能在公众面前高声指责我们不信任的这个人。"不去与拿破仑进行准备很久的会晤将激起他的猜疑，在这样一个国际关系十分紧张的时刻，这可能会是致命的。如果奥地利在这时发动战争，那是对自己的利益与缺点视而不见。必须尽一切手段把奥地利从这一愚行中拯救出来，保存它的资源，直至这些资源能够用于集体利益的时刻到来为止。但是这一时刻尚未来临，如果前往埃尔福特的远行结果是"阻止如此可悲的一场灾难"（亦即奥地利的战败与毁灭）的话，它带来的利益就足以抵消与拿破仑会面的一切不快之处。[22]

有充分理由相信亚历山大这封给母亲的信出自真心。然而，亚历山大了解她对拿破仑的厌恶，因此有可能夸大了他对法国君主的反感与不信任。亚历山大没有理由在给他妹妹叶卡捷琳娜写信时做出这种伪饰——她可能是他在这个世界上最信赖的人。在离开埃尔福特、与拿破仑虚情假意地告别后，他在给她的信中这样说："波拿巴觉得我只是个白痴，'笑到最后的人笑得最长久！'我把一切都交托给上帝。"[23]

在埃尔福特会晤后的 6 个月里，俄国外交政策的主要目标是避免法奥战争发生。亚历山大和鲁缅采夫都确信，一旦战争到来，奥地利将无望得到德意志的暴动或英军登陆的有效帮助。哈布斯堡的军队必定会被击败，而奥地利要么会被毁灭，要么就会被削弱到只能沦为法国卫星国的地步。那时俄国将是剩下的唯一能够抵抗拿破仑主宰全欧洲的独立大国。皇帝依然对法俄同盟保持忠诚，因为这是为俄国争取时间的唯一方法。如果彼得堡公开站到奥地利一边，拿破仑不仅将在俄国的援助到来之前就歼灭哈布斯堡军队，随后还会把他的全部力量都转向远未做好生死一战准备的俄国。

亚历山大拒绝了拿破仑让法俄两国联合对维也纳发出警告的要求，一部分原因是他不希望冒犯奥地利人，另一部分原因是，他担心俄国对法国太过强烈的支持甚至有可能鼓励拿破仑本人主动发起旨在消灭哈布斯堡君主国，或是单纯劫掠奥地利金库以供养他麾下规模膨胀的军队的战争。虽然如此，他还是向奥地利人发出警告，如果他们对拿破仑发起进攻，《蒂尔西特和约》中规定的相关职责将迫使俄国加入法国一方作战。另外，由于亚历山大认为奥地利的军备工作只能用对法国入侵的担忧来解释，他也做出了许诺，如果奥地利人部分解除武装，俄国就会做出公开保证——在法国主动进攻的状况下前来援助奥地利。甚至直到 1809 年 4 月 10 日战争爆发时为止，亚历山大都无法相信奥地利会冒着近乎自杀的危险进攻拿破仑。当这一切真的发生后，皇帝指责哈布斯堡政府竟让自己被公众意见和它本身的情绪所裹挟。[24]

　　奥地利对拿破仑的进攻让亚历山大别无选择，只能对奥宣战。如果他没能履行条约上明确规定的职责，俄法同盟就将崩溃，俄国与法国可能会在数周内兵戎相见。尽管俄罗斯理论上是奥地利的敌人，但它最主要的战争目标则是让奥地利帝国尽可能少受削弱。俄国最不希望去做的事就是削弱奥军，因为它的存在是抵制拿破仑向哈布斯堡施加毁灭性和平条件的主要保障。此外，俄国人还强烈反对华沙大公国增添任何领土。因此，入侵奥属加利西亚（Galicia/Галиция）的俄军把相当多的精力投入到避开哈布斯堡军队和妨碍大公国（它在名义上是俄国的盟友）的波兰军队推进上。这样的战术当然无法掩人耳目，在俄军的信件被波兰人截获、意图被公之于众后更是如此。拿破仑大为恼怒，他此后再未真正确信法俄同盟有效。可以预见的是，这场战争会以奥地利战败告终。在 1809 年 10 月签订的《申布伦（Schönbrunn）和约》中，拿破仑把加利西亚的一大部分交给了波兰人，以此完成了自己对亚历山大的复仇。

　　奥地利和法国间的战争标志着俄法同盟终结的开端，但 1809 ~ 1810 年冬季的两个新进展又在表面上让两国维持了一段时间的同盟。拿破仑赞同他的驻俄大使阿尔芒·德·科兰古的意见，认为应当起草一份法俄协定，消除俄国对可能发生的波兰复国的恐惧。大约在同时，他还和妻子约瑟芬（Josephine）皇后离婚，转而向亚历山大的妹妹求婚。拿破仑正在追求一位俄国女大公的流言已经传播了一段时间。早在 1808 年 3 月，异常忧心的玛丽亚皇太后就曾询问驻巴黎大使，探究这桩事是否有成真的危险。拿破仑此时的明显目标是叶卡捷琳娜女大公。要是这位精力极其充沛、意志十分坚强的少女与拿破仑结婚，日后的发展将是有趣且令人激动的。然而，不管叶卡捷琳娜有多少野心，她都受不了嫁给科西嘉歹徒的想法。也许是为了消除这桩婚姻的任何可能性，她在 1809 年转而嫁给了远房表亲奥尔登堡的格奥尔格（Georg）亲王。当拿破仑的求婚提议传到彼得堡时，唯一还有可能的俄国新娘就是刚刚年满 16 岁的安娜女大公。[25]

亚历山大很不欢迎拿破仑向安娜求婚。他既不愿意把妹妹嫁给波拿巴，也不愿意拒绝联姻，侮辱法国皇帝。帕维尔一世曾在他的遗嘱中声明，他女儿的婚姻应当由她们的母亲决定，某种程度上来说，这是亚历山大回避此事的极好借口，不过他以屈从于区区一位妇女的方式为自己的无能辩护的做法，也证实了拿破仑对他性格弱点的怀疑。亚历山大担心皇太后会在这件事上大发雷霆，但事实上母亲和儿子对此看法却完全一致，这只是他们在政治问题上观点愈加一致的一个标志而已。玛丽亚当然被联姻的想法吓坏了，但她也完全理解惹恼拿破仑的危险性。她在给女儿叶卡捷琳娜的信中说，亚历山大已经告诉她俄国的西部边境十分脆弱，连能够控扼预期入侵路线的要塞都没有："皇帝告诉我，如果上帝给他 5 年的和平，他会拥有十座要塞，财政状况也会变得良好。"皇太后承认这样的事实——为了国家利益牺牲自己是皇室的责任，但她无法忍受把还是个孩子的女儿送给拿破仑的想法。两个年纪较长的女儿早早出嫁、最终都死于难产的事实强化了她的反应。叶卡捷琳娜女大公最终提出了这样的折中回复：不要当即拒绝拿破仑，而是告诉他，皇太后在失去了两个女儿之后，已经决心不让最后一个女儿在 18 岁之前结婚。[26]

俄国的半拒绝回应于 1810 年 2 月送抵拿破仑手中，他在那时早就转向了第二候选者，已经在名义上与奥地利皇帝的女儿玛丽 – 路易丝（Marie – Louise）女大公结婚。亚历山大把对拿破仑同时与两国宫廷谈判的愤恨和对法国与奥地利联姻将加速法俄同盟崩溃、俄国孤立的深重担忧都埋藏起来。几乎与此同时，他还震惊地得知，拿破仑已经拒绝正式批准阻止波兰复国的协定。拿破仑向俄国人保证他无意恢复波兰王国，但他不能签署让法国阻止任何人——包括波兰人自己——如此行事的协定。在某种程度上，关于协定辞令的争端是毫无意义的：没有人能够让拿破仑遵守他签署过的任何协定，他忠实于条约的记录也没给人留下什么印象。然而在俄国人眼中，拿破仑连在波兰问题上伪装迎合俄国意愿都不肯做，这就让他的行为显得越发可疑了。法俄关系从此刻开始急剧下降，一直持续到1812 年 6 月战争爆发为止。绝非巧合的是，新任战争大臣米哈伊尔·巴克莱·德·托利在 1810 年 3 月初起草了他关于俄国西部边境地区防御法军进攻方法的第一份备忘录。[27]

与此同时，大陆封锁体系开始给俄国造成巨大困难。亚历山大一直承认，俄国坚持加入拿破仑对英国的经济封锁是"我们（与法国）联盟的基石"。如果要恢复俄英关系，那么就会粉碎《蒂尔西特和约》的核心，让俄国与拿破仑的战争变得不可避免。出于这一理由，在 1812 年 6 月法军真的越过边界之前，他都忍住不去做这件事。然而到了 1810 年，他显然必须要有所作为，以此来减轻大陆封锁体系给俄国造成的损失了。[28]

最大的一个问题是纸卢布价值的崩溃，到 1811 年为止，它已经几乎是帝国的俄罗斯核心地带中唯一的一种通行货币。在 1804 年 6月，纸卢布的价值一度相当于同面值银卢布的 3/4 还多，到 1811 年6 月，它的价值就不足银卢布的 1/4 了。这有两个主要原因。首先，国家负担它在 1805 ~ 1810 年巨额军事开支的唯一方法就是印发越来越多的纸币。其次，大陆封锁体系与经济和政治上总体的不确定性导致商业信用崩溃，甚至连银卢布在 1807 ~ 1812 年都相对于英镑贬值了 1/5，纸卢布对外币的汇率更是直线下跌。这对在芬兰、摩尔达维亚、高加索和波兰作战的俄军部队的维持费用有巨大影响：据科兰古估算，在（俄国）与瑞典的战争中，每名士兵每天要消耗亚历山大相当于 15 银法郎的费用，他评论说，"瑞典战争正在毁灭俄国"。到 1809 年为止，国家收入不足支出的一半，危机正在迫近。那一年政府税收的实际价值只是 5 年前的 73%。在俄国需要准备对抗拿破仑帝国时，这简直就是潜在的灾难。[29]

79

　　政府针对这一危机采取了多种形式的反应措施。它发出了响亮的声明，保证将纸卢布视为国债，届时可以兑取现金。不会再允许印刷纸币。所有一切不必要的开支都会被裁掉，同时开征新税。最重要的是，所有奢侈品和非必需品的进口都将被立刻禁止或征收高额关税。与此同时，停泊在俄国港口、运输俄国出口货物的中立国船只将得到鼓励和保护。紧急开征的新税只带来了很少的现金，当战争于 1812 年再次爆发时，不再印刷纸币的保证也被忘记了。但进口禁令和对中立国船只的鼓励的确当即对俄国贸易和财政产生了影响。

　　不幸的是，它们也给拿破仑造成了很大影响。他声称这些措施针对的是俄国从法国进口的商品——这事实上是不确切的。他指出中立国船只被俄国当作对英贸易的掩护——这一点就要真实得多。由于他本人当时正在兼并北德意志的许多地区，以便收紧对贸易的控制，俄国与法国的政策可谓是截然相反。然而，哪怕是在法国的抗议面前，亚历山大也拒绝让步。他指出是必要的需求迫使他做出这些改变，而在不触及条约约束的前提下决定关税和贸易规则，也是他作为主权国家统治者的权利。

　　同他的倔强有关的是可怕的金融危机和俄国的自尊。大陆封锁体系很大程度上已经从针对英国的经济战争手段，变成了法国榨干欧洲其余部分以扩张自己的贸易与岁入的政策，倘若皇帝和鲁缅采夫没有正确地意识到这一点，也许他们都会更倾向于妥协。当拿破仑要求基本断绝俄国对外贸易时，他却正在给法国商人颁发越来多的对英贸易许可证。给俄国的伤口上撒盐的是，携带此类许可证的法国船只甚至时常试图在俄国境内出售英国货。正如科兰古告诉拿破仑的那样，当法国本身都越发回避对英经济战争时，法国是难以期望俄国接受这一战争代价的。许多俄国国务活动家早已开始指责大陆封锁体系的后果。然而到 1812 年年初时，就连鲁缅采夫都承认拿破仑的政策完全缺乏诚实和连续性，他告诉约翰·昆西·亚当斯，"许可证制度是建立在谎言和不道德基础上的"。[30]

　　然而到那时为止，关键的问题早已不再是法国与俄国之间的具体分歧，而是拿破仑正在明确准备对沙皇的帝国发起大规模入侵。在 1812 年 1 月初，法国战争大臣吹嘘说，为了即将到来的战争，拿破仑的军队已经达到了此前从未有过的良好装备、训练和补给程度："我们已做了超过 15 个月的准备工作"。考虑到法国在 1812 年之前的安全水准，这种吹嘘是在俄国情报人员耳力范围之内的。俄国人事实上对法军的意图和准备工作异常了解。早在 1810 年夏天，一大批通常都十分能干的年轻军官就被派到俄国遍布在各个德意志宫廷里的使团中担任武官。他们的任务是收集情报。在德意志范围内，最大的情报来源是自 1810 年 1 月起由克里斯托夫·利芬领导的俄国驻柏林使团。准备入侵俄国的拿破仑军队中的大部分单位要么会越过普鲁士进军，要么就部署在普鲁士境内。由于普鲁士人厌恶法国人，因此可以毫无困难地获得大量与这些部队及其动向相关的消息。[31]

　　截至此时，最重要的情报来源则是俄国驻巴黎外交与军事代表团。彼得·托尔斯泰在 1808 年 10 月被召回，与拿破仑打交道的大使换成了亚历山大·库拉金。虽然如此，到了 1810 年，库拉金也被拿破仑甚至亚历山大和鲁缅采夫都晾到一边去了。这一定程度上是因为这位已经受尽痛风折磨的大使于 1810 年初在奥地利使馆举办的大型舞会上被严重烧伤——此次舞会是为了庆祝拿破仑与玛丽-路易丝女大公的婚礼。不过，这也是因为身处巴黎的两位年纪更小又极有能力的俄国外交官使他相形见绌。

这两人中的一位是卡尔·冯·内塞尔罗德伯爵，他先后在托尔斯泰和库拉金手下担任使团二把手。内塞尔罗德事实上通过米哈伊尔·斯佩兰斯基与亚历山大保持着直接联系。另一位俄国人则是亚历山大·切尔内绍夫，他不是外交官，而是禁卫骑兵团的军官、亚历山大一世的副官，也是皇帝此前的侍从。在被任命为驻巴黎使团副团长时，内塞尔罗德27岁。当切尔内绍夫受亚历山大派遣把私信转交给拿破仑时，他只有22岁。之所以两人的职业生涯变得十分出众，一定程度上是因为关键的这几年里他们在巴黎的出色表现。内塞尔罗德和切尔内绍夫将在此后长达数十年的时间里分别担任外交大臣和战争大臣。

这两个年轻人在某些方面截然不同。卡尔·内塞尔罗德来自莱茵兰的一个贵族家庭。他父亲为普法尔茨选侯效力的事业以戏剧性的方式结束——选侯因他妻子迷恋年轻的威廉伯爵而将其辞退。在为法国和普鲁士国王效力后，威廉·冯·内塞尔罗德成为俄国驻葡萄牙大使，他的儿子卡尔出生在那里，并在英国驻里斯本公使馆教堂受洗为圣公会（英国国教）教徒。卡尔·内塞尔罗德直到青春期末尾才体验到俄国的生活，但他后来娶了财政大臣德米特里·古里耶夫的女儿，这巩固了他在彼得堡上流社会中的地位。内塞尔罗德是一个冷静、圆滑，有时甚至是十分谦逊的人。这导致一些观察家未能注意到他出色的智力、敏锐与坚定。

没人会说亚历山大·切尔内绍夫为人谦逊。与此相反，他是个自我鼓吹的天才。切尔内绍夫来自俄罗斯贵族阶层。他的舅舅亚历山大·兰斯科伊（Aleksandr Lanskoy/Александр Ланской）曾是叶卡捷琳娜二世的情人之一。亚历山大·切尔内绍夫最初是在库拉金公爵于1801年为庆祝沙皇加冕举办的舞会上博得了亚历山大皇帝的注意。他当时年仅15岁，却以自己的稳重、机智和自信打动了皇帝，让他成了一名皇家侍从。对一位在上流社会中光彩照人、总喜欢出风头的优雅帅气年轻人来说，这是个相当合适的起点。切尔内绍夫曾致信一位军官同伴，称其"充满了任何希望令自己知名的人都会有的高贵雄心"。这必然也是他的自我写照。但切尔内绍夫不仅有雄心和光辉外表,他还是个拥有杰出智慧、勇气和决心的人。尽管他是个优秀的军人,但他和同时代的其他聪明贵族军官一样,洞察力远远超过狭窄的军事世界。就像内塞尔罗德的报告有时会讨论大战略一样,切尔内绍夫也深刻领会到了拿破仑战争的政治环境。[32]

82　　两位年轻人一起经营俄国在巴黎的谍报行动。这有助于他们对法国的意图达成共识,并成为坚定的朋友。总的来说,正如人们会预计到的那样,内塞尔罗德的资料主要是外交方面的,而切尔内绍夫的则大多在军事方面,但这些资料有许多重叠部分。例如,内塞尔罗德曾获得了关于华沙大公国军事资源的一份报告。他花了大笔金钱购买秘密文件,为得到某些备忘录支出了 3000~4000 法郎。有迹象表明,时任法国警务大臣的约瑟夫·富歇(Joseph Fouché)和前外交大臣夏尔-莫里斯·德·塔列朗都曾是这些资料的提供者,但十分明智的内塞尔罗德并没有在他的报告中提到是否存在其他中间人,也没有表明酬金的具体安排和文件的获得方式。

　　他购买或以其他方式获取的信息涵盖了广泛的主题。以其中一份报告为例,它关注了拿破仑在朗布依埃宫(Rambouillet)停留时期的怪癖、饮食习惯和越发健忘的表现。考虑到拿破仑帝国的存亡和欧洲的命运很大程度上都系于这个人的生命与健康,这样的报告是十分重要的。内塞尔罗德乞求斯佩兰斯基确保只有他和皇帝能够看到或提到这一资料。拿破仑的此类行为细节极其私密,任何泄漏都会导致他的情报来源暴露。关于买来的另一份备忘录,内塞尔罗德也提出了类似的完全保密请求,它详细列出了法国在俄国西部边境的情报活动,提到了许多姓名。内塞尔罗德补充说,他得到这份文件的源头极为宝贵,如果善加保护的话日后可以得到更多的此类文件。关键的一点是,俄国反间谍部门必须监视文件上提到的个人,但在逮捕时需要采取不惜一切代价保护情报来源的方式。[33]

　　也许内塞尔罗德买到的最重要一份文件是法国外交大臣尚帕尼(Champagny)于 1810 年 3 月 16 日,换言之恰恰是在拿破仑迎娶俄国公主的计划失败、他拒绝批准关于波兰的协定、巴克莱·德·托利正在起草他关于俄国西部边境防御的第一份报告的决定性转折点上，应拿破仑要求呈递给皇帝的关于法国未来外交政策的绝密备忘录。尚帕尼写道，地缘政治和贸易意味着英国是俄国的天然盟友，这两个大国间的修好是可以预料的。法国必须回到它扶植土耳其、波兰和瑞典的传统政策上去。例如，必须确保土耳其准备好在未来与俄国发生战争时成为法国盟友。事实上，法国代表已经为此在奥斯曼帝国秘密展开工作。

　　至于波兰，哪怕连尚帕尼提出的较为保守的方案都是把西里西亚交给兼任华沙大公的萨克森国王，以此增进他的实力。尚帕尼称之为"更宏大、更具有决定性，也许更适合陛下天才"的第二方案则设想在对俄战争取得胜利后全面重建波兰。这需要把俄国边界推到第聂伯河（Dnieper/Днепр）以外，让奥地利东进对付俄国，用伊利里亚（Illyria）补偿它交给新生波兰王国的波兰土地。无论如何，普鲁士都必须被毁灭，因为它是俄国在欧洲施加影响力的前哨。短短几周内，这份备忘录就出现在了亚历山大的书桌上。在当时的环境中，它的内容充满了爆炸性。[34]

　　亚历山大·切尔内绍夫手下也有许多固定的、开支薪水的特工。其中一人在拿破仑政府心脏附近的国务委员会工作，另一人在军事行政部门工作，第三人则在战争部的某个关键部门工作。至少在某些偶然时刻，还有更多的特工为其效力。较之内塞尔罗德购买的大部分备忘录，刊印的文件提供了更多关于他们报告内容的细节。从关于国内政治状况、在西班牙处境的概要备忘录，到关于给步兵营重新配属火炮的细节信息，为未来战役组织的运输和后勤工作，关于新武器装备的报告，一切应有尽有。

　　其中一些文件口径明确地指出，法国即将与俄国发生战争。切尔内绍夫报告说，拿破仑正在迅速扩张他的骑兵规模，他的做法证明了"他有多么害怕我们的骑兵优势"。特别的马车——较之之前型号更大、更坚固——被建造来适应俄国的环境。切尔内绍夫曾化

83

装进入一座生产马车的工场，并绘制了相关草图。他报告说自己的
一个情报来源表示，拿破仑打算让他的中央纵队发动决定性一击，
它将在皇帝本人率领下向维尔纳推进。拿破仑希望能够在俄国西部
边境地区征募到大批波兰士兵。也许切尔内绍夫手下最有价值的特
工是位于战争部核心的官员，他此前就在为俄国效力，但切尔内绍
夫将其价值发挥到了极致。战争部每个月都会出版一本列出了军中
每个团数目、行动和部署的秘密簿册。这一簿册的副本在每次出版
后都会送到切尔内绍夫手上，他则在一夜之间将其复制完毕。俄国
人因此可以了解到拿破仑大军向东重新部署的精确细节。正如切尔
内绍夫本人评论的那样，考虑到此次重新部署的庞大规模和花费，
说它不会以战争告终是难以想象的。[35]

　　切尔内绍夫和内塞尔罗德都远非仅仅购买秘密备忘录的人。他
们在巴黎上流社会中活动，以此搜集了大量信息。其中一些信息是
由厌恶拿破仑统治的法国人提供的，但绝非所有信息都是这样获得
的。尤其是切尔内绍夫，他被纳入了拿破仑家族和私人圈子的核心。
弗里德里希·威廉国王曾致信亚历山大，表示普鲁士外交官报告说
切尔内绍夫"与许多要人的关系为他提供了其他人所没有的手段和
机遇"。由于内塞尔罗德和切尔内绍夫所具备的才智与政治上的练
达手腕，他们可以对收到的大量信息进行评估，并以十分精明的倾
向将其压缩到在寄往彼得堡的报告中。例如，这两个人都煞费苦心
地纠正亚历山大的幻想——只要西班牙战争还在继续，拿破仑就
不会或不能进攻俄国。他们强调了拿破仑所掌控的庞大资源，也指出
了他因准备俄国战局而产生的国内问题。两人都报告说，战争被拖
得越久，拿破仑越深入俄国内地，他的处境就越绝望。[36]

　　切尔内绍夫从巴黎呈交给巴克莱·德·托利的最后一份报告体
现了他总体看法与手法的特点，也表明了这位年轻上校致信在年龄
和军阶上都远高于他的战争大臣时所拥有的贵族式自信心。他注意
到，"我时常同拥有美德与广博知识而且不喜欢法国政府首脑的军
官谈话。我曾询问过他们这样的问题：考虑到作战地区、对手的实

力与特点，在即将到来的战争中采取怎样的战略才最好"。这些法国人一致告诉他，拿破仑渴望大会战和速胜，因此俄国人应当避免给予他想要的东西，转而以轻型部队骚扰他。法国军官告诉他，"我们（指俄国人）在此次战争中应当采用的战争方式是法比乌斯（Fabius），当然还有威灵顿勋爵已经提供了最好范例的方式。自然，我们的任务要艰巨得多，因为大部分作战区域都是开阔乡村"。一定程度上是由于这个原因，在后方保持大规模后备部队、不至于让一场会战就导致战争失败是十分关键的。但是假如俄国人能够"在这场战争中经受三次战役，那么即便我们没有赢得大胜，胜利也一定属于我们，欧洲将被从它的压迫者身下解救出来"。切尔内绍夫补充说，很大程度上这也是他自己的观点。俄国必须动员它包括资源、宗教和爱国主义在内的一切，来维持一场漫长的战争。"拿破仑的目标和希望都直接指向集中足够的力量发起毁灭性打击，在一场战役中决定局势。他强烈感到自己无法远离巴黎超过一年，如果这场战争持续两三年的话，他就会失败。"[37]

从 1810 年夏季开始，对亚历山大和他的大部分主要顾问来说，战争不可避免而且会很快到来就是清楚的事实。就最好状况而言，它的爆发也许能够拖延一年左右。在这一状况下，关键点就是要尽可能有效地为即将到来的战争做好准备。战备工作被分成了三个独立范围：纯粹的军事计划和准备（这将在下一章中讨论）；确保俄国在与拿破仑作战时盟友尽可能多、敌人尽可能少的外交努力；最后但并非最不重要的是，如果俄国要从拿破仑入侵的巨大震荡中生存下来的话，政府还需要创造尽可能大的内部团结与一致。尽管在理论上互相独立，但军事、外交和内政领域事实上存在重合的部分。例如，普鲁士到底是在俄国阵营还是敌方阵营作战，很大程度上就取决于亚历山大在军事上采取攻势还是守势战略。

同样不可避免的是，由于战争的逼近，军队的影响力，尤其是米哈伊尔·巴克莱·德·托利的影响力随之增长。例如，战争大臣坚持有必要立即终止与奥斯曼人的战争，从而入侵了外交领域。他

也强调了提升人民士气和民族自豪感的关键性。在 1812 年 2 月初写

86 给亚历山大的一封重要信件中，除了军事准备方面的单纯考虑外，
巴克莱还注意到了这一点：

> 我们必须努力鼓舞俄罗斯本国人的士气和精神，唤起俄罗
> 斯投入到一场战争之中，它的拯救和存在正取决于这场战争的
> 结局。我在这里大胆补充一点，最近的 20 年中，我们已经竭尽
> 全力压制一切真正意义上民族主义的东西，但一个在一夜之间
> 就改变了传统习惯与价值观的伟大民族是要迅速走向衰落
> 的——除非政府停止这一动作，并采取措施促使民族复兴。难
> 道有什么会比对君主和国家的热爱、一种想到他自己是十足俄
> 国人时的自豪感更能有助于这一（鼓舞）进程吗？只有政府在
> 这方面采取主导动作，才能带来这些情感。[38]

米哈伊尔·巴克莱·德·托利自然不是一个民族学意义上的俄
罗斯人。他的家族源自苏格兰，于 17 世纪中叶定居在波罗的海地
区。对大部分俄罗斯人而言，他只不过是又一个波罗的海德意志人
而已。在 1812 年战局中，这一点让他成了许多俄国人猛烈攻击和毁
谤的目标。但在他于 1812 年 2 月给亚历山大的建议中，巴克莱却恰
好附和了“老俄罗斯人”和“孤立主义者”阵营中的民族主义者曾
反复叙说多年的话语。在彼得堡，“老俄罗斯人”阵营里最著名的
公众人物是海军将领亚历山大·希什科夫（Aleksandr Shishkov/
Александр Шишков），在莫斯科则是费奥多尔·罗斯托普钦（Fedor
Rostopchin/Фёдор Ростопчин）伯爵。俄国最重要的历史学家尼古
拉·卡拉姆津（Nikolai Karamzin/Николай Карамзин），以及一份爱
国主义刊物的主编谢尔盖·格林卡（Serge Glinka/Сергей Глинка）
都与罗斯托普钦关系亲近。卡拉姆津是一位学者，也是一位没有个
人政治野心的“公共知识分子”。尽管亚历山大·希什科夫是位海
军将领，但他从 1797 年起就没有在海上服役，行为举止与其说像位
军官还不如说像位教授。在个人关系中，希什科夫是个善良又慷慨

的人，但在捍卫他投入了一生中许多时间的事业——保护俄罗斯民族语言的纯洁性和它的古老斯拉夫根基，使其免遭外来的西方词汇与概念的腐蚀——时，他就成了一只老虎。

费奥多尔·罗斯托普钦有与卡拉姆津和希什科夫一样的热忱，希望保护俄罗斯文化与价值观不受外来影响。他在1807～1812年出版的小说故事都指向这一目标，产生了显著效果。他小说中的男主人公西拉·博加特廖夫（Sila Bogatyrev/Сила Богатырев）是位代表俄国传统价值观、完全不信任所有外国人、严肃认真的乡绅。在他看来，法国家庭教师们正在腐蚀俄国年轻人。与此同时，俄罗斯国家正在被英国人操纵、被法国人戏弄，为了他们的利益牺牲自己的鲜血与财富。和卡拉姆津、希什科夫不同的是，罗斯托普钦极为野心勃勃，是一位老练的政客。作为帕维尔一世的宠臣，从帕维尔去世开始，他就被撵下了台。亚历山大不相信俄罗斯民族主义者，也不喜欢他们的主张。他尤其讨厌罗斯托普钦。这位伯爵的确在许多方面是个无情又不讨人喜欢的人。他尽管是个杰出的民族主义者，却缺乏卡拉姆津或格林卡那样对普通俄国人的慷慨或温暖情感。与此相反，在罗斯托普钦看来，"暴民们"永远不值得信任，必须通过压制和操纵加以管理。

罗斯托普钦是个敏锐而有趣的健谈者。他可以显得口无遮拦。据说罗斯托普钦曾谈到奥斯特利茨是上帝对亚历山大的惩罚，因为他曾参与推翻其父亲的行动。皇帝在表现高姿态时非常谨慎，对拿他开涮的愚蠢评论并不客气。父亲遭遇谋杀和他本人在奥斯特利茨灾难中的角色是他生命中最苦涩的回忆。但亚历山大也是个敏感的政治家，他知道自己有时甚至要使用不喜欢的人，尤其是在极度危急的关头——例如即将与拿破仑展开的战争。不管他有多么不喜欢罗斯托普钦、多么不相信他的想法，亚历山大都知道这位伯爵是个能干且坚定的行政管理人员，也是个手腕娴熟的政客。最重要的是，他是个优秀的宣传家，绝对忠于政权，又能操纵大众的情感——在发生于俄国土地上的战争中，他们的举动关系重大。罗斯托普钦在

1810 年得到了宫廷中的高位，但是亚历山大却鼓励他不要过多出面。他被保留起来，以备需要时使用。[39]

让亚历山大和罗斯托普钦恢复联系的人是叶卡捷琳娜女大公。叶卡捷琳娜出嫁之后，她的丈夫于 1809 年被任命为俄国中部三个省份的督军。他和他的妻子把住所设在距离莫斯科很近的特维尔（Tver/Тверь）。叶卡捷琳娜在特维尔的沙龙吸引了许多既聪明又有抱负的访客，其中就包括罗斯托普钦和卡拉姆津。她身为皇室中最"俄罗斯人"一员的名声广为人知。正是她委托尼古拉·卡拉姆津撰写《关于古代和现代俄罗斯的札记》，这是对"老俄罗斯人"观点最有影响力也最著名的表述。札记并未对公众意见产生影响。这本著作是单单为了让亚历山大过目而设计的。考虑到札记中对政府政策的尖锐批评，在当时它是绝不可能刊行的。其后的数十年中，知道它的人也只局限在一个小圈子里。卡拉姆津于 1811 年 2 月把札记交给了叶卡捷琳娜。当亚历山大在下个月和他的妹妹一起待在特维尔时，叶卡捷琳娜召来卡拉姆津，让他与皇帝会面，向亚历山大朗诵札记中的段落，与君主讨论书中的思想。

卡拉姆津尖锐批评了亚历山大统治时期的俄国外交政策。在他看来，帝国卷入了本不该关注的争端，时常无视自己的利益。诡诈的英国人总是敏锐地利用其他国家，让它们在可能的情况下承担英国与宿敌法国间斗争的主要责任。至于法国和奥地利，不管其中哪个帝国主宰欧洲事务，都会嘲弄俄国，称其为"一个亚洲国度"。除了反映俄国这些根深蒂固的不安与怨恨外，卡拉姆津也做了许多具体批评。在 1806～1807 年冬季，俄国要么就该大举增援本尼希森所部，要么就该与拿破仑议和。在蒂尔西特签署的现行和约是个灾难。俄国最主要的利益是，波兰必须永远无法复活。允许创立华沙大公国是个重大错误。为了避免波兰复国，就无疑要把西里西亚留给拿破仑，还要放弃普鲁士。这是不幸的，但在外交事务中，人们只需要考虑自己的利益。与法国的同盟有根本性的缺陷。

我们应当欺骗拿破仑吗？事实就是事实。他知道我们在内心憎恶他，因为我们害怕他；在上一次奥地利战争中，他有机会观察到我们过于可疑的热情。我们的矛盾心理不是一个新错误，而是《蒂尔西特和约》给我们所处的地位所带来的不可避免的后果。难道可以轻易信守支持天然敌人、增加他权势的诺言吗？[40]

对亚历山大内政方针的总结甚至可能显得更富有批评性。亚历山大一直让叶卡捷琳娜了解到他与斯佩兰斯基的讨论，而她将其中一些转达给了卡拉姆津。《关于古代和现代俄罗斯的札记》的核心部分是对专制政体的辩护，认为它是唯一能够让俄罗斯帝国免于崩溃、确保有序发展的政体。然而对卡拉姆津而言，专制政体并不意味着暴政。专制君主在统治时必须与贵族和乡绅保持和睦，就像叶卡捷琳娜二世曾做过的那样。国家和社会绝不能分离，绝不能让前者只是命令后者。卡拉姆津承认帕维尔事实上行事专横，但是在他过世后，亚历山大就应当回到叶卡捷琳娜的基本统治原则上去。与此相反，他却允许引入外国官僚制度模式，如果它继续发展下去，就会把俄国变成某种拿破仑式的官僚专制主义。植根于俄国统治阶层中的贵族在政府中的地位将被在上流社会毫无地位的普通官僚们所取代。此外，如果农民被解放的话，无政府状态将接踵而至，因为官僚制度在管理乡村时显得太过虚弱。[41]

卡拉姆津的论述很有意义。叶卡捷琳娜二世在统治时与"政治国民"亦即精英阶层关系融洽。此后数十年里却出现了一个在社会上甚至在传统精英中都没有坚固根基的官僚制君主政体，那将成为在此后更长一段时间内导致帝制孤立并最终衰亡的主要因素。另外，就卡拉姆津指向斯佩兰斯基的批评而言，它们大部分是不公平的。俄国的管制水平十分糟糕，它要是想实现繁荣，就需要大得多也专业得多的政府机构。社会是无法用让贵族从宫廷高位跃入政府顶级职位那样的老方法控制正在发展的官僚机器的，只有法治和代议机构有望实现这一目标，而斯佩兰斯基——可能卡拉姆津并不知道这一点——正在计划引入它们。

然而，即便卡拉姆津了解到斯佩兰斯基的全部计划，他也依然有可能反对它们。考虑到外省乡绅的文化水平，他很可能认为引入代议制议会过于早熟了。他必定会争辩说，在与拿破仑展开大战前夕的狂乱时刻，基本政体的改革会使俄国陷入动乱。与斯佩兰斯基的大部分敌人不同，卡拉姆津并不是由私仇或野心驱动的。虽然如此，他还是有可能向亚历山大指出，大部分俄国贵族视斯佩兰斯基为雅各宾派、拿破仑的崇拜者兼叛国者，在一场全国团结至关重要、战争努力将在极大程度上依靠俄国贵族和乡绅志愿奉献的战争前夕，这一事态是十分危险的。

事实上，皇帝作为政治人物的能力过于出色，以至于他不用旁人指点，就自己领会到了这一点。1812 年 3 月，斯佩兰斯基惨遭免职和流放。在战争爆发前的若干个星期里，亚历山大工作得过分劳累，压力极大。他也厌恶像斯佩兰斯基去职之前两人进行的漫长私人会面那样的冲突。皇帝还被斯佩兰斯基关于他优柔寡断的讥讽评论——这是彼得堡的小道消息忠实传递出来的——激怒了。其结果是皇帝歇斯底里般的暴怒，并激化到威胁要枪毙斯佩兰斯基。由于亚历山大有时候相当喜欢表演，而这次他的听众是个极为愚蠢又深受其感染的德意志教授，我们可以把这一切歇斯底里的表现当成一位优秀演员的发泄演出。亚历山大在斯佩兰斯基倒台后的行为实际上体现出了一位政治家的冷酷理性主义。斯佩兰斯基在某种程度上被亚历山大·希什科夫取代了，他于次月被任命为皇帝秘书，在此后的战争年代中主要被用于起草呼吁俄罗斯人民做出爱国主义回应的文稿。费奥多尔·罗斯托普钦于 5 月被提名为莫斯科督军，负责管理这座城市，维持城中士气，莫斯科不仅是军队在后方的主要基地，也对维持帝国内陆地区的公众战争热情十分关键。

至于战争的外交准备工作，亚历山大并未努力与英国修补关系。这在一个方面反映出他希望尽可能久地拖延战争爆发，不让拿破仑有合法借口入侵俄国。他也知道，一旦战争开始，英国就会自动成为他的热心盟友，所以准备工作是没有必要的。无论如何，英国不能给在俄国土地上进行的战争提供太多的直接帮助，尽管它在1812~1813 年冬季提供的 101000 支步枪是十分有用的。然而就间接帮助层面而言，在西班牙的英国人做出了比他们 1808 年之前任何经营都大得多的工作。威灵顿和他麾下部队的表现不仅改变了人们对英军及其指挥官的看法，也在 1810 年时体现出战略撤退、焦土抵抗和野战工事何以能令占据数量优势的法军精疲力竭，并最终使其毁灭。威灵顿于 1812 年在萨拉曼卡（Salamanca）取得的大胜不仅鼓舞了所有拿破仑敌人的士气，也确保了上万名法军依然要被束缚在伊比利亚半岛。 91

　　然而，1812 年之前的关键问题在于奥地利和普鲁士将以何种方式行动，但俄国外交正是在此处遭遇了非常艰巨的斗争。的确，鲁缅采夫——甚至可能是亚历山大——顽固坚持保有摩尔达维亚和瓦拉几亚，这并无助于事态发展。在维也纳，有些影响力很大的人物视俄国为比法国更大的威胁——因为拿破仑的帝国很可能是短暂的，而俄罗斯帝国则将长期存在。无论如何，不管俄国做了什么，奥地利都很可能会加入拿破仑阵营。

　　弗朗茨（Francis）二世羞愧地承认存在针对俄国的法奥军事协定，更让他难堪的是，这份协定的条款是由在巴黎的俄国谍报人员发现的。但他告诉俄国公使施塔克尔贝格（Stackelberg）伯爵，他是出于保全奥地利帝国的"绝对必要"才被迫加入这一协定的；弗朗茨补充说，同样的必要性导致他把自己的女儿牺牲给了拿破仑。基本的一点是，奥地利在 1810 年做了一个和俄国在蒂尔西特时类似的决定。与拿破仑对抗实在太过危险。再一次失败便意味着哈布斯堡王朝和他们的帝国就此终结。奥地利以倒向拿破仑一边的方式保证它得以存续，等待更好的时机。如果法兰西帝国继续存在下去，奥地利就会成为它的头号卫星国。如果拿破仑的帝国反而崩溃的话，恢复实力后的奥地利所处的位置可以让它获取许多好处。1809 年时俄国和 1812 年时奥地利的重要不同点在于,哈布斯堡王朝处于虚弱得多也更加危险的地位。因此,哈布斯堡在 1812 年支持拿破仑的战争努力要比俄国在 1809 年对抗奥地利的战役中认真得多。无论如何,两个帝国 1812 年时仍然自始至终悄悄保持着外交关系,奥地利人也坚守了他们在战争前夕做出的许诺,绝不把他们派出的辅助部队规模扩大到 3 万人以上,而且将会让部队经过华沙大公国进入俄国,以此确保俄奥两国在加利西亚的边界中立化。[42]

普鲁士的处境就更为明确了。弗里德里希·威廉国王厌恶拿破仑,也害怕拿破仑。如果双方的其他状况都均等的话,他显然会倾向于同俄国结盟,但实际状况并不均等。普鲁士被法军部队包围着,他们能够在俄国援军从涅曼河另一边赶来之前早早横扫整个国家。在国王看来,普鲁士与俄罗斯结盟的唯一可行方法是俄军入侵华沙大公国,先发制人对拿破仑发起奇袭。若想有效实现这一点,就需要奥地利的协助和波兰的赞同。为此弗里德里希·威廉力劝亚历山大支持重建由波兰人君主统治的独立波兰王国。[43]

如果俄国人被拿破仑击败的话,他们很可能会在这一点上做出让步,但他们不可能在战争爆发前这么做。皇帝当时事实上正和他的老朋友兼波兰事务主要顾问亚当·恰尔托雷斯基(Adam Czartoryski)公爵讨论波兰复国事宜。可想而知,假若他对波兰人的试探得到热情的回应,他也许会计划先发制人占据华沙大公国、赢得普鲁士的支持,但是俄国外交或军事档案中并没有任何同 1810 年或 1811 年时准备进攻有关的证据。不管怎样亚历山大还是坚信,考虑到俄国的国家安全和公众舆论,无论哪个复国后的波兰都需要由俄国皇帝兼任国王。在 1811~1812 年,这个主张无法与波兰人心中恢复到完整旧边界、得到征服一切的拿破仑保证的波兰复国希望相竞争。俄罗斯与波兰两国的合并对奥地利人而言也是不可接受的。[44]

到 1811 年夏季为止,亚历山大已经决定采取防守战略。他向奥地利人和普鲁士人明确表示了这一点,从而排除了这两个国家和他一起抵抗拿破仑的最后一线希望。1811 年 8 月,皇帝告诉奥地利公使圣朱利安（Saint‑Julien）伯爵，尽管他理解采取进攻战略的军事理论依据，但在当前环境中，只有防守战略才是有效的。如果遭遇进攻的话，他就会向自己帝国内部退却，把所放弃的地区变成一片荒漠。尽管这对平民来说是悲剧性的，但他没有任何别的选择。他正在安排补给基地梯队和新的后备兵力，以便让他的野战军得以后撤。法军会发现他们在远离基地、离家乡更加遥远的地方作战："在必要情况下，只有准备好坚持十年的战争，才能令他（拿破仑）的部队精疲力竭，耗尽他的资源。"圣朱利安把这一切都报告给了维也纳，但是补充说，他显然怀疑亚历山大在入侵真的发生时能否 93 沉住气，能否坚持这一战略。[45]

亚历山大对弗里德里希·威廉就更直白了。他于 1811 年 5 月致信国王：

> 我们必须采用最有可能成功的战略。在我看来，它必须是个小心翼翼地避免大会战，并组织漫长的补给线，维持向筑垒营地退却的战略。那里的天然条件和人工工程会增强我们的实力，使之能够与敌军的作战技能相抗衡。这是曾削弱法军、带给威灵顿胜利的作战体系，也是我决心遵照的作战体系。

亚历山大建议弗里德里希·威廉设立自己的筑垒营地，其中一些营地应当设立在海岸上，以便由英国海军提供补给。令人毫不吃惊的是，这一前景对弗里德里希·威廉并无吸引力，他的国家将先被俄国人抛弃，接着被法军当作敌国领土作战并加以破坏。在他于战争爆发前给亚历山大的最后一封信里，弗里德里希·威廉解释说，他看到除了屈从于拿破仑的压力、与法国结盟外别无其他原则。"陛下忠实于你不采取攻势的战略，从而剥夺了我得到任何激励或实际援助的希望，让我身处窘境——普鲁士的毁灭将成为对俄战争的开端。"[46]

尽管俄国对奥普两国的外交努力最终失败，但俄国外交却以结束对土战争和消除来自瑞典的威胁实现了其他重要目标。

在奥斯特利茨战后，奥斯曼帝国于 1806 年向俄国宣战。这看上去是夺回帝国在过去 40 年里丢给俄国的领土和消除其他对俄让步的良机。但俄国人反而迅速横扫了摩尔达维亚和瓦拉几亚公国，以获得这两个公国为俄国的主要战争目标。鲁缅采夫无疑对他父亲的成就印象太过深刻，因而尤其执着于吞并这些地区，过于乐观地认为土耳其人会轻易放弃它们。随着与拿破仑的战争渐渐逼近，大部分俄国外交官和将军都渴望终结在巴尔干的附带事件，鲁缅采夫的顽固让他与许多人为敌，不过事实上并没有多少证据表明亚历山大比他的外交大臣更愿意放弃战果。

土耳其人表现得如此顽强的一个因素在于，先是英国人鼓励他们拒绝俄国的要求，后是法国人力劝他们反抗。因为自 1810 年起，他们就很清楚拿破仑与俄国正在酝酿一场战争，因此他们完全有动机继续坚持，等到俄国人变得拼命想要减少损失、把他们的部队向北调动与法军作战为止。

这场战争之所以会拖延下去也有军事因素。奥斯曼军队在会战战场上是无可救药的。要在那个时代赢得会战，就必须有接受过快速齐射、在战场上以队形机动等训练的部队。部队必须能够根据周边状况在纵队、横队和方阵间迅速且秩序良好地进行转换。步兵需要得到机动炮兵和受过以密集队形展开冲锋、抓住敌军中任何一点动摇加以利用相关训练的骑兵支援。尽管这些听上去都很简单，在战场上的恐怖之中，它们却绝不简单。军队为此需要良好的训练、强大的老兵核心、经验丰富的军官与军士。在军队后方还要有能够提供可靠军官，承担人员、武器、食物和装备庞大开支总和的国家与社会。欧洲主要国家的军队都能做到这一点，英国在印度的军队也是如此。奥斯曼军队却由于诸多原因无法达成上述要求，其中奥斯曼帝国财政资源短缺可能是最重要的因素。到 18 世纪 70 年代为止，他们征召来的未经训练、纪律低劣的士兵已经很难在正面会战中挡住俄军了。

然而，奥斯曼军队在守城战中依然是令人生畏的。拿破仑在由他指挥的埃及战局中发现，虽然他在会战战场上没遇到什么困难就把穆斯林军队打散了，但他却在阿克要塞前面停了下来。巴尔干是奥斯曼人的主要战略地区，这里的要塞要比阿克坚固得多。守军通常都会逐房逐屋地坚持抵抗，不仅具备相当的战斗技能，而且极为坚忍。也许拿破仑战争中唯一可以与之相比的是萨拉戈萨围城战，法军最终在遭遇剧烈抵抗、付出大量伤亡后才夺下此城。巴尔干的地形也有助于解释为何这一地区盛行围城战。与西欧不同的是，那里缺乏良好的道路，人口密度低下。一座优良要塞可以挡住通往一个地区的唯一一条可行的入侵路线。奥斯曼人也是破坏乡村、袭扰、伏击的行家。一支停顿下来围攻要塞的军队会发现它的补给纵列遭到袭击，粮秣征集队被迫分散到广阔距离内搜寻给养。1806～1812年，俄国人面临着上述所有问题。在亚历山大要求终结战争的压力下，俄军指挥官有时会尝试仓促对要塞发起突击，从而蒙受惨重伤亡。以 1810 年的鲁斯丘克（Rushchuk/Рущук，土耳其文名为 Rusçuk）攻城战为例，在一次突击城市的不成功尝试中，一支仅有20000 人的军队里有 8000 人非死即伤。[47]

　　最后，在1811～1812 年的冬天，狡猾的俄军新任司令米哈伊尔·库图佐夫包围了试图与其展开运动战的奥斯曼主力军，并迫使其投降。在开战之前，库图佐夫就这样为1812 年战局做出了他最大的贡献之一。苏丹的主力军业已覆灭，国库已经空虚，君士坦丁堡阴谋成风，他只得同意议和，最终于1812 年 6 月签订和约。和平来得太晚，以至于无法让多瑙河（Danube/Дунай）军团北上迎击拿破仑的入侵，不过却足够让这些部队在秋季抵达白俄罗斯，对拿破仑的交通线和后撤军队构成巨大威胁。

　　在俄国战线另一端亦即北端，明显的威胁在于，随着法国霸权的抬头，瑞典将恢复它作为法国仆从国的传统角色。当让－巴蒂斯特·贝纳多特（Jean－Baptiste Bernadotte）元帅在 1810 年 8 月被选为瑞典王储时，这一威胁似乎已被确认。贝纳多特既是约瑟夫·波拿巴的连襟，又是拿破仑手下的元帅，因此他表面上很可能是个忠

95

实的法国附庸。事实上，他已经积攒了对拿破仑的诸多怨恨，并且很快就向亚历山大一世保证他对俄国怀有和平意图。亚历山大·切尔内绍夫早在关于瑞典王位继承的任何问题出现之前就与贝纳多特建立了紧密联系，在贝纳多特刚被选为瑞典王储、两人都身处巴黎时和他于 1810 年冬季前往斯德哥尔摩承担重要的特别使命时，切尔内绍夫都可以作为他与亚历山大之间的可靠中间渠道，这对双方的沟通有极大帮助。在贝纳多特最终被选为瑞典王储之前，切尔内绍夫就能够向彼得堡保证，他已经十分了解这位元帅，贝纳多特对俄国态度良好，也必定不是拿破仑的仰慕者。[48]

96　　尽管有个人因素的影响，但冷静的算计也指导着作为瑞典实际统治者的贝纳多特的相关行动。他意识到如果自己加入拿破仑一方，协助他打败俄国，就会给欧洲和瑞典带来"对杜伊勒里（Tuileries）宫命令的盲从"。俄国的胜利会更好地确保瑞典的独立，考虑到"这位君主拥有巨大资源和他所具备的以良好计划展开抵抗的手段"，他也感到亚历山大有望获胜。此外，即便瑞典成功地从俄国手中夺回了芬兰，这也不会意味着故事就此结束。俄国不会走远，它总会比瑞典强大，为了增强彼得堡的安全性，它将不断试图夺回芬兰。因此，从丹麦手中夺取挪威来弥补丢失芬兰的损失要好得多。

　　英国的立场也必定是贝纳多特想法中的关键因素。如果拿破仑攻击俄国，英国和俄国将成为盟友。由于瑞典的主要外贸完全处于英国掌控之中，加入拿破仑对俄国的进攻就意味着灾难。与此相反，如果瑞典夺走拿破仑忠实盟友丹麦王国的挪威领土，伦敦和彼得堡都不会太过介意。出于上述考虑，俄国和瑞典于 1812 年 4 月签署同盟条约。这份条约许诺向贝纳多特提供一支俄国辅助部队，帮助他打败丹麦人，并将此任务的优先级排到了在拿破仑位于德意志的后方组织联合登陆之前，这就为未来埋下了一些隐患。然而在 1812 年春天，让俄国人真正关心的是他们不需要抵抗瑞典针对芬兰或彼得堡的入侵。[49]

　　对蒂尔西特和拿破仑入侵俄国之间这些年的任何概述都可能会

导致这样的结论：法俄同盟的崩溃和走向战争是并不令人吃惊的。拿破仑意欲在欧洲建立帝国，或者至少实现一定程度上的霸权，这就不会容许不服从法国秩序的独立大国存在。那些年里俄罗斯帝国太过强大，它的精英们也太过骄傲，以至于不能在进行猛烈抵抗之前就屈从于法国的管辖。1812年（的战争）就是最终的结果。

　　某种程度来说，解释这些年（的历史）时要面临的主要困难在于，拿破仑"跌跌撞撞地走向帝国"。换言之，他并不总能搞清楚处理事情时的优先级或关键点，且经常使用损害了他自身事业的欺凌和恐吓战术。按照美国历史学家保罗·施罗德（Paul Schroeder）的著名表述，拿破仑一看到致命之处就要冲过去。此外，他对经济的看法时常不够成熟，对海军事务的掌握也比较有限。尽管上述说法是正确的，却并非事实的全部。[50]

　　最重要的一点是，拿破仑帝国是1789年革命带来的法国势力骤增的产物。这个增长的霸权让所有人都吃了一惊。法国的扩张一定程度上是由军队对劫掠的渴望和法国政府让其他国家负担军费开支的希望驱动的，拿破仑的个性也是一个重要因素。但法国的大战略必须在其他大国政策的背景下加以判断，尤其是法国和英国之间长达数个世纪的争斗。1793年之后，英国的海上优势或多或少地将法兰西帝国主义限制在欧洲大陆范围之内。英国自1793年起在欧洲之外取得了巨大收获，更不用说他们始终处于增长中的经济实力，这都意味着除非拿破仑能够在欧洲范围内创建某种形式的法兰西帝国，否则他就要输掉与英国的斗争。拿破仑从未制订过创建和保持这一帝国的连贯可行计划，这的确损害了他自己的事业。另外，整个"拿破仑插曲"的时间十分短暂，所以没有连贯可行计划也并不全然令人吃惊。[51]

　　拿破仑的最大敌人——不列颠和俄罗斯帝国——并非渴望待在家里照料园圃的、爱好和平的民主国家。它们本身就是扩张主义的掠食性帝国。例如，针对拿破仑帝国的许多批评可以用到这一时期英国在印度的扩张上。可以举来作为案例的有英国通过次大陆上的英国统治者把印度的财富运回本国，还有印度被并入不列颠帝国后其制造业遭到伦敦所设条款的影响。1793～1815 年，英国在印度领土扩张的主要发动机也是一支强大但昂贵的欧式军队，它需要征服新的土地，以证明其自身存在价值，并负担其开支——后者本身就得益于掠夺。尤其是在理查德·韦尔斯利（Richard Wellesley）管理时期，英国的领土扩张是以拿破仑式的一心一意执行的，并在一定程度上通过确保英国在印度的地位不受法国威胁的必要性来加以辩护。[52]

98　　　基本的一点是，在欧洲创建帝国要比在海外困难得多。意识形态是其中的一个因素。在欧洲范围内，法国大革命已经颂扬了独立国家和主权在民的概念，这原则上是帝国的对立面。拿破仑战争的体验——在经济和军事方面——也无助于使欧洲帝国的概念在欧洲人心目中合法化。然而与此同时，欧洲的总体看法与过去相比，则变得越来越倾向于接受欧洲相对世界其他地区具有文明教化的使命和固有文化优越性的主张。法国人不无理由地视他们自己为欧洲文明的领导者，特别是将大洲东半部视为半开化的地方。然而，甚至连他们都很难把一位英国高级官员的看法——"印度土著总体上的堕落"——用到欧洲人身上。就算有人做出此类评价，也不会有许多欧洲人相信它们。[53]

　　更直接的重要因素则是，英国人事实上是莫卧儿王朝在印度的继承者。帝国在印度并非新鲜事物，英国人所推翻的政权绝大多数既不十分古老，也没有在它们所处地区深深扎根。尽管后来的民族主义神话制造者们做出了一些断言，但拿破仑通常情况下在欧洲遇到的也并非现代意义上的民族国家。不过他面对的许多政权是在它们所统治的社会中根深蒂固的。历史与古代神话、共同的宗教和本国的高等文化是统治者与治下社会的联系方式。[54]

　　最重要的是，欧洲的地缘政治是（与印度）不同的。莱温·冯·本尼希森将军的评论触及了英国在印度地缘政治上无懈可击的核心。若有人要成为欧洲皇帝，他将面临艰巨得多的任务。任何试图支配大陆的尝试都会给他惹来大国同盟，它们有保存自己独立的共同利益并处于技术和组织的最前沿、在连续若干代战争中磨砺出来的军事机器。即便那位即将成为皇帝的人像拿破仑一样能够征服欧洲的核心地带，他也要面临两个强大的外围权力中心——分别位于英国和俄国。让状况变得更糟糕的是，征服这些外围地区需要征服者同时动员两种截然不同的力量形式。就英国而言，这意味着海权，就俄国而言，这意味着足以击穿俄国直至乌拉尔山并一路自我维持的军事后勤力量。这一挑战——德国人后来在 20 世纪也面临此种挑战——十分困难。

创建帝国这一过程中通常会有三个阶段，不过这些阶段时常出现重合。首先是完成帝国的征服，并消除其外部威胁。这大体上是个军事力量、外交诡诈和地缘政治背景的问题。然而帝国要想存续的话，它就需要相应的帝国体制，不然就会在征服者和他的个人魅力消逝后崩溃。建立这些体制是创建帝国的第二阶段，它时常比第一阶段还要困难，在短期内实现广大征服的情况下尤其如此。第三阶段则需要巩固臣属人民对帝国的忠诚和身份意识，在前现代世界里，这主要意味着人民中的精英阶层。[55]

拿破仑在建立帝国的第一阶段取得了极大进展，也采取了一些创建帝国体制的步骤，但在使自己权力合法化方面依然有很长的路要走。得为拿破仑说句公道话，他面临的是一个令人气馁的任务。查理曼（Charlemagne）已经死了 1000 年，恢复全欧帝国的梦想在那时已经太晚了。在开始用本国文字印刷《圣经》后的 300 年，强迫法语成为整个欧洲的帝国通行语言是不可想象的。在创建欧洲帝国方面，一项有普适学说和极权主义意识形态支撑的帝国事业也许能够在一段时间内有所进展。但拿破仑绝非极权统治者，他的帝国也并未受到多少意识形态推动。与之相反，他已经终结了法国大革命，并竭尽全力将意识形态从法国政治生活中剔除出去。在被征服的欧洲地区根除地方精英的工作进展甚至远远超出了拿破仑的预期和权力范围。但在 1812 年，他的帝国仍然十分依赖他的个人魅力。[56]

许多欧洲政治家理解了这一点，并据此行事。在第一任俄国驻美公使特奥多尔·冯·德·帕伦①伯爵于 1809 年前往美洲时，他这样写道：

> 虽然法国取得了胜利，虽然它目前处于支配地位，但在不到 50 年里，除了打倒和压迫欧洲的空虚光荣，它什么都不会剩下。对法兰西民族而言，它不会从中得到任何实际利益，一旦它无法再从邻国征收人员和财物，它就会发现自己在这两方面也陷于枯竭。法国目前的巨大影响力完全依靠一个人的存在。他的伟大才干、令人惊讶的精力和冲动的性格永远不会让他限制自己的野心，因此他要么在今天死去，要么就会在 30 年的时间里把事情弄得比现在更混乱。

100

此外，帕伦还补充说，当欧洲正继续进行一场新的三十年战争的时候，美洲人的实力会剧烈增长。在欧洲大国中，只有英国人将处于能够从中得利的位置。[57]

这一评论的含义是：在历史眼中，拿破仑时代的胜利与灾难看起来都不过是充满了喧哗与躁动的众所周知的故事，（但愿）它不会由白痴来讲述，但也好不到哪里去。这一点的确有些道理，从各方面来看，拿破仑时代英雄传说的壮观度都胜过重要性。虽然如此，对那些年里欧洲国务活动家们的担心与努力太过轻蔑还是不对的。

和所有政治领导人一样，俄国统治者需要面对紧迫的当代实际状况。他们无法依靠对遥远未来的希望过活。他们也许会怀有和特奥多尔·帕伦一样的长远看法，相信如果他们能够争取时间，推延与拿破仑的冲突，就真的有可能与战争擦肩而过。（法国）皇帝本人可能会死亡或不再动怒。这终究是内塞尔罗德的间谍们勤勉地报告拿破仑依然在享用丰盛早餐的理论依据所在。然而，除非运气干

---

① Theodor von der Pahlen，即后文注释中的费奥多尔·帕伦。——译者注

预事态发展，俄国的领导人从 1810 年年中开始就不得不面临拿破仑正准备入侵他们帝国的现实。毫无疑问，如果他们屈从于他的要求，可能会在一段时间内避免战争发生。但服从于拿破仑当下的大陆封锁体系就会削弱俄国作为独立大国的财政与经济基础。由于其自身特点，这会让拿破仑毫无阻碍地建立强大的波兰仆从国，把俄国关在欧洲大门之外。

　　拿破仑建立横跨欧洲的持久帝国的概率可能并不高，尽管在 1812 年时这远非不言自明。他的政权必然深深扎根在莱茵河以西与北意大利。实现尚帕尼 1810 年备忘录——俄国谍报人员为亚历山大弄到了这份文件——中的战略也在他权力所及范围之内。在 1812 年是有理由担心拿破仑击败俄军、迫使亚历山大一世接受和平的。这会创造出一个强大的卫星国——波兰王国，而这个王国对乌克兰和白俄罗斯也怀有野心。奥地利在 1812 年后可以轻易成为拿破仑的忠诚附庸国，就像它在 1866 年之后成为普鲁士的第一副手那样。在将它的野心转向巴尔干并与俄国敌对后，奥地利会成为法兰西帝国对抗来自东方威胁的得力助手。在德意志范围内，拿破仑大旗一挥就能彻底消灭普鲁士，用普鲁士补偿萨克森国王失去（大体只在理论上存在的）波兰统治权的损失。与此同时，在至少一代人时间内，法国的霸权和地区忠诚会让莱茵同盟处于巴黎掌握之中。俄国将永久处于根据上述原则组织起来的欧洲威胁之下，任其宰割。此外，战败的后果很可能还包括惩罚性的赔偿和获胜的拿破仑迫使俄国去承担的牺牲——加入他正在与英国展开的战争。在 1812 年，俄罗斯国家有许多需要以战斗争取的事物。[58]

101

第四章

备　战

　　1808 年 1 月 25 日，阿列克谢·阿拉克切耶夫将军被任命为战争大臣。约瑟夫·德·迈斯特评论说"反对任命阿拉克切耶夫的只有皇太后与皇后、利芬伯爵、乌瓦罗夫将军、皇帝的所有副官、托尔斯泰家族——换句话说，所有在这里有影响力的人"。此外，皇帝对阿拉克切耶夫的任命也打破了他本人关于政府的第一准则——永远不让任何一位顾问在任何一个关键领域享有完整的权力。以前战争大臣会受到强有力的皇帝军事内阁处首领制约，阿拉克切耶夫成为战争大臣的代价是让战争部对军队拥有无可置疑的权威，因而削弱了军事内阁处的功能。克里斯托夫·冯·利芬转入了外交生涯。他的副手彼得·米哈伊洛维奇·沃尔孔斯基公爵已经前往巴黎学习法国的总参谋部体系。在撒丁王国驻彼得堡特使约瑟夫·德·迈斯特看来，亚历山大如此行事是因为 1806~1807 年军需和粮秣部门暴露出来的"可怕混乱"。此外，为了应对彼得堡精英阶层内部的反对情绪，也需要一位绝对忠诚的"铁手"位于军队顶端。[1]

　　阿拉克切耶夫在 38 岁时被任命为战争大臣。他个子高于常人，圆肩膀，长脖子，有许多彼得堡贵族是他的仇敌，其中一个人曾回忆说，阿拉克切耶夫就像一只穿着制服的特大号猴子。他泥土般的脸色、又大又肉感的耳朵和凹陷的面颊更是加深了这一印象。要是他总是微笑或者开玩笑，状况也许会有所改善，但是他很少这么做。与此相反，大部分人碰到他的时候，看到的总是一副冷淡、阴郁、尖刻的模样。在奢侈又喜欢享乐的彼得堡社会和帝国宫廷的辉煌庆典中，他的形象奇怪而格格不入。阿拉克切耶夫每天早晨四点起床，先是快速处理个人和庄园的事务，然后从六点开始处理国事。他有时会和少数几位朋友拿几个小钱玩纸牌，但从不去剧院，也不参加舞会，吃喝都非常谨慎。

阿拉克切耶夫的简朴行为一定程度上反映了他的出身。和那时候大部分普通贵族家庭的男孩一样，年轻时的阿拉克切耶夫是由他父亲小庄园里的村庄教堂司事进行启蒙教育的。他的父亲只有20个男性农奴，即使阿拉克切耶夫得到了补助金，但为了凑出让儿子就读军官武备学校的费用，他还是只得勒紧裤腰带。他的母亲严厉、朴素又十分坚定，她塑造了长子的性格，也燃起了他的雄心。阿拉克切耶夫起初要远远落后于许多同辈人，但他很快就凭着优秀的脑力、惊人的工作效率、雄心、严格遵守纪律、服从命令在第二军官武备学校崭露头角。这些品质为他赢得了一系列庇护人，其中最后一位是帕维尔大公，后来的皇帝。[2]

阿拉克切耶夫在很大程度上是帕维尔的理想属下。他盲目服从于上司，效率极高，有学究式的一丝不苟，不管难以管教的下属是什么社会出身、有什么贵族关系，在对待他们时他都坚持严格的态度。阿拉克切耶夫本人从未属于任何一个彼得堡派系，完全依靠君主的欣赏和支持。对一位俄国专制君主而言，这自然也是个令人欣慰的想法。尽管军官武备学校曾教授过他法语和德语，但阿拉克切耶夫并没有彼得堡精英的文化或知识兴趣，也没有诙谐的谈话技巧。他对数学和技术着了迷，思维是完全实用主义的。用现代的行话说，他是一个问题解决能手和打手。对一位试图通过一个极度不堪重负、薪水低下又腐败的官僚机构统治俄国的皇帝来说，像阿拉克切耶夫这样的人可以被视为宝贵的资产。约瑟夫·德·迈斯特写道，"我认为他是邪恶的，甚至是十分邪恶的……但当下也许真的只有这样一个人才能恢复秩序"。[3]

阿拉克切耶夫是受过训练的炮兵军官，自从1803年起担任俄军炮兵总监，甚至连他的仇敌日后也通常会承认他在这一职位上的成就。1800年时俄军炮兵有劣质的火炮和装备、腐败的行政系统、令人困惑的条令、秩序紊乱的车夫（他们通常是平民）与车队。到1813 年为止，它已经解决了上述几乎所有问题，也超过了它的奥地利和普鲁士同行，这首先要归功于阿拉克切耶夫。在成为战争大臣时，阿拉克切耶夫已经改进了武器装备，极大地提升了马匹的质量和保养能力，并对车夫和弹药车队进行了军事化组织。他仔细地研读 1805 ~ 1807 年的战斗报告，以便理解是什么让炮兵在拿破仑时代的战场上如此有效。尽管对俄军炮兵进行的主要改革在 1807 年之前已经出现了，但阿拉克切耶夫在担任战争大臣时也带来了许多重要的武器、弹药改进工作。[4]

作为战争大臣，阿拉克切耶夫也鼓励创办《炮兵期刊》（*Artilleriiskii zhurnal*/Артиллерийский журнал），因而出现了有助于俄军炮兵现代化和炮兵军官教育的理性公开辩论。他引入了严格的考试制度，考核那些希望进入近卫炮兵的军官，而后以近卫军作为所有炮兵军官的训练场和模范。他每年安排 60 名军校生和近卫炮兵一起训练，还时常给他们发放津贴，又将来自普通炮兵部队的军官和炮手短期内抽调到近卫炮兵当中，以便让他们学会最好的炮术实践。在1812 年战争前夕，普鲁士军事改革家奈德哈特·冯·格奈泽瑙给亚历山大一世递交了一份备忘录，这份备忘录在许多方面对俄军提出了批评。然而，甚至连格奈泽瑙都承认，"俄军炮兵状况极好……在欧洲其他地方不可能看到这样的马队"。[5]

在被任命为战争大臣后，阿拉克切耶夫通知战争部，他会于次日凌晨四点开始工作，并希望所有官员届时穿上合适的制服前来迎接。这定下了他此后两年在职时的基调。严格遵守规章制度是他的信条。战争部官员与皇帝间的交流必须经由战争大臣中转。上级官员必须在下属的档案上记录下后者的全部过失。他就向军队及时准确地提供制服和装备颁布了严格的规则：迟缓的官员受到了罚金和免职的威胁。阿拉克切耶夫上任时各个军火库都是空的，但不到两年内所有的新兵就都得到了武器，仓库里还多出了 162000 支步枪，这一事实让他相当引以为傲。限制图拉兵工场生产的一些瓶颈问题也被解决了。战争大臣坚持官员必须根据已经制订的预算付款，不能再像以前那样，一拿到财政部提供的现金就随手把它施舍给要求得最急切的地方。[6]

阿拉克切耶夫推广的新式步枪要比它的前身轻便，也没有原先那么笨拙。他相信如果假以时日，这种步枪可以成为所有步兵团的通用枪械。1805～1807 年（的战争）的一个清晰教训就是，俄军的步枪射击能力远逊于法军。新枪械的目的就是要提升射击能力，不过阿拉克切耶夫也一再下达训令，要求部队必须接受瞄准和准确射击的训练。他还印发了一套非常有用的关于枪械组件、保养、清理的小册子。与此同时也采取了有力措施推动火药和制服布料的生产。到 1810 年阿拉克切耶夫离任时，他可以宣称：现在不用再像他成为战争部长之初那样紧急禁止向平民出售衣料了，俄国本身的产量就足以满足未来的军服衣料需求。[7]

阿拉克切耶夫的经营的确令状况改善了。他的继任者米哈伊尔·巴克莱·德·托利将军也对军事行政管理中的过失态度极为严苛。然而，巴克莱在上任后不久就注意到军需部门正以出色的效率运转，并且"秩序十分好"，补给和制服也开始涌入仓库。在阿拉克切耶夫离任前夕，法国大使注意到："军事行政管理中此前从未有过这种水准的秩序，在炮兵和粮秣部门尤其如此。总的来说，军事行政管理状况很好。"[8]

然而，军事行政管理上依旧还存在许多问题，尽管这并非阿拉克切耶夫的过失。俄国的纺织业要满足军事需求实际上还很困难。新纺织工场和绵羊牧场不可能在一夜之间建立起来，一个破产了的政府也很难发放补贴促进纺织业的发展。阿拉克切耶夫在某种程度上是依靠延长现有制服使用寿命来"解决"制服短缺的。此外，他还采取诸如要求地方行政机关为所有新兵穿上能够在入伍第一年里继续使用的所谓"新兵制服"等手段来减少布料需求。"新兵制服"通常是灰色的，总是由劣质的"农民布料"制成，这些制服不如正规步兵墨绿色羊毛质地的外衣耐用，质量上也要差得多。1809～

105

1812 年战争部努力为规模正在膨胀的军队提供制服。尽管亚历山大曾试图鼓励为战时需求储存大批备用布料，但做到这一点实在是毫无可能。当战争最终于 1812 年降临时，军需部门余下的制服和装备只能满足现存野战军需求的 1/4。当士兵们在行军作战中穿着所谓的"新兵制服"时，它们很快就坏掉了。[9]

106

　　类似的问题也影响着俄军的火器。新式步枪的确是个进步，但是准确射击仍然受到厚薄不一的俄国子弹用纸的影响。为了适应这些子弹，步枪口径就不得不比原先的设计更大一些。尽管新式步枪设计得很好，但俄国的劳工和机械并不能大规模生产高质量、可互换的步枪配件。[10]有的子弹依然会在枪膛里砰砰打转。此外，在俄国，铅的供应相当短缺，这些年来的价格也很昂贵，一部分铅是以极大代价从英国秘密进口的。其结果是俄国步兵平均每年只能有 6 发实弹用于射击训练，不得不以黏土子弹作为代替品。普通英国步兵每年可以得到 30 发训练实弹，轻步兵则有 50 发。也许最重要的是，促进步枪产量增长的努力实际上失败了，这首先是由于缺乏熟练劳工。也正是这一点对阿拉克切耶夫于 1807 年在乌拉尔地区伊热夫斯克附近设立新兵工场提高产量的努力阻碍最大。吸引外国熟练劳工来到西伯利亚边陲是困难而昂贵的事情。劳动力和机械不足，以及缺乏为机器提供动力的水源极大地影响了战前数年里为提高图拉兵工场产量而做的努力。尽管战争部努力尝试在图拉引进合适的蒸汽动力机器，但俄国在开战时依然只有数量少到危险的步枪储备可以用于武装新部队、补充现有部队的步枪损失。[11]

　　阿拉克切耶夫在作为战争大臣的两年内所做的最激进的改革也许是关于新兵待遇的。在他接手的兵役系统里，新兵会被直接送到他们所属的团，在团里接受全部军事训练。这一做法在战时尤为困难，但是即便在平时，突然陷入团里也会给农民新兵带来过大的震撼，因而导致了很高的发病率和死亡率。为了避免这一点，一套新的后备新兵兵站系统在 1808 年 10 月被创建起来。士兵会在这些兵站中接受 9 个月的初级军事训练，新兵兵站的训练速度相当慢,纪律相对宽松,而且训练骨干无论如何都是专职从事新兵训练的,不会屈从于团里其他人的压力。正如阿拉克切耶夫所说,当一个农民脱离他熟悉的乡村生活,转而被置于完全不同的社会和军队纪律约束下时,他希望这种做法会在一定程度上缓解不可避免产生的心理压力。[12]

1810 年 1 月,一个重要的新机构出现在俄国政府的核心。新成立的国务会议是斯佩兰斯基的脑力产物。它被设计来就一切立法和预算事务展开辩论并向皇帝提出建议,还要监视各个部。米哈伊尔·斯佩兰斯基视国务会议为对中央政府展开彻底变革的第一步。彻底的变革从未发生,但是这些年里各个部的结构和权责都正在发生大量变化。在上述环境下,难以预计大部分权力会落入哪个机构手中。亚历山大给了阿拉克切耶夫选择权,要么继续留任战争大臣,要么担任新成立的国务会议军事委员会主席。阿拉克切耶夫选择了后者,解释说他与其受人监督还不如去监督别人。由于新任战争部长巴克莱·德·托利在级别上低于阿拉克切耶夫,他的晋升也要部分归因于阿拉克切耶夫,因此阿拉克切耶夫也许认为他会对战争部保持某种程度上的间接控制。然而,巴克莱事实上很快就表现出他不会俯首听命,也迅速成为亚历山大的主要军事顾问,因而遭到了阿拉克切耶夫的憎恶,他强烈地嫉妒一切与他争夺皇帝恩宠的人。[13]

尽管巴克莱的家族源自苏格兰,但他实际上是专业化的德意志中产阶级中的一员。他的祖辈在波罗的海省份定居下来,但巴克莱本人是由彼得堡德意志社区里的亲戚抚养长大的。笼罩在他儿童时代家中的路德宗价值观是服从、责任、道德心和努力工作。正如那个时代时常发生的那样,他以与表妹结婚的方式进一步强化了上述价值观和他本人在俄国的德意志社群内的地位。他 15 岁时以军士身份参军,两年后被提拔为军官。他所受的教育要比来自普通俄国贵族家庭的军官更好,凭借自己立下的功绩以适中的速度晋升。从骑兵准尉晋升到少将花了巴克莱整整 21 年时间。他在 1806 年的东普

107

鲁士战局中表现出的指挥技艺和勇气为他赢得了中将军衔，也让亚

108 历山大注意到他，确保了他在下一场与瑞典的战争中扮演重要角色。在阿拉克切耶夫的敦促下，巴克莱于 1809 年 3 月从芬兰出发，跨过波的尼亚（Bothnia）湾冰面侵入瑞典南部，从而对终结瑞典的抵抗做出了相当大的贡献。对巴克莱十分感激的君主将他提拔为上将，任命他为驻芬兰俄军总司令兼芬兰督军。[14]

军队的新首领身材高大、体格壮硕、仪态正直、威风凛凛。由于受过伤，他的腿有点跛，右臂也是僵直的，这为他平添了荣誉。但在彼得堡充满嫉妒的世界里，巴克莱快速晋升为上将兼战争部长这件事就为他惹来了许多仇敌。从秉性、背景和经历来看，他都不能很好地融入彼得堡的上流社会和帝国宫廷，不过这位战争部长对他所处的危险环境却不管不顾。他在宫廷中的行事令人尊重，然而他笨拙、木讷、缺乏信心。认真、自尊而又敏感的巴克莱知道他缺乏可以在这个世界里赢得尊重的文化、机智或全面教育。彼得堡贵族们将他蔑视为板着脸的无趣德意志佬兼暴发户，这当中还有许多人占据了军方的高层职位。巴克莱不会轻易交朋友，尽管在他身边效力的人时常会对他大为仰慕。像所有俄国高级将领和重臣一样，他在职业生涯中也培养了许多门生，其中不少是德意志人，这也无助于他的声望。然而，无论巴克莱做了什么，在充斥着嫉妒和吹毛求疵的世界里遭到批评总是不可避免的：当他后来任命伊万·萨巴涅耶夫（Ivan Sabaneev/Иван Сабанеев）担任他的参谋长时，他又被批评为对往日身处同一团的战友有所偏爱，而对其他更有能力的参谋（这些人是波罗的海德意志人）不公。[15]

巴克莱·德·托利有阿拉克切耶夫的优点，却没有他的缺点。他是一位能干、不可腐蚀、勤奋工作而又细致的行政管理人员，却从不是卖弄学问的人。他可以在有必要的时候表现得十分严苛乃至无情：考虑到俄军军需官的惯常行事作风，这是有必要的。然而，和阿拉克切耶夫不一样，巴克莱从未沉迷于过度的残暴、粗鲁或仇杀。较之本尼希森，巴克莱既是一位更有效率的行政管理人员，也

是对纪律维持更为严格的人，饥荒、无纪律和盗匪行为于 1806～1807 年在本尼希森的军队里肆虐。作为战争大臣和俄军总司令，巴克莱竭尽所能阻止军官虐待士兵，他发出的公告谴责那些利用恐惧来训练士兵、培养纪律性的军官："俄国士兵拥有一切最优秀的军事品质：他勇敢、热忱、服从、虔诚、从不任性；因此存在不进行虐待就训练士兵、维持纪律的方法。"[16]

考虑到皇帝在操纵人事上的娴熟技巧，亚历山大很可能推动了阿拉克切耶夫在 1810 年 1 月放弃战争大臣职位进入国务会议。1808 年时需要一位能够在必要情况下以恐怖手段恢复军事行政管理秩序的战争大臣，没有人比阿拉克切耶夫更适合承担这个任务了。然而，到 1810 年时这一职位的要求已经发生了变化。一个高效率又勤奋工作的行政管理人员是必要但不足够的。随着与拿破仑冲突的阴影自地平线上迫近，军队需要一位能够准备战争、制订战争计划的领导人。阿拉克切耶夫从未上过战场，几乎不能参与战略或战争计划的讨论。与其相反，巴克莱·德·托利是一位来自一线的军人，拥有出色的战时记录。虽说巴克莱可能缺乏作为杰出统帅应当具备的勇敢和想象力，他却无疑对战术掌握得十分扎实，能够迅速发现战场上可能发生的状况和危险所在。更重要的是，他不仅对战略有现实主义的领会，也有直面许多障碍和猛烈批评来维持这一战略的爱国主义精神、决心和道德勇气。巴克莱会把"军队的利益"置于个人利益和宿怨之上，这一点在某种程度上是十分稀有的。1812 年时俄国很大程度上得益于他的这些品质。

在他被任命为战争大臣到拿破仑入侵的两年半时间里，巴克莱表现得十分活跃。在立法方面，野战部队的新法典极为重要。它十分详尽，收集的法令汇编数量空前、令人震惊，全书均为双栏页面，共计 121 页。由于封皮的颜色，这部法典人称"黄皮书"，它适用于野战部队的所有部门、机关和重要军官，规定了它们的权责。然而，这本书的内容远非如此，它实际上是军官应当怎样完成任务的指导手册。[17]

这样一本庞杂的法律文献当中自然会有一些失误。参谋长同时从属于将官和上一级参谋长，这就造成了问题。普鲁士评论者声称，按照他们自己的模式，所有部门在与负责指挥的将领沟通时，都要由其参谋长经手，从而减少了部门间的内部纷争，将高级将领从恼人的琐事中解放出来。法典将医院的责任分割给军需（负责补给和管理）和卫生（负责医疗和护理人员）部门，这在 1812 ~ 1814 年造成了相当程度的效率低下。同样不可避免的是，这些条令有时候还不得不根据战争实际加以调整。试举一例：法典中设想了俄军总司令指挥俄军在皇帝缺席的状况下前往境外作战的情况，但实际上在 1812 ~ 1814 年这一状况从未发生过，军队要么是在俄国土地上作战，要么就是在亚历山大到场的情况下在境外作战，还时常处于外国将领的指挥之下。

然而，上述这些都没有太大关系。这是俄国有史以来第一次颁布军队在战时应当怎样运营的清晰法规。巴克莱确立的大部分准则在 1812 ~ 1814 年都运作良好。当有必要的时候，这些法规也能够轻易地根据实地状况调整。以 1812 年初军队法典发行后 6 周为例，那时候未来的战争将在俄国土地上进行已经相当明确。考虑到军队的供养和补给，一条修正案便立刻得以颁布，该修正案规定，法典也将适用于皇帝宣布处于战争状态的任何俄国省份。在这些省份里，所有官员都要因此从属于军队的后勤总监，他届时将有权力自由征用食物、草料和运输工具并开具收据。法典因此在相当大的层面上解释了俄国财政部是怎样以如此小的代价维持 1812 年战局的——至少在短暂的战时紧急状况期间的确如此。法典所建立的清晰指挥和责任界限也为军队和省长们在 1812 年大体良好的合作关系奠定了基础。[18]

另一部重要的战前立法则改变了俄国内卫部队的组织架构。这部关于内卫部队的法律于 1811 年 7 月颁布，某种程度上是从军队后备梯队中抽调人力，以便让尽可能多的士兵进入野战部队行列中的尝试的额外产物。这首先意味着从许多不均匀地分布在帝国的城市和要塞当中的所谓卫戍团里爬梳出能够在野战部队服役的士兵。这样在不需要借助额外征兵的情况下，就为野战部队提供了 13 个新组建的团、大约 40000 名受过训练的士兵。从卫戍部队中抽出的大部分士兵都具备成为优秀士兵的潜力。然而，许多原卫戍部队军官却并非如此，因为倘若一名军官被分配到卫戍团（波罗的海沿岸的重要前线要塞除外），就意味着他要么生理上不能在前线服役，要么就是有不良记录。[19]

大约 17000 名卫戍团士兵被认为不适宜在战场上服役。他们形成了新的内卫部队核心，在帝国的每个省会都部署了一个"半营"（也就是两个连）。此外还有各省现存的小规模内卫部队和部署在行省小城市、数目更多但机动能力更低的老兵（invalidy/инвалиды）连，上述所有部队现在都被并入了覆盖整个俄国欧洲部分的单一指挥体系中。让内卫部队从属于亚历山大·巴拉绍夫（Aleksandr Balashev/Александр Балашёв）看上去合情合理，作为警务大臣，他肩负保持俄国国内安全的全部职责。但是亚历山大不信任他的警察头子日益增长的权势，不情愿把帝国的内卫部队再交给他。他因此把内卫部队建成独立组织，由他的侍从将军叶夫格拉夫·科马罗夫斯基（Evgraf Komarovsky/Евграф Комаровский）伯爵统领，伯爵则直接向君主负责。[20]

内卫部队负责看守公共建筑，协助强制执行司法判决以及维持公共秩序，不过在骚乱蔓延的情况下还需要正规部队提供援助。然而 1812 ~ 1814 年真正要紧的事情是，他们要负责看守，不仅看守战俘，更重要的是看守征集来的新兵，把他们押送到组建后备部队的营地里去。正如有人预计到的那样，指挥押运队的许多内卫部队军官素质低下。在 1813 ~ 1814 年指挥预备军团的德米特里·洛巴诺夫 – 罗斯托夫斯基公爵时常抱怨他们，也无疑曾有许多新兵在他们手上受苦。然而从俄国战争努力的角度来看，新的内卫部队是天赐的意外幸运。在 1811 年之前，各个团得派出军官和士兵赶回省里搜集并押运新兵。即使在和平时期，这也是桩很占用人手的事情。在

1812～1814 年一支规模大大扩张的军队远离帝国内地活动的情况下，继续这么做会转移大量人手，令战争努力陷于瘫痪。[21]

112 　　估算野战部队和内卫部队的新近立法所造成的影响相对而言是比较容易，对巴克莱提升军事训练的努力成果做出确定的结论就要困难得多。在距离彼得堡数百公里，有时甚至数千公里的地方，即便是最明智、最善意的通告也可能毫无效果。1808～1812 年，的确有聪敏的年轻普通部队军官被配属到彼得堡城外的近卫军训练营，希望他们能够把学到的战术课程带回团里，教授给他们的士兵。在这些年里，大部分师长也尽力确保下属士兵能够得到有效的训练。然而，一年中的多数时间里，就连一个步兵师也会分散在广阔地区内宿营，更不用说骑兵师了，因此训练在很大程度上需要依靠团长。[22]有的团长是野兽般残暴又墨守成规的人，只有在相当少的情况下，当团长的暴行看上去会威胁到军队效能时，他们才会因此受到惩罚。以凯克斯霍尔姆（Kexholm/Кексгольм）步兵团的团长为例，他因为虐待士兵程度剧烈，几乎引发了兵变，最终在 1810 年上了军事法庭，继而遭到解职。[23]

　　不过，大部分团长并不残暴，还有一些相当出色。以米哈伊尔·沃龙佐夫伯爵为例，他在这段时间里是纳尔瓦步兵团的名誉团长。他附和了巴克莱对使用鞭笞训练俄国士兵并灌输纪律的谴责。沃龙佐夫曾经评论说，禁止使用鞭刑的纳尔瓦团的纪律要比邻近的第 6 猎兵团好得多，后者的团长格列博夫（Glebov/Глебов）上校认为俄国士兵只能用棍棒控制。和其他一些团长一样，沃龙佐夫给他手下的军官们分发了概述他们如何在战场上作战的指示。彼得·巴格拉季翁认为这些指示堪称模板，就把它们下发到他的整个军团里。

　　沃龙佐夫一再强调，军官们有必要起到榜样作用。他指出，在一些团里可以发现和平时期行事严苛，但战时却软弱、优柔寡断的军官："没有比这更糟糕的军官了。"在阅兵时表现优秀是没用的，真正重要的是在战时的表现。在和平时期以得体行为赢得士兵信任的军官能够在战场上将信任转化为良好的效果。领导能力就是一切。

在纳尔瓦团里，只要一名军官的勇气引发了一丝怀疑，他就不会被该团容纳。当这个团正在前进时，连长必须走在他们士兵的前方以作为表率。但一位军官必须要把勇气和冷静、良好的判断力结合在一起。当敌军在该团进攻面前逃跑时——因为"俄军在过去和未来总是要勇敢得多"，所以这一状况也是可以预期的——军官必须保持冷静，集合收拢他的士兵。只有从第三列抽出的分遣队才应当投入追击中。当指挥散兵时，军官必须在地形允许的范围内隐蔽他的士兵，但军官本人必须不停地在散兵线上来回移动，以鼓舞他的士兵，留意未曾预计到的危险。

団在炮火下必须坚持挺立。任何躲避都会迅速被敌军发现，从而助长他们的信心。如果邻近地区有更好的掩蔽，可以允许这个团移动到那里去，但在任何情形下团都不能退却。在战斗开始前，每个士兵都应当有两块后备火石和 60 发子弹，所有这些物件都要处于良好状态。不允许任何并未受伤的士兵陪伴受伤的战友前往后方救护站。当团正在进攻有村庄或者破碎地形保护的敌军时，胜利的关键是依靠刺刀展开冲锋，因为防御者在交火中会占据全面优势。当向敌军射击时，士兵必须仔细瞄准，记住曾经教给他们如何判断距离的方法，不要向目标头顶上方射击。1806 ~ 1807 年，俄军中的团有时会在敌军进攻它们的侧翼或后方时因恐慌的叫声而陷入混乱。对这种行为的任何重复都必须受到严厉的惩罚。军官看到敌军试图从侧翼包抄该团后，必须冷静地向团长报告这一状况，必须牢记一支像纳尔瓦团这样训练有素的部队，在向它的侧翼和后方重新展开（成横队）时不会遇到什么困难。最后，军官必须注意到他们麾下士兵的功绩，以此来鼓励士兵，让他们获得团长的关注，在适当的场合推荐他们得到晋升，甚至成为军官。"不论此人来自什么背景，得到一位真正勇敢的人总是对军官团有益的。"[24]

另一位出色的指挥官是德米特里·涅韦罗夫斯基（Dmitrii Neverovsky/Дмитрий Неверовский），他在 1807 年 11 月被任命为精锐的帕夫洛夫斯克（Pavlovsk/Павловск）掷弹兵团名誉团长。涅韦罗夫斯基是那种受到俄军喜爱的将领，他的背景在军官中堪称典型。他父亲拥有 30 名男性农奴，被和他同一阶层的贵族们选为行省中层官员。由于有不下 14 个孩子需要照顾，家中的生活是清苦的。尽管涅韦罗夫斯基来自位于现今乌克兰的波尔塔瓦（Poltava/Полтава），但是在 1812 年的世界上，他被当作俄罗斯人（他实际上也是俄罗斯人）。和许多乌克兰居民一样，他是一位优秀的骑手。他实际上接受了比普通行省贵族更好的教育，不仅能够读写俄文，还学习了拉丁文和数学。也许这是因为他得到了一位地方显贵彼得·扎瓦多夫斯基（Petr Zavadovsky/Пётр Завадовский）伯爵的帮助，后者欣赏他的父亲，把涅韦罗夫斯基带到自己家里，在他职业生涯的第一阶段中提供了帮助。然而，年轻的涅韦罗夫斯基还是享受了行省贵族艰苦、自由、充满冒险的青年生活。在领导能力方面，涅韦罗夫斯基的洪亮声音、笔直姿势和自信为他赢得了尊重，他的体型也是如此，涅韦罗夫斯基有接近两米高，这超出了他麾下的绝大部分掷弹兵。

最重要的是，涅韦罗夫斯基诚实、坦率、慷慨又好客，他也非常勇猛。这些对一位俄国团长而言都是传奇般的品质。涅韦罗夫斯基对他麾下士兵的食物和健康状况也保持密切关注。当他接管这个团时，他发现其中两个连逃亡率较高。和其他许多高级军官一样，他相信如果俄军士兵都被迫逃亡的话，那么就一定意味着他们的军官无能、残暴或是腐败。这两个连的连长很快就被赶走了。与此同时，他设立了一座团属学校训练士官，教授他们如何读写。他尤其强调对士兵们进行枪法训练，亲自检查步枪的保养状况，和他的士兵一起参加射击练习。[25]

如果说好枪法对帕夫洛夫斯克掷弹兵团这样的战列步兵相当重要的话，它对职责在于展开散兵战并以准确火力消灭敌军军官和炮兵的轻步兵（他们在俄国被称为猎兵）就更加重要了。然而，我们在这里有必要稍微小心一点。拿破仑时代的轻步兵历史已经在一定程度上被涂抹了神话和意识形态的色彩。考虑到当时所能得到的武器的特性，在拿破仑时代的战场上，大部分情况下仍然只有列成紧密队形的步兵集群才能带来赢得胜利的火力和冲击力。而且并非每个猎兵都是热爱自由的武装公民。轻步兵在美国和法国革命军出现之前就已经存在。1812~1814年，欧洲最好的轻步兵可能是威灵顿麾下轻步兵师里坚韧不拔的职业士兵，他们和武装公民之间的差距已经到了能够想象的极限。[26]

乔治·卡思卡特（George Cathcart）将军曾随同俄军作战，也能够很好地对各国情况加以比较。他对俄军猎兵的评论是公平又现实的。关于轻步兵，卡思卡特认为：

> 个人才智是主要的必需品，法国人无疑从天性而言是世界上最机敏的轻步兵……俄国人像英国人一样，在阵地战中比其他任何国家的人都要优秀，但在所有方面都表现突出是很困难的。俄英两国所希望的大目标终究是在队列中保持坚定，和前述的驯服行为一样，较之更加活跃的民族，他们自然不大能够适应轻步兵的要求；然而这两个国家都有专门从事轻步兵战斗的部队，都在这个特殊领域得到了恰当的训练，都证明他们能够凭借训练和与其战斗的任何人达到同一水准。[27]

俄军的猎兵团自七年战争起就已经存在。到1786年为止，俄军中已有近30000名猎兵。米哈伊尔·库图佐夫指挥过猎兵团，事实上他还为猎兵撰写过基本条令。训练猎兵的1789年条令强调了枪法、机动性和娴熟利用地形进行隐蔽的重要性。例如：猎兵必须学会仰面倒地装填子弹，从障碍物和地面褶皱后方射击，也必须掌握以装死或者伸出高筒军帽作为目标的方法诱敌。猎兵和格里戈里·波将金以及俄国对奥斯曼帝国的战争紧密相关。波将金引入了适合南方草原和巴尔干地区的气候与自然环境的舒适、实用的制服。猎兵条令要求士兵不要把时间浪费在擦拭步枪上。

这一切都没有让猎兵得到帕维尔一世的喜爱，他将轻步兵的数目削减了2/3。尽管有必要警惕俄罗斯民族主义者在历史编纂学上对德意志学究的攻讦，但这一回俄国历史学家认为帕维尔对阅兵场上精密复杂训练的痴迷影响到了俄军整体、对猎兵影响尤为恶劣的看法是正确的。乔治·卡思卡特认为农奴制并非轻步兵的理想背景，这无疑也是正确的。施加在新兵身上、意图将他们从农民转变为士兵的纪律惩戒也对轻步兵无益。在 1807 年之后，军队上层广泛认为有必要扩张猎兵规模，重新训练猎兵。以米哈伊尔·巴克莱·德·托利和彼得·巴格拉季翁为例，这两人都曾担任猎兵团长。然而一些高级军官认为，很难相信俄国农民会成为优秀的轻步兵。这可以轻易作为他们未能明智地训练士兵的托词。正如格奈泽瑙在 1812 年春季注意到的那样，俄军猎兵的训练时常过于死板、复杂、形式主义。[28]

虽然如此，却也不能夸大俄军猎兵团的不足。总体而言，猎兵在向莫斯科退却过程中的后卫作战里表现良好，在博罗季诺表现也不错。关键的一点是，俄军到 1812 年已经有超过 50 个猎兵团，这在理论上意味着猎兵人数远远超过 100000 人。各个团之间的质量差异是不可避免的。在 1810 年 10 月，有 14 个战列步兵团被改编成轻步兵团，由于所有资料都认为俄军中的真正猎兵部队要比战列步兵更擅长独立行动，人们会料想他们起初是质量低劣的散兵。另外，那些曾于 1807~1812 年在芬兰、高加索作战或者与奥斯曼人交战的猎兵可能是最优秀的。[29]

在实战中有足够的目标，也没有对实弹使用的限制。第 2 猎兵团的团史作者写道，轻步兵的枪法、对地形的运用能力和小规模作战技能在芬兰森林中的战争里得到了绝佳的训练。朗热隆将军回忆说，第 12、22 猎兵团具备在高加索地区和切尔克斯神枪手战斗多年的经验，因而居于他军中最优秀的射手之列。根据第 10 猎兵团团史作者的看法，对奥斯曼帝国的战争也是如此，在此期间这个团有时需要一边在巴尔干的丘陵地带不断展开前哨战和伏击战的"小战争"，一边在 5 天内行军超过 130 公里。奥斯曼的袭击分队时常拥有比俄国猎兵更好的枪支，也是更为优秀的射手，至少在后者吸取了足够经验之前确实如此。[30]

1812 年俄军猎兵团之间的质量差异在敌军看来时常相当明显。萨克森军队入侵俄国后遇到的第一批俄军散兵是厄特尔（Oertel）①将军的军里经验不足的部队。一位萨克森军官记录说："俄军当时还不是 1813 年那样的俄军……他们还不能理解如何以疏开队形展开散兵战"。几个星期之后，当萨克森人第一次遭遇到来自多瑙河军团经历诸多战役后刚刚离开巴尔干的猎兵老手时，他们受到了巨大的震撼。这些人是"萨肯军中的优秀俄国猎兵。他们运动十分老练，射击也同样相当准确，他们的枪支比我们好得多，有效射程相当于我们两倍，给我们造成了巨大的损害"。[31]

如何训练并使用轻步兵是《军事期刊》　　　　（*Voennyi zhurnal/Военный журнал*）上的讨论话题之一，这份期刊在 1810～1812 年首次出版，主编是聪明过人的帕维尔·亚历山德罗维奇·拉赫曼诺夫（P. A. Rakhmanov/П. А. Рахманов）上校。《军事期刊》意在鼓励军官思考与专业相关的事务，里面的一些文章是从外国"经典"著作中翻译过来的。它们向俄国军官介绍了诸如安托万·德·若米尼（Antoine de Jomini）、弗里德里希·威廉·冯·比洛（Friedrich Wilhelm von Bülow）、亨利·劳埃德（Henry Lloyd）等主要外国军事思想家的思想，另一些文章则关注军事历史或者近来俄国战争中的轶事。然而，还有相当多的关注当代关键问题的文章，它们时常是由匿名的现役军官撰写的。《军事期刊》上当然不能公开讨论即将与法国发生的战争状况，不过从里面关于要塞的作用、进攻与防御战争的相对优势等问题的文章中却能轻易读出此类隐含意味。《军事期刊》上也讨论了如何在战场上恰当部署炮兵、总参谋部的角色、军事教育应当给军官团灌输怎样的价值观和军事技能等问题。《军事期刊》的订阅名单令人印象深刻，一些团长给下属军官们买了很多份，但也有许多个人订阅者，这些人当然主要来自所谓的新兴军

① 亦作埃特尔（Ertel）。

事知识阶层。[32]

　　这一知识阶层的核心是总参谋部，这些年里它在规模和质量上都得到了提高。事实上可以确信不疑地说，真正的俄国总参谋部是在 1807～1812 年首次出现的。俄国在 1805～1807 年遭遇的惨败明确意味着需要建立这样一个参谋机构。1805 年时引导俄军奔赴战场的参谋人数太过稀少，他们所受的参谋勤务教育也很差。库图佐夫的俄国参谋长是一位有德意志血统的优秀水道测量家，他事实上没有战时军事行动的经验。从各个方面来看，格哈特（Gerhardt）少将都的确是当时典型的俄军参谋——这些人当中最优秀的是制图学家、工程专家甚至天文学家，但是很少有完全符合军人定义的人。118 甚至那一小部分有过军事经验的参谋通常也只参加过对奥斯曼帝国的战争。与土耳其人的战争并不能使参谋们做好在 1805～1814 年对抗拿破仑的准备，他们需要面临的诸多重要任务中包括：选择有利战场，使俄军部队能够借此对抗欧洲最优秀军队的战术机动性、集群炮兵和娴熟散兵战术。[33]

　　库图佐夫的随从中，最为人所知的两位俄军参谋是彼得·米哈伊洛维奇·沃尔孔斯基伯爵和卡尔·冯·托尔。这两个人从 1805 年学到了教训，是在其后数年里创建能够有效开展工作的总参谋部的关键人物。沃尔孔斯基是一个矮小敦实的人，作为谢苗诺夫斯科耶团的一名军官，他在少年时期就认识了亚历山大。虽然如此，他在君主面前仍然多少有些敬畏，也对君主保持绝对的忠诚，对君主的意愿毫无怀疑。沃尔孔斯基和蔼、谨慎又温和，受过非常好的教育，工作得也异常努力。他是一位直入问题核心的高效行政管理人员。沃尔孔斯基冷静、耐心的良好举止使他 1813～1814 年在联军总部里成了一名有用的外交官，由于对立的自我意识和不同的国家视角引发的争吵在那儿已经发展到了有失控危险的地步。没有人曾声称沃尔孔斯基有一个杰出的头脑，他更不是一位伟大的战略家。但是他选择了第一流的下属——尤其是卡尔·冯·托尔和约翰·冯·迪比奇——还有信任并支持他们的判断的良好直觉。倘若没有沃尔孔斯基的辛勤工作、政治技巧和关系纽带，1812～1814 年的俄军总参谋部地位会削弱很多，效能也会低不少。即便在他做出一切努力后，当战争于 1812 年开始时，参谋人数也依然太少，其中的太多人又过于年轻、缺乏经验。[34]

沃尔孔斯基从巴黎——他在那里对法军的参谋机构展开了研究——回国后，就和巴克莱·德·托利建立了贯穿这一阶段始终的良好工作关系。在拿破仑入侵前的两年里，他让俄军总参谋部走上了正轨。作为沃尔孔斯基的助手，托尔制订了一份指导参谋的手册，其中规定参谋的主要责任同军队部署、运动以及选择战场的一切事务有关。与此同时，亚历山大·伊里奇·哈托夫（A. I. Khatov／A. И. Хатов）正在从事对人数日渐增长的聪明少年军校生的教育工作，他们将成为日后的基层参谋，沃尔孔斯基自己则在诱使一些十分能干的军官转入总参谋部，这些人中还有一位来自谢苗诺夫斯科耶团、名叫迪比奇的军官，他后来将成为其中最著名的人。让许多有过前线军事经历的军官和一些年轻的俄国贵族进入参谋机关，有助于减少初生的总参谋部和军长、师长间的分歧与猜疑。参谋在 1805～1812 年获得的战争经验对此也有益。

虽然如此，不信任感依然存在。一个关键的时刻在 1810 年到来，那时亚历山大宣布，司令部里的所有参谋职位此后都应当留给受过训练的总参军官。传统上指挥官会通过勤务总监和一群副官运作司令部，副官里的许多人都是他的亲属、朋友和受庇人。按照俄国军队和官僚体制的特有习惯，司令部就像一个大家族。现在职业主义正试图以自己的方式探索出一条道路，扰乱这个安逸又传统的安排。指挥官或许会发现这一原则是难以接受的。他们或许也会怀疑安插到身边的未知的、年轻的而且时常并非俄罗斯人的参谋是否真正具备实战能力，这和组织行军、画地图可谓截然不同。

此外，使用朋友和受庇人运营司令部的传统方法有一个极大的好处，就是这些人会忠诚于他们的庇护人。难道按照没有人情味的职业背景安排的未知参谋可以保证这一点吗？托尔在给参谋的手册中强调说，对指挥官的忠诚是最重要的。但那并没有阻止亚历山大要求巴克莱军团和巴格拉季翁军团的参谋长直接向他报告司令部里一切他感兴趣的事情。并不令人吃惊的是，俄军的指挥架构在 1812 ~ 1813 年里花了相当一段时间才最终安稳下来。总参谋部的历史学家认为，托尔马索夫（Tormasov/Тормасов）的第三军团之所以要比巴克莱的第一军团或巴格拉季翁的第二军团更快地安定下来，是因为托尔马索夫本人和他的所有主要参谋都来自陆军元帅列普宁（Repnin/Репнин）公爵的旧人际网络。[35]

正如这一事实表明的那样，如果说 1807 ~ 1812 年俄军在某些方面得以焕然一新的话，那么它在其他方面却依然保留着旧有的习惯和问题。总体而言，1812 年 6 月时的俄军要比拿破仑此前在 1805 年遭遇的俄军规模更庞大，质量也更好。除了 1807 ~ 1812 年采取的特别改革措施之外，俄军也得益于它较之 7 年前大大增加的欧洲战争经验。这一点在近卫军中最为明显，帕维尔一世开始将他们从帝国宫廷装饰品转变成精锐部队，但是当近卫军下属各团在 1805 年参战时，他们还只有极少的作战经验。以普列奥布拉任斯科耶团为例，所有军衔低于上校的军官、所有军士长和大部分军士都没有参加过战斗。[36] 在 1805 ~ 1807 年见过血并在此后数年里补充了来自各个常规团的老兵后，近卫军如今已经在很大程度上接近了精锐的作战预备队，它的投入能够决定会战的命运。虽然如此，军队最基本的优缺点自 1805 年以来依然没有发生变化。它的优势在于轻骑兵的数量、质量和步兵的巨大勇气、纪律与忍耐力。与之相对的缺点则是指挥层的问题，这主要意味着将领间的对立和难以找到一位既有能力又有权威的总司令。

一旦开始探究应对入侵威胁的俄军部署细节，问题就不可避免地变得复杂了。因此将俄军原则上分成三条防线的想法是有用的。

第一线由近卫军、掷弹兵和大部分常规部队组成。它起初分为巴克莱·德·托利的第一军团和巴格拉季翁的第二军团。彼得堡在得知法奥同盟后，便于 1812 年 5 月组建了由亚历山大·托尔马索夫将军指挥的第三军团，以保卫通往乌克兰北部的道路。这3个军团及其所属哥萨克团合在一起仅有242000人，这大约略多于拿破仑第一波入侵军队的一半。如果他们被歼灭的话，这场战争会就此结束。倘若没有这些部队的训练核心，就不能在战时重建一支足以挑战拿破仑的军队。

理论上1812年6月时俄军的花名册上应当有近600000人，但它实际上只能把人数不到一半的部队投入到对抗拿破仑的第一线，这看上去相当令人惊讶。一定程度上这不过反映了俄军花名册上的人头和队列中实足士兵之间通常会有的差距。总会有许多人要么得病，要么被分派执行各种任务，或者甚至已经死亡却没有被从花名册上除名。然而，此外还有许多部队被部署到了其他战线上，这包括42000名在高加索的士兵，其中许多人正在参加对波斯的战争。最重要的是在芬兰的31000人和在克里米亚（Crimea/Крым）与南乌克兰的17000人，以及接近60000名多瑙河军团的士兵，最近与奥斯曼帝国签订的和约刚刚让他们腾出手来。这些部队不仅数量众多，而且是久经沙场的老兵。虽然他们距离战场太过遥远，因而无法加入1812年夏季的争斗，但是如果战争能够进一步延长的话，这些人的影响也许会是决定性的。[37]

第二条防线是由后备部队守卫的。这支部队中一部分人来自常规部队的后备步兵营和骑兵中队。这一阶段的俄军步兵团由3个营组成，每个营理论上有750人左右。在战时第一营和第三营会一起征战，第二营则被指派为"后备营"，留在后方。胸甲骑兵团和龙骑兵团由5个中队组成，其中一个中队被留在后方作为后备部队。轻骑兵团的10个中队中有两个被称为"后备中队"，留在后方。这些后备单位的功能是补充一线部队、守卫团属仓库、训练新兵以及收集并分配补充的新马（这是骑兵所要做的）。[38]

不幸的是，实际状况要比这个简单的描绘复杂一些。正如时常发生的那样，对这些规则来说，近卫军是个例外。它们的步兵团以整整3个营的兵力奔赴战场。[39]此外，所有俄军步兵营——包括近

121

卫军、战列步兵和轻步兵——都是由 4 个连组成的。这 4 个连中的精锐连被称为"掷弹兵连",其他 3 个通常被称为"火枪兵连"。尽管战列步兵的第二营会被留作后备部队,但它们的掷弹兵连会前往前线。这些连通常会被并入所谓的"混合"掷弹兵营、旅和师。第一军团和第二军团中有两个这样的师,它们都参与了博罗季诺之战。

一连几位里加总督〔德米特里·洛巴诺夫-罗斯托夫斯基和马格努斯·冯·埃森(Magnus von Essen)〕都在 1812 年和俄军总部关于组成里加守军的后备营质量有过激烈的争论。不仅是总督,就连俄军首席军事工程师卡尔·奥珀曼将军都抱怨这些后备营原本人数就严重不足,训练也时常十分低劣。亚历山大否认了这一点,认为优秀的团就有优秀的后备营,反之亦然。常识表明洛巴诺夫、埃森和奥珀曼至少在一定程度上是正确的。任何把部队带上战场的明智团长都可能会把他打算摆脱的较弱部队留到后方服役的后备营里。根据定义来看,一个让出了精锐掷弹兵连的营也会在规模和质量上有所下降。然而亚历山大坚持认为,许多在巴格拉季翁麾下服役或者加入了彼得·维特根施泰因伯爵第一军的后备营在 1812 年打得很好,这也是对的。[40]

俄军"第二线"的另一半部队是由阿拉克切耶夫在 1808 年创立的意在缓和农民转入军役过渡时期的后备新兵兵站所组成的营。1811 年时,随着战争的逼近,俄国决定把已经在所谓"一线"兵站里基本完成训练的新兵编成后备营。这些营被官方称为它们所属团的第四营。它们的训练核心是由母团派来在兵站训练新兵的军官、军士和老兵。第四营后来被并入了后备旅和后备师里。1812 年 3 月时出炉了将"第二线"的所有后备单位都并入 3 个后备军团里的计划。这 3 个军团将能够及时增援巴克莱、巴格拉季翁和托尔马索夫。如果一线军团被击败或被迫撤退,他们将能够在这 3 支后备部队掩护下撤退。[41]

这一计划从未实现,事实上后备军团在 1812 年并不存在。这种状况的原因之一是拿破仑推进得远比预期快,俄军后备单位因而被迫在组成这样的军团前就拔营撤退。更重要的是，1812年时许多后备营必须重新部署以增强一线防御。当托尔马索夫的第三军团在1812年5月创建，以应对来自奥地利的新威胁时，它就包括了许多后备营（即第二营）。18500人的里加守军中，大部分部队是后备营，分派去守卫博布鲁伊斯克（Bobruisk/Бобруйск）、基辅和迪纳堡（Dünaburg/Динабург）的规模相对较小的部队也是如此。在放弃迪纳堡后，它的守军与守卫通往彼得堡道路的维特根施泰因军会合。

　　与此同时，在新兵兵站建立的87个第四营（新兵组成的后备营）中，有12个加入了里加守军，6个在维特根施泰因麾下作战，但其余部队都被并入了退却行军途中的第一、二军团。博罗季诺会战前夕，米哈伊尔·米洛拉多维奇（Mikhail Miloradovich/Михаил Милорадович）将军率领余下的最后一批后备营集群部队和库图佐夫会合，这批部队约有13500人。第四营都被解散了，它们的士兵则被补充到库图佐夫下属各团里。此举起到了良好的效果，第四营里的新兵从未见过他们的母团，因此对团只有很少的归属感。此外，充斥着从未参战士兵的营也是无法在会战里依靠的。但是这些人都受过基本的军事训练，被分配给库图佐夫麾下经验丰富的部队之后，他们会成为稳定且有价值的补充力量。此外，这一政策也让第四营的军官和士官们能够去指导战时征兵动员起来的大群新兵。[42]

　　俄国的第三条防线理论上是帝国的所有壮劳力。在这场战争中，除了开战时已经加入军队的数十万士兵外，还有超过100万人被动员进入武装力量。然而这100万人中很少有人在1812年参加了实战，而且既然有这么多可以支配的资源，亚历山大却让自己延缓了对潜在人力的动员，因而使自己开战时在兵力数量上严重低于拿破仑，这看上去也令人奇怪。

　　关于这一点存在不少看似有理的解释。拿破仑麾下入侵部队的全部规模要到1812年初才变得明显，亚历山大也不打算以招摇地扩张俄军规模来激怒拿破仑。也许更重要的是训练核心和财政问题。除非有足够的军官和军士来训练并率领新兵，不然动员大群新兵还

让政府负责出钱填饱他们的肚子是毫无意义的。政府竭尽所能在
1807～1812 年创建有效的军事训练核心：各个团奉命去培训低级军
士；建立了 3 个所谓的掷弹兵训练营，将合乎要求的年轻士兵训练
成军士长和军需军士；还为潜在的军官提供了一系列诱惑，例如战
死军官的遗孀会得到军官的全薪作为抚恤金。最重要的是，战争部
创建了所谓的贵胄团（Noble Regiment/Дворянский полк），它附属
于第二军官学校，提供了免费的速成军官培训课程。1807 年到 1812
124 年底的这段时间里，超过 3000 名年轻人在该团毕业，得到了军官委
任，其中绝大部分都进入了常规步兵部队。即便如此，在战前和战
时找到可靠的军官和军士训练核心总是比网罗新兵更大的问题。[43]

　　亚历山大在拿破仑入侵时的行动和言辞提供了关于他想法的一
些线索。他在 1812 年 8 月告诉一位芬兰官员，唯一团结俄国社会、
使其为击败拿破仑所需的巨大牺牲提供支持的方法就是让拿破仑被
看作侵略者，让他入侵俄国领土。皇帝明确感到，在俄国土地上作
战时，他能够呼吁俄国社会为扩张军事实力提供"志愿"捐献，如
果像过去一个世纪里的其他战争那样主动发起战争或在境外作战，
他就无法奢望采取这一方式。在拿破仑入侵前夕，亚历山大已经开
始呼吁俄国社会做出上述捐献。因而对一个已经破产了的政府而言，
将全面动员一直拖延到战争已经近在眼前、可以向全社会乞求捐献
的时候是符合政治和财政上的逻辑的。俄国政府在 1812 年始终继续
执行这一政策。[44]

　　战争计划的制订早在 1810 年就开始了。巴克莱·德·托利在当
年 3 月向亚历山大呈递了一份名为《俄罗斯西部边境防御》的备忘
录。这份文件之所以重要，既是因为它提到的东西，也是因为它没
有提到的东西。其中大部分主张都成了巴克莱和亚历山大制订的一
切后续计划的基础，最终也只有这两个人能够真正决定如何进行这
场战争。

　　巴克莱强调，俄国的所有边境中，西部边境是最脆弱的。这条
边境线十分漫长，自然和人工形成的防御设施又很薄弱。和俄罗斯

的其他边境不一样，西部边境在卡尔十二（Karl XII）兵败波尔塔瓦以来的一个世纪里都没有受到任何威胁，这说明了为何它会缺乏防御工事。战争大臣指出，如果数量上处于明显优势的敌军入侵俄国自1772年以来从波兰兼并的土地，俄军将难以守卫这些领土。能够守住这一地区的要塞网络需要花费巨额资金和至少25年时间才能建成。在这种情况下，俄军必须在整个白俄罗斯和立陶宛展开一场战斗撤退，它必须吃掉、移掉或者毁掉行经地区的一切食物和草料，让敌军在一片荒芜中勉力维持。

关键的工作重点是，沿着俄军必须坚守的德维纳河（Dvina/Двина）和第聂伯河一线建立一道坚固防线。必须修建相当数量的要塞和筑垒营地以加强防线。巴克莱认为，敌军"最有可能"的主攻方向是朝向基辅的东南方向，尽管朝向库尔兰（Courland/Курляндия）和利沃尼亚（Livonia/Ливония）的东北方向也是有可能的。在这两种状况下，俄军面临敌军推进时都必须努力以战斗撤退延缓敌军速度，但无论如何都不能去冒险展开大会战。随着受到敌军威胁的军队退入筑垒营地，位于防线另一端的俄军部队就会攻入敌军后方。巴克莱补充说，"我们不能期望敌军胆敢在中央方向上推进"——也就是朝向明斯克（Minsk/Минск）和斯摩棱斯克（Smolensk/Смоленск）方向——但如果敌军真的这么做的话，部署在那里的规模不大的"后备军团"会在前方拖住敌军，而两个俄军主力军团则会攻入它的侧翼和后方。

在俄军现存的23个师中，巴克莱认为需要把8个师留在芬兰、高加索和奥斯曼边境守卫这些地区，这还是建立在假定芬兰境内已经修筑了一些要塞、俄国与奥斯曼帝国处于和平状态、奥地利也没有入侵瓦拉几亚和摩尔达维亚基础上的。即便在这种乐观状况下，也只有15个师——仅有200000人——能够用于西部战线。其中7个师会被部署到南方，换句话说就是俄军防线左翼，它们要挡住敌军向基辅的推进。4个师会被集中到防线右翼的库尔兰，它们之间的庞大空隙里是仅有4个师的后备军团，它们要被部署在维尔纳和明斯克之间。

　　不知出于何种理由，巴克莱对如果德维纳河和第聂伯河一线的防线被突破会发生什么不置一词。他也没有冒昧地指出到底这200000人是否足够。那时巴克莱刚刚上任数周，也许他觉得在和君主第一次讨论战略时鼓吹放弃整个白俄罗斯和立陶宛就已经足够冒险了。[45]

　　巴克莱写下这份备忘录后的两年时间里，在面临拿破仑的威胁时到底应当采取防御战略还是进攻战略，俄军将领们展开了辩论。考虑到由巴克莱在 1810 年 3 月最早提出的防御战略是俄军后来接受的战略并最终也被证明为成功战略的这一事实，防御战略看上去是个不言自明的正确选择。事实上这一点在当时却没那么明显。重要将领们为进攻战略提出了许多明智的计划。需要注意的一点是，1810 年 3 月 ~ 1812 年 4 月，巴克莱·德·托利和亚历山大·切尔内绍夫都主张至少要对普鲁士和华沙大公国抢先发起有限度的进攻。纯粹防御战略的首要鼓吹人是卡尔·冯·普菲尔（Karl von Pfühl）中将，他此前是普鲁士高级参谋，在 1806 年 12 月被纳入俄军。普菲尔的主要助手是路德维希·冯·沃尔措根（Ludwig von Wolzogen）中校，他将负责选择普菲尔的防御战略所依靠的著名筑垒营地位置——德里萨（Drissa/Дрисса）。但是在 1811 年 10 月，就连沃尔措根也认为进攻战略会更有效。[46]

　　这一主张的理由在某种程度上是政治性的。每个人都明确知道，除非俄军能够在战争开始时前进，不然就没有机会将普鲁士维系为盟友。直到 1811 ~ 1812 年的冬天，这个问题都悬而未决，俄普两国签订了一份协定，要求俄国保证发起攻势，但是它从没有被普方批准生效。另一个重要的政治问题是与法国争夺波兰人的效忠。正如本尼希森在 1811 年 2 月主张的那样，俄军攻入华沙大公国境内会阻碍拿破仑在俄国西部边境地带动员波兰人支持他的愿望。如果俄军攻势的精神影响和对波兰人做出有吸引力的政治让步结合在一起的话，也许很大一部分波兰军队会加入俄国一方战斗。[47]

　　发起攻势也有强有力的军事理由。入侵华沙大公国就意味着是波兰土地而非俄罗斯土地要承担战争的代价。更重要的是，如果拿破仑入侵俄国的话，华沙大公国和东普鲁士将是他的主要基地，就需要在那里预先聚拢庞大的仓储物资，以负担侵略大军的消耗。在这支大军横穿欧洲赶往俄国边境地区占据出发阵地时，他们的仓库和在大公国里的食物、草料资源在俄军抢先发起的攻势面前会是相当脆弱的。对明智的入侵者而言，在俄国境内的作战时期会相当短暂。在 6 月初之前入侵是愚蠢的，因为那时的原野里还没有足够的草料来喂养马匹。又因为在 11 月会开始降雪，这就让作战时期减少到不足 5 个月。一场先发制人的俄军攻势至少会延缓拿破仑的进攻计划，为俄国多争取一年准备防御的时间。

　　最重要的是，俄军将领们鼓吹进攻是因为他们理解纯粹防御战略会有多危险、多困难。西部边境极为漫长。如果俄国继续和土耳其作战的话，法国或奥地利军队就可以入侵比萨拉比亚（Bessarabia/Бессарабия），继而威胁到黑海北岸的整个俄军防御区域，拿破仑的主力军则会同时把大部分俄军牵制在白俄罗斯和立陶宛。1812年春季，与奥斯曼帝国缔结的和约以及奥地利不会从加利西亚入侵俄国的许诺暂时终结了这些担忧。

　　即便如此，俄国与东普鲁士和华沙大公国的边境本身就已经很漫长了，俄军必须要守卫通往彼得堡和莫斯科的道路，后者可以被西面的斯摩棱斯克或西南面的卡卢加（Kaluga/Калуга）直接威胁到。对基辅和乌克兰的防御也是头等要务。俄军因而会分散得很单薄。通过庞大的普里皮亚季（Pripet/Припять）沼泽的交通线也是极为薄弱的。保卫乌克兰的俄军南方部队只能孤军奋战。拿破仑完全能够堵住跨过沼泽的两条干道，将他的大部分军队转向俄军的这一半或那一半防御区域。

　　将主动权交给敌军是防御战略的特性。再加上西部边境的地理特征，这会给拿破仑击穿、分割俄军并将其各个击破的良机。穿过俄军防线中央地域以后，他届时会拥有处于俄军各部之间、利用内线作战的优势。巴格拉季翁、彼得·米哈伊洛维奇·沃尔孔斯基和皇帝的舅父符腾堡的亚历山大公爵都在 1812 年最初几个月里强调了这一危险。[48]

让状况更糟糕的是，贫穷的西部边境地带难以供养集中起来一连数周不动的大军——除非在收获之后紧接着的几个星期里。一旦军队集中起来，发病率也会迅速上升。此外，将某一地区的食物供给吃干净、不留给法军的最有效方法就是把俄军分散部署在广阔区域内，以军队征用补给来替代收税。俄国政府在 4 月底宣布边境省份进入战争状态，这有助于进行征用，但俄军总部不希望过早把军队集中在太过狭窄的区域内。无论如何，拿破仑离开巴黎后，俄国的情报来源就在一定程度上枯竭了。拿破仑本人期望着俄军发起攻势，他直到很晚的时候才最终决定了入侵计划。此后他当然尽最大努力去隐藏计划中的主攻方向。直到 1812 年 5 月底，俄国人才开始对敌军主攻区域有了清晰的认识。[49]

在巴克莱的 1810 年 3 月备忘录中，他曾表示俄国的西部边境无论人工防御条件还是自然防御条件都很薄弱。其他许多军官从那时到 1812 年 6 月之间撰写的报告对这一主题做了补充。俄国的军事工程师在那些年里疲于奔命。1807～1811 年，规模很小的工程师队伍既要被部署在波罗的海沿岸的海港要塞，防御可能发生的英军攻击，又要部署到高加索，还要去巴尔干奋力加固从奥斯曼人手里夺取的防御据点。从 1810 年 3 月起，它又被加上了以快到危险的速度在西部边境修建要塞的庞大任务。正如许多备忘录中曾经指出的那样，被拿破仑绕过的要塞会给他脆弱的交通线造成巨大威胁，这会减缓他的推进速度。更重要的是，一支在后方没有要塞又处于撤退中的军队就没有地方安置它的补给与辎重车队，因此总要受到保护它们的需求的困扰。在这种情况下，军队就会倾向于快速撤退，因为只有距离能够提供保护。[50]

然而不管要塞是多么必要，它们都难以在两年内拔地而起。在防线南翼，俄国人成功地在基辅准备好了抵御围困的防御设施，在博布鲁伊斯克修建了一座坚固要塞。在北翼，里加得到了加固，尽管工程师部队指挥官奥珀曼将军对它提出了质疑，认为除非有一支庞大的守军，不然里加可能会无法长期抵御正式攻城战。德维纳河上的迪纳堡新要塞完工以后，奥珀曼就希望把里加的所有补给和仓储物资都移动到那里去，因为他担心如果里加落入法军手中，就会对俄军主力军团的后勤构成威胁。

　　然而不幸的是，迪纳堡不可能在1812年夏天完工。这意味着俄军防线的整个中央地段都是敞开的。正如本尼希森指出的那样，中央地段提供了通向俄罗斯帝国核心领土的通道，核心领土中包括了军队可能在莫斯科省和斯摩棱斯克省设立的补给基地。让状况更糟糕的是，庞大的中央地段没有任何真正有价值的天然屏障。沃尔措根曾经奉命去德维纳河沿岸选择防御阵地，并最终把筑垒营地选在了德里萨。即便如此，他也警告说德维纳河上游的2/3河段相当浅，在夏季很容易徒涉。此外，德维纳河上的多数地段西岸要比东岸高，这对守军相当不利。巴克莱还从更加权威的声音那里得到了同样的建议，奥珀曼将军在1811年8月告诉他，"不管个别阵地可能有多好"，德维纳河都无法用来挡住敌军真正认真的推进。这一论断的理由则是，"这条河在夏季很容易跨过，接近河岸的地区几乎处处空旷而易于通过，在河岸或者河岸附近的任何阵地都能够被包抄"。[51]

　　在波罗的海海岸线上的里加和远在南方的博布鲁伊斯克之间，1812年6月时唯一重要的防御工事就是在1812年春季开始修建的位于德里萨的筑垒营地，从那里可以沿德维纳河上溯到维捷布斯克（Vitebsk/Витебск）。亚历山大的非官方顾问普菲尔将军把德里萨营地作为他计划中对帝国核心地带防御的关键。普菲尔预计，等到拿破仑的军队接近德里萨时，在穿过已经荒芜的白俄罗斯和立陶宛后他们会精疲力竭，数量上也会大为减少。如果法军试图突击第一军团主力遁入的筑垒营地，他们就会面临严重的战术劣势。如果他们试图越过德里萨河，第一军团就可以攻击他们的侧翼，巴格拉季翁

129

和普拉托夫（Platov/Платов）的部队与此同时则会深入拿破仑的后方。

普菲尔的计划和巴克莱在 1810 年 3 月的提议理论上有许多共同点。它们同样依赖战略退却和对弃守领土的破坏，在最终挡住法军时也都依赖筑垒营地作为强化守军的手段，在其他俄军部队的角色上，也都依赖他们去攻入拿破仑的侧翼和后方。普菲尔仅仅是把巴克莱对俄军防线两翼的概念转移到中央地段上来，巴克莱当时认为两翼会面临最大的威胁，而现在看来拿破仑最可能的主要打击目标则是中央地段。但是巴克莱的筑垒营地需要依靠要塞的支撑——北翼是里加，南翼则是博布鲁伊斯克。由于迪纳堡要塞并不存在，德里萨就只能独自坚持了。此外，巴克莱在 1810 年并未预计到俄国会遭到一支多达 500000 人的大军的入侵。

即使在 1812 年，普菲尔也可能没有充分认识到拿破仑侵略军的规模。能够接触到俄国获得的情报材料的人只局限在一个非常小的圈子里。到 1812 年 3 月为止，亚历山大、巴克莱和他们实际上的情报主管官员彼得·崔克维奇（Petr Chuikevich/Пётр Чуйкевич）已经了解到，拿破仑的第一波军队就会有 450000 人之多。这么大规模的一支军队能够毫无危险地同时困住并包抄德里萨。它也能够毫无困难地挡住巴格拉季翁和马特维·普拉托夫发起的任何攻击。如果第一军团遁入德里萨的话，它可能会像 1805 年战局之初马克在乌尔姆（Ulm）的军队一样，在被包围后轻易束手就擒。

虽然如此，亚历山大对 1812 年战局的计划至少在表面上是围绕德里萨筑垒营地展开的。俄军要在战争爆发后战略撤退到德里萨，接着试图在德维纳河一线挡住法军。也许亚历山大确实相信普菲尔的计划。他对自己麾下本国将领的能力通常没有什么信心，因而总是倾向于把外国军人的意见置于本国将领的意见之上。此外，普菲尔做出的诸如拿破仑的补给何时会耗尽的"科学"预言可能也迎合了亚历山大对清晰、抽象想法的爱好。皇帝无疑相信，普菲尔的计划与巴克莱此前的提议是基于同一观念上的。他可能也会想起，本尼希森在 1806~1807 年挡住了数量上两倍于己的敌军长达 6 个月之久。无论如何，对这一决策还有相当的讽刺空间。尽管亚历山大担心拿破仑可能会深入俄国核心地区，但他并不希望拿破仑这么去做。对拿破仑可能会在战局开始时攻入大俄罗斯的任何公开承认都会毁掉皇帝的信用，更不用说围绕这一想法制订计划了。如果要把拿破仑挡在大俄罗斯边界之外，当时看上去唯一可行的就是普菲尔的计划。要是这一计划失败的话，亚历山大知道普菲尔将成为理想的替罪羊。作为一个毫无庇护的外国人，他也会被俄国将领们蔑视为对战争一无所知却又卖弄学问的德意志参谋的一个缩影。[52]

尽管亚历山大甚至可能在 1812 年 6 月都对普菲尔的计划保持着信心，但考虑到巴克莱从军队的工程主官那里得到的建议，很难相信经验丰富的他会让这一计划影响到自己关于战争应当如何进行的思考。然而从巴克莱的角度来看，德里萨营地终究没有坏处。因为它是由当地劳动力修建的，所以几乎没有消耗掉他的资源。在军队撤退途中，它也是一个有用的歇脚点，还是几乎唯一可以为撤退中的军队修建得到了一定保护的仓库的地方。无论如何，俄军战略的最终决定权还是在皇帝而非巴克莱手上。关于巴克莱在战争前夕想法的最好向导却是崔克维奇于 1812 年 4 月撰写的一份备忘录。它无论对筑垒营地整体还是对德里萨营地个体都不置一词。

崔克维奇的分析和亚历山大·切尔内绍夫此前表达的想法很接近。他指出拿破仑的整个战争体系依靠的是大会战和快速取胜。对俄军而言，胜利的关键是"计划并实施一场完全与敌军希望相反的战争"。他们必须撤退，以占据相当优势的骑兵袭扰敌军交通线，拖垮拿破仑的军队。"除非我们已经退到了补给基地，不然都必须避免大会战"。在此前的战争中，当拿破仑遇到阻碍时，他曾经犯过相当严重的错误，但是他的敌人没能利用它们。俄军一定不能错过这个机会。在追击战败之敌时，它的骑兵能够被证明是致命的。下定决心在取得胜利之前拒不和谈并将战争一直进行下去也相当重要，但同时也要谨慎。应当以通过拒绝会战挫败了汉尼拔的罗马将

131

领法比乌斯作为指导，还要效法威灵顿在半岛的战略撤退政策。
"不管这个建立在谨慎基础上的战略有多么不适合俄罗斯民族的性
格，我们必须记住，在一线部队后方没有任何已经组织起来的后备
单位，第一、二军团的全军覆不可能对祖国有决定性的影响。我们
一定不能被损失一些省份吓住，因为国家的存续取决于军队的存
续。"崔克维奇也主张采取多种手段在拿破仑后方的欧洲掀起暴动。
尽管这并不现实，却可以作为对他、巴克莱和亚历山大的一个有用
提醒：在俄国进行的 1812 年战局仅仅是旨在摧毁拿破仑在欧洲主导
地位的长期战争中的第一步。[53]

　　崔克维奇的备忘录并没有涉及细节。它并没有特别指出拿破仑
的前进将在哪里停下。和普菲尔不一样，崔克维奇是一位讲求实用
的军人，他了解战争的不确定性。但是读过这份备忘录的人都不会
相信，拿破仑的推进会在西部边境地区就停顿下来。战争将会蔓延
到俄国腹地，这个危险显而易见。事实上巴克莱和亚历山大一直以
来都已经意识到了这种可能性。任何一位俄国领导人都知道卡尔十
二是怎样深入帝国内部，而后又是怎样被彼得大帝歼灭的。这两次
入侵的相似之处足够明显。就在拿破仑入侵的前夜，罗斯托普钦伯
爵致信亚历山大，"倘若不幸的状况让我们决定要在得胜的敌军面
前撤退，即便如此，俄罗斯皇帝在莫斯科仍是有威胁的，在喀山会
令人恐惧，在托博尔斯克（Tobolsk/Тобольск）就不可战胜"。巴克
莱本人 1807 年在疗伤时做了长时间发言，表明有必要诱使拿破仑深
入俄罗斯，给他一场新的波尔塔瓦会战。1812 年之前，亚历山大和
他的妹妹叶卡捷琳娜已经私下谈论了战争状况下拿破仑占据莫斯科
和彼得堡的可能性。早在 1812 年初，皇帝就悄悄安排在必要情况下
将他的情妇和孩子转移到伏尔加。[54]

　　这一切都和诱使拿破仑深入俄国内地、准备在那里将其毁灭的
具体计划相去甚远。事实上这样的计划或准备并不存在，这一点是
明智的。巴克莱的兄长是总参谋部的一位上校。他在 1811 年写道，
制订任何超出战争第一阶段的军事行动计划都是毫无意义的，因为

132

任何一次战役中包含的不确定性都太大。就 1812 年的情形来看，这话说得尤为正确，因为俄国采取的防御战略已经把主动权交到了拿破仑手中。如果拿破仑越过德维纳河的话，他可能会直奔莫斯科。另外，他也可以前往彼得堡，或者甚至像他的波兰顾问们建议的那样，将战争主要方向转向南面的乌克兰。他更有可能以征服白俄罗斯终结战局，将精力投入到重建波兰王国、为 1813 年向俄国腹地推进的战局组织补给基地当中去。战争开始之前，拿破仑告诉奥地利外交大臣梅特涅，这就是他想要做的事情。至少一位俄军总参谋部高级参谋相信，如果拿破仑坚持这一想法，对俄国来说其后果将是灾难性的。[55]

对俄国领导层而言，他们自己的臣民对法军入侵将做出怎样的反应是极为重要又极不确定的事。波兰人在其中尤为重要，相当重要的原因在于他们掌控着俄军战略打算丢给入侵者的地区。俄国将领和政治家在战前就波兰人会怎样应对法军入侵有过相当多的争论。有人认为许多大地主更喜欢俄国的统治，因为他们不喜欢在华沙大公国废除农奴制的举措，也担心法军会采取更加激进的措施。至于这一地区的农民，他们也许会沉溺在对财产和秩序的无政府主义攻击当中，但是俄国领导层确信，他们既不懂也不关心民族主义和雅各宾思想。大威胁则是波兰乡绅群体。大部分俄军将领一致认为，如果拿破仑入侵俄国并宣布重建波兰的话，立陶宛和白俄罗斯境内绝大部分受过教育的波兰人都会支持他，这一部分是出于民族主义热情，另一部分也是因为他们相信拿破仑会胜利。这当然会强化将领们不愿从边境地带撤退的观点，拿破仑会把边境地带转变为其后对俄国腹地的军事行动的有价值基地，对此的恐惧并非没有根据。亚历山大和巴克莱都无法否认这一可能性，但认为拿破仑占压倒优势的兵力让他们别无选择。他们知道波兰王国是不可能在一夜之间重建的。拿破仑的气质以及他政权和军事体系的特性让他不大可能采用一个需要持久耐心的战略，而这一点正是亚历山大和巴克莱所要依赖的。[56]

　　至于皇帝的俄罗斯臣民，最重要的"选民"是军队本身。对任何一支军队而言，在长途退却中保持纪律和士气都是极为困难的。普鲁士军队在耶拿－奥尔施塔特会战后土崩瓦解，法军在1812年从莫斯科开始和1813年秋季从莱比锡开始的大撤退中也没好到哪里去。英军在1808年约翰·摩尔（John Moore）爵士退到科伦纳①途中纪律崩溃，在1812年从布尔戈斯（Burgos）退往葡萄牙期间再度崩溃。正如一位研究半岛战争的历史学家评论的那样，"退却并非英军所长"。尽管俄军以其纪律驰名，但一场不仅横跨整个白俄罗斯和立陶宛还要深入俄罗斯本身的退却注定会考验团里的士气和纪律极限。巴格拉季翁公爵在战前强调了退却会给他的部队士气造成的影响，这当然另有企图，因为他极端厌恶在敌军面前撤退。虽然如此，他的担忧却并非毫无根据。[57]

134　　对军事史学家而言，军队只能根据其在战前岁月里详尽阐述的"军事学说"作战，这是不言自明的道理。19世纪初期并不存在现代意义上的成型军事学说，这要等到参谋学院、与现代军事教育和训练相关的全部事物出现为止。然而在某种非正式的意义上，1812年时俄军确实有一套"军事学说"，而它却是完全致力于进攻战略和战术的。从年轻军官进入他所在的团的第一刻起，就有人鼓励他表现得大胆、无畏、自信和富有攻击性。每一个尉官都被要求相信1个俄国兵抵得上5个法国兵。要在夺取诸如军旗之类的战利品和将敌军逐出战场的"比赛"胜负关头表现出富有男子气概的骄傲感。1812年时许多俄军将领也有这样的精神状态。在敌军面前退却几乎就和在对方要求决斗时未能捍卫自己的荣誉一样令人震惊。此外，在过去的一个世纪里，俄军所经历的只有胜利。它对弗里德里希二世和奥斯曼人的大胜都是在攻势中取得、在敌人的土地上赢得的。18世纪俄国最优秀的将领亚历山大·苏沃洛夫和彼得·鲁缅采夫都强调速度、攻击性、出其不意和冲击力。让一支由这样的思想

---

　　①　Corunna，西班牙语名为 La Coruña（拉科鲁尼亚）。——译者注

和传统哺育出的军队在"德意志"参谋对后勤和数量的估算基础上被迫深入俄国土地退却上百公里，这注定会激起抱怨。[58]

如果拿破仑进入大俄罗斯省份，俄国平民会做出怎样的反应，这也是难以预料的。毕竟一个大国的军队本应去保护其同胞的财产，而不是未经一战就退却上百公里，让国家的核心地带陷入荒芜。最重要的是，精英阶层需要担心他们的农奴会对拿破仑做出怎样的反应，尤其是在拿破仑倘若承诺解放农奴的情况下。战前的军事文件里关于这个话题提得很少。一份有趣（虽然是唯一）的战争部文件中提到了对俄国农民骚乱的忧虑，指出普加乔夫叛乱的经验表明家务农奴和在工场做工的农民是最不可靠的人。[59]

随着拿破仑在 1812 年 7 月接近（大）俄罗斯边界，这样的担心不可避免地滋长起来。亚历山大的妻子叶丽萨维塔皇后的私人秘书，尼古拉·隆吉诺夫（Nikolai Longinov/Николай Лонгинов）在 7 月写道，"尽管我确信我们的人民不会接受这样一个怪兽的自由赠礼，但不担心也是不可能的"。在危机过去后的 1812 年 12 月，约翰·昆西·亚当斯写道，彼得堡精英阶层对"农民并没有表现出一丁点利用这一场合为自己争取自由的倾向"深感宽慰，亚当斯指出，"我认为这最能触动和我就这一话题交谈的所有俄国人的感情。这是他们最恐惧的一点，也是他们最高兴看到危险已经过去的一点"。然而，这样的担忧对战前计划或战时军事行动的影响不应当被夸大。彼得堡的沙龙也许会在"普加乔夫"这个词面前颤抖，但对农民暴动的担心很少会出现在亚历山大、巴克莱或库图佐夫的信件里。[60]

1812 年 4 月初，随着俄军将领们奋力组织军队做好迎击入侵的准备，他们有了比农奴叛乱更为紧迫的忧心事。巴克莱此时依然希望抢先对华沙大公国和东普鲁士发起攻击，尽管他意识到如今此次攻击只可能是一场快速而有限的破坏行动。他不耐烦地等待着皇帝抵达总部并允许他发起进攻。然而亚历山大事实上延迟了行程，展开攻击的许可也一直没有发放下来。皇帝总是倾向于等待（敌军）进攻，采取防御战略。法奥同盟的消息巩固了他执行这一路线的决

135

心。如果俄军向华沙大公国推进的话，奥地利就完全有可能在这一条约驱使下动员全部军事力量，从加利西亚向前推进，攻入前进中的俄军后方。[61]

　　由于先发制人的机会已经完全丧失，而奥地利军队现在也要计入敌军，俄军被迫立即重新部署部队。正如彼得·米哈伊洛维奇·沃尔孔斯基在 5 月 11 日所写的那样，现在巴克莱最右侧的军位于沙韦尔（Schawel/Шавли）的司令部和巴格拉季翁位于卢茨克（Lutsk/Луцк）的司令部之间相隔超过 800 公里。这些军团是为了向华沙大公国推进才这样部署的，它们首先要位于能够充分利用乡村为自己提供给养的地方，但是这种部署在抵抗敌军入侵面前就显得很糟糕了。沃尔孔斯基承认，一场先发制人的攻击曾经是最好的选择，但它现在即使在军事层面上也没有可能了，因为拿破仑已经将他的仓储物资集中到要塞当中，且沿着边界部署了 220000 名敌军士兵。一个新的军团随之建立起来，它是在亚历山大·托尔马索夫指挥下的"第三"军团，负责守卫通往乌克兰的道路。巴格拉季翁要把第二军团的部分部队派去增援托尔马索夫，并带着由他指挥的其余部队北上与巴克莱会合。沃尔孔斯基认为，巴格拉季翁的部队需要进行连续 15 天的行军才能抵达新的部署地点。即便到了那时候，第一、二军团也依然要守卫一道接近 200 公里长的防线。[62]

　　到 6 月 6 日为止，实际上比一个军大不了多少的巴格拉季翁军团已经部署在普鲁扎内（Pruzhany/Пружаны）周边地区。俄军正从附近地区运走现金、食物、运输工具和档案。他们也试图"疏散"将为敌军所用的当地波兰官员。抵达普鲁扎内之后，巴格拉季翁很快就得到了继续向北移动的命令，因为俄国情报部门现在正确地认为，拿破仑的主攻方向会比此前预计得更偏北，主攻将从东普鲁士开始，意图在维尔纳方向上击穿第一军团的中央防御地段。这份命令是在 6 月 18 日发出的，那时距离拿破仑越过边界仅有 6 天。[63]

　　巴格拉季翁无疑变得不高兴了。他的军团被拖得距离托尔马索夫所部越来越远。他给巴克莱写信说，沃伦（Volhynia/Волынь，亦即乌克兰西部）是法军有利可图的进攻目标，因为它有大量食物和马匹储备，而此处的波兰贵族一旦有机会也一定会与拿破仑合作。随着第二、三军团现在已经远得无法互相支持，（敌军）通往乌克兰最富庶省份的道路已经畅通无阻了。与此同时，在让第二军团靠近第一军团的努力当中，他手下兵力大为削弱的部队还要分散在100多公里长的战线上，也无法有效执行他毁坏或带走地方上一切食物补给的命令。地方上的多数大车已经被军队征用了，如果他把当地所有的马和牛都赶到后方的话，它们就会吃干净他自己军团的马匹所依靠的草地。[64]

上述所有抱怨里无疑存在拖后腿的成分。巴格拉季翁讨厌不经一战就退却的想法，在6月18日向亚历山大请求让他展开先发制人的攻击。他在一封怒气冲冲的信中阐述了退却的一切不利后果。公平而论，亚历山大事实上并没有把俄国情报部门对拿破仑大军规模的估算传达给巴格拉季翁，这无助于他理解现实状况。巴格拉季翁对拿破仑在边界另一侧的部署也没有清晰的整体了解。在他能够从皇帝那里得到回复之前，拿破仑已经于6月24日越过了边界，战争已经开始了。[65]

137

第五章

退　却

　　1812 年 3 月，米哈伊尔·巴克莱·德·托利被任命为总部设在立陶宛第一大城市维尔纳的第一军团司令。尽管巴克莱保留了战争大臣头衔，但他还是把战争部的日常事务交给留在彼得堡的阿列克谢·戈尔恰科夫公爵负责，他本人则和其他许多很有能力的军官离开首都前往军团总部。

　　第一军团大约有 136000 人，这比巴格拉季翁公爵的第二军团（57000 人左右）和托尔马索夫将军的第三军团（48000 人左右）加起来还要多。[1] 这 3 个军团一起守卫俄国西部边境，抵抗拿破仑的入侵。巴克莱绝非这三支部队的总司令。他的军中级别事实上比巴格拉季翁和托尔马索夫都要低，这在等级意识分明的帝俄精英中关系很大。唯一的总司令是亚历山大本人，他于 4 月抵达维尔纳。

　　第一军团的主力是 5 个步兵军，1812 年 6 月时它们部署在东普鲁士和华沙大公国北部边境上。每个步兵军包括 2 个步兵师，每个步兵师包括 3 个步兵旅，其中 2 个旅由战列步兵团组成，1 个旅由猎兵团组成。正如我们所见，一个俄军步兵团会把它的第一营和第三营带上战场，这两个营将并肩作战。因此，一个步兵旅通常包括 2 个团、4 个营。在战争开始时，一个满员的步兵团理论上应当接近 3000 人。因此一个俄军步兵师应当有 6000 名战列步兵和 3000 名轻步兵，尽管由于疾病和执行分遣任务，事实上没有一支部队能达到上述理论数字。一个俄军师通常也包括 3 个各有 12 门炮的炮兵连。

其中两个连名为"轻炮连"，它们的大部分火炮是 6 磅炮，另一个连是装备 12 磅炮的重炮连。重炮连和轻炮连都包括一部分榴弹炮，用于高仰角射击。

少量哥萨克团和正规骑兵团也被配属给了步兵军。然而，大部分轻骑兵组成了独立的骑兵单位。令人困惑的是，这些骑兵单位被称为"预备骑兵军"，尽管它们事实上既不是预备队也不是军级单位。第一军团下属 3 个所谓"预备骑兵军"，每个军约 3000人，包括 4~6 个龙骑兵团、骠骑兵团和枪骑兵团，以及 1 个骑炮连。费奥多尔·乌瓦罗夫指挥这些骑兵军中的第一个，第二骑兵军由弗里德里希克·冯·科尔夫（Friedrich von Korff）男爵指挥，第三骑兵军由少将彼得·冯·德·帕伦伯爵指挥，与他同名的父亲是1801 年共谋推翻并杀死亚历山大一世之父一事的领导者。小帕伦的祖辈似乎并没在多大程度上影响到他的事业，他在 1812~1814 年被证明是一位能力突出的骑兵指挥官。

第一军团事实上的预备队位于前线后方的维尔纳附近，它们是康斯坦丁大公的第五军，由 19 个近卫步兵营和 7 个掷弹兵营组成，还配属了第一胸甲骑兵师的 4 个重骑兵团，其中包括禁卫骑兵团和骑马禁军团。康斯坦丁大公麾下还有 5 个炮兵连，不过其中的 3 个重炮连被编入了军团的预备炮兵当中。[2]

在 1812 年 6 月战争打响时，第一军团的绝大部分士兵和马匹都状况良好。他们已经一连很多周吃得好、住得好，这和拿破仑大军中那些横跨欧洲、在进入普鲁士和波兰边境的狭小宿营地后发现越来越难填饱自己肚子的士兵大不相同，那些人通常已经又饥饿又疲倦了。正如人们可能会预计到的那样，俄军的主要问题并非士兵与他们所属的团，而是参谋人员和统帅部。

巴克莱的第一位参谋长是亚历山大·拉夫罗夫（Aleksandr Lavrov/Александр Лавров）中将，他的第一位军需总监是谢苗·穆欣（Semen Mukhin/Семён Мухин）少将。战争爆发以后，他们在高级参谋职位上的不称职迅速暴露出来。战争开始后，穆欣在军需总监的职位上待了 17 天，拉夫罗夫则只待了 9 天。拉夫罗夫的继任者是中将菲利普·保卢奇（Philippe Paulucci）侯爵，侯爵当时正在亚历山大的随从队伍中游逛，皇帝把保卢奇提供给巴克莱的出发点是要么带走他，要么留下他。保卢奇此前曾在皮埃蒙特军、奥军和法军中效力，他是因 1798～1807 年俄国在亚得里亚海和地中海上的战争而进入俄军的若干人之一。在一封给亚历山大的信中，保卢奇将自己描述成具备 "活跃和冲动" 性格的人，他称这一性格无法遏制，因为其中已经喷溢着关于皇帝事业的热情。保卢奇显然具有十分活跃的自我主义和指责与他观点相悖的任何人为白痴或叛徒的坏习惯。不管保卢奇的脑力和精力有多好，具备这种脾气的将领在俄军里已经足够多了，因此军队不需要这样一位皮埃蒙特莽汉的效劳。巴克莱既不信任保卢奇的能力，也不相信他的忠诚，很快就让他靠边站了。7 月初，卡尔·冯·托尔成为第一军团代理军需总监，保卢奇的参谋长一职则由阿列克谢·叶尔莫洛夫（Aleksei Ermolov/Алексей Ермолов）少将接替。这两个职位这时才有了正确的人选，托尔和叶尔莫洛夫都是了不起的军人，他们将在 1812～1814 年的战争中扮演关键角色。[3]

尽管卡尔·冯·托尔的家族源头可以追溯到荷兰，但这个家族已经在爱斯特兰（Estland/Эстляндия）定居了很久，成了波罗的海德意志小贵族的一分子。托尔的父母都是德意志人，他终其一生都保持着路德宗信仰，在 1814 年与一位波罗的海德意志贵妇结婚。尽管这似乎让他成了一个彻头彻尾的波罗的海人，但实际状况要复杂得多。少年时代的托尔曾在圣彼得堡的军官武备军官学校求学多年，那时的学校校长就是后来的米哈伊尔·库图佐夫元帅，他不仅始终认为托尔是一位出色的军官，还几乎把他当作自己的养子。自军官武备军官学校毕业后，托尔一直都在皇帝随员的军需总监部门——换句话说就是总参谋部——工作。他在此处的主要庇护人是彼得·米哈伊洛维奇·沃尔孔斯基公爵。一个两位庇护人都是俄罗斯贵族要人的军官是可以被视为荣誉俄罗斯人的。根据一位同时代人的说法，托尔非常注意用上述说辞描绘自己，只要有可能就总会说俄语，尽管这并没耽搁他利用职权给德意志亲戚们谋求职位。他这么做也遵从了当时的普遍习惯，那时这种行为并不被视为任人唯亲，而是可资赞扬的对家人和朋友的忠诚——当然，如果那位庇护人是德意志人，而那个职位又恰好为某个旁人所期盼时除外。

一个愤世嫉俗者也许会评论说，卡尔·冯·托尔有了权力很大的庇护人库图佐夫和沃尔孔斯基，因此他很难失败，但这个说法是不公允的。他通过自身的才智、效率、努力工作以及忠诚赢得了这两位权贵的庇护。他的主要问题在于骄傲、急躁、易怒的性格。他的坏脾气很出名，他也很难容忍反对或批评意见——即便来自上级军官。在1812年，这一点多次几乎毁掉了他的职业生涯。在8月和同样暴躁的巴格拉季翁激烈争执之后，托尔惨遭降职，直到他的老庇护人库图佐夫作为总司令到来后才得以恢复。尽管托尔作为同事令人恼火，更不用说作为下属了，但他既不小气也没有报复心。他深深献身于军队和俄罗斯击败拿破仑的事业。他愤怒和不耐烦的爆发通常并非出于个人野心或轻视，而是针对在他看来妨碍战争有效进行的行为。[4]

作为第一军团的军需总监，托尔的直接上级是阿列克谢·叶尔莫洛夫。叶尔莫洛夫是一位极其英勇且鼓舞人心的前敌指挥官，不过他没有受过训练的参谋所具备的那种对细节一丝不苟和把一切命令都仔细记录在纸面上的习惯，这在1812年时常引发问题。叶尔莫洛夫是作为炮兵军官受训的，他在1807年的东普鲁士战局中表现优异。和其他许多年轻炮术专家一起——其中以亚历山大·库泰索夫（Aleksandr Kutaisov/Александр Кутайсов）伯爵、列夫·亚什维利（Lev Iashvili/Лев Яшвиль）公爵和伊万·苏霍扎涅特（Ivan Sukhozhanet/Иван Сухозанет）最为著名——他为恢复俄国炮兵在奥斯特利茨蒙羞后的声誉做了不少努力。然而，叶尔莫洛夫此后也促使炮兵军官团中的派系矛盾进一步深化。根据十分仰慕他的前副官保罗·格拉贝（Paul Grabbe）的看法，叶尔莫洛夫不仅对阿拉克切耶夫和列夫·亚什维利怀有特别的恶意，而且把同样非黑即白的感受传播给身边的所有人，这对炮兵的有效管理没有好处，也对处于叶尔莫洛夫庇护下的军官们的职业生涯无益。[5]

142 　　阿列克谢·叶尔莫洛夫不仅是一位技术十分娴熟、相当专业的炮手，也是一位尤为聪明果断的指挥官。最重要的是，他具备非凡的个人魅力，他的外貌也对此很有益处。叶尔莫洛夫是个大脑袋、宽肩膀、头发长密的大个子，他给一位年轻军官的第一印象是"真正的赫拉克勒斯"，而他对待下属时友善而不拘礼节的方式又增强了第一印象。叶尔莫洛夫是说出令人难忘的只言片语、做出值得纪念的行动的大师。当他的牝马在1812年战局前夕下驹时，他把新生的小马煮熟了分给年轻军官们，以此向他们预告在即将到来的战局中会不得不忍受的事情。在当时和此后的民族主义传奇中，除了库图佐夫之外，可能没有其他俄军高级将领能够像他一样吸引年轻军官。[6]

　　叶尔莫洛夫的吸引力不仅来自个人魅力，也源自他的观点。叶尔莫洛夫来自一个殷实的行省贵族家庭，在莫斯科接受了良好教育，他和彼得堡或帝国宫廷从没有紧密联系。他和所属阶级的大部分人一样坚信俄国士兵最好由绅士指挥，从行伍中提拔军官至多只是战时令人不快的必需措施。然而在叶尔莫洛夫的时代，对俄罗斯贵族而言，德意志人是比由普通士兵晋升上来的军官危险得多的敌人，叶尔莫洛夫因为他贬损德意志军官的妙语声名远扬、颇受欢迎。这让他成了让巴克莱·德·托利并不舒服的伙伴，更成了巴克莱麾下德意志助手们的凶狠敌人。后者中的两位，路德维希·冯·沃尔措根和弗拉基米尔·冯·勒文施特恩（Vladimir von Löwenstern），在回忆录中记录了叶尔莫洛夫对他们的冷酷阴谋。[7]

　　更重要的是，叶尔莫洛夫在1812年7月和8月居于反对巴克莱战略的核心位置。亚历山大曾要求巴格拉季翁和巴克莱的参谋长都直接给他去信。尽管巴格拉季翁起初非常猜疑他的参谋长，但事实上埃马纽尔·德·圣普列斯特（Emmanuel de Saint‑Priest）在给皇帝的信中强烈支持他的司令。与此相反，叶尔莫洛夫则利用他与亚历山大的直接联系暗中损害巴克莱。公正地说，他如此行事是源自真心坚信——尽管受到了误导——巴克莱的战略危及了军队和国家，这一点几乎得到了所有高级将领的认同。[8]

尽管亚历山大短期内利用了叶尔莫洛夫，也赞赏他的军事技能，但亚历山大很可能从未信任过他。亚历山大在某个场合称他为"和魔鬼同样黑暗，但有与魔鬼一样多的技能"。叶尔莫洛夫的个人魅力、俄罗斯爱国主义资格和在军官团中的许多仰慕者让他成为贵族们反宫廷感情的完美焦点。1812 年 7 月 30 日，随着对巴克莱的愤慨情绪达到最高点，叶尔莫洛夫致信巴格拉季翁，信中表示军团司令在考虑行动时不仅应当对皇帝负责，也应当对俄罗斯祖国负责。对一位罗曼诺夫王朝的贵族来讲，这是十分危险的语言。并非巧合的是，当年轻的俄国军官们在 1825 年 12 月试图推翻专制王朝时，人们普遍认为阿列克谢·叶尔莫洛夫是给予他们灵感的源泉，甚至可能是未来的领导者。[9]

第一军团的后勤总监格奥尔格·坎克林（Georg Kankrin）是司令部里一个较为安静的存在，但他也是一个令人敬畏的人。坎克林生于黑森的哈瑙（Hanau）小镇，在战争开始时已经 38 岁。他的父亲之所以被吸引到俄国来，一定程度上是因为作为工艺和采矿专家，他的专业技能让俄国开出了高薪，一定程度上也是由于他的尖刻言辞毁了自己在德意志的前途。在德意志度过了包括在第一流大学学习和撰写了一部浪漫主义小说的青年时代后，年轻的格奥尔格·坎克林发现自己很难适应在俄国的生活。他蛰伏多年，穷得买不起烟草，不得不自己动手修理靴子以节省金钱。坎克林关于军事行政管理的论述让他终于得到了巴克莱·德·托利的注意，并为他赢得了一个在战争部粮秣部门的重要职位，他在那里成功地证明了自己，其结果是巴克莱被任命去指挥第一军团时一并带走了他。在此后的两年里，坎克林克服了在俄军横跨（俄罗斯）帝国和随后纵贯德意志和法兰西的行程中供养、装备军队的艰巨挑战。他证明自己效率极高、极为勤勉，同时也很诚实、聪明。依靠他在 1812～1814 年的成就，坎克林此后担任财政大臣长达 21 年。[10]

143

从 4 月 26 日抵达维尔纳到 7 月 19 日动身前往莫斯科期间，亚历山大住在第一军团司令部附近，巴克莱的旁边。一个古怪的双头格局操纵着俄国的战略，甚至在某种程度上影响到战术。巴克莱在某些方面得益于此，他和皇帝都认同"战略撤退是必要的"这一观点，但由于担心会影响士气、疏远民意，因此无法过于公开地主张它。他们相信军队内外的俄国人都习惯于在低劣的敌人面前赢得轻松的胜利，（因此）在面临拿破仑的巨大力量意味着什么一事上的看法不切实际。巴克莱可以通过亚历山大对托尔马索夫和巴格拉季翁进行一定程度上的控制。由于皇帝和第一军团在一起，他自然会倾向于从第一军团的角度看待军事行动。此外，尽管亚历山大对他手下任何一位领军将领都没有太好的评价，但比起托尔马索夫甚至巴格拉季翁来，他还是更相信巴克莱的战略洞察力和军事技能。几乎可以肯定的是，巴格拉季翁曾经是亚历山大的妹妹叶卡捷琳娜女大公的情人。皇帝在 1812 年给她的信中说，一旦到了战略层面，巴格拉季翁就完全缺乏任何技能或切实概念。[11]

如果说亚历山大的出现使得巴克莱对第二和第三军团具备一定影响力的话，那么他付出的代价就是皇帝对他自己的第一军团相关事务的干涉。第一军团的军长们向亚历山大和巴克莱递交一式双份的报告，他们在战局之初有时也从这两人那里接收命令。战争开始 8 天后，第二军的大个子快活军长卡尔·巴戈武特（Karl Baggohuf-vudt）中将致信巴克莱，"我刚收到你于 6 月 18 日下达的命令，由于它们与陛下的命令相抵触，我们应当做什么？"巴克莱在 6 月 30 日致信皇帝，表示他不能给指挥位于军团脆弱右翼的第一军的彼得·维特根施泰因伯爵下命令，"因为我不知道皇帝陛下打算在未来有怎样的部署计划"。当第四军军长、中将舒瓦洛夫（Shuval-ov/Шувалов）伯爵突然病倒时，亚历山大于 7 月 1 日径自用亚历山大·奥斯特曼－托尔斯泰（Aleksandr Ostermann－Tolstoy/Александр Остерман－Толстой）伯爵代替了他，并声称做出这一任命时没有时间去征询巴克莱。[12]

　　这种程度的混乱显然是危险的，亚历山大随后通常会克制自己，尽量不去削弱巴克莱对下属的控制。皇帝和巴克莱都同意在最初阶段应当退往德里萨营地，这一事实也有助于减少他们之间的误解。虽然如此，紧张状况依然存在，这很大程度上是因为一群喧闹的失业高级将领、廷臣、亲戚陪同亚历山大前往维尔纳，他们急于试图向皇帝和巴克莱两人推销自己的主张——如何最好地与拿破仑作战。

　　在这群喧嚣者当中，最有能力但长远来看也可能最有破坏力的人是莱温·冯·本尼希森。自从蒂尔西特开始，本尼希森就在他位于维尔纳近郊察克伦特（Zakrent/Закрент）的庄园里过着退隐和半耻辱的生活。当亚历山大在 1812 年 4 月抵达维尔纳之后，他邀请这位将军返回随从队伍。让本尼希森返回现役在某些方面是有道理的，也是亚历山大在这个极端危急关头动员所有资源和人才的政策的一部分。

　　本尼希森无疑是一位有才干的军人，在一些观察者眼中，他的确是俄军高级将领中最优秀的战术家。另外，他也是一个天生的阴谋家，是一个极为骄傲且野心勃勃的人。本尼希森本人在回忆录中坦陈，"一个军人不能缺少雄心和一定程度上的骄傲，事实上也不该缺少"。他也承认这份骄傲让他"作为曾与拿破仑交过手的总司令，想到要在他人麾下服役就觉得反感"。他没有忘记巴克莱一度只是他军中的一个少将，还动不动就提醒人们 1806~1807 年时他尽管在数量上处于 1:2 的劣势，却在拿破仑面前坚守阵地长达 6 个月。在战局初始阶段，本尼希森仅仅是个让人厌烦的小物事。然而，他最终会大大加剧对俄军统帅部造成破坏的冲突和猜忌。[13]

　　当拿破仑的前卫已经在当天早些时候越过俄国边界的消息于 6 月 24 日传到维尔纳时，亚历山大实际上正在本尼希森位于察克伦特的乡间别墅里参加舞会。为这一场合搭建的临时舞厅的屋顶已经坍塌了，宾客们在星空下起舞。拿破仑的入侵时间和他选择的渡过涅曼河进入俄国的地点并没有让亚历山大感到惊讶，俄国情报人员和法国逃兵已经在此前两天里给予了充分的进攻警告，俄国情报机关也对敌军人数有了准确的认识。亚历山大和巴克莱长久以来都同意，有必要在占压倒优势的敌军面前向德里萨营地展开战略撤退。要求执行这一预定计划的命令立刻被下达给了俄军指挥官，让军队和亚历山大的臣民为即将到来的斗争做好准备的宣言也已经预先印刷好了。

从法军入侵到第一军团抵达德里萨的这两周间，巴克莱的大部分部队单位都以良好的秩序撤退，也没有遭受重大损失。从统帅部的视角来看，事态发展大体按照计划进行。正如在战争中通常所见的那样，在底层军官和士兵看来，事态就远没有那么秩序井然、管理良好了。尽管大部分仓储已经被带走或烧掉了，还是有一些不可避免地落入了敌军手中，不过这点仓储也远不能满足拿破仑人马的庞大需求。地方官员——他们时常是波兰人——的拖后腿动作延缓了巴克莱为他麾下军团的"移动食品仓库"征用地方上的大车的努力，许多此类车辆落入拿破仑手中。[14]

对数个星期来驻扎在宿营地里的部队而言，突然需要展开强行军，这很可能使其受到强烈冲击。即使是行军路程最短的近卫军起初也颇为受苦。谢苗诺夫斯科耶团的上尉帕维尔·普辛（Pavel Pushchin/Павел Пущин）于 6 月 30 日在日记中写道，他们已经在瓢泼大雨中拔营行军了 11 个小时。其结果是这个团的近卫军士兵中有 40 人病倒，1 人已经死亡。后续的长途行军在间歇性暴雨和极度酷热中进行。让普辛大为愤慨的是，他的连中有 3 个波兰士兵逃亡了。在大部分兵员来自波兰人的枪骑兵团中，逃亡状况尤为突出，其比例远远高于普辛连。然而，基本的一点是，与拿破仑队列里的人马在这些日子里蒙受的毁灭性损失相比，俄军方面的损失是相当轻微的。[15]

在巴克莱的部队单位中，头两个星期里位于左翼的部队遭遇的风险最大，他们有可能面临拿破仑的推进将这些部队和第一军团其余部队分割开来的危险。俄军统帅部在战争最初几天里犯下的最大错误是，第四军没能迅速通知它部署在涅曼河附近的前卫部队，法军已经从他们的北面过河。其结果是由伊万·多罗霍夫（Ivan Dorokhov/Иван Дорохов）少将指挥的4000人差一点就被优势敌军彻底打败，最终他们靠着南下与巴格拉季翁第二军团会合才得以逃脱。

多罗霍夫手下的分遣队由一个骠骑兵团、两个哥萨克团和两个猎兵团组成，其中包括了精锐的第1猎兵团。这个团的一位军官米哈伊尔·彼得罗夫（Mikhail Petrov/Михаил Петров）少校在他的回忆录中写道，第1猎兵团依靠毫不停歇的日夜强行军才得以逃脱，在行军途中他们丢下了一些死者和其他由于精疲力竭而几乎失去知觉的人。彼得罗夫回忆说，军官们下马步行，把士兵的装备堆到他们的马上，还帮助士兵运送步枪。在1812～1814年的诸多战局中，这是俄军轻步兵首次——但绝非最后一次——表现出惊人的耐力，他们在前卫部队和后卫部队中紧跟轻骑兵和骑炮兵前进。[16]

德米特里·多赫图罗夫（Dmitrii Dokhturov/Дмитрий Дохтуров）中将的第六军要比多罗霍夫的分遣队大得多，因此被彻底击败的可能性也要小得多。然而，多赫图罗夫做得相当出色。他不仅摆脱了拿破仑的控制，还从前进中的法军当中横穿过去，在德里萨前方与第一军团再度会合。多赫图罗夫麾下的军官中有一位名叫尼古拉·米塔列夫斯基（Nikolai Mitarevsky/Николай Митаревский）的年轻人，他是第12轻炮连的炮兵中尉。此人回忆说，在战争前夕，从未有任何军官想过他们会撤退，所有人期望的都是以确立已久的风格迎击入侵者，当迎击并未发生时，关于拿破仑大军有不可阻止的力量的流言就迅速传开了。

米塔列夫斯基的炮兵连长久以来都被部署在俄国内地，军官和士兵们花了好些时间才学会如何在行军作战中生存。起初当运输车辆暂时消失时他们就会挨饿，但这些人很快就学会了在他们的火炮和弹药车里给所有士兵和马匹带上足够的食物。尽管马匹在两周的撤退中有时不得不吃青草，但这只不过是个小问题，因为它们在战局之初状况良好，炮兵连也配备了割取深草的镰刀。大部分居民已经逃进了森林，但第六军没遇上什么困难就找到了足够征用的食物，并确保不给法国人留下任何东西。

　　尽管敌军就在附近的传言很多，米塔列夫斯基的炮兵连最接近战斗的场合却是误把森林里的一大群牛当成了法军骑兵。敌军对（第六军）行军纵队展开的最恶劣的攻击出自波兰人之手，他们俘虏了两名掉队的团属教士，把他俩的胡须系在一起，给他俩灌下催吐剂，然后把这两位教士还给多赫图罗夫手下愤怒的士兵，对这些士兵而言，作为俄国人很大程度上就意味着信奉东正教和怀疑波兰人。第六军一定程度上以艰苦的行军避开了法军。然而，它还得到了彼得·冯·德·帕伦所部骑兵的巧妙掩护和引导。[17]

　　在这种撤退当中，一支强大的骑兵武装是不可或缺的。拿破仑的前卫将马特维·普拉托夫的独立哥萨克分遣队和第一军团分割开来，迫使普拉托夫所部南下与巴格拉季翁会合，这一事实削弱了巴克莱的力量。普拉托夫所部由 9 个哥萨克团组成，其中只有两个团来自顿河地区以外。它还包括了 4 个"土著"非正规骑兵团，其中两个团是克里米亚鞑靼人，一个团是卡尔梅克人，一个团是巴什基尔人。

　　没人有必要担心普拉托夫下属各团的安全。就算拿破仑的全部大军能够追击这些哥萨克一整年，他们都毫无赶上的机会。但暂时丢失了几乎所有非正规骑兵这一状况却让巴克莱的正规骑兵团有些疲于奔命。费奥多尔·乌瓦罗夫报告说，在哥萨克缺席的情况下，他不得不动用正规战列骑兵甚至近卫骑兵负责前哨任务。这不仅让他们的马匹疲惫，也让正规骑兵参与到他们并未受过充分训练的工作当中去。其结果之一就是乌瓦罗夫无法骚扰敌军，也不能捕捉到通常数量的俘虏，这些人是关于敌军规模和行动的重要情报来源。[18]

　　然而，就算没有哥萨克，俄军骑兵在和法军的前哨战中通常也会取胜。法军骑兵很少能够成功阻碍巴克莱的士兵按照预定计划退往德里萨，或使他们为难。在其他方面，俄军统帅部也有理由感到满意。拿破仑自从战争之初就渴望进行一场决定性会战，他的首要战略目标并非征服土地，而是歼灭俄军。他正确地认为假使他能够在另一场奥斯特利茨式的会战中消灭巴克莱和巴格拉季翁的军团，那么亚历山大就只能按照法国提出的条件媾和了。俄国人成功"变节"了一位在立陶宛的重要法国特工，通过他传播俄军意图为保卫维尔纳而战的假消息，这也助长了拿破仑的期望。科兰古回忆说，"拿破仑对他们不经一战就放弃维尔纳，及时做出躲开他的决定感到惊讶。丧失了在维尔纳城下展开大决战的全部希望，这令他十分悲痛"。[19]

俄军统帅部也很快得知，拿破仑的军队正为他做出的追击撤退中的敌军、迫使其接受会战的决定而付出惨重的代价。拿破仑的许多士兵在入侵前的几周内就吃得不好，尤为重要的马匹更是如此。不论在哪种情况下，他集中起来准备早早展开决定性会战的庞大军队都会发现无法在贫穷的立陶宛得到充分的供给。企图迫使巴克莱接受会战的想法又让法军快速通过已经被俄军吃尽储粮并执行过焦土政策的地区。猛烈的雨水补全了这幅悲惨的图景。在开战仅仅两个星期后，拿破仑给他留在巴黎的战争大臣写信说，试图组建新的骑兵团毫无意义，因为法国和德意志境内能够弄到的所有马匹都只能勉强满足他现有骑兵的补充需求，弥补已经在俄国蒙受的巨大损失。逃兵和战俘让俄军得知法军队伍中的饥饿和疫病状况，还有尤为重要的马匹的毁灭性损失。打着休战旗帜、名义上前往法军总部执行外交使命的情报军官也同样报告了上述状况。[20]

最广为人知的外交使命是巴拉绍夫将军在战争爆发后即刻携带亚历山大给法国皇帝的一封信前往拿破仑的总部。巴拉绍夫在6月26日俄军撤出维尔纳前不久离开，4天后他发现自己又回到了这座已经被法军占领的城市。6月21日，他在5天前亚历山大给他下达指令的房间里会见了拿破仑。此次出使的部分目的是展示亚历山大即便在拿破仑入侵时仍致力于和平，以此在欧洲公众舆论面前清楚表明法国所负有的（战争）责任。相对而言并不为人所知的是，有

149

一位年轻的情报军官米哈伊尔·奥尔洛夫陪同巴拉绍夫出使，在法军战线后方的几天里他专注地观察和倾听。等到奥尔洛夫返回俄军总部后，亚历山大花了一个小时与他单独交谈，由于得到的关于敌军行动和损失的信息令皇帝大为高兴，他提拔了奥尔洛夫，当场任命他担任自己的副官。毫不夸张地说，很少有中尉能够期待从他们的君主那里获得这样的关注，这表明了奥尔洛夫提供的信息在亚历山大眼中的重要性。[21]

前任俄国驻慕尼黑武官保罗·格拉贝也被派去执行类似的使命，他表面上是去回复贝尔蒂埃元帅关于拿破仑派到亚历山大那里的使节洛里斯东（Lauriston）将军下落的质询。格拉贝深入法军后方，从而能够确认在法军骑兵中盛行的"疏忽"和"混乱"，报告"精疲力竭"的马匹没有得到任何照料。通过格拉贝自己的观察和与他人的交谈，他也能够告知巴克莱法军无意进攻德里萨营地，事实上正向南方很远处推进。[22]

格拉贝提供的消息证实了巴克莱关于德里萨营地战略价值的所有怀疑。早在7月7日他就致信亚历山大，认为军队正以没有必要的过快速度退往德里萨，这会给部队的士气造成恶劣影响，致使他们相信战况要比实际状况危险得多。当巴克莱军团的第一批单位在两天后抵达营地时，巴克莱致信皇帝，指出格拉贝的消息提供了拿破仑的主力军正向德里萨南方很远处进军，意图分割第一、二军团，向俄国核心地带推进的明确证据："对我来说，这一点看上去很明确：敌军不会尝试对我们的德里萨营地发起任何攻击，我们将不得不出发寻找敌军"。[23]

当亚历山大和他的高级将领们抵达德里萨时，营地的无效很快就明确表现出来了。如果第一军团待在德里萨，拿破仑就可以把他的几乎所有部队转过头来对付巴格拉季翁，或许能够将其歼灭，而且一定能够把他向南驱赶很远，使其远离主要战区。通往莫斯科的大道届时将会畅通无阻，而第一军团却会位于遥远的西北方向。更糟糕的是，拿破仑本人有可能向北运动进入德里萨后方，切断俄军

150

交通线，包围营地，以迫使第一军团投降的方式实质上终结战争。

　　除了这些战略上的危险外，营地也表现出了战术上的许多弱点。首先，它可以被敌军轻松包围，甚至可以让敌军从后方攻克营地。亚历山大、巴克莱乃至普菲尔那时都是首次见到德里萨，甚至连选择修建地点的沃尔措根也只在德里萨停留了 36 个小时。正如俄军工程部队很快指出的那样，他们的军官中没有一个人参与了选择营地和规划、修建防御工事。里加、德纳堡、博布鲁伊斯克和基辅的要塞备战工作已经让他们疲于奔命了。[24]

　　亚历山大面临着几乎所有主要军事顾问的反对风暴，因此同意军队必须放弃德里萨向东退却，以便赶在拿破仑之前抵达维捷布斯克。并没有留下任何关于皇帝做出这个决定时内心想法的记录。不管他对营地持有怎样的怀疑态度，在开战 3 周内就要放弃沿着德维纳河的整条防线无疑令他非常不快，这会威胁到组织后备军团和在后方及时建立第二防线的所有努力。[25]

　　7 月 17 日，第一军团放弃了德里萨，退往维捷布斯克，期望赶在拿破仑之前抵达这座城市。两天后，亚历山大启程前往莫斯科。皇帝的三位高级顾问阿列克谢·阿拉克切耶夫、亚历山大·巴拉绍夫和亚历山大·希什科夫联署了一封书信，催促皇帝尽快动身。他们指出，最重要的一点在于，亚历山大出现在两座都城对鼓舞俄国社会以及动员整个俄国的战争资源至关重要。在离开军队之前，皇帝和巴克莱进行了一个小时的谈话。他在出发前给指挥官的最后几句话被巴克莱的副官弗拉基米尔·勒文施特恩听见了："我把我的军队交托给你。不要忘记这是我拥有的唯一军队。请在心中一直牢记这一点。"亚历山大在两天前以类似的方式致信巴格拉季翁：

　　　不要忘记我们依然到处面临优势数量的敌军，因此我们有必要谨慎小心，不要以在一天内全盘冒险的方式使自己丧失有效进行一场战役的办法。我们的总体目标一定要指向争取时间并把战争拖得越久越好。只有用这一方法我们才有机会击败动

151

员了全欧洲军事资源的、如此强大的敌人。[26]

与巴克莱相比，巴格拉季翁在相当程度上更有必要得到这种建议。他的战争体系在从 1812 年夏季开始的一系列信件和公告中得到了充分的总结。他写道，"俄国人不应当逃跑，我们正变得比普鲁士人还差"。他强烈要求手下的军官们"向我们的士兵灌输这样的观点：敌军士兵不过是从地球的各个角落里聚集的渣滓而已，而我们则是俄国人和基督的信徒（*edinovernye/единоверные*）。他们不知道如何英勇作战，尤其害怕我们的刺刀，所以我们必须进攻敌军"。这无疑是旨在提升士气的宣传，但即便在私人场合，巴格拉季翁也强调攻击性、道德优越感和进攻精神。战争开始时他就催促亚历山大允许他出动部队向华沙发动牵制性袭击，这在巴格拉季翁看来是将法军拖离第一军团的最有效方法。他最终勉强承认占据数量优势的敌军将会集中起来对付他，迫使他撤退，继而计划南下与托尔马索夫的第三军团会合，守卫通往沃伦的道路。[27]

亚历山大正确地否决了这一提议，这会给予拿破仑包围并歼灭第二军团的黄金机会，即便在最乐观的状况下，这也会让巴格拉季翁所部深入南方，远离决定性的战区。与此相反，皇帝强烈要求巴格拉季翁执行皇帝本人提出的战略：当第一军团在具备兵力优势的敌军面前退却的同时，第二军团和普拉托夫的哥萨克必须骚扰拿破仑的侧翼与后方。

亚历山大在推行这一战略时，坚持了从 1810 年初起就指导着巴克莱的思维并最终带来了 1812 年的胜利的基本准则。任何一支俄军在受到拿破仑主力部队威胁时都必须退却，拒绝与其展开会战，与此同时其他俄军部队必须攻入越来越漫长的敌军侧翼和后方。但是这一战略要到 1812 年秋季拿破仑的军队已经大为削弱、他们极长的侧翼在从芬兰和巴尔干赶来的俄军面前显得十分脆弱时，才能够完全得以实现。在 1812 年 6 月把巴格拉季翁投入拿破仑主力军侧翼，必定和让他发动对华沙大公国的牵制性攻击一样会导致灾难。

　　理性很快还是占了上风，巴格拉季翁奉命退却，试图与第一军团会合。然而，在那时宝贵的时间已经被浪费了，达武（Davout）前进中的纵队横亘在巴格拉季翁与巴克莱会合的道路上。在战争的最初几周里，巴克莱的第一军团执行了有计划的退却，大部分部队安全地撤到了德里萨。与此相反，巴格拉季翁的第二军团的行动只能是临时性的，也要危险得多。在随后的 6 周内，俄军的主要目标是让他们的两个主力军团会合。拿破仑的关键目标则是阻止俄军会师，迫使巴格拉季翁转向南方，在可能的情况下用北面的达武军和从西面向前挺进的热罗姆·波拿巴（Jérôme Bonaparte）所部粉碎第二军团。

　　俄军最终赢得了这场竞赛。热罗姆的部队大部分是威斯特伐利亚（Westphalia）人，已经被远远抛在拿破仑第一梯队的后方，这一定程度上可能是在期待巴格拉季翁会前进攻击热罗姆所部，一头扎进口袋里。即使在巴格拉季翁展开退却之前浪费了很多天的情况下，热罗姆依然能找到赶不上俄军的理由。与热罗姆的威斯特伐利亚人相比，俄军总体而言是更优秀的战士，行军也更加迅速。俄军正在向自己的补给仓库进军，通过的是依然未被蹂躏的乡村。与此相反，热罗姆的士兵正在远离他们的补给，进入俄军已经破坏的地区。

　　此外，热罗姆还要对付巴格拉季翁后卫部队中令人生畏的骑兵。当拿破仑的前卫部队迫使普拉托夫向东南方向撤退时，他便和第二军团会合了。7 月 8 日到 10 日这连续三天里，普拉托夫在米尔（Mir/Мир）村附近伏击并击溃了热罗姆推进中的骑兵。最大的胜利出现在最后一天，当时 6 个团的波兰枪骑兵被普拉托夫的哥萨克和伊拉里翁·瓦西里奇科夫（Ilarion Vasilchikov/Илларион Васильчиков）的正规骑兵联手重创。这是法军在这场战争中第一次领略到俄军正规轻骑兵和非正规轻骑兵联合作战时的全部威力。这也是法军第一次碰上瓦西里奇科夫，他是俄军最优秀的轻骑兵将领之一。俄军轻骑兵的优势在 1812 年战局之初就已经确立，在此后两年的战争中越发明显。俄军在米尔取得的胜利确保了热罗姆的前卫

153

部队随后与巴格拉季翁保持着相当的距离。

达武军则表现得更难对付。他们堵住了巴格拉季翁经由明斯克向第一军团方向推进的道路，迫使他在东南方向兜了一个大圈子。7月23日，达武的士兵在萨尔塔诺夫卡（Saltanovka/Салтановка）再次挫败了巴格拉季翁与巴克莱会师的尝试，这次他意图行经莫吉廖夫（Mogilev/Могилев）。一直到8月3日越过第聂伯河后，第二军团才最终在斯摩棱斯克附近与第一军团会合。整个7月里，巴克莱和巴格拉季翁都在尝试把他们的两个军团带到一起去，他俩互相指责对方没能成功前来会合。然而，从事后回顾的角度来看，未能成功会师不仅不是两位将军的失误，反而对俄军有益。

这一定程度上是因为拿破仑的军队试图去截断巴格拉季翁所部，与退却中的俄军相比，追击作战在更大程度上消耗了法军。甚至早在达武抵达莫吉廖夫时，匆忙通过破坏后的乡村去捕获巴格拉季翁这一做法就暴露出了恶果：他已经损失了原本越过涅曼河的100000人中的30000人。在莫吉廖夫战后，他担心继续追下去会毁灭他的军，便放弃了追击第二军团的企图。此外，俄军两大军团依然分开的事实也给了巴克莱退却而非冒险在对阵战中面对拿破仑的绝佳理由。要是这两个军团会合，而富有个人魅力并且深得军心的巴格拉季翁又当场带头提出会战的呼吁，事态就会困难得多。如果这两个俄军军团在7月初和拿破仑作战，兵力对比可能会比1∶2还糟糕。到8月初时，兵力对比则接近了2∶3。从这个意义上讲，巴克莱和亚历山大制定的消耗拿破仑战略已经被证明取得了辉煌的成功。但他们之所以能够尽量执行这一战略，也有一定的运气成分在内。

在放弃德里萨、告别亚历山大之后，巴克莱·德·托利实际上计划在维捷布斯克城下展开抵抗。这一定程度上是为了维系他所部的士气。当（第一）军团抵达德里萨后，士兵们已经听到了夸夸其谈的公告，公告许诺退却的时代已经结束，俄国人的勇气将会在德维纳河两岸埋葬拿破仑和他的军队。当几天后继续退却时，军中就不可避免地出现了怨言。第四军的一位年轻炮兵军官伊万·拉多日茨基（Ivan Radozhitsky/Иван Радожицкий）无意中听到他的炮手们抱怨"前所未闻"的俄军退却，以及不经一战就放弃帝国大片土地。"这个恶棍（即拿破仑）显然一定十分强大：只要看看我们毫无价码地给了他多少就行了——几乎整个旧波兰。"[28]

然而，巴克莱冒险在维捷布斯克展开会战的主要原因是吸引拿破仑的注意力，以便让巴格拉季翁行经莫吉廖夫与第一军团会合。巴克莱的部队在 7 月 23 日抵达维捷布斯克。为了给军队争取喘息时间，也为了让巴格拉季翁赶来参战，他派出亚历山大·奥斯特曼 - 托尔斯泰伯爵的第四军沿维捷布斯克西面的主干道开进，以此减缓拿破仑手下纵队的前进速度。7 月 25 日，在维捷布斯克以西大约 20 公里的奥斯特罗夫诺（Ostrovno/Островно）爆发了拿破仑大军和第一军团间的首次大规模冲突。

亚历山大·奥斯特曼 - 托尔斯泰极为富裕，也有那个时代俄国显贵值得具备的一些怪癖。尽管他的名字并不那么俄国化，但托尔斯泰其人具备纯粹的俄国风格：给他自己值得骄傲的托尔斯泰姓氏前面加上一个"奥斯特曼"前缀只是对富裕的单身舅舅们做出的不情愿让步，这些人给他留下了大笔遗产。奥斯特曼 - 托尔斯泰是个英俊的人，脸庞瘦削，还有个鹰钩鼻子。他看上去是个沉思的浪漫主义英雄。托尔斯泰在他位于卡卢加省的庄园中和一头穿着奇特服饰的宠物熊生活在一起。尽管他在行军作战中要适可而止很多，但在可能的情况下他还是把宠物鹰和白鸦带在身边。奥斯特曼 - 托尔斯泰在某些方面是令人尊敬的人。他是一个伟大的爱国者，曾经对在他看来俄国于蒂尔西特蒙受的羞辱大为厌弃。他受过良好的教育，能够流利运用法语和德语，热爱俄罗斯文学，即便按照俄军对勇敢的高标准，他依然是极为英勇的，还能表现出鼓舞人心的勇猛。他还关心部下的食物、健康与福利。他和士兵们同样热爱荞麦粥（ka-sha/каша），就体格而言，托尔斯泰和他麾下最坚强的老掷弹兵一样坚韧。只要在上级将领眼皮底下作战，奥斯特曼 - 托尔斯泰事实上就是个令人欢欣鼓舞的团长，也是个尚可接受的师长。但是并不

155

能安心地把更大规模的独立部队托付给他。[29]

第四军进行奥斯特罗夫诺会战的方式体现了奥斯特曼－托尔斯泰的性格，不过公允地说，它也反映了他麾下许多部队缺乏经验以及俄军士兵对最终迎战敌军的渴望。巴克莱派他的副官弗拉基米尔·勒文施特恩上前监视奥斯特曼－托尔斯泰。勒文施特恩后来回忆说，这位军长表现出了异常的勇气，但也让他的部队蒙受了没有必要的损失。在第四军第 2 重炮连中服役的一位年轻炮兵军官加夫里尔·梅舍季奇（Gavril Meshetich/Гавриил Мешетич）也持有同样的观点。

根据梅舍季奇的看法，尽管奥斯特曼－托尔斯泰事实上得到了法军就在附近的警告，却未能采取适当的预警措施。其结果是他的前卫部队遭到了伏击，丢失了 6 门火炮。此后他没有利用主干道两旁的可用遮蔽物保护步兵免遭敌军炮火轰击。他还试图以大规模刺刀冲锋赶走敌军散兵，这是俄军在 1805 年用过多次的战术，通常情况下都被证明是代价高昂且无效的。然而，发生在奥斯特曼－托尔斯泰左翼的小规模崩溃不应当归咎于他，英格曼兰（Ingermanland/Ингерманланд）龙骑兵团被部署在左翼的一片丛林里监视法军。俄军骑兵在终于得到与敌军交战的机会后，就冲出森林击溃了附近的法军骑兵，接着又被优势数量的法军压倒了，损失了 30% 的士兵。这些损失的结果之一是该团在 1812 年的余下时间里一直远离前线，多数时候被降格为执行军警任务的部队。为了弥补在奥斯特罗夫诺遭受的军官损失，5 位并非贵族出身的军士被任命为军官，这是在 1812～1814 年时常出现状况的一个早期实例。[30]

然而，仅仅详述俄军在奥斯特罗夫诺的不足之处是不对的。第四军完成了它拖延法军前进的任务，尽管面对着日益增长的敌军优势兵力，他们还是给敌军造成了惨重损失。虽说奥斯特曼－托尔斯泰的指挥技艺并不娴熟，但他依然是一位鼓舞人心的指挥官。奥斯特罗夫诺会战是年轻的伊万·拉多日茨基参与的第一场会战，对第四军的很多士兵来说也是如此。他回忆说随着敌军压力的增长，战斗情形越发显得孤独，潜在的恐慌情绪也在滋长，法军的实心弹把人的身体粉碎，一块块地撕扯掉。奥斯特曼－托尔斯泰身处火力最猛烈的地方，坐在马上一动不动，嗅着他的烟草。对带来要求允许退却或警告越来越多的俄军火炮已经失去战斗力的糟糕消息的信使，奥斯特曼－托尔斯泰以他自己的镇静范例和"站着死"的命令作答。拉多日茨基评论说："当我们的指挥官身边每个人都被击倒时，作为一个被祖国所受痛苦激怒的俄国人，不可动摇的意志确实是他性格中的一部分。看着他，我们自己就越发强大，前往我们的岗位赴死。"[31]

当天晚上，第四军向卡库维亚奇诺（Kakuviachino/Какувячино）退却了 7000 米，在那里把拖延法军前进的任务交给了第 3 步兵师师长彼得·科诺夫尼岑（Petr Konovnitsyn/Пётр Коновницын）中将。科诺夫尼岑和奥斯特曼－托尔斯泰一样英勇，但他作为后卫指挥官的指挥技艺却要出色得多。他的士兵在 7 月 26 日的大部分时间里都挡住了法军。然而，巴格拉季翁的副官亚历山大·缅什科夫（Aleksandr Menshikov/Александр Меньшиков）公爵在当天晚上带着改变了事态的消息抵达巴克莱的总部。达武于 7 月 23 日在萨尔塔诺夫卡挡住了巴格拉季翁的攻击，挫败了他向北行军、经由莫吉廖夫与巴克莱会合的企图。其结果是第二军团被迫继续向东进军，两个军团近期内没有任何会师的可能。

即使在收到这一消息后，巴克莱依然希望在维捷布斯克作战，但他被叶尔莫洛夫以及其他高级将领劝阻了。正如巴克莱后来承认的那样，叶尔莫洛夫的建议是正确的。位于维捷布斯克的阵地有它的缺点，法军与俄军的兵力对比也超过 2∶1。此外，就算他们击退了拿破仑一整天的攻击也毫无意义。事实上这只会拉大第一军团和第二军团间的距离，让拿破仑能够在两个军团间推进，夺取斯摩棱斯克。巴克莱因此向第一军团下达了退却命令。然而，由于拿破仑全军已经在俄军眼皮底下部署完毕，全身而退不会是一件容易的事情。[32]

　　第一军团的退却于 7 月 27 日下午 4 时开始。由彼得·帕伦指挥的俄军后卫在一整天里挡住了法军，他以很高的技巧进行机动，在必要情形下冷静地退却，但也会发动一系列凌厉反击，以阻止一切太过紧迫的追击企图。巴克莱·德·托利绝非倾向于过度赞美下属的人，但他在给亚历山大的报告中强调了帕伦使第一军团与拿破仑脱离接触并在从维捷布斯克到斯摩棱斯克的退却途中隐藏（第一军团）行踪的巨大成就。法方资料则更倾向于主张拿破仑在 7 月 27 日认为俄军理应在次日坚持战斗，并没有紧追帕伦，从而错失良机。哥萨克在当天晚上让俄军营地里的所有营火一直燃烧着，这使法军确信巴克莱依然留在原地，还在等待会战。当法军次日早晨醒来，发现俄军已经离开时，他们便大为灰心，帕伦以极其出色的技艺掩蔽了巴克莱的行踪，让拿破仑一时间都不知道他的敌人退往何方的事实更加剧了法军的沮丧。[33]

　　时任贝尔蒂埃元帅副官的弗藏萨克（Fezensac）公爵在他的回忆录中指出，法军军官中较为明智、经验也较丰富的人在维捷布斯克已经开始感到不安："他们被俄军退却时的极好秩序震撼到了，俄军总是被它的无数哥萨克掩护着，没有丢下一门火炮、一辆大车或者一个病员。"塞居尔（Segur）伯爵当时是拿破仑的参谋人员，他回忆在俄军离开一天后对巴克莱的营地进行的检查："什么东西都没有丢下，哪怕一件兵器、一个有价值的物件都没有；总而言之，在这次突然的夜行军中（俄军）没有留下任何踪迹，没有什么东西能够表明俄军离开营地范围后选择了哪条路；他们在失败时都比我们在胜利时更有秩序！"[34]

　　在放弃了维捷布斯克之后，巴克莱军团前往斯摩棱斯克。起初还存在对法军可能抢先赶到斯摩棱斯克的担忧，因此普雷拉多维奇（Preradovich/Прерадович）的近卫骑兵和猎兵分遣队在 38 小时内行军 80 公里，以争取在法军之前抵达。事实上这多少只是一场虚惊，因为拿破仑的部队已经十分疲劳，需要进行休整。8 月 2 日，巴克莱和巴格拉季翁在斯摩棱斯克会合，俄军两大军团最终得以会师。

这两位将军都尽力把过去的不满抛在一边，以团结一致的方式行事。巴克莱身着全套军装，恭敬地走出总部与巴格拉季翁会面。巴克莱带着巴格拉季翁前往第一军团下属各团，让士兵们见识他，并充分表现两位司令间的团结和友谊。与此同时，巴格拉季翁也承认巴克莱为总指挥，由于巴格拉季翁在军阶上略高于巴克莱，来自古老的格鲁吉亚王族，又和俄国核心贵族阶层联姻，因此以当时的标准来看，巴格拉季翁此举体现出了极大的自我牺牲。但是团结和服从总是有条件的。正如巴克莱充分理解的那样，巴格拉季翁最终只会根据自己选择的计划行事。

尽管双方都表现出了善意，但团结事实上是无法持续的。易于激动的格鲁吉亚人和冷静而理智的"德意志人"在秉性上实在太过不同，这又直接促使两人在应当采取何种战略上意见相悖。得到了几乎所有统军将领支持的巴格拉季翁要求立刻发起决定性的攻势。除了促使他们支持这一战略的军事因素外，从许多军官的回忆录来看，在军队抵达斯摩棱斯克后，他们显然已经明确意识到正在保卫的是俄罗斯民族的土地。

以伊斯梅洛沃（Izmailovo/Измайлово）近卫团的卢卡·西曼斯基（Luka Simansky/Лука Симанский）中尉为例，在战争的最初几周里，他的日记中几乎没有表现出什么情感，大体上只是对日常交谈和轻微的快乐与挫折的记录。直到进入俄罗斯民族的斯摩棱斯克城，见到产生圣迹的圣母像，记述圣母像在此前的民族危机中拯救民族时，西曼斯基才迸发出了强烈的情感。对巴格拉季翁军团第26师师长伊万·帕斯克维奇（Ivan Paskevich/Иван Паскевич）来说，是自然景观而非任何人造事物让他第一次深刻意识到这是一场"民族"战争："正如道路两旁的每一棵白桦树所提醒的那样，我们现在正在老俄罗斯土地上战斗。"[35]

在给亚历山大的一封信中，叶尔莫洛夫从许多方面给出了对巴格拉季翁路线最令人信服的辩护。他指出军队将会发现难以在斯摩棱斯克长时间集结却毫无动作。由于从未设想过两个军团会在这里集结，因而只有很少的补给集中在斯摩棱斯克，要养活军队本身就会让人焦头烂额。斯摩棱斯克无论如何都不是一个坚固的防御阵地。对军队和莫斯科后方之间交通线最为轻微的威胁都会迫使俄军进一步退却。趁着拿破仑的军队已经分散开来，现在正是进攻的时机。敌军并不活跃的状况必定是由于被迫派出许多分遣部队应对维特根施泰因和托尔马索夫在北翼和南翼的威胁，从而使己方变得虚弱所致。

叶尔莫洛夫表示发动攻势的主要障碍是巴克莱："总司令……尽可能地避免展开一场大会战，除非会战绝对必要又无法避免的时候他才会同意。"到那时为止，亚历山大已经从许多渠道得知巴克莱的战略在将领和士兵中有多么不得人心。作为不让自己为不得人心的政策负责任的老手，皇帝在读到叶尔莫洛夫评论巴克莱"并没有在这件事上对我隐藏陛下的意愿"时不会感到高兴。[36]

事实上，到两个军团在斯摩棱斯克会师的时候，亚历山大的立场已经彻底发生了变化，他本人正猛烈催促巴克莱前进与拿破仑作战。也许在表示他从未期望在退到斯摩棱斯克之前冒险会战时，皇帝是真诚的，但他也已经意识到了如果巴克莱继续不战而退的政治风险。他于8月9日致信总司令："我现在希望你凭借上帝的帮助能够发起攻势，从而阻止对我们的行省的入侵。将军，我已经把俄罗斯的安危交给你掌握，我希望你会表明我对你的一切信任都是值得的。"两天后亚历山大又重复了他展开进攻的呼吁，还不带任何明显讽刺意味地补充说："你不受任何障碍或干涉影响，可以自由行动。"巴克莱既要面临自己属下将领和巴格拉季翁要求进攻的强大压力，又无法忽略他的主人。无论如何，巴克莱还要受自己此前给亚历山大许下的诺言的支配：一旦两个军团会合，他就会即刻展开进攻。[37]

巴克莱因此被迫同意让军队展开攻势，但从他的言辞和行动来看，他对这一举措是否明智持有很深的怀疑。这一定程度上反映出他害怕拿破仑会抓住这个机会绕过前进中的俄军侧翼，继而切断他们与通往莫斯科后方的交通线间的联系。俄军骑兵已经和拿破仑的部队脱离接触，巴克莱在前进时将对敌军在哪里集结没有清晰的概念，也不能了解到敌军的明确人数。此外，巴克莱还对俄军本身相对于敌军的质量多少有些怀疑。

他给亚历山大的信中写道，"皇帝陛下的军队中的士兵个体无疑是世界上最好的"，但对军官而言却不是如此，而且下级军官状况更甚，他们通常都过于年轻、太缺乏经验。这一说法有点不公平，因为对军队底层军官的任何批评都需要用对他们的巨大勇气、对战友和所属团的忠诚和希望与法军交手的急切心情的赞赏来抵销。对俄军统帅部的怀疑就要有根据得多。在面对这一时代最伟大的指挥官时，巴克莱要是没有体验到恐惧的话，他就是缺失人性了。[38]

此外，像本尼希森在艾劳、卡尔大公在阿斯佩恩和日后威灵顿在滑铁卢所取得的成功那样，占据坚固防御阵地诱使拿破仑前来攻击是一回事，试图在机动上胜过拿破仑、在攻势中将其击败就完全是另一回事了。只要拿破仑亲自出战，他对下属指挥官的权力、他声望的强大力量以及他尤为突出的军事直觉就极有可能在这样的一场战争中带给法军胜利。他麾下各个军的行动会比敌方更加协调，会更迅速地发现战机，也会更不松懈地利用任何优势。如果说这几点在所有状况下都成立的话，那么在此时的环境中法军的优势还要加倍，因为俄军在数量上处于严重劣势，又以两个独立军团展开行动，而两位军团司令的观念和直觉差别极大。

最重要的是，巴克莱依然忠于他和亚历山大在战争爆发前认同的战略。对巴克莱来说，向外人诚实地表述这一点要比向自己麾下越发敌对、失望的将领们表述容易得多。他在8月11日致信奇恰戈夫海军上将——此人麾下的多瑙河军团当时正向北进军，赶往拿破仑的后方："敌军的愿望是以决定性的会战终结这场战争，而我们恰恰相反，是要避免此类会战，因为我们没有任何一种能够在战败的情况下维系军队的后备部队。因此我们的主要目标必须是尽可能地争取时间，让我们的民兵和在内地组建的部队能够组织起来准备作战。"在做到这一点之前，第一、二军团就一定不能冒任何可能会导致它们毁灭的风险。

巴克莱后来会以十分类似的说法在库图佐夫面前为他的战略辩护，表示他此前努力避免决定性会战是因为如果第一、二军团被歼灭，在后方就不存在能够继续战争的其他部队了。他实际上在"仅仅依靠小规模战斗阻止敌军快速推进，以此让敌军兵力日渐减少"的尝试中取得了可观的成功。正如他在 8 月底给亚历山大的信中所述，"要是我被愚蠢而盲目的野心支配的话，皇帝陛下也许会收到许多讲述会战战况的急件，但敌军将会出现在莫斯科城墙下，（我们）却不可能找到任何可以用于抵抗的军队"。[39]

正如俄国官方战史后来承认的那样，尽管巴克莱在当时几乎是唯一的少数派，事实上他却是正确的，而他的对手们是错的。在别的失误之外，他们还大大低估了拿破仑的军队实力，夸张了法军的分散程度。但是巴克莱的"攻势"——还受到了他本人怀疑态度的削弱——在当时只给他带来了嘲笑。就连他忠诚的副官弗拉基米尔·勒文施特恩都写道，"这是我第一次对他的表现感到并不全然高兴"。[40]

正如此前一天和巴格拉季翁在军事会议上达成一致的那样，巴克莱在 8 月 7 日向第聂伯河北岸推进，开往鲁德尼亚（Rudnia/Рудня）和维捷布斯克方向。但他还附加了一个条件，那就是他不会率先前往距离斯摩棱斯克超过三日行程的地方。在这样含糊而不确定的情形下是不能发起任何真正攻势的。当巴克莱于 8 月 8 日晚上得知在他北面的波列奇耶（Poreche/Поречье）发现了大队敌军后，他当即认为这是他所害怕的包抄运动。其结果是他将行军路线转向北面以应对威胁，却发现"大队敌军"只不过是他麾下侦察兵的臆想而已。巴格拉季翁抱怨说"不能容许仅仅是流言的东西影响军事行动"。军官和士兵们对盛行的不确定性和部队来回行军牢骚满腹。[41]

普拉托夫在巴克莱的前方沿着通往鲁德尼亚的道路推进，在莫列沃－博洛托（Molevo - Bolota/Молево - Болота）村附近击溃了大批法军骑兵，在战斗中俘获了塞巴斯蒂亚尼（Sebastiani）将军的司令部人员和许多信件。当这些文件似乎表明有人向法军泄露了此次攻势时，一阵丑陋的排外主义和间谍躁狂症就在俄军中蔓延开来。俄军总部里不少非俄罗斯人军官——甚至一些像勒施特恩那样已经是皇帝臣民的人——在被怀疑叛国的情况下被送到了后方。巴格拉季翁致信阿拉克切耶夫："我就是不能和大臣（即巴克莱）一起工作。看在上帝分上你随便把我派到哪里都好，哪怕是去摩尔达维亚或者高加索指挥一个团也好，我就是没法在这里坚持下去。整个总部里塞满了德意志人，所以一个俄国人是无法在那里生存的。"[42]

正当俄军犹豫、争吵之际，拿破仑展开了进攻。他把自己的军队集中在第聂伯河南岸的拉萨斯纳（Rasasna/Расасна），于8月14日经由克拉斯内（Krasnyi/Красный）向斯摩棱斯克进军。挡在他路上的唯一一支俄军是由德米特里·涅韦罗夫斯基指挥的7200人，这支部队的核心是涅韦罗夫斯基自己的第27师。这些团是战前刚刚组建的，大部分士兵是新兵和被解散的卫戍团下属士兵。在得到足够时间和有效训练的情况下，大部分新兵和卫戍部队士兵能够变成优秀士兵，大问题在于提供负责训练并指挥他们的优良军官。起初大部分军官都来自原先的卫戍团，但他们很快就被证明是无用的。以敖德萨（Odessa/Одесса）团为例，在几个星期内，原先的22名原卫戍部队军官中只有一个人被认为适于在前线服役。有时就得以非常手段发掘军官。以德米特里·杜申克维奇（Dmitrii Dushenkevich/Дмитрий Душенкевич）为例，他作为贵胄团学员速成毕业后，年仅15岁就被任命为新组建的辛比尔斯克（Simbirsk/Симбирск）团的准尉。[43]

涅韦罗夫斯基所部由两个经验丰富的常规步兵团支撑起来，还包括了一个龙骑兵团、一些哥萨克以及14门火炮。虽然如此，在8月14日面对缪拉指挥下庞大得多的敌军前卫时，它原本应该是被敌军轻易吃掉的。事实上，涅韦罗夫斯基所部尽管被缪拉麾下的骑兵攻击了30~40次，损失了一些火炮和大约1400人，但大部分部队还是得以逃脱。

拿破仑的秘书费恩（Fain）男爵对在克拉斯内发生的状况有如下描述：

163
　　　　我们的骑兵向前猛冲，它以连续 40 多次冲锋攻击俄军；我们的骑兵中队多次冲进了方阵当中……组成这支部队的俄国农民十分缺乏战斗经验，但正是这种状况在抵抗中给了他们保持不变的力量。堆在一起、互相推挤、堵上了所有空隙的一大群人削弱了骑兵的冲力。我们能够冲开这个紧凑的密集阵型，却无法将其粉碎，在进攻过程中终于耗尽了所有的勇气。[44]

在留下了 1812 年战局相关记述的法国人当中，有许多人是在他们所认为的半野蛮状态的欧洲边疆战斗，他们的描述受到文化傲慢态度的制约，这与欧洲人描述殖民战争时的态度更为相似。毫不令人吃惊的是，俄国人对克拉斯内之战的描述和费恩的记载大相径庭。

德米特里·杜申克维奇在 16 岁生日之前体验到了第一场战斗，他在回忆录中写道：

　　　　任何曾经体验过炎热、危险而嘈杂的第一场战斗的人都可以想象出我那个年纪的士兵的感受。对我来说，一切看上去都是无法理解的。我感到我活着，看到在我身边发生的一切事情，但就是不能理解这个可怕的、难以描述的混乱状况将会如何结束。我直到今天都依然能够清晰地回忆起每当骑兵接近的时候，涅韦罗夫斯基就拔出剑绕着方阵骑行，以在他的部队看来流露出自信的声音不断重复："小伙子们！记住你们在莫斯科学的东西。遵守给你们的命令，就没有骑兵会打败你们。不要急着齐射。瞄准敌人射击，任何人在我发出口令之前都不许开火。"[45]

在巨大的压力下退却了 20 多公里后，涅韦罗夫斯基的部队被巴格拉季翁派上前救援的伊万·帕斯克维奇少将的第 26 师解救出来。帕斯克维奇写道，"我们的步兵在那一天为自己赢得了满身荣光"。他也认可了涅韦罗夫斯基的优秀领导能力。然而他还指出，如果缪拉表现出哪怕最薄弱的专业能力，俄军就永远不可能逃脱了。涅韦罗夫斯基退却时所行经的大道两旁的双线行道树的确妨碍了法军的进攻，但那也不是既完全没有让骑兵协同进攻，又没能利用数量上的压倒性优势减缓俄军行军速度的借口。骑兵在进攻训练有素的步兵方阵时需要骑炮兵的帮助，这也是入门级别的战术。"需要注意到的是，法军带上了 19000 名骑兵和一整个步兵师，却只部署了一个炮兵连，这是他们的耻辱。"帕斯克维奇无法推测这一疏忽是出于单纯的无能，还是因为缪拉想让他的骑兵独享光荣。[46]

164

　　也许帕斯克维奇有些不够公允。法方资料声称他们的炮兵被一座断桥挡住了。发生在克拉斯内的战斗本身也并不重要。涅韦罗夫斯基手下的 7000 人也很难决定战局走向。涅韦罗夫斯基的作战行动甚至没有显著减缓法军的推进速度。但在克拉斯内发生的状况将被证明是相当典型的。在 1812 年 8 月的斯摩棱斯克城内及其附近地区，拿破仑将会有许多严重削弱俄军甚至有可能决定战局的机会。错过这些机会首先是由于拿破仑的高级将领们未能成功执行他的计划。

　　在听说了涅韦罗夫斯基的困境和斯摩棱斯克面临的威胁后，巴格拉季翁便命令尼古拉·拉耶夫斯基（Nikolai Raevsky/Николай Раевский）的军（其中包括了帕斯克维奇的师）以最快速度回城。等到拿破仑大军于 8 月 15 日傍晚接近斯摩棱斯克时，拉耶夫斯基和涅韦罗夫斯基所部已经部署到了城墙后面。然而，即使把他们的兵力加在一起可能也只有 15000 人，如果拿破仑从 8 月 16 日拂晓时分开始猛烈攻击的话，斯摩棱斯克很可能就会陷落。与此相反，他却拖延了一整天，让巴格拉季翁和巴克莱的军团都赶到了斯摩棱斯克。

　　第一军团在当天晚上接管了斯摩棱斯克的防务，第二军团则出城保卫俄军左翼和通往莫斯科的道路，确保其不受任何法军包抄行动威胁。到 8 月 17 日早晨为止，巴克莱军团的 30000 人已经坚守在斯摩棱斯克的郊区和城墙后面。要是拿破仑想要以微小的代价将其逐出阵地的话，他可以依靠包抄做到这一点，因为他的兵力远远超过俄军，在第聂伯河上有许多渡口，对俄军通往莫斯科后方的交通线的任何实际威胁都会迫使巴克莱放弃城市。与此相反，他却选择了正面进攻，在攻击进程中损失惨重。

自从 1812 年开始，历史学家们就对拿破仑为何要如此行事感到困惑。似乎最有道理的解释是，他不希望赶走俄军，而希望在一场城市争夺战中歼灭俄军。或许他相信，如果他给了俄军为斯摩棱斯克而战的机会，他们就不敢如此轻易地放弃这座俄罗斯名城。要是的确如此的话，拿破仑的盘算就被证明是落空了，因为在 8 月 17 日展开了一整天的激烈战斗后，巴克莱又一次命令他的军团退却。然而值得记住的是，巴克莱是顶住了巴格拉季翁和第一军团所有高级将领强烈且一致的反对而做出这一决定的。他面临着无能乃至叛国的猛烈指责。在反对声中，康斯坦丁大公不出意料是最响亮也最歇斯底里的一个，他在下级军官和士兵能够听到的场合咆哮说："在指挥我们的那些人体内流淌着的不是俄罗斯血液。"巴克莱·德·托利也知道他的退却决定会激怒亚历山大，还可能破坏他和皇帝的关系。巴克莱如此行事需要极大的决心、无私和道德上的勇气。或许也不能责难拿破仑无法预见到这一点。[47]

俄军在 8 月 17 日全天成功地挡住了劲敌，也遭受了惨重的损失，这令俄军将领们反对放弃斯摩棱斯克的意见更为猛烈。在斯摩棱斯克会战中死伤了 11000 名俄军士兵。即便如此，法军也没有在任何地方轰开城墙攻入城中。尽管斯摩棱斯克的城防设施还是中世纪的，但它们有时的确能为俄军炮兵和散兵提供良好的防护。在某些场合，进攻中的法军纵队还会被从第聂伯河对岸开火的俄军炮群命中。

俄军步兵以伟大的勇气和坚定的决心展开战斗。伊万·利普兰季（Ivan Liprandi/Иван Липранди）是德米特里·多赫图罗夫第六

165

军中的一位高级参谋。在俄国方面关于 1812 年战局的叙述中，他的记述是最具思想性和最准确的作品之一。他回忆说，在斯摩棱斯克，军官难以阻止他们手下的士兵抓住每一个机会对法军发起近乎挥霍的反击。从事危险任务的志愿者相当多，许多士兵拒绝前往后方检查创伤。火海中的城市景象和可怜的残存平民是他们战斗至死的额外动力。浸润在母亲乳汁中的想法——斯摩棱斯克自古以来就是东正教俄国抵抗"拉丁"西方入侵的堡垒——也是作战的动力。此前的数个世纪里，这座城市时常成为俄国人和波兰人之间争夺的战利品。一位军官回忆说，尽管士兵们有时候会捕获法国战俘，但他们在 8 月 17 日一直都在杀死波兰人。[48]

城内的俄军部队由德米特里·多赫图罗夫指挥，他于 8 月 17～18 日夜间十分不情愿地遵从了巴克莱撤出斯摩棱斯克城退到第聂伯河北岸郊区的命令。巴克莱在白天让他精疲力竭的士兵们进行休整。在 8 月 18～19 日夜间，他命令军队向着经过索洛维约沃（Solovevo/Соловьёво）和多罗戈布日（Dorogobuzh/Дорогобуж）向后延伸到大俄罗斯核心地带最终通往莫斯科的大道退却。

这次退却在初始阶段就遇到了严重的困难。通往莫斯科的大道在离开斯摩棱斯克后沿着第聂伯河东岸延伸，而东岸可以被西岸上的人一览无余，西岸上的炮兵也能轻松对东岸展开炮击。夏季的第聂伯河上也有许多地方可以轻易徒涉。巴克莱并不希望他正在退却中的、绵延数里的纵队为法军提供趁行军时发动攻击的绝佳机会。所以他决定在 8 月 18～19 日夜间让部下沿着通往莫斯科大道并与斯摩棱斯克和法军保持着安全距离的小道行军。第一军团会被分成两半，德米特里·多赫图罗夫指挥一小半军团展开大迂回，最终花了一天半时间在索洛维约沃附近进入莫斯科大道。这一部分军事行动顺利完成了，但这也意味着当 8 月 19 日灾难威胁到第一军团的另一半部队头上时，多赫图罗夫已经相距遥远、无力相助。

由尼古拉·图奇科夫（Nikolai Tuchkov/Николай Тучков）中将指挥的另一个纵队会走一条较短的迂回路线，在更接近斯摩棱斯克的卢比诺（Lubino/Лубино）村西侧走上莫斯科大道。这一状况原本已经很令人困惑了，而图奇科夫纵队的前卫由他的弟弟帕维尔·图奇科夫少将指挥，这个事实多少又增添了些困惑。小图奇科夫得到了沿着小道向卢比诺和莫斯科大道行军的任务，他本来应该在那里和中将安德烈·戈尔恰科夫公爵的师（属于巴格拉季翁的第二军团）会合。原本双方已经达成了戈尔恰科夫和第二军团将会看守莫斯科大道，直到第一军团的纵队安全地在小道上出现、走上卢比诺附近的大道为止的协议。

167　　　　一切都出了差错，这一方面是因为第一、二军团间协调不力，另一方面也是由于在夜间沿着乡村小道行进相当艰难。理论上这些道路应当由参谋先行勘察过，在行军时则应当由他们引导纵队前往正确目的地。（安排）军团的军事行动是这些参谋的责任。任何在夜间调动大批部队的行动都需要十分细致的安排，尤其是在疲倦的部队行经森林和乡间小道的情况下。总参谋部的历史学家并非完全不合情理地声称，撤出斯摩棱斯克的直接后果是手头没有足够执行全部任务的参谋，有些参谋被派到部队前方挑选下一夜的宿营地，其他人则被分派去寻找在通往莫斯科的大道上军队可以进行抵抗的战场。从参谋们的回忆录中可以明显看出，参谋机关在1812年战局的前半段必然处于相当不堪重负的状态，有时候责任十分重大的工作都会被分配给缺乏经验的底层参谋。这无疑是在战争前短短数年里才匆忙建立参谋团所要付出的不可避免的代价。[49]

　　　　不管原因是什么，其结果就是混乱。尼古拉·图奇科夫的纵队只有1/3——这1/3中多数人来自他自己的第三军——在预定时间出发，选择正确的道路。甚至连他们也在试图让炮兵和数以千计的骑兵通过小道和原本设计给农民大车使用的桥梁时遭遇了许多障碍。其后开始行动的是奥斯特曼－托尔斯泰的第四军，但他们动身晚了，没能找到图奇科夫所部的踪迹，彻底迷了路，分散成了互相隔绝的若干群人，在许多条乡村小道上整夜徘徊。

　　　　纵队的最后一部分，卡尔·巴戈武特的第二军乱作一团。由符腾堡的欧根亲王指挥的第二军的最后一部分，只能在远迟于预定时间的8月19日凌晨1时动身。由于第二军是跟在奥斯特曼－托尔斯泰后面行动的，他们也不可避免地迷了路，在自己的圈子里徘徊。8月19日早晨6时许，欧根亲王和他的士兵发现自己正位于距离斯摩棱斯克郊区不到2公里的格杰奥诺沃（Gedeonovo/Гедеоново）村附近，完全处于奈伊元帅所部的视野之中，他们可以听到奈伊军的军乐队正在演奏让士兵醒来、离开露营地的音乐。

灾难正在逼近。奈伊军在数量上远远超过由欧根指挥的3个步兵团和少量骑兵、炮兵。第四军和第二军余下的大部分部队依然在森林中徘徊，如果奈伊能够向前推进并把欧根撵到一边的话，他们就会被击溃，切断与莫斯科大道间的联系。幸运的是，巴克莱本人纯粹由于巧合出现在这个危急关头，开始着手安排阻击奈伊前进的工作。 168

在发现他的军队命运系于最年轻也最缺乏经验的师长之手时，总司令不会很高兴。年仅24岁的欧根之所以能得到这一职位，是因为他是玛丽亚皇太后最喜欢的侄子，也是亚历山大的亲表弟。巴克莱不喜欢贵族出身的门外汉，不信任欧根在宫廷里的亲朋。正直严肃的巴克莱无疑视这位活泼年轻、业余消遣还包括了撰写戏剧和歌剧的亲王为可怕的半瓶子醋。然而，欧根事实上被证明是1812～1814年最优秀的俄军将领之一。他接受过完整的军事教育，在1807年与土耳其的战争中稍微见识了下实战，将在1812～1814年的诸多战局里证明自己是一位勇敢、坚定而明智的指挥官。8月19日在斯摩棱斯克城外的会战是对他的第一场真正考验，而他顺利通过了考验。

对欧根来说幸运的是，奈伊看到俄军时和俄军看到他时同样惊讶。他花了3个小时才开始着手攻击。据欧根回忆，即便到那时也还有大批法军部队没有离开营地。在这3个小时里，欧根得以把他的3个团部署在位于胸墙和灌木丛后方的良好阵地上。俄军战列步兵并不总能出色扮演轻步兵的角色，但在8月19日上午，托博尔斯克团、维尔曼斯特兰（Wilmanstrand/Вильманстранд）团和别洛焦尔斯克（Belozersk/Белозерск）团的士兵像英雄一样战斗，击退了法军的反复攻击，为听到炮声后匆匆穿过森林前来增援的部队争取到了足够的时间。当巴克莱最终下令退却时，欧根能够在第二、四军通过林间小道前往莫斯科大道的同时拼凑出后卫部队挡住法军。[50]

169　　然而不幸的是，在莫斯科大道上发生的混乱却几乎让法军抢先抵达了卢比诺，堵住了离开森林的道路，毁灭了欧根和他下属士兵所取得的一切成就。巴克莱刚刚尽其所能向欧根布置了他应对危机的安排，就得知第二军团没有等待第一军团便沿着莫斯科大道向东退却。当这个消息传来时，巴克莱身边仅有弗里德里希·冯·舒伯特（Friedrich von Schubert）一人，舒伯特回忆说通常情况下在危机中十分自我克制且冷静的总司令大声说出："一切都完了。"巴克莱的暂时失态是可以谅解的，因为这是俄军在 1812 年战局中最危险的时刻之一。[51]

　　战况在某种程度上被帕维尔·图奇科夫拯救了。在森林中展开了长时间令人精疲力竭的夜行军后，他于上午 8 时许在卢比诺附近进入了莫斯科大道。图奇科夫震惊地发现，除了一些哥萨克之外，那里没有第二军团的一兵一卒。尽管他接到的命令是让他沿着大道东进前往索洛维沃，但这是建立在戈尔恰科夫所部届时将会在大道上阻击法军前进、确保第一军团其余部队安全退却的前提下的。令状况更为糟糕的是，哥萨克报告说朱诺（Junot）的威斯特伐利亚军正准备在普鲁季谢沃（Prudishchevo/Прудищево）渡过第聂伯河，这会让他在只受到微弱抵抗的状况下从南面进入大道。

　　帕维尔·图奇科夫保持着冷静，展现出值得赞扬的主动性。他没有理睬收到的命令，率领麾下 3000 名士兵向右转而非左转，沿着莫斯科大道前进到卢比诺以西尽可能远的地方，在科洛德尼亚河（Kolodnia/Колодня）后方找到了一处良好的防御阵地。在日益增长的法军压力下，他的士兵在这里坚持抵抗了 5 个小时，其间得到了他兄长派出的两个急忙冲上前来救援的出色掷弹兵团增援。

帕维尔·图奇科夫在下午 3 ~ 4 点钟退到了斯特罗甘河（Strogan/Строгань）后方的新阵地上，这是令从森林到莫斯科大道间的退路保持畅通的最后一道防御阵地。激烈的战斗一直持续到晚上，但是在由阿列克谢·叶尔莫洛夫组织的不断增多的援军支持下，图奇科夫还是顶住了。

　　和在克拉斯内时一样，俄军将领保持了头脑清醒，俄军步兵也在危急关头表现出了极大的坚定和勇气。和在克拉斯内时不一样的是，骑兵和炮兵也对战斗胜利有贡献。尤其是在法军骑兵和步兵强大压力下保护了图奇科夫脆弱左翼的瓦西里·奥尔洛夫－杰尼索夫（Vasili Orlov - Denisov/Василий Орлов - Денисов）伯爵所部骑兵，这些骑兵极有技巧地利用了地形，近乎完美地把握了反击时间。

　　即便如此，如果法军明智地使用了手头可用的全部部队的话，那么不管俄军有多少战斗技能或勇气，他们都无法拯救图奇科夫。朱诺将军麾下的军在普鲁季谢沃附近的渡口越过第聂伯河后，图奇科夫已经在他们掌握之中，但在白天的大部分时间里，他们却一动不动地待在俄军战线的左翼和后方。法方资料后来用朱诺的早期精神疾病解释此次失误，但这也清楚地表明，法军能够快速且决定性地利用战机的名声只在拿破仑在场时有效。但皇帝没有理由期待在 8 月 19 日展开一场切实的会战，因此他留在了斯摩棱斯克。正如俄军指挥官们充分意识到的那样，皇帝的缺席将俄军从灾难中拯救出来。阿列克谢·叶尔莫洛夫在给亚历山大的信中称："我们本该被毁灭。"巴克莱告诉本尼希森，只有百分之一的概率能够拯救第一军团。[52]

　　随着俄军向东退却，主动权落入了拿破仑之手。他可以追击俄军，也可以在斯摩棱斯克结束战局，努力将立陶宛和白俄罗斯变成在 1813 年发动决定性的第二次打击的坚实基地。关于这两种选择的相对优势和危险，在当时和后世都有相当多的争论。

　　继续向东延伸的法军交通线所面临的危险对在斯摩棱斯克停下这一选择有利。这不仅是因为交通线已经十分漫长，也是因为到 8

月中旬为止，法军的两翼正面临着愈发严重的威胁，威胁在南方尤为严重，奇恰戈夫海军上将令人生畏的多瑙河军团正在接近战区。此外，两个月的战争不仅已经使得法军人数大大减少，还严重削弱了法军的纪律和士气。在上万病员、逃兵和劫掠者分散在立陶宛和白俄罗斯的状况下，巩固基地、恢复军队秩序、不再冒向脆弱纪律加压的风险难道不是明智的吗？

在斯摩棱斯克停留也有强有力的政治上的理由。如果立陶宛和白俄罗斯的精英阶层对法国感到满意，又有了有效的行政体系，那么它们是能够成为对俄战争中的关键盟友的。俄国领导人总是担心放弃西部行省会让拿破仑巩固他在当地的势力，动员波兰资源来对抗俄国。拿破仑发动入侵的基本考量之一就是俄国精英永远不会为了保护帝国的波兰省份战斗至死。如果他征服了这些省份，并在当地建立（政权）组织，希望夺回这些省份的俄国人会情愿忍耐多少痛苦呢？

171 　　对拿破仑来说，1812 年的战争是一场为受到严格限制的政治目的而战的内阁战争。他在最大限度下可以兼并立陶宛以及部分白俄罗斯、乌克兰地区，迫使俄国重返大陆封锁体系，并——有可能——强迫俄国人协助他挑战英国在亚洲的势力。体验到在俄国境内征战的问题后，即便他取得胜利，也可能会索取更少。已经在西班牙卷入了一场民族战争后，他最不希望的就是在俄国激起另一场民族战争。有强烈的迹象表明，亚历山大和他的将领们从一开始就试图掀起一场抵抗他的民族战争。随着他向斯摩棱斯克推进，这些迹象变得更加不祥。他向大俄罗斯境内推进得越深入，这场战争就越有可能变成民族战争。

拿破仑是一个倾向于维持秩序的人，他终结了法国革命，娶了哈布斯堡皇帝的女儿。他没有在俄国发动一场农奴暴动的愿望，但这一威胁本可能成为一种有用的政治手段。如果让法军来势汹汹地在大俄罗斯边境上备战，这要比实际上进入俄国心脏地带更可能使这一威胁奏效。在教堂被污辱、妇女被强暴、农舍被毁坏的情形下，俄国农民是不可能聆听法国人的许诺的。

所有这些因素在当时都得到了充分的理解。也许还可以依靠后见之明来补充其他因素。法国在欧洲的霸权要想维持下去的话,重建一个强大的波兰国家是至关重要的。复国后的波兰会一直是比哈布斯堡、罗曼诺夫或霍亨佐伦君主国可靠得多的盟友。拿破仑也有办法以归还他在 1809 年从奥地利兼并的伊利里亚行省的方式让奥地利完全接受重建波兰。站在距离当时更远的角度来回顾这些事件,并观察过去 3 个世纪内的俄国历史,可以切实指出尽管对俄国径直展开军事进攻会在这个国家的庞大面积和资源面前遭遇挫折,但俄罗斯帝国在军事与政治的联合压力下却是脆弱的。这在第一次世界大战和冷战中都可以得到证实,俄国这两次失败的原因很大程度上是由于非俄罗斯人的暴动,但也是因为俄罗斯人自己反对身为帝国的代价、反对政权确保自身统治的天性。在 19 世纪早期,军事压力、利用罗曼诺夫帝国的政治弱点,再加上严格的有限战争目的,这样也许是能奏效的。

即使不考虑拿破仑无法预见未来这一事实,依然有相当有力的理由可以反对他在斯摩棱斯克停下。拿破仑非常不情愿在远离巴黎的地方再度过不止一个作战季度。正如我们所见,切尔内绍夫早在1812 年之前已经指出了这一点,并将它和波拿巴政权的特性及其面临的挑战联系起来。在注意到该政权面临的许多此类挑战(经济、教皇、西班牙、精英阶层)后,当今研究拿破仑的顶尖法国专家总结说:"当切尔内绍夫向他的政府报告时,他指出如果对俄战争延续下去,拿破仑将会冒严重的国内风险,这是正确的。"倘若能够在当今以冷静的回想做出这一判断的话,那么拿破仑会在 1812 年体会到多么大的危险感啊!他已经目睹了 18 世纪 90 年代法国政治上的极度混乱。他理解法国精英阶层对他的忠诚带有相当的条件,也理解他的宝座在多大程度上来自胜利和幸运。[53]

他也认识到在西部边境巩固一个安全的基地将是相当困难的。立陶宛和白俄罗斯即使在和平时期都难以供养军队,在冬季和春季

172

尤其如此。俄军第一军团规模要远小于拿破仑的军队,而它的部队在 1811～1812 年冬季也没有全部在西部边境过冬。即便如此,它还要被迫把自己分散在辽阔区域内以确保获得足够的补给。对骑兵而言尤其如此。科尔夫男爵第二骑兵军的 5 个团从普鲁士边境一直驻扎到乌克兰中部,就是为了喂养他们的马匹。[54]

在这一地区被两支军队劫掠了一年后,1812 年冬季的状况没什么可能变得更好。甚至早在 1812 年夏季之初,俄军轻骑兵就优于法军。然而,正如拿破仑在 1806～1807 年曾经发现过的那样,哥萨克在冬季才表现出真正的潜力,在会毁灭正规轻骑兵的条件下,他们届时仍然可以展开军事行动。由于俄国人正在全面动员哥萨克地区的人力资源,1812 年冬季时法军将会在确保基地安全、喂养马匹以及供养士兵等事项上面临巨大的困难。

当然,如果拿破仑在斯摩棱斯克停下的话,他的整支军队就不
173 会像他笨拙地入侵俄国心脏地带后那样遭遇毁灭。但拿破仑大军的毁灭绝非不可避免,也不仅是由于他从斯摩棱斯克向前进发,其他因素——以及错误——同样有所影响。

在 1812 年 8 月,考虑到战场上还有一支尚未被击败的俄军,拿破仑不会选择停留在斯摩棱斯克。他的战略已经植根于正确的信念——如果他能够歼灭第一、二军团,俄国就会丧失所有取得最终胜利的希望。为了实现这一战略,他已经一路追击俄军直到斯摩棱斯克,但俄军却挫败了他的努力。拿破仑所做的一点政治考量是正确的:俄军不能未经一战就放弃莫斯科。莫斯科距离斯摩棱斯克还有两周的行程。由于拿破仑已经为了追求一场会战远道而来,在战利品即将到手之际就放弃看上去可能是十分愚蠢的。只要他的人马不断移动,那么在富庶的莫斯科地区的收获季节里行动就会让供养人马不致成为严重问题。向前推进无疑是一场赌博,但拿破仑就是个大赌徒。他认为在 1812 年 8 月停在斯摩棱斯克并不稳妥,这一看法也是正确的。所以他决心向莫斯科推进。

第六章

博罗季诺与莫斯科的陷落

就在拿破仑的主力军于 1812 年 8 月后半月向俄国中部推进的同时，南北两翼的局面开始对法军不利了。这部分地反映出拿破仑的军队被迫在多么广袤的地域中作战。在北线，苏格兰詹姆士党流亡者后裔麦克唐纳（MacDonald）元帅的任务是掩护拿破仑的左翼，清剿库尔兰并夺取里加。在南线，奥地利和萨克森军队要面对的是亚历山大·托尔马索夫将军位于乌克兰边境上的第三军团。这些部队之间相隔超过 1000 公里。已越过斯摩棱斯克的拿破仑先头部队和他位于东普鲁士与波兰的基地间的距离就更遥远了。随着距离和疾病让军队不可避免地付出代价，拿破仑的部队开始逐步削弱，他不可能做到处处都强大。

麦克唐纳元帅的第十军有 32500 人，其中接近 2/3 是普鲁士人，他们在战局之初战斗得很努力。普鲁士人的指挥官冯·格拉瓦特（von Grävert）中将强调，需要恢复普鲁士军人的自豪感，为弗里德里希大王的军队重新赢得法国人的敬意。在帕伦家族位于大埃考（Gross Eckau/Гросс-Экау）的主要庄园附近，普军于 1812 年 7 月 19 日挫败了俄军阻挡他们前进的意图。战争开始后不到一个月内，普军就已经抵达了里加附近，它是一个巨大的俄军补给基地，也是俄国波罗的海行省中最大的城市、德维纳河上的锁钥。

里加不是一个坚固的要塞。里加要塞的维护费用并非由俄国政府承担，而是出自里加市政府，这在俄国可谓独一无二。在过去一个世纪里，由于这座城市并未受到严重威胁，人们便听任城防设施破败倾颓。只是到了 1810 年 6 月，俄国政府才重新开始负责里加要塞。在接下来的两年里，俄国政府为里加围城战做了许多准备工作，但城防的主要弱点依然存在。许多关键要塞已经过时了，城堡非常狭窄，还让居民区围了起来。里加的郊区在 18 世纪也得到了长足的发展，因而挤占了许多原本位于城市外墙前的开阔地。

19000 名里加守军由马格努斯·冯·埃森中将指挥。守军中大部分人来自后备营，许多人训练水平很差。甚至就在围城开始之前，疾病已经在守军中肆虐。埃森刚听到拿破仑越过涅曼河的消息就宣布里加进入围城状态：每户人家都被要求储备 4 个月的食品补给，任何离开城市的平民都要留下家中至少两个壮丁协助守城。在 7 月第四周，随着敌军逼近里加，埃森下令烧光城市西面和南面的郊区，以便让守军能够向城墙外自由射击。超过 750 栋建筑物被焚毁，据估算经济损失多达 1700 万卢布。即便如此，多数人都认为如果法军展开正式攻城战，里加就毫无坚持两个月以上的希望。

如果拿破仑在维捷布斯克甚至斯摩棱斯克停留下来，再抽出一部分主力部队协助麦克唐纳，里加就必定会陷落。然而，在没有得到额外帮助的状况下，法军指挥官无法夺取这座城市。伸展到德维纳河两岸、彻底围住里加的封锁线会长达 50 多公里，仅仅依靠麦克唐纳自己手下的 32500 人永远不能维持这样一条封锁线。此外，俄军炮艇控制了河流，英国海军主宰了波罗的海，还不断袭扰麦克唐纳沿海岸延伸的交通线。原本要前往迪纳堡的法军攻城炮兵最终抵达了里加附近，但等到它能够用于正式攻城战时，拿破仑大军北翼的实力对比已经开始对法军不利了。

实力对比的变化首先源于驻扎在芬兰的俄军的干预，亚历山大于 8 月最后一周前往芬兰的奥博（Åbo）与瑞典王储让 – 巴蒂斯特·贝纳多特会晤。两位领导人不仅确认了他们间的同盟，还约定了将来在北德意志和丹麦的军事合作。更直接的重要影响则在于这样的事实：贝纳多特让亚历山大免于履行在 1812 年出动驻芬兰俄军参加俄瑞联合登陆丹麦作战行动的诺言，还催促他把这些部队转而运送到里加。其结果是俄国海军将多达 21000 人的芬兰军主力运输到了波罗的海行省。这些部队由法比安·冯·施泰因黑尔（Fabian von Steinhe）统率，大部分都久经沙场。他们于 9 月后半月抵达里加，将有望终结北方战线的僵局。[1]

尽管里加是麦克唐纳元帅的主要关注点，他也被迫留心位于迪纳堡和波洛茨克（Polotsk/Полоцк）方向的右翼，这是中将彼得·冯·维特根施泰因伯爵麾下俄军第一军的行动区域。当巴克莱军团放弃德里萨营地赶往维捷布斯克后，维特根施泰因军则被派去堵塞朝东北方向延伸到普斯科夫、诺夫哥罗德（Novgorod/Новгород），最终抵达彼得堡的道路。维特根施泰因的主要对手是乌迪诺（Oudi-not）元帅，他得到的命令是推进到德维纳河之外，把俄军赶回普斯科夫。从原则上讲，这个任务并没有超出乌迪诺的能力范畴，他的军在进入俄国领土时有 40000 多人。相比之下维特根施泰因的第一军只有 23000 人，尽管他得到了其他两支小规模分遣队的增援，但他还要负责遏制麦克唐纳右翼的师从迪纳堡向前推进的企图。[2]

然而，作为一支独立部队的指挥官，乌迪诺的表现事实上被证明是彻头彻尾的失败，他竟任凭自己被维特根施泰因压制甚至震慑。俄军轻骑兵时常越过德维纳河展开袭击，骚扰法军的交通和补给。当乌迪诺于 7 月底向维特根施泰因所部推进时，在 7 月 30 日到 8 月 1 日这三天发生在克利亚斯季齐（Kliastitsy/Клястицы）与戈洛夫希纳（Golovshchina/Годовщина）会战，他却听任俄军前来奇袭，让己方惨遭溃败。乌迪诺失败的一个原因是，他没能将麾下全部部队集中到战场上。根据俄方记载，他在克利亚斯季齐附近的 8000 多人从未投入战斗。

此外，俄军无论如何都打得超乎寻常地好。维特根施泰因的部队尽管规模不大，但它的核心却拥有 1808 ~ 1809 年战争中在芬兰森林里作战的新鲜经验。在俄国西北部的类似地形里作战时，不仅维特根施泰因的猎兵被证明十分擅长散兵战，就连他的一些（普通）步兵也是如此。也许正是这些人的示范鼓舞了维特根施泰因下属各师中许多后备营和由卫戍部队改编的新团，让他们表现得比任何有权从战局开始时预测的人估计得都要好。维特根施泰因立即采取攻势，赢得会战，将他的意志强加到敌军身上，其结果是他的士兵士气高昂，也没有人再去挑剔他的德意志血统了。[3]

和巴克莱·德·托利不一样，维特根施泰因来自一个贵族——虽然是相当贫穷的贵族——家庭，这可能也对他有益。维特根施泰因出生于俄国，是一位在俄军中服役的将军的儿子，比起笨拙的巴克莱，他融入俄国贵族圈子要有把握得多。此外，彼得·维特根施泰因是一位骑兵，也多少有些漂亮刀手（ beau sabreur ）风范。他马术良好，为人无畏、慷慨，时常表现出骑士风度，这些价值标准很大程度上同俄罗斯军事贵族的传统相契合。而且维特根施泰因为人谦逊和蔼，在认可并上报部下业绩时非常慷慨。上述品质与一连串胜利结合在一起，确保了维特根施泰因的司令部在 1812 年笼罩在极为和谐的气氛中。[4]

司令部里的和谐是同职业技艺结合在一起的。维特根施泰因的参谋长是弗里德里克·多夫雷（Friedrich d'Auvray），一位聪明、忠诚并接受了优良教育的法国血统参谋，他出生于德累斯顿，在波兰军队中开始军事生涯。第一军的炮兵主任是格鲁吉亚人列夫·亚什维利公爵，他的副手则是 24 岁的伊万·苏霍扎涅特，一位波兰军官的儿子。这两人都在 1806～1807 年的东普鲁士战局中表现良好。[5]

然而，这群人中最为优异的却是 27 岁的维特根施泰因军军需总监约翰·冯·迪比奇上校。他是一位普鲁士高级参谋（在 1798 年转而为俄军效力）的儿子。少年迪比奇在谢苗诺夫斯科耶近卫团开始从军，另一位出自谢苗诺夫斯科耶团的军官彼得·米哈伊洛维奇·沃尔孔斯基将他提拔到总参谋部。迪比奇身形矮小、眼球突出、面貌丑陋，他的外貌曾让谢苗诺夫斯科耶团的团长大为吃惊，竟使团长试图让这位年轻军官远离在宫廷和阅兵场上的工作。迪比奇以"茶炊"之名为许多朋友所知，因为当他激动时就会急不可耐，让言辞以常人难以理解的方式从嘴里溢出来。尽管具备这一切古怪特点，但迪比奇可能是 1812～1814 年最有能力的俄军参谋。在指挥分遣队的场合，他也表现出了充沛的精力、主动性和判断力。迪比奇雄心勃勃、为人坚决，他也对所效力的军队和事业忠心耿耿。到1814年为止，尽管迪比奇当时只有 28 岁，却已经成为中将，远远超过了他在谢苗诺夫斯科耶团的前同事们。尽管如此，他和老战友们仍然保持着良好关系，这让他们都备受赞誉。[6]

178

在克利亚斯季齐会战后，乌迪诺向拿破仑抱怨说，他面临着数量上远过于己的俄军。皇帝在 1812~1814 年时常低估下属面对的敌军兵力规模，这让他的下属感到颇为困扰。然而，拿破仑这次对乌迪诺的尖酸评论是准确而公正的：

> 你不在追击维特根施泰因……你让这个将军能够自由攻击塔兰托（Tarento）公爵（即麦克唐纳）或者越过德维纳河袭扰我们的后方。你对维特根施泰因兵力的概念极其夸张：他只有 2 个或至多 3 个常规师、列普宁公爵的 6 个后备营，还有一些不值得计数的民兵。你绝不能让自己这么轻易地被蒙蔽了。俄国人正到处宣称他们从你这里取得了一场大胜。[7]

尽管做出了上述批评，拿破仑还是把古维翁·圣西尔（Gouvion Saint-Cyr）第六军（巴伐利亚军）的全部步兵和炮兵都增援给了乌迪诺。第六军是在拿破仑大军的第一梯队之后进军的，该军在越过涅曼河时有 25000 人，可仅仅 5 个星期后，他们与乌迪诺在波洛茨克会合时就已经只剩下 13000 人了。的确巴伐利亚骑兵已经被派去与拿破仑的主力部队会合，但大部分损失是疾病、掉队和逃亡造成的。巴伐利亚军在这一阶段中并未对敌军开过一枪。

尽管维特根施泰因知道，当圣西尔军来到后他会在数量上处于严重劣势，但他还是决心保持主动权，将自己的意志施加到敌人身上。怀着这一目标，他于 8 月 17 日在波洛茨克攻击乌迪诺和圣西尔的联合部队。对维特根施泰因而言不幸的是，尽管会战第一天他成功地把法军赶回了波洛茨克镇，乌迪诺却在战斗中受伤了，指挥权落到了才干远强于乌迪诺的圣西尔头上。法军新指挥官在次日集中

了许多炮兵和两个新锐步兵师对俄军中央地段发起反击。圣西尔以
这一时期十分常见的手法描述会战，声称他的部队在数量上有相当
大的劣势。他在回忆录中写道，31000 名法军当中有 1/4 正外出
179 "征集粮秣"，而维特根施泰因手上有超过 30000 人。事实上，正如
维特根施泰因向亚历山大报告的那样，频繁的会战加上有必要留心
麦克唐纳，意味着他手上可以用于进攻的兵力减少到仅有
18000 人。[8]

（法军的）突袭和数量优势意味着俄军只能被迫撤退，但是他
们以极大的镇静和勇气展开退却。以爱斯特兰团为例，该团是在
1811 年由卫成部队士兵改编成的。波洛茨克会战是这个团的首次正
式作战行动。作为戈特哈德·黑尔弗里希（Gothard Helfreich）少将
第 14 师的一部分，爱斯特兰团的士兵正好挡在法军反击的路上。即
便如此，尽管损失了 14 名军官和超过 400 名士兵，爱斯特兰团依然
于 8 月 18 日击退了敌军的不断攻击，在丛林里有效地展开散兵战，
最终打开一条道路安全撤退。该团团长卡尔·乌尔里欣（Karl Ul-
rikhin/Карл Ульрихсен）两次受伤，因而此后不得不退役。但他在
退却途中坚持和他的士兵们待在一起，率领部队发起了多次反击，
将敌军逐退到安全距离以外。爱斯特兰团的 43 名士兵因为他们在 8
月 18 日的表现获得了军事奖章，这个团本身则被授予一面军旗以纪
念它的业绩。[9]

用一部史去证明该团士兵的勇气也许在可信度上要打些折扣，
但这一回俄方的故事得到了圣西尔本人的赞同，他写道：

　　这场会战中俄军所表现出的持久英勇和个人无畏，在其他
　　国家的军队中很少能找到类似的例子。他们遭遇了奇袭，被打
　　散，我们刚刚实际发起进攻就几乎把他们的营孤立起来（因为
　　我们已经击穿了他们的防线），即便如此，他们也没有仓皇失
　　措，而是十分缓慢地且战且退，以英勇和坚定——我要重复一
　　遍，这是这个国家的士兵所独有的——面对来自各个方向的攻

击。他们表现出了惊人的勇武，但他们不能击退 4 个集中起来、秩序良好的师的同时攻击。[10]

从技术角度来说，波洛茨克会战是维特根施泰因的失败，但事实上此战有利于他实现战略目标——削弱并压制敌军，使其不能沿着道路向普斯科夫、诺夫哥罗德和彼得堡推进。此战结束后，维特根施泰因向后退却了大约 40 公里，进入锡沃申（Sivoshin/Сивошин）附近的筑垒阵地，之后两个月里法军没有打扰他的安宁。这一阶段中西北战线全面陷入僵局，战争退化成袭扰和两军间的补给、重组竞赛。某种程度上来说，其后发生的事情正像普菲尔在德里萨所计划的那样。在越过西部边境的推进过程中受到了削弱后，圣西尔的部队数量已经不足，既不能攻击位于防御工事后方的维特根施泰因，也无法绕过他的侧翼。法军被牵制在固定的位置上，身处贫穷且被毁坏了的乡村，在疾病和饥饿面前渐渐走向崩溃。

与此同时，维特根施泰因军则得到了后方——在这种情况下意味着普斯科夫省——的俄国行政部门和居民提供的充足补给。正如维特根施泰因以其一贯的慷慨所承认的那样，这里真正的英雄是普斯科夫省省长彼得·沙霍夫斯科伊（Petr Shakhovskoy/Пётр Шаховской）公爵。维特根施泰因于 8 月中旬致信亚历山大，"从第一军在德维纳河上坚持的第一刻起，它就从普斯科夫省那里得到了一切食物。由于省长沙霍夫斯科伊公爵不知疲倦的努力、效率和关怀，这些食物都以出色的效率及时补给过来，因此部队得到了所需要的一切东西，根本没有经受任何哪怕最为轻微的匮乏"。沙霍夫斯科伊从他的行省里动员了数以千计的大车给维特根施泰因输送食物。省长的努力贯穿了整个 1812 年战局，根据估算，到战局结束时仅普斯科夫省就为战争志愿捐献了 1400 万卢布。来自一个省（俄国一共有 50 多个省）的志愿捐献就相当于俄国战争部 1811 年供养整支军队总预算的 1/3。[11]

随着施泰因黑尔的部队迫近里加，乌迪诺和圣西尔饥饿且精疲

180

力竭的部队在维特根施泰因面前逐渐消失，拿破仑到 9 月时已经在他的北翼面临日益严重的威胁。与此同时，更为巨大的威胁则正在逼近南翼，奇恰戈夫海军上将的多瑙河军团将在那里和托尔马索夫位于西北乌克兰卢茨克附近的第三军团会师。

在战局的前几周里，拿破仑曾经低估了托尔马索夫军团的规模。尽管托尔马索夫的 45000 人不得不在他们所守卫的乌克兰北部边境上散得很开，但他们无论如何还是要比起初得到保护拿破仑南翼这一任务的雷尼耶（Reynier）的 19000 名萨克森人多得多。在亚历山大和巴格拉季翁的催促下，托尔马索夫挥师北进，于 7 月 27 日在科布林（Kobrin/Кобрин）歼灭了一支萨克森分遣队，捕获了超过 2000 名战俘。托尔马索夫更适合充当军政管理者和外交官，而非富有攻击性的战地指挥官。他在科布林之战后未能利用优势继续施压，继而歼灭雷尼耶军余部，这让他广受批评。拿破仑因而有时间派出施瓦岑贝格（Schwarzenberg）亲王率领整个奥地利军南下救援雷尼埃。在兵力上占据压倒性优势的敌军面前，托尔马索夫被迫退到斯特里河（Styr/Стырь）上的一处坚固防御阵地。

尽管在那时看来，这似乎是科布林之战胜利后令人失望的结果，但事实上托尔马索夫却已经实现了他的主要目标。在 1812 年 7 月让一支俄军侧翼部队深入拿破仑的后方，这种做法为时过早。然而，在科布林的胜利不仅鼓舞了俄军的士气，也将 30000 名奥军从主战场上调走，使其深入南方。

只要俄奥边界维持中立化，托尔马索夫的左翼就得到了安全保障，他可以毫无困难地守住位于水流湍急的斯特里河后方的阵地。俄军坚守的河流南岸林木茂密，高度上也超过北岸，俄军可以隐藏他们自己的部队，却能够清楚地看到敌人在做什么，俄军的后方是肥沃的沃伦省，他们可以比敌人轻松得多地养活自己。奥地利军和萨克森军的补给状况要比在贫瘠的俄国西北部的乌迪诺军和圣西尔军好得多，即便如此他们也受到饥饿的困扰，还遭到了第三军团轻骑兵的袭击。与此同时，托尔马索夫的士兵则好好地休息了一下。[12]

　　直到奇恰戈夫的多瑙河军团抵达后，斯特里河上的僵局才被打破。尽管奇恰戈夫不管怎样都得留下一部分军队守卫俄罗斯帝国与奥斯曼帝国的边界，但他还是能够率领 50000 多人北上与托尔马索夫会合。这些坚韧而且久经沙场的士兵在俄军中可以说是最优秀的。[13]

　　在与土耳其人的和约得到确认之前，奇恰戈夫的军团是不能北进的。奇恰戈夫前来接过多瑙河军团指挥权之前，库图佐夫于 5 月 28 日签署了和约。从那时算起，整整 7 个令人精神紧张的星期过去后，亚历山大才最终得到了苏丹批准和约的消息。在此期间，由于担心奥斯曼人会拒不批准和约，奇恰戈夫制订了一个向君士坦丁堡推进、煽动苏丹的基督徒臣民暴动、复兴一个大拜占庭—斯拉夫帝国的计划。这种计划是非常危险的：控制一位距离彼得堡如此遥远的总督相当困难，而亚历山大本人又很容易被宏大的梦想迷住。幸运的是，奥斯曼人最终还是批准了和约，俄国人的计划也终于恢复了正常。[14]

　　在听闻土耳其人已经批准了和约后，亚历山大致信奇恰戈夫，"让我们暂停针对'波特'① 的计划，动用我们的全部力量迎战正面临的大敌"。关于君士坦丁堡的想法只会拖得奇恰戈夫远离"真正的行动中心——拿破仑的后方"。虽然如此，这些想法却只是被搁置下来，并未完全被放弃："只要我们抵抗拿破仑的战争顺利进行，我们就可以立刻回到你与土耳其人作战的计划上来，然后宣布成立斯拉夫帝国或希腊帝国。但在我们已经面临如此大的困难和数目如此众多的敌人的时刻，再去忙于这一计划在我看来是危险且不明智的。"亚历山大了解这么做会冒疏远受俄国庇护的巴尔干人的危险，但在当前环境下必须告诉他们，俄罗斯的存亡才是全体斯拉夫人的头等大事："你可以秘密告诉他们这一切都只是暂时的，一旦我们

182

_____

　　① 欧洲人对奥斯曼帝国政府的称呼。——译者注

了结了拿破仑，就会重新上路，继而创建斯拉夫帝国。"亚历山大同时还许诺将奇恰戈夫军团和托尔马索夫军团的总指挥权交给奇恰戈夫，这满足了他对荣誉的渴求。[15]

在 1812 年整个春季和初夏，关于奥地利将会在战争中扮演何种角色的担心和怀疑对使用奇恰戈夫军团的所有计划都产生了影响。正如我们所见，《法奥条约》的消息终结了俄国对华沙大公国发动先发制人打击的意图。在皇帝写于 4 月 19 日，通报巴克莱法奥同盟的消息并告知他取消俄军攻势的同一封信中，皇帝也描绘了他消除奥地利威胁的计划：

> 我们必须采取一个能够破坏奥地利人针对我们的敌对行动的大计划。我们必须给予斯拉夫各民族援助，把他们发动起来与奥地利人为敌，还要让他们和匈牙利的不满分子联合起来。我们需要一个有智慧的人（*un homme de tête*）来指挥这一重要行动，我已经选择了海军上将奇恰戈夫担当此任，他热情地支持这一计划。他的能力和精力让我期待他能够取得这一关键行动的胜利，我正为他准备一切必要的行动指示。[16]

183

这些指示于 4 月 21 日签发。它们以告诫奇恰戈夫"奥地利与法国同盟，这一背叛行为迫使俄国利用一切可能手段挫败这两个大国的有害计划"开篇。奇恰戈夫必须运用他的军队在巴尔干地区煽动并支持一场大规模斯拉夫暴动，以威胁奥地利，削弱它的力量，并摧毁拿破仑在亚得里亚海沿岸的据点。亚历山大相信这场暴动会一直爆发到伊利里亚和达尔马提亚（Dalmatia），他命令奇恰戈夫和亚得里亚海的英国海上力量与金融力量联合起来，以便支持远达蒂罗尔（Tyrol）和瑞士的暴动，给暴动者提供补助金。鼓励在拿破仑后方造反是亚历山大 1812～1814 年大战略的重要部分。它最终会在德意志和法兰西本土动员抵抗拿破仑时取得重大胜利，发动大规模斯拉夫暴动的计划是这个大战略最早、最宏大也最不现实的一部分。[17]

　　这一计划在很大程度上是得知法奥同盟后的惊慌与愤怒的产物，但它也反映了尼古拉·鲁缅采夫根深蒂固的观点，甚至在拿破仑迫近斯摩棱斯克的时候，鲁缅采夫依然关注着南方，关注着俄国能够从衰落的奥斯曼帝国身上取得的战利品。他于 7 月 17 日致信亚历山大，"我一贯相信英国内阁视它的利益在于削弱你的帝国：连同维也纳内阁也是如此，它这么做是因为对你自己的领土构成了严重威胁。陛下不应该让对土战争给予你的巨大优势从手中溜走"。至于奥地利，"我相信陛下的利益需要（你）不向维也纳宫廷显示任何慈悲。只有尽可能给它制造困难，你才有可能驱使它和陛下单独媾和，这也不会立刻实现"。作为亚历山大大战略的一部分，他必须向斯拉夫人发出呼吁，强调"那个征服德意志人的拿破仑皇帝现在正计划奴役斯拉夫人。因为上帝已经让你成为这个伟大斯拉夫民族的君主，而斯拉夫人中的其他所有部族只不过是分支而已（souches），他最终毫无正当性地向陛下发动战争，阻止你给予他们（即斯拉夫人）保护"。亚历山大必须在他的宣言中强调：奇恰戈夫正在通过南斯拉夫人的土地向亚得里亚海前进，以便为他们争取自由的斗争提供来自俄国的领导。[18]

　　对俄国而言幸运的是，鲁缅采夫的计划最终夭折了。驻维也纳的俄国武官特奥多尔·特伊尔·凡·塞罗斯克肯（Theodor Tuyll van Serooskerken）在给巴克莱的信中说，考虑到拿破仑占压倒性优势的兵力，把这么多部队和资金投入这样一个边缘地区的冒险计划实属疯狂。然而最重要的是，对奥地利所做反应的担忧注定了奇恰戈夫计划的失败。俄国和奥地利外交官之间的私下会谈显示，除非俄国采取额外行动，不然维也纳对战争的投入将受到严格限制。施瓦岑贝格军无论如何都不会超过 30000 人，俄奥边界也会中立化。施瓦岑贝格此后信守了这一诺言，他率军北上进入华沙大公国，随后越过波兰边界进入俄国。亚历山大到 7 月时已经越发相信维也纳将会遵守承诺，这让奇恰戈夫所计划的向亚得里亚海推进显得不仅没有必要，在政治上也十分危险。[19]

　　因此到 7 月底为止，所有政治上的困难都已经被清除了，多瑙河军团踏上了与托尔马索夫会合的征程。奇恰戈夫的士兵花了 52 天才从布加勒斯特走到斯特里河。只有在多瑙河军团于 9 月 14 日开始与托尔马索夫的部队会合后，对拿破仑的交通线展开的决定性行动才能开始。[20]

　　拿破仑的前卫部队就在这一天进入了莫斯科。事后想来，来自奇恰戈夫的威胁花了许多时间才显露出来，这一事实对俄国人是有利的。它鼓励拿破仑越来越深地陷入俄国，然而这并非当时绝大部分俄国将领对事态的看法。随着他们从斯摩棱斯克退往莫斯科，大部分将领越来越倾向于拼命保护俄罗斯的古都。

　　尽管巴克莱会在可能的情况下保卫莫斯科，他却不寻常地向副官解释清楚，这并非他最为优先的事务，"他会把莫斯科和帝国地图上的任何其他地方一样对待，不会为了这座城市展开任何额外行动，因为需要拯救的是帝国和欧洲，而不是城市和行省"。巴克莱的观点不可避免地传开了，让这位愿意为了欧洲牺牲俄罗斯心脏的"德意志人"越发不受欢迎。尽管巴克莱冷静而诚实的军事理性主义在一定程度上是令人钦佩的，但人们也能理解苦心经营大后方士气和政治的亚历山大的愤怒。正如他曾写信告诉过巴克莱的那样，漫长的退却注定是不受欢迎的，但也应当避免做出或说出可能会加剧公众愤怒的事情。[21]

　　从撤出斯摩棱斯克到博罗季诺会战的 19 天里，巴克莱在部队里的声望达到了最低点。士兵们曾被告知他们将在德维纳河上埋葬拿破仑，之后又说将为了维捷布斯克和后来的斯摩棱斯克战斗至死。每一次承诺都被背弃了，令人憎恶的退却仍在继续。斯摩棱斯克战后，同样的格局仍在继续，士兵们先是被命令去在选定的战场上挖掘防御工事，然后在巴克莱或巴格拉季翁认为这个阵地并不适合防御作战后继续撤退。他们给总司令起了"只会唠叨"（*Boltai da Tol' ko*/Болтай да и Только）的别名，这是巴克莱·德·托利的双关语。撰写禁卫骑兵团团史的史学家写道，巴克莱误解了俄罗斯士兵的天性，他们会接受不加掩饰的事实，但在失信面前却会牢骚满腹。这一评论可能是正确的，但却掩盖了这样的事实：库图佐夫后来的言语与行动方式和巴克莱十分类似。[22]

随着抱怨的滋生，一些部队中出现了纪律下滑的状况。在亚历山大的催促下，巴克莱下令处决了一些在斯摩棱斯克劫掠的士兵。根据一位年轻炮兵军官尼古拉·孔申（Nikolai Konshin/Николай Коншин）的说法，所谓"劫掠者"中有一个是他炮兵连里完全无辜的勤务兵，他只是奉命去给军官找一些黄油罢了。队伍里对巴克莱的憎恨日益滋长，尽管有处决的惩罚，但劫掠现象仍在继续，库图佐夫致信亚历山大说，在他抵达军队接过指挥权后的几天里，军事警察就抓捕了近 2000 名掉队者。然而，我们也许不应该完全相信这位新总司令的悲观评论，因为在向皇帝报告时把自己的新指挥岗位描述得愁云惨雾对他自己有明显好处。就在几天后，他在给妻子的信中表示部队的士气状况极好。[23]

事实上，在撤退了如此之远又一路奉命破坏一切食物和住所以避免它们落入法军手中的情况下，士兵当中出现某种程度的混乱是不可避免的。一旦得到了鼓励，这种破坏的习惯就难以控制了。燃烧的俄国城镇和不幸的难民景象也对士气造成了不利影响。在处于类似情形下的其他大部分军队当中，纪律的恶化状况将会更加严重。正如朗热隆将军略带夸张地在他的回忆录中描述的那样，"一支从涅曼河到莫斯科退却超过 1200 俄里，经受了两次会战，没有损失一门火炮、一箱弹药，甚至连一辆大车、一个伤员都没丢掉的军队，是一支不容轻视的军队"。也许最重要的一点是士兵们渴望战斗，一旦得到了把怒气和挫败感倾泻到法军头上的机会，大部分关于士气和纪律的问题就会消失。[24]

在退却的俄军队列中有一位中校卡尔·冯·克劳塞维茨，他将成为 19 世纪最著名的军事思想家。作为一位热烈的普鲁士爱国者，他不能忍受国王和拿破仑的同盟，因此辞去军职加入俄军。克劳塞维茨不会说俄语，因身处俄军统帅部的大量内斗之中而茫然失措，

186

有时还卷入了排外主义和猜疑氛围，他感到这几周对他个人来说是极大的煎熬。也许这是他评论俄军退却时并不大方的原因之一：

> 除了在斯摩棱斯克的停顿之外，从维捷布斯克到莫斯科的退却事实上是不间断的运动，从斯摩棱斯克开始，行动方向总是还算直接指向后方，整个退却是非常简明的行动……当一支军队总是在退却、总是不停地沿着一条直线退却的时候，追击者是很难包抄它或者迫使它远离（预定退却）路线的；而在这一情形下，道路很稀少，河谷也罕见，战争的场所因此局限在少数地域组合范围内……在一场退却中，这种简明性极大地节约了人力和马力。这里没有长距离安排的集合点，没有来回行军，没有兜大圈子，没有警报：简而言之，这几乎不需要展现出战术技能，也基本不用消耗实力。[25]

这一时代的另一位大军事思想家安托万·德·若米尼也参与了1812年战局，而他位于法军一边。比起克劳塞维茨，若米尼对俄军的成就要欣赏得多。他写道，"毫无疑问，退却是一切战争行动中最困难的一种行动"。最重要的是，它们对部队的纪律和士气提出了很高的要求。在他看来，俄军在组织这类退却时要远远优于任何其他欧洲军队。"它在所有退却中都表现得非常坚定，这一方面是由于民族性格的影响，另一方面也是由于它具有出色的纪律条令"。俄军的确享有许多有利条件，例如他们在轻骑兵上的极大优势，例如法军的两位关键指挥官缪拉元帅和达武元帅互相攻讦。即便如此，俄军进行的规整撤退还是"值得高度赞赏，不仅是由于指挥第一阶段退却的将领展现出了才干，还因为执行退却的部队具有令人钦佩的坚毅和军人风范"。[26]

正如可能会预计到的那样，在后卫行动中作战的俄军将领们的回忆更接近若米尼而非克劳塞维茨。符腾堡的欧根批评克劳塞维茨在提到俄军时的误判和不公。他评论说，"我们的退却是军事秩序和纪律的最好典范之一。我们没有留给敌人任何掉队者、任何仓库、任何大车；部队没有因为强行军而感到疲惫，领导十分得力的后卫部队（尤其是在科诺夫尼岑指挥之下）只参与小规模战斗行动，而且一般情况下都会取胜"。指挥官挑选良好的防御阵地以便消耗、迟滞敌军，迫使敌人将步兵展开成横队，把更多火炮运送到前线。只有当敌军以大量兵力发动进攻时，后卫部队才会在给敌人造成杀伤后撤退。"总的来说，退却是由以梯队方式向后移动的骑炮兵执行的，他们在开阔地带由无数骑兵掩护，在破碎地形上由轻步兵掩护……任何绕过阵地的企图都会被哥萨克无一遗漏地迅速上报"。[27]

在这几周里，法军前卫部队通常是由那不勒斯国王若阿基姆·缪拉率领的。俄军后卫的指挥官则是彼得·科诺夫尼岑。一位俄军军官回忆说：

> 和缪拉考究的外表完全不同，（此人）是个并不张扬的将军，骑着一匹不起眼的小马……身处俄军队列前方。他穿着一件已经磨损了的简朴灰大衣，略有些漫不经心地围着一条围巾。你可以瞥见他制式军帽下方的睡帽。他面色平静、已过中年，这表明他是一个冷淡的人，这副冷淡的外表下却有许多温暖和活力。他的灰大衣下蕴藏着大量的勇气，睡帽下方活跃着明智、充满活力且高效的头脑。[28]

188

彼得·科诺夫尼岑是1812年最吸引人的俄军高级将领之一。他谦虚、慷慨，并非利己主义者，也远不像许多同事那样热衷名誉和奖赏。他极其英勇，也十分虔诚，在战斗中总是处于战况激烈的地方。在社交聚会上他也是如此，尽管小提琴拉得很差，却总是兴致勃勃地演奏。即便如此，科诺夫尼岑总体而言仍然是一个冷静的人，他在紧张时刻会用烟斗吞云吐雾、向圣母玛利亚恳求，很少大发脾气。在控制任性的下属时，他多用讽刺而非发怒。

科诺夫尼岑也以职业技能赢得了下属的尊敬。作为一位后卫指挥官，他准确地知道该怎样合成运用他的骑兵、步兵和炮兵，怎样收到最好的效果。选择让前进中的法军纵队陷入交叉火网里的阵地是一个诀窍，努力确保己方的晚间露营地点靠近新鲜水源、迫使敌军缺水则是另一个。在 1812 年 8 月的酷暑里，水成了一个主要问题。成千上万的人员和马匹在未铺（砖石）的路面上扬起了巨大的尘暴，士兵脸上被灰尘弄黑了，喉咙干透了，眼睛也半闭着，在队列里日复一日地迷迷糊糊前进。在这种状况下，哪一边通往水源的途径更好就关系很大了。[29]

8 月 29 日，俄军的新任总司令米哈伊尔·库图佐夫在察列沃 - 宰米谢（Tsarevo – Zaimishche/Царево – Займище）与俄军会合。年轻的拉多日茨基中尉在回忆中指出，士气大为高涨：

> 这个欢乐的时刻是难以描述的：司令的名字让士兵的士气普遍得到了新生……立刻就出现了一支小调《库图佐夫来击败法国人》……老兵们回忆起他在叶卡捷琳娜时代的战役，他的许多过往业绩，例如克雷姆斯附近的会战和最近在多瑙河上歼灭土耳其军队；对许多人而言，这还是新鲜的记忆。他们也记得一颗子弹打穿他两侧太阳穴的神奇伤口。据说拿破仑本人长期以来称库图佐夫为老狐狸，苏沃洛夫则曾经说过，"库图佐夫……永远不可能被欺骗"。这样的故事口口相传，越发增强了士兵们对新司令的希望，一个有俄罗斯名字、头脑和心脏的人，一个来自著名贵族家庭的人，一个因为许多业绩而知名的人。[30]

189　　　自从第一、二军团在斯摩棱斯克城下会合后，俄军就迫切需要一位最高指挥官。缺乏这样一位指挥官导致俄军陷入混乱，在撤出这座城市时更是近乎灾难。然而事实上早在听说斯摩棱斯克的状况之前，亚历山大就已经决心任命一位总司令。总司令只有很少几个候选者，他需要在军阶上明确高于所有下属将领，否则有人就会在一怒之下辞职，其他人会表面服从命令，实际却暗地掣肘。由于拿破仑正在向莫斯科挺进，激起了俄罗斯人的民族义愤，因此这位新总司令也必须是一个俄罗斯人。他当然也有必要是一名拥有足够智慧和经验的士兵，能够与这个时代最伟大的将领较量。尽管由亚历山大委托进行初步筛选的6位显贵原则上讨论了许多候选者，但实际上——正如皇帝所承认的那样——只能选择库图佐夫。[31]

在俄国精英阶层内部，亚历山大不喜欢库图佐夫并非秘密。谢苗诺夫斯科耶近卫团的帕维尔·普辛上尉在日记中写道，新任最高指挥官是"根据人民的意愿被招来指挥野战军的，几乎与君主的愿望相违背"。亚历山大本人在给他妹妹的信中说，除了库图佐夫之外别无选择。巴克莱在斯摩棱斯克表现很差，在军队和彼得堡都丧尽了信用。库图佐夫是彼得堡和莫斯科贵族大声呼吁的人选，这两地贵族都希望由他来统率当地民兵。皇帝评论说，尽管候选者众多，但所有人在他看来都不适合指挥，"我别无选择……只能把我的选择定在那个表现出得到了压倒性支持的人身上"。在给他妹妹的另一封信中，他补充说，"选择库图佐夫作为高于其他所有人（的统帅），这让本尼希森在他手下效力，因为他们也是好朋友"。亚历山大并没有明说，但他可能相信，在1812年的氛围中忽视上流社会的愿望将是危险的。此外，如果灾难降临到了军队身上，由于它的司令众所周知是根据公众意见而非君主意愿选择的，也许这对皇帝而言甚至是个省心事。[32]

米哈伊尔·库图佐夫在1812年后成了俄罗斯爱国主义的一个标志，这一定程度上可以归因于列夫·托尔斯泰。此后斯大林时期的历史编纂学把他提升到超越拿破仑的军事天才的高度。这一切当然是没有意义的，但重要的是不要在另一个方向——忽视库图佐夫的才能——上反向运动得太远。新任总司令是一位充满魅力的领袖，他知道如何赢得士兵的信心和热爱。他是一位狡诈而有远见的政客兼谈判能手，也是一位技艺出众、英勇无畏、经验丰富的士兵。他在1811～1812年冬季给奥斯曼主力军设下陷阱将其歼灭，这暴露了之前1806～1811年那些俄军指挥官们的成果（与他的差距）。1805年时，俄军由于奥军在乌尔姆投降而处于十分危险的境地，他以指挥技能和沉着将俄军从困境中解救出来。如果亚历山大在奥斯特利

190

茨之前听从了他的建议，将有可能避免那场大灾难，1805 年战局也可能以（俄军）的胜利告终。[33]

库图佐夫的主要问题在于他的年龄。1812 年时他已经 65 岁了，他这一生都完全谈不上安宁。尽管他依然能够骑行，他还是偏爱自己的马车。他没有机会在战场上到处骑行、以威灵顿的方式扮演他自己的麻烦解决者。1812 年战局让他在生理和心理上都极为疲惫，库图佐夫的精力有时也令人怀疑。他偶尔会表现出老人常有的对冒险和费力的厌恶。他后来也明显不赞同亚历山大对俄国大战略和解放欧洲的观点，这并不影响 1812 年战局的第一阶段，但是在拿破仑从莫斯科撤退途中就变得很重要了。

尽管任命库图佐夫必然是俄军指挥架构的一次大幅改进，但它也不会解决其中的所有问题，事实上它还导致了一些新问题。面对库图佐夫的任命，巴克莱·德·托利表现得相当忠诚，他理解此举的必要性，但他受到的大量批评让他对来自新上司的怠慢十分敏感，而这些怠慢来得并不慢，它们主要源自新任参谋长莱温·冯·本尼希森。与此同时，尽管用库图佐夫取代巴克莱是对俄罗斯民族感情的重大让步，但它并没有让总部里的"俄国派"领袖彼得·巴格拉季翁和阿列克谢·叶尔莫洛夫感到满意。也许巴格拉季翁本人梦想得到最高指挥权，尽管很难相信他不知道亚历山大有多么不欣赏他。这两位将军必然都对库图佐夫的能力评价不高。至于新任总司令，他尊重巴格拉季翁作为战地指挥官的才能。和巴克莱十分类似，他赏识叶尔莫洛夫的能力，但对他的忠诚有正当的怀疑。[34]

然而，在个人问题之外，还有结构问题。如果新任总司令废除第一、二军团，使他们的 7 个步兵军和 4 个骑兵军直接从属于他本人和参谋长本尼希森的话，那么这一做法是合理的。然而，要做到这一点就意味着对巴克莱、巴格拉季翁以及他们手下参谋人员的公开降级和侮辱。这与沙皇时代精英的处理方式相悖，也需要征求皇帝的许可，因为是他任命这两位将军并创建他们下属军团的。然而，依旧保存下来的两个军团导致了累赘的指挥架构，这也使得总司令的参谋人员和巴克莱、巴格拉季翁的参谋人员之间的冲突变得不可避免。巴克莱尤其如此，他很快发现总司令部"偷拿"了他的一些参谋，还直接向他下属的一些部队发布命令。

在这种情形下，结构因素和个人因素也纠缠在一起。经过一番艰难的劝说和在库图佐夫强调皇帝希望他上任后，新任参谋长本尼希森才接受了这一职务。亚历山大可能希望以传统方式利用本尼希森监督库图佐夫。他无疑对本尼希森的能力和精力有更多的信任。不过也需要为亚历山大公平地说一句，库图佐夫和本尼希森在 1812 年之前是多年老友，因此皇帝并不能预见他们在这一年的战争进程中成为死敌。库图佐夫总是对任何可能试图夺走他胜利桂冠的下属有猜疑。另外，本尼希森极为骄傲，坚定地相信自己作为将领的指挥艺术远比库图佐夫高超，更不用说巴克莱了。感到自己十分孤立后，库图佐夫越来越倾向于接受他的旧门生卡尔·冯·托尔的建议和支持，这一做法经受住了时间的考验。对本尼希森来说，其他人的建议竟比参谋长还要优先，这是不可容忍的。而用一位轻微自夸的上校取代本尼希森，这也是愤怒的一个源头。[35]

从军队撤出斯摩棱斯克开始，一队接力工作的参谋就被派往后方，沿着通往莫斯科的道路寻找可以让俄军与拿破仑交战的良好阵地。对几乎所有高级军官而言，不经一战就放弃俄罗斯古都是难以想象的。克劳塞维茨充分描述了这些参谋所面临的困难：

> 就选择阵地而言，俄国的状况极其糟糕。在这个国家里大面积沼泽普遍存在的地方（即白俄罗斯大部），林木也十分茂盛，因此想找到足够容纳相当数量部队的地方会很麻烦。在林木较为稀疏的地方，例如在斯摩棱斯克和莫斯科之间，地面相当平坦——没有任何明显的山脊——没有任何深长的凹陷，原野没有边际，因此所有地方都易于通过，村庄（的建筑）是木制的，并不适于防守。关于这一点还必须补充的是，在这样一个国度里，由于小丛树木不断出现，甚至连勘察都经常会受到

192

阻碍，因此只有很少的阵地可供选择。如果一个指挥官那时候希望抓紧时间展开战斗的话——就像库图佐夫的情况，显然他就必须将就所能得到的防御阵地。[36]

库图佐夫得到的是邻近博罗季诺村的一块阵地，那里距离莫斯科 124 公里。对起初从主干道上——通常所称的新斯摩棱斯克大道——观察这块阵地的俄军参谋来说，他们得到的第一印象非常好。位于大道两旁的部队右翼可以由莫斯科河（Moskva/Москва）确保安全，前方则获得了科洛恰河（Kolocha/Колоча）陡峭河岸的保护。如果有人仔细观察大道南侧的阵地左翼，他可能会发现问题大了很多。俄军起初沿着从大道北侧的马斯洛沃（Maslovo/Маслово）经过大道上的博罗季诺抵达左翼位于舍瓦尔季诺（She-vardino/Шевардино）的小丘一线设防。阵地中央部分可以通过在博罗季诺村西南附近堆土加强——这里后来成了著名的拉耶夫斯基多面堡。同时左翼也可以依靠巴格拉季翁开始着手设防的舍瓦尔季诺村。

更细致的检查很快向巴格拉季翁表明，分配给他麾下军团的左翼阵地是十分脆弱的。位于他后方的一条河谷妨碍了交通。更为重要的是，另一条大道——通常所称的旧斯摩棱斯克大道——在他后方猛然向西折去，和主干道在俄军阵地后面交会。一支沿着这条大道推进的敌军可以轻松包抄巴格拉季翁的侧翼，堵住军团往莫斯科方向的撤退路线。面临着这一危险，巴格拉季翁军团开始放弃舍瓦尔季诺，从博罗季诺急转南下，直线赶往旧斯摩棱斯克大道上的乌季察（Utitsa/Утица）村，撤退到新的防御阵地。为了掩护主力重新部署到新战线，巴格拉季翁留在舍瓦尔季诺的部队于 9 月 5 日击退了凶猛的法军攻击，损失了 5000～6000 人，给敌军造成了可能略少于此的损失。[37]

193　　因为新战线塞住了旧斯摩棱斯克大道，所以它必定要更安全一些。然而，为了做到这一点，它不得不放弃位于舍瓦尔季诺的坚固阵地，转而横跨在博罗季诺和乌季察之间的地带上，这没有给防守新战线的部队提供任何帮助。此外，由于俄军战线现在从博罗季诺和拉耶夫斯基多面堡附近急转向南，它就形成了突出部，这让从博罗季诺到位于谢苗诺夫斯科耶村之外的巴格拉季翁战线左翼之间的所有部队都很容易遭到法军交叉火力的伤害。

在 9 月 7 日的博罗季诺会战中，绝大部分俄军部队都拥挤在这个小突出部里，其中包括 7 个俄军步兵军里的 5 个，单这 5 个军总计就有 70000 人。此外，这个"突出部"里还有超过 10000 名骑兵。甚至就连其他两个步兵军——巴戈武特的第二军和图奇科夫的第三军——也分派了一半部队去防守这一地区。俄军不仅部署在一个十分狭窄的正面上，也排布得极为密集。步兵师被排成三条战线，位于前方的是猎兵，他们后方是两条步兵战线，列成所谓的"营纵队"。这些纵队正面是一个连，前后排列着 4 个连。在步兵师后方不远处是骑兵，骑兵后方是俄军的各个预备单位，但他们依然时常位于拿破仑的重炮射程范围之内，6 道（有时甚至 7 道）俄军战线给重炮提供了良好的射击对象。[38]

为了向一位英语读者介绍这一切意味着什么，把博罗季诺和滑铁卢的类似景象做个比较也许是有益的。拿破仑把 246 门火炮带到了滑铁卢，其中一些甚至在战斗开始时就得部署到右翼对付普军。1815 年 6 月 18 日下午轰击威灵顿麾下步兵方阵的所谓"大炮群"是由 80 门火炮组成的。拿破仑的炮兵就排列在威灵顿军队的对面。几乎所有战斗都局限在乌古蒙（Hougoumont）庄园以东长约 3500 米的战线上，威灵顿在这条战线上堆积了 73000 人。滑铁卢事实上可能是拿破仑战争几大主要战场里挤得最密集的一个——博罗季诺除外。英军指挥官将部队安排在背坡上，这一定程度上掩护了他的部下，尽管泥淖减少了跳弹次数，从而削弱了拿破仑的火炮杀伤力这一事实也对他有利。[39]

拿破仑在博罗季诺排开了 587 门火炮，其中绝大部分瞄准的都是保卫从拉耶夫斯基多面堡北侧到巴格拉季翁所部在谢苗诺夫斯科

194

耶村外修建的三座野战工事之间战线的俄军部队,这些野战工事将以巴格拉季翁箭头堡群(*flèches*)的名字载入史册。箭头堡是箭头状的土质工事,它向后方敞开,摇摇欲坠的土质胸墙不能给防御者提供多少保护。这些箭头堡陷落之后,俄军战线转向谢苗诺夫斯科耶村周边,那就更加急转向南了。从拉耶夫斯基多面堡到谢苗诺夫斯科耶村的距离只有 1700 米,箭头堡就在村外几百米处。俄军超过90000 人被塞进了这一区域。从巴克莱的战后报告来看,他位于突出部内部的战线显然不仅仅是交叉火力的目标。靠近博罗季诺的法军炮群有时还会出现在俄军战线侧翼,从而能够直接沿着俄军战线射击,造成最大的杀伤。[40]

在使用背坡或其他自然障碍掩护部队方面,威灵顿的确要比任何俄军或普军将领都巧妙得多。但巴克莱确实也在许多状况下命令他的将军们让士兵保持隐蔽,却被告知并没有什么能够用来遮蔽部队的东西。如果有人在这个依然未被破坏的战场上由俄军守卫的阵地周围漫步的话,那么他会轻易证实这些将军们的说法。与传统相悖的是,一些俄军指挥官也告诉他们的士兵躺下来避免受到炮击伤害,不过并非所有部队单位都会服从此举。指责俄军把他们的部队挤得太紧、没有至少让预备队和一部分骑兵远离拿破仑火炮射程是公允的。另外,在出现跳弹的时候,坚硬而多石的地面对俄军没有好处。木材建造的俄国村庄也没有给予守军帮助,反而会起火威胁他们。出于这一原因,俄军在会战开始前就摧毁了谢苗诺夫斯科耶村。这一点和乌古蒙、拉艾圣(La Haye Sainte)的石质建筑物给予威灵顿的巨大帮助反差十分明显。[41]

俄军的密集部署是被设计来迫使拿破仑进行一场消耗战的。狭窄的战场只给了他的部队用来运动或扩张战术胜利的很小空间。拿破仑本人的天才在这里遭遇了最接近字面意义上的"限制"。正如俄军指挥官所了解的那样,要付出的高昂代价是非常大的损失。此外,将自身投入一场消耗战中,这也或多或少地排除了俄军取得一场显著大胜的可能性。不过由于拿破仑本人亲临战场,而他的军队在受过训练的部队人数方面明显多于俄军，这样一场大胜无论如何都是不可能的。因此，博罗季诺会战在许多方面都是 1812 年整体战局的一个缩影，在这场会战中俄军统帅部迫使拿破仑进行那种适于俄军却不适合他的战争。

历史已经让俄军惯于在没有给他们多少自然优势的地形上作战。因此根据传统，他们要比大部分欧洲军队都更倾向于修筑野战工事以加固阵地。俄军在博罗季诺确实这么做了，但是只取得了有限度的成功。最坚固也最专业的工事位于俄军战线北翼远端的戈尔基（Gorki/Горки）村之外，这一区域中没有发生任何战斗，所以这里的工事很大程度上被浪费了。在战斗中确实发挥了重要作用的是薄弱得多的巴格拉季翁箭头堡群和拉耶夫斯基多面堡。尽管多面堡在俄军防线中是格外关键的要素，但是在采用关于这些在想象中坚不可摧的工事的方法描述时，还是要以十分谨慎的态度对待其字面意义。[42]

不管箭头堡还是拉耶夫斯基多面堡都不是由工兵军官修建的。仅有的一小队军队工程师核心都已经被分配了其他任务，工兵连中的多数人——无论如何，他们即使按照理论编制也仅有 500 人——也是如此。莫斯科民兵承担了拉耶夫斯基多面堡的大部分修建工作，他们对如何修建工事毫无头绪，也受到了石质地面和缺乏工具的阻碍。托尔和本尼希森之间关于怎样才能最好地在这座土岗上修筑工事的争吵也对事态毫无帮助。军队中资历最老也最为权威的工程师卡尔·奥珀曼在 1812 年把大部分注意力放到了要塞上，没有及时返回主力军赶上这场会战。然而在为民兵寻找锹、镐时也出现了延误，因此多面堡的建筑工作直到 9 月 6 日傍晚才开始，一直持续了一整夜。杰缅季·波格丹诺夫（Dementii Bogdanov/Дементий Богданов）准尉和由他指挥的一小队工兵直到午夜前不久才赶来帮忙。9 月 7 日早晨会战开始时，多面堡远没有完工。[43]

根据工程兵部队的官方历史，其结果就是甚至连多面堡都存在各种低级错误，更不用说各个箭头堡了。拉耶夫斯基多面堡所处的土岗不管怎样都是低矮细小的，最终只能把18门火炮和作为掩护部队的一个营硬塞了进去。当人们走过这座土岗时，会觉得哪怕就在上面塞这么多人，对俄军来说都是令人印象深刻的成就了。多面堡前方的斜坡非常平缓，后方的斜坡也只是稍微陡峭一点儿。民兵已经尽其所能弥补这些缺点，但他们只取得了有限度的成功。一个问题在于，"外岸要比内岸低得多，而且多面堡前方的壕沟完全不够"。民兵当然也不知道如何利用柴捆、堡篮或其他工程技术工具施工。由于时间紧张，只为10门火炮修建了炮眼，其结果之一是多面堡内部的炮兵无法对一部分敌军攻击路线展开火力覆盖。位于多面堡前方的区域被北面俄军第一军团的炮兵和南面第二军团的炮兵加以扫射，但几乎所有这些火炮都被部署在开阔地带，遭受了敌军反炮兵火力的毁灭性的打击。这一切再加上9月7日多面堡本身经受的大规模炮击，可以有助于解释它最终是怎样被骑兵攻占的。[44]

最初监督修建拉耶夫斯基多面堡的军官是伊万·利普兰季中尉，德米特里·多赫图罗夫第六军的高级军需官。区区一个中尉就成了一个军的二号参谋，这也暗示着高级参谋的短缺。而他所做的工作也应当属于军事工程师才对，这不仅是因为工程军官的短缺，也是因为这一事实：第一军团的工程师们已经被投入修建位于俄军右翼戈尔基村以北坚固得多的工事当中。尽管俄军于9月4、5、6日3天投入了相当大的努力在北翼修筑工事，但直到战斗前夜拉耶夫斯基多面堡都尚未开工。这很大程度上说明了俄军统帅部的优先考虑所在，也表明了他们对最重要的战斗将发生在哪里的预计。[45]

更加引人注目的是库图佐夫起初对俄军的部署。5个被部署到前线的步兵军当中，有两个——巴戈武特的第二军和奥斯特曼-托尔斯泰的第四军——位于戈尔基以北，在那里还有一个正规骑兵军和普拉托夫的哥萨克。多赫图罗夫的第六军位于博罗季诺对面，戈尔基村和拉耶夫斯基多面堡中间。从多面堡以南远达箭头堡的整条防线由巴格拉季翁第二军团的两个军把守：尼古拉·拉耶夫斯基的第七军位于多面堡旁边，米哈伊尔·博罗兹金（Mikhail Borozdin/

Михаил Бороздин）的第八军守卫战线左翼和谢苗诺夫斯科耶村之外的地域。第一军团剩余的两个军，尼古拉·图奇科夫的第三军和第五军（近卫军）组成了总预备队。因而俄军的部署和它的工事一样，都反映了库图佐夫对他的右翼和新斯摩棱斯克大道的首要关注，那里是他与莫斯科基地之间的交通线和补给线所在。

会战前的两天里，库图佐夫麾下的许多高级将领指出了俄军左翼存在的弱点。看来拿破仑对舍瓦尔季诺的进攻预示着他对库图佐夫这段防线的攻击，哪怕是级别很低的军官也知道敌军有可能在南翼发起攻击。库图佐夫做出了一些变动以便应对这一威胁。他首先把尼古拉·图奇科夫的军移出预备队，部署到旧斯摩棱斯克大道上，阻挡任何试图包抄俄军左翼的企图。但是他不顾包括巴克莱·德·托利在内的其他人的请求，依然坚持让巴戈武特军和奥斯特曼军位于戈尔基之外的右翼。[46]

对这个做法的一个苛刻解释或许只是顽固而已，库图佐夫的主要顾问卡尔·冯·托尔就提到了这一点。考虑到统帅部中存在的敌意，根据竞争对手的建议变更军队部署可能会带有屈辱意味。更有可能的是，库图佐夫和托尔都不情愿削弱保护他们至关重要的后方交通线的部队——除非确信拿破仑不会在这一方向发起攻击。采取防御战术的代价就是：部队的部署必须建立在对敌军将会攻击哪里的估计和担心的基础上。考虑到拿破仑擅长奇袭和猛烈攻击的名声，这会导致许多部队被浪费在远离战场的地方。和滑铁卢再次比较一下也许是有益的。威灵顿非常担心他同海上力量间的联系被切断（这种威胁此后被证明并不存在），在会战期间坚持把尼德兰的弗雷德里克亲王下属的17000人留在距离战场数公里的阿尔（Hal）无所作为。而奥斯特曼和巴戈武特的23000人尽管来得很晚，甚至晚得可能引发了危险，至少还是参加了博罗季诺会战。

虽然如此，第二军和第四军的错误部署还是产生了严重的后果。在这两个军缺阵的状况下，库图佐夫被迫在9月7日早早将军队原定的大部分预备队投入战斗，这违背了一切正常实践，让巴克莱大198

为愤慨。近卫军甚至没有通知巴克莱就开往前线，这一事实表明了俄军指挥架构中存在的混乱和分裂。两个位于右翼的军最终实际上扮演了代理预备队的角色，在巴格拉季翁不顾一切地发出了动用巴戈武特所部的请求后，他们花了两个小时才抵达军队遭遇威胁的南翼。奥斯特曼的第四军行动得还要晚。等到上述所有增援部队都就绪之后，巴格拉季翁第二军团在众寡悬殊的状况下已经蒙受了惨重的损失。[47]

自从 1812 年起，关于双方到底在博罗季诺投入了多少部队的争议就一直在持续，这一定程度上是由于历史学家十足孩子气的努力：通过证明己方处于数量劣势来吹嘘己方的英勇。只有在算入来自莫斯科省和斯摩棱斯克省的 31000 名大部分装备长矛和斧头、毫无军事训练的民兵时，俄军才的确拥有更多的部队。民兵并非全然无用，因为它负担了收集伤员、充当军事警察等辅助任务。但这些民兵部队不能参与战斗，事实上也并未投入任何战斗。如果完全不将民兵计入的话，拿破仑可能在数量上拥有微弱优势：他的 130000 名士兵面对不到 125000 名俄军。如果不计算俄军中的 8600 名哥萨克士兵的话，拿破仑必然拥有数量优势。尽管要比民兵有用得多，但并不能期望多数哥萨克部队能够在战场上抵挡正规骑兵，更不用说步兵了。[48]

至于两军的正规部队质量，甚至连那些在战争开始时还是新兵的人现在也几乎可以被视为经验丰富的士兵了。在长达 10 周令人精疲力竭的行军和战斗当中，怯弱者早就脱离了队列。关于这一点的例外是由米哈伊尔·米洛拉多维奇将军指挥的 13500 名第四营（即新兵兵站）士兵，他们在会战前一个星期与库图佐夫会合，被分配到第一、二军团下属各团里。这些人已经得到了充分的训练，但正如和平时期的通常状况那样，射击训练受到了缺乏铅弹的限制，他们中甚至没有人此前曾经在敌对行动中放过一枪。另外，两支军队
199 的精英部分都出现在战场上，在俄军中这意味着近卫团和掷弹兵团，而在法军中意味着近卫军、达武第一军以及许多优秀的德意志和法兰西重骑兵团。[49]

两支军队准备会战的方式反映了他们全然不同的天性，但双方都有强烈的作战动机，都渴望在几个星期令人疲惫的行军后展开战斗。随着频繁延迟、拖延了这么多周的决定性会战的逼近，双方都了解他们正冒着很大的风险作战。

库图佐夫下令把从斯摩棱斯克转移出来的著名的斯摩棱斯克圣母像运到军队战线前方。塞居尔回忆说，从拿破仑的总部都可以看到这个宗教仪式：他们可以看到"被各种宗教和军事盛况环绕着的库图佐夫位于仪式中央。他让他的牧首和修道院长们戴上从希腊人那里继承来的灿烂雄伟的标志。他们在他面前走过，带着宗教的崇拜象征"的状况。库图佐夫是以士兵能够理解的词语同麾下士兵们交流的高手，但在目睹了斯摩棱斯克和许多其他俄国城镇被烧毁后，他们几乎都不用库图佐夫来呼吁保卫祖国和信仰直到最后一刻了。[50]

与此相反，1812 年的法军是完全世俗的，它还保留了许多 18 世纪 90 年代共和国时期的做法。此外，这支在博罗季诺作战的部队中包括数以万计的波兰人、德意志人和意大利人。由各部指挥官向下属士兵宣读拿破仑当天下发的命令，因此根本没有提到宗教或爱国主义。它呼吁士兵们应当从过往的胜利中获取骄傲和自信，提到他们将通过赢得一场"在莫斯科城墙下"的会战获得后人眼中的光荣。它还更加枯燥却非常切合实际地强调胜利的必要性："它会给予你们富足和舒适的冬营，并使你们能够早日回国。"[51]

9 月 6 日下午邻近傍晚时分，正当拿破仑审视博罗季诺附近的俄军阵地时，达武元帅带着一份请求靠近了他，希望他放弃对巴格拉季翁军团展开正面攻击的计划，转而授权他和波尼亚托夫斯基（Poniatowski）率领下属两个军 40000 人沿旧斯摩棱斯克大道而下，展开侧翼行军以包抄卷击俄军左翼。这在原则上是个好主意。拿破仑需要一场决定性的胜利，而正面攻击能否获得决定性胜利是有疑问的。俄军的坚韧和顽强闻名遐迩，侧翼机动也许会带来一场运动战而非消耗战，这只会对拿破仑有利。

虽然如此，皇帝拒绝达武的建议还是正确的。考虑到轻骑兵的质量，俄军不可能遭遇法军侧翼机动的奇袭，但是对库图佐夫侧翼的威胁无论如何都只会鼓励他拔营撤退，拿破仑在经历如此漫长的追击后必定会对此深感担忧。这时如果要把达武军重新部署到侧翼机动中，还需要在黑暗中穿越法军右翼处的森林展开大规模行动，这会造成混乱。此外，俄军逐步削弱拿破仑大军的战略现在已经奏效了，在这场战局之初，他可以轻松腾出 40000 人展开这一行动，但他现在能够允许冒险、犯错的余地已经很紧张了。[52]

在 9 月 7 日的第一道曙光出现后不久，博罗季诺会战开始了。早晨 6 时许，俄军近卫猎兵团蒙受了惨重损失，被逐出博罗季诺村、赶过科洛恰河。法军在晨雾的掩护下以压倒优势兵力发起攻击。出现这种状况要么是由于这个团就不该被留在这样一个暴露而孤立的地方，要么就是它没能采取适当的预警措施。巴克莱相信前者，催促库图佐夫下令让猎兵撤退。但军队中的传言经常把它的失败归咎于团长。占据了博罗季诺的法军部队对近卫猎兵团展开追击，一直追过了科洛恰河，然后遭遇了俄军的伏击，遭受惨重损失后被击退，所以从战术层面来看，这场战斗是一次平局。但从更广泛的意义上看，此战让法军能够将炮兵向前推进，使其可以轰击拉耶夫斯基多面堡，也给了法军炮兵纵向射击俄军战线的优良阵地。起初对俄军战线北端的打击可能让库图佐夫认为，拿破仑也许还是要攻击他的右翼。如果确系如此的话，它只会增加库图佐夫派遣奥斯特曼和巴戈武特南下时的犹豫。[53]

在进攻博罗季诺后不久，针对巴格拉季翁箭头堡群的规模远大于此的攻击开始了。尽管这次攻击起初是由达武的士兵完成的，很快奈伊元帅也把他的军投入了战斗。俄方资料宣称，在战斗末期敌军投入了 400 门火炮支援（步兵）向箭头堡群推进。这一点听上去相当夸张，但起初部署在这片区域的唯一俄军步兵——博罗兹金第八军的 3 个师，无疑在数量上远处于下风，也遭遇了猛烈的炮击。

三座箭头堡——它们的土墙很快就被法军的炮击粉碎了——是由米

哈伊尔·沃龙佐夫伯爵的第 2 混合掷弹兵师守卫的，这个师在战斗过程中遭遇毁灭性打击，随后被解散。沃龙佐夫本人受了重伤，第二军团的大部分其他将领也是如此，他们表现出了巨大的勇气和自我牺牲精神。不到 3 个小时，彼得·巴格拉季翁、他的参谋长埃马纽埃尔·德·圣普列斯特和米哈伊尔·博罗兹金就都已经无法继续战斗了。[54]

　　法军和俄军都使用大体相近的战术。进攻会在大群散兵身后展开，得到强有力的炮火支援，而步兵主力则会部署成纵队。正如若米尼在他的理论著作中指出的那样，如果进攻部队有足够的数量和决心，多数人员部署成纵队的部队是不可能被敌军步兵的射击阻挡住的。然而，进攻者在冲入前方战线后，就会遭遇尚未经过战斗并且已经部署成营纵队准备好展开反击的敌军生力军，在它的即刻反扑面前显得十分脆弱。如果双方同样战意高昂的话，反击之后会紧跟着攻击，在其中一方率先耗尽预备队从而失败撤退之前，战斗会像钟摆一样在两边之间摇动。俄国历史学家花费了极大的努力去探究一波波法军步兵到底对箭头堡群发起了多少次攻击，但这一数量几乎是不可能被证实的，也没那么重要。不管数量处于劣势的俄军有多么巨大的勇气，他们最终还是被迫退过谢苗诺夫斯基（Semenovsky/Семеновский）溪，在谢苗诺夫斯科耶村附近重新展开（阵型）。[55]

　　在箭头堡群的激烈争夺战中，巴格拉季翁从他的左右两翼抽调了援军。从右翼抽调的援军就是尼古拉·拉耶夫斯基第七军的一些步兵，他们原本部署在拉耶夫斯基多面堡左侧，这些人朝着谢苗诺夫斯科耶方向往南重新部署。与此同时，位于俄军左翼远端的尼古拉·图奇科夫被迫派出他麾下两个步兵师中的一个在彼得·科诺夫尼岑指挥下前去帮助巴格拉季翁。

　　其结果是，当波尼亚托夫斯基公爵的波兰军开始沿着旧斯摩棱斯克大道前往乌季察村时，图奇科夫的状况相当艰难。对俄军而言幸运的是，波尼亚托夫斯基被迫绕了一个大圈子以免在森林中迷路，202

这表明达武规模大得多的部队在尝试的侧翼攻击时会遭遇何种命运。当波尼亚托夫斯基最终推进过来时，他的10000人迫使数量处于劣势的图奇科夫退到更为坚固的阵地上，那里有乌季察东侧的一座小丘作为支撑。

在这一天的剩余时间内，激烈但并非决定性的战斗在乌季察和旧斯摩棱斯克大道周围持续展开。朱诺的大部分威斯特伐利亚军前来增援波兰人，在另一边，卡尔·巴戈武特的第二军也赶来救援图奇科夫。与此同时，在旧斯摩棱斯克大道和建有箭头堡的开阔地带之间的乌季察森林里，伊万·沙霍夫斯科伊公爵的几个猎兵团进行了精彩的战斗，拖住了一支规模大过自身的敌军，用一位德意志历史学家的话说，"不仅"展现了"他们勇敢的忍耐力，还有俄军轻步兵并不能随时随地表现出的战斗技能"。[56]

巴戈武特抵达之后，俄军左翼远端的战斗就多少成了一段小插曲。考虑到这一区域相对平衡的力量对比，波尼亚托夫斯基很不可能沿旧斯摩棱斯克大道深入而后攻入俄军后方。拉耶夫斯基多面堡的状况相比而言要危险得多。如果法军在这里成功突破，他们将会把俄军战线截为两段，也会进入轻松打击库图佐夫通往后方的关键交通线——新斯摩棱斯克大道的范围内。

在攻陷博罗季诺后的两个多小时内，敌军的炮兵和散兵向拉耶夫斯基多面堡的守卫者倾泻火力，但指挥拿破仑大军左翼的欧仁·德·博阿尔内（Eugène de Beauharnais）并未让他的步兵发起任何大规模进攻。当攻击的命令最终下达时，这次攻击的分量是多面堡守军无法承受的，他们被逐出了土岗。俄军的一个问题在于，他们留在多面堡内部的炮兵正缺乏弹药。此外，稠密的烟雾在无风的上午空气中紧紧围绕在多面堡四周，而前进中的法军纵队得到了它的掩护。法军步兵突然从烟雾中杀出、涌向多面堡，导致了俄军的溃逃。博罗季诺会战当中许多事件的精确发生时间已经十分难以确定。至于对多面堡的这次攻击，可以肯定的一点是它发生在彼得·巴格拉季翁受伤后不久，也发生在尼古拉·拉耶夫斯基军离开多面堡区域前去增援他之后。[57]

听到巴格拉季翁受伤的消息后，库图佐夫派遣阿列克谢·叶尔莫洛夫前往第二军团协助残存的指挥官，并发回关于战场状况的报告。和叶尔莫洛夫一起骑行前去的还有炮兵总指挥、少将亚历山大·库泰索夫伯爵。库泰索夫是一位有能力的年轻炮兵专家，他热情地投入这一职业中。同时他英俊、和蔼、富有魅力、文化教养颇佳，这有助于他在军中成为最受欢迎的人物之一。由于他的祖父第一代库泰索夫伯爵是一位受到普遍厌恶、几乎一字不识的前土耳其战俘，此人成为帕维尔一世的密友并被封为伯爵时，一定程度上还激起了俄国贵族的愤怒，现在的状况看起来多少有些戏剧性反讽。[58]

正当叶尔莫洛夫和库泰索夫在前往第二军团的路上骑行经过拉耶夫斯基多面堡时，他们看到附近的俄军部队正处于全面溃逃当中。对俄军而言，赶在敌军能够巩固对多面堡的掌控之前立刻发起反击至关重要。

阿列克谢·叶尔莫洛夫是应对这样的紧急状况的合适人选。他立刻指挥还在附近的部队，领着他们发起了一次成功的反击。就在叶尔莫洛夫的部队——大部分来自多赫图罗夫第六军的乌法（Ufa/Уфа）团——杀回多面堡时，他们发现来自第六军的其他部队正在巴克莱的副官弗拉基米尔·勒文施特恩率领下从土岗其他方向冲入阵地。与此同时，伊万·帕斯克维奇重整了他自己的第 26 师余部，向多面堡左面推进，支援勒文施特恩和叶尔莫洛夫。俄军的反击之所以能取得成功，是因为在场的俄军军官没有等待上级命令就主动采取了行动，立刻坚决果断地发起反击。此外，作为此次攻击箭头的莫朗（Morand）将军的师已经走到了欧仁·德·博阿尔内下属其他师的前头，从而处于孤立状态。[59]

对俄军而言，此次反击中最重要的伤亡人员是亚历山大·库泰索夫，他在夺回多面堡的战斗中阵亡，遗体从未被找到。军队的炮兵主官无疑不该这样以身犯险，后来库泰索夫的阵亡也被用来解释会战过程中俄军炮兵的错误使用方式。俄军炮兵必然需要解释，因为俄军在战场上有 624 门火炮，特别是 12 磅重炮的数量远多于法军，然而他们发射的炮弹数量只和法军炮兵相当。向炮兵连补充弹药时出了问题。更糟糕的是，尽管单个俄军炮兵连以极高的作战技能和勇气奋战，但俄军并没能集中他们的炮兵火力。在战场的关键区域上，俄军炮兵连就数量而言远逊于敌军，遭到了敌军火力的压制。在俄军炮兵连被摧毁或被迫撤退后，从预备炮兵中三三两两抽出来的新炮兵连此后也时常会遭遇类似的命运。根据伊万·利普兰季的说法，俄军炮兵的失败和库泰索夫之死关系不大。在他看来，1812 年时俄军总是没能集中他们的炮兵，尽管到 1813 年他们已经补上了这一课，有时候的表现还要优于法军。[60]

　　在通常情况下，莫朗师被击退后欧仁军的其他部队应当即刻重新展开攻击。然而事实上，下一次总攻要在几个小时后才发生，那时已经是下午 3 点多钟。这一延迟被证明是关键性的。帕斯克维奇的第 26 师已经伤亡了一半以上，巴克莱把这个师派到后方休整并自行重组部队。巴克莱之所以能够这么做，是因为此时亚历山大·奥斯特曼 - 托尔斯泰的第四军已经全部抵达战场，他们可以被用来填补位于拉耶夫斯基多面堡和谢苗诺夫斯科耶村之间的空缺，俄军部队正在该村附近展开激战。多面堡周围的"平静"只是相对而言。奥斯特曼 - 托尔斯泰的部队遭到了毁灭性的炮击，但是近午时分并未发生全面的步兵攻击，这种攻击本可能击穿俄军在多面堡附近的虚弱防守。[61]

　　此次延迟的原因是欧仁被从北面而来、威胁到他后方的一次俄军骑兵袭击转移了注意力。这次袭击是由马特维·普拉托夫发动的，他手下的哥萨克部队位于俄军战线右翼远端。9 月 7 日清晨，他派出的巡逻兵报告前方已经没有法军，骑兵可以渡过科洛恰河，向南攻入法军战线后方。其结果是奉命前去骚扰欧仁的不仅有普拉托夫的哥萨克，还有费奥多尔·乌瓦罗夫的第一骑兵军。实际上区区几千名没有步兵支援、只带了两个骑炮连的骑兵是不可能取得太多战果的。普拉托夫的哥萨克袭击了欧仁的辎重车队，而乌瓦罗夫的正规骑兵则对他麾下的步兵发动了若干次并不很坚决的攻击。库图佐夫当时把此次袭击当成失败，对乌瓦罗夫缺乏亮点的表现感到恼怒。只有到了很晚的时候，俄军才理解这场袭击取得了多大的成效。

与此同时，在谢苗诺夫斯科耶村内部和周边的俄军左翼，激烈的战斗在中午前后一直持续着。位于村庄内部和右侧的是巴格拉季翁第二军团的余部和从预备队中赶来帮助他们的格里戈里·坎塔库济诺①公爵规模很小的掷弹兵旅。位于村庄左侧的是彼得·科诺夫尼岑的步兵师和3个近卫团：伊斯梅洛沃团、立陶宛团和芬兰团。在这些步兵后方一段距离处部署着卡尔·西弗斯（Karl Sievers）第四骑兵军的6个龙骑兵团与骠骑兵团，但到白天结束时，大部分俄军重骑兵也被投入谢苗诺夫斯科耶附近的战斗中。

谢苗诺夫斯科耶附近的所有俄军步兵都面临着法军的反复进攻和毁灭性炮火，伤亡极大。近卫军所处的位置最为恶劣，因为村庄左侧没有任何遮蔽物。另外，达武和奈伊将许多炮兵连向前部署到俯瞰着近卫军所处地域的谢苗诺夫斯科耶溪另一岸。炮兵和步兵间的距离非常近，法军火炮有时甚至向俄军近卫军队列中射击霰弹。后者处于大群法军骑兵的反复攻击之下，因此被迫依然结成方阵，成为炮兵最有利可图的目标。正如在滑铁卢时一样，敌军骑兵的进攻成了炮火之余令人欢迎的喘息。近卫军也被迫展开了许多散兵，迎战试图从他们左侧森林中杀出的法军步兵。虽然如此，这3个团坚决地对抗上述所有威胁，他们挡住了法军骑兵和步兵，他们的坚定是将俄军防线黏合在自身四周的磐石。

伊斯梅洛沃和立陶宛近卫团合计损失了超过1600人。以立陶宛团为例，所有少校和上校都非死即伤，其中一些人尽管身被数创依

---

① Grigorii Cantacuzene/Григорий Кантакузены，其罗马尼亚文拼写为 Cantacuzi-no。——译者注

然坚守岗位。前去增援近卫军步兵团的近卫炮兵连被远多于自身的
法军火炮压制住了，损失也很惨重。以死伤者中的 17 岁准尉阿夫拉
姆·诺罗夫（Avram Norov/Аврам Норов）为例，他在博罗季诺丢
了一条腿，虽然如此，他此后依然有辉煌的职业生涯，最终成了教
育大臣。他的炮兵连长"在看到诺罗夫时无法抑制他的伤感，这个
英俊的优秀青年——事实上只是个男孩——的外形被终身性地损毁
了。但是诺罗夫以他惯有的轻微口吃说道，'哦，老兄，但（我）
还没做过什么呢！上帝是仁慈的，我终会康复，然后靠着拐杖返回
战场。'"库图佐夫向亚历山大报称，近卫团"在这场会战中，在全
军面前赢得了满身的荣誉"。事实上，俄国近卫军在拿破仑战争中
成为始终可靠、其投入足以扭转会战命运的精锐部队的起始之地就
是博罗季诺。[62]

　　俄军最终被迫放弃谢苗诺夫斯科耶，向东面撤退了几百米，但
他们保持了纪律，继续在敌军面前形成一道稳固防线。法军骑兵对
方阵展开了进攻，但还是无法破坏方阵。当他们试图冲入俄军战线
后方时，他们发现自己机动空间很小，并遭到了俄军胸甲骑兵和西
弗斯第四骑兵军的反击，这两支部队都不仅能够坚守战线，还有余
力发起反击。达武军和奈伊军到午时分显然已经精疲力竭。如果
拿破仑想要击穿谢苗诺夫斯科耶之外的俄军战线的话，他就得投入
生力军。他手上还剩下的部队就是近卫军。一个近卫步兵师已经留
在了格扎茨克（Gzhatsk/Гжатск），但另外两个近卫步兵师都在场，
他们大约有 10000 人之多。奈伊和达武请求拿破仑动用这批部队。

　　从 1812 年 9 月开始，就皇帝拒绝投入预备队是否让他丧失了在
博罗季诺取得一场决定性胜利，进而赢得 1812 年战局的机会的争议
就一直持续着。关于这一点并没有明确的答案。就拿破仑投入他的
近卫军可能会造成怎样的结果而言，俄国人自己的看法都不一致。
19 世纪最好的俄国历史学家之一波格丹诺维奇（Bogdanovich/
Богданович）将军相信，他会确保自己赢得一场决定性的胜利，从
而严重伤害俄军士气。另外，符腾堡的欧根写道，投入近卫军将会

把一场几乎战平的会战转变成法军的明确胜利，但库图佐夫的军队
依然会沿着新斯摩棱斯克大道撤退，这场会战的最终战略结果不会
因此而改变。[63]

　　我自己凭直觉认为欧根可能是正确的。在俄军方面，普列奥布 207
拉任斯科耶近卫团和谢苗诺夫斯科耶近卫团的 6 个营依然作为预备
队存在，他们仅仅在炮火下损失了 300 人。第 2 近卫步兵旅已经展
示了近卫团的抵抗能力，第 1 近卫步兵旅不可能做得比前者差。正
如在谢苗诺夫斯科耶村时那样，其他部队会在近卫军周围集结起来。
以伊万·帕斯克维奇的师为例，这个师被送到后方重整之后已经能
够在紧急状况中重新投入战斗，许多从前线退下来的炮兵连也得到
了休整并补充了弹药。俄军的顽强、战线后方的丛林和凹凸不平的
地形、军队和大道之间的距离，这些合在一起可能意味着俄军能够
拖延法军的推进，争取到足够长的时间让己方部队撤出战场。只要
有时间，库图佐夫也能用 4 个尚未参战的猎兵团和一些位于博罗季
诺之外的炮兵连组成后卫。巴克莱依然相信他的军团还有相当的战
斗力，期望在次日继续展开会战。[64]

　　由于拿破仑拒绝冒险投入他的近卫军，整个争论自然只是假设
而已。战斗掀起的烟尘让人无法看清俄军战线后方正在发生什么。
俄军以极大的顽强展开战斗，没有表现出任何懈怠的迹象。拿破仑
派上前侦察状况的近卫军指挥官贝西埃（Bessières）元帅报告说，
俄军的抵抗依然强劲。考虑到在抵达莫斯科之前还可能发生另一场
会战，再加上拿破仑深入俄罗斯中部的危险性，他希望保留最终的
战略预备队并不令人吃惊。近卫军依然完好的事实的确被证明在从
莫斯科撤退的途中具有重大价值。[65]

　　由于皇帝拒绝将他的近卫军投入谢苗诺夫斯科耶的战斗当中，
胜利的最后希望就是欧仁·德·博阿尔内对拉耶夫斯基多面堡的第
二次攻击，这是在 3 点多钟展开的。多面堡到那时已经近乎一片废
墟。它是由第六军彼得·利哈乔夫（Petr Likhachev/Пётр Лихачёв）
的第 24 师守卫的，奥斯特曼 - 托尔斯泰的第四军则在左边协助防

守。此次攻击由重骑兵打头阵，这是夺取野战工事的非正统方法。在多面堡内相当有限的空间中展开的肉搏战非常严酷，死者和伤员堆成了小丘。利哈乔夫本人被俘，但大部分俄国守军都惨遭杀戮，不过有些火炮还是及时撤出了多面堡。欧仁剩余的 20000 名步兵此刻足以前来巩固法军对多面堡的掌握。[66]

　　巴克莱·德·托利一整天里都位于战斗最激烈的地方，他冷静地重整下属各团，将它们重新部署，应对接踵而来的紧急状况。巴克莱身着全套制服，戴上了所有勋章，他看上去——事实上就是——在寻死，他的大部分副官非死即伤。巴克莱在这个极度紧张而危险的时刻表现出来的勇气、冷静和能力为他重新赢得了尊敬。他这时又一次在多面堡以东 1 公里左右的地方集结起——但这是他在 9 月 7 日的最后一次集结——他的步兵和炮兵，将他们部署在位于隆起地面的良好防御阵地上，并动用他的骑兵阻止敌军扩大夺取多面堡的战果。拿破仑自己的骑兵在强攻拉耶夫斯基多面堡的战斗中遭受了惨重的伤亡，马匹状况也要比他们的俄国对手差得多。另外，拿破仑的正规骑兵要远远多于俄军。巴克莱甚至被迫动用了他的最后一支预备队——禁卫骑兵团和骑马禁军团，但这些精锐部队确实击退了敌军骑兵，他的战线也得以维系。当拿破仑再次拒绝投入近卫军以扩张攻克多面堡的战果后，博罗季诺会战就此结束。

　　那天晚上，伊斯梅洛沃近卫团的卢卡·西曼斯基中尉在日记中回忆了这一天的事件。斯摩棱斯克圣母的圣像就在距离伊斯梅洛沃团露营地不远的地方，在装填他们的步枪之前，这个团转过来向圣像祈祷。在他们位于谢苗诺夫斯科耶附近的方阵里，这个团被涌来的实心弹和霰弹淹没了。相比之下，敌军骑兵的进攻却令人放松。视野范围内似乎就没有俄军炮兵。伊斯梅洛沃团的所有高级军官都倒下了。一位参谋上尉就指挥了一个营，而这个营的散兵仅仅是由一位准尉指挥的。西曼斯基本人由于某些奇迹未受伤害，当他的勤务兵看到他毫发无损地从战场返回时，这个勤务兵流下了喜悦的泪水。西曼斯基以这样的话为日记结尾："我想到了我的家庭，想到了这样的事实：我保持着冷静，没有从我的岗位上离开一步；想到了我怎样鼓舞我的士兵，怎样在每发炮弹从我身边飞过时向上帝祈祷，感谢上帝。全能的上帝听到了我的祈祷，饶过了我。祈祷上帝，愿他也将以慈悲拯救垂死的俄罗斯，俄罗斯已经为她的罪孽受到了足够的惩罚。"[67]

库图佐夫在他位于右翼戈尔基村附近的指挥所度过了一整天。 209 他在战前已经部署好了下属各军，在 9 月 7 日动用预备队方面起到了一些作用。然而总体来说，他把执行战斗的任务留给了巴克莱和巴格拉季翁。当巴格拉季翁受伤之后，库图佐夫派遣德米特里·多赫图罗夫接替他，但他本人从未离开戈尔基的小丘。这一做法很有道理。巴克莱、巴格拉季翁和多赫图罗夫完全能够维持这样一种防御作战——俄军没有尝试进行任何大规模机动。他们也比库图佐夫年轻得多、灵活得多。更重要的是，库图佐夫是不可替代的。如果库图佐夫战死，军队的士气和凝聚力就会崩溃。在得到部队的信任和服从方面，没有其他任何指挥官能够接近库图佐夫的程度。正如伊万·拉多日茨基所述："只有元帅库图佐夫公爵，真正的俄罗斯之子，她的乳房滋养长大的儿子，才能不经一战放弃帝国的古都。"[68]

战斗刚刚结束后，放弃莫斯科的想法似乎还离库图佐夫的脑海很远。与此相反，他告诉下属们他打算在次日发起进攻。拿破仑尚未投入近卫军、俄军损失极大的消息说服他改变了心意。俄国估计俄军在舍瓦尔季诺和博罗季诺的总损失在 45000 ~ 50000 人，而法军的损失大约在 35000 人。尤其是巴格拉季翁的第二军团近乎被歼灭。即使在几个星期后——那时掉队者已经返回了队列，第二军团据测算在 9 月 7 日还是损失了超过 16000 人，这还没有算上两天前在舍瓦尔季诺损失的 5000 人。此外，高级军官的伤亡状况已使军队遭到了严重削弱。[69]

库图佐夫因此下令退却。在整场战局中，俄军的后卫几乎只有这一次表现低劣。这一点被归咎于它的指挥官马特维·普拉托夫，此事也被正规军官视为他们长期以来秉持的"哥萨克将领没有指挥步兵和炮兵的能力"这一观点的证明。主要问题在于，普拉托夫的后卫并没能像科诺夫尼岑总是以高超的技能完成的那样，迫使法军拖延前进步伐，也没能将法军保持在距离撤退中的俄军主力部队足够远的地方。其结果是已经精疲力竭的部队没能得到所需要的休整。俄军过早地离开莫扎伊斯克（Mozhaisk/Можайск），这意味着扔下数以千计的伤员，与此前撤退中发生的状况形成了鲜明对比。当库图佐夫加强了后卫部队并用米哈伊尔·米洛拉多维奇取代普拉托夫之后，战况大有改观，但这一事件使得正规军和哥萨克指挥官间的紧张局面越发严重。[70]

210

然而基本的一点是，俄军已经用尽了空间。博罗季诺会战过去6天后，库图佐夫的军队就已经位于莫斯科郊外。现在的大问题是，到底是否要为这座城市而战。库图佐夫会发现和巴克莱相比，他更难放弃莫斯科。这两位将军都是在许多战场上以身犯险的爱国者，但他们为之而战的俄罗斯并不完全一样。巴克莱对俄国士兵怀有极大的忠诚和仰慕，但他是一位生长在彼得堡的新教徒波罗的海人。对他而言，俄国首先意味着皇帝、军队和国家。出于感情和利益因素，这也是库图佐夫的俄国的一部分，但它们并非全部。对老俄罗斯贵族阶层中任何尚未丢掉根基的人来说，还有另一个俄国，一块在罗曼诺夫王朝和帝国之前就存在的、定都于莫斯科的东正教土地。

库图佐夫离开彼得堡就任总司令时给亚历山大的最后几句话是，他宁死也不会放弃莫斯科。在抵达总部后不久，他致信莫斯科总督罗斯科普钦，"损失军队更重要还是丢失莫斯科更重要，这个问题至今仍然悬而未决。在我看来，丢失莫斯科就会连带丢失俄罗斯本身。"然而，当军事会议于9月13日在菲利（Fili/Фили）召开时，库图佐夫意识到这实际上已经不再是个问题。如果他继续坚持战斗，就很可能会一并葬送军队和古都。总司令无疑在下午4点召开会议前就已经做出了放弃城市的决定。但落实这样一个重大步骤之前，他不能不征询手下高级将领们的意见。此外，在做出这样一个注定会招致巨大的愤怒和谴责的决定时，库图佐夫也渴望让其他人分担他的责任。[71]

军事会议上的主角是本尼希森和巴克莱。前者已经在莫斯科城外选择了军队正准备展开战斗的阵地。按照经久不衰的习惯，光是自尊心就足以让他拒不承认已经犯下了错误。从他后来和亚历山大的通信来看，他显然急于把丢失城市的责任推到库图佐夫和巴克莱身上。在军事会议上巴克莱列出了俄军在这一阵地上坚持防守必定会失败的理由。这不仅是因为俄军在数量上严重处于劣势，也是因为他们的阵地被河谷分割开来，这让协同抵抗变得十分困难。一场失败的会战将导致穿过莫斯科火速撤退的结果，这会轻易地使军队瓦解。唯一可能的做法是主动去进攻拿破仑的军队，但在博罗季诺遭受的惨重军官损失使运动战的风险极大。托尔和叶尔莫洛夫赞同巴克莱的观点，尽管叶尔莫洛夫缺乏说出观点、在他的上级面前承担责任的道义勇气。与此相反，巴克莱不仅表现出了道德上的勇气，也以决定性的劝说分担了继任者的责任，表现出慷慨的精神。[72]

剩下的就是让一支疲倦而且某种程度上士气低落的军队、它的全部辎重以及一些伤员穿过一座巨城的街道的艰巨任务了。由于敌军正紧随其后，这可能是一项极其危险的任务。莫斯科将被放弃的消息向平民透露得非常晚，这一事实也无助于事态的发展。就在军队于9月14日通过莫斯科时，市民们仍然在大群大群地逃出城市。一位参谋将这一景象描述为"不是军队在通行，而是整个部落从地球一端转移到另一端"。巴克莱以他惯有的不知疲倦尽力给这种混乱强加某种秩序。军官被安排到重要的十字路口指挥部队，骑兵在纵队两边骑行以阻止逃亡和劫掠，巴克莱本人则在监督安排状况。[73]

然而，这时的真正英雄是米洛拉多维奇，他当时正在指挥俄军后卫。法军前卫中与他相当的人物通常是若阿基姆·缪拉，这两人有许多共同点。两位将军都是喜爱华丽服饰和豪爽举动的炫耀者。但说这二人都不够聪明就太过低估他们了，米洛拉多维奇不仅大方

211

212 而有荣誉感，而且时常表现出令人吃惊的谦虚和精明。他必定总结出了当前危险状况的本质所在，并多少有些大胆地派他的副官前往缪拉那里提议与他休战一天，以便让俄军能够离开莫斯科，将这座城市保全下来。这一请求被拒绝之后，米洛拉多维奇便威胁要展开巷战，将莫斯科化为一片废墟。缪拉比大部分法军将领都更渴望舒适的宿营地、和平与回国。也许是被拿破仑自己的幻想蒙蔽了，他将莫斯科的陷落视为和平的前奏。这一切使他不仅接受了米洛拉多维奇的休战请求，后来还将休战额外延长了 12 个小时。米洛拉多维奇既厚颜又莽撞地当机立断让俄军几乎毫发无损地离开了莫斯科。[74]

库图佐夫原则上可以从多个方向撤出莫斯科。以他转向西北方向为例，他可以堵住前往特维尔和彼得堡的道路，那里的居民注定会因莫斯科沦陷的消息而喧嚣不已。事实上他沿着通往梁赞（Riazan/ Рязан）的道路朝东南方向撤退。在面对从西面进入莫斯科的敌军时，这条路从许多方面来说都是最安全的退路。然而，当他于 9 月 17 日在博罗夫斯克（Borovsk/Боровск）渡过莫斯科河后，库图佐夫就急转向西，快速行军越过了前往卡希拉（Kashira/Кашира）和图拉的道路，而后沿着从莫斯科朝西南方向延伸的旧卡卢加大道南进。

与此同时，拿破仑于 9 月 15 日进入莫斯科，将他的总部设在克里姆林宫。就在这一天，大火在城市的许多部分燃烧起来。莫斯科烧了整整 6 天，它 3/4 的建筑物都被摧毁。总的来说，在 1812 年夏季和秋季，莫斯科城和整个莫斯科省有价值 2.7 亿卢布的私人财产被毁，这在那个时代是一笔天文数字。绝大部分平民早已逃离了城市，但那些留下来的人们被赶出了家门，变得一贫如洗，有时就此丧命。主要得益于能干的军队卫生勤务主管詹姆斯·怀利（James Wylie）的努力，30000 多名曾经待在莫斯科的伤兵中仅有 6000 人未能及时转移。那些被留在莫斯科的伤员中有很多葬身火海。在俄军收复莫斯科后，他们发现并焚化了 12000 具尸体。[75]

甚至早在大火开始前，俄军就被迫放弃城市里储藏的大量军事物资，其中包括 70000 多支步枪，尽管无可否认的是这些步枪里有一半需要修理。莫斯科原本是库图佐夫大军的后方基地，等到这座城市将被放弃的消息传来时，要运走所有军事贮藏是十分困难的。在这个最后关头不可能找到足够的大车，所以大部分武器、装备以及其他军事物资将被 23 条驳船运走。前 3 条驳船成功离开了莫斯科，但第 4 条船被炮兵部门装上了严重超载的物资，在莫斯科河里动弹不得，从而堵住了余下 19 条船的通道。这些驳船装载了价值 500 万卢布的武器、服装和装备，迫于无奈这些物资都被焚烧，以免落入拿破仑之手。[76]

谁或者什么导致了这场大火一直都是个争议的源头。可以确定的一点是，亚历山大与拿破仑都没有下令焚烧这座城市。罗斯托普钦在莫斯科陷落前说法国人只会征服它的灰烬，他将莫斯科救火队的 2000 人和所有装备都转移出城。来自库图佐夫大军的哥萨克分遣队至少烧毁了一处城市里的住所，紧接着就是自从拿破仑通过斯摩棱斯克、侵入俄国核心地带以来俄军一直采取的摧毁所有房屋的焦土政策。库图佐夫也下令应当在留下来的众多军事仓库里放火。尽管法国人的草率和劫掠可能有助于城市的毁灭，但俄国人无疑最该为发生的状况负责。然而在当时，要紧的是这样的看法：拿破仑应当对此负责，城市的毁灭是为俄罗斯爱国主义和欧洲解放所做出的巨大牺牲。[77]

也许大火有助于分散法军对库图佐夫从梁赞大道到卡卢加大道的侧敌行军的注意力。在通常状况下，由于侧敌行军让俄军纵队在拿破仑位于莫斯科的大军前方通过，它会是一个危险的举动。然而事实上，法军的疲惫和哥萨克的后卫技艺的结合意味着即使在拿破仑了解到他的敌人正前往梁赞之前，俄军也已经不再位于梁赞大道上了。

在旧卡卢加大道上的塔鲁季诺（Tarutino/Тарутино）附近设立营地后，库图佐夫就处于强势地位了。他可以掩护位于布良斯克省

213

的兵工场和仓库，尤其是至关重要的图拉兵工场及工坊。在莫斯科
陷落的消息传来后，图拉兵工场的许多工匠逃回了他们的家乡。图
拉兵工场的守备司令沃罗诺夫（Voronov/Воронов）少将报称，如果
他被迫撤出图拉的话，以后要花 6 个月的时间才能恢复生产，这将
是俄国战争努力进程中的灾难。元帅能够向他保证，图拉现已处于
俄军保护之下，当前不会面临任何危险。[78]

　　塔鲁季诺对库图佐夫而言是极好的营地，这里有利于他派出袭
击分队骚扰从莫斯科一路向西伸展到斯摩棱斯克的漫长法军交通线，
他也处于和托尔马索夫、奇恰戈夫保持联系的最佳位置。由于他的
食物补给和援军大部分是从肥沃而人口众多的南方省份通过卡卢加
运来的，因此库图佐夫的新部署给了他为士兵和马匹提供粮草、恢
复他们实力的一切机会。然而，为了理解这是怎样做到的，我们必
须把视线从军事行动上移开一段时间，转而观察俄国后方的动员
状况。

第七章

1812 年的后方

拿破仑的计划是向亚历山大发动一场有限度的"内阁"战争。法国皇帝也许打算过把普鲁士从地图上抹去，但他相信毁灭俄罗斯帝国既不在他的权力范围之内，也不符合他的利益。与此相反，他希望削弱俄国，迫使其重返大陆封锁体系，让它接受法国对欧洲的支配。拿破仑绝不希望将亚历山大赶下宝座，也不愿让俄国社会陷入革命与混乱，他期望沙皇能够同意接受和平条件，并将这些条件强加给俄国社会。一定程度上由于这个原因，他在 1812 年战局中强调对亚历山大个人的尊重，且清楚地说明他的观点：真正发动战争的是英国和它在彼得堡精英中的傀儡。

亚历山大和他的顾问们对拿破仑的目的和战术有充分的理解。和其他所有方面一样，他们试图迫使拿破仑在这方面卷入他最不希望进行的那种战争。这在政治层面就意味着一场西班牙式的殊死民族战争，俄国皇帝在这场战争中将拒绝进行任何谈判，并以怀有爱国主义、宗教虔诚和排外主义情感的呼吁设法动员整个俄国社会支持战争。彼得·崔克维奇在他于 1812 年 4 月提交的备忘录中强调，俄国的关键实力必须包括"它的君主的坚决、君主治下人民对他的忠诚。和在西班牙一样，人民必须被武装起来、激发出战斗热情，为此可以借助神职人员的力量"。此外，在一场于本国土地上进行的民族战争中，为了击败拿破仑的庞大帝国，俄国社会将愿意提供所需要的资源，做出所需要的牺牲。[1]

关于亚历山大本人对这场战争国内政治环境的看法，最好的原始资料是 1812 年 8 月他在赫尔辛弗斯（赫尔辛基）（Helsingfors／Helsinki）

的一次长谈记录，当时他正在与贝纳多特会晤的路上。皇帝注意到，俄国过去一个世纪里的所有战争都是在国外进行的，对大多数俄国人而言，这些战争似乎远离他们的直接利益和关注范围。地主们怨恨把他们的农奴征入军队的行为，一旦俄军受挫，就会引发对政府和军事指挥官的无情批评。

　　在当前环境下，有必要使俄国人民相信政府不想寻求战争，武装起来也只是为了保卫国家。这是 100 多年来首次在祖国母亲（rodina/родина）土地上进行的战争，它让人民主动投身到战争之中，而这一点至关重要。它是使这场战争成为真正的人民战争、使全社会为了自己的自由意志和信仰在自卫过程中团结在政府周围的唯一方法。

亚历山大补充说，自从拿破仑入侵以来，俄国社会表现出的团结决心证明他的预测是正确的。他还补充说，关于他自己，只要还有一个敌军士兵留在俄罗斯土地上，即使那意味着在战斗中失利、丢掉彼得堡和莫斯科、在伏尔加河一线勉强支撑，他也绝不会议和。聆听亚历山大谈话的芬兰官员在他的回忆录中记录说，皇帝说话时表现出的聪明才智、清晰思路和坚定决心令人印象深刻，也大为振奋人心。[2]

从拿破仑越过边界开始，亚历山大就表明了这场战争的民族特性。在法军突破德维纳河防线，逼近斯摩棱斯克和大俄罗斯边界时，这一呼吁变得更为强烈。8 月初，巴克莱·德·托利在给斯摩棱斯克省长卡齐米尔·冯·阿施（Casimir von Asch）男爵的信中说，他知道该省的忠诚居民会奋起保卫"神圣信仰和祖国边境"，而且俄国最终会战胜"背信弃义"的法国人，就像它从前战胜鞑靼人一样。

　　以祖国的名义号召所有敌军接近地区的人民拿起武器，不管在什么地方，一旦发现落单的敌军部队就展开袭击。此外，

我本人已经向法军占领地区的所有俄罗斯人发出特别号召，以
确保没有一个犯下侮辱我们的宗教和祖国罪行的敌军士兵能逃
过我们的复仇，一旦他们的军队被我们击败，四处溃逃的敌军
必定会在人民手中遭到毁灭和死亡。[3]

当亚历山大于 7 月 19 日离开军队，启程前往莫斯科对后方作战
争动员时，他此刻最重要的任务是创建一支作为抵抗侵略者的第二
防线的民兵。亚历山大·希什科夫起草了呼吁境内各阶层支持新一
批民兵的皇家宣言。宣言追溯到整整 200 年前的所谓"混乱时代"，
那时俄国社会奋起反抗将波兰王子放到俄国皇位上的图谋，选出了
第一位罗曼诺夫沙皇，重建了强大的国家，从而终结了俄国的衰弱
和屈辱阶段。

　　敌人已经越过了我们的边界，并且还在继续武装进入俄国，
企图以他的实力和教唆动摇（我国的）大国根基……他用心底
的狡猾和嘴上的诱惑给我们带来永久的锁链……我们现在呼吁
所有忠实的臣民，不论其阶层，不论其精神或年龄状况，和我
们团结统一地站在一起，抵抗敌人的阴谋和企图。

在向贵族——"任何时候都是祖国的拯救者"——和教士发出
呼吁后，宣言转向了俄国人民。"勇敢斯拉夫人的无畏后代们！企
图袭击你们的狮虎总是会被你们击碎獠牙。让每个人都团结起来：
心中有十字，手中有武器，人间的任何力量都无法击败你们。"[4]

在苏维埃时代，"爱国的群众"是抵抗拿破仑入侵的关键，这
一论断对俄罗斯史学家来讲可谓信条。显然对"群众"——在这个
时代实际上意味着农民——来说，在武装力量和民兵中服役是他们
为俄国这场战争所做出的最重大的贡献。从 1812 到 1814 年，大约
有 100 万人入伍，其中超过 2/3 进入了正规军。没有农民志愿加入
军队。首先，士兵需要服役 25 年，晋升到高级军士的可能性却微乎
其微，更不用说进入军官团了。这一前景要求志愿从军者具备超凡

脱俗的爱国主义情怀。无论如何，农民都没有被允许志愿入伍。他们的人身属于国家和地主，并不属于农民本人。

218　　　农民也不被允许志愿加入民兵。后者仅仅来自私人农奴，并不包括国有农民。哪个农奴会被派去服役则完全取决于地主。总体而言，在民兵中服役没有在正规军中那么可怕，因为皇帝曾经许诺战争结束后就解散民兵。这一诺言曾经在多个场合反复出现，民兵也得到了保留胡须和身着农民日常服装的许可，以便强调他们并非（正规军）士兵。虽然如此，没有人能够轻易忘记在 1806～1807 年战争结束时，大部分民兵事实上都已被转入了正规军。

　　1813 年 3 月，约翰·昆西·亚当斯的房东告诉他没有一个彼得堡民兵会回来。许多人已经死去了。"其他人或是已经，或是将要被并入（正规军的）团里。他们中没有一个人会回来。"这个看法事实上太过悲观了。亚历山大信守了他的诺言，民兵组织在战争结束后即被解散，民兵也回了家。然而，由于疾病、疲劳和战时兵役带给许多农民的极度冲击，人员损失还是相当大的。在 1812 年被动员进入特维尔民兵的 13000 多人里，只有 4200 人在 1814 年返乡，这一比例绝非异常。[5]

　　在苏维埃时代，1812 年的所谓"游击战争"也明显得到了强调。拿破仑时代的游击队员们被描述成 1941～1945 年德国战线后方游击运动的先驱者，也被认为是这场"人民战争"中的主要英雄。粗疏的西方读者们因此得到了这样的印象：他们和法国"马基"①多少有些相似，在 1812 年骚扰拿破仑的交通线时扮演主要角色。事实上，这是对拿破仑时代"游击队员"一词的误解所致。在 1812年深入法军后方的俄国游击队是由正规军军官指挥的。这些游击队的核心一般是从俄军主力部队抽出的正规轻骑兵中队。正规轻骑兵周围则是成群的哥萨克团，有时候武装平民也会加入这些分遣队，但平民起到的最重要作用是在当地担任向导和提供法军行踪、分布

---

　　①　maquis，法国二战中的抗德游击队。——译者注

的相关情报。游击队的袭击甚至在拿破仑越过斯摩棱斯克之前就展开了，这些袭击也将持续到 1813～1814 年。就战略层面而言，最重要的游击队袭击事实上发生在 1813 年初。袭击指挥者中最著名的是亚历山大·切尔内绍夫，此类袭击深入普鲁士境内，在将普鲁士带入俄罗斯阵营的进程中扮演了主要角色。[6]

真实得多的"人民战争"是由拿破仑前进路线附近省份的农民们发动的。当法军占领莫斯科后，它被迫派出越来越大的粮秣征集队去确保马匹的食物和草料供应，其中后者尤为紧要。上述粮秣征集队在村庄中遭遇的抵抗是拿破仑面临的主要麻烦，它清楚地表明如果拿破仑试图在莫斯科过冬的话，他的军队将会失去马匹，从而在 1813 年战局开始时无法动弹。这类农民抵抗中有许多并非纯粹自发。当地的贵族民兵指挥官和行政官员组织"家乡自卫军"警戒线，以期击退法军粮秣征集队和劫掠者。但也有许多农民自发组织抵抗的案例。

有无数报告提到了农民对粮秣征集队的伏击，其中一些伏击发展成了坚持多日的连续交战。库图佐夫于 1812 年 11 月初向亚历山大报说，莫斯科省和卡卢加省的农民在大部分情况下都拒绝了法军的要求，把他们的家人和孩子藏在森林里，继而守卫村庄抵抗粮秣征集队。"甚至连妇女都经常"协助男子将敌军诱入陷阱予以歼灭。没有任何理由去怀疑法军因把教堂当作马厩、仓库和宿舍而激怒了俄国农民的记载。在保卫住所和家人免遭外来劫掠者洗劫的战斗中，天生的小规模爱国心就更加明显了。[7]

然而关于农民的自发行动，最重要的问题并不在于群众做了什么，而是他们没有做什么。政府在向人民发出的呼吁中提到了敌人的狡猾和诱惑，这实际上反映了俄国精英对潜在的农民暴动的担忧。不过事实上他们所担忧的事情并未发生，这一定程度上是因为拿破仑并未试图发起针对农奴制度的农民战争。法军直到抵达斯摩棱斯克之前都不必考虑这种做法，因为立陶宛和大部分白俄罗斯境内的地主都是波兰人，他们是拿破仑的天然盟友。法军可能会试图在斯

摩棱斯克之外煽动暴动，但他们仅仅在大俄罗斯境内待了两个月，
而拿破仑在任何情况下的战略都是击败俄国军队，进而与亚历山大
议和。等他意识到俄国皇帝不会进行谈判时已经太晚了，拿破仑也
没办法采取另一套战略。无论如何，尽管向农民发出推翻农奴制度
的呼吁很可能会让莫斯科地区变得更加混乱，但拿破仑军队的所作
所为让人难以想象俄国农民会相信他或者期待由他来领导。在俄国
腹地既没有任何有潜质的本土领袖，也没有社会革命的塑造者。

　　另外，即使拿破仑不加煽动，1812 年秋季的莫斯科地区仍然存
在相当程度的无政府现象。这一年的农民骚乱次数是战前年份平均
次数的 3 倍，大部分骚乱都发生在国家权威已经削弱的邻近军事行
动地区。权力的动摇对所有人来说都是显而易见的。在莫斯科陷落
一个星期后，德米特里·沃尔孔斯基公爵在日记中记载，一个喝醉
了的军士在旅馆里冒犯他，这对一位俄国中将而言绝非正常经历。
他补充说，"人民已经做好了骚乱的准备，认定每个政府成员都早
已在敌人面前逃窜"。这种"骚乱"尽管总是十分地方化的，但在
某些场合还是相当严重，甚至需要从野战军出动小型正规分遣队予
以弹压。[8]

　　最糟糕的农民骚乱发生在维捷布斯克省及其附近地区，这是彼
得·维特根施泰因麾下第一军的作战地区。在 1812 年夏季和秋季，
许多地主遭到谋杀或袭击，有时甚至会出现 300 多名农民攻击地主
的情况。在一次声名狼藉的战斗中，一队 40 人的龙骑兵被暴动的农
民击溃，2 名龙骑兵被杀死，12 名龙骑兵被俘，军官则被狠狠打了
一顿。文官政府无力处理这种程度的麻烦，于是向维特根施泰因请
求援助。他却拒绝在短期内派出援兵，声称他手下骑兵太少，哥萨
克也只有一个团。这些骑兵必须集中起来投入把法军赶出波洛茨克
的秋季反攻当中。维特根施泰因补充说，骚乱是由于法军侵入这一
地区才发生的，一旦赶走敌军就会很快平息，事实上法军此后不久
就被击退了。[9]

　　然而，维特根施泰因有时还是能够出兵的，比如部署一个巴什

基尔骑兵中队前往某个遇到特别麻烦的庄园。这凸显了一个通常的
特点，在某些靠近战区的地方，政权会在短期内发生动摇，可是在
法军未曾占据的任何地方都没有发生大范围的政权崩溃。俄罗斯帝
国相当庞大，政府可以动用未被危机触及的地区的资源。例如亚历 221
山大于 11 月 21 日致信战争大臣阿列克谢·戈尔恰科夫公爵，信中
说不少于 29 个非正规骑兵团正从乌拉尔和西西伯利亚赶来，其中有
20 个巴什基尔骑兵团。这些骑兵在抵抗法国人时用处常常很有限，
但吓唬维捷布斯克的农民已经绰绰有余了。[10]

　　对政府而言，农民的忠诚是和城镇秩序问题紧密相关的，在莫
斯科地区尤其如此。只有 1/3 的城镇人口是深深扎根当地的完全城
镇居民，贵族和他们的大群家务农奴在晚春时节前往庄园，在冬季
即将到来时返回城镇。此外，许多农民工人和工匠会在一段时间里
去城镇中做工，但是依然保持和他们村庄的联系。家务农奴们会大
规模地成群聚集在一起，又能听到他们主人的闲话，当局因此对他
们特别关注。维持莫斯科地区的平静和秩序是费奥多尔·罗斯托普
钦的职责，维持整个帝国的平安则是警务大臣亚历山大·巴拉绍夫
的责任。罗斯托普钦用尽一切诡计疏导和安抚莫斯科地区的群众，
但他给巴拉绍夫的信表明他在 1812 年春末夏初对公共秩序和群众的
忠诚是有信心的。只是在政府机关最终离开城市后的法军占领时期，
莫斯科地区才出现了无政府状况。仆人洗劫了他们主人的住所，受
人尊敬的妇女为了生存转而卖淫，由于监狱已经空空荡荡，犯人们
在街上闲逛，搜寻容易获得的赃物，因而大范围的混乱现象也在增
长。然而，无政府状况在乡村仅仅是单纯没有政府而已，没有出现
任何推动社会革命的领导人物或意识形态。[11]

　　政府没有理由去担心城市精英的忠诚。俄国商人的心态通常是极
为保守且正统的，他们为战争慷慨解囊。莫斯科在这一层面上做出了
表率，当亚历山大于 7 月末拜访这座城市呼吁支持民兵时，商人们立
刻就保证，除了他们已经对战争做出的捐助之外，还会捐出 250 万卢
布。政府更加不用害怕教会，它是政府在动员群众抵抗侵略者时的主 222

要意识形态盟友。在 1806～1807 年的战争中，东正教会已经对拿破仑发出了诅咒，这在《蒂尔西特和约》签定之后多少引发了一些尴尬。然而，现在教士们可以兴致勃勃地指责敌基督了。主教公会①于 7 月 27 日发布了一份言辞激烈的宣言，其中警告说，那个曾经推翻了合法国王和教会，从而招来上帝对人类愤怒的邪恶部落，现在正直接威胁到俄罗斯。因此每个神职人员都有责任激励人民在东正教信仰、君主和祖国的保卫战中表现出团结、服从和英勇的品质。[12]

考虑到这一时代俄国社会和政府的性质，贵族对战争的支持必然是最为重要的。贵族掌握了国家所需要的，而且时常无力购买的大部分战争资源：剩余的食物、草料、马匹和人员。贵族也会为民兵和急剧扩张的军队提供绝大部分军官。即使在和平时期，皇权也需要依靠贵族帮助它统治俄国。在省会以下层级的地区，由选举产生的首席贵族、警察队长和司法官员是行政机构的根基。这些人的工作在战时变得更加必要，也繁重得多。他们的一项关键传统任务就是负责征兵系统的运营，在 1812～1814 年，他们需要经手 10 倍于普通年份的应征士兵。贵族们还需要自愿承担新的任务，食物、草料和装备的运输纵列在从俄国内陆深处送往军队的过程中必须有人护送，成千上万的马匹也是如此。内卫部队极度劳累的军官们需要贵族志愿者多少分担一些护送新兵前往军队、押运战俘离前线的负担。

在这种紧急状况下，皇权的确有权要求贵族提供帮助。就在 100 年前的彼得大帝统治时期，只要健康状况允许，男性贵族就都必须作为军官服役。彼得去世后，强制服役政策先是缩短了年限，后来在 1762 年被最终废除。叶卡捷琳娜二世随后确认了贵族免于强制为国服役的自由，但她向贵族发放的特许状中表示紧急时期除外。

不论古代、当今还是未来，贵族的头衔和地位都是通过向

---

① 俄国教会管理机构。——译者注

帝国和君主提供有益的服务与劳动赢得的，又因为俄国贵族的
存在取决于祖国和君主的安危，缘于上述理由，不管在什么时
候，只要俄国专制政府需要并要求贵族出于公共利益为之效劳，
每个贵族都注定在专制政权发出第一次号召后就不遗余力、不
顾性命地为国效力。[13]

尽管没有人能够否认，现今的情形正是叶卡捷琳娜二世设想过
的那种紧急状况，但她的孙子依然以他通常的得体做法"邀请"贵
族阶层为战争做出贡献，表示他确信他们会以高贵的爱国主义回应
他的爱国号召。但省长们时常把皇帝的指令称作"要求"。等到开
始分摊为军队提供补给的经济负担或为民兵找到军官的任务时，首
席贵族们也认为所有贵族都有义务在这个危急关头为国效命。尽管
首席贵族在通常情况下会首先号召志愿效劳的贵族，毫无疑问他们
也有权在必要情形下任命某些贵族为民兵军官。许多贵族出于爱国
主义热情主动志愿加入军队或民兵，其他人则忠实地响应了首席贵
族的号召，但也存在许多贵族逃避兵役的案例。面对这些逃避推脱
现象，省长和首席贵族高谈阔论、气势汹汹，但实际上并没有怎么
惩罚推脱者。也许唯一有效的回应是监禁、没收财产甚至处决，但
上述手段中没有一个看上去能够用来作为威胁。[14]

这个现象表明了亚历山大一世治下俄国的某些基本状况。在向
俄国大众强加需求时，亚历山大的政权一定程度上是可怕而具备毁
灭性的，在战争时期尤其如此。但这并不是彼得大帝的俄国，更不
是斯大林的俄国，政权无法以恐怖手段控制社会精英。贵族不能公
开反对亚历山大的政策，但他们可以拖政策后腿、破坏政策的执行
进程：在战前几个月里，贵族阶层对向贵族庄园增税这一意图的破
坏就说明了他们所拥有的权力的一个方面。因此高尚的情感因素也
应当被考虑在内，社会精英既需要被制约，也需要被拉拢。事实上，
在面临希特勒入侵时，就连斯大林政权都意识到仅有恐怖是不够的，
必须激发俄罗斯人的爱国激情。亚历山大在这方面不用别人提醒，

224 更没必要让旁人提醒他去同贵族保持和睦，以便稳定后方、确保对战争的投入。在8月末，他告诉皇后的一位女侍官，只要俄国继续致力于战争，"只要士气不崩溃，一切就都运转良好"。[15]

少将瓦西里·维亚泽姆斯基（Vasili Viazemsky/Василий Вяземский）公爵的日记表明了亚历山大为何的确有必要担心贵族的"士气"。维亚泽姆斯基家族是一个古老的公爵门第，但在亚历山大一世统治时期，家族里只有少数几个人依然富裕且身处显要位置。瓦西里·维亚泽姆斯基只拥有不到100名农奴，当然不属于富贵之列。他在远离彼得堡和近卫军的普通猎兵团里度过了职业生涯。尽管受过良好教育，但他的关注点和主张都属于中等行省贵族一类。在战争开始时，维亚泽姆斯基正在托尔马索夫手下的第三军里指挥一个猎兵旅，守卫通往乌克兰的道路。

像大部分同辈贵族一样，维亚泽姆斯基因俄军面对拿破仑入侵时的撤退而感到沮丧和困惑。等到拿破仑正接近俄国心脏地带的消息在9月初传来时，沮丧就演变成了愤怒。

> 一个人的心脏会因俄罗斯的处境而颤抖。部队里毫无疑问存在阴谋，他们当中满是外国人，又被暴发户指挥着。谁是皇帝在宫廷里的顾问？阿拉克切耶夫伯爵。他什么时候参加过哪怕一次战争？哪一场胜利让他声名远扬？他对他的祖国曾经做过什么贡献？在这个关键时刻，能接近皇帝身边的人却是他。整支军队和全体人民都在谴责我们的部队从维尔纳到斯摩棱斯克的撤退。要么整支军队和全体人民是白痴，要么那个下令撤退的家伙是白痴。

在维亚泽姆斯基看来，他个人的未来和国家前景交织在一起，却都是一片阴沉。俄国面临着战败和丧失光荣的局面，它的面积和人口将会锐减，它漫长而虚弱的边境将会因此变得更加难以防御，它将需要一个新的行政系统，而这个系统会成为诸多混乱的源头。"宗教已经被启蒙运动削弱了，所以还有什么留给我们去控制难以管束、易于暴乱又饥肠辘辘的群众呢？"至于当时正施加在贵族阶层头上的支持民兵的新需求，"现在我的处境的确还行。（但）我的庄园中每 10 个男子里要抽出 1 个作为民兵新兵，我还得供养他们留在身后的家人：我没有一个铜板，我还有许多债务，我没有任何能够为我的孩子提供支持的东西，我的职业没有任何稳定的未来。"[16]

225

1812 年夏季，亚历山大担心俄国精英的士气可能会崩溃，接着这些精英就会转而对他的战略和对胜利的投入力度怀有疑虑。然而，皇权和贵族的同盟还是牢固地维持住了。考虑到 1812 年战局中的军队补给问题，这一同盟是极为重要的。

战争前夕，亚历山大向俄国社会发出呼吁，希望他们在食物和运输方面为军队提供帮助。莫斯科的贵族和商人们一天之内捐出了 100 万卢布作为回应。在遥远的伏尔加河岸上的萨拉托夫（Saratov/Саратов），阿列克谢·潘丘利泽夫（Aleksei Panchulidzev/Алексей Панчулидзев）省长收到了亚历山大的呼吁和警务大臣让萨拉托夫省提供 2000 头牛和 1000 辆大车协助军队展开运输，再提供 1000 头牛供食用的"请求"。省内的贵族和市镇政府不仅同意了这一请求，还主动额外提供了 500 头牛。他们测算认为，一辆配备了两头牛的大车在萨拉托夫得花费 230 卢布，其中大车本身只值 50 卢布，一头肉牛则要耗费 65 卢布。然而，把大车和牲畜运到军队还要雇用 270 名工人工作 6 个月时间，每个工人的月薪是 30 卢布，这一共就要花费 48600 卢布。所以萨拉托夫省甚至在开战之前就为维持军队投入了超过 40 万卢布。[17]

在 1812 年的战局中，野战部队在食物上花费极少。1812 年俄国野战部队的全部开支仅是 1900 万卢布，其中大部分是薪饷支出。在战局初始阶段，军队一定程度上是依靠此前两年在西部边境建立的仓库来供养的。在这些仓库里已经储存了足够一支 200000 人的大军和他们的马匹消耗 6 个月的食物和草料。然而，上述准备工作并没有完全成功，因为在军队撤退途中所经过的道路上，每隔一段距离就安排的兵站（etapy/этапы）就数量而言实在太过稀少。不管怎么说，这些库存通常是为支撑俄军部队向华沙大公国推进而设立的。一份苏联资料推测，仓库里储存的食物有40%落入法军手中或者被烧毁了——后一种状况要常见得多，尽管后勤总监格奥尔格·坎克林总是否认这一点。[18]

自从战局开始后，后勤部门就组织军队从平民那里征用食物，有时甚至直接拿走，作为交换，征用食物的团会给平民发放收据。此举很有意义，因为任何俄军带不走的食物都会被法军弄到手。发放收据的制度原本是设计来保障征用以有序方式进行，避免其沦为洗劫的。它的另一个设计目的则是让政府日后能够向提供食物的平民发放补偿。俄国政府的确做到了这一点，在战争结束后它设立了特别委员会负责收集收据，以收据冲抵赋税。所以，在征用和提供收据的系统运行良好的时候，某种程度上来说它其实是一种强制性贷款，这让国家能够等财政恢复到和平时期的秩序后再支出战时费用。[19]

1812年初颁布的野战部队新法典中详细规定了俄军部队应当如何在战时供养自己，其基本原则是军队必须从当地人手中征用所需的一切食物。美中不足的是，这部新法典是给出境作战的俄军设计的。不过在两个月后，亦即1812年3月下旬，法典的适用范围就扩大到了在俄国国内进行的战争。被宣布进入战争状态的省份将会处于军队司令及其后勤总监的支配之下，所有的文官都必须服从后勤总监。正如人们可能会预计到的那样，这份原本被设计来管理所征服土地的法典给军事当局的权力实在太大了。补充法令只设想了将边境省份纳入适用范围的情况，但到1812年9月时，一直远达莫斯科南面的卡卢加的一长片省份都被宣布进入战争状态。供养军队、照顾伤员甚至为即将到来的战役征收冬装等许多事务都压到了这些省份的省长们肩上。[20]

军需官、省长和贵族阶层确保了俄军在1812年战局前半段很少遇到饥饿状况。当时正值收获或是收获时节刚刚过去，军队又位于俄罗斯帝国繁荣的核心地带，因此做到这一点并不十分困难。存在于俄国乡村的应对歉收和饥荒的仓库网络也有助于供养军队。贵族们在很多情况下同意从上述仓库中抽出粮食供给军队，并自行补足仓库缺口。志愿捐献食物、草料、马匹、运输工具、装备和服装的事例不胜枚举。正如人们会预计到的那样，最为庞大的捐助来自感受到了敌军威胁又能够最轻易地向军队输送补给的邻近省份。也许没有一个省份能够和普斯科夫省对维特根施泰因军的捐助相提并论，不过斯摩棱斯克省和莫斯科省也相差不远，卡卢加省省长帕维尔·卡韦林（Pavel Kaverin/Павел Каверин）在向位于塔鲁季诺营地的库图佐夫大军输送补给时被证明是极有效率又极为勤劳的。一位十分稳重的同时代史学家估计，1812 年俄国社会自愿捐献的战争物资价值 1 亿卢布，其中绝大部分是由贵族提供的。然而，由于大部分此类捐献是实物形式，因此很难对其做出准确估计。[21]

　　在协助供养军队的同时，省长和贵族们也被要求协助组建新军事单位，它们将构成巴克莱军团和巴格拉季翁军团后方的第二道战线。亚历山大早在 6 月初——也就是说拿破仑越过俄国边界之前——就在维尔纳发出了希望地方提供协助的第一次请求。

　　这类新后备军中有一部分是当时集中在 10 个所谓"二线"新兵兵站的新兵。安德烈亚斯·克莱因米歇尔（Andreas Kleinmichel）少将接到了从这些应征士兵中组建 6 个新团的任务——也就是说不到 14000 人。随着拿破仑横穿白俄罗斯向前推进，克莱因米歇尔奉命把他的 6 个团集中到特维尔和莫斯科之间的大后方训练。他得到了一批优秀的军官和老兵作为训练核心，这些人一部分来自二线新兵兵站，一部分是被留下来疏散仓库并关闭 24 个一线兵站的全部军官和军士。此外还有两个莫斯科卫戍团和两个来自彼得堡的优良水兵营被派了过去。克莱因米歇尔很快就有了足够的军官，他还能派出一些军官协助德米特里·洛巴诺夫－罗斯托夫斯基公爵，公爵当时正奋力在俄国中部省份组建 12 个新团。[22]

　　亚历山大于 5 月 25 日在维尔纳起草了组建上述 12 个团的命令。这一命令的极大新奇之处在于，这些团应当由行省社会负责组建并

227

出资。国家将会提供新兵和步枪，但它希望此前在军中服役过的贵
228　族能再度从军，提供这些团所需要的所有军官，国家同时希望行省
贵族为这些团提供制服、装备和食物。市镇政府则必须为他们的运
输工具出资。这 12 个团会在 6 个省内组建：北方的科斯特罗马
（Kostroma/Кострома）、弗拉基米尔（Vladimir/Владимир）、雅罗斯
拉夫尔（Iaroslavl/Ярославль），南方的梁赞、坦波夫（Tambov/
Тамбов）、沃罗涅日（Voronezh/Воронеж）。这 6 个省中每一个都应
当为一个团提供军官和装备，此外还有 9 个省会负担剩余的 6
个团。[23]

　　一如既往地，收到这种命令时省长的第一反应是和行省首席贵
族讨论相关事务。地方首席贵族们被传召到省会去组织新法令的具
体执行过程。考虑到俄国行省的大小，在 8 天内安排省长和地方首
席贵族们的重要会议几乎是不可能的。贵族和市镇政府都立刻接受
了君主制订的任务。亚历山大建议 3 个南方行省——梁赞、坦波夫
和沃罗涅日——合作组建它们的团。省长们测算认为，为一个团提
供食物、衣服和装备需要消耗 18.8 万卢布，建造运输车辆还需要额
外耗费 2.8 万卢布。然而俄国不同省份物价相差很大，科斯特罗马
的首席贵族们确信，在他们的行省（组建同样一个团）需要耗费 29
万卢布。首席贵族们同意在行省的全部农奴主那里均摊所需资金
总额。[24]

　　筹措资金相对而言是比较简单的，弄到制服、装备和马车就复
杂多了。省长们和首席贵族们几乎没有组建团的经验，而拿破仑推
进到俄罗斯境内时悲惨危急的那几个星期显然不是学习上述技能的
轻松时段。所有行省都认为大部分装备和军用物资应当从莫斯科运
来。仅以一个团为例，它就需要 2900 米墨绿色布匹和近 4500 双靴
子，还要安排相当数量的运输工具。3 个南方省份选择在莫斯科裁
剪制服，因为它们缺乏能够及时自行完成任务的裁缝工人。以梁赞
团的结果为例，这个团的 1620 套军装从未离开过莫斯科，最后在大
火中被全部烧毁。不过北方省份就没有那么纯农业化了，尼古拉·

帕森科夫（Nikolai Pasynkov/Николай Пасынков）省长确信科斯特罗马省的裁缝能够自行处理、解决任务。[25]

在根据军队提供的模具生产弹药和补给马车这方面，所有省份都遭遇了障碍。虽然科斯特罗马省省长要求当地工匠根据这个模型打造一个近似品，来自奔萨（Penza/Пенза）省——位于莫斯科东南的农业地区深处——省长的抱怨却要普遍得多，"尽管我用尽所有愿望和热情为实际生产弹药和补给马车提供帮助，但对我而言这种生产还是不可能的，因为我们完全缺乏能够从事此类工作的工匠"。省长们很快就得知他们只需要提供生产马车的资金，马车将在莫斯科守备司令黑塞（Hesse）中将的指导下于莫斯科生产，这让他们大为轻松。然而不幸的是，亚历山大和巴拉绍夫忘记预先去提醒黑塞了，后者困惑地收到了省长们对他所提供帮助的欢乐感谢。为了避免此后出现这类混乱状况，亚历山大于 6 月 29 日任命阿列克谢·阿拉克切耶夫为他在军事行政管理方面的主要助手。阿拉克切耶夫在战略或军事行动方面从没有多少影响力，不过在余下的战争中，他会在同动员、训练、装备俄国后备军和民兵有关的一切事务上成为实质上的领主。[26]

组建新团所需要的拼命努力向我们说明了亚历山大统治时期俄国地方很多行省生活的状况。在梁赞省，当地商人在给梁赞城附近组建的团提供食物时试图收取高额费用，可能是因为他们总要负担食物的一半花费，贵族们于是完全免费地提供了食物。行省首席贵族、因为虐待农奴而声名狼藉的退役中将列夫·伊斯梅洛夫（Lev Izmailov/Лев Измайлов）这回负担了所需的大部分食物。更困难的则是为新建立的团提供卫生帮助。1812 年时整个梁赞只有两位医生。其中一位名叫格内特（Gernet）的年轻医生堪称英雄，在为团里的伤员提供治疗这一通常工作以外，他还志愿陪伴团里的士兵赶赴前线，甚至自掏腰包为他们提供药品。另外，当士兵还驻扎在梁赞时，莫尔强斯基（Moltiansky/Молтянский）医生就穷尽一切手段逃避帮助士兵的任务，后来更是断然拒绝陪伴士兵出征。最终布哈林（Bukharin/Бухарин）省长以流放出省、让他无法从业来威胁莫尔强斯基，这才迫使他随军出征。[27]

最困难的任务则是为这些新团找到足够的军官。亚历山大显然高估了贵族们重返军队的意愿，也没能给退役贵族军官提供足够的从军动机。沃罗涅日省省长在 7 月初向洛巴诺夫报告，尽管他已经传唤行省贵族召开紧急会议，但与会人员里没有一个自愿返回军队。在梁赞，"哪怕在这个省数目众多的贵族当中，愿意成为军官的人也依然很少"。重返军队和俄罗斯贵族的基本生活方式相抵触：年轻贵族会作为单身军官服役多年，然后退伍回乡结婚、经营庄园，或者在地方行政部门就职。志愿者的数量不久之后开始上升，皇帝这时也允许前军官以退役时擢升的军衔而非在团里持有的最后一个军衔返回军中，这可能对从军人数的提高有所帮助。然而在某些情况下，赤贫的生活状况似乎是促使贵族重返军队的主要动机。[28]

洛巴诺夫以典型的吹毛求疵和令人生气的方式解释亚历山大的命令，这无助于他自己的事业。在省长当中，辛比尔斯克省的阿列克谢·多尔戈鲁科夫（Aleksei Dolgorukov/Алексей Долгоруков）公爵可能在动员志愿者返回军队时最为热心。到 8 月中旬为止，他已经派出了 42 名未来的军官加入洛巴诺夫的团。多尔戈鲁科夫自己承认其中的一个人，退役少尉扬切夫斯基（Ianchevsky/Янчевский）几乎是不合格的，此人之前曾有一次因醉酒而受到处罚。省长写信给洛巴诺夫，告诉他自己之所以要把扬切夫斯基送到洛巴诺夫那里再行定夺，是因为这个人表现出了相当程度的悔意，渴望在战场上实现自我救赎。然而洛巴诺夫相信要执行皇帝命令直到最后一个逗号为止，他即刻发表了一份正式声明谴责多尔戈鲁科夫，因为皇帝的法令中规定邀请返回军队的前军官得具备良好的行为记录。[29]

甚至直到 9 月中旬时，洛巴诺夫的团里军官数目还没有达到总员额的一半，被安排到团里的 285 名军官中只有 204 人是返回军队的贵族，其他人大部分来自相当不可靠的来源——内卫部队。洛巴诺夫明确需要安德烈斯·克莱因米歇尔即刻派来 227 名多余军官。

另外，彼得堡军官武备学校派给了洛巴诺夫 12 名优秀军官，还从一个掷弹兵训练单位中抽出了几乎一整个营的受训军士。洛巴诺夫还渴望从巡逻西伯利亚西南边界的部队中得到军官、士官和最好的未婚老兵，这些人已经开始了他们长途跋涉加入洛巴诺夫麾下的征程。[30]

　　洛巴诺夫和多尔戈鲁科夫公爵的对抗绝非组建这 12 个团过程中的唯一冲突。洛巴诺夫的两位助手之一鲁萨诺夫（Rusanov/Русанов）少将被他上司的行为激怒了，盛怒之下他直接向皇帝弹劾洛巴诺夫，这让阿拉克切耶夫大为恼火。在负责监督团的组建过程的军官和地方首席贵族之间也出现了冲突，因为军官只对尽快让部队做好出征准备感兴趣，而首席贵族还要关注制服和装备的价格状况，因为他们还要负担相关的开支。然而，尽管遭遇了这些冲突和困难，这些新团的组建依然被证明是成功的，其中的 6 个团和克莱因米歇尔麾下的 3 个团加入了库图佐夫位于塔鲁季诺营地的大军。元帅向亚历山大报告，尽管这些团只得到了"非常短暂"的训练时间，但是"他们组织状况良好，大部分士兵的射击能力也不错"。[31]

　　不管洛巴诺夫和克莱因米歇尔的部队质量有多高，40000 名援军的数量实在太少了，仅靠他们无法把战争状况变得对俄国有利。甚至就在这两位将军奋力组建他们手下的 18 个团的时候，亚历山大还下达了新一轮征兵命令——第 83 轮征兵——此次征兵意在征召超过 150000 名新兵。然而，召集并训练这些人需要花费数个月的时间。为了在这段过渡时期内组织二线防御，亚历山大呼吁他的贵族们从所拥有的农奴中动员一支临时性的战时民兵，并由这些贵族担任民兵军官。事实上，由于法军已经威胁到斯摩棱斯克省，当地的贵族们在皇帝发出呼吁之前已经开始着手组织"家乡自卫军"。但民兵的大规模动员实际上要到亚历山大 7 月底前往莫斯科时才真正开始。亚历山大在那里看到了莫斯科贵族对他的呼吁做出的强烈爱国主义回应，他于 7 月 30 日发布了一份宣言，号召在 16 个省份动员民兵。[32]

231

　　一共有大约 230000 人在民兵中服役,其中几乎所有士兵都是私人农奴,而军官绝大部分是来自民兵所在省份的贵族。没有国有农民或皇庄农民加入民兵,这一点意义非常重大。由于正规军一直都是俄罗斯军事力量的核心和胜利的关键,因此不能耗尽正规军的新兵资源,这一点相当重要。此外,为民兵找到足够的军官也注定是困难的。贵族们也许会感到有义务参加由本省贵族会议志愿提供并组建的民兵,尽管事实上还是有许多人用尽一切手段来回避义务,如果从国有农民和皇庄农民中征集民兵,找到适宜担任军官的人就更不可能了。[33]

232

　　民兵士兵会保持他的平民服装。他需要一件足够宽松的外衣(*kaftan*/кафтан),这件外衣要宽大到能让他在下面再穿一件毛皮外套。他的两双靴子也需要足够宽敞,以便让脚上能够包裹着抵御冬季严寒的袜子和裹脚布。他还需要两件俄国产歪领衬衫、几条手帕和绑腿,以及一顶可以扣在胡须下方、在冬季保持头部温暖的帽子。[34]

　　出身农民的民兵士兵和国家都喜欢这个安排。对民兵来说,这暗含着承认他们并非(正规军)军人,将在战争结束后返回家乡的意味。而国家则免于负担为民兵提供制服的义务,这在当前环境下是根本无法完成的。根据内务大臣在 7 月中旬的报告,仅仅现有的军事订单就让生产制服的衣料出现了 34 万米的缺额,再负担额外的240 万米战时需求是完全难以想象的。内务大臣写道,俄国国内不仅布匹工场数量太少,而且还缺乏提供对应数量羊毛的绵羊。事实上,除了近卫军之外,德米特里·洛巴诺夫 - 罗斯托夫斯基的士兵是 1812 ~ 1814 年最后一批得到俄国步兵传统墨绿色制服的新兵。此后所有的应征士兵都要和粗制滥造的灰色“新兵服装”做斗争,这些服装是用劣等“农用布”制成的,很难应对战争的严酷考验。[35]

　　新民兵被分成了 3 个战区。第一战区的 8 个省原则上要致力于防守莫斯科。构成第二战区的两个省(圣彼得堡和诺夫哥罗德)的任务则是保卫皇帝的都城。这两个地区都要立刻被动员起来。第三战区的 6 个省则要等到收割之后才动员，即便到那时该区域的动员也仍然是分阶段进行的。第三战区司令是中将彼得·托尔斯泰伯爵，前任驻巴黎大使。对托尔斯泰而言，和拿破仑作战要比在他面前献殷勤快乐得多。正如他所解释的那样，要是有人给他足够的炮兵掩护进攻的话，他会指挥装备着长矛的民兵纵队攻击敌军——这是法国 1793 年"全民皆兵"（*levée en masse*）的俄国版本。[36]

1812 年战斗力最强的民兵是圣彼得堡和诺夫哥罗德省组建的民兵团。由于维特根施泰因挡住了法军，他们在投入战斗前得到了短暂的训练时间。首都卫戍部队提供了拥有长期训练新兵经验的军官和军士，圣彼得堡军械库也为他们服务，所有的民兵都得到了步枪。经过五天五夜的训练，亚历山大在英国大使卡思卡特勋爵陪同下检阅了彼得堡民兵。注视着这些新兵以令人瞩目的技艺完成基本训练时，大使向亚历山大评论道，"这些人是从土里突然生长出来的"。在 1812 年秋季战局中，彼得堡和诺夫哥罗德民兵将和维特根施泰因麾下的正规军在一系列会战里并肩作战，他们表现出的状况比任何有权预测的人所估计的状况都要好。[37]

第二战区民兵的作战行动在 1812 年可谓异乎寻常。和同他们相对应的 1813～1815 年的普鲁士国民后备军不一样，俄国民兵从未和正规军单位一起混编成旅和师。绝大部分情况下，它作为一支辅助部队而非野战军的一部分存在。在 1812 年初秋，大部分民兵被用来组织警戒线、堵塞道路，以便阻止敌军粮秣征集队和掠夺者冲出莫斯科附近地区。当拿破仑撤退时，一些民兵单位被用来在收复的土地上维持治安，协助恢复秩序、行政管理和交通，其他人则负责押送战俘。在 1813 年，大部分民兵被用来封锁但泽（Danzig）、德累斯顿（Dresden）以及其他许多位于联军后方、有大股敌军正规部队守卫的要塞。这些工作中没有一桩是特别富有英雄主义或浪漫主义色彩的，尽管需要为它们付出沉重的生命代价。无论如何，民兵的角色十分重要，因为民兵将数以万计的俄罗斯正规军人（从烦琐工作中）解放出来，让他们能够投入野战战场。[38]

对 1812 年的民兵来说，一个关键问题是缺乏火器。俄国在 7 月底就已经面临着严重的步枪短缺问题，截至那时，战前 18 个月储存的 371000 支步枪中已经有近 350000 支被分发下去了，而此时的步枪生产则几乎完全依靠位于图拉的国有和私人工场。在 1812 年 5～12 月，图拉一共生产了 127000 支步枪，平均每个月生产将近 16000 支。然而，在莫斯科陷落之后，许多工匠逃离图拉回到了自己的村子，这在数周内严重影响了图拉的生产，也激怒了亚历山大。图拉后来在为后备骑兵生产手枪方面做了大量努力，因此俄军步枪的主要来源一度是从英国进口的 101000 支步枪和从法军那里缴获的成千上万支步枪。库图佐夫正确地把武装预定进入军队的新兵作为头等大事，民兵则在火器分配队伍中排到了末尾。民兵所得到的剩余火器通常是质量低劣的，而且直到 1812 年 12 月，大部分民兵装备的依然是长矛。[39]

这一切都令库图佐夫大为失望。在被任命为总司令之后，他最先关注的要点之一就是了解野战部队后方的后备部队状况，而真实状况实在令人沮丧。那些起初被视为二线防御部队的军队所剩余的最后一点兵力就是米洛拉多维奇下属各营，其中大部分人已经在博罗季诺战前与库图佐夫会合。现在剩下的已经只有洛巴诺夫和克莱因米歇尔手下的（正规）团与民兵了。就算洛巴诺夫能够及时赶来保卫莫斯科，亚历山大也禁止库图佐夫使用洛巴诺夫的部队。在皇帝看来，这些人没有得到足够的训练，更重要的是，保留一支核心部队，以便让成群的新兵围绕在他们周围形成有战斗力的部队，这一点相当关键。一部分莫斯科省和斯摩棱斯克省民兵确实及时赶来守卫城市。库图佐夫在博罗季诺战后将一些民兵并入他的正规团，以便弥补他的部队所遭遇的巨大损失。然而，手底下带了这么多未经训练、有的甚至还尚未武装的士兵之后，他和巴克莱拒绝接受在莫斯科城外冒险展开会战的主张就毫不令人奇怪了。[40]

拒绝的结果是，莫斯科这座城市因此陷落。由于米洛拉多维奇和巴克莱的努力，军队并没有在穿过莫斯科撤退时土崩瓦解，但是在此后的几天里，它比以前任何时候都更加濒临崩溃。库图佐夫骑行经过正在行军的团时头一次没有受到欢呼。在精疲力竭、遭到了庞大损失之外，此刻压在他们头上的还有不经一战放弃莫斯科的羞耻与绝望。官方征用和肆意盗窃之间一如既往地只有一线之隔。纪律遭到了破坏，许多士兵开始劫掠乡村。哥萨克开了抢劫的头，但他们绝非唯一的劫掠者。一个临时赃获品市场就建立在塔鲁季诺营地附近——尽管官方说辞认为这些东西是从法军那里缴获的。[41]

一些下层军官甚至也加入了劫掠者的行列。大部分人因放弃莫斯科而感到十分沮丧，并产生了遭遇背叛的想法。拉多日茨基中尉回忆说，"迷信的人们不能理解发生在他们眼前的事情，认为莫斯科的沦陷就意味着俄罗斯的崩溃、敌基督的胜利、不久之后可怕审判和世界末日的到来"。远在托尔马索夫军团那里，一位绝望的少将维亚泽姆斯基公爵向上帝发问，为何他要令莫斯科沦陷："这是在惩罚一个如此热爱你的民族！"但维亚泽姆斯基并没有漏过将灾难引到他们身上的现世恶棍。这些人包括，"让外国人、启蒙思想扎根（的人）……阿拉克切耶夫、克莱因米歇尔和宫廷里的堕落者"。如果说维亚泽姆斯基的言论已经快到了责备皇帝的程度的话，那么叶卡捷琳娜女大公在给她兄长的信里就更不加掩饰了。她告诉皇帝，因为他对战争的低劣指挥和未经一战放弃莫斯科令俄国蒙羞，现在他已经遭到了广泛的批评。[42]

尽管绝望的情感来势汹汹，但它也是极其短暂的，几天后心情就有所变化了。一位参谋写道，莫斯科着火的情景起初尽管令人忧愁，忧愁很快却变成了愤怒："勇气和复仇的渴望取代了消沉情绪：法国人蓄意在莫斯科纵火，那时候没有人怀疑这一点。"（俄国人）距离失败还很遥远，这种观点开始广为流传，正如谢苗诺夫斯科耶近卫团的一位年轻中尉亚历山大·奇切林（Aleksandr Chicherin/ Александр Чичерин）所述，入侵他的国度的野蛮人将要为他们的"无礼"付出代价。巴克莱·德·托利亲自拜访他手下军团里的每个单位，向他们解释为何俄军现在已经处于上风、将会赢得这场战

235

局，这有助于改变部队的心情。梅舍季奇中尉回忆巴克莱怎样向他所在炮兵连的士兵解释他是根据计划行事，"漫长的撤退已经让敌军没有任何胜利的机会，并会导致敌人走向灭亡，因为他已经落入准备好的、将让他毁灭的圈套"。[43]

军队在塔鲁季诺恢复了正常生活中的一些要素。库图佐夫坚持要求在每周日和宗教节日履行宗教义务，他亲自参与所有宗教仪式以示表率。俄国生活中的另一个重要习俗——澡堂——也前来应对士兵的急切需求，各团开始为自己修建浴室（banias/баня）。军队的酷烈纪律守则同样留下了自己的印记，在这种状况下它相当有用。例如库图佐夫于 10 月 21 日批准了军事法庭对季先科（Tishchenko/Тищенко）准尉的死刑判决，季先科把他手下的猎兵排变成了一伙抢劫犯，他们劫掠甚至杀害当地居民，对他手下 11 名猎兵的死刑判决则减为在 1000 人当中执行夹道笞刑三次。[44]

然而在连续几个月的运动和疲惫之后，最终在塔鲁季诺营地得到几个星期休整这一事实也许是让军队情绪得以改变的同样重要的原因。营地的地势和防御工事并不十分强固，但法军也已经筋疲力尽，并未打扰俄军。俄罗斯中部肥沃地区的收获季节刚刚过去，俄军可以原地停留数个星期且免于饥饿，充裕的补给从南方富庶的农业省份经由卡卢加运来，援军也同样赶来了。谢苗诺夫斯科耶近卫团的奇切林中尉浑身湿透、一文不名地来到了塔鲁季诺，连一套换洗衣服都没有——因为他的所有行李都丢在了莫斯科。但他的家人前来帮忙，带给他许多东西，其中包括一顶帐篷，由于它实在太过于富丽堂皇，竟被库图佐夫本人临时借用过一段时间。奇切林回忆说天气非常好，军官们沉溺在畅谈、音乐和阅读当中——这一切在战时营地里都别有一番滋味。他们实际上只担心一点，那就是皇帝也许会与法国议和。他们中一位军官评论说，如果这桩事发生的话，他就会移居国外，在西班牙与拿破仑作战。[45]

做出战争或和平决定的责任落到了正在彼得堡的皇帝肩上。无论如何都没有理由期待他会媾和。弗里德里希·威廉三世在柏林陷落后继续作战，弗朗茨二世在 1805 年和 1809 年维也纳陷落后也拒绝议和，哪怕奥地利人后来是孤军奋战。莫斯科甚至都不是亚历山大的实际都城。此外，正如皇帝清楚了解的那样，如果他在莫斯科沦陷后媾和，就要直面俄国精英的反对，这会让他的生命和宝座处于危险之中。然而，1812 年里许多紧张状况的根源是这样一个事实：在拿破仑入侵的紧张气氛中，亚历山大和俄国精英都没有完全把保持镇定和对胜利的全力以赴交托给对方。[46]

7 月 19 日离开军队后，亚历山大在斯摩棱斯克作了短暂停留，咨询了他的省长和将军们，然后继续赶往莫斯科。他于 7 月 23 日深夜抵达莫斯科，1812 年里最惊人的景象和回忆出现在第二天，这一幕通过列夫·托尔斯泰得以不朽。在一个明媚夏日的上午 9 点，当亚历山大出现在他的克里姆林宫外的"红色阶梯"上，准备前往圣母升天大教堂时，他受到了很大一群人的欢迎，这群人聚得十分拥挤，亚历山大的侍从将军们费了很大周章才冲开一条道路进入教堂。其中一位将军叶夫格拉夫·科马罗夫斯基写道，"我从未像当时那样看到人民中有如此的热情"。克里姆林宫所有教堂同时响起钟声来欢迎皇帝，他还受到了一波又一波群众的欢呼。普通人推挤着向前，想要接触他、恳求他带领他们抵抗敌军。这就是沙皇和人民的联合——帝俄政治神话的核心内容——最完整也最完美的形式。对大部分普通俄国人而言，君主就是他们忠诚的至高核心和身份认同的重要部分，在这个面临威胁、前途不定的时刻，这种感情更是比平常深刻得多。[47]

亚历山大次日会见了莫斯科的贵族和商人，他们以许诺向新民兵提供大量人员和资金支持来迎接亚历山大。皇帝受到了感动，后来他评论说感到自己不配去领导这样的民族。罗斯托普钦在动员这场展示忠诚和支持的壮观场面上的成就让亚历山大颇为高兴，他离开现场时亲吻了罗斯托普钦的左右面颊，阿列克谢·阿拉克切耶夫祝贺罗斯托普钦得到了独一无二的皇帝认可痕迹。警务大臣亚历山大·巴拉绍夫听说这个评论后向罗斯托普钦抱怨，"自从他登基开始我就为他效劳，可是从没得到这个。你永远都别指望阿拉克切耶夫会原谅或忘记这个吻"。在这片爱国主义热潮当中，正常的政治生活依然以其他方式持续着。亚历山大即将离开莫斯科时，罗斯托普钦向他询问关于未来方针的指示，但皇帝答复说他对莫斯科总督完全有信心，他必须根据周边环境和自己的判断采取行动。在战争的混乱之中，这一指示是足够公正的，但它也意味着罗斯托普钦最终要独自为摧毁城市的大火承担责任。[48]

238　　除了前往芬兰会见贝纳多特的短暂旅行之外，亚历山大在彼得堡度过了夏季的剩余时间和秋季。当他于 9 月 3 日从芬兰返回时，亚历山大发现一位英国军官罗伯特·威尔逊爵士正在等待他，威尔逊曾在 1806～1807 年随同俄军征战，当时刚从巴克莱·德·托利的总部赶到彼得堡。威尔逊向亚历山大陈述了他手下将领间的倾轧和将领们对巴克莱的反对，这并没有令皇帝感到惊奇。令他大为震惊的则是将领们要求皇帝把鲁缅采夫从身边赶走，或者像威尔逊所说的那样，他的将领们"只要得到皇帝陛下不再信任那些他们不相信的顾问的保证，他们就会以努力和牺牲来证明忠诚，这将令皇冠增辉，宝座即便处于逆境也会依然安稳"。[49]

撇开华丽的辞藻不提，这事实上是亚历山大的将军们要把自己的意愿强加到君主身上。通过一位来自海外大国的代理人传递消息，这必定更不会让亚历山大顺心。威尔逊记录说，"在这次讲解中，皇帝时而双颊涨红时而面无血色"。尽管亚历山大很有技巧和耐心地处理了威尔逊的声明，但他还是花了好些时间才恢复镇静。他对将领的要求做了平静的回应，称呼威尔逊为"反叛者的大使"，声称他了解这些军官、相信这些军官："我不担心他们会做出任何对抗我的权力的秘密活动。"[50]

然而，亚历山大坚持认为将领们错误地相信鲁缅采夫曾建议他向拿破仑屈服。他不能"毫无原因"地罢免一位忠诚的仆人，尤其是在"我对他怀有极大的尊重，因为他几乎是唯一一位一生中从未向我要求过什么私利的人，而其他人却总是为自己或相关人士寻求

荣誉、财富或其他什么个人目标"的情况下。最重要的是，此举牵
涉到一个关键原则。皇帝必然不能在世人注目下向这种压力屈服，这
会形成非常危险的先例。无论如何，威尔逊同时必须"把'只要还有
一个武装的法国人位于边界的我国一侧，我就决心继续抵抗拿破仑'
的保证带回军队。不管发生什么，我不会背弃自己的诺言，我会忍受
最糟糕的状况。我已经准备好把我的家属迁到内地，承担一切牺牲。
但我必定不能在选择我自己的大臣这一点上做出让步"。[51]

夏季时亚历山大居住在彼得堡北郊涅瓦河（Neva/Нева）支流
中面积不大的卡缅内岛（Kamennyi Ostrov/Каменный Остров）上的
小宫殿里，这座宫殿实际上比乡间别墅大不了多少。在亚历山大目
力所及的范围内没有设置卫兵，他的生活条件也十分简易。就是在
这里，亚历山大收到了莫斯科沦陷的消息，由于库图佐夫此前声称
他已经在博罗季诺挡住了法军，这消息就更令人震惊了。皇后的女
侍官罗克桑德拉·斯图尔扎（Ruxandra Stourdzha）回忆说，流言传
遍了整个彼得堡。人们担心并广泛认为庶民会发起暴动，"贵族们
高声把国家的不幸归咎到亚历山大头上，很少有人在交谈中尝试去
替他辩护"。9月27日是皇帝的加冕周年纪念日。亚历山大一度屈从
于顾问们对他人身安全的担忧，乘坐一辆马车而非像平时一样骑马赶
往喀山大教堂。当皇帝一行拾级而上出现在大教堂时，迎接他们的却
是彻头彻尾的沉默。罗克桑德拉·斯图尔扎并不是一个内心虚弱的
人，但她记得她听到了每一步的回声，她的膝盖也在颤抖。[52]

来自他妹妹叶卡捷琳娜的愚蠢信件对亚历山大的表现大加指责，
这让他再也控制不住情绪，皇帝的回信说明了他在这个关键时刻的
感受是何等紧张。在向叶卡捷琳娜指出既批评他出现在军中对将领
造成不良影响，又批评他没有接过指挥权拯救莫斯科毫无意义之后，
他写道，如果他的能力不足以担当命运赋予他的角色的话，那么这
并非他的错误。他的军事和民事助理们中有许多人水平低下，这也
不能归咎于他。

考虑到我能依靠的东西如此低劣，我在所有领域都缺乏足够的办法，还要在这样一个可怕的危急时刻统领这样庞大的机器、对抗将最可怕的邪恶和最卓越的才能合为一体的地狱般的敌人，那个敌人还有整个欧洲的权力作为依靠，还有一群在二十年战争与革命中磨砺出来的富有才干的助手——从常理来看，我遭遇挫折难道会让人惊诧吗？

但亚历山大这封书信的刺痛点却在末尾，他在那里写道，他曾经得到警告称敌方间谍甚至曾经试过促动他的家人起来反对他，而叶卡捷琳娜本人就是他们的第一选择。即便是这位非常自信的女大公也被这封回信震撼了，亚历山大随后补充了一些话，稍微放缓了语气，"如果你发觉我太过易怒的话，就先试试把自己放到我身处的这个残酷位置上来吧"。[53]

在他自己的血亲被证明比一无用处还要不堪后，亚历山大却从妻子——敏感而美丽的叶丽萨维塔皇后——那里得到了切实的忠贞支持。这几个星期里她保持着冷静和自信，在给她母亲的信中写道，"事实上我们做好了除谈判之外的一切准备。拿破仑推进得越深入，他就该越不相信媾和的可能性。这是皇帝和各阶层人民的一致观点……每向广袤的俄罗斯推进一步，他就距离深渊更近一步。让我们看看他会怎样应对冬季"。她补充说，媾和将是俄国毁灭的开端，然而所幸和约是不可能签订的，"皇帝甚至连想都不会想到这主意，就算他确实这么想，他也不能去做"。[54]

如果说亚历山大从他的妻子和在卡缅内岛树林中的散步中得到了安慰的话，他的主要慰藉则来自宗教。皇帝是在叶卡捷琳娜二世混合了启蒙理性主义和贵族享乐主义的宫廷里成长起来的，在宗教方面教导他的东正教教士只给他留下了很少的印记。但他个性中的敏感和理想主义方面却让他越来越倾向于在基督教教义里寻求生活中问题的答案。事实上，在拿破仑入侵之前他已经读了一段时间的《圣经》，但在1812年的极度紧张状况中，他的宗教情感越发强烈了。亚历山大每天都读《圣经》，用铅笔在他认为最有意义的部分下方画线做记号。甚至早在 1812 年 7 月初，他在给老朋友兼转入基督教信仰的同道者亚历山大·戈利岑公爵的信中说，"在我们发现自己的时刻，我相信哪怕是最冷酷的人也会感到需要转回他的上帝那里……我听任自己受到这一感情的摆布，这对我而言已经习以为常，这么做的时候我感到一种温暖、一种放任，这比过去要强大得多！我发觉那是我仅有的安慰、唯一的支持。就是因为这一点，我才支撑了下去"。[55]

就是在这种情绪中，亚历山大听到了莫斯科沦陷和它随后毁于火灾的消息。等库图佐夫本人的信使亚历山大·米肖·德·博勒图尔（Alexandre Michaud de Beauretour）上校带来这一消息时，皇帝已经做好了接见他的准备，并向他的军队发回了一条坚定的消息。亚历山大和米肖双方都动了真感情，他们在最关注的问题上消除了彼此间的疑虑。米肖向皇帝保证放弃莫斯科并未削弱军队的士气，也没有影响到他们对胜利的全力以赴。米肖以及通过米肖传递消息的军队则得到了他们希望听到的誓言。莫斯科的陷落远没有削弱皇帝的自信或意志，反而坚定了他取得全面胜利的决心。亚历山大以这样的言辞结束谈话：

> 我会用尽我的帝国的最后一点资源，它所具备的资源要比我的敌人曾经想象过的还要多。但是，倘若天意注定我的王朝将不再在先人的宝座上统治，在用尽我权力范围内的所有手段后，我会把我的胡须蓄到这里（他用手指了指胸膛），我宁愿远走高飞，和我的最后一点农民啃土豆，也不会签署令我的祖国和我亲爱的民族蒙羞的和约，我知道应当怎样答谢为我做出牺牲的民族……要么是拿破仑，要么是我，我或者他，我们不能同时统治。我已经学会如何去理解他，他骗不了我。[56]

这是优良的戏剧表演和战斗台词，也正是当时环境所需要的。但是并没有理由去怀疑亚历山大说出这番话时的真诚或责任感。这些话语表明了拿破仑战略的破产，指向了他麾下军队的毁灭。

241

第八章

从莫斯科向前进发

　　就在库图佐夫准备和拿破仑展开博罗季诺会战的时候，亚历山大一世也正在制订将法军赶出俄国、歼灭大军团的反攻计划。库图佐夫起初向皇帝提交的关于博罗季诺会战的报告里有这样的表述，"尽管敌军拥有优势兵力，但他们没有在任何地方夺取哪怕一步的土地"。一收到这份报告，亚历山大就派亚历山大·切尔内绍夫带着全部军团协同反攻的详细计划赶往元帅的总部。亚历山大致信库图佐夫，希望博罗季诺战场上元帅的指挥技艺和他麾下部队的勇气已经彻底阻止了法军在俄国境内的推进。他也鼓励库图佐夫和切尔内绍夫讨论反攻行动的一切细节，因为切尔内绍夫完全了解亚历山大的目标，亚历山大也充分信任他。皇帝小心地表述说，是接受这一计划还是自行制订其他计划都取决于总司令本人，但没有一个俄国将领可能公开违逆君主的愿望。[1]

　　亚历山大计划的核心是，北面（维特根施泰因和施泰因黑尔）和南面（奇恰戈夫）的俄军应当同时深入拿破仑在白俄罗斯的后方。他们必须击败并赶走护卫拿破仑交通线的敌军。就奇恰戈夫的情况而言，这意味着施瓦岑贝格亲王手下的奥军和雷尼埃将军麾下的萨克森军将被赶回华沙大公国境内。亚历山大在给库图佐夫的信中说，"正如你会从这份计划中看出的那样，主要军事行动将由海军上将奇恰戈夫手下的军团执行"，该军团将得到由托尔马索夫指挥的第三军团和弗里德里希·厄特尔麾下规模较小的军的增援，后者当时正在看守位于莫济里（Mozyr/Мозырь）的补给基地。

　　无论如何，彼得·维特根施泰因的角色都是重要的。他将在施泰因黑尔伯爵的帮助下南进夺取波洛茨克，击败乌迪诺和圣西尔军并将其赶到西北方向的立陶宛，迫使他们远离拿破仑行经白俄罗斯的撤退路线。因此，奇恰戈夫和维特根施泰因的联合部队将控制拿破仑主力部队撤退时要经过的整个地区，而库图佐夫的部队将紧紧追赶拿破仑。敌军已然"精疲力竭"，被深深拖入俄国境内，蒙受了惨重的损失。它现在将面临更惨重的损失和十分艰难的撤退。如果这个计划能够完全得到执行，"哪怕敌军主力部队中最小的一部分……在逃出我们的国境前都必定会遭到失败和最终的彻底毁灭"。[2]

计划背后的关键人物是亚历山大本人，尽管他无疑和年轻的切尔内绍夫上校以及随从队伍中资历更深的其他军事高参（包括彼得·米哈伊洛维奇·沃尔孔斯基）讨论了这一计划。某种程度上来说，这个新计划沿用了一部分战前关于军事行动的思考。拿破仑被拖得深入俄国境内，然后又被俄军主力部队挡住去路，随后将被远远攻入他侧翼和后方的俄军其他部队击败。就其梗概而言，亚历山大的计划是有道理的，也是将俄军部署到战区并充分利用拿破仑所犯错误的最好途径。

然而，皇帝的计划雄心勃勃。他期望原本相隔数百公里的部队协作行动，同时抵达白俄罗斯中部。这些部队间的通信将是十分困难的。除了在俄国的秋天和冬天阻碍一切运动的泥泞、冰雪和寒冷之外，我们还必须考虑到敌人在维特根施泰因与奇恰戈夫之间的带状地区里有不少于5个完整的军和许多小型分遣队正在活动。就在亚历山大派切尔内绍夫去库图佐夫那里的时候，又有36000名法国援兵在维克托（Victor）元帅指挥下从西面进入白俄罗斯。他们于9月15日抵达明斯克，12天后抵达斯摩棱斯克。

亚历山大的计划设想他的军队会击败上述所有敌军并将他们赶出白俄罗斯，尽管他制订计划时俄军在数量上仍然处于严重劣势。在隆冬时节推进到白俄罗斯的俄军纵队必然会因为疾病和疲劳而损失惨重。亚历山大指示维特根施泰因和奇恰戈夫在拿破仑军队撤退时可能通过的隘路和自然障碍上设防据守，但他们有时间和人力来做到这一点吗？正如皇帝本人所承认的那样，敌军可以直接赶往明斯克或维尔纳，至少有三条大道可供逃跑。亚历山大的计划最终有大约 2/3 得以实现，考虑到执行环境，完成程度比人们所能预计到的还要多。然而，当拿破仑在 11 月下半月接近别列津纳河（Berezina/Березина）时，这个计划看上去一度几乎完全成功，那将会导致法军全军覆没，甚至拿破仑本人被生擒。但是这种状况并未发生，因此关于秋季战局的俄方记载总是倾向于把重创法军的胜利感和未能克尽全功的后悔感混合起来。

在 9 月 20 日抵达位于莫斯科南方的库图佐夫总部之前，切尔内绍夫本人得从莫斯科东面绕一个大圈子。他在总部与库图佐夫和本尼希森进行了讨论，讨论表明他对亚历山大的想法有详尽的了解，还填补了皇帝书面计划的许多未尽之处。切尔内绍夫于 9 月 22 日向亚历山大报告，他在催促总司令接受皇帝想法这一方面已经表现出了必要的老练手腕，而且库图佐夫和本尼希森都热烈赞同这个计划。他补充说莫斯科的陷落并未从根本上改变"敌军的艰难处境"，拿破仑将无法在莫斯科地区长久地支撑下去，"只要这里的人在我军进入他后方会合之前不再犯严重的错误"，就完全有可能将其摧毁。[3]

切尔内绍夫随后立刻赶往奇恰戈夫位于乌克兰西北部的总部，以便将亚历山大的计划告知海军上将。这位冲劲十足的年轻上校已经在巴黎赢得了许多桂冠，他将在 1812 年秋季和冬季为自己增添新的桂冠，并充分证明亚历山大有理由信任他。他于 10 月中旬指挥一支由 7 个正规轻骑兵中队、3 个哥萨克团和 1 个卡尔梅克单位组成的大型游击袭击分队深入华沙大公国，摧毁仓库，扰乱征兵，迫使施瓦岑贝格把相当一部分奥军骑兵调回大公国去跟踪他。切尔内绍夫随后率领一个哥萨克团直入法军后方，和维特根施泰因成功会合，第一次带给后者关于奇恰戈夫行动和意图的清晰认识。切尔内绍夫在进军途中遇上了愉快的意外事件，他救出了费迪南德·温岑格罗德（Ferdinand Winzengerode）和他的副官，列夫·纳雷什金（Lev Naryshkin/Лев Нарышкин）上尉，他们此前在莫斯科被俘，当时正被押解回法国。由于温岑格罗德是亚历山大最喜欢的将领之一，而纳雷什金又是皇帝情妇的儿子，这对切尔内绍夫而言是个意外的大成功。维特根施泰因以热情的言辞赞扬切尔内绍夫的成就，亚历山大则将他时年 26 岁的副官擢升到少将军衔。[4]

就在切尔内绍夫先向库图佐夫，后向奇恰戈夫传递亚历山大的反攻计划的同时，一场凶残的"人民战争"在莫斯科地区蔓延开来，这勾起了人们对在西班牙发生的事件的回忆。符腾堡的欧根写道，俄国农民一般都是十分友善、好客且耐心的，但他们已经被法军粮秣征集队和掠夺者的破坏变成了"名副其实的老虎"。罗伯特·威尔逊爵士回忆说，落入农民手中的敌军士兵受尽了"一切此前能够想象到的折磨"。要不是俄国许多资料同样确认了严刑拷打、割裂肢体和活埋的记载，它也许会被贬为外国人的偏见。从军事层面上来看，这场"人民战争"最重要的影响是它导致法军更难征集饲料。这个时代任何一支庞大且静止不动的军队在喂养马匹时都会遇到困难。拿破仑的骑兵在博罗季诺已经损失惨重，但实际上是他在莫斯科度过的几个星期摧毁了他的大部分骑兵团，彻底毁灭了他的炮兵挽马。那段时间里饲料供应不断减少，征集饲料的行动范围只得越来越远，护卫部队规模也越来越大。即便如此，他们依然经常空手而归，还在伏击中损失了人手，让马匹劳累却毫无回报。[5]

在这场经典的游击战争中，农民和军队的游击部队是互相帮助的。游击队指挥官经常分发武器给农民，并在发现敌军大股粮秣征集队时前来援助农民。农民则会提供情报、当地向导和让骑兵能够追踪并伏击敌军分队、免于被优势敌军所捕获的额外人力。游击队活动在莫斯科通往外界的所有道路上，到 10 月中旬为止，他们已经乐于和相当大的敌军分队作战。以丹尼斯·达维多夫（Denis Davydov/Денис Давыдов）的游击队为例，他们于 10 月 20 日在维亚济马附近袭击了一个至少有 3 个团护送的敌军运输纵队，俘获了大部分大车和 500 名敌军士兵。拿破仑在莫斯科度过的几个星期里，他与斯摩棱斯克和巴黎间的交通线虽然受到骚扰，但从未被切断。然而，如果他选择继续在这座城市过冬，事情就可能大有不同了。[6]

丹尼斯·达维多夫是第一批游击队员，他在博罗季诺会战前夜说服多疑的库图佐夫交给他一小队骑兵和哥萨克，用以袭扰敌军交通线。达维多夫在随后几个星期里的成功为他赢得了增援部队，也有助于使刚出现在俄军将领面前的游击战理念得到合法化。卡尔·冯·托尔尤其热衷于向库图佐夫推荐这种新的战争模式，而总司令也很快领会到了它的潜力。达维多夫俘获或摧毁敌军补给纵列，击溃出去搜集食物的敌军分队，解救了成百上千的俄军战俘，还搜集到相当有用的情报。他也惩罚叛国者和通敌者，不过他表示这种人数量极少。达维多夫的武器是速度、奇袭、大胆和优秀的当地信息资源。他的游击队不知从哪里钻出来袭击法军，随后就四散开来，接着又秘密集结起来准备后续进攻。

达维多夫不仅是最成功的游击队员之一，也是最著名、最富浪漫主义气息的游击队员。他是一位著名的诗人，因而在他的朋友亚历山大·普希金（Aleksandr Pushkin）的诗篇中名垂千古："你呀，我的骠骑兵诗人，你歌唱欢宴的豪情，歌唱野营，歌唱形同游戏的残酷战争，你歌唱自己，以卷曲的髭须为荣。"达维多夫死后很久，作为托尔斯泰小说中杰尼索夫（Denisov/Денисов）的原型，他变得比以往任何时候都更加出名。杰尼索夫是迷人而慷慨的骠骑兵，他倾心于娜塔莎·罗斯托娃（Natasha Rostova/Наташа Ростова），娜塔莎的弟弟彼佳（Petia/Петя）则参加了他的游击队，并在 1812 年秋天丧生。[7]

最为声名狼藉的游击队指挥官是亚历山大·菲格纳（Alexander Figner/Александр Фигнер）上尉，他在博罗季诺会战时负责指挥一个炮兵连。莫斯科的陷落使得菲格纳迷失在沮丧之中，他决心一雪祖国蒙受的羞辱而自行向法国人复仇。菲格纳在炮兵连的副手把他描述成"相貌漂亮，中等身材：他是真正的北方之子，孔武有力，脸

庞浑圆，面色苍白，发色浅棕。他大而明亮的眼睛充满活力，他的 247
声音力量无穷。菲格纳很有口才，了解各方面常识，在他的所有事
业中都不知疲倦，怀有火热的想象力。他蔑视危险，从未慌张，根
本不知恐惧为何物"。菲格纳能够说一口熟练的德语、法语、意大
利语以及其他许多外国语言，他也是个优秀的演员。他多次只身进
入莫斯科及其周边的敌军营地搜集情报，把自己扮成拿破仑多国部
队的一名军官，从而轻松过关。[8]

　　然而，和历史上的许多游击队指挥官一样，这位才华横溢、狡
猾且无情的菲格纳也有黑暗的一面。在 1812 年 9 月和 10 月，甚至
连达维多夫有时都不留俘虏性命，因为他们对规模很小且行动很快
的游击队来说是个无法忍受的负担。[9] 然而，亚历山大·菲格纳把这
种事都弄得相当扭曲。一位军官同伴回忆说，"他最喜欢也最频繁
的娱乐活动是先用令人欣慰的交谈赢得被俘军官的信任和愉悦，然
后突然用手枪打死他们，注视着他们死亡之前的极度痛苦。他做这
种事的时候远离大部队，当大部队听到这种黑暗传言时，他们要么
不信，要么就在军事行动的压力中把它们忘记了"。在 1812 年秋季
的可怕暴行和极端情感当中，高级指挥官们有时会对游击战争的污
秽一面视而不见。然而，到了战争远离俄国土地的 1813 年，就很少
有军官还对他们的敌人怀有深仇大恨了。当菲格纳试图逃离法军追
兵却淹死在易北河里时，他的军官同伴中很少有人为此流泪。[10]

　　在莫斯科周围活动的许多股游击队和监视城市通向外界主干道
的较大分遣队展开了合作。这些分遣队中也有一部分发起了游击战，
然而，他们的主要角色则是保护莫斯科周边省份免遭敌军袭击分队
劫掠，并向大部队提供拿破仑大举离开莫斯科的预警。在这些分遣
队当中，最为重要的一支由费迪南德·冯·温岑格罗德男爵少将指
挥，他的任务是监视通向特维尔与彼得堡的大道。温岑格罗德的部
队大部分是哥萨克和民兵，但也有一些库图佐夫撤离莫斯科时与主
力部队隔绝，后来向北逃跑的正规骑兵加入。在这些前来援助的正
规骑兵当中，最为出色的是近卫哥萨克团的优秀士兵。

248 　　关于费迪南德·冯·温岑格罗德的最好描述可能是全职反波拿巴分子。他父亲曾是不伦瑞克公爵的副官，在所有德意志王室中，不伦瑞克宫廷最著名之处在于它对拿破仑的坚定憎恶。温岑格罗德本人在俄军和奥军间来回辗转了好几次，哪一边能够更好地与法军作战，他就加入哪一边。因此他有充分的理由在 1809 年和奥地利人并肩作战，又在 1812 年初返回俄军。他是 1812 年里被对拿破仑的厌恶冲上俄国海岸的众多政治难民中的一员，如果周遭环境略有变化的话，他很可能会和许多同胞一起在威灵顿指挥之下，作为英王德意志军团的一员前往西班牙作战。

　　暴躁的、总是叼着烟斗的、冲动的温岑格罗德也是忠诚的朋友和赞助人。他的优秀法国厨师和对惠斯特牌的嗜好让他备受参谋们的赞赏。同样让他受到赞赏的还有正直与公平。以发生在 1812 年秋季的一件事为例，当时警务大臣亚历山大·巴拉绍夫名下一处庄园的管家试图利用他主人的职权免于被军队征用，温岑格罗德当即大怒，他立刻对巴拉绍夫的庄园施以双倍征用，毫不顾忌阿列克谢·阿拉克切耶夫的抱怨——他对自己在诺夫哥罗德的庄园也耍了类似花招。然而问题在于，温岑格罗德虽然是个正派人，却是糟糕的将军。当法军即将撤出莫斯科时，温岑格罗德拙劣地尝试与法军谈判，并被他们俘获。拿破仑起初打算把他作为叛国者枪决，不过后来被他手下那些震惊的将军们劝阻了。库图佐夫正确地把温岑格罗德被俘这件事称作几乎不可相信的粗心大意。尽管亚历山大由于切尔内绍夫救出温岑格罗德而欣喜若狂，但对俄国的战争而言，温岑格罗德如果能在 1813～1814 年静静地待在法国监狱里，会比他指挥俄军有益得多。[11]

　　温岑格罗德最有才干的下属是时年 31 岁的亚历山大·冯·本肯多夫上校。本肯多夫在 1812～1814 年进行了一场"漂亮的战争"，这也是他日后光辉职业生涯的基石。年轻的本肯多夫自出生起就具有许多优势，他母亲是皇太后玛丽亚的密友，在那位年少的符腾堡公主嫁给帕维尔大公之后，本肯多夫的母亲以女侍官身份陪伴她前往

俄国。尤利亚娜·本肯多夫于 1797 年死在玛丽亚·费奥多罗芙娜怀 249
里，遗言中嘱咐当时的玛丽亚皇后照顾她年幼的孩子们。亚历山大
因此成为玛丽亚身边小圈子的核心成员。他妹妹多罗特娅（Dorothe-
a）嫁给了克里斯托夫·利芬，克里斯托夫是玛丽亚皇太后的核心
受庇人之一，也很亲近亚历山大一世，凭自己的本事就能成为一个
为他人提供庇护的源头。

　　玛丽亚皇太后把亚历山大·冯·本肯多夫送进了一所优秀的学
校，不过她的投入在一段时间内看上去是白费了。这位英俊、迷人、
喜爱享乐的年轻人被证明既不是良好的学者，也不是有德行的官员。
和切尔内绍夫、内塞尔罗德一样，他在《蒂尔西特和约》缔结后供
职于俄国驻巴黎使团。然而，本肯多夫在巴黎的主要成就是和一位
著名法国女演员堕入情网，而这位荡妇还是拿破仑的前情妇。在放
弃失意的外交生涯之后，他把她偷带回了俄国。本肯多夫随后抛弃
了这位演员，志愿从军与土耳其人作战，从而恢复了自己的名誉，
此后玛丽亚也替他还清了债务。不过实际上是他在 1812 年表现出的
勇气和战术技巧让他重新赢得了皇太后的青睐。[12]

　　作为亚历山大一世的副官之一，本肯多夫在战争之初前往巴格
拉季翁总部执行了许多重要而危险的使命。1812 年秋季，他在温岑
格罗德麾下效力，负责保护一条关键道路及其附近地区免遭法军入
侵，还要沿着从莫斯科到斯摩棱斯克的大道袭扰敌军的主要交通线。
本肯多夫在回忆录中称，他最艰难的任务之一是从农民手中救出法
军战俘，而这种任务并非总能成功。这些针对不幸战俘犯下的暴行
让他想到，自己正生活在"一片似乎见证了上帝的抛弃与恶魔在地
球上统治的荒凉之中"。然而他补充说，农民们有足够的理由去报
复法军的行为，人民也表现出了对他们的宗教、祖国和皇帝的极大
忠诚。就此而言，他在某一时刻从精神紧张的彼得堡收到的解除农
民武装并严厉对待混乱局面的命令是荒谬的，正如他向亚历山大一
世报告的那样。本肯多夫告诉皇帝，他很难解除那些由他亲自分发
武器的人的武装。他也不能允许称呼"牺牲他们的生命来捍卫教

堂、独立、妻子和家园"的人们为叛徒，"叛徒这个词更适合用来
250　描绘那些人，他们竟敢在对俄罗斯如此庄严的时刻讲述关于这个国
家最纯洁、最热忱的保卫者的谣言"。[13]

　　拿破仑在 9 月 15 日进入莫斯科，在 10 月 19 日离开这座城市。
敌对两军在这一阶段相对实力对比的变化对秋季战局产生了决定性
影响。拿破仑在莫斯科期间得到了相当数量的步兵补充，这使他的
总兵力恢复到 100000 人以上，填补了博罗季诺会战导致的大部分人
员缺口。这些步兵单位中有一些质量很好，以其中的第一近卫师为
例，该师并未参加博罗季诺会战。就定义而言，一路从中欧和西欧
赶到莫斯科的步兵相对来说是更为坚韧的。拿破仑大军的核心是他
的近卫军，正如库图佐夫所了解的那样，这些优秀部队中只有很少
人自战局开始后参与过任何作战行动。

　　俄军步兵在数量和质量上都劣于拿破仑的步兵。库图佐夫麾下
各个步兵团在 10 月 5 日共有 63000 名官兵，其中 15000 人是莫斯科
民兵，7500 人是新兵。除此之外，还有 11000 名来自洛巴诺夫 – 罗
斯托夫斯基的新部队的士兵跟随库图佐夫大军，但他们尚未被分配
到各团里。比起民兵，这些人的装备和训练要好不少，但其中没有
一个人曾参加过战斗。俄军总司令有充分的理由去避免与拿破仑展
开对阵会战，因为步兵总会在这种战斗中扮演主要角色。他对步兵
团执行复杂行动能力的怀疑也是尤为正确的。如果他不得不与拿破
仑作战，在一个牢固的防御阵地后作战将是明智的。相比欧洲其他
国家而言，俄国在传统上就是以更高的火炮对步兵的比例作战的。
考虑到他麾下的步兵缺乏经验，库图佐夫不大可能背离这一传统。
他的军队因此带着拥有 620 门火炮的庞大车队参与秋季战局，俄军
炮兵很快就在数量上远远压倒了拿破仑的炮兵，但也给俄军的速度、
机动性和补给造成了难以避免的后果。[14]

　　至于骑兵，情形就完全相反了。拿破仑手下的骑兵太少，更重
要的是，他还活着的马匹要远少于骑兵。即使是在他离开莫斯科之
前，他军中的一些骑兵就不得不下马步行了。在这 6 个星期里，库

图佐夫麾下的骑兵仅仅接收了 150 名新兵，从民兵那里更没有得到
任何补充。这一举措效果良好，因为有能力的骑兵战士是不能匆忙
训练出来的。但库图佐夫手下的 10000 名正规骑兵得到了许多新战
马，这些马匹常常是由邻近省份的贵族捐献的。[15]

　　最为重要的是，库图佐夫的军队得到了 26 个顿河哥萨克团，亦
即大约 15000 名新锐非正规骑兵的增援。顿河哥萨克后备军的总动
员极为成功，哥萨克阿塔曼（Ataman/Атаман，哥萨克的军事首领）
马特维·普拉托夫因此被授予伯爵爵位。这些新哥萨克团有时候被
描述为民兵，但这种说法是误导性的。1812 年的普通俄国民兵此前
并没有军事经验。然而，所有体格健壮的哥萨克都曾在军队中服役，
他们在被召回军中时还要自备武器。因而，这 26 个新哥萨克团装备
良好，也充满了老兵。在通常情况下，数量这么大的非正规骑兵也
许太多了，但是在 1812 年秋季和冬季战局的特殊状况下，他们的影
响将是毁灭性的。早在 1812 年 4 月，崔克维奇上校的备忘录中就强
调了俄军骑兵将给撤退中的敌军造成的损害。库图佐夫是精明而富
有经验的战场老手，他了解骑兵将会把撤退中的敌军限制在一定道
路上，迫使他们以高速行军，让敌军根本无法远离行军纵队收集粮
秣。这对一支正在俄国冬天行军的军队意味着什么自然不费多少想
象就能了解。库图佐夫因此让他的哥萨克、饥饿、天气和法军的缺
乏纪律替他克尽全功。他不急于将步兵投入战斗是十分正确的。[16]

　　拿破仑显然犯下了致命的错误——在莫斯科逗留了 6 个星期，
在此期间他的骑兵已然枯竭，而库图佐夫却得到了潮水一般的补充
兵，冬季也正在逼近。如果他只让部队在莫斯科休整两周的话，他
还能够在第一次降雪或库图佐夫麾下的顿河哥萨克团到来之前安全
抵达斯摩棱斯克。与此相反，他坚持留在莫斯科，等待亚历山大对
他的和平暗示做出答复。也许唯一可以为拿破仑的举动辩护的理由
是，大部分欧洲国务活动家和许多俄国精英也对亚历山大的意志力
持有与拿破仑相同的怀疑。然而，拿破仑的和平试探本身就不可避
免地增强了俄国人的信心，也给了俄国人鼓励拿破仑留在莫斯科等

待亚历山大回复的机会。无论如何，基本的一点是，拿破仑未能摧毁俄军，也彻底错误估算了莫斯科陷落对亚历山大和俄国精英所造成的影响。他在犯下这种错误后又太过固执，以致无法接纳明智的建议，无法减少他的损失，更无法及时撤退。

库图佐夫此后与一位被俘的法军高级军需官皮比斯克（Puy-busque）子爵有过一番涉及内情的谈话。皮比斯克写道，俄军司令询问他："他（拿破仑）到底有多么瞎眼，竟无法发现全世界都能看到的陷阱？令元帅特别吃惊的是，他使出的所有让拿破仑留在莫斯科的花招都轻而易举地成功了。他尤其震惊于拿破仑不再拥有能够发动战争的手段后，竟会如此无耻地提出和平。"俄国人再高兴不过地鼓励拿破仑的使节洛里斯东将军，勾起他的希望：亚历山大将会对拿破仑的举动做出回应，甚至让他产生更加愚蠢的信念：哥萨克可能会不再忠于俄国。库图佐夫补充说，"当然，我们尽可能地拖延谈判。在政治方面，如果有人把优势让给你，你自然不会拒绝"。[17]

到10月中旬为止，就算是拿破仑也只得承认亚历山大愚弄了他，他必须着手撤退。然而，他从莫斯科撤退的步伐因为库图佐夫的部队对缪拉元帅分遣队的攻击而加快了，当时缪拉所部正在监视俄军位于塔鲁季诺的大营。库图佐夫本人不大可能下达此次攻击的命令，他乐意让拿破仑在莫斯科待得越久越好。此外，正如他告诉米洛拉多维奇的那样，"我们还不能够进行复杂运动和机动"。但总司令受到了来自亚历山大的压力，催促他发起攻势解放莫斯科。库图佐夫手下的将领们也急切渴望战斗，本尼希森则强调有必要在来自斯摩棱斯克的维克托所部援军抵达之前给拿破仑重创。最重要的是，俄军侦察显示由缪拉元帅率领的军相当脆弱。缪拉在数量上劣势很大，很可能早在法军援军抵达之前就被歼灭。缪拉所部的东翼尤为脆弱，俄军可以从附近的森林里发起奇袭，轻松夺占法军营地。法军的前哨和巡逻队十分松懈，这让发动奇袭的主张变得更加诱人了。[18]

起初的计划是在 10 月 17 日早晨发起攻击。库图佐夫的命令需要经由阿列克谢·叶尔莫洛夫传达到部队，他此时是第一、第二军团合并后的军团参谋长。然而，叶尔莫洛夫在 10 月 16 日晚上前往一位将军的总部吃饭，当晚并没有被找到，因此攻击不得不推迟了。叶尔莫洛夫的回忆录对此事不置一词，如果带着批判的眼光来看的话，这绝非他误事的唯一一场合。叶尔莫洛夫显示出可以理解的不合作态度，因为他相信此次攻击是本尼希森的计划，并不会给他带来任何个人荣誉，不过这种猜测可能过于苛刻了。库图佐夫在整场战局中最愤怒的时刻就是叶尔莫洛夫在 10 月 16 日贻误大事。[19]

10 月 16 日晚上出现的杂乱局面反映了俄军指挥架构的混乱。库图佐夫现在已经极不信任他的参谋长莱温·冯·本尼希森，但他又无法摆脱本尼希森。他转而把彼得·科诺夫尼岑带进了总司令部，科诺夫尼岑名义上是勤务总监，实际上却作为本尼希森的替代品存在。这不可避免地导致库图佐夫和他的参谋长之间的敌意进一步加深。此外，尽管科诺夫尼岑作为一线指挥官拥有许多优点，但他既没有接受过参谋勤务训练，也没有担当参谋长的资质。

到 10 月中旬为止，库图佐夫和本尼希森已经对夹在他们中间的巴克莱·德·托利进行了足够的羞辱，这最终导致他辞职。[20]在第一、第二军团合并后，废除军团总部在此刻看来是合情合理的，命令应当直接由库图佐夫下达给军长。然而，由于军队的总架构是由皇帝决定的，因此也只有他能够授权做出这样的变化。与此同时，叶尔莫洛夫对科诺夫尼岑被塞进指挥链和科诺夫尼岑的无能给他平添负担的事实深感愤怒。军队统帅部因此成了管辖权互相重叠的迷宫，此处的气氛也被高级将领间的个人对立毒化了。第七军军长尼古拉·拉耶夫斯基在那时写道，他尽可能与总部保持距离，因为那是个充斥着钩心斗角、嫉妒、利己主义和诽谤的毒蛇巢穴。[21]

在推迟一天之后，攻击最终于 10 月 18 日早晨展开。计划要求瓦西里·奥尔洛夫－杰尼索夫伯爵麾下的骑兵从俄军战线右侧的森林中杀出，粉碎缪拉的左翼，攻入他的后方。奥尔洛夫－杰尼索夫的左侧是巴戈武特将军指挥的由两个步兵军组成的纵队，该纵队负责协助骑兵作战。在巴戈武特左侧向前挺进的是另一个步兵纵队，由亚历山大·奥斯特曼－托尔斯泰麾下的第四军组成。一旦这些纵队发起进攻，由米哈伊尔·米洛拉多维奇指挥的两个军将从俄军战线最西端（亦即最左端）上前增援。米洛拉多维奇身后是作为预备队的近卫军和胸甲骑兵。这一计划的主要问题在于，它让上述所有纵队都必须在夜间穿过森林，以便占据在凌晨发动攻击的阵地。此外，为了实现奇袭的目标，这些纵队必须不能弄出任何声响，还要在第一束曙光出现时就发起进攻。制订军队行动计划和执行计划的全部责任都落到了卡尔·冯·托尔和这位军需总监手下的参谋人员身上。[22]

　　奥尔洛夫－杰尼索夫的纵队成功地穿过森林，进入该纵队在东面的出发点。由于他手下的大部分士兵都是哥萨克，他们的寻路能力是值得期待的。由巴戈武特和奥斯特曼－托尔斯泰率领的步兵纵队就没这么成功了。在黎明到来时，奥斯特曼的纵队毫无踪影，巴戈武特的部队也只有一部分已经就位。当卡尔·冯·托尔抵达战场时，他发现步兵纵队处于混乱之中，便任由自己的愤怒情绪肆意爆发，巴戈武特和最邻近的师长——符腾堡的欧根——成了他的发泄目标。卡尔·巴戈武特被倾泻到他本人和皇帝表弟头上的侮辱激怒了，他愤然离开了指挥岗位，前往他担任名誉团长的第4猎兵团，发誓要战死在猎兵前头。

　　尽管邻近的步兵纵队尚未就位，但奥尔洛夫－杰尼索夫不能推延进攻，他担心一旦天色大亮，法军也最终醒来之后，俄军就会被发现。因此他出动哥萨克攻击敌军东翼，法军东翼当即瓦解，四散奔逃。在奥尔洛夫－杰尼索夫的左侧，情况对俄军就没那么有利了，巴戈武特仅仅带着手头的两个猎兵团冲出森林，他本人当即被一发实心弹打死。尽管法军起初被打得陷入混乱之中，但缪拉随即把部队重新集结起来，法军也表现出了他们在战场上惯有的勇猛和战斗精神。符腾堡的欧根和托尔重新组织部队，发起了协同状况较好的新攻击，最终将敌军击退。本尼希森这时正在更后方的森林里，库图佐夫已经把此次行动的总指挥权交托给他。他也尽力让前进中的步兵旅维持秩序和协同，但他和欧根的努力却互相干扰。而俄军发生的混乱也确认了库图佐夫关于军队机动能力的怀疑，他甚至拒绝让米洛拉多维奇所部投入进攻，更不用说近卫军了，尽管法军事实上在人数方面处于绝对劣势，几乎一定会被击溃。[23]

也许在上述所有混乱中最异常的一点是，俄军实际上最终还是赢得了塔鲁季诺会战的胜利。缪拉被赶出战场，损失了3000人，还丢掉了许多火炮、军旗和其他战利品。对大部分俄军将领而言，这只能说是个小小的慰藉，对策划此次行动的本尼希森和托尔来说尤其如此。考虑到缪拉的疏忽和俄军的数量，此次奇袭本该歼灭大量缪拉所部法军。本尼希森将库图佐夫拒绝投入米洛拉多维奇所部看作精心策划的破坏活动，他认为这是元帅对任何可能偷走他荣誉的对手的嫉妒心导致的结果。尽管塔鲁季诺会战进一步毒化了总部的气氛，但它对下层军官和士兵的影响却截然相反。这是俄军主力部队在1812年首次主动攻击并击败敌军，这让他们欣喜不已。库图佐夫确保10月18日俘获的所有战利品都在他部下面前得到了展示。他组织了一场感恩赞庆祝胜利，并以热情的言辞向亚历山大报告此战。不管库图佐夫作为战术家有怎样的局限性，他的确是公共关系和部队士气方面的大师。[24]

听到缪拉战败的消息时，拿破仑正在克里姆林宫附近视察部队。皇帝事实上总是对任何影响他本人声望和军队无敌声誉的事情异常敏感。而现在他不仅要从莫斯科撤退，还要在战败后这么去做。次日，亦即10月19日，他率领主力部队离开莫斯科城，留下一支数目可观的部队完成撤退工作并炸毁克里姆林宫。他在10月考虑过一系列离开莫斯科后的可能做法。最为保守的做法是沿着来路返回，经过大道前往斯摩棱斯克。这是返回他设在斯摩棱斯克、明斯克和维尔纳的补给基地的最快途径，他也会沿着俄国最好的道路前进，军队后方拖着的庞大而驳杂的辎重车队也是选择这条道路的重要考虑因素之一。但沿途地区已经遭到了破坏，他的军队将只能找到很少的食物和住处。[25]

显而易见的替代方案是向库图佐夫的主要补给基地卡卢加运动，卡卢加位于莫斯科西南方向，距离莫斯科有 1 周行程。拿破仑甚至还考虑过转向大型武器制造中心图拉，这意味着至少还要向东南方向行军 3 天。夺取图拉会严重损害俄国的整体战争努力。夺取卡卢加则或许能够让拿破仑弄到一些补给，并对俄军此后的追击造成阻碍。它也很容易隐藏法军正在撤退的事实。拿破仑可以从卡卢加沿着相对较好的道路经由尤赫诺夫（Iukhnov/Юхнов）退往斯摩棱斯克和白俄罗斯。

距离 11 月和冬季只有两周了，拿破仑无法负担绕远路或延迟的后果。他能从莫斯科带走的食物数量受到了严格的限制。最大的问题一如既往地是给马匹准备的数量庞大的草料。每多行军 1 天，饥饿、冬季和瓦解都会大大逼近。选择卡卢加—斯摩棱斯克道路行军肯定要比从莫斯科—斯摩棱斯克大道行军更容易找到粮秣和住所，但它的优势不应当被夸大。拿破仑的军队为了生存有必要远离大道搜寻粮秣，而拥有压倒优势的俄军轻骑兵将让这一点根本无法实现。法军后卫的纪律性也永远不可能与俄军后卫沉着的纪律性相提并论。此外，拿破仑军中的马匹在 1812 年 10 月下旬的状态意味着他的后卫将缺乏两大关键成分：足够的骑兵和快速移动的炮兵。当面临数量上占据压倒性优势的俄军轻骑兵和骑炮兵时，法军没有可能维持一场稳定且有章法的撤退。他们只能凭借速度，而快速撤退很容易演变成溃退。

基本的一点是，拿破仑到 10 月中旬已经没有安全的选择了。除非他非常幸运，或者俄军犯下极为严重的错误，否则他的军队必然将在撤退中蒙受极大的损失。使此类损失最小化的关键点是纪律。如果士兵们抛弃所属单位，拒不服从军官命令，灾难就将是不可避免的。法军应当把莫斯科的每一点食物都集中起来，并根据指挥层级建立公平的分配系统。这不仅能确保每个人都拿到应该属自己的一份，也是确保控制和纪律的关键做法。多余的辎重、平民和虏获品应当被降到最低限度。基本的预备工作应当及时展开——例如给马匹上蹄铁以应对冬季的冰面。

列出法军应当做的事情也就或多或少地列出了法军实际上并没做的事情。莫斯科大火激发了军队的全部劫掠本能，然而，自从拿破仑 1796～1797 年在意大利进行第一场大规模战役以来，他的部队就在所到之处悉数进行规模极大的劫掠。塞居尔评论说，离开莫斯科的军队"就像一群成功入寇后的鞑靼人"，但皇帝无法"剥夺士兵辛苦劳作后的这么多果实"。就在大车上塞满了虏获品的同时，法军在离开莫斯科之前已经焚烧了一些食物补给。找到足够的食物很快就成了许多部队中人人都要关心的事，弗藏萨克评论说分配体系是不公且混乱的。几乎所有马匹都没能上冬季马掌，而这一失误本来是完全可以避免的，科兰古对此事的评价更为苛刻，在他看来，该失误导致的马匹死亡数目超过了饿死的马匹数目。罗伯特·威尔逊爵士的评论"从未有过一次管理得更差的撤退"也许会被视为对敌人怀有偏见的看法，但它却被科兰古证实了："胜利的习惯让我们在撤退中付出了更昂贵的代价。总是向前进军的光荣习惯让我们在撤退时成了确确实实的学徒。从没有过比这组织得更糟糕的撤退"。[26]

拿破仑于 10 月 19 日离开莫斯科，沿着通往库图佐夫塔鲁季诺总部的旧卡卢加路前进。在进军到距离塔鲁季诺还有一半路程时，他转而西进，经由小道在福明斯科耶（Fominskoe/Фоминское）附近进入新卡卢加路。他的目标是抢在库图佐夫之前赶往卡卢加。皇帝的运动得到了缪拉所部前卫的掩护。在福明斯科耶附近出现的敌军很快就被俄军发现了，库图佐夫派遣德米特里·多赫图罗夫的第六军前去攻击敌军。俄国游击队在 10 月 22 日晚上及时给多赫图罗夫发出预警——位于福明斯科耶的不是一支孤立的敌军分遣队，而是包括近卫军和皇帝本人在内的拿破仑主力部队。得到这一消息后，库图佐夫不仅能够终止对具有压倒性数量优势的敌军的进攻——这可能演变为一场灾难，还能派遣多赫图罗夫向南疾进，在小雅罗斯拉韦茨小镇堵住新卡卢加路，从而不给拿破仑抢占卡卢加的机会。库图佐夫本人则从塔鲁季诺越野前往小雅罗斯拉韦茨增援多赫图罗夫。[27]

拿破仑在新卡卢加路上的前卫是由他的继子欧仁·德·博阿尔内指挥的军，其成员则多为意大利人。10 月 23 日晚，该军首批部队越过卢扎河（Luzha/Лужа）自北面攻入仅有 1600 居民的小雅罗斯拉韦茨镇。次日黎明时分，多赫图罗夫军的第一批步兵团从南面抵达小镇，并将敌军逐出大部分镇区。

整个白天一场攻击接着一场，战线就在小雅罗斯拉韦茨的街道上来回拉锯。大约 32000 名俄军与 24000 名意军作战。如果欧仁的部队没能在镇中心切尔诺奥斯特罗夫·尼古拉修道院（Chernoostrov Nicholas monastery/Николаевский Черноостровский монастырь）结实的墙壁后方奋力抵抗的话，那么俄军是有可能把他们赶出小雅罗斯拉韦茨并赶过卢扎河的。俄军拥有居高临下向河谷发起攻击的优势，欧仁麾下的意大利人则以极大的勇气和自尊心展开奋战。而队列里充满了新兵和民兵的俄军步兵团也一样奋勇作战。第 6 猎兵团位于多赫图罗夫攻击的最前线，这是一支优秀部队，它令人精神振奋的名誉团长是彼得·巴格拉季翁公爵，公爵指挥该团参加了 1799 年苏沃洛夫的意大利战役，还参加了 1805 年中的许多次后卫作战行动。然而，这个团在小雅罗斯拉韦茨有 60% 的士兵是新兵或民兵。

到白天结束时为止，建筑物大部分为木质的小雅罗斯拉韦茨镇已经被烧得一干二净。数以百计的俄罗斯和意大利伤兵在镇内被烧死，他们无法让自己挣扎得远离火焰。小镇狭窄街道上的场景已经十分骇人，步兵和火炮在陡峭的河谷斜坡上来回战斗，把尸体踏成令人作呕的血肉小丘。就战术层面而言，此次会战算是个平局。拿破仑的部队占据了小镇，而俄军在日落时依然位于小镇南侧的坚固阵地上，堵住了通往卡卢加的道路。伤亡也大体相当，双方都损失了 7000 人左右。[28]

库图佐夫次日决定退往卡卢加，这让他麾下的大部分将领感到愤怒。库图佐夫后来声称，他这么做的原因是波尼亚托夫斯基公爵手下的波兰军正通过他左侧的梅登（Medyn/Медынь）小镇，威胁到他和卡卢加之间的交通线。与此同时，拿破仑则犹豫了两天，其后自行决定沿着经过博罗夫斯克前往莫扎伊斯克的道路撤退，而后在莫扎伊斯克转入莫斯科—斯摩棱斯克大道。库图佐夫的撤退本可以让他从小雅罗斯拉韦茨西进，经过梅登抵达尤赫诺夫和斯摩棱斯克，而拿破仑却不顾这一事实做出了上述决定。也许他相信，比起把自己的军队和辎重交托给未知的乡村道路、任由大群哥萨克出没并让库图佐夫大军险恶地在附近徘徊，沿着大道行军会更快捷也更安全。不管他此举背后的理由是什么，向卡卢加进军的尝试已经被证明是一场灾难。法军吃掉了 9 日份的食物补给，距离冬季来临也更近了 9 天，但却一事无成，既没有远离莫斯科地区，也没有退往位于斯摩棱斯克的基地。[29]

随着法军从小雅罗斯拉韦茨撤退，秋季战局的第二阶段也就开始了。库图佐夫乐意用他手下的哥萨克磨损敌军，依赖大自然和法军本身缺乏纪律的作用。他极为正确地对法军在战场上的勇气和热情保有相当的尊重。尽管就连他最热忱的下属科诺夫尼岑和托尔都一再提出抗议，他依然不愿意把步兵投入对阵会战当中，至少是不愿意在敌军已经被显著削弱之前将其投入。

这一战略除了在军事上有良好理由之外，政治因素可能也对其有所影响。罗伯特·威尔逊爵士对库图佐夫在小雅罗斯拉韦茨会战后的撤退埋怨不已，这刺激了库图佐夫，他反驳道：

> 我不在乎你的反对。我宁愿给我的敌人一座如你所称呼的"金桥"（pont d'or），而不会接受"绝望中的一击"（coup de collier）；此外，我还要再说一次，就像我之前告诉你的那样，我并不肯定拿破仑皇帝及其军队的彻底覆灭会对这个世界有什么好处，他的继承者不会是俄国或其他任何欧陆

259

大国，而是那个控制海洋的大国，它对世界的支配届时将是不可忍受的。[30]

库图佐夫在个人关系上与尼古拉·鲁缅采夫并不亲近，但他们关于外交政策和俄国利益的看法在某种程度上是一致的，作为在叶卡捷琳娜二世时期成长起来、与对奥斯曼帝国作战并向南扩张关系很深的俄罗斯贵族，这样的想法实际上是可以预计到的。像鲁缅采夫一样，库图佐夫并不喜欢英国，他曾对本尼希森说过这样的话：就算英国沉进海底也不会让他忧心。上述观点到底在多大程度上影响了库图佐夫 1812 年秋季和冬季的战略？这非常难说。元帅是个精明而狡猾的政客，他很少向任何人表露自己内心最深处的想法。他必定不会轻易对任何俄国人承认他的战略是由政治动机驱动的，因为这已经进入了属于皇帝的领域，不是任何军事指挥官所该有的。最保险的结论可能是，库图佐夫的政治观点是他不肯冒险把军队用于俘获拿破仑或者歼灭拿破仑大军的额外原因。[31]

亚历山大一直对库图佐夫不愿与撤退中的敌军正面交战有所了解，威尔逊也是其中的重要因素。皇帝此前鼓励过这个英国人给他写信，他利用这个外国人作为一个额外的、"不附属于他人"的消息来源，获取和他的将领相关的消息，与此同时，他也秘密抽检并破译威尔逊和英国政府间的通信，以便确保他的英国"代理人"不蒙蔽他。威尔逊是许多乞求皇帝返回俄军总部并接管指挥权的人中的一个。另一个这么做的军官是米肖·德·博勒图尔上校，他于 10 月 27 日将俄军在塔鲁季诺会战中击败缪拉的新闻带到了彼得堡。[32]

亚历山大对米肖做了如下回复：

> 所有人都有获得名望（*chestoliubivye/честолюбивые*）的雄心，我公开承认我不比其他人缺乏雄心。如果我只听从这一感觉，那么我就会登上你的马车赶往军队。考虑到我们将敌军诱入的不利处境、我们军队的良好精神状态、帝国用之不竭的资源、我已经准备好的大规模后备部队和我下达给摩尔达维亚军

团（即奇恰戈夫军团）的命令——我十分自信我们不可能失去
胜利，正如他们所说的那样，我们还需要做的不过是戴上桂冠
罢了。我知道如果我和军队在一起，我将会收集到所有的荣誉，
会在历史上占有自己的一席之地。但当我想到我在军事方面和
敌人比起来是多么缺乏经验时，尽管我怀有全部的善意，我还
是可能会犯下消耗我的孩子们宝贵的鲜血的错误。因此，尽管
我怀有获得名望的雄心，我还是十分乐意为了军队的福祉而牺
牲我的个人荣誉。[33]

某种程度上来说，这是亚历山大在一如既往地装腔作势。他做
出远离总部、放手让库图佐夫负责指挥的决定也有其他重要因素。
随着胜利的事实深深印在俄国人内心当中，元帅也得到了极大的声
望，这是做出上述决定的一个因素。不过有充分理由相信亚历山大
对自己的军事才能缺乏自信同样是重要因素，这个敏感而骄傲的人
自从在奥斯特利茨蒙羞之后就一直被不自信的情绪缠绕着。尽管皇
帝对本尼希森的能力更为信任，也赞同本尼希森对战略的看法，他
还是允许库图佐夫把参谋长赶出总部，承认在当前环境下他除了信
任总司令外别无选择，也承认他没有兴趣让军队高层指挥被个人间
的憎恶削弱。[34]

库图佐夫在小雅罗斯拉韦茨的撤退让他的主力部队在前往莫扎
伊斯克和莫斯科—斯摩棱斯克大道时被敌军落下了 3 天的行程。阿
列克谢·叶尔莫洛夫在 10 月 28 日报告称，拿破仑撤退速度极快，
俄军正规部队非要赶得精疲力竭才能跟上他。其他报告也证实了这
一点，同时补充说这种高速正在摧毁法军。两天后，指挥在敌军纵
队周围活动的哥萨克的马特维·普拉托夫写道，"历史上还没有一
支军队在撤退中像敌人那样飞快逃跑。它正在抛弃辎重、病员和伤
员。在它身后留下可怕的场景：每走一步都能看到垂死者或死者"。
普拉托夫补充说，哥萨克正在阻止敌军收集粮秣，而拿破仑的部队
此时也十分缺乏食物和草料。在移动到敌军侧翼的俄军轻骑兵的进

261

攻和骑炮兵的集火攻击面前，敌军后卫也无法抵抗多久。[35]

拿破仑的总部到 10 月 29 日已经回到了大道上的格扎茨克，距离斯摩棱斯克尚有 230 公里。在莫扎伊斯克重返莫斯科—斯摩棱斯克大道后，他手下的军队路过了博罗季诺战场和科洛茨科耶（Kolotskoe/Колоцкое）修道院，这座修道院当时已经被改造成了医院。成百上千的伤员被留在那里，他们本该在大军到来之前很久就被转移走的。拿破仑现在转而试图把他们装载到辎重车队的大车上，但是许多大车车夫在第一时间就把伤员扔到了道路旁的沟渠里。[36]

博罗季诺战场本身则是一片恐怖的景象。没有一具遗体已被掩埋，上万具尸体散布在战场上，或者在拉耶夫斯基炮垒和其他战斗最为激烈的地方堆成大尸堆。

> 他们躺在那里足足 52 天，成了恶劣而变化无常的天气的受害者。很少有尸体看着还像人。早在霜冻降临之前，蛆虫和腐烂就留下了它们的印记。其他的敌人也出现了，成堆的狼群从斯摩棱斯克省每个角落赶来，猛禽从附近的原野飞来。林中的野兽和空中的禽类时常争夺撕开尸体的权利，猛禽挑出眼睛吃掉，狼则清理干净骨头上附着的肉。[37]

在拿破仑的军队沿着大道向斯摩棱斯克推进时，距离他们最近的俄军部队仍然是马特维·普拉托夫麾下的哥萨克。下达给他们的命令是日夜骚扰敌军，让敌人几乎无法入睡，根本不给敌人收集粮秣的机会。到 11 月 1 日，由米罗拉多维奇指挥的库图佐夫所部前卫部队也正在接近法军。前卫部队由两个步兵军和 3500 名正规骑兵组成。库图佐夫的主力仍然在南面沿着和大道平行的乡村道路进军，这条行军道路明确表明他无意和拿破仑展开对阵会战。食物补给也是促使库图佐夫远离大道、沿着未被战争触及过的地区行军的动机之一。

库图佐夫的军队一开始追击拿破仑，补给问题就不可避免地发生了。军队正在远离它的后勤基地，进入赤贫的战区。即使在斯摩

262

棱斯克省都很有可能出现找不到食物的状况，更不用说白俄罗斯和立陶宛了，军队需要用自己的大车运输食物养活自己。需要 850 辆大车才能为一支 120000 人和 40000 匹马的军队运输一天所需的食物和草料，因而长期支撑这样一支军队就需要成千上万辆大车。即便能够找到这么多大车，也不一定能够解决补给问题，因为补给车队的马匹和车夫也需要替自己觅食。对前现代的将领而言，这是一个非常熟悉的恶性循环，军队的补给车队可能会以吃掉它试图输送的所有食物告终。车队在行进中花的时间越长，这种状况就越有可能发生。数以千计的大车在俄国的秋天沿着小路移动，这注定是极为缓慢的，在庞大的炮兵车队后方行进时尤其如此。上述实际状况对解释库图佐夫在 1812 年秋冬的困境大有帮助。[38]

　　在战局开始时，士兵们携带了 3 日份的配给，另有 7 日份的"饼干"储存在团属大车里，"饼干"换句话说就是晒干了的黑面包，它是俄军各团在行军中的主食。这是俄军条例所要求配备的补给量，而库图佐夫也坚持上述补给必须全部按照条例到位。在行军纵队后方，还有大批额外补给被军队的马车队装载着。10 月 17 日，俄军后勤总监报称他有足够 120000 人食用 20 天的饼干——也就是说可以一直吃到 11 月 6 日——和为马匹准备的 20000 俄石①燕麦。[39]

　　早在秋季战局开始之前，库图佐夫就试图建立大型移动仓库支撑军队前进。9 月 27 日，他将命令下达给十二位省长，要求他们组建移动仓库，并将它们立刻送到军队，强调以"最快速度"完成是至关重要的。每个仓库由 408 辆双马大车组成，为士兵准备的饼干和谷粒以及为马匹准备的燕麦都平均分装到每辆车上。地方贵族被要求提供大部分食物和大车，而"监察官"则负责组织并指挥仓库。省长们不可避免地要走召集各个地方首席贵族的流程。正如一位省长向俄军总部报告时所述，"没有首席贵族们的完全配合，任

---

　　① Четверть，1 俄石 = 209.91 升。——译者注

何有效成果都无法实现"。[40]

除了少数人之外,首席贵族们都尽了全力去组织仓库,贵族们也踊跃捐献所需的食物和运输工具,但敌人却是时间和距离。如果要让来自遥远的奔萨、辛比尔斯克和萨拉托夫的移动仓库在秋季战局中按时抵达的话,拿破仑就需要至少在莫斯科再待上一个月。然而事实上,秋季战局甚至在较近省份派出的移动仓库到达前就开始了。以梁赞的前半部分移动仓库为例,它们于 10 月 29 日出发,坦波夫的移动仓库第一梯队则于 11 月 7 日出发。即使是这些移动仓库也需要行经相当长的路途才能抵达军队。此外,它们很快还会发现自己正在跟随军队前进,位于大型炮兵车队的后方,还要行经已经被路过人马吃得精光的地区。补给车队很快就开始吃掉自己输送的食物,以免人马饿死。和补给车队一起滞留在后方的还有许多冬衣,而这些冬衣原本是库图佐夫下令邻近省份的省长为军队征用的。[41]

移动仓库理论上应当沿着和库图佐夫行军纵队前进路线交叉的道路前进,但库图佐夫实际上给合并后的第一、第二军团总军需官瓦西里·兰斯科伊下令,让他把所有补给从图拉经由斯摩棱斯克省南部送到军队的行军路线上来。如果巴克莱·德·托利和格奥尔格·坎克林有可能在此时策划补给行动的话,他们也许会比库图佐夫、科诺夫尼岑和兰斯科伊安排得更有效率,但这个任务的确是艰难的。直到 10 月的最后一个星期为止,没有人能知道拿破仑将会沿着哪条道路撤退,库图佐夫又将沿着哪条道路追击。遭到错误指导的移动仓库就有可能落入敌军之手。一旦战局开始,军队就永远不可能停止运动。再加上相关的距离、前现代的通信以及指挥移动仓库的贵族监察官完全缺乏经验,这就使得军队和补给纵队间的协调行动变得十分困难。[42]

库图佐夫到 11 月 5 日已经承认,"军队在追击逃敌中的快速运动意味着为部队携带食物的运输工具已经被抛在后面,因此开始忍受食物短缺的痛苦"。他因此下达了详细的命令,规定部队从当地居民手中征用食物的地点和数量,并威胁任何不予合作者都将被送上战地军事法庭。然而，问题在于随着俄军于 11 月中旬接近斯摩棱斯克，它实际上进入了一块被战争严重破坏，又在此前被敌军占领的地区，那里有一部分人已经逃入森林，许多农田已经被摧毁，也没有友好的地方政府去协助征收补给。当俄军抵达斯摩棱斯克城周边地区时，库图佐夫的许多部队在战局进程中头一次挨饿了。[43]

这段时间内俄军正规部队和拿破仑撤退中的军队发生的唯一一场大战，是 11 月 3 日的维亚济马会战。拿破仑沿着斯摩棱斯克大道撤退的各个军前后延伸了 50 多公里，米洛拉多维奇因此试图切断达武元帅指挥的法军后卫与其他部队间的联系。这一尝试最终失败了，首要原因则是米洛拉多维奇被库图佐夫谨慎的命令紧紧限制住了，而元帅又拒绝出动主力部队上前增援米洛拉多维奇。欧仁·德·博阿尔内军、波尼亚托夫斯基军和奈伊军距离达武依然足够近，这让他们能够前来援助达武，上述各军兵力总和远远超过了米洛拉多维奇所部。达武军多数部队因此得以逃脱，但由于这一天最终以俄军突入维亚济马、将敌军赶出战场告终，俄军士兵视他们为当然的胜利者，这对俄军士气很有好处。

维亚济马会战表明拿破仑的许多部队依然还有足够的战斗能力，但它也反映出拿破仑的军队越加虚弱。在 1812 年战局中，库图佐夫和拿破仑所部步兵间的战斗第一次以法军损失远远超过俄军告终。由伊万·拉多日茨基中尉指挥的炮兵连是米洛拉多维奇所部的一部分，也在维亚济马参加了战斗。他写道，"我们的优势是十分明显的，敌军几乎没有骑兵，炮兵和此前相比也是虚弱而无效的……我们沉浸在光荣的胜利之中，还看到了我们面对强敌的优势"。符腾堡的欧根写道，在维亚济马会战结束后的任何一个时刻，俄军以全军规模发动的一次坚决攻击就将歼灭拿破仑的军队。但库图佐夫还是更愿意把毁灭法军的工作留给冬天去完成，而冬天在这场会战发生后 3 天就到来了。[44]

拿破仑本人和他的一些仰慕者后来很愿意把拿破仑大军的毁灭归咎于异常寒冷的冬季。这大体来说是荒谬的。只是在大部分法军

265

已然死亡后的 12 月，冬天才变得寒冷惊人。此前的 10 月则格外温暖，这也许使拿破仑沉浸在虚假的安全感当中。正如在俄国有时会发生的那样，冬天随后就突然降临了。到 11 月 6 日为止，拿破仑的士兵已经要在大雪中前进。然而，所有俄方资料都说 1812 年 11 月虽然寒冷，但考虑到是年末，也算不上特别。拿破仑在这个月遭到的主要"捉弄"事实上是 11 月下半月温暖天气的诅咒，这使得别列津纳河解冻，继而成为他撤退途中的主要障碍。然而，根本的一点在于，俄国的 11 月是寒冷的，对那些露宿野外、连帐篷都没有、极为缺乏衣物、几乎没有食物的精疲力竭的士兵来说尤其如此。[45]

伊万·拉多日茨基的炮兵连沿着斯摩棱斯克大道追击敌军，从维亚济马一路追到多罗戈布日。他写道，有一大群法国战俘被活捉，然后交给哥萨克护卫带走，但战俘中的军官依然很少。大批死者和垂死者被乱扔在路上。对俄军而言，法国士兵时常吃着半生不熟马肉的景象是十分令人恶心的。拉多日茨基回忆了特别吓人的场景，一个法国士兵在被冻死的那一刻正奋力把一匹死马的肝脏扯出来。俄国士兵对他们的敌人并无爱意，但即便是他们也时常对敌军感到怜悯，在这些可怕场景中，怜悯时常成为主要的情感。然而俄军自己的日子也不好过，更不用说他们的马了。拉多日茨基写道，他的炮兵连没有干草，又耗尽了燕麦补给，那些精疲力竭的牲口们只能依靠四处搜寻到的一星半点草料过活。他的士兵们至少还有毛皮外套和毡靴，这是战局开始前他们在塔鲁季诺大营分到的，但他们除了饼干和少量稀粥之外没什么可吃的。越来越多的病员和疲惫不堪的士兵掉了队，等到拉多日茨基的炮兵连离开大道与库图佐夫主力部队在 11 月 11 日会合时，很少有步兵连的人数还在 80 以上了。无论如何，俄军在胜利的鼓舞下士气依然十分昂扬。[46]

拿破仑本人在 11 月 9 日抵达斯摩棱斯克，并于 5 天后离开。对于沿着大道撤退的士兵而言，这座城市提供了对温暖、食物和安全的希望。情况原本确实可能是这样，斯摩棱斯克的仓库里储存着丰富的食物，而且维克托元帅 30000 名生力军直到最近还驻扎在那里。

然而，彼得·维特根施泰因的推进迫使维克托赶去救援圣西尔和乌迪诺，只在城中留下了相当薄弱的守军，守军既无法保护食品仓库，也不能迫使从莫斯科赶来的大群绝望的士兵恢复秩序，甚至在"大军团"主力抵达斯摩棱斯克的前一天，城中的一位高级军需官就预见到了灾难。劫掠者们已经试图冲进仓库，而他手下几乎没有部队来阻止他们。他写道，随后进入城市的"团"看上去就像全无纪律的罪犯或者疯子。近卫军拿走的食物远远超过他们的应得份额，而后来入城的军只能弄到极少的食物。在混乱之中，原本能够维持一周的食物一天内就被吞噬殆尽。储存食物和烈酒的仓库遭到了冲击和劫掠，军需官的部下被人群挤垮，时常成群地逃跑。[47]

拿破仑的前卫于 11 月 12 日离开斯摩棱斯克，开始向西撤退。他麾下军队的直接目标是在奥尔沙（Orsha/Орша）渡过第聂伯河。

皇帝缺乏骑兵，因此不能进行侦察，这也意味着他不知道库图佐夫在哪里。事实上，不管拿破仑在斯摩棱斯克的停留是多么必要，它还是使得俄军主力能够赶上法军并从南面绕过这座城市。到 11 月 12 日为止，库图佐夫已经有能力让全军横跨在通往奥尔沙的道路上，迫使拿破仑展开战斗，向第聂伯河突围。大部分俄军将领都希望库图佐夫这么去做。这些人中包括了卡尔·冯·托尔，他后来说，要是库图佐夫如此行事，大部分敌军将被歼灭，尽管拿破仑本人和一小撮精选出来的护卫无疑能够脱逃。[48]

然而，库图佐夫仍然坚持他给拿破仑一座"金桥"的做法。他拒绝将部队主力投入战斗，在确信拿破仑及其近卫军已经远离之前更是绝不会投入战斗。他最不希望做的事情就是让俄军骨干在与法军近卫军的生死搏斗中毁灭，法军近卫军无疑会为了拯救他们的皇帝和他们自己而拼死奋战。库图佐夫的谨慎态度无可避免地影响到了他的部下。弗拉基米尔·勒文施特恩回忆了指挥主力部队相当一部分骑兵的科尔夫男爵是怎样引用库图佐夫关于"金桥"的话，以此为理由拒绝让他手下的骑兵部队与法军展开过于近身的战斗。米洛拉多维奇就更直接了，他的下属符腾堡的欧根对奉命让敌军从面前通过的做法感到异常愤怒，就像在维亚济马战前曾奉命做的那样。米洛拉多维奇回应说，"元帅禁止我们卷入一场会战"，他补充说，"这个老人的观点是这样的：如果我们刺激敌军，使其进入绝望境地，那就会让我们白白流血。但如果我们让敌人撤退，并给予他们适当的护送，敌人就会在若干天内自行毁灭。你要知道，人不可能依靠空气生活，雪不能做成令人舒适的营地，没有马匹，敌人也无法移动他们的食物、军火和火炮。"[49]

　　库图佐夫的战略是理解在 11 月 15 日到 18 日间在克拉斯内发生的所谓"会战"的关键。这实际上并非会战，而是拿破仑麾下一个又一个军从俄军面前通过时发生的一连串杂乱无章的冲突，而战斗的地点正是 3 个月前涅韦罗夫斯基所部抵挡缪拉的地方。拿破仑让他下属各军以一天的间隔离开斯摩棱斯克，如果库图佐夫做出干扰撤退的切实努力的话，这本可能导致严重的后果。与此相反，俄军总司令开心地看着法军近卫军和波兰军、威斯特伐利亚军的残部从斯摩棱斯克开往奥尔沙，在他面前同俄军发生轻微冲突。到 15 日晚，他们已经抵达了克拉斯内村。跟在后面的是博阿尔内军和达武军，不过当拿破仑发出动用一部分近卫军援救他们的威胁后，库图佐夫也就不再打算去堵塞他们的撤退道路了。欧仁和达武因此双双得以逃脱，虽然如此，但他们在米洛拉多维奇所部步兵和炮兵的火力打击下沿着大道和原野挣扎前进时，又遭到了他麾下骑兵的骚扰，因而在撤退过程中损失了大群官兵和几乎所有的残余辎重和火炮。尽管欧仁军和达武军的大部分高级军官和参谋都幸存下来，但在克拉斯内战后它们已经不再作为战斗单位存在。

　　唯一尚未脱身的是米歇尔·奈伊的后卫，拿破仑被迫扔下他们，让他们自生自灭。奈伊在 11 月 17 日率领大约 15000 人离开斯摩棱斯克，其中近一半人还能列队准备战斗。米洛拉多维奇所部那时已经横亘在西面的道路上。奈伊在 11 月 18 日发动了多次试图突破俄军战线的绝望尝试，但都以失败告终，奈伊军土崩瓦解，大部分士兵不是战死就是被俘。由于奈伊勇敢而鼓舞人心的领导才干，一支

800 人的骨干部队进入森林，越过第聂伯河，从而躲开俄军，并于 11 月 20 日与拿破仑在奥尔沙会合。[50]

拿破仑的军队越过库图佐夫，继而在奥尔沙跨过第聂伯河后，俄军主力部队在 1812 年战局中就不再扮演活跃的战斗角色了。就算库图佐夫想要追上拿破仑，他也无法在不毁灭自己军队的前提下赶上法军的撤退速度。老元帅对这一局面感到十分高兴，他视克拉斯内"会战"为一场重大胜利，"会战"也证明了他战略的正确性。超过 20000 名战俘和 200 门火炮落入俄军之手，还有 10000 名敌军战死，而己方士兵却付出了最小的生命代价。谢苗诺夫斯科耶团的普辛上尉回忆说，当库图佐夫视察该团并告诉他们会战结果时，"他的脸上洋溢着欢乐"。普辛补充说，在听到库图佐夫关于俘获火炮、军旗、战俘的相关数目后，"大家的喜悦是难以估量的，我们甚至有点喜极而泣。一阵巨大的欢呼响了起来，这让我们的老将军也感动了。"[51]

另外，许多俄军指挥官对战斗结果深感不满，其中就有符腾堡的欧根亲王。他回忆说，他在克拉斯内和奥尔沙之间的一个小村庄遇到了库图佐夫，这还是他们离开塔鲁季诺大营后的第一次会面。总司令知道欧根的不快，也试图为自己的战略辩护，于是说："你没有意识到他们身处的环境，环境本身会比我们的部队做得更多。我们自己一定不能在抵达边境时变成瘦弱的流浪汉。"[52]

库图佐夫对部队的关切是很有根据的。尽管在战局的前半段，主力部队损失要少于米洛拉多维奇的前卫部队，但到 11 月中旬时，它也承受了巨大的压力。主力部队的辎重和炮兵在深深积雪中沿着乡村道路前进，士兵们也被迫去拉车，这使得他们越发疲惫。许多士兵并没有足够的冬衣，因为一些省份装载皮衣和毡靴的马车直到主力部队抵达维尔纳时才赶到。食物供应正面临着紧急事态，移动仓库远在后方，而在穿越斯摩棱斯克省时，征用也越来越困难了。他们的下一个目的地白俄罗斯已经经历了 6 个月的战争和劫掠，在这方面很可能不会比斯摩棱斯克省更轻松。最糟糕的是医疗服务，它在军队持续运动和无数伤病员的压力下几乎崩溃。军中的卫勤官员和医生们被分散在军队的行军路线上，在一片荒野里拼命尝试建立临时医院并获得药物——那里已经没有民政当局能够帮助他们，大部分适合改成医院的建筑物也被摧毁了。[53]

然而，库图佐夫和欧根交谈时想到的很可能远不止是他麾下军队当前的物质需要。他不相信俄国的国家利益会仅仅局限于打败法兰西帝国。英国和奥地利至少也是和法国一样的"天然"对头。此外，即便俄军抓住了拿破仑本人——尽管此事的可能性很低，这也不会确保欧洲的和平与稳定。无须有远见也能认识到，一旦法国的统治地位崩溃，其他欧洲国家将会为分赃陷入激烈竞争。预见何种政权将会取代拿破仑统治法国也并非易事。库图佐夫从法军战俘口中已经得知马莱（Malet）将军试图发动政变、以共和国取代波拿巴家族统治的消息。如果能够想起 18 世纪 90 年代的话，就会知道法兰西共和国既不热爱和平也不稳定。在一个变幻莫测的世界里，保卫俄国的利益就要依靠它的军队，这一点非常清楚，而库图佐夫则要对这支军队的生存负责。[54]

到 11 月初，另一个因素对库图佐夫而言也变得越发重要了。他一直都知道，根据亚历山大的计划，海军上将奇恰戈夫的军团将赶往明斯克和别列津纳河堵住拿破仑的退路。然而，一个像库图佐夫这样的老兵也知道，这种纸面上看起来很美妙的宏大计划在实际战争中总会走样。这就是克劳塞维茨在他论述战争的伟大著作中所提到的"阻力"的含义，没有什么时候会比 1812 年的冬季有更大的"阻力"了。库图佐夫在整个 10 月和 11 月初都对奇恰戈夫的行动毫无清晰概念，只是被奇恰戈夫所部看似缓慢的动作弄得相当沮丧。然而，就在拿破仑离开斯摩棱斯克的那一天，总司令收到了奇恰戈夫 12 天前在普鲁扎内写的信。信中详细描述了奇恰戈夫最近的成功推进，表示海军上将预计将在 11 月 19 日前抵达明斯克。明斯克的一个关键之处在于，它是拿破仑在白俄罗斯的主要食品仓库。另一点在于，它距离鲍里索夫（Borisov/Борисов）和别列津纳河上拿破仑军队试图通过的关键桥梁仅有 75 公里。[55]

　　库图佐夫做出回复，"我在 10 月 20 日（公历 11 月 1 日）非常满意地收到你的报告。从报告中我看出你希望在 11 月 7 日（公历 11 月 19 日）左右进入明斯克。你的前进将会对当今局势产生决定性影响"。库图佐夫在给维特根施泰因的信中说，到 11 月 19 日为止，奇恰戈夫应当带着 45000 人出现在距离别列津纳河仅有 75 公里的地方。他后来给奇恰戈夫的信中甚至说，"就算维特根施泰因将军被维克托和圣西尔拖住，没法前来帮助你击败敌军，你和厄特尔中将以及吕德斯（Lüders）少将所部会合后的实力也强大到足以摧毁逃跑的敌军，敌人已经几乎没有炮兵和骑兵，我还从他们后方对其施压"。按照记载，库图佐夫对被他派去指挥先锋部队的阿列克谢·叶尔莫洛夫的话就更直率了，"看，阿列克谢·彼得罗维奇老弟，不要太投入，照顾好我们的近卫团。我们已经做了自己的分内之事，现在该轮到奇恰戈夫了"。[56]

　　库图佐夫的态度一定程度上是在俄军统帅部中根深蒂固的自私、缺乏对集体忠诚的极好范例。总司令知道奇恰戈夫比他更受亚历山大尊敬，他愤恨海军上将被派去取代他作为多瑙河军团司令的事实。另外，对于原本已经年高、现在更显衰朽的库图佐夫及其军队而言，他们在精疲力竭之后也应当得到一些照顾。克劳塞维茨评论说：

> 我们必须考虑到行动的规模。在 11 月和 12 月，在俄国的冰雪之中，在一场辛劳的战役后，要么走几乎从不平坦的小道，要么走已被完全破坏的大道，面临着生存的极大困难……让我们想一下：在各方面都令人感到不快的冬季里，在物质和精神都相当疲乏的状况下，一支军队在前进中始终露营，受到物资匮乏的煎熬，因为疾病而人数骤减，它所经过的路上缀满了死者、垂死者和精疲力竭者的身体——（读者）将领会到完成每一次运动所要克服的困难，知道只有最强烈的推动力才能克服大群人的惰性。[57]

这些话并没能给帕维尔·奇恰戈夫带来多少慰藉，库图佐夫已经把皇帝对歼灭法军甚至俘获拿破仑本人的高度期望都推到了他的肩上。海军上将的战局开始时很顺利。尽管他需要留下相当一部分守军监视奥斯曼帝国，但跟随他北上的官兵里有许多经历过多次战役的老兵，总体来看也堪称优秀部队。他们于9月19日与托尔马索夫军团在斯特里河会合。

托尔马索夫下属各团的老兵要比奇恰戈夫少，但他们在1812年战局中积累了经验，而他们承受的人员伤亡则要远少于巴格拉季翁军团和巴克莱军团。奇恰戈夫军团和托尔马索夫军团在1812年9月都没有新兵，更不用说民兵了。亚历山大·切尔内绍夫在9月29日抵达他们的总部，带来让奇恰戈夫接过两个军团指挥权、让托尔马索夫与库图佐夫会合的命令。他也带来了亚历山大的计划，该计划要求奇恰戈夫将奥地利军和萨克森军向西赶回华沙大公国，随后向明斯克和别列津纳河推进，堵住拿破仑的撤退通道。

在和托尔马索夫会合之后，奇恰戈夫起初有60000人可以用于这场战局，尽管要是亚历山大的计划得到充分执行，他还会在白俄罗斯得到厄特尔将军的15000人和吕德斯少将的3500人的增援，厄特尔所部当时还在莫济里，吕德斯所部则在最近的战争中前往塞尔维亚和奥斯曼军队作战。当奇恰戈夫在9月底开始推进时，奥地利军和萨克森军向西退到华沙大公国境内。奇恰戈夫把他的总部设在布列斯特（Brest/Брест），随后在那里度过了两个星期，为向明斯克和别列津纳河推进搜集补给。由于他要在被严重破坏的战区内行军500公里，这一举动是很有道理的，但他的延迟也导致了一些抱怨。不过这一延迟意味着奇恰戈夫只能恰好在拿破仑之前赶到别列津纳河。他没有时间去了解本该防守却并不熟悉的地区。这也意味着他不可能执行亚历山大的指示——在拿破仑军队可能通过的关键遏制点和小道上构筑要塞。

奇恰戈夫在10月的最后一周开始赶往白俄罗斯，留下了他军团里大约一半人——法比安·冯·德·奥斯滕-萨肯麾下的27000

人——阻挡施瓦岑贝格和雷尼耶。由于奥地利军和萨克森军合计有38000人，还有望得到一些援军，这就对萨肯要求很高了。然而，这位俄军将领事实上还是近乎完美地完成了他的任务，不过萨肯还是抱怨——他的抱怨是正确的——他麾下部队的成就被忽略了，原因在于他在面对数量大大占优的敌军时无望获得光辉胜利，而那时所有俄国人的目光无论如何都转向了拿破仑及其军队的命运。

当施瓦岑贝格根据拿破仑的指示前去追击奇恰戈夫时，萨肯便对雷尼埃所部萨克森军展开突袭，这迫使施瓦岑贝格折返回去救援萨克森军。萨肯随后成功地躲开了施瓦岑贝格捕获他的尝试，在战局的余下时间里拖住了奥地利军和萨克森军。萨肯在一阵急促的运动和后卫作战中保全了他规模不大的部队，这支部队也为1813年战局提供了最优秀也最生气勃勃的几个团。最重要的是，萨肯把施瓦岑贝格和雷尼埃拖得远离明斯克和别列津纳河，这使得奇恰戈夫有可能向白俄罗斯中部推进，威胁到拿破仑及其军队的生存。[58]

奇恰戈夫行动得很迅速，他的前卫由另一位法国流亡者夏尔·德·朗贝尔（Charles de Lambert）伯爵指挥，此人于1793年加入俄军。朗贝尔所部约有8000人，大部分是骑兵，4个猎兵团则由瓦西里·维亚泽姆斯基公爵指挥，正如我们所见，公爵的日记中透露出他对正在毁坏俄国的外国人和暴发户的不信任。对俄军指挥官而言，主要的不确定因素在于维克托元帅的军到底在哪里。天生的悲观主义者瓦西里·维亚泽姆斯基深信俄军的推进无法成功，因为敌军在白俄罗斯的部队至少和奇恰戈夫的部队一样多。事实上，拿破仑已经命令维克托派出一个师去增援明斯克的守军，但等这个命令传到时，维克托已经全军北上阻击维特根施泰因了。随着维克托转而北上，奥地利军和萨克森军又远在西面，防守白俄罗斯南面入口的任务就交给了扬·东布罗夫斯基（Jan Dombrowski）将军和不超过6000名有战斗力的士兵。

东布罗夫斯基无法挡住朗贝尔，但他很有可能延缓朗贝尔的前进速度。与此相反，他和并肩作战的其他波兰将领们犯了许多关键的错误。派去防守涅曼河关键渡河点的部队竟让自己在河流南岸遭遇包围后集体被俘，让桥梁完好无损地落入朗贝尔手中。原本储存在明斯克可供大军团食用一个月的大量食物和草料仓储也同样被他夺去。离开明斯克后，朗贝尔赶往鲍里索夫和别列津纳河上的关键桥梁。俄军轻步兵在此战中取得了他们在1812年战局里可能最为杰出的成就，维亚泽姆斯基手下的四个猎兵团在最后24小时内推进了55公里抵达鲍里索夫，随即抢在鲍里索夫附近的5500名敌军能够集结起来保护渡河点之前，于11月21日凌晨突击保护桥梁的要塞。朗贝尔麾下的3200名猎兵中至少一半人非死即伤，其中包括瓦西里·维亚泽姆斯基。战后冬宫里建起了一座画廊，用于悬挂所有参与过1812～1814战争的俄军将领画像。维亚泽姆斯基是少数几个被遗漏的名字。对一个来自奇恰戈夫"被遗忘的军团"并无"保护人"的将领而言，他无疑曾考虑到彼得堡的朝臣们在他死后会玩和生前一样的花招。[59]

朗贝尔夺取鲍里索夫大桥是俄军在1812年冬季战局中最光辉的时刻。胜利希望大增，亚历山大在别列津纳河活捉拿破仑的梦想也似乎可能成为现实。奇恰戈夫给他的部队下达了如下文告，此举在将来会让他感到后悔：

> 拿破仑的军队正在逃窜。欧洲的全部痛苦之源正在它的队列之中。我们正横亘在这个人的撤退路线上。把他交给我们，将很容易取悦上帝，从而结束他对人类的惩罚。出于上述原因，我希望让每个人都知晓此人的特征：他个头不高，矮胖结实，脸色苍白，脖子粗短，大脑袋，黑头发。为了避免任何不确定因素，所有符合上述特征的战俘都应当在捕获后送到我这里。关于抓捕这位特殊俘虏的赏金，我一句话都不用说，我们君主人尽皆知的慷慨已经确保了它们。[60]

就在俄国人的期望达到最高点的时刻，奇恰戈夫也正开始面临失败的前景。库图佐夫估计海军上将能够把45000人带到别列津纳河，但这取决于指挥莫济里守军的厄特尔中将是否遵守奇恰戈夫的命令，让他手下的 15000 人赶往鲍里索夫。然而，厄特尔是一个细致且有条理的行政管理人员，他的职业生涯中有很长时间是作为莫斯科首席警务长官和后来的彼得堡首席警务长官度过的。训练构成莫济里守军一部分的新兵，并确保周边地区不受波兰暴动分子影响，的确在其能力范围之内，但放弃地方责任前去与拿破仑作战则令他想想都感到颤抖。厄特尔遍寻拖延时间的可能借口，列举了桥梁被破坏、离开后有发生地方叛乱的危险、有必要保护仓库等借口，甚至连牛瘟都包括在内。等到奇恰戈夫能够换人时，时间已经太晚，厄特尔的部队也无法赶到别列津纳河了。正像海军上将向亚历山大报告的那样，此举只给他留下了仅仅 32000 人，其中还有一半是骑兵，他们在防御渡河点和在别列津纳河西岸的丛林和沼泽中作战时几乎派不上用场。[61]

如果奇恰戈夫要挡住拿破仑的话，他自然需要援助，最可能的援助来源是彼得·维特根施泰因。在秋季战局之前，维特根施泰因的军已被增强到 40000 人之众，尽管其中有 9000 人是民兵。施泰因黑尔伯爵的 10000 名正规军也从里加南下加入维特根施泰因所部。维特根施泰因和施泰因黑尔在 10 月 16 日到 18 日携手击败了圣西尔元帅，重新夺取了波洛茨克镇和横跨在德维纳河上的桥梁。比起俄军指挥官的指挥技艺，胜利更大程度上应当归因于俄军的数量优势和士兵的勇气。施泰因黑尔和维特根施泰因从德维纳河两岸分别推进，彼此间联系很差。如果维特根施泰因拥有一支舟桥纵列的话，他就可以在圣西尔的右翼外侧渡过德维纳河，把他赶到西边去，换句话说就是远离拿破仑的撤退路线。这是亚历山大的计划中为秋季战局设定的目标。然而，俄军指挥官并没有这样的舟桥部队，他被迫采取更沉闷同时要付出更大代价的对策：直接强攻波洛茨克。

即便如此，俄军在波洛茨克的胜利还是带来了重要的结果。指挥圣西尔下属巴伐利亚军队的弗雷德（Wrede）将军直接向西退入立陶宛，从而让他的部队实质上不再参与这场战争，尽管维特根施泰因无法确定弗雷德会不会在某个时刻突然出现并威胁到他的右翼。维特根施泰因在他给亚历山大关于此战的报告中正确地声称，他已经将乌迪诺军和圣西尔军摧毁到相当的程度，除非维克托元帅因此被迫放弃斯摩棱斯克，指挥他手下的整个军全速赶来援助乌迪诺和圣西尔，否则这两个军就不能展开有力的抵抗。维特根施泰因完全有理由为这一成就而自豪。在他的努力之下，3 个起初和他的军一样强大的法国军现在都已经被拖得远离白俄罗斯中部的关键战区。[62]

维特根施泰因从波洛茨克向南推进，10 月 31 日在乌拉河（Ul-la/Улла）畔的恰什尼基（Chashniki/Чашники）展开会战，击败了圣西尔元帅和维克托元帅。根据圣西尔的说法，俄军的胜利得益于他们的优秀炮兵和维克托元帅未能把他的大部分部队集中到战场上。和往常一样，拿破仑不在场时他的元帅们就会相互倾轧，乌迪诺的康复归来也无助于使这支面对维特根施泰因的小部队内部领导层的协调一致。愤怒的拿破仑此后给维克托下达了无条件攻击维特根施泰因的命令，要求维克托把他赶过德维纳河，赶得远离大军团的撤退路线。维克托随后于 11 月 13 日到 14 日间向乌拉河畔更偏东的斯莫利亚内（Smoliany/Смоляны）发起攻击，尽管法军进行了苦战，但还是无法将维特根施泰因的部队赶出阵地。[63]

维特根施泰因在 1812 年 11 月的前 3 周里满足于守住乌拉河一线击退任何法军攻击。普斯科夫省长彼得·沙霍夫斯科伊公爵动员了数以千计的大车，组成了 6 个移动仓库给维特根施泰因提供补给。得益于沙霍夫斯科伊的努力，俄军要比他们的敌人吃得好很多。由于维特根施泰因军在 9 月就从后方省份收到了 30000 件皮外套，他们也比敌人暖和得多。两军每多对峙一天，力量对比就对维特根施泰因越加有利。尽管维特根施泰因距离奥尔沙—鲍里索夫大道只有一天半的行程，他却没有做出任何横亘在拿破仑撤退路线上的尝试。他的谨慎是有道理的。维特根施泰因在 11 月上半月对其他俄军所处的位置一无所知，对拿破仑大军的状况也毫不了解。如果维特根施泰因军面临拿破仑和维克托的夹击，而奇恰科夫和库图佐夫所部都不在能够前来救援的邻近地区，届时为它的安危担忧的将不仅有维特根施泰因，还有皇帝和库图佐夫。只有当维克托于11月22日撤退后，维特根施泰因才跟在他后方前进。他因此处于能够干扰法军越过别列津纳河行动的位置，不过和奇恰戈夫不一样，他并没有直接挡在法军路上。[64]

无论如何，维特根施泰因要比库图佐夫的主力军团近得多。在克拉斯内"会战"后，库图佐夫的主要关注点已经转移到休息、供养他的部队上。出于上述原因，他从克拉斯内向西南方向行军，进入科佩西（Kopys/Копысь）小镇，科佩西是奥尔沙以南的下一个第聂伯河渡河点。他在那里休整了部队主力，成功地从南面邻近地区征收到了相当数量的食物。由于显然没有必要再一路拖着所有火炮，他也让许多炮兵连就地停放火炮。库图佐夫的确派出由米洛拉多维奇指挥的两个步兵军和一个骑兵军的前卫部队继续前进，但除非奇恰戈夫能够在别列津纳河上堵住拿破仑整整4天或者更长时间，不然米洛拉多维奇所部就没有机会及时抵达并干扰渡河。米洛拉多维奇手下的士兵们在挣扎着越过第聂伯河攻入白俄罗斯的过程中很是吃了一番苦头。撰写第5猎兵团团史的历史学家写道，"从科佩西开始，我们在任何地方都找不到平民，村庄空无一人，甚至没有猫狗。谷仓和商店也是空的，没有谷物，没有谷粒，甚至没有一点草料"。[65]

在米洛拉多维奇前方的是普拉托夫的哥萨克和阿列克谢·叶尔莫洛夫麾下由两个胸甲骑兵团、3个战列步兵团、一些哥萨克和两个近卫轻步兵团组成，换言之就是近卫猎兵团和芬兰近卫团组成的通常所说的"快速纵队"。快速纵队在11月19日启程前往奥尔沙，但是由于拿破仑烧毁了第聂伯河上的桥梁，行程耽搁了一天半。叶尔莫洛夫的哥萨克游过了第聂伯河，但他的重骑兵战马不得不被系在筏子上过河。让俄军胸甲骑兵来担任这一角色的唯一解释就是俄军正规轻骑兵已经精疲力竭。所有的辎重都被迫留在第聂伯河东岸。库

图佐夫命令叶尔莫洛夫不要让他的士兵陷入疲乏，让他在托洛钦
（Tolochin/Толочин）等待米洛拉多维奇抵达，而后才能向前推进追
击拿破仑。但叶尔莫洛夫知道如果要把拿破仑拦在别列津纳河的话，
速度将是至关重要的因素，他因此忽视了上述两道命令。[66]

277

　　凭借英雄般的努力，叶尔莫洛夫于 11 月 27 日抵达鲍里索夫，
同一天，拿破仑和他的近卫军在鲍里索夫以北 18 公里的斯图江卡
（Studyanka/Студянка）跨过别列津纳河。俄军部队为这一速度付出
了高昂的代价。哥萨克通常可以远离道路收集粮秣，多少找出点能
吃的东西，炮兵在他们的弹药箱里携带了应急食物，但步兵的生活
就十分艰辛了。在此前一个月里，近卫猎兵团一共只在屋顶下睡了
一夜。在他们从第聂伯河赶到别列津纳河为期一周的行军中，他们
只拿到了两次饼干。士兵们每次露营时都到处刨土豆，即便如此也
很难找到食物，在匆忙和疲惫中，他们时常生吃食物。[67]

　　至于芬兰近卫团，他们的确在背包里还带了一些谷粒，但他们
的水壶正好在团属辎重里，而生的谷粒是无法食用的。士兵们靠从
树上割树皮做成临时烹调容器活了下来。把谷粒塞进树皮里，然后
用潮湿的木头烤火，把混合物放到上方加热，接着近卫军士兵就狼
吞虎咽整顿"大餐"，把树皮等等统统吃了下去。他们付出上述努
力的酬报是终究晚了一天才抵达别列津纳河。两个近卫团在次日上
午过河后被作为预备队部署在奇恰戈夫军团后方，军团本身则在布
里利（Brili/Брили）村附近的森林和拿破仑展开战斗。这两个团的
士兵在齐膝深的雪中度过了此后两天，连一点食物都没有，大群士
兵毫不奇怪地病倒了，然而部队的士气依然高昂。这些近卫军士兵
是优秀的战士，他们正在前进、正在明明白白地赢得战争的事实鼓
舞了他们的精神。叶尔莫洛夫本人也是一位擅长在战场上激励人心
的领袖人物，他是让俄国士兵在紧急状况下用尽最后一点努力的当
然之选。[68]

　　奇恰戈夫在 11 月 22 日首次抵达鲍里索夫附近，他把总部和所
有辎重都搬过河运进位于别列津纳河东岸的鲍里索夫镇里。朗贝尔

伯爵在夺取大桥时受伤，因此奇恰戈夫任命保罗·冯·德·帕伦接替朗贝尔的职务。帕伦次日奉命沿主干道向前推进，由于拿破仑的主力部队现在已经和乌迪诺、维克托会合，这样的前进动作是相当危险的。然而，奇恰戈夫和帕伦都不够谨慎。帕伦的部队被拿破仑的前卫击溃，逃进了鲍里索夫。奇恰戈夫和他的参谋人员飞快地逃过别列津纳河，把军团的大批辎重留在身后。奇恰戈夫的对头们后来以此次溃败为口实，对他展开了猛烈抨击，但这次战败实际上并不重要。尽管帕伦的大部分前卫部队都被截断了退路，但几乎所有人都成功地找到渡口再次跨过别列津纳河。维特根施泰因在 4 天后就重新夺回了鲍里索夫和奇恰戈夫的大部分辎重。最重要的是，俄军成功地焚毁了位于鲍里索夫的关键桥梁，因此别列津纳河依然是拿破仑面前的一个障碍。

　　退到别列津纳河西岸之后，奇恰戈夫面临着艰难的困境。他甚至不能与一河之隔的维特根施泰因协同行动，更不用说依然远在第聂伯河附近的库图佐夫了。防守别列津纳河一线的重任因此落到了海军上将一人肩上。奇恰戈夫手上至多只有 32000 人，其中仅有一半是步兵。如果他能够确认拿破仑正在赶往西北方向的维尔纳的话，他就需要防守鲍里索夫和在津宾（Zembin/Зембин）村对岸的韦谢洛沃（Veselovo/Веселово）渡口之间长达 20 公里的地段。问题在于，拿破仑也可能从鲍里索夫以南过河，径直向西赶往明斯克，甚至可能经过伊古缅（Igumen/Игумен）赶往远在南方的博布鲁伊斯克。上述可能性大大增加了奇恰戈夫必须守备的河防战线，使其延伸到 100 公里或更长。拿破仑在鲍里索夫以南 12 公里的乌霍洛达（Ukholoda/Ухолода）动工修建一座桥梁，假装要从那里赶往明斯克。然而，他实际上却在鲍里索夫以北 18 公里的斯图江卡过河并奔赴维尔纳。[69]

　　正如在战争中经常发生的那样，在所有这些紧张的局势和互相冲突的情报之中，奇恰戈夫相信了最符合他本人假设和恐惧的相关证据。海军上将最担忧的是拿破仑赶往明斯克夺回他的巨大补给储备——而这正是奇恰戈夫自己的军团现在所仰仗的补给来源。拿破仑在明斯克可以和施瓦岑贝格会合，奇恰戈夫相信施瓦岑贝格正在向别列津纳河前进，正要攻入俄军后方。公允地说，奇恰戈夫以外的大部分俄军高级指挥官也相信拿破仑会前往明斯克或博布鲁伊斯克，也认为从俄军角度而言拿破仑此举将最为危险。以库图佐夫为例，他在 11 月 22 日致信奇恰戈夫，告诫他如果拿破仑不能渡过别列津纳河的话，就很有可能掉头南下。当时正身处维特根施泰因指挥部的克劳塞维茨回忆说，"所有人都怀有敌军将选择博布鲁伊斯克方向的想法"。[70]

也许最惊人的证据来自叶尔莫洛夫的回忆录。当他最终于 11 月 29 日抵达奇恰戈夫的司令部时，海军上将依然试图派出普拉托夫的哥萨克绕过拿破仑的侧翼，攻入他的后方，以便摧毁穿过津宾沼泽的桥梁和堤道，打开通往维尔纳的道路。叶尔莫洛夫回复说这是不明智的举动："如果拿破仑发现不可能通过津宾的话，他就只能夺占通往明斯克的道路了，他会在那里发现充足的各类物资储备（上述储备目前正在供给我们军团和其他部队），能够让他的军队有所休整，从立陶宛征召补充兵，并在那里恢复秩序。"要是连曾在上个月目击拿破仑军队瓦解的、极有才智的叶尔莫洛夫都这么想的话，维特根施泰因和奇恰戈夫也如此考虑就并不令人奇怪了。[71]

被拿破仑蒙骗后，奇恰戈夫率领大部分部队于 11 月 25 日向南进发，前往沙巴舍维奇（Shabashevichi/Шабашевичи）控制通往明斯克的道路。他把朗热隆伯爵和一个虚弱的步兵师留在鲍里索夫，还下令恰普利茨（Chaplitz/Чаплиц）少将放弃位于斯图江卡对岸的阵地，带着他的部队与朗热隆会合。在恰普利茨收到上述命令时，他的侦察兵已经上报了明确迹象：拿破仑正准备在斯图江卡架设桥梁过河。然而，在奇恰戈夫和朗热隆的明确命令面前，恰普利茨还是向南进军了，这让河对岸的法军观察者欣喜不已。恰普利茨也未能破坏穿过津宾附近沼泽的桥梁和堤道。对任何试图阻止拿破仑向维尔纳方向突破的俄军部队而言，位于津宾的狭窄道路实际上是最好的防御阵地。如果桥梁和堤道都已被破坏的话，区区一个师就有可能在津宾挡住整支法军。就算恰普利茨在摧毁堤道和桥梁之后立即离开，重建它们也会让拿破仑的逃脱至少推迟一天。[72]

11月26日上午，法军骑兵在斯图江卡游过别列津纳河，400名轻步兵则乘坐木筏渡河，两座河桥开始搭建了。在河对岸（西岸），拿破仑所面对的只是部署在布里利村附近的少许兵力：两个猎兵团、少数骑兵和一个骑炮连。骑炮连的指挥官是伊万·阿诺尔迪（Ivan Arnoldi/Иван Арнольди）上尉，他是俄军最优秀的年轻炮兵军官之一，在1806～1807年的战争中已经有过良好战斗履历，最终则以上将军衔退役。阿诺尔迪在回忆录中表示，哪怕在斯图江卡对岸的俄军实力比历史上强得多，他们照样无法阻止拿破仑过河。别列津纳河的东岸高于西岸，拿破仑可以把他麾下所有炮兵都部署在制高点上。与东岸相反，西岸则是一片低洼、异常软湿、丛林密布的土地：俄军无法把大批火炮部署在能够轰击到河流和桥梁的地方。[73]

另一方面，如果当时有上千俄军步兵在场的话，他们或许能够在桥头拖住拿破仑，使其远离鲍里索夫和津宾之间的道路，而且他们一定能够堵住津宾的狭道。11月26日在场的少量俄军部队没有可能做到上面任何一点。法军在乌迪诺元帅指挥下冲出桥头，沿着通向斯塔霍沃（Stakhovo/Стахово）村的道路南进。等到恰普利茨指挥他的所有部队返回时，他在人数上已经处于劣势了。奇恰戈夫和他的军团主力部队要到11月27日晚上才能抵达战场，次日方可投入战斗。然而，到那时拿破仑全军就只有后卫部队尚未过河了。尽管在斯塔霍沃村附近从11月26日到28日发生了激烈的战斗，俄军却从未有过突破敌军战线、夺回通往津宾的道路控制权的可能。拿破仑在西岸的步兵要多于俄军，地形也对守方有利，他麾下的士兵们身处危险环境，这也需要他们以冒死一战的勇气战斗。[74]

与此同时，随着彼得·维特根施泰因军投入与维克托元帅所部后卫的战斗，别列津纳河东岸也发生了激战。维特根施泰因在这关键的几天里几乎没有表现出主动性，尽管他的部队远没有库图佐夫所部那么劳累。那个夏季里的无畏将军此刻已经让人认不出了。也许维特根施泰因对于接受奇恰戈夫指挥缺乏热情，也许他被拿破仑亲自在场的事实弄得格外谨慎。他跟着维克托沿着通往鲍里索夫的道路前进，声称直接通往拿破仑斯图江卡后方的乡村小道已经无法通行——这可能是正确的。于 11 月 27 日抵达鲍里索夫之后，维特根施泰因随即北上赶往斯图江卡，干扰拿破仑横越别列津纳河的进程。此举切割了帕尔图诺（Partouneaux）将军所部，迫使他的师投降，但它所凭借的运气成分要高过良好计划的成分。7000 名士兵沦为战俘，尽管其中一半人现在已是掉队者而非作战中的士兵。维特根施泰因在 11 月 28 日全天和维克托军余部作战，后者在斯图江卡桥头附近充当法军后卫，但前者却只让 14000 人投入战斗。尽管俄军炮兵对试图过河的人群造成了可怕的损伤，但俄军还是不能突破人数处于劣势却英勇无畏的敌军后卫，他们在一整天的战斗中挡住了俄军，最终安全过桥。[75]

他们留下了一片凄惨景象。叶尔莫洛夫如此回忆战斗结束后别列津纳河东岸的场景：

> 在被部分摧毁的桥梁附近，火炮和运输车辆掉进了河里。大群大群的人，包括许多妇女、儿童和婴儿都落入冰封的河里。没有人能够逃过可怕的严寒。没有人能够目击到比这更可怕的场景。在那块地方，在那个时刻用死亡终结了自己痛苦的人是幸运者。那些还活着的人嫉妒着前者。他们要不幸得多，虽然在此刻保存下了自己的性命，后来却在可怕的折磨中死于残酷的寒冷……河流被像玻璃一样透明的冰面覆盖；两岸之间的整条河里都能看到许多在冰面下清晰可见的死者。敌军抛弃了数量巨大的火炮和车辆。洗劫莫斯科所得到的财宝也没能成功带过河。[76]

横越别列津纳河对拿破仑而言在一定程度上可谓灾难。他损失了 25000～40000 人，也丢掉了几乎所有火炮和辎重。甚至连他的老近卫军现在也只剩下 2000 人。由维克托元帅和乌迪诺元帅指挥的，拿破仑麾下最后一个尚能作战的军，现在也几乎无力再战。如果拿破仑保住了在鲍里索夫的大桥，或者假如别列津纳河的冰面冻得很结实，上述损失中的绝大多数将是可以避免的。

　　无论如何，拿破仑有理由在 11 月 29 日感到满意。他数量处于劣势，被敌军围困，面临全面毁灭的危险，最终却还是得以逃出。这首先要归功于他剩余部队了不起的勇气和部队指挥官的坚定决心。即便在别列津纳河战场，拿破仑也的确拥有一定的优势。他的部队是集中的，位于俄军中间，受着同一个愿望的引导。自然因素和人为失误使得俄军各部间的协作相当困难。如果有人观察每个俄军指挥官的认知和行动的话，他基本上总能看出这些指挥官行动背后的逻辑，也会同情他们所面临的困境。然而从整体来看，俄军高级将领们的误判、缺乏决心和自私自利，最终让相当多本来无法脱身的拿破仑军队得以逃脱。282

　　对许多俄国人，尤其是对亚历山大而言，不满的主要原因是拿破仑本人最终逃过一劫。这一感受尽管相当正常，实际上却不对头。拿破仑总有能力离开别列津纳河东岸并越野赶往维尔纳。他在斯图江卡还有足够多的马匹状况良好的骑兵可以组成强大护卫部队。在前往维尔纳的路上，除非他运气极差，不然是不可能遇到一支数量足够大，也有足够决心向这样一支护卫部队挑战的哥萨克部队的。

　　拿破仑麾下成千上万的部队得以逃脱是可能性低得多也更让人恼火的事。这乍一看并非什么大事。逃过别列津纳河的法军中有一半以上在接下来 3 个星期令人恐惧的严寒中死亡或者被俘。只有不到 20000 人幸存下来，再次为拿破仑而战。但仅仅是近卫军、达武军、奈伊军和欧仁军就有 2500 名军官逃出了俄国边界。这些人中包括了大部分高级指挥官和他们的许多参谋。如果这些人在别列津纳河被俘的话，拿破仑将很难及时重建能在 1813 年春季守卫德意志的新"大军团"。因而俄军在下一年的战局中所付出的巨大牺牲本是可以避免的。此外，如果拿破仑的军队在别列津纳河整体被俘的话，俄军就能够进入冬营休整,免去在 1812 年 12 月穿越立陶宛追击敌军过程中蒙受的惨重损失。[77]

在别列津纳河的戏剧性事件过后,1812 年战局的最后几个星期是令人扫兴的,尽管用这个词来描绘处于巨大痛苦中的 17 天堪称蹩脚。法军辩护者们关于 1812 年 12 月天气所说的话都可谓真实。即使以俄国 12 月的标准,它也称得上格外寒冷。这导致了大部分法军部队单位最终瓦解。拿破仑在 12 月 5 日径自离开军队赶往巴黎,留下缪拉主管军队。到那时为止,已经没有什么事情或什么人能够在俄国边界以东把法军重新组织起来了,拿破仑的离开是正确的。维尔纳在 12 月 11 日落入俄军手中,3 天后,马特维·普拉托夫的哥萨克夺取了科夫诺(Kovno/Ковно),米歇尔·奈伊率领他不屈不挠的后卫退过涅曼河,1812 年战局就此结束。

在这几个星期里,俄国军队同样也蒙受了令人悲伤的损失。库图佐夫于 12 月 19 日向亚历山大报告,军队的损失是如此巨大,以致他被迫不仅要在敌人面前隐藏部队,甚至还不能让自己的军官看到。战局开始之前,库图佐夫在塔鲁季诺指挥的 97000 人中,有48000 人已经入院——换言之就是几乎一半人,只有 42000 名士兵还在队列之中。奇恰戈夫和维特根施泰因所部的处境要稍好一些,但也不算良好。海军上将的队伍里有 17000 人,此外还有 7000 人最终从厄特尔军赶来。彼得·维特根施泰因依然指挥着 35000 人,这反映出他的部队比其他部队吃得好、穿得好,行军路程也没有那么长。但大部分俄军士兵现在已经又饥饿又疲惫,他们的军装已经破旧不堪,只得穿上能找到的任何衣服抵御寒冷。一位年轻的参谋描述他自己穿着一件士兵的大衣,袖子则被露营的火堆狠狠烤焦了,脚上的靴底已经脱落,头上混搭着一顶士兵的军便帽和一块平民的羊毛头巾,身上的紧身短上衣连一个纽扣都没有,只能靠着一条法国剑带捆扎起来。[78]

随着俄军向冰冷的、贫瘠的、被毁坏的立陶宛前进,寒冷和饥饿给库图佐夫的部队带来猛烈打击。另一个敌人——斑疹伤寒也造成了严重损害。这一疾病在被俄军成群俘获的战俘当中猖獗蔓延并快速传播。"它的辨别特征是：疲惫，食欲不振，反胃，全身肌肉无力，皮肤干热，口渴难忍"。只要药物尚未用尽，团属医生们就使用奎宁、樟脑和催吐剂对付伤寒。然而，正如后勤总监格奥尔格·坎克林后来承认的那样，在俄军军需系统的全部工作中，卫生勤务工作是最为薄弱的。这某种程度上与对医院崭新而混乱的管理有关，但更大程度上则是因为缺乏受过训练的医生和医院管理人员。只要俄军还在大俄罗斯各个省份作战，它就能够把伤病员交给省长们照管，但当它进入此前被拿破仑占领的白俄罗斯和立陶宛地区后，当地的民政机关已经荡然无存了。许多俄军医生和职员自己也生病倒下了，其他人则分散在军队前进的路线上，拼命地试图在一片荒野中建立医院。[79]

坎克林写道，他的下属职员们

　　自己也是半死不活，却还要被迫在极度寒冷中，在几乎没有任何帮助的情况下，每隔一天都在被毁灭的地区里新建医院。有经验职员的短缺现象极为严重。我们带走任何落到我们手里的人，如果能够找到符合工作要求的职员就倍感欣慰。我们给予从中拣选出来的人相应章程、一些资金，发给地方行政当局要求予以协助的公开命令和一小队工作人员。这是从事新建医院工作的人所能得到的所有帮助，此外，在可能的情况下，他们还会得到一些饼干和谷粒、少量牛肉和若干烈酒。

无论如何，坎克林还是指出，大部分入院官兵最后都康复并重归部队了，"这一方面显示了俄国士兵的坚韧，另一方面也表明他们得到了一定程度的照顾"。[80]

库图佐夫在12月13日向亚历山大报告，除非他的军队得到休整，不然它就有可能彻底消散，随后就不得不从头开始重建军队。任何指挥官都会担心这种可能性，但一个俄罗斯将领比大部分人有更多的理由担心，他需要保护军队中的专业老兵核心，整支军队就

284

是围绕他们组建起来的。拥有足够教育水平和意愿去成为军官的人并不多，工程兵、炮兵或参谋中技艺高度娴熟的老兵核心就更稀少了。首先，皇帝的军队并不是一支民族军队，它的实力很大程度上要依靠老兵对战友和所属团的高度忠诚。如果毁灭了这些人和这些忠诚的话，军队就会变得比民兵还要差，使这支军队难以战胜并能够快速恢复的内在力量也将会削弱。让库图佐夫感到宽慰的是，在1812 年冬季，虽然几乎要出现这种状况，最终却并未发生。事实上这支军队的核心还是幸存下来了，此后还有许多老兵出院，俄国在1813 年以这些老兵为核心组建了一支全新的优秀部队。不过俄军实际上要到 1813 年夏季才从 1812 年战局的可怕劳损中恢复过来，重新发挥出它的全部潜力。[81]

第九章

1813：春季战局

1812 年 12 月 22 日，亚历山大一世抵达维尔纳。1812 年战局的头几周里，皇帝把如同鹅群般喧哗的廷臣们带到了维尔纳，他们既无聊又争吵不休，令人厌烦不已。这次他带来的随从队伍要小一些，其中的三个人将成为余下战争里亚历山大最亲近的助手。在军事行动方面，彼得·米哈伊洛维奇·沃尔孔斯基是亚历山大的左右手；在国内动员、组织民兵和向野战部队分配补充兵方面，阿列克谢·阿拉克切耶夫继续执掌一切；卡尔·内塞尔罗德则成为亚历山大的主要外交顾问。尽管内塞尔罗德名义上并非副外交大臣，事实上他却在履行这一职责，真正的外交大臣则是亚历山大自己。皇帝经常干预军事事务，但是他缺乏接手指挥或在军事行动中扮演领导角色的自信。然而，亚历山大在外交事务上则是毫无疑问的主导人物，总体而言，他在 1813 年富有技巧且有效的外交表现令人印象深刻。

尽管尼古拉·鲁缅采夫仍然是名义上的外交大臣，他事实上已经与外交政策的制定毫无关系。亚历山大声称，把鲁缅采夫留在圣彼得堡是方便他休养身体。的确，鲁缅采夫曾于 1812 年随同亚历山大出征时得了小中风，这正好在 1813 年给了皇帝一个躲开外交大臣的正当理由。亚历山大最不愿看到的就是一个探头探脑的"旧俄罗斯人"外交大臣，他会令俄国现存的所有盟友产生疑虑，还会对皇帝的外交方针挑剔不已。在鲁缅采夫看来，亚历山大针对拿破仑的"十字军远征"是执迷不悟的。正如鲁缅采夫向约翰·昆西·亚当斯所说的那样，拿破仑绝不应当成为俄国外交的唯一议题，亚历山大太过专注于击败拿破仑，因此对奥斯曼帝国和波斯有所让步，甚至同意牺牲俄国传统利益来安抚奥地利和英国。鲁缅采夫偶尔甚至会以几乎毫无遮掩的言辞痛骂亚历山大，指责他忘记了祖先的自豪传统。

外交大臣也害怕无政府主义，他认为致力于煽动针对拿破仑的大规模暴动（尤其是在德意志境内）将最终导致无政府主义的滋生。用鲁缅采夫的话说，这是"雅各宾主义实质上的回归。拿破仑可以被看作君主政体的堂吉诃德（Don Quixote）。拿破仑当然推翻过许多君主，但他对君主政体毫无侵犯。以强烈情感将他本人（拿破仑）视为唯一的敌人，并煽动人民起来赶跑他，这种做法将会为未来的许多大混乱奠定基础"。亚历山大完全能够忽略距离遥远且并非核心人物的鲁缅采夫，但是当梅特涅在两个月后清楚地表达出同样观点时，亚历山大就不得不对此倍加关注了。[1]

在维尔纳，盛大的装饰和焰火欢迎着亚历山大的到来。抵达此城的第二天恰逢俄皇生日，库图佐夫为他举办了盛大的舞会。在舞厅里，此前缴获的一面面法军旗帜被抛到亚历山大脚下。进一步的庆祝活动和阅兵接踵而来，维尔纳城中奢侈品的价格随之变得极其昂贵。一套配有量身定做的金色穗带的全新制服，其价格即使对近卫军贵族军官奇切林中尉来说也是难以承担的。然而，璀璨的外表和华丽的贺词并不能掩盖维尔纳此时所经受的恐怖苦难，即使皇帝本人也能感受到这一点。40000 具冻僵的尸体散布在维尔纳的市区和郊区，等到春天冰雪融化时才能被焚烧或者掩埋。饥饿且伤寒缠身的人游荡在大街上，不时倒毙在市民门前。近卫军炮兵曾负责运尸出城的工作，在城外，尸体被砌成冰墙或者堆成小丘等待处理，结果参与此事的士兵中 1/3 得了斑疹伤寒。最悲惨的景象出现在医院。值得赞扬的是，亚历山大亲自拜访了法军所在的医院，但是俄军的卫生勤务部门早已不堪重负，因此并不能给他们提供多少帮助。俄皇曾这样回忆一次拜访，"晚上，高大的拱形房间里只有一盏灯亮着，房里的尸体堆得和墙一样高。在这些尸体里，我突然看到了活物，那时的恐惧感难以言表。"[2]

亚历山大授予库图佐夫大十字级圣格奥尔基勋章——俄国君主 287
所能给予的最为珍稀的荣誉。表面上看起来，心怀感激的皇帝和尽
忠职守的总司令关系一片和睦。事实上，皇帝对库图佐夫追击拿破
仑的行动很不满意，他决心让别人认识到自己在军事行动上的控制
权。亚历山大给库图佐夫的参谋长彼得·科诺夫尼岑放了加长的病
假，并任命彼得·沃尔孔斯基继任。库图佐夫将继续指挥全军，在
制定战略时也会扮演领导角色，但他的一举一动都被放在皇帝和皇
帝最信任的助手眼皮底下。就管理效率而言，沃尔孔斯基的到来大
有裨益。库图佐夫和科诺夫尼岑都是懒惰且缺乏效率的管理者，重
要的文件会一连几天没人签发、照管。库图佐夫总部里的一位参谋
谢尔盖·马耶夫斯基（Serge Maevsky/Сергей Маевский）如此评论：

> 元帅看上去对这一任命极为不快，因为现在沙皇的眼线会
> 把他的一举一动如实上报。除此之外，以前他（库图佐夫）在
> 想工作的时候才和我们一起工作，但现在即使他不想工作，沃
> 尔孔斯基也会强迫他一起工作。沃尔孔斯基无穷无尽地（和库
> 图佐夫）讨论问题，让那个老人精疲力竭。他异常勤勉，我们
> 的工作确实也在飞快地完成，毫无疑问，一天之内沃尔孔斯基
> 就能够处理完他面前堆积了几个月的事务。[3]

库图佐夫坚信，在越过俄国边境发动新战役之前，他疲惫的部
队应当得到一些休整，皇帝则非常不愿听从这类建议。在亚历山大
看来，此时拿破仑正处于最虚弱的关头，全欧洲都涌动着针对拿破
仑帝国的暴动，而俄罗斯的声望如日中天。俄军必须向德意志深入
推进，以便控制尽可能多的土地，并鼓励普鲁士和奥地利加入俄罗
斯的事业，在这样的关键时期，片刻都不容耽搁。就在离开彼得堡
之前，亚历山大曾告诉皇后的一位女侍官，真实而持久的和平只能
在巴黎达成。抵达维尔纳之后，他向聚集起来的将军们宣告，他们
的胜利不仅将解放俄国，还将解放全欧洲。[4]
库图佐夫对这一观点毫无热情，这个疲倦的老指挥官觉得他已

经尽了解放俄罗斯的职责，解放全欧洲则不是俄罗斯所应当关心的。库图佐夫的看法并非无人赞成，但没有人能说出到底有多少军官也这么想：军队并不会进行民意测验，而且皇帝的话至少在表面上就是法律。然而在春季战局末尾，当军队的疲惫日益加剧、运势也开始背离（俄普）联军一方时，外国观察者们指出，俄军总部和许多俄国将领对战争缺乏热情。在团这一级，纪律、勇气和互相忠诚的文化环境将军官和士兵紧紧联系在一起，缺乏战争热情的状况就没有那么明显。当夏季休战让军队得到了休整、运势也在秋天回到了联军一边后，失败主义和疲惫感即使在将领中也大为减少了。然而，俄国军官在 1813 年战局中的精神面貌总是和 1812 年保卫祖国时大相径庭。[5]

　　某种意义上来说，和过去的许多战役一样，这场战役已经变成了一场为了个人荣誉、奖赏和晋升而进行的战役。皇帝出现在军队中意味着表现突出的军官们将迎来雨点般的奖赏，在一个军衔、奖章和皇家赏赐意义重大的群体里，这起到了极大的激励作用。从军官们关于 1813 年和 1814 年的回忆录中，看到他们经过一块又一块富有异国情调的土地、不断累积探险经历与各式观感，有时便会得到他们是"军事旅行者"的印象。对一些俄国军官而言，依次勾引波兰、德意志和法国的女人是本次旅行中的欢乐特色，对那些年轻的近卫军贵族军官们来说尤其如此。在某种意义上，这可以看作军官们男子气概、战术技艺和无坚不摧精神的体现——正如他们在战场上击败拿破仑一样。[6]

　　海军将领希什科夫实在太老也太洁身自好，不会参加此类冒险。此外，希什科夫还是个地地道道的孤立主义者。刚陪同亚历山大返回维尔纳，他就质问库图佐夫俄国为什么要向欧洲腹地挺进。这两个人都认为，在遭到了像 1812 年这样大的灾难后，拿破仑是不可能再次攻击俄国的，"（拿破仑）在他的巴黎又会给我们造成什么伤害呢？"当被希什科夫问起为何没有动用现有的全部威望去向亚历山大陈述利害时，库图佐夫回答说他已经这么去做了，但是"他（亚历山大）先是从另一个角度来看问题，而这一视角的正当性我不能完全否认。然后，我坦率而诚实地告诉你，当他无法否认我的观点时，他就抱紧我，并亲吻我。我那时也只能痛哭流涕，并同意了他的看法"。希什科夫自己则建议，俄国最多只能做到像帕维尔一世在 1798～1799 年时那样，派出一支辅助部队去协助奥地利人，但是把解放欧洲的重担留给不列颠金主支持下的德意志人本身。库图佐夫后来也接受了这一观点，他鼓励卡尔·冯·托尔在 1813 年 1 月底提出这一计划——将战争主要负担转移到奥地利、英国和普鲁士身上，俄国则"由于它的国内省份太过遥远，将不再扮演战争中的军事领导角色，而是协助全体动员起来的欧洲对抗法兰西暴君"。[7]

　　亚历山大否决了希什科夫和托尔让俄国承担有限职责的主张，皇帝这么做是对的：在 1813 年春季，俄国只有全面参与在德意志的战争，才能鼓励普鲁士和奥地利加入它的事业，或者说，为普奥两国提供击败拿破仑的一线希望。对希什科夫和库图佐夫所持的拿破仑将不再对俄国安全构成严重威胁的观点，皇帝的质疑也是正确的。如果考虑到拿破仑的个性与此前经历，猜想他将完全接受在俄国的灾难性失败并且丝毫不去寻求复仇，那就太乐观了。即使不考虑个人因素，拿破仑也相信他的新王朝合法性系于军事胜利与光荣。此外，由于法国和英国的战争仍在进行，驱使拿破仑在 1812 年与俄国开战的地缘政治因素依然存在——在拿破仑本人依然是个积极进取且能鼓舞人心的领袖、保持着可靠的战略头脑时，抓紧时间消灭欧洲大陆上最后一个独立大国，巩固法国在欧陆的主宰地位。可以想象，拿破仑在 1812 年的经历也许会说服他与俄国和平相处，但更有可能的是，这会教导拿破仑以更聪明的方式发起攻击：充分利用波兰因素和俄国的政治、经济弱点。当然，所有对拿破仑未来会做什么的预测都是不确定的。不过毫无疑问的是，拿破仑的帝国要比俄罗斯帝国强大得多，在和平时期，俄国不可能长期承担为应对拿破仑威胁而保持的军费水准。因此，在拿破仑被严重削弱，俄国资源已经被动员起来，且有很大概率将奥地利和普鲁士拖入战争的时候，立即努力去终结拿破仑的威胁是有道理的。

关于亚历山大此时的外交方针，最好的原始资料是他的主要外交顾问卡尔·内塞尔罗德于 1813 年 2 月初提交的一份备忘录。内塞尔罗德颇有技巧地以俄皇自己的言辞作为备忘录开头部分。亚历山大曾表述过，他最主要的目标是在欧洲创造持久的和平，这一和平将抵抗拿破仑的权力与野心：

> 毫无疑问，为了达成这一目标，最彻底的方式就是将法国赶回它的天然疆界之内，亦即所有在莱茵河、斯海尔德河（Scheldt）、比利牛斯山（Pyrenees）和阿尔卑斯山（Alps）以外的土地将不再属于法兰西帝国及其附属国。当然，这是我们所能期望的最好结果，但是假若没有奥地利和普鲁士的合作，它就无法实现。

内塞尔罗德承认，连普鲁士都不一定会加入俄国一方，而奥地利甚至可能继续作为拿破仑的盟友存在。如果普鲁士与俄国结盟，但奥地利继续与俄国为敌，俄普联军就只能守住易北河一线，并将其作为普鲁士的永久边界。内塞尔罗德自信地认为，普鲁士很快就将与俄国结盟。但是即便普鲁士不这么做，俄国也有充分的理由即刻向前推进占领华沙大公国。华沙大公国既对俄国的国家安全至关重要，也无疑是未来任何和平谈判中的担保品。[8]

内塞尔罗德的备忘录描绘了俄罗斯的战争性质已经发生了多么巨大的变化。从 1812 年战局打响到 1812 年底这一阶段，外交只处于次要地位。与之相反，在 1813 年春季战局中，俄国的目标就不能仅仅依靠军事手段达成。为了赢得胜利，俄国需要将奥地利和普鲁士拉到自己一方，而这一动作反过来需要外交和军事手段的结合。这份备忘录的语气是典型的内塞尔罗德风格——冷静的现实主义。例如，备忘录中没有提及追击拿破仑直至巴黎或者推翻拿破仑的统治，这些目标在 1813 年 2 月会被认为完全不能实现，连普鲁士人都会觉得它们遥不可及，更不用说奥地利人了。

内塞尔罗德对权力的理解也是现实主义的。亚历山大的某些顾问梦想着掀起一场针对拿破仑暴政的欧洲——特别是德意志——暴动。这一顾问群体的领袖是海因里希·冯·施泰因（Heinrich vom Stein）男爵，于1812年加入亚历山大随行人群的普鲁士前首相。与之相反，内塞尔罗德的备忘录对群众暴动或公众意见不置一词，对他而言，只有国家和政府才值得考虑。总体而言，1813～1814年的事件证明内塞尔罗德是对的。不管莱茵同盟的公众意见有多么反对拿破仑，王公们依然在法国皇帝掌控之中，而绝大多数士兵也一直忠诚地站在拿破仑一方，几乎战斗到最后一刻。在1813年，拿破仑不是被反叛或民族主义运动所击败的，而是输给了第一次联合作战的俄普奥三国，与1805或1806年时不同，这一次俄国军队在战局开始时就已经位于欧洲中部。

不过，内塞尔罗德之所以认为在国际关系中只有国家和政府真正重要，部分是因为他强烈相信这一观点是理所当然的。像他所钦慕的梅特涅一样，内塞尔罗德身处革命和拿破仑时代几乎毫无休止的动荡之中，渴望着稳定与秩序。这两个人都害怕任何形式"自下而上"的自治政治，不论其领导者是雅各宾煽动者还是普鲁士爱国将领，它都会使欧洲陷入更加混乱的局面当中。然而具有讽刺意义的是，1812～1813年冬天，正是一名普鲁士将领在未得到国王许可情况下的擅自行动最终促成了俄普两国对抗拿破仑的同盟，这也是内塞尔罗德和亚历山大在1813年所取得的第一个重大外交胜利。

即便与同一时代的俄国高级将领相比，位于拿破仑军队左翼的普军军长汉斯·达维德·冯·约克（Hans David von Yorck）中将也是个非常难以相处的人。约克傲慢、易怒且喜好吹毛求疵，作为下属，他是上司的梦魇。另一位东方战线上的普军军长是弗里德里希·威廉·冯·比洛（Friedrich Wilhelm von Bülow）中将，事实上比洛曾告诉俄国人，约克的行为与其说是出自爱国主义，还不如说是源于他对法国上司麦克唐纳元帅的个人敌意。[9]

这一说法是不公平的，没有任何理由去质疑约克献身于恢复普鲁士独立、尊严和国际地位的事业。1812 年 11 月和 12 月,里加总督菲利普·保卢奇侯爵曾尝试以此类复兴普鲁士的说辞劝说约克倒向俄国一边。约克的回信事实上燃起了保卢奇的希望。保卢奇起初将约克的小心归因于他需要获得普王的指示。然而到了 12 月底,他就开始担忧约克只是在争取时间。大军团的崩溃令拿破仑留在拉脱维亚南部的军队被孤立起来,但撤退命令来得非常晚。保卢奇开始害怕约克只是在欺骗俄国人,以便让他的军完整地返回普鲁士而已。12 月 22 日,保卢奇与约克的通信中多出了一封威胁性的短函。[10]

然而,只有在由约翰·冯·迪比奇少将指挥的维特根施泰因所部前卫在科特利尼扬附近切断了约克的撤退路线时,俄国人的威胁才变得有意义起来。即便在此时,如果约克想突破迪比奇的弱小军力,他也能够夺路而出。但约克不想为了拿破仑正在倾颓的事业而抛洒普鲁士人和俄罗斯人的鲜血,这一想法必定遏制了他的行动。更重要的是,迪比奇的出现给了约克所需的借口——他可以假装是被俄军逼迫的。以保卢奇的普鲁士军中立化提议为基础,约克坐下来与迪比奇讨论具体条款。迪比奇本身是个德意志人,还是一位前普鲁士军官的儿子,这一事实无疑有助于谈判。

1812 年 12 月 30 日,约克和迪比奇签署了通常所称的"陶罗根协定"(Convention of Tauroggen)。普鲁士军被宣布为中立军队,并被部署到俄军军事行动路线以外地区。如果普鲁士国王拒绝了这一协定,普鲁士士兵就有权退到法军战线后方,但是他们不能在两个月内拿起武器与俄军作战。[11]从军事意义上来看,"陶罗根协定"导致东普鲁士及普鲁士在维斯瓦河(Vistula)以东的全部领土迅速落入俄军手中。到 1812 年 12 月为止,约克军的实际人数勉强达到 20000 人,但法军和俄军主力部队所承受的惨重损失意味着在 1812~1813 年冬季,仅仅 20000 人的训练良好的部队也有相当大的影响。如果约克军继续和麦克唐纳待在一起抵抗俄军前进,那么精疲力竭且战线拉得太长的维特根施泰因军在攻入东普鲁士时将遭遇相当大的困难。然而,缪拉一得知约克"背叛"的消息就迅速退到维斯瓦河后面去，在普鲁士的东部领土上，法军只保留了一个前哨——设防坚固的港口要塞但泽。[12]

东普鲁士的全部资源立刻被动员起来用于战争。一个像保卢奇那样的俄国总督会冒犯许多人，他在俄占城市默麦尔（Memel）做出了实实在在的粗鲁行为：解除了当地官员对普鲁士国王的效忠宣誓，并讨论将此地并入俄国的可能性。[13] 亚历山大因此任命他1812年6月以来的主要德意志事务顾问施泰因男爵为东普鲁士总督。俄国人需要即刻动员起东普鲁士的资源，但他们也必须避免无序的征用或是对普鲁士领土的觊觎——这类举动会让普鲁士人与他们疏远。在俄军开始越过普鲁士边境时，库图佐夫发布公告，宣称亚历山大让俄军越过国境的唯一目的是所有欧洲国家的"和平与独立"，并邀请这些国家加入他解放欧洲的事业。库图佐夫补充说："这一邀请首先会给予普鲁士，以皇帝与普鲁士国王仍然保持着的友谊为证，皇帝打算终结缠绕着普鲁士的厄运，并恢复弗里德里希的王国所具备的领土与声望。"[14]

对东普鲁士而言，为前进中的俄军提供给养并不是太大的问题，因为俄军数目不大，也不需要集中起来准备作战。此外，与普鲁士境内其他地方相比，东普鲁士的居民和官员也是最痛恨法军的，他们以欢迎解放者的姿态迎接俄军。[15] 库图佐夫要求他的部队在对待平民时表现优良，尽管俄军士兵们相当疲惫，但是他们出色地响应了这一要求，严格地遵守了纪律。[16]

与此前的举动相比，未经普王许可就决定召开行省议会，并征召多达33000名正规军和民兵在政治上就显得更加敏感了。幸运的是，当议会准备就绪时，施泰因从普鲁士首相卡尔·奥古斯特·冯·哈登贝格（Karl August von Hardenberg）亲王那里收到了一份加密信函。这封信是他让人偷越法军战线送来的，表达了弗里德里希·威廉对召开东普鲁士省议会的支持，并宣布即将签署与俄国的同盟条约，这是关键性的突破。尽管东普鲁士省议会热情高涨，但是这个行省只有不到1000000居民。为了击败拿破仑，整个普鲁士王国的资源都必须动员起来，只有弗里德里希·威廉可以做到这一点。[17]

　　国王于 1813 年 1 月 2 日收到了"陶罗根协定"的消息，当时他正在自己位于波茨坦（Potsdam）的花园里进行午后散步。弗里德里希·威廉憎恶拿破仑，害怕法国皇帝瓜分普鲁士的图谋。他喜爱并仰慕亚历山大，对俄国野心的不信任感也比对拿破仑的要少得多。不过，弗里德里希·威廉是个极度的悲观主义者：正如施泰因所指出的那样，"对他自己和他的臣民，弗里德里希·威廉都缺乏信心。他相信俄国将会把他拖入无底深渊"。普王根本不喜欢做出决定，他的天性是寻求建议且动摇不定。他尤其不喜欢关于未来战争的想法，这一部分可能是出于对臣民福祉的可敬体恤，但也反映出他在 1792～1794 年和 1806～1807 年屡遭挫折和失败的灾难性战争体验。[18]

　　公道地说，普王在 1813 年 1 月有充分的理由表现得紧张而含糊其辞。当他听到陶罗根的相关消息时，俄军仍在数百公里外的波兰和立陶宛。与之相反，法国驻军则仍然散布于普鲁士各地，包括在柏林驻扎的一支大军。这必然要求弗里德里希·威廉公开的第一反应是废除协定并写信给拿破仑，表示他依然不变的忠诚。国王利用了拿破仑要求普鲁士为大军团贡献更多部队的要求，征召额外的新兵扩充军队。1 月 22 日，弗里德里希·威廉本人、他的家庭和近卫军各团离开波茨坦和柏林，前往西里西亚首府布雷斯劳（Breslau）。普王的这一举动使他摆脱了法国人，确保自己不被挟持。由于布雷斯劳恰好在俄军穿越波兰后的行进道路上，普王可以为离开柏林提出一个半合理的借口——准备西里西亚防务。

　　在理想情况下，弗里德里希·威廉倾向于与奥地利缔结同盟，确保德意志成为中立区，阻止法军和俄军在他的领土上作战。普奥同盟也能够尝试去斡旋促成欧陆和平，恢复维也纳和柏林在 1805～1809 年丢失的许多土地。怀着这一目标，普王所信任的军事顾问卡尔·冯·德姆·克内泽贝克（Karl von dem Knesebeck）上校前往维也纳。克内泽贝克于 1 月 12 日抵达维也纳，在当地逗留了至少 18 天。

克内泽贝克在一定程度上并未完成使命。奥地利人清楚地声明，他们不能突然背弃与法国的同盟，也不会立即尝试在敌对双方之间调停。奥地利皇帝的荣誉和奥地利军队毫无作战准备的状态，要求维也纳在相当长一段时间内继续维持与巴黎的同盟。最根本的一点在于，奥地利有比普鲁士长得多的时间在敌对双方之间闪转腾挪：俄军并没有越过奥地利边境，奥军将领们也没有以不再服从命令来要挟君主改变外交方针。

然而从另一个层面来看，克内泽贝克的出使对普鲁士大有裨益。梅特涅和弗朗茨二世都明确承诺，他们将拒绝拿破仑收买奥地利以对抗普鲁士的企图——就算他开出的条件是给予奥地利西里西亚。与之相反，他们强调这两个德意志大国必须都恢复到 1805 年之前的疆域，以便能够在法国和俄国之间立足，进而确保中欧的独立和整个欧洲的权力平衡。奥地利人对俄普同盟绝无敌意，暗示说这似乎是普鲁士在目前环境下的最好选择。而且，维也纳一旦准备完毕，就将抛出自己的和平建议。克内泽贝克做出了乐观的总结，"奥地利早晚会和法国发生战争，因为她所期望实现的和平条件通过调解难以得到，只有依靠战争才能取得"，某种意义上来说，这也是俄普两国在 1813 年春夏两季的战略核心内容。[19]

前往布雷斯劳向弗里德里希·威廉报告以后，克内泽贝克又被派往亚历山大的总部。在彻底倒向俄国一边之前，普王需要得到几点保证。最根本的是，俄国人必须不遗余力地向前推进，解放全部普鲁士领土，继而能够动员普鲁士的所有资源。如果这一点无法达成，胜利就无法实现，普鲁士也会成为拿破仑发泄怒火的必然目标，那么弗里德里希·威廉站到俄国一边就是无用的自杀行为。普王也寻求俄国关于确保普鲁士领土完整和大国状态的承诺。

这些纷繁复杂的外交动作不可避免地消耗了时间，在 1812～1813 年冬季，时间才是最要紧的。某种程度上来说，1813 年春季战局就是拿破仑和他的敌人间的一场动员竞赛，谁能更快地动员补充兵、谁能更快将他们输送到德意志战场，谁就能取得胜利。在这

场竞赛中，拿破仑享有全部优势，他于 1812 年 12 月 18 日返回巴
黎，随后立刻开始组建新的大军团。在联军方面，就算是东普鲁士，
动员也要等到 1813 年 2 月初才能开始，之后一个月里柏林和普鲁士
王国心脏地带才落入联军之手。俄国的状况当然大不相同，在 1812
年晚秋，新一轮征兵就已经开始。但俄国的庞大面积意味着，与法
国相比，俄国将新兵集中到兵站和部署区域所消耗的时间会长得多。
在集中到深处俄国内地的训练营后，新兵们还面临着大约 2000 公里
甚至更远的行军路程，这之后才能抵达萨克森和西里西亚战场。毫
无疑问，拿破仑正在赢得向前线野战部队输送援军的竞赛。仅存的
问题在于，双方在竞赛中的差距会拉到多大，拿破仑又能否利用这
一优势获取决定性胜利。

　　弗里德里希·威廉的外交也延缓了俄军的军事行动。在普王宣
布与俄国结为同盟之前，约克军和比洛军的 40000 人是不能投入对
法作战的。在普军缺席的情况下，1813 年 1 月时北方战场的俄军就
实在太过虚弱了，他们无力推进到普鲁士腹地。俄军的两大集结点
是东普鲁士和波兰西北部，维特根施泰因军在东普鲁士，人数大大
减少的奇恰科夫军团核心部队则在波兰西北部的托伦和布龙贝格。
这些俄军部队都在数月以来毫无间歇的作战行动中受到严重削弱。
除此之外，许多部队必须去围困或是封锁法军要塞。以维特根施泰
因面对的法军要塞但泽为例，他派出冯·勒维斯（von Loewis）中将
指挥 13000 名优秀士兵围困但泽。由于勒维斯的部队在数量上远少
于法国守军，还需要应付一连串的法军突围行动，因而围城兵力并
不算多。但在派出勒维斯所部之后，维特根施泰因手上仅有 25000
名士兵可供调遣。

　　在此期间，米哈伊尔·巴克莱·德·托利东山再起，他于 2 月
4 日取代奇恰科夫，成为围困托伦（Thorn）的军团司令。巴克莱的
几乎全部兵力都投入托伦围城战中，因为托伦控扼着维斯瓦河上的
关键渡口，阻止俄军利用维斯瓦河进行运输补给。巴克莱能够抽出
来的唯一部队是米哈伊尔·沃龙佐夫的 5000 人分遣队。拿破仑常被

指责留下太多优秀部队防守波兰和普鲁士的要塞，当这些要塞于
1813 下半年被俄国民兵和新兵封锁时，这一错误就显得十分明显
了。但在 1813 年 1、2 月间，事情并非如此一目了然。俄军派出相
当多的一线部队去监视法军要塞，这给了法军东方战线新指挥官欧
仁·德·博阿尔内一个机会，他可以趁机阻止俄军向普鲁士腹地
前进。

1813 年 1 月 22 日，亚历山大·切尔内绍夫致信库图佐夫，建议
组建三个"快速纵队"抵达并越过奥得河一线，深入法军后方展开
袭击。这些袭击部队"将既对迟疑不决的柏林内阁产生影响，也能
够掩护正在休整的主力部队——后者经历了光荣而艰苦的战役，确
实需要在抵达维斯瓦河后多少得到一些休整"。切尔内绍夫告诉库
图佐夫，侦察情报显示通往奥得河和柏林的许多道路已经畅通无阻。
法军损失巨大，骑兵的损失尤为严重，因此他们在后方的守军数量
很少，比起俄军袭击部队也不够灵活。他补充说，"我收到的所有
消息都"指出，只有俄军抵达奥得河才"将迫使普鲁士断然宣布它
站在我们一边"。行动已经刻不容缓：必须在法国人依然动摇和困
惑时骚扰他们，必须不给法国人恢复知觉、得到援军或是重整旗鼓
的机会。[20]

库图佐夫和维特根施泰因接受了切尔内绍夫的建议，派出了三个
快速纵队。最北面的纵队由弗里德里希·冯·特滕博恩（Friedrich von
Tettenborn）上校指挥，他是前奥地利军官，也是梦想着率领德意志
西北部人民展开反抗拿破仑暴动的德意志爱国者。特滕博恩在屈斯
特林（Kustrin）以北越过奥得河后不久，由亚历山大·本肯多夫指
挥的第二支袭击分队从屈斯特林以南过河。这两支部队都对柏林地
区的法军部队和补给点展开了一系列袭击。与此同时，切尔内绍夫
在东面开始了自己的行动，他攻入欧仁总部所处的波森（Posen）后
方，期望造成巨大混乱，以迫使这位意大利副王①放弃这一关键据

---

① 原文 viceroy，指代表国王管辖行省或殖民地的总督。——译者注

点，退到奥得河一线。这三支袭击分队总计接近6000人，其中大部分是哥萨克，但也包括了一些正规骑兵中队，因为在切尔内绍夫看来，"不管哥萨克原本有多么善战，如果他们能在战斗中看到正规骑兵在后面支撑，就会表现得更加富有自信"。这三支部队都没有步兵，只有切尔内绍夫所部有骑炮兵——尽管他只带了两门骑兵炮。[21]

法军骑兵数量微小、质量低劣、士气不振，这极大地帮助了俄军，俄军快速纵队一路摧毁遇到的敌军骑兵。在波森后方瓦尔特河（Warthe）上的齐尔歇（Zirche）附近，切尔内绍夫遇到了2000名立陶宛枪骑兵，他先是迷惑对方，然后突然同时从前后发起攻击，将其一举歼灭。几天后，维特根施泰因向库图佐夫报告，本肯多夫在从奥得河上的法兰克福（Frankfurt）到柏林的道路上前进时，伏击并"差不多摧毁了敌军骑兵的最后一支部队，即便没有这次战斗，他们（法军骑兵）也是十分虚弱的"。俄军骑兵沿着法军交通线制造混乱，攻击步兵和征收分队，摧毁补给并拦截信件。俄军骑兵非同寻常的机动能力让他们的数量被大大夸张了。另外，由于捕获了相当数量的法军信使，俄军能够充分了解法军的部署、数量、士气和作战计划。[22]

欧仁决定将部队拉回来防守奥得河一线，这一决定令他遭到了拿破仑和许多后世历史学家的严厉斥责。[23]欧仁的指责者们认为将部队沿着奥得河一线部署毫无意义，这个看法是正确的，尤其是考虑到俄军骑兵此时拥有极大优势，可以十分有效地阻碍法军部队之间的通信和合作。欧仁相信河流上的冰面正在融化，这会使奥得河变得易于防守。然而事实上哪怕切尔内绍夫也是依靠他对奥得河冰层厚薄分布的充分了解才及时成功过河的。切尔内绍夫评论说，冰层非常薄，行动异常危险，但他的部队此时士气高涨，确信他们能够创造奇迹。[24]

当全部三支袭击分队都越过奥得河后，他们开始不停骚扰皮埃尔·奥热罗（Pierre Augereau）元帅在柏林的驻军，一度还攻入了城市中心。俄军如今已经捕获了许多法军信使，这使得法军的意图暴露无遗。维特根施泰因被告知，一旦任何俄军步兵接近，法军就将放弃柏林并退到易北河后面去。得到这一信息后，维特根施泰因便催促他麾下由列普宁－沃尔孔斯基公爵指挥的军前卫部队迅速前进，尽管这支部队仅有 5000 人而已。本肯多夫为列普宁所部在奥得河上重建了一座桥梁，俄军于 3 月 4 日进入柏林，受到热烈欢迎。当天，维特根施泰因得意扬扬地向库图佐夫报告，"皇帝陛下的胜利旗帜在柏林高高飘扬"。[25]

柏林的解放和法军向易北河后方的撤退是非常重要的。夺回首都燃起了普鲁士人的士气，现在整个普鲁士都可以为联军的事业动员起来。拿破仑正在集结大批法军部队，如果欧仁能够在前线再坚持哪怕几个星期，1813 年战局就将在奥得河一线打响，那里距离难以控制的波兰和拿破仑在维斯瓦河上的要塞相当近，这本身就会降低奥地利调停的概率。与之相反，1813 年战局在向西很远的易北河上打响，这为联军赢得了若干个星期的宝贵时间，在此期间，俄国援军可以接近前线，而奥地利也能够着手准备战争。

有许多原因可以用来解释法军为何要撤退。其中不该被忘记的一点是俄国轻骑兵和哥萨克的杰出表现。切尔内绍夫在日志中评述道，在此前的战争中，"游击"部队曾经进入敌军后方俘获补给车队，抓捕俘虏以收集情报，也会攻击小股敌军，他补充说，在 1813 年战局中，他自己的游击队员所做的却要比前人多得多。他们在相当长一段时间内切断了敌军运动路线，并终止了一切敌军军事行动和通信。有时候他们在俄军主力部队前方数百公里外活动，在敌军指挥官周围产生了彻底的战争迷雾，甚至会导致敌军计划发生根本性的变化。切尔内绍夫以他特有的谦虚总结说，一位"快速纵队"指挥官需要有巨大的精力、镇定的内心，他必须谨慎小心，还要能够迅速掌握情况。切尔内绍夫对自我标榜和自我推销的嗜好足以和纳尔逊相提并论，公允地说，他也具备纳尔逊的大胆、战术技巧、战略洞察力和领导才能。[26]

就在攻克柏林前 5 天，弗里德里希·威廉最终放下了他的疑虑，批准了与俄国的同盟条约。一位库图佐夫的参谋写道："在我们和他们（普鲁士人）的谈判过程中，我们经常收到先锋部队的胜利喜讯，我们的先锋已经到达了易北河畔，这为谈判增添了极大的筹码。"无论如何，谈判自始至终都非常艰难，主要原因在于俄普双方对波兰的未来意见相左。普鲁士曾是瓜分波兰的主要得益者，它希望恢复被拿破仑在蒂尔西特强迫让出的波兰土地，并争辩说如果没有这些波兰土地，普鲁士将不具备作为大国所应有的国力和安全。另外，1812 年的状况使得亚历山大确信，唯一能够让波兰国家建立和俄国国家安全并存的方法是，让尽可能多的波兰人集中到一个自治王国里，而这个王国的统治者也是俄国君主。当俄罗斯正在花费巨大的鲜血和金钱代价为普鲁士和奥地利收复大片领土时，当英国正在将法国和荷兰的殖民帝国一网打尽时，俄国皇帝无疑也感到他应该努力为自己的帝国争取一些报酬。[27]

施泰因男爵前往布雷斯劳劝说弗里德里希·威廉，以此减轻了谈判中的困难。施泰因自己并不喜欢亚历山大的波兰计划，他认为这对俄国的内部稳定是危险的，还会威胁到奥地利和普鲁士的安全。他也怀疑波兰人能否"与他们的农奴和犹太人一起"自治。但施泰因知道亚历山大在这一议题上坚定不移，因而他协助两国进行磋商并达成妥协。

俄国将保证所有现存的普鲁士领土完整，并确保东普鲁士和西里西亚将被一条取自华沙大公国的带状领土联系起来，这片领土在实质上和战略上都足以防守。俄国人也许诺他们将全力投入在德意志的战争，并且在普鲁士的权力、领土和人口恢复到它在 1806 年前的水准之前，绝不寻求议和。《卡利什（Kalicz）条约》的第一条秘密条款许诺，将用北德意志的土地补偿普鲁士，以完全弥补其在东方的土地损失——让给俄国的原普属波兰土地。和拿破仑不一样，俄国人不能用汉诺威的领土来收买普鲁士，因为汉诺威属于他们的盟友英国国王。唯一可行的补偿来源就只能是萨克森，但对萨克森的削弱或肢解将在维也纳激起强烈不满。因此，《卡利什条约》有一部分是严格保密的，这为未来埋下了许多隐患。

无论如何，《卡利什条约》是当下令人满意的俄普合作基础。这一条约的主旨是承诺将普鲁士恢复到大国地位，作为大国，普鲁士首先可以阻挡法国，其次还能在德意志范围内与奥地利维持权力平衡。在这个最为重要的问题上，俄国人和普鲁士人一样投入，一样坚定不移。除此之外，尽管该条约的前言部分有其道貌岸然之处，它对"被如此多的骚乱和牺牲弄得精疲力竭的人民需要安宁与幸福"的呼吁则是真诚而衷心的。在亚历山大和弗里德里希·威廉现存的友谊之外，又加上一份条约，这些要素令两国的结合牢固而持久。的确，在1813年2月缔结的俄普同盟以这样或那样的形式一直延续到19世纪90年代，这是欧洲外交中最为稳定和持续的要素之一。[28]

《卡利什条约》第七条规定，普鲁士和俄国都应对奥地利加入同盟给予优先考虑。这一优先考虑不仅会主宰同盟的外交事务，也在一定程度上影响了其后3个月的军事战略。然而奥地利人决心表现出难以争取的样子，他们也有充分的理由。奥地利人认为，他们自1793年以来承担了反法战争中的最大份额，普鲁士人和俄国人曾多次让他们失望，英国人则认为奥地利的负担乃是理所当然。这一次，他们将利用当下所处位置的一切潜在影响力，绝不急着去做任何事。

无数次的失败在一些奥地利人，尤其是最终做出一切战争与和平决定的弗朗茨二世心中种下了对冒险的悲观态度和厌恶情感。奥地利对俄国的猜疑越来越深，它对俄国的霸权怀有传统的恐惧，奥地利人此时又截获了部分亚历山大与他的主要波兰事务心腹亚当·恰尔托雷斯基公爵的来往信件，得知了亚历山大的波兰计划主旨，这一事实加剧了奥地利对俄国的恐惧。俄国和普鲁士对德意志民族主义发出了呼吁，有时还号召人民推翻支持拿破仑的王公，这些都激怒了奥地利。它的愤怒一部分来自对混乱的恐惧，另一部分是因为这些行动疏远了维也纳一直企图争取的莱茵同盟君主。亚历山大的主要德意志事务顾问施泰因男爵，在奥地利人眼中是个特别的祸害。

然而从 1813 年 3 月起，亚历山大不断在此类事务上服从奥地利的希望，让他的将领们停止发布煽动性的文告，承认奥地利在处理巴伐利亚、符腾堡和其他南德地区事务时的领导地位。最重要的是，绝大部分奥地利政治军事精英们愤恨拿破仑将奥地利降为二等强国、吞并奥地利领土、消除它在德意志和意大利影响力的做法，在得到逆转这一进程并恢复真正的欧洲权力平衡的良机时，绝大部分奥地利精英都会试图去抓住它，如有可能便以和平方式实现，但若必须使用武力解决，也会去冒固有的战争风险。奥地利外交大臣克莱门斯·冯·梅特涅伯爵也秉持这一主流观点。[29]

梅特涅在 1813 年 1 月的当务之急则是解除奥地利与法国的同盟，还要在不过分挑衅拿破仑的前提下扮演中立调停者的角色。梅特涅这个策略一方面是让施瓦岑贝格军退出大军团，并使其安全返回奥地利国境，另一方面则是决定奥地利在何种基础上可以提出和平条件。奥地利的目标是俄国和法国互相平衡、奥地利和普鲁士恢复到此前的国力且能够保障德意志独立的一个欧洲体系。奥地利人也深深盼望并需要一个长久而稳定的和平。[30]

梅特涅认识到奥地利需要重建它的军队，这样才能在战争中以决定性干涉相威胁，也才会有一线调停成功的希望。然而奥地利此时面临的问题是，1809 年战争失败之后，它的军费已被严重削减，1811 年时还遭遇了国家破产。许多步兵营只剩下了一个骨架，马匹和装备供应异常短缺，大部分兵工场已经关闭。财政大臣对 1813 年的军费开支进行了顽强抵抗，即使在通过预算之后，交付资金也十分缓慢。此外，生产武器和制服的工场不可能在一夜之间重建起来，也没有神志正常的制造商会让奥地利政府赊账。梅特涅还误算了可供他支配的时间，在 2 月初，他确信拿破仑不可能于 6 月底之前在战场上拥有一支大军，5 月 30 日时，梅特涅坦陈了他对"拿破仑不可思议的重建军队速度"的惊讶。尽管梅特涅拥有杰出的外交才能，拿破仑时代战争的速度与暴力对他而言却是陌生的，这轻松打翻了梅特涅的一切算计。和 1805 年时的普鲁士一样，1813 年时奥地利在最终投入联军一方之前，来往于敌对双方营地间谈判，以此拖延时间。普鲁士的计划在奥斯特利茨灾难后完全被打乱，同样的事情在 1813 年 5 月也降临到奥地利人头上。[31]

尽管 1813 年春夏两季俄奥关系中存在诸多紧张因素和不确定性，内塞尔罗德和维也纳的反革命知识分子领袖之一、梅特涅最亲密的知己弗里德里希·冯·根茨（Friedrich von Gentz）秘密而频繁的书信往来却极大地促进了两国关系。根茨对梅特涅的个人想法极为了解，对奥地利统治阶层的主张和冲突也知之甚详。内塞尔罗德与根茨结识多年，他正确地相信根茨对同盟事业是全力以赴的。根茨可以向梅特涅耳中灌输反法同盟的好话，更重要的是，他可以向内塞尔罗德解释奥地利外交大臣所受到的严重制约。束缚梅特涅的不仅有弗朗茨二世和他部分顾问的谨慎小心，还有奥地利在重新武装过程中面临的切实而巨大的困难。[32]

与梅特涅在 1813 上半年进行的令人费解的外交活动相比，施瓦岑贝格观察军的行动相对而言要容易理解得多。1813 年 1 月时，施瓦岑贝格的军队正好挡在俄军向华沙和波兰中部前进的路上，和拿破仑战线另一边的约克军一样，这 25000 名损耗相对较小的奥地利军队如果选择挡住俄军道路，将给库图佐夫战线拉得太长的部队造成严重阻碍。但保卫华沙大公国对奥地利人来说毫无利益可言，他们实际上欢迎俄军向中欧前进，以此削弱并制衡拿破仑的霸权。奥地利人也不希望见到他们最好的部队牺牲在与俄国军队的战斗中。

施瓦岑贝格按照奥地利政府的指示，忽略了法国下达的保卫华沙而后向西撤退的命令，与俄军达成秘密协定，向西南方向的克拉科夫（Cracow）和奥属加利西亚撤退。奥军和俄军维持着煞费苦心的把戏，以便让维也纳宣称它的部队是由于敌军包抄行动的威胁才不得已撤退。现在唯一留下来保卫波兰中部的主力部队是雷尼埃的萨克森军，库图佐夫的前锋部队于 1813 年 2 月 13 日在卡利什突袭萨克森军，并将其打得大败。奥军向西南方向撤退的结果则是，到 2 月底为止，除了几个法军要塞和克拉科夫附近的一小片土地外，整个华沙大公国都已经落入俄军之手。[33]

　　3 月的第一个星期里，柏林和整个普鲁士得到解放，库图佐夫军团的米洛拉多维奇军和温岑格罗德军也抵达了普鲁士西里西亚的波兰边境，1813 年春季战局的第一阶段至此结束。3 月的剩余时间内，大部分俄军部队都待在营地里，结束冬季战局后随即开始休整，为人马搜寻补给，并将军服、枪支和装备稍稍整理出一些头绪。库图佐夫给指挥官们下达了详细指令，教导他们如何利用休整时间，俄军指挥官们也全力遵照执行。以立陶宛近卫团为例，他们在卡利什附近休整时，每天上午都进行操练，团里的所有枪支都被交给技艺娴熟的私人工匠，在目光如鹰隼般锐利的军士监督下修理，损坏的马车也被修复，15 日份的面粉被烘焙成面包和饼干，以备紧急状况。立陶宛近卫团的弹药仍然在俄军交通线上蹒跚不前，因此该团不能补充弹药，但团里的每个连都为自己修建了一座俄国风格的浴室。新军服的材料也已运到，裁缝店立刻就建立起来，以便将衣料转变为军服。[34]

　　尽管立陶宛近卫团在这些星期里享受了休息，但是他们几乎没有得到一点补充，库图佐夫和维特根施泰因军团的几乎所有部队都是这样。冬季在俄国境内新近建立的后备部队已经奔赴前线，但他们最早也要到 5 月底才能抵达。少数士兵从医院或分遣任务岗位上返回野战部队，但他们也仅仅能够补充因疾病和被分派必要任务而离开各团的人手。在卡利什，立陶宛近卫团队伍中有 38 名军官和 810 名士兵，但近卫军通常情况下人手远比大部分部队充足。以凯克斯霍尔姆团为例，该团在 3 月中旬的人数已经降到区区 408 人。[35]

　　约翰·利芬第 10 步兵师的雅罗斯拉夫尔团是正在波兰西南部运动的奥斯滕–萨肯军的典型案例，该团比库图佐夫军团中的大部分

团都要充实得多。然而，即使这个团在 3 月中旬也有 5 名军官和 170
名士兵入院，14 名军官和 129 名士兵被分派外出执行任务。他们要
执行的任务包括护送团辎重、帮助建立后备部队、押送战俘、从后
方搜集军服和装备、监督征收和从医院中派遣康复兵员。这些分遣
任务总是需要比例过高的军官，这些任务也是一年来战争将交通线
拉长到成百上千公里的必然结果。但这些意味着当 1813 年春季战局
的第二阶段在 4 月开始时，俄军部队将以大为削弱甚至仅存骨架的
状况迎击拿破仑的主力部队。[36]

当大部分俄军部队正在休息时，俄军轻型部队在 1813 年 3 月继
续赢取新的胜利桂冠。他们的新业绩中包括 4 月 2 日切尔内舍夫和
多恩贝格（Dornberg）的"快速纵队"联合起来在吕讷堡附近取得
的十分漂亮的小胜，他们歼灭了莫朗将军指挥的一个法国师。

然而，俄军轻型部队在 3、4 月间取得的最为辉煌的战绩却是特
滕博恩夺取汉堡（Hamburg）和吕贝克（Lübeck），掀起了反抗法军
的群众性暴动。在依靠海外贸易才能维持繁荣的这一地区，大陆封
锁体系和拿破仑的帝国遭到了深深的厌恶。当地居民狂喜着欢迎特
滕博恩的骑兵和哥萨克的到来。早在 1 月 31 日，特滕博恩已经写信
告知亚历山大，法国的统治在德意志西北部遭到厌弃，"我确信我
们能够在那里迅速建立一支庞大的军队"。现在他的预言看上去已
经成真了，特滕博恩给维特根施泰因的报告中洋溢着兴奋与热情。
以 3 月 21 日的报告为例，他声称希望能从当地志愿者中组建一支大
规模步兵部队，两天后他补充说，志愿部队各单位的组建正以"令
人惊讶的成功"进行着。[37]

此时，令人不快的事实开始暗中侵蚀这个德意志爱国者的热情。
汉堡的体面市民并不像他所期望的那样，是西班牙萨拉戈萨市民的
德意志翻版，他们不愿意见到自己的房屋在头顶上被摧毁，也不愿
意在废墟中与前来攻城的法军作战。起初的热潮过后，志愿从军的
规模骤降。由于在萨克森面临拿破仑的优势兵力，联军总部不能抽
出俄国或普鲁士正规部队前来支援特滕博恩。将汉堡从达武元帅的

反攻中拯救出来的最后希望落在了贝纳多特的瑞典军身上，从 3 月 18 日起，瑞典军的首批部队已经开始在斯特拉尔松德（Stralsund）登陆。然而，当贝纳多特拒绝前来援救汉堡时，这座城市的反抗事业就已经失败了，特滕博恩最终于 5 月 30 日离开了他的巨大战利品。

汉堡陷落的背景是德意志民族主义者攻讦贝纳多特的"黑色传说"的第一幕，在 1813 年，这部大剧还有许多幕要上演。关于贝纳多特的不利传言广泛流传，这些传言指责他希望赢得法国人的同情，还想取代拿破仑登上法国的宝座，因而无心与法军激烈交战。更加现实主义的说法则是，贝纳多特对联军事业毫不关心，他只会在和他切身利益相关的战争中投入瑞典部队——也就是从丹麦人手中夺取挪威的战争，其他场合则一味保存实力。后一项指责多少有些力度，而同时触怒了法兰西和德意志民族主义者的贝纳多特也一向给人留下非常糟糕的印象。但即使是英国驻普鲁士公使、贝纳多特最激烈的批评者之一，查尔斯·斯图尔特爵士，也在他的回忆录中认为贝纳多特不将瑞典部队投入汉堡是正确的。[38]

贝纳多特亲自向亚历山大的特使彼得·凡·叙赫特伦将军和夏尔－安德烈·波佐·迪·博尔戈（Charles-André Pozzo di Borgo）将军解释了他这么做的原因。他指出由于风向不利，当汉堡向他求援时，还有一半部队和许多辎重尚未抵达。贝纳多特麾下人数处于劣势的部队将面对达武，背对敌对的丹麦军队。在承认了丢失汉堡的严重性后，贝纳多特争辩说：

> 不管丢失（汉堡）能够带来多么严重的后果，瑞典军队的失败将会比这严重 1000 倍，如果瑞典军队真的失败了，汉堡将一定被法国人占领，丹麦人则会和法国人重新会合起来。与上述可能发生的失败不同，我正在集中我的部队，我正在组织我的部队，我每天都得到从瑞典出发的援军，因此我使法国人感受到我的存在，这将迫使他们终止渡过易北河的行动——除非

法国人在这一方向投入太大的兵力。[39]

尽管汉堡行动给德意志爱国者们留下了极大的遗憾，但从联军总部角度而言，这实质上仍然是一个极大的胜利。以相对较少的哥萨克和骑兵为代价，拿破仑最优秀的元帅达武和大约40000名法军士兵被投入到一个战略上的闭塞位置，如果他们这时候出现在萨克森战场，则会决定性地改变战争态势。此外，特滕博恩、切尔内绍夫和其他"游击队"领袖在德意志西北部掀起的混乱彻底扰乱了当地原本应当在此时进行的马匹集市。对法国人而言，这一状况十分严峻。在奋力重建大军团时，拿破仑所面临的最头疼的问题就是骑兵短缺，有175000匹马损失在俄罗斯，这被证明是比人力损失还要严重的事情（根据一位19世纪法国专家所述）。在1813年"法国的马匹如此匮乏"，以致即使采取征用民马及其他紧急措施，"也只能提供29000匹马，而这些马匹的身体状态导致它们并不能立即作为军马来使用"。拿破仑已经丢失了波兰和德意志东北部的马场，向奥地利购买战马的请求也被回绝，摧毁德意志西北部的马匹集市则是又一记重创，这进一步延迟了法军骑兵配备马匹和进行骑乘训练的进程。在1813年春季战局中，成千上万的法军骑兵依然没有战马，而缺乏骑兵严重影响了拿破仑的军事行动。[40]

然而除了骑兵之外，拿破仑在1812~1813年冬季迅速重建军队的工作是十分成功的。新的大军团的性质有时被错误理解了，与传说中相反，大军团事实上绝非25000名蹒跚越过涅曼河退却的老兵和一大群"玛丽·路易丝"——换句话说就是1813、1814年度应当征集的年轻新兵——的混合物。早在1813年1月，未曾投入战斗的部队就足以援救欧仁的旧大军团残部：首先是格勒尼耶（Grenier）师和拉格朗日（Lagrange）师的27000名士兵，他们从未参与过征俄之战。此外，我们在前文中已经遇见了1812~1813冬季惊吓着弗里德里希·威廉三世的普鲁士境内法国驻军。

出征的军队通常都会在兵站或是交通线沿线留下一定数量的骨

干部队，以便在必要时重建各团。以拿破仑的近卫军为例，1812 年战局前夕近卫军理论上有 56000 人，名义上进入俄国的近卫军各单位共有 38000 人，实际上在越过涅曼河时队伍中仅有 27000 人。1812 年入侵俄国的青年近卫军各团几乎全军覆灭，但青年近卫军有两个营留在巴黎，还有两个营留在德意志。以这四个营和青年近卫军留在西班牙的四个完整团为核心，可以组建起一支强大的军队。[41]

　　前往西班牙和拿破仑帝国远方各地服役的团，都在法国国内留有备营。卡米耶·鲁塞（Camille Rousset）在他对 1813 年大军团的研究中提到了这些部队，但没有给出他们的人数，普鲁士总参谋部撰写的战局历史则估计约有 10000 人。在到底有多少法军部队从西班牙撤出的问题上，法国和普鲁士资料也有所歧异。最小的数字是有 20000 人离开西班牙战场，但所有资料来源都认为从西班牙战场抽调的部队是那里的法军精英。除此之外，法国的港口里还部署了 12000 名优秀的海军炮兵，他们现在也被并入大军团。即使是第一波新兵，亦即 75000 名所谓的"军团士兵"（cohorts），在 1813 年春季战局开始时也已经备战了足足 9 个月。以上述这些相对庞大的骨干部队为核心，真正的"玛丽·路易丝"才开始组建起来。这些年轻人通常既不缺乏勇气，也不缺乏忠诚，大问题是他们的耐力会遭到拿破仑式战役的严峻考验——战役需求繁重而累人。无论如何，当拿破仑的新军在美因河（Main）畔集结时，它已经是一支强大的军队。起初，拿破仑超过 200000 人的大军面对仅有 110000 人的联军，即使俄军和普军拥有相当多的老兵，但法军还有拿破仑，这足以抵销联军的老兵优势。[42]

　　当拿破仑正在动员并集中他的新军时，库图佐夫正在卡利什的总部考虑相互抵触的战略选择。2 月 28 日俄普同盟条约签订后，普鲁士中将格哈德·冯·沙恩霍斯特立刻来到了位于卡利什的俄军总部，以便协调接下来的战局计划。然而，俄国在同盟中居于主要地位，俄军总司令库图佐夫元帅享有战略上的最终决定权，这两点都是毫无疑问的。在当时和之后的时间里，库图佐夫都受到了批评，而批评者们却持有截然相反的两种观点。

一派人认为联军应当在1813年3月和4月初发动决定性的前进攻势，横扫德意志。一些普鲁士将军和另一些后来的德国历史学家带头提出这一观点，但维特根施泰因也急于越过易北河继续追击欧仁副王。像维特根施泰因一样希望在马格德堡（Magdeburg）攻击欧仁的人，和希望继续南进破坏拿破仑所计划的攻势的人，都相信这将使联军能够得到德意志人民甚至德意志王公的强力支持。持有截然相反观点的另一派则几乎都是俄国人，他们有时将俄军前进太多、距离国内基地太过遥远归咎于库图佐夫，拒绝任何在得到俄国援军之前就跨过易北河攻入萨克森腹地的计划。[43]

总司令在一封写给担任海军将领的堂弟洛金·戈列尼谢夫－库图佐夫（Login Golenishchev－Kutuzov/Логин Голенищев－Кутузов）的重要信件中，阐述了为何要让俄军如此深入德意志境内：

> 我们远离国境、远离后方资源的行动看上去可能考虑欠妥，尤其是你如果先测量一下从涅曼河到易北河的距离，再测量一下从易北河到莱茵河的距离的时候。在来自俄国国内的援军增强我军实力之前，大规模敌军部队就可以接触到我军……但是假如你更进一步接触到我们所处的环境细节，你就会看到我们仅仅在易北河之外以轻型部队活动（考虑到我们轻型部队的质量），这不会让我们损失什么。我们有必要占领柏林，在占领柏林之后，又怎能放弃萨克森？夺占萨克森既是因为它的丰富资源，也是因为占据萨克森可以切断敌军与波兰的交通。我也认为距离国境太远会让我们远离援军，但是如果我们留在维斯瓦河之后，就将进行一场像1807年一样的战争。那时候我们就无法与普鲁士结盟，而包括奥地利在内的整个德意志，以及它的人民和全部资源，都将为拿破仑效劳。[44]

对主张迅速推进横越德意志的一派人，库图佐夫的回应则体现

309

在他写给下属将领温岑格罗德、维特根施泰因等人的许多封信里面。总司令承认占据尽可能多的德意志土地有利于动员德意志资源、激励德意志士气、让拿破仑的计划落空，但拿破仑正在德意志西南部组建远多于联军的大军团，联军前进得越远，他们的力量就越弱，在拿破仑发起的毁灭性反击面前就越脆弱。失败将不仅有军事后果，"你必须理解，任何挫折都将使俄国在德意志的声望遭到严重打击"。[45]

当时在库图佐夫的参谋部中服役的亚历山大·米哈伊洛夫斯基－丹尼列夫斯基回忆说，在 1813 年 3 月和 4 月，总部与维特根施泰因之间存在经常性的紧张关系，库图佐夫试图将他下属的注意力向南转移，指向拿破仑大军正在集结的地方，尤其是从埃尔福特经过莱比锡通往德累斯顿的道路，这是预计敌军将要前进的路线。与其相反，维特根施泰因首先关心的是保卫他的军解放的柏林和普鲁士腹地，他的大部分部队在 1813 年 3 月时也部署在这片地方的边界上。库图佐夫和他的参谋长彼得·沃尔孔斯基都极为关注这一情况，除非维特根施泰因转向西南进入萨克森境内，不然拿破仑的前进将很可能在维特根施泰因和联军主力之间楔入一个突出部，进而分割孤立联军部队，将其各个击破。[46]

在这种情况下，库图佐夫和沃尔孔斯基的意见基本上是正确的，考虑到联军部队人数的严重短缺，联军不得不将兵力集中到德累斯顿－莱比锡地区，以便阻止拿破仑沿着奥地利边境向波兰推进。但维特根施泰因和他的参谋长多夫雷关于保卫柏林和勃兰登堡（Brandenburg）的担忧是合情合理的，大部分普鲁士高级将领也持这一观点，如果拿破仑再次征服了这一地区，普鲁士对人力和军需物资的动员就会遭遇重创。联军在 1813 年春季所面临的基本问题就是，他们需要同时保卫柏林周边的普鲁士腹地和萨克森南部。不幸的是，他们缺乏做到这两件事所需的资源，因而对战略优先级的争论和保卫两地所需人力不足引发的紧张情绪在春季战局中贯穿始终。

克劳塞维茨提供了一个对于联军处境的现实主义视角，他的观

亚历山大一世

指挥官

左一：米哈伊尔·巴克莱·德·托利　　左二：米哈伊尔·库图佐夫

左三：莱温·冯·本尼希森　　左四：彼得·冯·维特根施泰因

外交与情报

左一：彼得·鲁缅采夫　　左二：卡尔·冯·内塞尔罗德
左三：亚历山大·切尔内绍夫　　左四：克里斯托夫·冯·利芬

国务活动家

左一：米哈伊尔·斯佩兰斯基　　左二：阿列克谢·阿拉克切耶夫
左三：德米特里·古里耶夫　　左四：费奥多尔·罗斯托普钦

1812 年的英雄

左一：彼得·巴格拉季翁　　左二：米哈伊尔·米洛拉多维奇
左三：马特维·普拉托夫　　左四：符腾堡的欧根

总 部

左一：彼得·沃尔孔斯基　　左二：阿列克谢·叶尔莫洛夫
左三：卡尔·冯·托尔　　左四：约翰·冯·迪比奇

西里西亚军团

左一：亚历山大·德·朗热隆　　左二：法比安·冯·德·奥斯滕 – 萨肯
左三：伊拉里翁·瓦西里奇科夫　　左四：约翰·冯·利芬

组织后方

左一：阿列克谢·戈尔恰科夫　　左二：德米特里·洛巴诺夫 – 罗斯托夫斯基
左三：格奥尔格·坎克林　　左四：安德烈·科洛格里沃夫

列兵：普列奥布拉任斯科耶近卫团

列兵：芬兰近卫团

列兵：梁赞步兵团

.... 中尉：战列野战炮兵连（重炮连） ....

列兵：叶卡捷琳诺斯拉夫胸甲骑兵团

中尉：近卫龙骑兵团

列兵：苏梅骠骑兵团

列兵：立陶宛枪骑兵团

拿破仑在
提尔西特向
列兵
拉扎列夫
授予
荣誉军团勋章

博罗季诺:
战后的
拉耶夫斯基多面堡

1813 年春季:
哥萨克在汉堡

费尔尚普努瓦斯：
近卫哥萨克团进攻
法军步兵

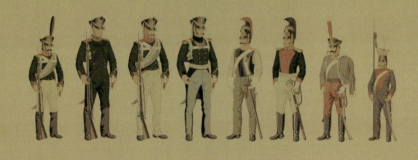

点为最终得到了库图佐夫和沙恩霍斯特的赞成，并由俄普君主批准生效的联军战略提供了长篇辩护。在他看来，维特根施泰因企图在马格德堡攻击欧仁的期望是没有意义的：副王在面对兵力占优势的联军时，将会径直撤退，这样就会使得联军远离莱比锡－德累斯顿交通线，而这条交通线关系着联军与奥地利及波兰境内的俄军补给、援军的联系。像一些普鲁士将军催促的那样，先下手为强攻入图林根（Thuringia）也是毫无意义的。前进中的联军将在 4 月遭遇数量上占据优势又距离基地很近的敌军。

　　不幸的是，考虑到拿破仑的优势兵力和他占据了几乎所有易北河上的渡口要塞的现实，一些俄国人主张的在易北河一线设防的纯防御战略也是不可能奏效的。如果联军停留在易北河上，而不继续向西前进，就会为拿破仑进一步节省时间，而联军方面却急需时间去争取奥地利，并将俄国援军输送到前线。尽管克劳塞维茨因此赞成联军打过易北河继而在莱比锡附近与拿破仑展开会战拖延时间的战略，但他也清楚地看到，由于法军具备的数量优势，联军的获胜机会有限。联军的突袭以及老兵和骑兵优势，会给他们带来一线胜利的希望，但也仅仅是一线而已。[47]

　　1813 年 3 月 16 日，布吕歇尔的普鲁士军越过西里西亚边界，攻入萨克森境内。次日，普鲁士向法国宣战。库图佐夫的前卫部队紧随布吕歇尔之后，它的指挥官温岑格罗德则被置于布吕歇尔指挥之下。3 月 27 日，温岑格罗德攻克萨克森首都德累斯顿，此后俄普军队在萨克森境内呈扇形展开，并向莱比锡前进。除去占据萨克森西部的战略因素之外，后勤因素也对这一军事行动有所影响。西里西亚和劳西茨（Lausitz，亦即萨克森东部）大体上是手工业区，即使在和平时期也需要进口波兰谷物。这些省份能够供养路过的部队，但在易北河以东长期部署联军则势必会让联军后勤陷入困境，这也会妨碍到普鲁士在西里西亚的战争动员。

　　从来都极富攻击性的布吕歇尔，梦想着在拿破仑主力军准备好之前就一头闯入图林根和法兰克尼亚（Franconia）进攻敌军。布吕

311

歇尔了解仅靠他自己做不到这件事，便尽力去劝说维特根施泰因加入攻势，结果却是徒劳无功。事实上，连布吕歇尔都开始怀疑这样的行动是否明智。和所有联军领导人一样，布吕歇尔注视着奥地利，特别是弗朗茨二世。和他们一样，1805 年的回忆深深烙在布吕歇尔的意识之中：那一年，很可能发生的普鲁士参战被联军在奥斯特利茨的仓促进攻破坏殆尽。布吕歇尔对维特根施泰因评论道，所有人都在警告他现在的状况和 1805 年时的相似之处，也许此刻还是尽可能推迟做出决定为好。[48]

与此同时，库图佐夫和他的主力部队依然留在卡利什，这令普鲁士人大为恼火，元帅看不到有什么理由可以打搅他部队休整。在占领萨克森后，库图佐夫无意继续推进，而他在 3 月收到的情报则正确总结出拿破仑尚未准备好进攻。4 月 2 日，弗里德里希·威廉抵达卡利什检阅俄军部队。俄国近卫军全数身着新制服，看上去极为壮观，但普王却因俄军规模太小而灰心。普鲁士人开始了解到俄军为过去一年里的战局付出了多少代价，而普鲁士为了获得胜利也需要付出多么巨大的努力。阅兵结束后 5 天，亚历山大、库图佐夫和俄国近卫军最终启程前往萨克森。

在行军途中，俄国近卫军炮兵上尉日尔克维奇的炮兵连于穿过利格尼茨（Liegnitz）时遭遇了另一场大不相同的弗里德里希·威廉检阅。国王也在利格尼茨城中并希望向俄军致意的消息十分仓促地送到了日尔克维奇手上。当中等个头的弗里德里希·威廉突然从俄军入城时行经的第一间小屋不起眼的台阶上出现时，俄军指挥官的准备工作立刻完全陷入混乱之中，一连串指令多少让俄军纵队在狭窄街道上转入了某种阅兵队形，但是激动的情绪也感染到了堆叠在弹药箱顶上的鸭、鹅和母鸡，这群动物给军乐加上了它们特有的杂音。炮车和弹药车后面跟随着一群绵羊、牛犊和母牛，它们的出现令现场更显混乱，不仅是由于叫声，还因为它们也要把自己排成牛羊版本的阅兵队形。这些动物都是从国王自己的西里西亚行省"征用"的，这个事实令日尔克维奇更加困窘，但弗里德里希·威廉仅仅是一笑了之，还告诉俄军指挥官看到俄军良好的军容和欢快的情绪令人高兴。国王看上去可能是难以相处、冷淡而缺乏礼貌的，但他本质上是个行为得体而和善的人。尽管水平不佳，国王还是能够阅读俄文并以俄语会话的，他也喜欢俄国人。日尔克维奇的幸运之处在于，他的部队在弗里德里希·威廉而非亚历山大或康斯坦丁大公面前表现出这样古怪滑稽的姿态。对近卫军在同盟国君主面前进行阅兵时做出的如此缺乏礼节的举动，后者的看法将会非常糟糕。[49]

对俄军部队而言，在西里西亚和萨克森的行军某种程度上就像野餐一样。天气十分好，作为盟友和解放者，俄军士兵到处受到欢迎——特别是在西里西亚。尽管波兰人通常情况下对俄军招待得体，但他们很少得到俄军军官的完全信任。即使在年成最好的时候，波兰的许多地方也相当贫穷，而 1812~1813 年各路军队的来来往往显然没有让情况变好。与其相反，西里西亚可谓富裕，萨克森则比西里西亚还要富庶，俄军军官惊叹于萨克森农民的财富、房屋和生活方式。德意志年轻女子的金发和丰满体态令人赏心悦目，不过德意志"伏特加"的酒味却似乎又薄又没劲，糟糕得很，与此同时俄军士兵也能看到他们左侧分隔萨克森和哈布斯堡波希米亚的群山，山坡上林木茂盛，富有浪漫色彩。[50]

4 月 24 日，亚历山大和俄国近卫军进入德累斯顿，他们在这里庆祝俄国的复活节。对于绝大部分俄军士兵而言，不管他们在德累斯顿还是在萨克森的其他地方，参加复活节宗教仪式都是令人感动且振奋人心的经历。谢尔盖·沃尔孔斯基是列普宁-沃尔孔斯基公爵的弟弟，也是彼得·米哈伊洛维奇·沃尔孔斯基的姻亲兄弟，他也是接受过良好教育、说着一口法语的禁卫骑兵团军官中的一员。即便如此，谢尔盖也回忆道，当教士们从教堂里出来，问候聚集起来进行复活节叫喊的各团士兵时，"基督正在复活"，"祈祷仪式……在所有基督徒心中都十分宝贵，我们所有俄国人则感受到更加强烈的情感，因为我们的祈祷不仅是宗教性的，也是民族性的。

由于这两种情绪，对所有在场的俄国人而言，这都是成功而快乐的一刻"。无论如何，祈祷和野餐的时间就快结束了，亚历山大进入德累斯顿的同一天，拿破仑将他的总部从美因茨（Mainz）向前移动到埃尔福特，准备朝萨克森推进。[51]

与此同时，疾病迫使库图佐夫在前往德累斯顿的路上掉队了，这位老元帅于 4 月 28 日在本茨劳（Bunzlau）逝世。库图佐夫之死对联军战略并无影响，他们依然决心阻止拿破仑穿越萨克森向前推进。亚历山大任命维特根施泰因接任总司令，从许多角度来说，他都是最合适的继任者。没有其他任何将领在 1812 年像维特根施泰因一样赢得过这么多胜利，而维特根施泰因的声望在 1813 年解放普鲁士的胜利战役中又大为提高。维特根施泰因会说德语和法语，因而能够轻松地与俄国的盟友交流。除此之外，他对柏林和普鲁士核心地带防务的关心也让他受到普鲁士人的喜爱，这使他能够体会到普鲁士人的担忧。对维特根施泰因的任命也存在一个问题，他的资历比米洛拉多维奇、托尔马索夫和巴克莱都要浅。巴克莱依然在指挥托伦围城战，因而不在主力部队中，但另外两位上将都被深深地伤害了。托尔马索夫启程前往俄国，这倒不是什么大损失。米洛拉多维奇留了下来，亚历山大则以饱含支持和关切的日常问候安慰他。

如果维特根施泰因能够在拿破仑面前取得一场胜利，所有这些问题都不算什么，但吕岑（Lutzen）会战的失败带来了刀子般的指责。亚历山大本来就容易去干涉军事行动，现在随着对新任总司令的批评日益增多，他就更倾向于这么去做了。不幸的是，这些批评常常是公平的。维特根施泰因缺乏作为总司令的深度，他具备勇敢、大胆、慷慨甚至骑士风度等品质，这使他成为一个鼓舞人心的军队指挥官，但他并不能满足军团总部复杂得多的需求，在那里行使权力时并不能总采取面对面的方式，维持大规模部队的行动则需要勤勉的行政管理和参谋勤务工作。根据米哈伊洛夫斯基－丹尼列夫斯基的说法，维特根施泰因的总部一片混乱，不仅毫无纪律，甚至连基本的军事安全都交由大群前来寄生的逢迎者执行。[52]

4月的最后几天里，当拿破仑由埃尔福特向莱比锡前进时，联军则部署在拿破仑行军路线稍南方的吕岑镇附近。他们要么尝试去伏击拿破仑，要么就必须迅速撤退，不然就得在法军之后抵达德累斯顿，这会导致法军切断联军退过易北河的路线。选择并不艰难，在首次遭遇拿破仑时就选择撤退而非会战，这会损害部队士气和联军在德意志与奥地利的声誉。对正在行军中的敌军发动奇袭则可能击败拿破仑，或者说至少减缓他的前进速度。

联军的作战计划由迪比奇制订，他打算趁着敌军在行军时拉得太长的机会，咬住部分敌军部队，并在拿破仑的其余部队赶来援救之前将其歼灭。对这一计划的共识是，它设计得很好，但执行得错漏百出。这并不令人惊讶，维特根施泰因将他自己的参谋部带到了总部，几乎所有的总部高层位置都在会战前夜换了人。仅举一例：炮兵司令由叶尔莫洛夫换成了亚什维利公爵，公爵此前指挥维特根施泰因军的炮兵。叶尔莫洛夫之前未能将停炮场和弹药补给以足够的速度输送上来，因此他多少受了些冷遇，但突然将职责转移到亚什维利身上则导致新的炮兵司令根本就不知道应该把弹药送到哪里去。这也是俄普两军的第一次大规模联合作战，更大的混乱因此发生。

迪比奇的计划包括以纵队队形夜行军，在5月2日早晨6点前占据攻击位置。混乱不出所料地发生了，各个纵队互相碰撞，直到预定时间过去5个小时后，联军第一线才部署完毕。联军的作战计划时常到达得很晚，尽管计划本身十分详尽，却不总是准确的，这些事实也无助于战局。然而这一延迟甚至在某种意义上有利于联军，在逝去的5个小时里，拿破仑和他的大军主力正在远离战场向莱比锡开进，他确信当天不会发生任何会战。除此之外，如果吕岑会战在黎明时开始，拿破仑将拥有一整个夏日白天的时间来把全部兵力集中到战场上，这也许会给处于数量劣势的联军带来极为悲惨的后果。

联军起初的目标是孤立部署在大格尔申（Grossgörschen）村和

斯塔尔西埃德尔（Starsiedel）村附近的奈伊军。奈伊把军里的 5 个师分散开来，又没有采取适当的预防措施，这帮了维特根施泰因的忙。起初布吕歇尔的普鲁士人出其不意地对法军发起攻击，然而联军高层指挥们也同样感到惊讶，这一是因为马尔蒙（Marmont）军所处的位置——他们可以支援奈伊军，二是因为战斗发生处的地形。这表明尽管联军拥有骑兵优势，他们的侦察却远非完美。英国驻俄大使之子乔治·卡思卡特当时正和维特根施泰因的总部在一起，他评论说，由于处在连绵起伏、遍布农田的地形上，从联军总部无法看到部署于第一线高地以外的敌军。普军对大格尔申的最初进攻取得了成功，"但大格尔申仅仅是附近一串连绵不绝的村庄中的一个，其间点缀着水池、磨坊池塘、菜园等，这让当地变成了强固的防御地带"，坐落在战场上的村庄内部则是"有狭窄鹅卵石小路和石墙菜园的石质房屋"。[53]

　　联军第一次遭遇到了萨克森战场与俄罗斯战场的根本区别所在，后者的村庄是木质建筑的，对防御者没有什么帮助。而坚实的萨克森石墙和建筑物则是另一回事，它们时常可以变成小规模堡垒群。奈伊的部队虽然缺乏经验，但足够勇敢，出于这些士兵的天性，固定的石质工事能够让他们在防御时战力大增。普鲁士军官们急切盼望着洗雪耶拿的耻辱，他们催促着步兵发起攻击，而步兵也表现出了非凡的勇气。其结果就是一场来回拉锯的残酷战斗，村庄不断易手，一方丢失村庄以后，就立刻以新锐且秩序井然的预备部队发动迅猛的反冲击，在另一方能够稍作喘息并组织防务前将其夺回。在战斗中冲在最前面的是普鲁士步兵，俄军仅仅在下午很晚时才进入战场增援普军。从这一刻开始，符腾堡的欧根亲王的军就展开了尤为激烈的战斗，该军首先投入了夺回村庄的战斗，继而被派往联军右翼阻击威胁日益增大的法军，其间伤亡很大。

　　然而影响会战成败的关键因素在于，奈伊和马尔蒙的部队能够在联军攻势面前坚持到拿破仑本人和其他各军抵达为止。联军缺点颇多的计划和侦察让米洛拉多维奇军在战场外仅仅几公里的地方毫无动作，这更无助于联军作战。就算米洛拉多维奇的部队也在现场，他们照样无力改变会战结果。考虑到法军步兵的数量优势和拿破仑的指挥技艺，一旦全部法军都集结到战场上，拿破仑的胜利就是确定无疑的。黄昏时分，麦克唐纳军以包抄行动威胁联军右翼，贝特朗（Bertrand）军则威胁联军左翼，维特根施泰因被迫投入了他最后的预备队，而拿破仑这时很快就会拥有许多生力军。

克劳塞维茨争辩说，吕岑会战是平局而非联军的失败。白天结束时联军的确仍在战场上，他们给法军造成的战损也大于己方损失。迫使联军撤退的也不是失败，而是敌军在战场上拥有压倒优势的兵力。根据克劳塞维茨的看法，如果不在吕岑作战，联军的数量劣势还是会迫使他们撤退，这样的撤退甚至起不到吕岑会战那种延缓法军前进的作用。克劳塞维茨的论辩有一定道理，但多少也带着些诡辩色彩。这的确不是一场大败，但是假如白天再多上两个钟头，吕岑会战就极有可能成为联军的惨败。[54]

战后，联军秩序井然地经由萨克森撤退，再次渡过易北河，最终于 5 月 12 日抵达位于萨克森东部的包岑。一路上大部分后卫任务都交由米洛拉多维奇负责，他以杰出的指挥技艺展开后卫作战，让联军其余部队能够以平静且并不慌张的态度向后方撤退。在拿破仑的部队完全追上来之前，联军在包岑休整了大约一个星期。在后卫作战和撤退方面，俄军现在可谓是独步欧洲。如果拿破仑想要在1813 年动摇俄军后卫，他最需要的是比现在手上的骑兵好得多的部队。无论如何，吕岑会战的结果之一是此前两个月一直保持骑墙态度的萨克森国王又转回了拿破仑的阵营。易北河上唯一不受法军控制的渡口要塞是托尔高（Torgau），该城的萨克森守军被命令向拿破仑开门。守军指挥官冯·蒂勒曼（von Thielemann）中将却尽可能地拖延向法军交出要塞的行动，并在献城后带着他的参谋长逃到联军一边。萨克森加入联军一方的不确定性迫使联军 4 月里在征用时有所制约。当弗里德里希·奥古斯特（Frederick Augustus）国王的选择变得明确的时候，撤退中的联军再去榨取萨克森就晚了，王国的丰富资源将在随后 6 个月里支撑拿破仑的战争动员。[55]

　　然而，对 1813 年 4 月和 5 月军事行动的叙述至多只能讲述一半的状况。在作战的同时，奥地利人和交战双方之间展开了密集的外交谈判。这对俄军战略产生了重大影响。亚历山大在给贝纳多特的一封信中声称，4、5 月间发生在萨克森的一切战斗都是为了延缓拿破仑的前进，进而给奥地利争取调停所需的时间，奥地利已经多次承诺会在双方之间展开调停。就在拿破仑开始纵贯萨克森的行军时，奥地利也发动了他们自己的外交攻势。向双方都表明奥地利居中调解的目的之后，梅特涅派出布勃纳（Bubna）伯爵前往拿破仑所在地，派出菲利普·施塔迪翁（Philipp Stadion）伯爵前往联军总部，将双方分别能提供的条件探个究竟。与此同时，奥地利在波希米亚组建了自己的军队，施加军事干涉的威胁，以便使双方互相妥协。[56]

　　奥地利此时已经强烈倾向于俄普同盟方面，与法国和俄国长达 3 个月的谈判已经清楚地表明，对奥地利收复领土并重建某种欧洲权力平衡这一关键目标而言，拿破仑仍然是横亘在前方的死敌。在这些最核心的问题上，俄国人和普鲁士人却真诚地支持奥地利的主张。维也纳要想终结法国在欧洲的主宰地位的话，就只能去与彼得堡和柏林同盟，或许还只能以战争方式达成目标。奥地利加入联军一方的威胁，至多只有一线让拿破仑向维也纳做出足够令人满意的让步的可能。一些奥地利人希望拿破仑这么去做，而俄国和普鲁士人则害怕这件事发生。围绕这一关键问题，奥地利、法国、俄普同盟在 1813 年暮春和夏季展开了外交谈判。

　　4 月 29 日，吕岑会战前 3 天，梅特涅给他在联军总部的代表莱布策尔特恩（Lebzeltern）男爵发出了两封重要信函。奥地利外交大臣注意到俄普同盟对奥地利的不信任感仍在持续，便打算着手解释原因——自 1809 年以来延续数年的经济危机极大地妨碍了备战进程。梅特涅在信中说，奥地利最近给拿破仑的声明应当已经让他对维也纳的立场毫无疑问。当施塔迪翁抵达联军总部时，他将解释维也纳向拿破仑提出的和平条件，让俄国人和普鲁士人确信，奥地利一旦备战完毕就会立刻站到联军一边。在奥地利外交大臣的第一封信里，他写道，"到 5 月 24 日为止，我们将会在波希米亚边境地区部署超过 60000 人；那时我们一共会动员起两个军团合计 125000 ~ 130000 人，还有至少 50000 人的后备部队"。在他的第二封信里，为了让俄普同盟不再怀疑进军萨克森太过危险，梅特涅补充说： 318

> 就算拿破仑赢得了一场会战，那也是毫无价值的，因为奥地利军队绝不会允许他去扩张战果。如果他输掉了，那么他的命运就已经注定了……（奥地利）皇帝仍然希望俄罗斯皇帝陛下与普鲁士国王陛下确信我们的波希米亚军团会进行干预，我再次重复一遍，这将迫使法军在万一获胜的情况下停住继续前进攻击联军的脚步。无论如何，这都不该让联军感到担心。[57]

施塔迪翁在 5 月 7 日发表了上述声明，它们表明奥地利给拿破仑开出的最低条件也包括让奥地利和普鲁士恢复大部分失地、取消华沙大公国、让出法国在莱茵河以东占据的德意志土地、废除或至少修改莱茵同盟。奥地利以 5 月底为最后期限，试探拿破仑是否听从妥协意见，接受上述条件。梅特涅辩称，奥地利精心提出了适中的条件，因为它需要建立在所有大国同意基础上的持久欧洲和平。施塔迪翁必须向同盟方君主保证，奥地利的立场不会因拿破仑在战场上的胜败而改变，他同时必须得知同盟方面的和平条件，并建立万一奥地利武装调停不足以使拿破仑动摇时的军事合作基础。[58]

菲利普·施塔迪翁于 5 月 13 日早上 9 点抵达联军总部，这时吕岑会战已经过去了 11 天，而包岑会战还有一个星期才会打响。当天，施塔迪翁与内塞尔罗德会晤了两次。在 5 月 13 日给亚历山大的报告中，内塞尔罗德总结了施塔迪翁所解释的奥地利立场。维也纳将坚持要求恢复它在 1805 和 1809 年丢失的领土，不论俄普同盟条约中规定普鲁士将要恢复多少领土，它都会支持普鲁士。它也会要求法国废除华沙大公国、放弃位于莱茵河以东的全部法国领土并取 319

消莱茵同盟。如果拿破仑在 6 月 1 日之前拒不接受上述条件，届时不论战场情况如何，奥地利都将参战。施塔迪翁将会与联军协商联合军事行动的基本计划。内塞尔罗德正确地评论道，"毫无疑问，法国将永远不可能接受这些条件"。他补充说，"施塔迪翁伯爵以他所处宫廷的名义正式许诺，在最终期限过后，拿破仑的回避或拖延绝不会影响到奥地利宫廷执行已与同盟宫廷达成的联合行动计划"。[59]

内塞尔罗德是一位非常冷静且经验丰富的外交官，不管他是否故意为之，要说他在如此重要的事务上误解了施塔迪翁，都是不可思议的。施塔迪翁自己则曾担任过奥地利外交大臣，考虑到他对拿破仑和德意志境内的法兰西帝国的怨恨，他也不会有意去误导俄国人，这样做将在军事和奥俄关系两方面造成巨大风险。也许施塔迪翁在解释他的声明时过于放任自己的热情，尽管他在奔赴联军总部前和梅特涅说过什么已经无从知晓。不管谁会为这个错误负责，有一点确凿无疑，施塔迪翁告诉内塞尔罗德的话并不代表维也纳的实际态度。

首先，万一拿破仑否决了奥地利最低条件中的任何一条，转而寻求拖延或是准备在战场上击败同盟，弗朗茨二世并不一定会如施塔迪翁所表明的那样径自参战。此外，当内塞尔罗德在 3 个星期后最终与波希米亚军团的两位关键军官——施瓦岑贝格元帅和拉德茨基（Radetsky）将军会晤时，这两人向他保证，奥地利军队在 6 月 20 日前跨过波希米亚边界是"不可思议"的。俄国方面的迷惑和怀疑却不可避免。难道施塔迪翁不是在代表梅特涅发言？这个狡猾的外交大臣的真实想法到底是什么？难道他不是在代表弗朗茨二世讲话吗？有哪个奥地利国务活动家理解奥地利军队正在怎样准备战争？更不用说其中有谁能够控制奥地利军队的战备工作了！[60]

奥地利明确的支持保证是联军在包岑停下来冒险与拿破仑再战的额外有力理由，尽管已经有争取时间并拖延拿破仑的充分理由，下决心进行会战仍然是非常冒险的。在 5 月 20 日至 21 日的包岑会战中，联军仅能集结起 96000 兵力，而在会战结束时，拿破仑在战场上的部队数量已经是联军的两倍，考虑到战场上的决定性因素——步兵时，拿破仑的数量优势还要更大。从地图上看，包岑似乎是个适于顽强防守的地方。当俄军抵达战场后，他们按从前的习惯挖掘战壕并修筑防御工事。单个的防御据点尽管难以攻陷，阵地却被溪流和冲沟切割成许多小块，这令协同防守变得困难，也妨碍预备队在各块阵地间转移。尤为重要的是，对相对而言数量太小的联军来说，他们的阵地实在太长了。与博罗季诺会战时相比，包岑会战中俄军每公里战线上部署的部队仅有前者的 1/4。

就在会战前 4 天，朗热隆伯爵和巴克莱·德·托利的分遣部队抵达包岑。攻陷托伦之后，他们全速行军，前来援救主力部队。朗热隆军在包岑会战中被置于巴克莱的总体指挥之下，他们负责防守联军右翼远端，抵抗奈伊元帅的进攻。正如战局演变所证明的那样，这将是拿破仑的决定性一击。在他的回忆录中，朗热隆评论道，尽管地形给防御者提供了许多便利条件，但他所负责的防御地段应当需要 25000 名守军，而他手上却只有 8000 人。符腾堡的欧根亲王军位于联军左翼，像朗热隆一样，他意识到在包岑停下来作战的决定首先是政治因素导致的。在他看来，"考虑到敌我数量对比有多么悬殊、我们要坚守的阵地有多么漫长，我们就不能期望获取胜利，只能尽力给敌军造成损失，并在我军无数骑兵的掩护下完成有秩序的撤退"。[61]

以一比二的兵力劣势与当代首屈一指的将领战斗，意味着联军要冒被击溃的风险。就像此前的多次反法同盟一样，法军哪怕打出另一场弗里德兰会战都会将反法同盟摧毁，更不用说假如再发生一场奥斯特利茨战役了。在 5 月 21 日，拿破仑手中实际上已经几乎握有一场可以与弗里德兰相提并论的大胜，若不是因为奈伊元帅犯下的错误，这场大胜将极有可能发生。

拿破仑的作战计划虽然简单，对联军而言却具备潜在的毁灭性。在 5 月 20 日，拿破仑将发动有限度的攻击和佯攻，以便将联军主力

钉牢在从左侧波希米亚山麓丘陵延伸到右侧克雷克维茨
（Kreckwitz）高地的整条防线上。在 5 月 21 日，法军将继续进攻。
考虑到他们的数量优势，法军很容易让联军确信他们的佯攻是真打，
甚至会迫使联军抽调部分预备部队阻击法军。但 5 月 21 日的决定性
打击则由奈伊军和洛里斯东军发起，他们将攻击位于联军右翼远端
格莱纳（Gleina）附近由巴克莱指挥防守的阵地。由于法军的压倒
性数量优势，他们将击穿巴克莱的防线并攻入联军后方，切断联军
向东边的赖兴巴赫（Reichenbach）和格尔利茨（Görlitz）撤退的唯
一道路，阻止联军有秩序地撤退，转而驱赶联军向南边的奥地利边
界溃退。这一作战计划完全是可行的，事实上，亚历山大所持的主
要威胁将出现在左翼的臆断大大有利于这个计划的执行。亚历山大
认为，拿破仑将试图迫使联军远离波希米亚边界，继而毁掉联军与
奥军协同行动的可能性。与之相反，维特根施泰因正确地认为主要
危险会来自北面。然而亚历山大现在已经丧失了对维特根施泰因的
信任，几乎让自己行使事实上的总司令职权。除此之外，维特根施
泰因还告诉皇帝巴克莱指挥着 15000 人的部队，这也无助于联军。
事实上巴克莱手中部队的规模仅有这个数目的大约一半。[62]

　　5 月 20 日，战局正如拿破仑计划的那样发展。激烈的战斗在整
条联军战线上展开，一直向北延伸到克雷克维茨高地，亚历山大在
他所认为的法军威胁联军左翼的地段投入了部分预备兵力。与此同
时，巴克莱的部队仅仅受到一些散兵的困扰。次日上午，战斗继续
从波希米亚山麓延伸到克雷克维茨，但奈伊和洛里斯东也投入激战
之中。

　　联军右翼远端的战斗在上午 9 点左右打响。巴克莱迅速意识到
他无望阻挡面前拥有压倒性兵力优势的敌军。他所能做的就是尽力
在格莱纳附近的高地上展开阻滞作战，尽可能保护联军的主要撤退
路线。朗热隆评论道，他手下的第 28 猎兵团和第 32 猎兵团在当天
上午表现出了尤为突出的战术技巧和英雄主义，他们阻击法军直到
最后一刻，让俄军炮兵在给敌军造成重大伤亡后安全撤退。巴克莱

本人则靠前指挥，来到他的猎兵之中，以自己在极端危险状况下的冷静勇气激励他们。不管俄军有多么冷静，不管克莱斯特（Kleist）所部普军的反击取得了怎样的暂时性胜利，当奈伊军的压力渐次增加，而洛里斯东军的部分部队已经快要包抄巴克莱的右翼时，联军的战况变得越来越令人绝望。当普赖蒂茨（Preititz）村在下午3点最终落入法军之手后，洛里斯东可以轻易地向前推进，切断联军沿着通往韦森堡（Weissenburg）的道路撤退的关键路线。

天意保佑，奈伊并没有命令洛里斯东这么做，反而被自己右侧克雷克维茨高地上布吕歇尔抵抗苏尔特（Soult）的激烈战斗弄得过于兴奋，由苏尔特指挥的部队包括贝特朗军和拿破仑的近卫军。奈伊并没有朝东南方向推进以切断联军退路，他不仅将自己的军投入到西南方向攻击布吕歇尔，还命令洛里斯东前来增援。面对法军具备如此优势的兵力，老布吕歇尔依然向他的士兵发表长篇演说，鼓舞他们像温泉关（Thermopylae）的斯巴达人一样战斗。后来布吕歇尔被人及时劝了下来，十分不情愿地沿着巴克莱所部依然守卫着的道路撤退。俄国近卫军和重骑兵则奉命掩护撤退。

联军右翼和中央的部队沿着通往赖兴巴赫和韦森堡的道路撤退，左翼则从经由勒鲍（Loebau）通往霍赫基希（Hochkirch）的平行道路上撤退。这场撤退事实上是联军经历了两天精疲力竭的战斗后，在多得多的敌军面前展开的侧面向敌行军。朗热隆评论说，"尽管如此，和令人尊敬的俄国军队在这场战争中所做的所有撤退一样，由于俄军的完美纪律和服从，由于俄军官兵与生俱来的勇气，（撤退）还是以最良好的秩序进行着，甚至没有受到哪怕最轻微的损失"。朗热隆无疑是带有偏见的观察者，但5月21日拿破仑参谋部的一位萨克森军官，冯·奥德莱本（von Odeleben）男爵目睹了俄军后卫行动之后记录如下，"俄军以最优良的秩序撤退"，"（俄军）进行了一场可能被认为是战术杰作的撤退……尽管联军战线中央已经被击退，法军却不能成功地将部分联军分割开来，也不能俘虏他们的炮兵"。[63]

对拿破仑而言，包岑会战的结果令人极其失望。他并没有取得
323 一场决定性胜利，仅仅是在付出了 25000 名士兵的战损后，把联军
沿着撤退路线向后挤压，而俄普联军的总损失仅为 10850 人。对撤
退联军的追击也没有给他带来什么愉悦，包岑会战后的另一天，亦
即 5 月 22 日，法军在赖兴巴赫遭遇俄军后卫部队。此时由于镇上的
街道发生了交通堵塞，俄军后卫部队的撤退不得不停了下来，但这
并没有让后卫部队指挥官米洛拉多维奇和符腾堡的欧根亲王感到惊
慌。奥德莱本又一次亲临现场观察战斗：

> 在我们谈论的这座高地上，俄军后卫所做的防御部署赋予
> 了他们指挥官最高荣誉。通往赖兴巴赫的道路从高地对面延伸
> 出去，离开城镇后转了个弯。俄军将领利用优势地形直到最后
> 一刻，直到法军的优势兵力使得抵抗完全无法进行以后才让部
> 队撤退。紧接着，他又开始防守赖兴巴赫和马克斯多夫（Mark-
> ersdorf）之间的另一座高地，在那里他又一次阻滞了法军的
> 前进。[64]

这就是欧根"梯队撤退"战法的实践，它迫使法军像蜗牛一样
前进，令拿破仑大为光火，甚至让他带着不耐烦的愤怒亲自接手指
挥前卫队。当夜俄军后卫部队在马克斯多夫村后方又占据了新的
防御阵地。当拿破仑加紧穿过村庄时，俄军炮兵的第一次射击就让
他的宫廷司礼官兼密友热罗·迪罗克（Géraud Duroc）受了致命伤。
4 天后，普鲁士骑兵在海瑙（Hainau）伏击并击溃了由迈松（Mai-
son）将军指挥的一支不够小心的法军前卫部队。和往常一样，这些
联军后卫部队的战绩为他们的战友赢得了有秩序地撤退的时间，但
在 1813 年春季战局的最后 10 天里，他们的实际功勋要远大于此。
拿破仑看到的联军是远优于法军的骑兵和冷静沉着的俄军后卫部队，
就像他去年一路追到莫斯科却一无所获时所遭遇的那样。在 1813 年
5 月以手上十分低劣的骑兵重蹈覆辙，除非拿破仑缺失人性，否则
他想到这一点时必然会不寒而栗。联军后卫在拿破仑面前完全掩蔽

了联军内情，而联军总部这时正受到深刻分歧和潜在混乱的严重影响。

分歧首先来自联军事实上面临的艰难战略处境，如果奥地利的军事干预的确即将发生，那么首要任务就是维持住与波希米亚相邻的西里西亚边境，进而准备与参战的哈布斯堡军队会师。如果奥地利拖延对联军的帮助，或是径直放弃联军，那么这样的举动就是致命的。普俄军队无疑会发现拿破仑已经从东面包抄过来，而中立国边界又阻挡着联军。继续留在西里西亚—波希米亚边境的尝试至少会产生难以继续供养军队和与波兰的联系被切断的风险，而联军的补给和援军正从波兰赶来。

对刚刚在5月29日取代维特根施泰因成为总司令的巴克莱·德·托利而言，这就像魔咒一般。数个月来的连续作战，加上维特根施泰因无能的行政管理，已经让俄军在军、师甚至团层面上都出现了一定程度的混乱，各类分遣作战和特别任务则将部队肢解。维特根施泰因甚至不知道他手下的各支部队在哪里，更不用说他们的人数了。到了5月底，俄军士兵也开始陷入饥饿境地。巴克莱对这些问题的解决方法是退过奥得河进入波兰，以便重整旗鼓，他许诺这一重组进程将在6周内完成。通过向自己的补给基地撤退，俄军可以解决供养军队的问题，对军队的重组也可以快速完成。此外，上万名援军正在赶往战场，这包括法比安·奥斯滕-萨肯麾下几个强大的师，它们的老兵数量比近卫军之外的任何军都多；德米特里·涅韦罗夫斯基麾下表现优异的第27师；彼得·帕伦的骑兵，还有数以万计的俄国后备部队，这些部队于1812～1813年冬季在俄国境内组建起来。数以千计的伤病员也将从医院返回军队，他们需要一定时间才能找到并回归自己的团。

从单纯的俄国军事角度来看，巴克莱的解决方案是良好的，然而这是个政治火药桶。对普鲁士人而言，这意味着放弃西里西亚，允许拿破仑分派出几个军再次征服柏林和勃兰登堡。这也必定会使奥地利的军事干预在短期内不可能实现，甚至可能永远无法实现。5

324

月 31 日，当包岑会战的消息传到维也纳时，汉诺威公使写道：

> 皇帝（弗朗茨二世）对法国入侵的恐惧日益增加，对俄国皇帝放弃反法事业的焦虑也增添了恐惧情绪。人们甚至开始害怕联军会被赶回维斯瓦河，再过几个月，波拿巴就将得到 1814 年度新兵的增援，到时候他只要留下 100000 人的观察军面对联军，就能以剩余部队打到奥地利头上。为了避免这一不幸状况发生，人们正在议论，奥地利必须以最快速度开启和平谈判。

尽管梅特涅关于奥地利的政策不会随着军事状况变化而改变的漂亮话言犹在耳，施塔迪翁却被联军退往波兰会给奥地利造成的影响吓坏了，他的反应是完全正确的。[65]

起初亚历山大听从普鲁士人的意见，遵从了控制波希米亚边境以保持和奥地利人紧密联系的需求。军队奉命转而南下，离开退往波兰的交通线，在施韦德尼茨（Schweidnitz）和老旧的邦策尔维茨（Bunzelwitz）筑垒阵地附近据守，后者曾被弗里德里希二世用于在"七年战争"中抵抗奥地利人。亚历山大相信普鲁士人的建议，如果有必要的话，联军可以在这一优势地形上与拿破仑继续作战。然而当联军抵达此地后，他们很快就发现当地官方根本就没有去执行弗里德里希·威廉关于重建旧防御工事的命令，100000 人的部队又不足以据守这附近唯一有利的防御地段。原本应当整装待发增援联军的西里西亚国民后备军无处可觅，除此之外，供养部队的困难状况变得愈加严重。[66]

这一切的基本理由已经在上面说过，即上西里西亚哪怕在和平时期都需要从波兰进口食品，自然无法供养突然出现在上西里西亚并集中起来准备在不久的将来和敌军会战的全部联军。尽管库图佐夫早在 4 月就请求维特根施泰因在萨克森东部建立食品仓库，但事实上他什么都没有做。这仅是维特根施泰因在联军依然占据萨克森王国时对当地资源动员的整体失败中的一部分而已。巴克莱则在一定程度上指责维特根施泰因，在一份给维特根施泰因的信中，巴克莱尖锐地指出，"我刚接过军队指挥权并注意到食品问题时，就清楚地看出此前从未采取过任何确保食品供给的预备措施。当部队此前在华沙大公国和萨克森时，他们完全依靠在驻地或行经地区就地征收养活自己，在当地停留多久就征收多久。军队后方几乎没有建立任何预备补给点"。随着部队开始陷入饥馑，军需总长格奥尔格·坎克林不可避免地遭到批评，6月4日，他悲伤地回复巴克莱，诉说普鲁士人几乎什么东西都不给，而他无法在普鲁士领土上征收食物或是"运用任何权力，在选择通往施韦德尼茨的道路时，也没有人征询过我供养部队的可能性"。[67]

　　鉴于军队即将沦入饥馑境地，而奥地利的干涉时间表也变得模糊不清，6月2日举行的俄普会议决定向奥得河退却。彼得·沃尔孔斯基已经下令将军队的金库护送到卡利什，并准备在联军过河后摧毁奥得河上的所有桥梁。与此同时，普鲁士的领导人们一片哗然，他们解放祖国的进程正陷入最低谷。

　　凶狠好斗的柏林军事总督莱斯托克（L'Estocq）将军于5月30日向哈登贝格首相报告，法军正在向奥得河上的渡口前进，"以便继续向波兰推进，并在那里掀起暴动。在华沙表现出的令人吃惊的容忍为这场暴动准备了非常好的基础"。将西里西亚变成新的西班牙、发动针对入侵法军的大规模暴动的尝试落空了。如果西里西亚被动员起来对抗法国，莱斯托克相信，国民军可以起到抵消上千名敌军士兵的作用。事实上西里西亚毫无动作。莱斯托克评论道，"西里西亚贵族不想去做任何与国民军相关的事情，这无疑证明了为何会发生如此凄惨的放弃职责和向法军顺从的现象"，他还认为国民军指挥官，"必须受到叛国罪的指控，并且应当立刻处以枪决"。与此同时，布吕歇尔和约克在6月2日的会议上建议，如果俄军撤过奥得河，普军就必须与俄军分开，以保卫剩余的普鲁士领土。[68]

　　在这个极度危急的星期里，当他的整体战略面临崩溃之际，亚历山大表现出了杰出的领导才能。在奥地利的敷衍塞责、普鲁士的

326

歇斯底里和他手下将领的牢骚中，亚历山大保持了令人敬佩的冷静、明理和对最终胜利的乐观。和 1812 年 9 月时一样，他冷静的勇气部分来自对上帝意志和怜悯的信仰。4 月底亚历山大曾在战争事务中专门抽出一天时间，拜访位于黑尔恩胡特（Herrnhut）的摩拉维亚兄弟会社区，他在没有随从的情况下和兄弟会成员深入交谈了两个小时。他的精神状态也受到德累斯顿复活节仪式的激励，仪式过后他写信给亚历山大·戈利岑，信中说，"我在思考过去一年里发生的一切和天意将带我们前往何方时感受到的情感，是难以向你表达的"。[69]

327

　　如同奇迹一般，亚历山大的乐观主义得到了报偿，拿破仑屈从于奥地利的要求，同意休战到 7 月 20 日，休战期间将展开和平谈判。在谈判对手的选择上，拿破仑起初的手段是直接与俄国人展开谈判，直到亚历山大拒绝这一谈判途径后，拿破仑才接受了奥地利的调停，命令他的使者于 6 月 4 日缔结休战协定。后来拿破仑写道，这是他一生中做出的最糟糕的决定之一。

　　需要时间去整顿骑兵并准备迎击可能发生的奥地利军事干预，是拿破仑做出休战决定时的理由。他也可以加上另一些不错的理由。他的部队精疲力竭，病员名单以惊人速度增长，如果他骤然攻入波兰，病员人数无疑会继续猛烈增加。交通线不断拉长的同时，它在联军袭击分队面前的脆弱程度也日益提高。事实上就在休战前夕，远在拿破仑后方的莱比锡，城中守军和大批物资竟差点落入由亚历山大·切尔内绍夫和米哈伊尔·沃龙佐夫指挥的大规模袭击分队手中。此次袭击提醒拿破仑，在未来的战局中有必要建立要塞化的安全基地。无论如何，不管上述理由有多么充分，休战所得到的利益都无法与拿破仑继续向波兰推进、分割俄普联军、恐吓奥地利放弃调停的诸多好处相提并论。拿破仑此后的自我批评是正确的，假如把 1813 年春季战局再延长几个星期，他就十分可能确保一个有利的和平条件。

　　巴克莱对他的好运感到难以置信，他此前曾要求给他 6 个星期的时间来恢复部队，而拿破仑真的给了他这么长时间，还避免了俄军与普军或奥军分离的危险，甚至让他不用在作战中重新组织下属各军。当朗热隆听到休战的消息时，他"前往巴克莱的总部，他（巴克莱）则用一阵大笑来欢迎我：对巴克莱而言，这种幸福感的迸发极不寻常，他的精神和行为总是冷静、庄重而严厉的。我们俩一起嘲笑拿破仑。巴克莱、所有将领和我们的君主都沉浸在欢乐之中，他们有权这么做"。[70]

328

第十章

重建军队

1813 年夏季休战期间，俄国军队的面貌大为改观。秋季战局开始时，俄军不仅休息充分、补给良好、组织完备，规模也比 5 月时扩大了许多。为了理解为什么会发生这一切，我们需要略微向前追溯一点，看看在前线后方发生的事情。某种意义上来说，这是指理解在 1812 ~ 1814 年征集、训练和装备数十万补充野战部队的新兵的复杂过程。仅仅把新兵从俄罗斯心脏地带输送到德意志战场就已经是个挑战。在 1812 年秋季，后备军的主要训练地区是下诺夫哥罗德（Nizhnii Novgorod／Нижний Новгород）省，那里光是距离俄国和华沙大公国的边界就有约 1840 公里，战争部则估计从下诺夫哥罗德省出发，需要 15 周时间才能走到边界。[1]

进入波兰和德意志后，俄军就要在远离国内补给基地的情况下养活自己并补充军需。把这点放到全局中去看的方法之一，是记住在 1813 ~ 1814 年有超过 500000 俄罗斯士兵在帝国边界以外服役，而此时欧洲仅有两座城市人口超过 500000。回忆俄国在"七年战争"（1756 ~ 1763）中的经历对理解这个问题也很重要，当时俄军和 1813 年一样在德意志地区作战。俄军在"七年战争"中的努力常被年复一年的向东撤退所抵消，因为俄军无法在普鲁士土地上获得补给，他们每年秋季都需要向东撤退数百公里。对 1813 ~ 1814 年的俄军而言，击败拿破仑只是问题的一半，为战争而集结处于战斗状态的大军是同样艰巨的挑战，也是同样伟大的成就。[2]

根据巴克莱·德·托利颁布的 1812 年 1 月（旧历）野战部队法典，在俄军部队西进的同时，要在东欧和中欧建立一个军用道路网络。道路网在俄罗斯帝国境内状况良好，此后一路延伸到前线。大部分补充兵、弹药和其他各类维持俄军野战部队运转的补给都在道路上川流不息。沿路每隔一定距离设有食品仓库和医院，沿途城镇则设有守备司令，每个守备司令手上有多达 100 名巴什基尔和卡尔梅克骑兵可供调遣，如果管理得当的话，这些骑兵将是令人生畏的军事警察。守备司令的职责是确保道路和桥梁状况良好，医院和仓库补给充足、管理得当，他需要记录所有在他负责路段来往的部队单位，每 10 天向总部报告一切行动。军用道路系统大大便于确保部队在开往前线时得到恰当的照顾、供养和关心，这一系统也能够抑制部队的逃亡和劫掠。[3]

1812 年 1 月法典也规定了俄国士兵出国作战时的一些补给和供养细节。在盟友领土上行动时，补给和供养事务由两国签订的条约约束，这和在敌方领土上时差别巨大。法典没有留下中立的空间：中立领土应当被作为敌方领土对待。在敌对或中立土地上，军队必须通过征收来对自己进行补给，它的日常维持将不需要由俄国财政负担。然而，为了保持部队的纪律、保护当地的居民和经济，征收应当以有秩序的方式进行，也应当尽量通过军需官监督下的当地行政机关来完成。野战军后勤总监实际上就是整个占领区的总督，在后勤总监对不服从者施加严厉处罚的威胁下，全部地方官员都注定要服从他的命令。所有征收的食物和军用物资都打了收条以避免混乱，地方行政机关也被允许减免收条持有者的税收，以此来均衡他们的负担。[4]

1813 年上半年，俄军主要在普鲁士和波兰进行军事行动。早在和弗里德里希·威廉结成同盟之前，亚历山大就签发命令，同意在普鲁士境内为征用食物付款。1/5 的款项将直接当面以俄国纸卢布支付，其余将先打收据，随后逐步支付。这一政策的倡导者是施泰因，他在政治层面上为此呼吁，指出破坏未来盟友人民的做法是毫无意义的，普鲁士人民的所有资源很快都可以被用于战争。当俄军在萨克森和法国领土上作战时，他们从未重复过在普鲁士所做的让步。[5]

俄普同盟条约签订之后，两国政府达成了关于在普鲁士领土上行动的俄军部队维持费用的协议。配属于俄军的普鲁士军需官负责以收条征用必需的食物，此后他们给俄军准备好分配食物的仓库，或者直接让部队在驻地居民家派饭。关于驻普鲁士俄军总体维持费用的条款是慷慨的，食物价格以 6 个月内全普鲁士的平均价格计算，而非大批军队在某地运动后当地急速膨胀的物价。3/8 的金额以从俄罗斯海运到普鲁士港口的谷物折价——就算只是为了供养俄国自己的军队，俄国人仍然会运来谷物。另外 3/8 将以收条的形式记账，直到战后才开始付账。剩余 2/8 以纸卢布支付。俄国完全不用损失它现有的少量金银货币。[6]

因为华沙大公国是被俄国征服的敌国领土，它那里的状况就大不相同了。波兰的食物对俄国在 1813 年的战争动员至关重要，没有它俄军就不可能在这一年的夏季和秋季出现在战场上。所有在波兰征用的食物都是免费的，这一事实对俄国财政来说极为重要。尽管不可能精确估计，但从 1813 年春季开始，华沙大公国给驻扎在波兰土地上的俄国野战部队和后备部队提供的供养和补给，累计价值可达数千万卢布。[7]

然而，俄国在波兰的政策是含糊不定的。一方面，当俄国需要为战争展开动员时，波兰人就不得不受到压榨；另一方面，皇帝渴望获得波兰人的忠诚，他希望波兰人成为未来的臣民。库图佐夫在 1813 年 3 月宣布建立波兰临时政府，他许诺，"所有阶层都应当感受到皇帝陛下对他们的关心，通过废除征兵制度，他们也会感受到皇帝陛下父亲般的统治和此前统治的巨大不同，从前的统治者强迫波兰人遭受劫掠，以满足自己永不知足的征服渴望，却还把自己称为波兰的同盟者"。在向华沙大公国官员许诺发放全薪、全面保护人身和财产安全、严厉惩罚任何部队的不良行为后，大部分波兰官员都留在了自己的岗位上。这对俄军十分有益，他们不可能找出人手来管理波兰。无论如何，这也意味着大部分波兰官员只有在自己的生命和职业生涯远离威胁后，才会积极为俄国人征收食物和补给。[8]

新的波兰临时政府由两个俄国人领导：临时政府副手是亚历山大的老朋友，尼古拉·诺沃西利采夫（Nikolai Novosiltsev/Николай Новосильцев），一个精明而老练的政治人物，他的任命体现了赢得波兰人心在皇帝心中占有多么高的优先级。政府首脑兼华沙大公国总督则是库图佐夫所部的前任后勤总监瓦西里·兰斯科伊，后勤总监一职现在由格奥尔格·坎克林出任。兰斯科伊的任命强调了"利用波兰供养俄军"这一打算所具备的更高优先级，尽管大部分将领很快开始相信他已经"变得当地化"了，与其说兰斯科伊是在为俄国服务，还不如说他在给波兰效劳。然而，对俄国人而言，大问题不在华沙，而在各个地方行省。虽然军队法典中早有规定，但已经超负荷工作的俄军监察机构不可能腾出多少官员来监察波兰地方行政，军队也不可能抽出一线军官来从事此类工作。库图佐夫不得不向亚历山大请求从俄国内部派出官员前往波兰，俄皇的做法一如库图佐夫所愿，但这些官员的数量和质量都远低于实际需要。[9]

从1813年1月到5月中旬，俄军的食物供给状况总体而言运行良好，因此导致的冲突也很少。在波兰境内的普鲁士移民点和普鲁士王国境内，当地居民厌弃拿破仑，视俄军为解放者，供给状况就更加好了。即使是在波兰人居住的地方，供养部队的工作通常也进行得比较顺利，不过库图佐夫的前卫部队在行经华沙大公国中央时还是遭遇到一些困难，在1月的大部分时间里，他们只能以饼干为食，直到2月初才收到战时的肉类和伏特加配给。波兰人无疑受到伤害，但他们所受的创伤并不像被拿破仑或是"七年战争"中的弗里德里希所征服的平民那么严重。俄国人并没有强制征兵，也没有索取战争赔款。俄国领导人约束部队纪律、保护平民的尝试获得了部分成功。例如，坎克林在1813年2月18日发布声明，阐述了如何从波兰仓库或俄军驻地家庭获取食物补给。在规定了俄军士兵的适宜补给份额，亦即境外作战时每周得到三次肉酒配给后，他也鼓

333

励当地居民报告俄军士兵的任何过分要求和不良行为。考虑到俄军士兵的疲劳和因 1812 年发生的诸多事件而强化的对波兰人的传统不信任感，俄军正规部队表现之好令人印象深刻。库图佐夫于 3 月 23 日在卡利什写信告诉妻子，"我们士兵的行为令这里所有人震惊，而部队表现出来的士气更是让我都惊讶了"。[10]

　　然而，在 1813 年 5 月中旬后的 6 个星期里，俄军在食物供给方面面临着危机。巴克莱在一份关键性备忘录里向亚历山大解释了危机的起因。他表示军队的补给问题是一年来在广大地域中来回作战的后果，而这一作战在历史上并无先例，因此混乱是不可避免的。"军队已经把在俄国境内准备的补给扔下去很远，而各支部队却几乎没有任何食物储备。"根据协定条款，普鲁士政府本应供养普鲁士土地上的俄军，然而在 1813 年 5 月的西里西亚，普鲁士人并没有在仓库里准备足够的补给，他们连自己的军队都无法供应。如果准备好用银币购买补给，可能会稍微缓解一下这种困难状况，但俄军的金库几乎是空的。到那时为止，俄军从财政部获取的经费仅为 1813 全年经费的不到 1/4。不过从长远角度来看，俄国有限的资金不应当被用到购买食物上，军队的需求应当通过对华沙大公国进行有效率的征用来满足。巴克莱备忘录的主要焦点在于让亚历山大强迫财政大臣德米特里·古里耶夫立刻发放资金，并要求华沙总督瓦西里·兰斯科伊着手在大公国境内为俄军展开大规模征用。巴克莱以这样的话语作为总结，除非亚历山大按照要求去做，否则"我不能保证我们将不会面对灾难性的后果，这会对我们的士兵和军事行动造成致命影响"。[11]

　　在报告中，巴克莱告知亚历山大，在 6 月初唯一让俄军士兵免于饥饿的是移动仓库的及时到来，它此前属于奇恰戈夫指挥过的多瑙河军团，仓库带来的大量饼干库存让部队熬过了好几个星期。移动仓库的农民大车原先在 1812 年夏天被部署到波多利耶（Podolia/Подолье）和沃伦，尽管那些重载的大车被认为应当只能在 150 公里的距离内行动，但是还有 2340 辆属于移动仓库的大车最终抵达前线，它们在冰雪和泥淖中行进了至少 1000 公里。这些大车中有许多是由未曾干燥过的木料匆忙制成的，大部分车辆是轻型结构，所有大车都是低悬架、小车轮的。在春秋两季的泥淖中，马匹几乎拖不动大车。移动仓库指挥官此后注意到，与奥地利大车相比，他仓库中的俄国民用大车载货更少、更易损坏、用马更多。

许多大车起初是由牛拉的，这个事实也对俄军的实际状况毫无帮助。考虑到牛的贪婪胃口，牛拉大车是不能在冬季行动的。因此，在 1813 年 1、2 月间，移动仓库不得不停了下来，拉车的牛则变成了食物配给。在库图佐夫的催促下，开春后移动仓库便可上路，原先的牛车则换上了征用来的马匹，但是几乎所有这些马匹都不得不去拉原先作为牛车设计的大车，这一事实让大车的外表显得更加古怪而无用。许多车夫此前从未赶过马车，自从出发后也没领到薪水，有些车夫其实是他们的地主想要打发走的人。在这种状况下，移动仓库能够启程已经是一个奇迹了。[12]

移动仓库的到来为普鲁士人争取了足够的时间，向俄军输送补给的普鲁士系统在此期间恢复了正常秩序。在休战将持续数个星期的事实变得明确后，将军队分散驻扎也就有可能了。俄军骑兵指挥官总是极其关注他们的马匹是否能够得到合适的给养，现在他们的骑兵团可以部署在战线大后方燕麦充足的地方了。与此同时，普鲁士地方政府协助坎克林和普鲁士私人承包商达成协议，后者将供应 55000 日份的面粉和面包，俄方则部分赊账，部分以纸卢布支付。在战区中最为缺乏的总是大车，主力部队的移动仓库在 7 月中旬抵达战区，带来的 4000 辆大车因此成了巨额财富。坎克林将一部分移动仓库的大车编成梯队，分段从波兰运出补给，其他车辆则被利用起来运送从普鲁士人手中购买或直接获取的食物，这些食物此前由于缺乏运力而无法运输。[13]

在主力部队仓库到达时，亚历山大已经有效地回应了巴克莱的金钱要求。亚历山大立刻将财政部在德意志境内的 250 万纸卢布交由军队总部使用，[14] 并下令古里耶夫立刻交付剩余部分拨款，亚历

335

山大评论说，他本人也是军队急需资金这个情况的目击者之一。面对皇帝本人的直接指令，古里耶夫在 7 月 13 日写信给巴克莱，表示他已经向巴克莱拨出了 480 万银卢布和 400 万纸卢布的款项，而且更多的拨款即将到来。[15]

从总部的角度而言，古里耶夫拖延交付已经被批准的军事预算是无可辩解的。财政大臣对此事的看法必然有所不同。早在拿破仑入侵之前，俄国政府的财政赤字就只能以加印纸币来弥补，对俄国经济崩溃的恐惧则广泛存在。作为战争后果之一，财政支出急剧增长，而收入却有所缩减。接近 25% 的 1812 年度预计财政收入未能到位。在 1813 年的第一季度，状况变得更加糟糕了：到 4 月下旬为止，仅有 54% 的预计财政收入到账。古里耶夫将此归咎于"国家在 1812 年受到了全面冲击，除了传统税种和当年新确立的普通税种之外，人民还需要承担民兵动员、征集新兵、军事需求、责任和贡献的重负，根据一项非常保守的估计，以上这些总计折合超过两亿卢布"。面对猛烈膨胀的赤字，古里耶夫所能做的只有尽量到处缩减开支，并通过加印纸卢布填补亏空。在 1813 年 4 月，他预言说如果战争延续到 1814 年全年，而财政状况却一如既往的话，"就没有办法能够让我们的财政系统最终免于崩溃"。[16]

尽管古里耶夫担心俄国国内会发生恶性通货膨胀，不过他倾向于相信在修复拿破仑入侵所造成的破坏这个过程中会产生数量巨大的经济活动，进而能够消化相当一部分新发行的纸币，在大陆封锁体系已经永久崩溃之后，俄国的海外贸易也会增长。令财政大臣真正感到恐惧的是野战部队在境外花费的大量俄国纸币，没有哪个外国人会打算攥着俄国纸币不放，也没有德意志平民会用这种货币购买其他德意志人的货物或服务。因此全部纸卢布将有可能回流俄国，这会造成卢布对外贬值的可怕后果。

古里耶夫警告说，如果纸卢布汇率崩溃，野战部队的财政将毫无可能维系下去。为了避免这一点，他故意拖延向军队总部交付资金，并使得大臣委员会同意一系列建议，包括官兵发放半薪，另一半则在他们返回俄国时发放。古里耶夫的主张一定程度上是正确的，在境外服役的官兵很大程度上依靠就地取食过活，并不需要很多现款。然而，如果他的建议最终生效，这对部队士气的影响是显而易见的：按欧洲标准来看，俄军的薪水已经很低了，而他们现在还要在异国领土上展开令人精疲力竭的战役，就连许多军官都不理解他们为何而战。[17]

面对皇帝的专横命令，古里耶夫将在任何情况下都为军队发放拨款，但他同时也深受"大笔英国补助金即将到来"这一消息的鼓舞，此前他曾一度对英国补助金绝望。在 1812 年，亚历山大没有要求英国提供哪怕一次补助金，这在一定程度上是出于自尊心考虑。除此之外，因为是在自己的国土上作战，亚历山大筹措资金的难度不大。可能也正是出于这一原因，事实上在俄英外交关系恢复几个月后，亚历山大才派出大使前往伦敦。然而，一旦俄军跨过俄罗斯帝国边界，财政状况就变得非常紧张，皇帝提名克里斯托夫·利芬担任驻英大使，于 1813 年 1 月派他前往伦敦，同时给英国政府带信，"在目前的状况下，每次派遣部队出境作战对我而言都是十分昂贵的。它所需要花费的金属货币完全破坏了我们的汇率。我国财政最后必然无力承担花费，由于一些省份遭到完全破坏，国家今年的收入势必大为收缩，这会给我国财政造成严重影响"。利芬奉命既要向英国政府请求补助金，又要向他们展示"联合纸币"计划。纸币将负担利息且在战后即可赎回，它由英国、俄国、普鲁士三国政府联合担保，并被用于俄普战时动员。这一计划是在彼得堡制订的，协助制订计划的除了施泰因，还有英国金融家弗朗西斯·德伊韦尔努瓦（Francis d'Ivernois）爵士。[18]

考虑到 1806～1807 年时英国对向俄国发放补助金十分抵触，亚历山大可能预计到在伦敦进行的谈判将会很艰苦。事实上，利芬发现英国愿意给予俄国 133 万英镑补助金，此外还将 330 万英镑作为英国在联合纸币计划中的股份。在英国海外支付和补助金的大背景下，这笔资金相对而言只是中等水平。（伊比利亚）半岛的战争仅

337

在 1811 年就消耗了英国 1100 万英镑，而所有英国海外补助金加在一起，还不到英国本国武装力量所消耗经费的 8 个百分点。不过如果把这 460 万英镑折算成纸卢布，那无论如何都是一笔巨款，这大体上相当于 1813 年剩余 7 个月里俄军预计在德意志境内作战的全部开销。当然，英国的现款来得并不快，兑换和贴现也会造成损耗，一些关于开支的预计也被证明是过于乐观的，但英国补助金至少在一定时间内多少缓解了古里耶夫的担忧。[19]

如果说亚历山大给古里耶夫的命令是专横的，那么他给华沙总督瓦西里·兰斯科伊的指令就是极其残酷的。6 月 12 日，坎克林阐明了军队对大公国的需求：300 万千克面粉，40 万千克去壳谷物，25 万升伏特加，33 万千克肉类，1000 头活牛，此外还有大量用于喂马的燕麦。巴克莱次日写信给兰斯科伊，"所有分配给华沙大公国各省的补给任务都应当即刻完成，因为唯一能够保障军队食品需求的就是这些补给……最轻微的延误或亏空都会导致军队陷入严重饥荒，还会破坏军队展开军事行动的状况和能力"。当兰斯科伊以大公国的贫穷现状和军队已经在此前征用了粮食为由恳请减少征收时，他收到了皇帝在 1812～1814 年整场战争中态度最为凶恶的一封信。皇帝告诉总督，军队、战争乃至欧洲的命运都取决于这次征收，亚历山大警告总督，如果征收不到足够的补给，或者不能用征集的波兰民用大车把补给按时送到军队，总督个人就必须承担责任。[20]

兰斯科伊收到亚历山大的指令后当然完全屈服了，他告诉地方官员，"任何人都不能接受任何逃避征收的借口"，但巴克莱仍然不相信波兰地方行政官员会及时而严格地展开征收。他因此派出两位特派员前去监督，两人携带了野战部队法典所能允许的全部武装随从，以防被征服土地上的地方官员阻挠或抵抗征收。在给这些特派员的一封公开信中，巴克莱给全体地方官员下令，"在执行关于征收或输送补给的命令时，必须不带任何偏差。任何延误、错误或是更糟糕的不服从……将必然导致执行人以叛国罪名受到指控，并送上适用野战部队军法的军事法庭"。与此同时，命令也被下达到大公国境内的俄军部队指挥官多赫图罗夫将军手上，要求他使用军队强制征收。同法国人作战的时候，乌克兰民兵骑兵在某些场合几乎毫无用处，但在征用波兰农民的大车运送补给时，他们却表现极好。[21]

休战协定刚一签字，巴克莱就投入重新整顿、装备、训练部队的事业当中，他在这方面是完美的领导人。6月10日，他向士兵和指挥官们发布公报。他告诉部队，他们并没有被击败，他们在撤退中也没有给敌人留下一门火炮或是一个未受伤的战俘。休战并不意味着和平，而是意味着俄军和联军有机会集中兵力，为一场新的、胜利的战役做必要的准备。指挥官们收到指示，"他们在休战期间的任务是全力以赴保障武器、装备和其他事务状态良好，保证士兵的健康状况，维持严格的秩序和纪律，训练新兵的军事技能，总之，确保每个部队单位都处于完全准备就绪的状态，以争取新的胜利"。[22]

在两个月的休战中，此前给部队重新配置军服的努力收到了成效。6月16日，坎克林报告说已经收到足够为全军制作夏装长裤的帆布和足够装备全军的靴子。早在3月，亚历山大就授权支出350万卢布，给大部分正规部队购买新的外套和紧身短上衣。这些衣物由柯尼希斯贝格（Königsberg）的私人承包商提供，在休战期间运抵军队。起初预计的服装开支比这还要多，但巴克莱·德·托利2月份在波森发现了一个存有大量优质布料的仓库，布料上原先已经打了拿破仑军队的标记，他便征用了这个仓库。这不仅足够巴克莱自己部队使用，还满足了近卫军的需求，更好的是，这部分布料是由波兰纳税人付账的。[23]

与此同时，就在休战协定签署后不久，巴克莱下令检查全部现存步枪，以便减少各营内部不同武器和口径的数目，这是当务之急。拉多日茨基上尉是被分派去执行这个任务的炮兵军官之一，他在回忆录中写道，10天内他检查了30000支步枪，随后得出结论，主要问题是当伤病员出院后，在返回所属团之前他们会从现有的步枪中随手拿走一支。他也指出战列步兵团中许多士兵所使用的步枪老旧无用，尽管事实上这一现象仅在几个师中存在。由于拉多日茨基和他的同伴们的努力，步枪在各营间进行交换，从而保证了武器统一化程度大为提升，也使得弹药补充效率得到了提高。[24]

如果巴克莱没有立刻整顿一定程度上由维特根施泰因留下的混乱管理，那么他所做的各种努力都不会有多少成效。如果总部不知道各个部队单位在哪里，或者不知道实际上有多少士兵还在军队中，那么供养或重新装备士兵终究都会很困难。如果师和它们应属的军分离，团和它们所在的旅、师分离，那么层层传递命令也是不可能的。军队维持任何秩序的另一个先决条件是让分遣出去的部队和它们的母团会合，并解散临时混合而成的部队。也是时候把已经收缩的预备营（也就是各团的第二营）和它们所属团的其他部分合并在一起了。在休战生效以后，巴克莱立刻向这些积弊开战。一个星期之内，他就建立了列有每个团应从属的旅、师、军并标注了这些单位所应该部署、驻扎地点的表格。到 6 月底为止，在为军队重新建立明确、合理结构的战斗中，巴克莱已经赢得了 95% 的胜利。考虑到游击部队的存在和大部分哥萨克部队中都配属有一定数量的正规骑兵中队，100% 的胜利是不可能达到的。[25]

还剩下一个重要任务：将休战期间抵达的数以万计的补充兵并入野战部队。一些补充兵是从医院或分遣任务岗位上返回的人，他们是特别宝贵的老兵。然而，大部分新到的补充兵来自 1812～1813 年冬季在俄国境内由新兵组建的 200000 后备部队。每个作战中的步兵团都在俄国境内组建了一个 1000 人规模的四连制后备营。当这些新步兵营准备就绪后，亚历山大计划将一部分步兵连派往战场增援部队，但还要留下足够的骨干部队训练下一波新兵。这将会确保后备营再次被补充到满员，并使得前线部队及时得到更多的补充兵。炮兵和骑兵部队也有类似的部署，以后者为例，每个作战中的骑兵团都在帝国境内组建了两个 201 人规模的预备骑兵中队。[26]

总体而言，超过 650000 人在 1812～1814 年被征入军队。他们中大部分是在 1812 年 8 月到 1813 年 8 月的三次遍及全国各省的大规模征兵（第 83、84、85 次征兵）中入伍的。然而除此之外，还有一些以特殊省份为目标的小规模征兵。由于贵族庄园承担了组建民兵的任务，这些征兵的主要目标是生活在国有土地上的农民，他们占到了农民总数的 40%。当局意识到如果不放宽现有的征兵要求，就不能征集到足够数额的新兵，因此年龄限制上调到 40 岁，最低身高要求则降到稍高于 1.5 米，有轻微身体缺陷的人也在征兵范围之中。对征兵的巨大需求意味着年纪较大的、结过婚的男子也被大量征召，即使在战争中幸存下来，他们还要在和平时期继续服役几十年。上万妇女因此再也见不到她们的丈夫，却没有权利改嫁，许多年轻的家庭丧失了顶梁柱。[27]

1810 版《国有农民条例》规定征兵记录必须保管完好，以便确保兵役义务在家庭间公平分配，主要征兵负担将落在成年男子较多的大家庭，而非一旦被征兵便面临毁灭的小家庭。[28] 在 1812 年，征兵委员会奉战争部命令前往各地检查征兵记录，至少在记录资源异常丰富的梁赞省，征集新兵的同时也会提交征兵记录，以显示法定程序已经完成。[29]

帕姆菲尔·纳扎罗夫（Pamfil Nazarov/Памфил Назаров）是在 1812 年 9 月被征召入伍的国有农民。他的回忆录是唯一自下而上观察征兵过程的记录。在回忆录中，纳扎罗夫从不认为自己被征召入伍是不公平的。考虑到他家庭此前的服役记录和男丁数量，纳扎罗夫一家符合提供一名新兵的要求。一如既往地，农民社区政府在征兵时找上的是各户而非个人，送谁入伍由每一户自行决定。在这个时代，大部分农户都是家庭的延伸，其中包括数名已经结过婚的兄弟和他们的孩子。臭名昭著的一点是，农户户主一般宁可把他的侄子甚至兄弟送进军队，也不让儿子入伍。但在纳扎罗夫的家庭中，帕姆菲尔的两个哥哥都已经结婚了，一个有孩子，一个身体很弱，他的弟弟还没到征兵年龄，显然他是唯一可能的选择。

同兄弟们相反，帕姆菲尔是一个 20 岁的未婚健壮小伙。他家里没有一个人希望失去他。痛苦的氛围在家里笼罩了好几天，帕姆菲尔和他的母亲尤其如此，他们有时甚至会控制不住泪水。1812 年 9月拿破仑正在向俄国核心地带进军，帕姆菲尔自己所处的特维尔省也遭到了威胁，莫斯科在他参军过程中陷落了。然而帕姆菲尔并没有受到任何爱国主义或更广泛政治层面上的情感的触动。与之相反，被拖出熟悉的家庭和村庄，塞入陌生而残酷的士兵生活，因此对前景毫无知觉的痛苦和恐惧占据着他的心灵。逆来顺受的坚韧、祈祷和对上帝意志的服从是帕姆菲尔的唯一支柱，那些年里的绝大部分农民新兵也是如此。

帕姆菲尔由他的兄弟和祖父陪同前往特维尔的征兵委员会，特维尔省省长依照职权主持征兵委员会，他本人也简短地检查了帕姆菲尔。医学检查并不深入，当帕姆菲尔声明自己健康状况良好之后，检查就局限于敲击牙齿并简单打量一下身体。随后就是俄国征兵过程中的两大重要仪式：帕姆菲尔的额头被剃光了，他还进行了军事宣誓。几天后，新兵被送往彼得堡，出于速度考虑，他们乘坐大车前行。一旦被分配到自己的团里，帕姆菲尔·纳扎罗夫就感受到了青年新兵入伍仪式的另外一些典型方面。突然被推进陌生而残酷的世界，这种震撼让他病得很厉害，在长达两个星期的发烧中，他的钱和衣服都被偷了。当帕姆菲尔拒绝服从一个军士的非法要求时，他脸上被打了一拳；当第一次用火药和铅弹进行射击时，帕姆菲尔把事情弄得一团糟，因此被处以鞭刑，这些也都是典型事件。

无论如何，帕姆菲尔·纳扎罗夫的军事生涯并不完全是痛苦和灾难。康斯坦丁大公亲自检查新兵，并亲自把他们分配到位于圣彼得堡的各个团里。1.6 米高的帕姆菲尔其实够不上普列奥布拉任斯科耶或者谢苗诺夫斯科耶近卫团的标准，但康斯坦丁把他分配到了近卫军轻步兵里，在这种情况下指的就是芬兰近卫团。作为一名近卫军士兵，帕姆菲尔得到了更高的薪水，还有一套货真价实的制服，而非大部分新兵在 1812 ~ 1813 年所穿的劣质新兵制服。在近卫军中服役并非儿戏：芬兰近卫团在博罗季诺和莱比锡都遭受了惨重损失。

无论如何，近卫军各团总体而言是作为预备队存在的，他们在战争中并不像某些战列步兵团一样几乎每个星期都要投入绞肉机当中。尽管帕姆菲尔·纳扎罗夫在莱比锡受了伤，他依然在攻克巴黎之前回到队伍中，他和他的战友都为他们所取得的成就感到自豪。和绝大部分在 1812 年被征召入伍的人不一样，帕姆菲尔能够再次见到他的家人：作为一个可靠且堪为模范的近卫军士兵，他在战争结束后的 11 年中得到了三次探亲假期。更不寻常的是，帕姆菲尔在芬兰近卫团服役期间学会了读写文字。当结束了 23 年的近卫军服役生涯后，帕姆菲尔成了一名修士，这一时期能够写下回忆录的俄军普通士兵仅有两人，他就是其中之一。[30]

只要私人庄园选送的新兵符合身高和健康要求，政府就让地主自己负责选送农奴。富裕农奴和他们的大部分中农邻居倾向于将征兵负担转移到贫农身上，这些贫农在村庄集体纳税中承担较少。地主们也许和农村公社意见一致，也就是说征兵应当被用于去除村庄中边缘的或是"不经济的"家庭。另外，一些贵族地主确实尝试维护公平的征兵程序，并保护脆弱的农奴家庭。他们的这些尝试能否成功很大程度上取决于庄园实际管理者的做法，因为富裕的贵族拥有许多地产，贵族本人大部分情况下却生活在彼得堡、莫斯科，或者正在服役。这些尝试成功与否也取决于该庄园中农奴社区的性质，特别是在更加商业化的并不纯粹的农业庄园里，身处远方的地主可能难以控制较为富裕的农奴。

位于科斯特罗马省、面积超过 7 万公顷的巴基（Baki/Баки）庄园是夏洛塔·利芬的十处地产之一。[31]巴基庄园位于莫斯科以北数百公里，它并不适合农耕。4000 多名农奴生活在这一庄园里，在食物方面庄园能够做到自给自足，但庄园的财富主要来自它的广袤森林。富裕的农奴实际上已是商人：他们拥有自己的驳船，驾船沿伏尔加河运输森林的物产，有时甚至会一直运到里海沿岸的阿斯特拉罕（Astrakhan/Астрахани）。作为巴基最富裕的农奴之一，瓦西里·沃罗宁（Vasili Voronin/Василий Воронин）拥有许多驳船，雇用了成群的农奴。农奴社区政府办事员彼得·波诺马廖夫（Petr Ponomarev/Петр Пономарев）则是他的女婿。作为庄园中唯一真正识字的农奴，波诺马廖夫是庄园管理者和农奴这两个世界间的强大中介。在 1800～1813 年，波诺马廖夫利用他的权力确保征兵未曾波及他的家庭、他的受庇人和为他工作的农奴。庄园管家伊万·奥别鲁切夫（Ivan Oberuchev/Иван Обручев）承认了沃罗宁一家的权力，这也许是由于存在腐败因素，也可能是因为他只想过安宁的生活。可能奥别鲁切夫会这样辩白，他正在以确认庄园现实权力的做法保护雇主的利益。[32]

　　夏洛塔·利芬的指令则要求农奴社区全体成员召开大会，决定哪些农户足以承担征兵义务，然后在这些农户中抽签决定征兵次序，她也下令小农户应当免服兵役。在 1812～1813 年，这些原则全部被忽略了，许多负担家中生计的唯一男丁被征召入伍，这给他们留在家中的妻儿造成了灾难性后果，因为一个没有成年男丁的家庭就丧失了土地权利。在庄园里众多村庄中的斯塔罗斯特（Staroust/Староуст）村，6 个人被征入军队，其中两个人是家中唯一的男丁。同样恶劣的案例是费奥法诺夫（Feofanov/Феофанов）兄弟，兄弟三人中有两人在 1812 年被征召入伍。与此同时，村长马卡罗夫（Makarov/Макаров）一家有 7 个适宜服役的男丁，他们家不仅没有在 1812～1814 年向国家提供一个新兵，而且在庄园兵役记录存在的50 年里都没人服过兵役。[33]

　　在 1813 年，夏洛塔·利芬免除了庄园管家的职务，让伊万·克列梅涅茨基（Ivan Kremenetsky/Иван Кременецкий）接替，他此前曾是巴克莱·德·托利在战争部长任上的私人秘书。克列梅涅茨基此后调查发现，庄园里有 50 户农奴在征兵记录存在的 30 多年里从未提供过兵役人员。科斯特罗马是第三类民兵地区的一部分，和前两类地区不同，只有一部分民兵会被征集起来，因此政府要求巴基庄园向军队提供 40 名新兵，以便平衡国有农民和私有农奴在征兵负担上的比例。

　　夏洛塔·冯·利芬下令，这 40 名新兵将全部以购买豁免兵役证明的方式免于服役，每份证明需要 2000 卢布，此前未提供兵役人员的农户将支付这笔款项。有 17 户农奴每户出资 2000 卢布，而 2000 卢布大约相当于一个俄国少将的年收入。这件事体现了当时俄国社会中令人困惑的一些现实，来自科斯特罗马边远地区的 17 户目不识丁的农奴居然可以支付这样一笔巨款，而且还不至于毁灭自身。尽管短期内某种正义得到了伸张，但长远看来，克列梅涅茨基的战术使得富裕农奴团结起来一起对抗他，也使得庄园难以经营并破产。从这个故事中可以得到这样的教训，没有贵族的支持，皇帝就不可能统治 19 世纪的俄国，而巴基也许是帝国的一个缩影，没有富裕农奴的合作，庄园主就没有办法管理或者说至少没有办法有效利用庄园。[34]

　　皇帝和阿拉克切耶夫清醒地看到向野战部队增援的急迫性。战争大臣本人被皇帝施压，而诺夫哥罗德省省长又被战争大臣烦扰，因此在 1813 年 3 月初，诺夫哥罗德省省长报告说他正在极为严厉地推进征兵进程，但在他的省份里，有些村庄和省城间的距离超过 700 公里，更何况在每年的这个时候，"道路"实际上就是泥浆的海洋。[35] 而坦波夫省的省长则由于他在征兵进程中的迟缓和无能，于 1812 年 12 月被免职，没有什么理由能够使他保住职位。

　　省长们自己则向下属（首当其冲的是内卫部队）施加压力，让他们尽快完成新兵征集工作。这些部队通常质量低下，而且工作负担严重过量。在被拿破仑入侵影响到的省份，内部安全是一个关键问题，农民有时会威胁发动"暴动"，劫掠者们则在村庄和森林间游荡。许多内卫部队前去押送战俘，内卫部队中最好的一些军官则被派往洛巴诺夫－罗斯托夫斯基的团里。除此之外，内卫部队还要护送数量大为增长的新兵前往通常与新兵家乡省份相隔数百公里的训练营地。里加内卫营在 1813 年 2 月 2 日抵达利沃尼亚省的文登（Wenden/Венден）镇，以帮助护送新征集到的士兵。在抵达文登时，这个营由 25 名军官和 585 士兵组成，由于派出许多分遣队从事

345

护送或其他任务,在离开时营里却只剩下9名军官和195名士兵。这些部队被在乡间扫荡、捕捉逃避兵役的新兵的工作弄得太过疲倦和沮丧,因此有时会捕捉在路边遇到的任何男子,以便给他们的新兵份额充数。[36]

官僚机构和首席贵族们竭尽全力推进征兵工作,不过为战争进行强制性大规模动员在许多方面是沙皇政府存在的目的,早在设计征兵系统时,政府就已经考虑到了征兵时将会面临的挑战。替规模大为扩张的军队找到足够的军官常常是更加困难的事,这在一定程度上是由于忠诚且受过教育的候补军官并不多,但问题首先在于潜在的军官很少能够被强制征入军队。在1812~1814年,战场上的将军们对缺乏军官的抱怨比对缺乏士兵的抱怨还多。

在1812~1814年,新军官的最大来源是贵族军士,他们在步兵团中通常被称为候补准尉,而在骑兵团中被称为"容克"。[37]这些人相当于英国海军中的军官候补生,换句话说,是在接受军官委任前一边工作一边学习的军官学员。和平年代里绝大部分步骑兵军官都是通过这种途径获得委任的。因此,在1812年6月开战时,俄国军队里一大批年轻的军官学员已经做好了填补因战争伤亡或军队规模扩张而空出的军官职务的准备。当军官出现空缺时,贵族军士几乎总是第一选择。以近卫猎兵团为例,有31个年轻人在1812~1814年被任命为该团候补准尉,其中的18人在战前就作为贵族军士服役,这18人中仅有1人未在1812年被委任为军官。此后,近卫猎兵团需要依靠其他资源来补充新军官。整支军队里都出现了类似的状况。[38]

新军官的第二大来源是既非贵族之子,也非军官之子的军士。[39]早在和平时期,这些人中的绝大部分就已经在他们所服役的团里被任命为军士,虽然近卫军军士经常被转入常规部队当中。由军士提升为军官的两大关键因素一是在行动中表现出的勇气与领导能力,二是此人的读写能力。在18世纪和亚历山大统治的第一个十年里,有一些军士被直接任命为军官,但在战争时期,对军官的需

346

求使得此类事件的数目大为增长。关键时刻在 1812 年 11 月初到来，面对军官极其短缺的状况，亚历山大给他的指挥官下令，"要将步兵、骑兵和炮兵中尽可能多的'容克'和军士提升为军官，不论他们是不是贵族，只要通过实战、行为举止、优良素质和勇气体现出了军官的品质就行。"[40]

在耗尽了每个团内部的储备军官供应后，军队就不得不到其他地方去寻找军官了。其中一个主要来源是通常所说的"贵胄团"，这是军官武备学校的折扣速成版，也是战争部在战前几年里为规模不断扩张的军队寻找新军官的主要创新举措之一。在 1808～1811年，这个"团"为军队提供了 1683 名军官学员。在 1812 年，有1139 名军官学员从该团毕业，但许多年轻军官直到 1813 年初才抵达他们所属的团。由于毕业人数过多，再加上许多"贵胄团"的教官在 1812 年末被派去指挥后备部队，"贵胄团"随后出现了一段时间的沉寂。但是在 1812～1813 年冬天，新一波年轻人进入"团"里，其中许多人在 1814 年毕业。不过军队中军官学员的数量在那时已经被转入军队的青年文官超过，他们有时候是在上级压力下被迫加入军队的。少数从军文官在担任文官前已经有过服役经历，也有许多民兵军官在 1813～1814 年被转入正规部队。[41]

在 1812 年冬季到 1813 年早春期间建立的新后备部队主要在四个中心集中并训练。在俄国西北部是圣彼得堡和雅罗斯拉夫尔，那里为近卫军、掷弹兵和维特根施泰因军准备后援。库图佐夫主力部队的 77000 名步兵和 18000 名骑兵后备军在莫斯科以东 440 公里的下诺夫哥罗德附近集中。拿破仑入侵之后，亚历山大立刻下令组建后备团，安德烈亚斯·克莱因米歇尔和德米特里·洛巴诺夫-罗斯托夫斯基则负责此事。现在，皇帝派两人分别指挥雅罗斯拉夫尔和下诺夫哥罗德的后备部队。在给克莱因米歇尔下达指令后 7 个多星期，亚历山大命令彼得·冯·埃森中将为奇恰戈夫军团训练 48000名补充兵。埃森的总部设在白俄罗斯的要塞城市，位于明斯克东南150 公里的博布鲁伊斯克。埃森那里十分缺乏训练并指挥新兵的军

347

官，因此产生了严重的拖延现象。他的部队最终比其他后备部队晚到了 3 个月，只赶上了莱比锡会战。如果其他后备部队中也发生类似拖延现象的话，俄军在秋季战局中扮演的角色将会小得多，拿破仑也很有可能在 1813 年 8、9 月间击败联军。[42]

1812 年晚秋和冬季，德米特里·洛巴诺夫－罗斯托夫斯基在莫斯科陷落后产生的一片混乱之中奋力展开了后备营的组建工作。亚历山大和库图佐夫相距数百公里远，中间还隔着拿破仑，因此经常给他下发互相矛盾的命令。他和许多原本应当前来帮助训练新营的军官甚至将军失去了联系。装备也是个令人十分头疼的问题，由于莫斯科军需仓库被摧毁，给后备部队士兵准备合适的制服、马车或者煮东西的铜壶都变得难以想象，对没什么找食经验的新兵而言，后者是个尤为严重的问题。[43]

到 1812 年冬季，俄军也开始面临步枪短缺的问题。图拉的生产遭到了干扰，而从英国进口的枪支还需要一段时间才能抵达，更何况就算是后来运到的英国步枪也不能完全满足需求。亚历山大于 11 月初命令洛巴诺夫－罗斯托夫斯基仅向他正在组建中的每个 1000 人规模后备步兵营提供 776 支步枪。考虑到新兵中因疾病和疲劳而产生的较高掉队率，在与野战部队会合的长途行军过程中，剩余的 224 人被认为应当从掉队的战友那里获得步枪。尽管这一政策可能很现实也很必要，但它无益于新兵的士气。[44]

考虑到洛巴诺夫所面临的巨大困难，战争部必然会因供养和装备新兵过程中表现出来的迟缓而遭到严厉批评。然而在这种状况下，
348 亚历山大·戈尔恰科夫和他的下属们在 1812 ~ 1813 年冬季表现得相当不错：战争部的高级军需官和补给官以个人身份前往下诺夫哥罗德帮助洛巴诺夫。当洛巴诺夫的部队在 12 月离开下诺夫哥罗德，开始 1000 多公里的长途行军，前往新部署地点白俄罗斯别利察（Belitsa/Белица）时，他们的任务就变得更加艰难。这场长途行军意义明显，当战场转移到德意志境内时，后备部队需要集中到西部边境。然而，在奋力将武器装备输送到下诺夫哥罗德后，现在战争部又不

得不在隆冬时节行经被战争弄得天翻地覆的乡村，为部队输送装备。[45]

　　安排数万毫无经验的部队行军也并非易事。正当洛巴诺夫－罗斯托夫斯基埋头于需要他注意的各类细节安排中时，他突然收到了紧急命令，要求他"以至高无上的皇帝陛下的名义"，"时间上不得有任何延误"，"以最严厉的手段"派出部分军队镇压奔萨民兵兵变。尽管将兵变镇压下去并不困难，但萨尔特科夫伯爵下令时的语气反映出了中央政府的强烈担忧——一群武装农民和哥萨克民兵可能会在 40 年前普加乔夫曾经出没过的地方掀起动乱。[46]

　　1813 年 2 月 1 日，洛巴诺夫－罗斯托夫斯基向亚历山大报告他已经抵达别利察。从这时起，他开始面临最棘手的麻烦，他手下军队的部署区域横跨三个省：切尔尼戈夫（Chernigov/Чернигов）省北部、莫吉廖夫省南部和明斯克省西南部，也就是今天乌克兰中北部和白俄罗斯东南部的切尔诺贝利（Chernobyl/Чернобыль）地区。这一地区在 1812 年是非常贫困的，比起大俄罗斯中部地区来要穷得多，人口也稀疏得多。突然于隆冬季节在别利察周边地区建立起一座 8 万人的城市是个巨大的挑战，建造房屋、养活并训练士兵、提供医疗服务都需要付出巨大的努力。[47]

　　然而，当洛巴诺夫于 3 月 1 日接到亚历山大新发下的两条命令时，这些工作依然未能就绪。这两条命令中散发出的急躁和无情有阿列克谢·阿拉克切耶夫的印记，他是皇帝的助手，负责处理后备军队和后方动员方面的一切事务。第一波增援部队需要立刻出发支援野战部队，洛巴诺夫需要亲自检查所有出发的部队是否装备整齐、补给充足。随后他应当带着剩余部队移动到西北方向数百公里外，位于俄波边境上的别洛斯托克（Belostok/Белосток）。皇帝已经决定建立统一的后备军团，负责训练并分派将来向野战部队输送的所有补充兵，并将其部署在别洛斯托克地区。后备军团即使在最初也有超过 200000 人，洛巴诺夫则被任命为后备军团指挥官，并被要求立刻提供关于新后备军团应如何部署的计划。[48]

在 3 月 1 日给亚历山大的回复中，洛巴诺夫声称他担心自己的体力会无法负担这样的重任，这些话并不是夸大其词。接下来的几个月肯定是他一生中最紧张的一段时间。洛巴诺夫一个星期内就要向亚历山大提交组织新后备军团并安排其驻地的计划，收到亚历山大的命令后，他必须立刻派出补充兵。洛巴诺夫答复说，"陛下可以对我为所欲为，我已经把脑袋放在了砧板上"，但执行这个命令是完全不可能的。然而，他还是许诺将尽一切可能的手段加快部队出发速度，事实证明，洛巴诺夫实现了诺言。到 3 月中旬为止，他已经向野战部队派出了 37484 名补充兵。[49]

无论如何，因野战部队对补充兵的急切需求而受害的不只洛巴诺夫一人。在这 37000 名补充兵中，2350 人在抵达华沙前死亡，一路上还有 9593 人因为疾病或疲劳掉队。从彼得堡和雅罗斯拉夫尔发出的补充兵也蒙受了类似的损失。洛巴诺夫后来将大部分这类损失归咎于疲劳：这些人几乎全是新兵，过去几个月里他们中许多人在冰雪和泥沼中行军 3000 多公里，后来又穿过斑疹伤寒肆虐、深受战争破坏的地区。尽管 9000 名掉队人员中的大部分在康复后及时赶往他们所在的营，但是无论如何，如此大规模的损失证明了俄国在这几个关键月份中向前线增援部队时所遭遇的巨大困难。[50]

尽管洛巴诺夫和他的同僚们克服了许多困难，但在 1812～1813 年面临最艰巨挑战的却是安德烈·科洛格里沃夫（Andrei Kolo-grivov/Андрей Кологривов）将军，他的任务是组建骑兵后备军。他将完成难以解决的工作，训练骑兵要比把新兵练成能够有效作战的步兵复杂得多。只要有足够的"原材料"和高效率的训练核心，三个月内练出的步兵就能够令人接受。骑兵训练则要花至少 3 倍于步兵的时间，骑兵新兵所需要的初始训练和步兵相同，农民新兵必须学会站直、分辨左右和齐步走。简而言之，他必须先成为一个士兵。骑兵新兵还需要掌握冷兵器和火器的使用方法。在战争时期匆忙训练新兵的浪潮中，胸甲骑兵团和龙骑兵团里的散兵战任务可以留给老兵去执行。但不知道如何展开散兵战、不会使用火器、对前哨勤务一无所知的轻骑兵新兵对他的战友来说是危险的。[51]

最大的挑战出现在农民新兵第一次遭遇战马的时候。和在马鞍上长大的哥萨克不同，很少有农民骑过马，不过最初接收的20000名骑兵新兵大部分来自奥廖尔（Orel/Орёл）、沃罗涅日、坦波夫、基辅等南方省份，那里马匹数量众多，有的地方甚至连马场都很多，这有助于科洛格里沃夫训练骑兵。俄国轻骑兵和龙骑兵战马是从草原牧群征集而来的，它们是脾气很坏的动物。简短却凶残的驯马过程常常使得战马起初难以控制。与和平时期较多使用牡马不同，战时马匹需求的增长迫使骑兵不得不接收较多的牝马，这也不会让新兵的生活变得轻松。在一个牡马集中的骑兵中队里，牝马的存在无助于维持秩序。尽管存在上述问题，骑兵新兵必须迅速学会控马。他必须首先学会独自骑行，此后学会列队骑行，其后逐步提高骑行速度，并学习越来越复杂的操作。他也必须学会让战马饮水的正确方法，能够恰当地喂养、照顾战马，否则骑兵团会在紧张的战役中很快陷入崩溃状态。[52]

在1813～1814年，俄国骑兵有许多战马来源。野战部队会在行经之处征用一些马匹，有时也会购买马匹；最好的意外收获则是夺取了萨克森国王马场中的部分马匹。然而，在1813年春季，亚历山大下令禁止在国外继续购买战马，因为俄国国内的马价要便宜得多。野战部队中所有失去战马的骑兵都被派回到科洛格里沃夫那里，一方面接收新战马，一方面协助建立各个后备骑兵中队。[53]

在1812～1813年冬季和此后的时间里，有一小部分从俄国境内获得的战马来自国有马场。这些马匹是优秀的战马，但大部分都预留给了近卫胸甲骑兵和近卫龙骑兵。[54]各个骑兵团负责补充马匹的军官所购买的战马远多于国有马场的提供量，这也是和平时期补充战马的正常途径。无论如何，这些负责补充马匹的军官永远无法满足战争时期对马匹的庞大需求。除此之外，俄国的马价也在急剧上升。[55]1812年9月，亚历山大派遣内卫部队负责人叶夫格拉夫·科马罗夫斯基前往沃伦省和波多利耶省征收替代征兵的马匹。科马罗夫斯基从这两个省得到了超过 10000 匹骑兵战马，足够配备 50 个满员的骑兵中队。在这一结果的鼓舞下，征收战马的方案在整个帝国范围内推行开来，此事仍然由科马罗夫斯基主持，他最终又及时向科洛格里沃夫将军提供了 37810 匹战马。此外，从 1812～1813 年冬季开始，各省省长为科洛格里沃夫的骑兵购买了 14185 匹战马。这些巨大的数字描绘出了俄国马匹资源的丰富，如果有人记起这些数字尚不包括数目众多的用于炮兵和辎重车队的挽马的话，俄国马匹之多就更显惊人了。[56]

　　除了获取新的战马之外，军队也为保养已有战马做出了很大努力。1812 年 12 月，库图佐夫下令骑兵指挥官"将骑兵部队中所有得病、受伤或者非常瘦弱的战马淘汰下来，一旦打通了与切尔尼戈夫省的联系，就把这些淘汰下来的战马送到那里休养"。[57]这种在战线后方建立骑兵兵站让战马休养、恢复的做法一直持续到俄军 1814 年攻入巴黎为止。第一批送到后方休养的战马数量与当时骑兵部队战马总数相比，占到几个百分点已经难以估计，但比例势必非常可观。仅仅第二胸甲骑兵师就送回去 164 匹战马，而该师战马总数远不足 1000 匹，没有理由认为第二胸甲骑兵师的状况是不典型的。[58]

　　1813 年初夏，一位年轻的枪骑兵军官杜罗娃中尉结束病假返回岗位。杜罗娃是一位独一无二的军官，因为她是女性，在军中长年服役，还能保住她的性别秘密。和所有身体康复后重新转入现役的俄军军官一样，杜罗娃被分配到后备军团当中，这一政策在让后备军团充满老兵方面很有帮助。她被派往已经前移到斯洛尼姆（Slonim/Слоним）的骑兵兵站，和其他 3 名军官一起负责"来自全部枪骑兵团的战马，将这些疲惫、受伤、消瘦的马匹育肥"。她还补充说，"在我这部分，有 40 名枪骑兵负责照顾 150 匹战马"，这段话提示我们照顾骑兵战马的工作需要投入多么密集的劳动力。每天早晨吃过早饭后：

　　　　我前去检查我的畜群是否还在马厩里。从它们欢乐而轻快的跳跃中，我看到我的枪骑兵们……没有盗窃或倒卖燕麦，而是把它们全部喂给了这些优良而顺从的牲畜。我看到战马们此前由于憔悴而变形的身体恢复了旧日的美丽和饱满；它们的毛皮变得柔顺光滑；它们的眼睛闪烁着光芒，它们原本总是耷拉着的耳朵，现在迅速抖动起来指向前方。[59]

科洛格里沃夫最需要的是战马和受过训练的核心部队。到 1812 年冬季为止，野战部队的骑兵团中已经有许多严重缺编的骑兵中队，这些中队里的军官和军士的数量通常都不成比例。根据亚历山大的建议，库图佐夫在大部分骑兵团中建立了三个、两个，必要情况下甚至仅仅一个满员的骑兵中队准备作战，而把其他的军官、军士和老兵派回去作为核心部队协助科洛格里沃夫组建后备骑兵。在 1813 春季战局中，以斯摩棱斯克龙骑兵团为例，该团在野战部队中部署了两个骑兵中队，由 13 名军官和 332 名军士、士兵组成。与此同时，该团中的 18 名军官和 89 名军士、士兵被派往斯洛尼姆加入科洛格里沃夫的后备骑兵。[60] 洛巴诺夫于战争结束时提交的后备军团详细报告中堆满了统计数字，报告指出后备军团骑兵中的老兵多于步兵，而骑兵中军官和士官的比例则远高于步兵。考虑到骑兵训练和服役的实际状况，这种做法是必要的。[61]

为何科洛格里沃夫在建立后备骑兵上会取得这么大的成功？前线部队慷慨地提供战马、军官和老兵很有助于解释这一现象，但这远非事情的全部。根据科洛格里沃夫的副官、诗人亚历山大·格里博耶多夫（Aleksandr Griboedov/Александр Грибоедов）的说法，科洛格里沃夫不仅为骑兵兵站组织了马匹医院、铁匠铺和其他应有的附属机构，还从新兵中选拔出有一技之长的人，利用这批人训练其他新兵，建立了制造马具、马鞍和制服的工场。这不仅为国家节约了一大笔资金，也将科洛格里沃夫本人从对战争部军需官的过分依赖中解放出来。[62]

1813 年 3 月到 9 月间，科洛格里沃夫向野战部队输送了 106 个

骑兵中队。在 11 月他又输送了 63 个骑兵中队，此外还有几乎同等
数量的骑兵中队已经准备就绪。在后备军团各部开往野战部队之前，
德米特里·洛巴诺夫－罗斯托夫斯基花费了许多时间检查部队。他
对骑兵的各方面评价都一直充满了赞美之词，一般情况下他也对后
备步兵和后备炮兵感到满意，但他却经常抱怨炮兵挽马和步兵装备。
尽管他认为大部分前往野战部队的步兵都已经训练良好，但是也存
在例外。以 1813 年 12 月为例，洛巴诺夫在评论中指出：增援维特
根施泰因军的后备部队过于缺乏经验，需要更多时间才能为战斗做
好准备。[63]

　　最公正的评价者可能是外国人，无论如何，他们都不是最无足
轻重的评价者，因为他们总倾向于做出见识广博的比较。1813 年 6
月 8 日，在亚历山大检阅刚刚从彼得堡和雅罗斯拉夫尔赶来的近卫
军和掷弹兵后备部队时，罗伯特·威尔逊爵士也观察了这批部队。
了解到过去 3 个月中俄军后备部队都在行军后，他被俄军的表现震
惊了：

　　　　这些步兵……和他们的装备看上去就像走过的路程还没有
　　从军营到阅兵场远一样。骑兵的人员和战马都表现出了同样的
　　饱满精神。俄国的人和牲畜一定产出了最令人惊讶的战争原材
　　料。如果英国的步兵营行进 1/10 的路程，英国步兵们就会跛上
　　几个星期，几乎什么装备都剩不下来。我们的马匹到时候都会
　　跛脚，马背会痛得连马鞍都驮不动。[64]

　　鲁道夫·冯·弗里德里希上校是普鲁士总参谋部历史局局长，
他认为休战期间抵达的俄国后备部队质量无疑要优于大部分前来增
援野战部队的奥地利和普鲁士补充兵。俄国士兵是"优秀的士兵，
当然没有任何才智，却勇敢、服从、要求很低。他们的武器、服装
和装备都非常不错，总体而言，他们训练良好"。这些在长达数月、
繁重而累人的行军中幸存下来的士兵尤为坚韧。至于骑兵，他们
"总的来说骑术优秀、训练良好，制服和装备无懈可击"。弗里德里

希对俄军补充兵的唯一批评是，"只有猎兵团需要去学习怎么展开散兵战"。[65]

至于训练，大部分后备部队抵达野战部队宿营地是在 6 月底，这对提高训练水平十分有益。大部分后备单位都被解散分配到军队各营、各中队。7 月份天气良好，野战部队各团利用空余时间在老兵协助下完成后备部队训练，其中包括强化射击训练。弗里德里希·冯·舒伯特是朗热隆军科尔夫男爵所部骑兵参谋长，在回忆录中，舒伯特写道：

> 从俄国出发的后备骑兵中队、新兵和补充的战马最终抵达各个骑兵团，这些人马从早到晚展开训练和演习：这是非常忙碌、活跃而欢乐的工作……同样的事情发生在步兵和炮兵当中……我们的努力最终得到了回报，在休战结束时，俄国军队的状况比战争爆发时还要好：人员完全达到编制人数，装备良好，身体健康，充满了投入战争的勇气和热情，拥有一大批经验丰富、经受过考验的将军、军官和士兵——他们的数量前所未有。[66]

在春夏两季向西运动的俄国补充兵不仅使得俄军野战部队得到补充，也充实了联军战略预备部队，也就是亚历山大下令本尼希森将军于 6 月初组建的、通常所称的"波兰军团"。[67]本尼希森的四个步兵师从春季开始封锁莫德林（Modlin）和扎莫希奇（Zamość）要塞，其中的一些部队也被作为治安部队在波兰使用。在某个时间点上，本尼希森麾下的总兵力仅有不到 8000 人。然而，在休战结束时，仅仅这四个师加起来就有 27000 人之多。9 月，包括彼得·托尔斯泰伯爵率领的民兵在内的本尼希森所部横穿西里西亚，准备与野战部队会合。[68]

但本尼格森的部队并不能够立即启程前往萨克森，包围莫德林和扎莫希奇的法国驻军以及维持华沙大公国稳定的任务削弱了部队实力。当秋季战局开始时，拿破仑正对西里西亚蓄势待发，从那里只需一次跃进便能跨过波兰边界，许多波兰人正焦急地等待着他的到来。如果拿破仑纵贯西里西亚展开进军，那么他在但泽、莫德林和扎莫希奇的要塞就会变得非常重要。当亚历山大命令本尼希森所部前进时，他因此指示德米特里·洛巴诺夫－罗斯托夫斯基的后备军团穿过华沙大公国，接替本尼希森所部扮演封锁莫德林和扎莫希奇、监视华沙和卢布林、威慑波兰居民的角色。与此同时，洛巴诺夫将继续对部队展开训练，并准备向野战部队进一步输送补充兵。[69]

战争最后几个月里，后备军团在亚历山大的战略中扮演了关键而成功的角色。皇帝将洛巴诺夫的军队部署到华沙大公国境内，从而使本尼希森的部队免于卫戍工作，这被证明是对 1813 秋季战局的主要贡献之一。后备军团对莫德林和扎莫希奇的封锁导致这两座要塞在 1813 年冬季最终陷落。在这一阶段中，后备军团仍然继续向位于德意志和法兰西境内的野战部队输送补充兵。战争结束时，加上攻克但泽后腾出来的部队和在第 85 次征兵中征召的新兵，后备军团达到空前规模，部队花名册上共有 7000 多名军官和 325000 名士兵。纸面数字一如既往地不能准确反映军队的实际人数。此外，许多士兵也尚未被充分训练或武装，其中还有近 1/4 是病员。无论如何，如果与拿破仑的斗争继续进行下去，俄国无疑能够尽力将军队投入战场。另一个关键点在于，在其他大国有可能质疑亚历山大对波兰主张的权利时，他不仅拥有令人生畏的军队在战场上吓阻它们，也可以指出他还在声称拥有主权的地区部署了远远超过 250000 的生力军。[70]

第十一章

欧罗巴命运未卜

　　拿破仑和联军于 6 月 4 日达成了休战协定。双方起初约定将休战持续到 7 月 20 日，后来在奥地利的坚持下，联军非常不情愿地将休战期限延长到 8 月 10 日。通过奥地利的调停，休战期间双方在布拉格展开了和平会谈。早在会谈开始之前，奥地利就已经秘密加入了联军一方，拿破仑只有在 8 月 10 日前同意奥地利提出的四项基本和平条件才能改变这一点。拿破仑无法按照奥地利的要求去做，因此奥地利也向他宣战，1813 年秋季战局开始了。战役打响后的 3 个月中，外交活动很大程度上退居次要地位。俄国人、普鲁士人和奥地利人达成了共识，都认为有必要将拿破仑逐出德意志，赶回莱茵河另一边，也同意这一目标的实现只能依靠武力手段。如果拿破仑赢得了最初几场会战，联军内部就可能出现分裂，奥地利也会和拿破仑恢复谈判。但事实上，外交手段仅仅局限于巩固与拿破仑对抗的四大国间的同盟和将德意志小国拉到联军一边方面。和 1813 年春季战局不一样，秋季战局的所有决定性时刻都出现在战场上。

　　休战前夕，亚历山大派遣内塞尔罗德前往维也纳，以便澄清两国间存在的误会，并催促奥地利采取更为坚定的立场对抗拿破仑。内塞尔罗德在路上遇到了弗朗茨二世和梅特涅，后者此前做出决定：在这个极为危急的时刻，他和他的君主应当距离事件发生地更近一些。面对面的谈判可以大大减少反法同盟和奥地利间存在的不信任与误解，也必然会避免信使从维也纳进进出出、穿梭往返所造成的延误。此后的 10 个星期内，欧洲顶级外交谈判集中在由拿破仑的德累斯顿总部、联军位于西里西亚西南部的赖兴巴赫总部、位于波希米亚东北部且联军领导人多次在此举行私人会谈的吉茨欣（Gitschin）和拉蒂博尔西茨（Ratiborsitz）城堡、和平会谈所在地波希米亚首府布拉格等几处地点围成的狭小区域内进行。

　　6月3日至7日，内塞尔罗德和梅特涅、弗朗茨二世、奥地利军事领导人施瓦岑贝格与拉德茨基进行了一系列会谈。两位将军都是奥地利参战的热烈支持者，所以他们对哈布斯堡军队所面临问题的解释是有说服力的。内塞尔罗德信任且认可梅特涅，两人此前早已相知多年，他也将一份说明奥地利关于和平条件看法的备忘录带回联军总部。从所有奥地利领导人和他在谈话中透露的情况来看，弗朗茨二世仍然是奥地利加入联军一方的主要实质性障碍，但弗朗茨的反对并非无法克服。然而，如果拿破仑接受奥地利提供给他的温和的基本和平条件，那么奥地利君主就毫无可能走向战争。

　　基本和平条件可以归结为四点：华沙大公国必须重新被俄国、奥地利、普鲁士瓜分；普鲁士必须拿回但泽，拿破仑还必须撤出所有位于普鲁士和波兰土地上的要塞；伊利里亚必须还给奥地利；汉堡和吕贝克必须立即恢复独立，其他被法国占领的北海与波罗的海沿岸城镇也应在适当时候恢复独立。在内塞尔罗德返回联军赖兴巴赫总部的前夜，梅特涅写信给紧张的菲利普·施塔迪翁，表示他已经和俄国外交官进行了许多次愉快的会谈，两个人都互相理解并意识到两国的利益和立场所在，"内塞尔罗德非常倾向于我们，他会十分愉快地出发。我相信我完全可以向你承诺，他的外交使命会带来切实的好处"。[1]

　　内塞尔罗德返回赖兴巴赫后，俄国和普鲁士领导人之间举行了一系列会谈，讨论如何答复梅特涅的备忘录，也讨论何种和平条件才能令联军满意。基本的一点是，俄普两国正处于困境，它们急需奥地利的援助。正如内塞尔罗德提醒克里斯托夫·利芬时所说的那样，"最近的事件向我们显示了拿破仑还拥有何等的储备力量"。只有奥地利的干涉能够使力量对比有利于联军一方。考虑到"弗朗茨皇帝对战争表现出的极度厌恶"，联军别无选择，只能接受梅特涅的策略，向拿破仑提出非常温和的和平条件，并以这样的想法安慰自己，"不管这些条件看上去对我们有多么不够，考虑到我们所了解的拿破仑的性格，敌人很有可能拒绝奥地利的条件"。但是显然也存在拿破仑接受奥地利的条件、令联军大吃一惊的风险。正如梅特涅后来给施塔迪翁的信中所言，"没有人能够可靠地判断"当拿破仑最终意识到奥地利的干涉迫在眉睫时会做出怎样的反应，"和平与否完全取决于这个人的特殊性格"。[2]

俄国的问题在于，亚历山大和内塞尔罗德都确信奥地利的基本和平条件完全不足以确保持久和平。俄国人集中关注牵涉利害关系极大的问题，而把小事情信手丢到一边。亚历山大和内塞尔罗德都完全专注于实现确保俄罗斯安全的稳定和平，他们几乎只关注被视为俄国关键利益的德意志问题。这一想法不仅在和其他大国沟通时有所展现，也出现在秘密的内部记录中，因此没有理由去怀疑它的真实性。

亚历山大和内塞尔罗德都确信，假若拿破仑继续控制德意志大部分地区，欧洲的真正权力平衡和普鲁士、奥地利或俄罗斯的切实安全都不可能实现。他们相信，如果奥地利仅仅获得伊利里亚，它仍然会在拿破仑掌握之中。奥地利至少要夺回蒂罗尔、曼图亚（Mantua）要塞和北意大利明乔河（Mincio）一线的战略防御前沿。然而，俄国人理所当然地让奥地利人自行忧心如何解救自己，而把主要精力集中在保护普鲁士安全上。奥地利的四项条件将导致拿破仑依然是莱茵同盟的主人，他的兄弟热罗姆仍然据有威斯特伐利亚王国的宝座，拿破仑也将拥有几乎整条易北河以及河上的所有重要渡口要塞。在这种状况下，"德意志任何一部分的任何独立希望都将永久失败。普鲁士将持续暴露在随时可能发动的进攻面前，面对进攻它只能进行虚弱的抵抗，如果拿破仑皇帝想使自己成为波罗的海海岸的主人的话，他随时可以做到，因此对贸易安全的任何希望都是完全虚幻的"。[3]

内塞尔罗德在给梅特涅的信中写道，如果和平在奥地利这四点要求的基础上达成，它将仅仅是一次休战而已，而这场休战会给拿破仑充裕的时间去恢复他的军队，进而将他不容挑战的主宰地位再一次强加到欧洲头上。任何真正和平条件所要包含的要素都是让普鲁士和奥地利强大到足够制衡法兰西。它们越强大，拿破仑就越不可能挑战和平协定。内塞尔罗德强调现在的国际形势对反法同盟最为有利。自从 1793 年以来，三个位于东面的欧洲君主国的军队首次有可能联合起来集中到同一个战场上，而他们在数量、士气和组织上都优于拿破仑。"如果在付出了这么多努力和牺牲之后，现在的形势还不能够使（我们）建立起抵抗法国的强力屏障的话，那么想要重新创造和现在类似的形势就将十分艰难，甚至也许是不可能的。"如果和平按照奥地利的条件确定下来，历史就会再次重演。稍稍得到一些喘息空间之后，拿破仑就会再次与奥地利和普鲁士对垒，而它们实在太过虚弱、太过精疲力竭，以致无法成功抵抗。和过去一样，在路途遥远的俄国派出军队前来援助它的盟友之前，战争大局就将落定。[4]

　　奥地利、俄罗斯和普鲁士之间的《赖兴巴赫条约》于 6 月 27 日签署，该条约阐明了奥地利的四项基本条件，并保证除非拿破仑在 7 月 20 日休战结束之前接受上述条件，否则奥地利就将加入联军一方作战。然而联军向梅特涅澄清，虽然他们将在四项基本条件基础上加入谈判，但只会签署还包含了终结拿破仑在德意志的统治和保证普鲁士安全的相关条款的和约。当梅特涅和拿破仑在德累斯顿展开讨论，并将休战延长到 8 月 10 日后，奥地利和联军的关系降到了谷底。对此次延长休战，部分最为刺耳的批评来自施泰因男爵。以施泰因为例，联军方面的一般观点是奥地利的和平条件本来就已不够，而这一观点由于他和梅特涅关于战争终极目标的激烈争论而变得更为强化。施泰因希望建立一个重生的、更为统一的、有一部保障公民权利和政治权利宪法的德意志邦联，他呼吁德意志民族主义者去实现这一目标。然而，从 1813 年 4 月起，由于在德意志没能掀起对抗拿破仑的全面暴动，而联军对奥地利援助的需求也变得更为

紧迫，施泰因对亚历山大的影响力就开始下滑了。现在他尝试进行 360
反击，他声称梅特涅是在用障眼法欺骗联军，而500000俄军、普军
和瑞军可以在战场上对抗360000敌方部队，不管怎样，奥地利的帮
助也许是多余的。此前施泰因曾支持内塞尔罗德，因为后者和他一样
认为俄国应当全心全力投入从拿破仑手中解放德意志的事业，然而他
现在称呼内塞尔罗德为"梅特涅的傻瓜，一个好心却愚蠢的弱者"。[5]

　　实际上，内塞尔罗德是对的，而施泰因则是错的。没有奥地利
的帮助，联军就不能够将拿破仑逐出德意志。就在维特根施泰因写
下这些谴责时，梅特涅正在悄悄将奥地利策动到联军一方。由于和
平谈判即将到来，梅特涅致信弗朗茨二世，认为他和皇帝有必要在
未来方针上保持完全一致。和平谈判可能会造成三种结果：双方可
能会达成一致，这种情况下奥地利只需要庆贺就行。梅特涅不用向
弗朗茨详细说明这一结果有多么不可能发生，因为奥地利人清楚地
知道，双方各自所能接受的和平条件相去甚远。第二种结果是拿破
仑接受奥地利的基本条件，而联军方面予以拒绝，这种可能性看起
来多少要大些。梅特涅写道，奥地利并不能事先确定在这一状况下
应当怎么做，因为就某种程度而言，奥地利的反应取决于当时的情
况和氛围。然而，奥地利无论如何都不能站到法国一边去，如果反
法同盟失败或解体，将会给奥地利国家安全造成严重威胁。武装中
立也许是短期内的选择，但它很难长久持续下去，唯一的其他选择
就是加入联军。

　　无论如何，梅特涅备忘录关注的是第三种结果，也是最有可能
发生的结果，那就是拿破仑拒绝奥地利的条件。梅特涅明白无误地
建议，奥地利在这一状况下必须宣战。他以一个疑问为备忘录收尾：
"如果拿破仑拒不接受奥地利的和平条件，我能够依靠陛下的坚定
吗？在那种状况下，陛下能够坚决做出将一项正义事业托付给武力
（既包括奥地利的武力，也包括全部联合起来的欧洲其他部分）决
定的决断吗？"[6]

　　弗朗茨回复说，任何正派人都必然渴望稳定而持续的和平，对 361

他这样要对"属下的善良臣民"的福祉和他们"美丽的土地"负责的君主而言更是如此。对土地或其他好处的贪欲都不能证明战争是正当的,但他相信梅特涅的判断:"我非常感谢你为我的国家所建立的良好现有政治状况"。因此,弗朗茨同意了他的外交大臣的结论。如果拿破仑接受了奥地利的条件,而联军拒绝了它们,弗朗茨会等待梅特涅的建议。如果拿破仑拒绝了奥地利的条件,它将向法国宣战。[7]

因此,最终一切都要取决于拿破仑,而他却在无意中帮助了联军。出席布拉格和会的法国代表到得很晚,并且毫无议定条件的权力。没有什么比这更能证实奥地利的猜疑了,拿破仑仅仅是在拖延时间,他对和平毫无兴趣。直到休战结束前两天,拿破仑才做出认真的外交动作。作为两位法国与会代表之一,科兰古于 8 月 8 日拜访了梅特涅的住处,询问奥地利保持中立或加入法国阵营的价码。在休战结束后一天,法方才向梅特涅提交了关于奥地利四项基本和平条件的答复。拿破仑同意抛弃波兰人,将大部分伊利里亚交给奥地利,但在北德意志港口等问题上毫无让步,他还拒绝了普鲁士吞并但泽的要求,要求给予丧失了华沙大公职位的萨克森国王补偿。法方提出的这些条件将不可能满足梅特涅,而且他们提交得也太晚了。奥地利已经终止了和会,现在正向法国宣战。

从 1813 年 8 月起,包括法国历史学家在内的大部分历史学家都责难拿破仑的外交失败,他未能利用外交手段分化反法同盟并使奥地利保持中立。如果拿破仑在和谈之初首先做出让步——即使是像 8 月 11 日向梅特涅提出的那样并不充分的让步——也可能对弗朗茨二世造成一定影响。在德意志和波兰领土问题上,奥地利的战争目标和俄普两国并不一致,其间的差异可供利用。如果和平谈判能够扩大到包括英国在内,拿破仑挑拨离间的概率会进一步上升。所有欧陆大国都愤恨这样一个事实,当它们的领土被占领、蹂躏时,联合王国依然未受侵犯,看起来还变得更加富裕。它们期望以拿破仑在欧洲做出的领土让步换得英国自愿交还法属殖民地。

无论如何，即使拿破仑犯了没有更娴熟地利用敌人间潜在裂痕的错误，他在1813年夏天的观点也是能够理解的。就犯错误的程度而言，拒绝认真利用和平条件要远小于他起初同意休战。法国君主担心他一旦开始做出让步，联军就会提高价码。他是对的，俄国人和普鲁士人正想这么干。在获得全面和平的大环境下，用北德意志来交换被占领的法属殖民地也许可以接受，但联军现在就怂恿拿破仑让出北德意志，难以期待拿破仑会在仅限于欧陆的和平中让出这块土地，这么做将会导致他和英国人讨价还价时一无所有。

所有这些和平谈判都建立在一个基础议题上。反法同盟，尤其是奥地利，期望推进欧洲大陆的权力平衡。拿破仑则致力于建立法兰西帝国，至少也是法兰西霸权。他的辩护者们也许能够做出貌似有理的断言：除非他多少保留一些法国在大陆上攫取的版图，否则便要输掉和英国及它建立的广阔强大的海上帝国的战争。拿破仑的基本问题在于，虽然欧陆大国愤恨英国式的帝国，但法国式的帝国对它们的利益却是更直接的严重威胁，不管多少聪明的外交手段都无法改变这一点。拿破仑让欧陆大国接受他的帝国的唯一途径就是重建它们对法兰西军事力量的恐惧，原先的恐惧已经因1812年的灾难而大为削弱。在1813年8月，这并非一个不可能完成的任务。拿破仑有充分的理由相信他能够击败俄国人、普鲁士人和奥地利人，因为对垒双方的获胜概率极为均等，这也增加了1813年秋季战局的戏剧性。

就数量而言，拿破仑的军队要少于联军，但差距并不大。俄国和普鲁士官方历史将联军在秋季战局开始时的兵力定为500000出头。拿破仑自己则在8月初估计，不包括位于汉堡、此后还能从卫戍任务中抽出28000人对柏林发起攻势的达武军在内，他还能够将400000人送上战场。8月6日，他的总参谋长报告军队中现有418000人。计算任何一方能够用于作战的准确人数是不可能的，不过大体而言，在战役的最初两个月里，每当联军在战场上出动5个人，拿破仑就能出动不止4个人来应对。对联军来说幸运的是，有

57000 名法军士兵正在比利牛斯山脉中抵抗威灵顿，此外，絮歇（Suchet）元帅手下规模较小的一个军仍在试图保住加泰罗尼亚（Catalonia）。[8]

在两个月后，优势将会多少向联军一方倾斜。拿破仑有望得到的唯一援军是奥热罗手下规模不大的军，这个军正在巴伐利亚组建。但将奥热罗所部前移也包含危险，因为这让巴伐利亚更容易倒戈，事实上巴伐利亚在 10 月倒向联军一方。就某种程度而言，俄国人在华沙大公国也面临类似的困境，本尼希森的波兰军团既作为战略预备队存在，也是占领军。然而，俄国能够将洛巴诺夫－罗斯托夫斯基麾下的预备军团移入大公国，以接替本尼希森军团中前往萨克森的 60000 名士兵。在 9 月和 10 月，奥地利新兵也持续稳定地加入施瓦岑贝格的军队。此外，如果跳出 1813 年战局本身，从外部观察的话，奥地利和俄国显然拥有比拿破仑更多的尚未动用的人力资源储备，在拿破仑被迫只能依靠法国人口时更是如此。因此拿破仑击败联军的最好机会出现在秋季战局的前两个月，这一见解不大可能困扰到法国皇帝，毕竟他大部分的伟大胜利都是在不到两个月内赢得的。

然而，拿破仑用以赢得这些胜利的士兵要比他在 1813 年 8 月所统率的士兵强得多。首先，拿破仑在骑兵方面依然远弱于联军。他的骑兵在休战期间有了显著进步，而主要提升则体现在数量方面。一些从西班牙出发的优良骑兵团随后也抵达了。近卫军骑兵大部分是不错的，波兰骑兵和一些德意志骑兵团也不错，但拿破仑的法国骑兵主力仍然远不如科洛格里沃夫组建的俄国后备骑兵，更不用说俄国骑兵老兵了。此外，所有资料都认为骑兵是奥地利最好的兵种。至于炮兵，一切状况正好相反，奥军的火炮和弹药车远比法军笨重。普鲁士炮兵十分脆弱，以至于俄军只得把一些自己的炮兵连配属给若干普鲁士师，来确保它们拥有足够火力。普军总参谋部战史总结认为，通常情况下法军炮兵军官比他们的联军对手技术更为娴熟。联军在炮兵上的主要优势是在数量方面，如果能够将三个野战军团和本尼希森的波兰军团集中到一个战场上，他们的火力优势将是压倒性的。[9]

联军和拿破仑的步兵主体都是新兵，其中绝大部分在1813年8月之前都没有参加过战斗。法军应征士兵比他们的联军同行要年轻一些，但从另一方面来说，法军应征士兵中有许多人已经经历过春季战局，而奥地利军队和普鲁士国民后备军都没有这一经历。俄国后备军也是首次投入战斗，但他们至少享有充足的训练时间，后备军士兵通常也是十分坚韧的。无论如何，总体而言俄军步兵比他们的法国对手拥有更多的老兵。"老兵"不仅指参加过1812年战局和1813年春季战局的士兵，还包括成千上万在休战期间离开医院、完成分遣任务，并返回所在团的士兵。近卫军中包含了数目特别庞大的老兵，这一点毫不奇怪。近卫军各团并未在1813年春季战局中参战，许多团还从常规部队中抽调了部分老兵。在休战期间，以奥斯滕－萨肯兵团为例，别洛斯托克团向立陶宛近卫团提供了200名老兵，雅罗斯拉夫尔团则向伊斯梅洛沃近卫团输送了94名老兵。[10]

让萨肯军向近卫军提供作为战斗骨干的老兵并非偶然，因为他下属各团老兵数目高得异乎寻常。对他手下的各个部队单位进行更细致的观察，能够让人充分体会到秋季战局中俄军步兵组成的显著多样性。

萨肯指挥两个步兵师，德米特里·涅韦罗夫斯基的第27步兵师和约翰·冯·利芬的第10步兵师。我们已经在1812年战局中遇到了涅韦罗夫斯基的部队，他手下的团都是在战争开始前刚刚建立的，大部分士兵则是从卫成团中抽出的，他们在1812年表现极好。当亚历山大在1813年头一次碰到涅韦罗夫斯基时，亚历山大告诉他："你的师进行了光荣的战斗，我将永远不会忘记它的表现，也不会忘记你的效劳。"取得光荣的代价十分高昂。试举一例，当敖德萨步兵团在1812年12月离开维尔纳时，仅有4名军官、11名军士和119名士兵尚在队列之中，也就是说在1812年战局中损失了超过1500人。第27步兵师受创极重，因此在1813年春季被留在立陶宛恢复实力。涅韦罗夫斯基在后方为他的部下四处搜寻新制服和装备，但寻找补充部队被证明是更困难的事情。敖德萨团的经历在整个师中堪称典型，该团绝大部分伤病员都在俄罗斯和白俄罗斯境内的医院里。那些康复出院的士兵则被派往洛巴诺夫的后备军团。最终敖德萨团从洛巴诺夫那里接收了它所应得的几个后备连，但直到秋季战局前夕，该团依然只有21名军官、31名军士和544名士兵，士兵中大约一半是新兵。[11]

利芬的第10师则非常不同，他的团来自奇恰戈夫的多瑙河军团，所有团都在1812年之前参与过巴尔干战事，其中一些团在1812年和1813上半年被留作预备队，戍守要塞和边疆。没有一个团经历过像主力部队下属各团在博罗季诺、对拿破仑从莫斯科到别列津纳的追击行动、吕岑和包岑那样骇人听闻的伤亡。1813年6月1日，利芬师还保存着记录的三个步兵团（雅罗斯拉夫尔、库尔斯克、别洛斯托克步兵团）总共实有军官120人、军士253人、士兵3179人。这些人中绝大部分是老兵，许多人曾参加过叶卡捷琳娜二世和帕维尔时代的战争。以别洛斯托克团为例，该团在整个1812年中仅接收了50名新兵。诚然，别洛斯托克团和雅罗斯拉夫尔团都在1813年夏天向近卫军输送了人员，但人员流失并未严重到损害它们的质量。即使在战时，外表似乎也是近卫军拣选人员时的部分原因，不过近卫军无疑会避开任何有过不良记录的人。以伊斯梅洛沃近卫团从雅罗斯拉夫尔团中挑选的94名士兵为例，仅有39人来自精锐的掷弹兵和射击兵。[12]

最重要的是，近卫军没有从利芬师中抽走任何一名军士，正是以老兵军士群体为核心，才能建立并维持拥有强大战斗力的团。在库尔斯克团里，23名军士长（fel' dfebeli/фельдфебель）和军需军士（kaptenarmusy/каптенармусы）在军中平均服役16年，在该团中平均服役接近13年，25名高级军士则在该团中平均服役18年。别洛斯托克团直到1807年才建立，但它的12名军士长中仅有1人在那时还不是军士长。团军士长鲍里斯·瓦西里耶夫（Boris Vasilev/

Борис Васильев）时年 33 岁，是一个士兵的儿子。他年仅 13 岁就作为鼓手加入喀琅施塔得（Kronstadt/Кронштадт）卫戍团，并在 10 年后成为连军士长，和许多其他来自喀琅施塔得团的人一样，瓦西里耶夫于 1807 年转入新建的别洛斯托克步兵团。4 年后，他在巴尔干战场上的鲁斯丘克围城战中赢得了一枚军事奖章。瓦西里耶夫依然非常年轻，但也已经是富有经验的军人，他在和平时期是个有能力的、识文断字的管理者，同时也是个有良好战斗记录的士兵：我们可以通过他官方记录中简单明了的事实得出结论，他身上具体体现了团长期望高级军士长应当拥有的一切品质。

除老兵军士外，别洛斯托克步兵团也拥有数目大得惊人的出身下层的军官，尽管他们大部分是士兵的儿子，也都早在 1812 年战局开始之前就已成为军官。这些人也是坚强的老兵。以中尉尼古拉·谢维廖耶夫（Nikolai Shevyrev/Николай Шевырев）为例，他在一个卫戍团中服役 15 年后成为军士长，组建别洛斯托克团时加入该团，随后被提升为军官。对 1812 年时充斥在拿破仑军队当中的、从普通士兵提拔上来的下级军官和军士而言，像瓦西里耶夫和谢维廖耶夫这样的人是值得尊敬的对手。然而，到 1813 年 8 月时，德意志境内的法军部队中几乎都没有堪与库尔斯克团和别洛斯托克团匹敌的老兵骨干。[13]

尽管拿破仑的军队在数量和质量上都不如联军，他在其他方面却享有关键性的优势。正如拿破仑自己向梅特涅的使者布勃纳伯爵指出的那样，内线作战、法军指挥系统层次清晰和拿破仑自己无可争议的领导能力这三者本身就已经十分可贵，而在面对由利益各异的平等大国组成的同盟时，在面对部署在北起柏林、东至西里西亚、南抵波希米亚的巨大半圆形区域内的联军时，这些优势将是决定性的。符腾堡的欧根在回忆录中写道，1813 年 8 月他对联军能够取得胜利持乐观态度，但在战后发现联军领导层有多么组织涣散、矛盾重重后，联军最终取得的胜利令他非常惊讶。[14]

联军总司令是奥地利元帅卡尔·冯·施瓦岑贝格亲王。在 1813

367

年之前，施瓦岑贝格已经体现了作为一位技艺娴熟的外交官和能干而勇敢的师指挥官的才能，但他指挥更大规模部队时的表现则要稍逊一筹。就指挥大军而言，施瓦岑贝格的个性和事业中没有任何东西能够表明他足以和拿破仑对抗。施瓦岑贝格是个耐心、谨慎、和蔼而体面的人，他信任联军的事业，并为这一事业无私服务，尽其所能。作为一个大贵族，施瓦岑贝格极有贵族风度、缺乏个人野心，这也合乎他的总司令身份。他以艾森豪威尔（Eisenhower）式的做法吸收并化解了许多雄心勃勃、好斗成性的部下之间的冲突。当然，贵族做派的施瓦岑贝格能够熟练地运用法语，这是联军高层指挥官间的通用语言。然而，总司令缺乏对自己军事能力的信心，对拿破仑怀有恐惧，而联军是由平等的大国出兵组成，其中两国君主坚持和他的总司令部一起行动，并对他的决定做出事后批评，这些都妨碍了他的指挥。尽管施瓦岑贝格经常发现亚历山大难以应付，但总体而言他还是欣赏亚历山大的，他赞同关于俄国君主的评价——"软弱的好人"。与之相反，弗里德里希·威廉三世则是"一个粗鄙、暴躁、麻木的家伙，我对贫穷而勇敢的普鲁士人有多尊重，对他就有多讨厌"。[15]

　　尽管有以上这些缺陷，施瓦岑贝格仍然是能够担负总司令职位的现有最佳人选。最高统帅必须是一个奥地利人而非俄国人，这体现了联军在 1813 年 8 月对奥地利的依赖，也反映出联军最大的野战兵团部署在奥地利领土上这个事实。即使奥地利愿意让亚历山大担任总司令——实际上奥地利人很不愿意这么做，亚历山大自己也不会接受这一职务。如果他愿意成为最高统帅，早在 1813 年 4 月库图佐夫死后这一职位就唾手可得。亚历山大的一些将领主张让他亲自指挥，但亚历山大对自己的军事才能太过缺乏信心，因而拒绝了这一提议。他更愿意在总司令身后操纵局势，尽管这会让后者感到严重不适。

368　　比起皇帝之前对待维特根施泰因的做法，他对施瓦岑贝格更尊重一些。以秋季战局之初为例，我们甚至能发现亚历山大告诉维特根施泰因应当遵照施瓦岑贝格的命令——即使他的命令和俄皇本人的命令发生冲突。然而，亚历山大对最高统帅的信任很快就开始减退，他对指挥的干涉在一定程度上故态复萌。施瓦岑贝格很快意识到唯一能够确保俄军指挥官切实执行命令的方法是和俄皇在总司令部的代表卡尔·冯·托尔预先协商，在任何重大事务上还都应当得到亚历山大本人的批准。这一拖延时间且含糊不清的决策过程，某种程度上不可避免地被证明是致命的。[16]

与亚历山大和弗里德里希·威廉商议意味着听取他们两人的军事顾问的意见。就亚历山大而言，军事顾问首先指的是巴克莱·德·托利、迪比奇和托尔。亚历山大总是倾向于相信外国"军事教授"，现在他发现了安托万·德·若米尼少将，还在一定程度上将其视为普菲尔的替代品。若米尼是当时最受尊敬的军事著作家之一，他在休战期间从拿破仑军中逃跑。亚历山大对拿破仑的老对手莫罗（Moreau）将军更为信任，莫罗曾在 1800 年的霍恩林登（Hohenlinden）会战中击败了奥地利人，流亡美国后接受亚历山大的邀请，加入了他的随从队伍。对施瓦岑贝格和他手下的奥地利参谋而言，洗耳恭听同盟君主和他们的俄国、普鲁士将领们的高见已经足够糟糕了，不得不遵从莫罗和若米尼的意见则是最后一根稻草。总司令在给妻子的信中描述了"被懦弱者、各种花花公子、古怪计划的制订者、密谋者、白痴、饶舌者和吹毛求疵者围绕"的挫败感。米哈伊洛夫斯基－丹尼列夫斯基则在他的日记中评论说，联军的决策过程有时候就像是在群众大会上商量一样，与 1812 年库图佐夫总部中存在的明晰指挥系统大相径庭——尽管后者实际上只存在于他过于理想化的记忆当中。[17]

如果说施瓦岑贝格对联军主力军，也就是所谓"波希米亚军团"的权力是有条件的话，那么他对其他两个联军军团的权力就几乎不存在了。北方军团由贝纳多特指挥，部署在柏林附近。作为一个独立大国事实上的君主，贝纳多特必须得到一个军团的指挥权，他也很难被任何总司令控制。就主力军司令部而言，其中几乎没有人能够影响到贝纳多特的行动，瑞典王储只在一定程度上服从于亚历山大。不管怎样，施瓦岑贝格军团和贝纳多特军团之间的整个地区被拿破仑控制着，所以穿梭于两个军团总部间的信使一般要在东面兜一个大圈，花上许多天时间。甚至连施瓦岑贝格控制西里西亚军团司令布吕歇尔将军的努力都鲜有成果。由于信息传递的延迟和普军将领向亚历山大和弗里德里希·威廉的呼吁，布吕歇尔成功地阻拦了总司令为让西里西亚军团进入波希米亚、掩护主力军侧翼而做出的努力。至少在波希米亚军团里，施瓦岑贝格能够直接向组成该军团奥地利分队的 120000 名奥军士兵下令，然而在西里西亚军团和北方军团中却没有任何奥地利部队。

联军的军事行动原则上应当遵循 7 月 10~12 日俄国、普鲁士、瑞典在特拉亨贝格（Trachenberg）商定的行动计划。特拉亨贝格计划堂皇地宣称，"所有联军军团都将发起攻击，敌军营地将是他们的会师地点"。如果拿破仑向任何一个联军军团发起攻击，另外两个军团都将攻击拿破仑的后方。只有西里西亚军团得到了回避与拿破仑作战的明确命令，这主要是因为联军方面的计划制定者在 7 月初认为该军团兵力仅为 50000 人。特拉亨贝格计划的主要缔造者是托尔：尽管名义上依然中立的奥地利不能参与制订特拉亨贝格计划的会议，但托尔此前已经前往奥地利总部与施瓦岑贝格和拉德茨基展开长谈，他们也同意了特拉亨贝格计划的基本原则。因为奥地利的谨慎，计划后来得到了一部分修正：除非其他联军军团能够加入会战，否则所有联军军团现在都必须回避与拿破仑本人作战。[18]

特拉亨贝格计划在许多方面有积极意义。拿破仑正在德意志境内，赶走他的唯一途径就是所有联军军团发起协同攻势。避免任何一个联军军团单独与拿破仑亲自指挥的主力部队发生会战也是明智的，它是否能够实现则是另一回事。一个先入侵萨克森，而后又在拿破仑反击运动面前退却的军团将会进行大量令人疲乏的行军。回避与正在衔尾追击的拿破仑发生会战则无论如何都是说起来容易，做起来难。俄军可能拥有后卫作战的技艺和维持联军战略的耐力，但奥地利军队或普鲁士国民后备军能否做到这一点依然有一定争议。在没有无线电或电话的情况下，协调三个军团的向心运动只能依靠最粗略的草案。一些军团注定要比其他军团移动得快，当联军逼近拿破仑时，他利用所处的中间位置攻击一个军团并在关键的几天内挡住其他军团的概率将会提高。联军指挥官的个性也增加了这种状况发生的可能性：布吕歇尔勇敢好斗，倾向于冒险作战，他对拿破仑毫不惧怕，施瓦岑贝格和贝纳多特则在所有方面恰好相反。

在战役开始之初，亚历山大似乎非常期待贝纳多特发起强力攻势。也许亚历山大对外国将军，尤其是对拿破仑麾下将军的尊重诱使他希望如此。以一封于 8 月 21 日写给贝纳多特的信为例，亚历山大指出了这样的前景：由于拿破仑看上去正在向东前进，瑞典王储可以借机突袭拿破仑后方，夺取德累斯顿和莱比锡，占据通往波希米亚的山间小道，甚至派出轻型部队西进，鼓励莱茵同盟的王公们放弃与拿破仑的同盟。然而，贝纳多特过去的作为事实上表明，他根本就不愿或不能展开这样浮夸的攻击行动。多年以来，贝纳多特表现出了他作为一位优秀的管理者和技巧娴熟的政治家的素质，但他仅仅是一个谨慎的、有一定能力的将军。[19]

贝纳多特的行动也受到严重制约，其中一些制约因素是政治性的。此前给予他瑞典王储地位的瑞典精英们原本打算通过这一举动拉近与拿破仑的关系，也认为此举可能会有利于他们计划中的对俄复仇事业。与之相反，贝纳多特将瑞典带进了与亚历山大的同盟，放弃了看似黄金般的夺回芬兰的机会。为了证明此举的正当性，贝纳多特必须履行从丹麦国王手中夺取挪威作为补偿的诺言。这一方面将他牢牢固定在联军一方，因为拿破仑永远不会同意劫夺自己的丹麦同盟。然而，关于为瑞典夺取挪威一事，联军的胜利只是它的必要条件，却远非充分条件。其他因素姑且不论，夺取挪威也仅仅是反法同盟大国间的一桩小事，它们会很迟缓地把自己的部队投入到对丹麦作战当中，对贝纳多特而言，在战后和会上讨价还价之前就把挪威牢牢握在掌中也是明智之举。所有这一切都有助于解释为

371　什么王储在秋季战局中会如此坚决地让他的瑞典部队保持完好。此外还有一个更为单纯的理由，在所有联军部队中，瑞典军队可能是最差的。如果他们的步兵和法军展开激烈战斗，他们极可能遭到重创，可能发生的结果则是贝纳多特非但没夺取挪威，还只能带着一半部队返回瑞典。在那种状况下，他在国王死后继位的机会大概很渺茫。[20]

北方军团也面临着战略困境。如果拿破仑在战役之初向布吕歇尔或是施瓦岑贝格方向进军，这两人都拥有足够的退却空间。以施瓦岑贝格为例，他可以退到自己在波希米亚中部和南部的补给基地、要塞和良好的防御阵地上。在其他两个联军军团和大批联军轻骑兵进入拿破仑后方的状况下，拿破仑追击布吕歇尔或者施瓦岑贝格的距离将会严重受限。与之相反，贝纳多特的军队则被部署在柏林正前方，他自己也许希望退到他设在波罗的海沿岸的瑞典基地，但如果他未经一战便放弃柏林，贝纳多特将会面临麾下普鲁士将领的暴动，而这些普鲁士将领的部队是北方军团的最大组成部分。贝纳多特了解这一点，因而计划击退任何指向柏林的法军攻击，由于确信拿破仑将把夺取普鲁士首都放在首位，他的紧张情绪便进一步滋长了。事实上，贝纳多特错得并不离谱：柏林令拿破仑着迷，在战争的第一个月里，他也指挥乌迪诺元帅和奈伊元帅发动了两次针对柏林的攻势。如果拿破仑在与波希米亚军团和西里西亚军团的起初几场会战中取得成功，他的下一步动作将是带着近卫军和其他后备部队主力北上同贝纳多特交战。[21]

只要西里西亚军团和波希米亚军团处于防御状态，它们的处境就比贝纳多特安全。然而，如果要把拿破仑赶出德意志，它们就不能长期展开防守，一旦这两个军团攻入拿破仑位于萨克森中部的基地，它们也会变得易受损伤。以施瓦岑贝格为例，他的部队必须越过厄尔士山脉（Erzgebirge），换句话说就是沿着整条萨克森－波希米亚边界延伸的山脉。从波希米亚境内出发，仅有的两条能够通过厄尔士山脉的像样道路是通向德累斯顿和莱比锡的大道，但这两条大道在越过山脉时间距已经达到了 100 公里。如果施瓦岑贝格让他前进中的纵队分散在这两条大道和它们之间的山间小道上，拿破仑将有可能对他的一翼展开突袭，而施瓦岑贝格的其余部队却不能及时赶来援救。快速横穿厄尔士山脉中的陡峭山谷和蜿蜒山路即便对信使来说也十分崎岖难行，更不用说大批军队了。另外，如果施瓦岑贝格试图将他的大部分部队集中到仅仅一条大道上，后勤问题将会大大增加，他的纵队也将运动得十分缓慢。这会引发另一种更可能的状况：拿破仑将会猛攻联军的先头师，而那时施瓦岑贝格的其他部队正在群山中排成长队缓慢前行。[22]

假如布吕歇尔军团侵入萨克森中部，它就必须越过易北河。但易北河上的所有渡口要塞都在拿破仑掌控之中，这意味着只有拿破仑能够使麾下部队快速而安全地过河。布吕歇尔过河的唯一方法是搭建浮桥。在架设浮桥方面，布吕歇尔主要依靠俄军舟桥连，这些舟桥部队在西里西亚军团起初跨过易北河和后来越过莱茵河时表现极其出色。他们架设的桥梁看上去显然摇摇欲坠，布吕歇尔的一位俄军高级参谋回忆说，"这些桥梁仅仅高过水面两三尺，过桥时必须极其小心。桥梁时刻都在不停起伏，马匹必须被牵着通过，对其中一条驳船上帆布的任何损坏都会导致它立刻沉没"。一旦军队渡过易北河，它要么拆毁浮桥，放弃与后方的交通，要么就得建立野战工事保护桥头堡。后者的坚固程度永远不可能和永备要塞相提并论，因此需要配备多得多的驻军。一支通过这种浮桥的军队，其行动将会比通过永久性结构的桥梁的军队慢得多，因此在过河途中被敌军攻击的概率也就高得多。被迫在拿破仑追击下匆忙通过这样一座桥梁，对任何指挥官而言都是梦魇。如果那时的天气也对联军不利，损坏了组成浮桥的平底船或者使桥梁不能通行的话，那么真正的灾难就迫近了。[23]

仅仅从联军角度观察事态，会不可避免地忽略拿破仑也面临着严重的问题。拿破仑领着一支大军在萨克森境内摆出守势，这就注定使他的士兵陷入饥馑，他军中马匹所面临的饥饿状况则最为严重。

联军的特拉亨贝格计划迫使法军不得不来回反复行军，这令拿破仑
麾下刚被征召入伍的年轻新兵们精疲力竭。当地居民对法军的敌对
态度和拿破仑在轻骑兵方面的巨大劣势——后者是最重要的因
素——导致法军难以搜集情报。拿破仑的主要基地设在德累斯顿，
373　他手下军队的食物、弹药和饲料补给都严重依赖此地，但德累斯顿
设防并不充分，距离奥地利边界也仅有一日行程。依然身在拿破仑
总部中的奥德莱本将这些问题和其他问题关联起来，并回忆说拿破
仑在秋季战局中最为关注也寄予期望的一点是抓住联军的错误不放。
考虑到战区状况、联合作战的问题和联军指挥官的弱点，这一期望
的确是有可能的。[24]

　　德意志境内的 1813 年秋季战局事实上在三条不同战线上开打，
这一事实令对秋季战局最初几周战事的讲述变得十分复杂。施瓦岑
贝格的主力军团在南线，布吕歇尔的西里西亚军团在东线，而贝纳
多特的北方军团则在柏林前线独立作战，为叙述清晰起见，有必要
依次讲述他们的战役。一直到前半场秋季战局结束，联军三个军团
攻入萨克森向莱比锡推进后，才有可能以一个综合叙事完成对战役
状况的讲述。

　　在休战期满后，布吕歇尔不出所料是联军方面三位军团司令中
最快采取行动的。事实上，早在敌对状况应该开始之前，布吕歇尔
就高吼着"现在是时候结束外交滑稽剧了"展开了行动。[25]在巴克
莱的怂恿下，布吕歇尔揪住法军对休战条件的轻微违反行为，并以
此为理由在 8 月 13 日侵入正在西里西亚境内对峙的两军间的中立
区。这一行动意义重大，布雷斯劳附近中立区的收成依然几乎尚未
得到利用，这在被两支大军于 1813 年 6 月和 7 月消耗殆尽的西里西
亚省显得尤为突出。这个巨大的战利品值得一方出手将其彻底垄断，
拒不给予敌方。

　　更重要的是，布吕歇尔的行动夺取了主动权，并迫使拿破仑回
应联军的作战行动，而非自行支配部队。以西里西亚军团的前进为

例，它将拿破仑的注意力从巴克莱的俄国和普鲁士纵队上转移出去，巴克莱所部此时正在朝西南方向进军，以便与施瓦岑贝格在波希米亚的军队会合。如果法军在这些纵队正在行军时发起攻击，后果可能变得很严重。此外，布吕歇尔通过夺取主动权把对面的法军打了个措手不及，将他们一路赶出中立区，撵到博贝尔河（Bober）以外。前进中的布吕歇尔军团分布如下：萨肯兵团的 18000 名俄军位于右翼，约克麾下的 38000 名普军位于中央，由朗热隆率领的 40000 名俄军位于左翼。

374

　　布吕歇尔军中资历最高的俄罗斯军官亚历山大·德·朗热隆伯爵是为俄国效劳的许多法国流亡者之一。他经历的第一场战争是美国独立战争，后来在 1790 年加入正在围攻奥斯曼帝国伊斯梅尔（Izmail）要塞的俄军，朗热隆这么做的原因部分是出于对冒险的渴望，但也有流言说他正在逃避和一位主教的决斗。朗热隆在围攻要塞的战斗中表现出了勇气和进取心，因而赢得了俄国人的尊重，他此后一生都在为俄军效力。1814 年 3 月，朗热隆多年以来首次看到巴黎，此时恰逢他的部队猛攻城门外的蒙马特尔（Montmartre）高地。他在俄军中一路得到提升，大部分时间都在和土耳其人作战，但也参加了奥斯特利茨会战，朗热隆在奥斯特利茨并不出色的表现激起了亚历山大的愤怒，这几乎断送了他的职业生涯。此后朗热隆依靠对付土耳其人时的表现重新赢得了皇帝的信任，但很少有人怀疑一点，那就是这位伯爵作为将领虽然表现不错，却远非杰出。[26]

　　在布吕歇尔的俄普联合军团中，朗热隆某种程度而言表现得像个怪人。他是非常典型的法国南方人：暗肤色，黑眼睛，黑头发。他拥有魅力、机智和旧制度下巴黎沙龙的谈话方式，写作悲剧和歌曲，喜欢猜字游戏、谜语和哑谜，玩起来十分专注。他常常会低头背着手来回走动，沉浸在思考和谜语之中。然而，他在战场上表现得冷静且令人印象深刻，也擅长观察地形。他已经能说一口娴熟流利的俄语，不过口音十分古怪，这让他麾下的士兵经常感到费解。无论如何，他受到士兵的广泛爱戴，而他们间的赞赏也是相互的。

朗热隆最为惹人喜爱的品质之一是他对普通俄国士兵的勇敢、正直
和自我牺牲精神的高度钦佩，正如他一直指出的那样，能够指挥俄
国士兵是他的极大荣誉。也许这会让人联想到殖民地官员，和国内
庸俗而爱出风头的布尔乔亚相比，那些人更喜欢刚强的土著农民。
但朗热隆对他麾下的军官也是慷慨甚至颇具骑士风度的，他会敏锐
地表扬他人，也经常对自己持批评态度。

　　然而，作为布吕歇尔军团中资历最高的俄军军官，朗热隆也要
375 对俄普两军和两军指挥官间的良好关系负责，而他在这一点上出了
问题。朗热隆不会说德语，而布吕歇尔一句法语或俄语都不会说。
为了和布吕歇尔沟通，朗热隆需要与布吕歇尔的参谋长格奈泽瑙用
法语交流。像那个时代的大部分法国人一样，朗热隆认为德意志人
不过是笑料罢了，他曾经评论说"这个民族的沉重、拘谨呆板、迟
缓的想象力和他们的粗野行为让他们同其他民族合不来"。格奈泽
瑙对法国人的厌恶更甚于朗热隆对德意志人的讨厌。除此之外，布
吕歇尔的参谋长某种程度上来说是个激进分子，他梦想在德意志人
民当中掀起和法国革命时一样的民族主义狂热。他会憎恶但理解和
他倾向类似的法国人，而一个与自己国度作战的流亡伯爵就完全是
另一回事了。[27]

　　西里西亚军团的指挥结构事实上潜藏着灾难的可能性。萨肯和
布吕歇尔至少可以用德语交谈，他俩的互相仰慕则来得很及时。无
论如何，他们的良好关系是未曾预见到的幸事，因为萨肯是个言辞
刻薄而脾气暴躁的人，他作为下属的名声并不好。即便如此，与约
克相比，萨肯已经算是天使了。普鲁士军长认为布吕歇尔是个白痴，
年轻得多的格奈泽瑙则不过是军事理论家，而且还是个危险的激进
分子，他被置于这两人之下是对功勋和常识的公然侮辱。就在这些
高级指挥官的率领下，布吕歇尔军团在 8 月 21 日醒来后面临这样的
事实，它现在正面对拿破仑本人、他的近卫军和后备部队核心，他
们正加速前进，增援在布吕歇尔所部面前退却的法军。

　　布吕歇尔则根据特拉亨贝格计划做出反应，他的军团向后退却，

避免卷入主力会战。正如人们现在能预计到的那样，俄军以从容不
迫的职业水准完成了这一任务。在本茨劳城外，萨肯指挥军团右翼
冷静地等待了5个小时，直至奈伊军、马尔蒙军、塞巴斯蒂亚尼军
在他面前完全展开，然后他把战斗托付给由利芬率领的步兵和伊拉
里翁·瓦西里奇科夫麾下骑兵训练有素的作战技能，他们展开了后
卫作战行动，使敌军指挥官遭遇挫折，迫使法军与俄军保持一定距
离。仅仅在别洛斯托克步兵团，就有10名士兵因为8月21日在本
茨劳的后卫作战行动中表现出的镇静、勇敢和作战技能赢得了军功
章。瓦西里奇科夫是欧洲最有能力的轻骑兵指挥官之一，而他麾下   376
各团的骑兵在各方面都远优于他们所面对的由塞巴斯蒂亚尼将军指
挥的法军第二骑兵军骑兵，这一事实对俄军步兵极其有利。[28]

在布吕歇尔军团的另一翼，朗热隆的后卫部队也在法军重压下
表现良好。它的骑兵得到了格奥尔基·埃马努埃尔（Georgii Em-
manuel／Георгий Эммануэль）将军的巧妙指挥，埃马努埃尔是一个
来到俄国南部的塞尔维亚移民的儿子。后卫总指挥官则是亚历山
大·鲁德泽维奇（Aleksandr Rudzevich／Александр Рудзевич），一个
在12岁时接受东正教洗礼的克里米亚鞑靼人。鲁德泽维奇是个受过
训练的参谋，理论上他是朗热隆的参谋长，然而朗热隆实际上把他
的军需总监保罗·奈德哈特（Paul Neidhardt）上校当作参谋长，而
把鲁德泽维奇作为麻烦解决者使用，哪里状况最棘手，鲁德泽维奇
就去哪里。朗热隆在回忆录中写道，鲁德泽维奇身上独一无二地综
合了参谋训练和在高加索的长年战斗经验，因此是他的兵团中最有
能力的将军。布吕歇尔和格奈泽瑙唯有这次完全赞同朗热隆的看法。
格奈泽瑙致信普鲁士首相哈登贝格，信中说鲁德泽维奇的后卫在8
月21日面临着被占有巨大优势的敌军切断退路的风险，许多将军在
这样危险的状况下会心慌意乱、丧失判断力，但鲁德泽维奇则以智
慧、冷静和勇敢做出反应，将法军击退，并在法军眼皮底下把部队
撤过博贝尔河。[29]

普鲁士军队，尤其是普鲁士国民后备军将怎样进行抵抗拿破仑

的后卫作战行动则是更不确定的事情。事实上，普军在从博贝尔河
到卡茨巴赫河（Katzbach）的 4 天退却作战中表现出了勇敢和纪律，
而卡茨巴赫河也正是布吕歇尔 8 天前开始行动的地方。然而，西里
西亚军团的来回行军令部队疲劳，尤其是令普鲁士民兵精疲力竭。
以第 6 西里西亚国民后备团为例，在布吕歇尔开始前进时，这个团
有 2000 人之多，而 8 天后，它就消散到仅有 700 人而已，这主要是
军队在前进和随后的退却中速度过快所致。此外，布吕歇尔的参谋
部需要时间走上正轨，西里西亚军团毕竟只是在战局开始前夜才集
中到一起。在从博贝尔河到卡茨巴赫河的退却中，普军纵队有时会
横越甚至卷进辎重车队里。夜行军则是导致约克军疲劳的特殊因素。

377　　　考虑到当事人的性格，大发雷霆是不可避免的。在与布吕歇尔
发生激烈争论后，约克向弗里德里希·威廉三世递交了辞呈，他写
道："也许是我的能力有限，不能领会到正引领着布吕歇尔将军的
杰出思想。"[30]

　　　布吕歇尔和朗热隆的关系则是最令人棘手的问题。尽管两人的
个性因素在其中起到了一定作用，他们关系恶化的主要源头却是更
基本的事情。当特拉亨贝格计划起初制订时，三个联军集群中只有
西里西亚军团被明确要求谨慎行事，这是因为那时该军团仅有
50000 人。到战役开始时，西里西亚军团的人数实际上已经翻了一
番，但君主们发给布吕歇尔的指示仍然要求他避免大战。布吕歇尔
当即回复说，如果他所接到的命令就是这些指示，那么联军有必要
找一个更适合谨慎作战的指挥官来替代他。巴克莱和迪比奇回复说，
以君主们的名义，无疑没有谁可以阻止 100000 人的指挥官抓住任何
展现在他面前的战机。在这一保证下，布吕歇尔才接过了指
挥权。[31]

　　　朗热隆知道布吕歇尔起初收到的指示，却不了解后来被巴克莱
和迪比奇修改过的版本。这可能是在紧张地准备将巴克莱所部移入
波希米亚的最后工作时产生的疏忽，也可能是亚历山大有意玩弄的
把戏，即利用朗热隆来阻碍布吕歇尔。毫无疑问，对于布吕歇尔富

有攻击性的天性会导致什么结果，皇帝仍然感到十分紧张。以收到西里西亚军团起初向博贝尔河前进的消息时的反应为例，他致信布吕歇尔，"你最近的战斗已经十分光荣，但这些战斗绝不应该导致你把自己卷入一场大规模遭遇战之中"。[32]

不管对朗热隆的处理是有意的还是无意的，这对他和布吕歇尔都极不公平。朗热隆有理由相信他是遵照布吕歇尔收到的指示和亚历山大的意愿行事，他也有足够充分的理由担忧拿破仑可能仅仅追击布吕歇尔几天，然后布吕歇尔就会停下来战斗，不管敌方有多强大。军团司令事实上可能毫无选择，因为那些后备团在退却中蒙受的损失终究有个限度，一旦超过便会瓦解。事实上布吕歇尔本人曾致信亚历山大，假如他找到一个坚固的防御阵地，他的炮兵又能够发挥优势的话，那么就算众寡悬殊，他也会在必要的时候奋起抵抗面前的拿破仑大军。不可避免地，布吕歇尔对朗热隆在战役前两周多次以谨慎的名义拒不服从命令感到暴怒，到 8 月 25 日为止，他和格奈泽瑙已经丧失了全部耐心，并决心让亚历山大罢免这个俄军将领。[33]

对西里西亚军团而言异常幸运的是，特拉亨贝格计划一如预想的那样运转。到 8 月 23 日时，拿破仑已经清楚地看到他不能腾出任何时间来追击布吕歇尔了。施瓦岑贝格军团正在入侵萨克森，并威胁到位于德累斯顿的主要补给基地。拿破仑带领近卫军和马尔蒙军、维克托军折返迎击，留下麦克唐纳元帅对付布吕歇尔。麦克唐纳指挥的部队则是塞巴斯蒂亚尼的第二骑兵军和第三、五、十一步兵军。尽管拿破仑把第三军留给了麦克唐纳，但他同时命令第三军指挥官奈伊元帅将指挥权交给苏昂（Souham）将军，奈伊本人则前往柏林前线，指挥与贝纳多特作战的部队。

在动身前往德累斯顿之前，拿破仑给麦克唐纳下令，要求他向前越过卡茨巴赫河，将布吕歇尔赶到尧雷（Jauer）之外。此后麦克唐纳的职责就是将敌军压制在远离易北河以西萨克森主战场的西里西亚东部地区。麦克唐纳命令他的部队于 8 月 26 日通过卡茨巴赫河。与此同时，布吕歇尔立刻意识到拿破仑和许多敌方部队已经离开，他因此命令西里西亚军团重新展开攻势，攻势以越过卡茨巴赫河为开端，布吕歇尔也把过河时间定在 8 月 26 日。将在那一天发生的关键会战已经布景完毕，但是无论哪位指挥官都没想到对方也会前进。两支军队在前进中骤然碰撞，大大降低能见度的大雨则令混乱状况更加严重。

麦克唐纳的军队在宽大正面上向前推进，由勒德吕（Ledru）将军和皮托（Puthod）将军统率的两个师被部署在位于南方很远处的舍瑙（Schönau）和希尔施贝格（Hirschberg）附近，他们的任务是阻截由埃马纽埃尔·德·圣普列斯特伯爵指挥的规模不大的俄军第八军，圣普列斯特是另一位保王党流亡者，原先还是巴格拉季翁的参谋长。此外他们还要从西南方向威胁位于尧雷的联军。这一行动将会包抄布吕歇尔军团的侧翼，并导致它的交通线和集结在尧雷及其附近地区的辎重部队受到威胁。麦克唐纳战线的另一端是部署在利格尼茨附近的第三军，它奉命在利格尼茨越过卡茨巴赫河，然后沿着从利格尼茨到尧雷的道路推进，攻入联军右翼后方。麦克唐纳所部的剩余兵力由他本人率领的第十一军和洛里斯东手下的第五军组成，它们将径直越过卡茨巴赫河，向尧雷正面推进。在派出勒德吕和皮托后，这两个军只剩下 4 个步兵师，但他们将会得到塞巴斯蒂亚尼麾下骑兵的协助。

把法军分散得这么宽存在风险，但麦克唐纳似乎已经判断布吕歇尔将会停下来就地防守或退却。在面对这样一个富有攻击性的敌人时，这一设想实在太过危险。一位俄军高级参谋后来写道，对联军阵地的失败侦察是导致法军在卡茨巴赫河战败的关键因素。法军侦察的失败不仅应当归咎于麦克唐纳，糟糕透顶的天气和法军骑兵的低劣质量也有责任。[34]

麦克唐纳行经的地区，也就是后来战斗发生地区的地形进一步增加了低劣侦察所造成的风险。大体而言，两军战前被从利格尼茨向西南方向流淌的卡茨巴赫河分隔开来，法军位于河流北岸，而联军位于南岸。麦克唐纳的部队渡过卡茨巴赫河后，战斗在卡茨巴赫河和尧雷之间的南岸展开。战场则被维滕德尔尼斯河（Wütender Neisse）截为明显两半，这条河发源于尧雷，以近乎直角的角度汇入卡茨巴赫河。

　　战场的北半部分，换句话说就是维滕德尔尼斯河以北的地区，是一块平坦且没有树木的高地，地势在西北方向的卡茨巴赫河谷和西南方向的维滕德尔·尼斯河谷附近骤然下降，形成了陡峭的斜坡。高地距离河面高度不超过 75 米，陡峭而森林密布的斜坡却使得法军方面任何人都无法观察到对岸发生的状况，即使在晴天也是如此。从卡茨巴赫河向高地攀登途中的小道险峻而狭窄，大部分法军行经的魏因贝格（Weinberg）附近的小道状况尤为严重。哪怕是现代人驾驶汽车通过这条小道，在雨雪泥泞天气里也会遇到许多麻烦，1813 年 8 月时在泥淖和倾盆大雨中数以千计的人员、马匹和火炮沿着小道推进就更加糟糕了。即使通过小道抵达了高地，也存在被出现在高地上的敌军奇袭的严重威胁。

　　1813 年 8 月 26 日，法军在高地上遭遇了布吕歇尔大约 60% 的军队，也就是全部约克军和萨肯兵团。萨肯位于右侧，他的侧翼敞开，以艾希霍尔茨（Eichholz）村为依托，在村中部署了约翰·冯·利芬师的第 8、39 猎兵团。艾希霍尔茨村以外，由克列托夫（Kretov/Кретов）少将指挥的哥萨克部署在北侧，萨肯将他的步兵部署在左侧（亦即南侧），涅韦罗夫斯基的第 27 师位于第一线，利芬第 10 师的剩余部队在后方作为预备队，伊拉里翁·瓦西里奇科夫的骠骑兵和龙骑兵团部署在艾希霍尔茨村右后方。萨肯兵团和维滕德尔尼斯河之间驻扎着约克手下的普军。朗热隆的部队被部署在战场南半部，也就是维滕德尔尼斯河以南。这里的地形和北岸的高地大不相同，战场上的主要地物是两条从维滕德尔尼斯河岸延伸到战场西南边界被树木覆盖的丘陵处的山脊。这些山脊提供了指挥视野和炮兵阵地。此外，亨讷斯多夫（Hennersdorff）村和赫曼斯多夫（Hermannsdorf）村可以被改造成朗热隆所部步兵的坚实据点。

麦克唐纳的计划从 8 月 26 日一早起就开始出问题，由于对命令的误解，第三军已经在此前一天离开了利格尼茨。等他们返回利格尼茨后，苏昂将军认为执行麦克唐纳在利格尼茨渡过卡茨巴赫河随后向尧雷开进的命令已经太晚了。第三军给出的不遵守麦克唐纳命令的主要理由是利格尼茨的渡口已经因大雨而无法使用了。这个理由听上去并不可靠，因为在不停地下了两天雨之后，萨肯手下的俄军于 8 月 28 日成功从利格尼茨渡过卡茨巴赫河。不论理由到底是什么，苏昂在 8 月 26 日决定把他的军沿着卡茨巴赫河北岸向下游开进，这样就可以和麦克唐纳的主力部队连为一体，支援后者的渡河攻击。[35]

从理论上讲，把法军部队集中起来是合情合理的。但实际上卡茨巴赫河北岸的狭窄道路无法负担这么多部队的行动。在克罗伊奇（Kroitsch）村和下克赖恩（Nieder Crayn）村之间发生了一场大规模交通堵塞。堵塞事故的责任人有塞巴斯蒂亚尼手下的骑兵，还有炮兵和辎重部队。第三军的 4 个师也一头撞入了堵塞中，只有其中 1 个师，也就是布拉耶尔（Brayer）将军的第 8 师成功地从交通堵塞中冲出，随后跨过卡茨巴赫河上的桥梁，进入魏因贝格附近的小道。甚至连布拉耶尔都被迫将他的全部炮兵留在身后。麦克唐纳下令第三军的其他 3 个师原路折返，在利格尼茨方向找到渡河点。其中两个师最终在施默格维茨（Schmogwitz）村附近找到了渡河点，但等到它们抵达高地时，会战已经结束了。最终在高地上的战斗中发挥作用的只有布拉耶尔的部队、麦克唐纳军中由沙尔庞捷（Charpentier）将军指挥的第 36 师和塞巴斯蒂亚尼的骑兵。由于布拉耶尔的炮兵被困在卡兹巴赫河另一边的克罗伊奇村，因此甚至连这些部队都没有带上全部编制内的炮兵。法军所面对的则是约克和萨肯麾下完整的军，也就是布吕歇尔军团的 60%，他们输掉这场会战毫不奇怪。

布吕歇尔自行下达了渡过卡茨巴赫河的命令后，于 8 月 26 日上午 11 时惊讶地得知，面对朗热隆和约克的法军也在前进渡河。由于退却中的普鲁士前哨给出的状况描述非常混乱，普军军需总监、上校冯·米夫林（von Müffling）男爵亲自骑行上前，侦察法军人数和前进方向。米夫林回忆说，"我骑在一匹鼠色的马上，穿着灰色披风，因此在这场滂沱大雨中，即使相距100步也看不到我"。米夫林发现法军骑兵和炮兵在下魏因贝格（Nieder Weinberg）和亚诺维茨（Janowitz）之间的高地上展开，步兵则位于他们后方，在下魏因贝格附近的河谷中前行。得知这一状况后，布吕歇尔下令约克前去攻击法军，萨肯则在邻近艾希霍尔茨西南的陶本山（Taubenberg）上部署炮兵。俄军炮兵将会把法军的注意力转移到北面，从而远离约克的前进方向。而当普鲁士步兵开始展开进攻时，俄军炮兵也会予以协助。与此同时，萨肯的步兵将会坚守艾希霍尔茨，提防可能从联军右侧亚诺维茨以北向高地开进的法军纵队。[36]

约克麾下的步兵至少需要一个小时的行军才能与法军接触。然而，早在布吕歇尔的命令抵达之前，萨肯就把由布拉姆斯（Brahms）上校指挥的俄军第13重炮连部署在陶本山上轰击法军。陶本"山"实际上是个非常轻微的地面隆起，但它俯瞰着西北面是卡茨巴赫河、西南面是维滕德尔尼斯河的整块高地。在视察了分配给他手下兵团的阵地后，萨肯这位优秀将领自然不会放过陶本山的有利地势，立刻自作主张开始行动。很快，其他俄军和普军炮兵也加入了布拉姆斯的轰击。

与此同时，约克和米夫林陷入了关于普军应当如何前进的争吵。约克希望普军展开成横队前进，而米夫林则争辩说在高地上没有足够的空间可供展开，而且这一行动会浪费宝贵的时间。当布吕歇尔也支持米夫林时，约克闷闷不乐地服从命令，派出两个旅以纵队前进。时间不可避免地损失了，到大约下午3点时，约克的部队已经抵达高地边缘，在上魏因贝格（Ober Weinberg）附近通往河谷的小道周围与法军展开战斗。在这场倾盆大雨中，很少有步枪能够开火，但一场短暂的肉搏战后，数量上处于劣势的法军步兵沿着通往渡河点的小道一路溃散。这时塞巴斯蒂亚尼手下的一些骑兵向普军发起

382

冲锋，以拯救己方步兵并争取时间让他们退出战斗重整旗鼓。由于他们的步枪在雨中可谓无用，约克的步兵在骑兵面前是非常脆弱的，指挥普军预备骑兵旅的尤尔加斯（Jurgas）上校试图前往救援步兵。但让约克暴怒的是，普军骑兵的攻击协调性极差，最后也以失败告终。根据当时一直陪在约克身边的米夫林的说法，随后出现了一个奇怪的间断，持续了大概 15 分钟，约克手下的步兵和大约 4000 名法军骑兵面对面对峙着，却都不敢发起攻击。突然，法军骑兵掉头就走，沿着通往河谷的小道逃离战场，这让米夫林极为惊讶。

法军骑兵逃跑的原因是，塞巴斯蒂亚尼的部队正遭到瓦西里奇科夫麾下俄军骑兵的攻击。萨肯和瓦西里奇科夫此时位于艾希霍尔茨附近，从那里他们可以观察到塞巴斯蒂亚尼的骑兵和布拉耶尔的步兵所处位置。对一名骑兵而言，法军所处的位置似乎是上帝对他祷告的回应。平坦的高地上没有任何沟渠、墙壁、树木或其他障碍物，是骑兵的完美战场。此外，塞巴斯蒂亚尼的左翼几乎毫无支撑，完全对敌方攻击敞开。法军骑兵指挥官似乎正期望未能赶上的苏昂军 3 个师能够尽快通过亚诺维茨向前推进协助骑兵。不论这一做法有什么理由，向瓦西里奇科夫这样高水准的将领提供敞开的侧翼可谓自讨苦吃。瓦西里奇科夫派出侦察骑兵确保塞巴斯蒂亚尼战线北侧的村庄并没有被步兵占据，这样他的部队就不会在前进时遭到伏击。发现村庄毫无守军后，瓦西里奇科夫将部队分成三个方向推进，同时对法军发起攻击。

亚历山德里亚（Alexandria/Александрия）和马里乌波尔（Mariupol/Мариуполь）骠骑兵团在一个龙骑兵旅的协助下攻击敌军正面。与此同时，阿赫特尔卡（Akhtyrka/Ахтырка）和白俄罗斯骠骑兵团从小廷茨（Klein Tinz）村后方杀出，向塞巴斯蒂亚尼的侧面发起冲锋。在小廷茨和亚诺维茨之间，瓦西里奇科夫麾下的哥萨克突入法军骑兵后方。萨肯的军需总监、皮埃蒙特流亡者德·韦南孔（de Venançon）伯爵在给彼得·沃尔孔斯基的信中写道，"从没有任何一次战地机动像这次一样精确和聪明，我这么说毫不夸张。这次机动从后方包抄并碾压了整个敌军左翼，因此赢得了彻底的胜利"。塞巴斯蒂亚尼麾下的骑兵带着布拉耶尔手下的步兵沿小道逃进卡茨巴赫河谷，还放弃了法军成功运到高地上的所有火炮。根据法方记载，布拉耶尔所部步兵退却时秩序良好，甚至还掩护了塞巴斯蒂亚尼手下骑兵的逃跑。只有到了被迫在越来越浓的夜色中渡过卡茨巴赫河的时候，布拉耶尔麾下的步兵才在敌军火力和车辆、火炮、骑兵堵塞道路所造成的混乱中秩序大乱。[37]

在法军剩余部队溃逃后很久，苏昂军的两个师才开始从施默格维茨渡口赶往战场，根据俄方记载，它们的前进是缓慢而犹疑的。法军从施默格维茨渡口向南推进，前往施魏尼茨（Schweinitz）村，他们在途中遭遇了涅韦罗夫斯基手下第 27 师派出的阻滞法军前进的散兵。散兵战大约在晚上 7 点展开，涅韦罗夫斯基和利芬师的主力随后在多个联军炮兵连的协助下向前推进。法军在数量上处于劣势，又得知其他部队之前遭遇的灾难，因此里卡尔（Ricard）将军命令他的部队退回施默格维茨渡口。这场退却终结了战场北半部的战斗。[38]

与此同时，一场完全不同的战斗在战场南半部，即维滕德尔尼斯河以南进行着。朗热隆已经派出了由圣普列斯特指挥的第八军守备从希尔施贝格通往尧雷的道路，在圣普列斯特所部缺席的状况下，敌对双方兵力大致相当，朗热隆拥有数量更多、质量更好的骑兵，但他要面对 3 个法军步兵师的优势兵力。考虑到地形状况，他无论如何都应该能够在由麦克唐纳亲自率领的法军攻击面前守住阵地，除了此前所述的因素之外，南半部的其他战斗条件和北半部大致相同。

事实上，由于朗热隆计划展开一场战斗退却而非会战，两部分的战斗就没有什么相同之处了。朗热隆专注于敌军对他左翼和尧雷造成的威胁，因此主要致力于确保退却路线的安全。他担心迈松的师会试图推进到俄军左翼以外，因此将卡普采维奇（Kaptsevich/Капцевич）的第十军移回彼得维茨（Peterwitz），守备通往尧雷的退路。这一安排只给他留下了两个不大的军——亦即奥尔苏菲耶夫（Olsufev／Олсуфьев）的第九军和谢尔巴托夫（Shcherbatov/Щербатов）公爵的第六军——和鲁德泽维奇带领的分遣队阻挡麦克唐纳。然而，谢尔巴托夫在回忆录中写道，他的军直到傍晚都一直被留作预备队使用，在下午4点前没有参加任何战斗。此外，朗热隆的几乎所有重炮连都被派到后方，以便在部队沿着狭窄、泥泞的道路退却时不至于造成交通堵塞。把以上俄军分遣部队的实力累加起来之后，就能发现此时战场上的法军无疑拥有压倒性的数量和火力优势。到傍晚时分，法军已经将朗热隆赶出了亨讷斯多夫和施劳佩（Schlaupe）之间俯瞰战场南半部的高地。俄军奋力抵抗，但在面对拥有如此数量优势的敌军时，他们根本没有守住阵地的可能性。[39]

这时从布吕歇尔司令部出发的米夫林已经赶到了战场南部，朗热隆被法军赶出据守的坚固阵地，这一消息在总部受到了奚落和嘲弄。米夫林在回忆录中写道，他在施劳佩后方的小山上找到了朗热隆，和朗热隆在一起的还有鲁德泽维奇、奥尔苏菲耶夫和谢尔巴托夫。米夫林告诉他们联军在维滕德尔尼斯河以北取得了胜利，赞颂了萨肯的战绩，并催促他们立刻反攻夺回亨讷斯多夫周围的高地。其他俄军将领都怀着热情同意了这一主张，但朗热隆却这样回答，"上校，你确定司令现在没有安排我的军去掩护他退却？"米夫林补充说，"这就是朗热隆伯爵脑海里根深蒂固的观点，它误导他做出不正确的举动"。然而，如果朗热隆对米夫林传来的消息真实性有任何怀疑的话，他自己的眼睛所看到的证据则可以打消一切怀疑。拉多日茨基的炮兵连就部署在这座小山上，他回忆说尽管当天下着大雨，但照样能够突然看见普军正在维滕德尔尼斯河另一边全面追击溃逃的法军各营。他听到站在不远处的朗热隆惊叫起来："天哪，他们在逃跑！"[40]

这一切足以说服朗热隆下令立刻发起反攻夺回亨讷斯多夫阵地。鲁德泽维奇从左侧攻击，奥尔苏菲耶夫从中央攻击，首次投入战斗的谢尔巴托夫军则在右侧作战。根据俄方资料，这次攻击的冲击力和突然性使得俄军没展开什么激烈战斗就把法军赶出了这些高地。像谢尔巴托夫军一样的普斯科夫团，该团已经作为预备队等待了一整天，直到下午 4 点才收到发起反攻的命令。普斯科夫团以教科书般的方式快速推进：以营纵队发起攻击，散兵位于纵队前方，炮兵则在纵队之间推进。根据团史记载，该团散兵击退了法军的轻步兵幕，并开始射击原先位于法军轻步兵后方的法军各营。法军步兵就在这时看到俄军纵队正在向前开进、准备猛攻阵地，他们便全速逃离战场。团史是以高度爱国主义的方式写成的，因此没有提及谢尔巴托夫向施劳佩的攻击受益于普军渡过维滕德尔尼斯河攻击法军后方，但俄军关于这一战役的官方历史提到了这一点，并赞赏了普军的勇敢。[41]

对法军而言，卡茨巴赫河会战只是一场失败，却并非一次灾难。将失败最终转变为大灾难的则是战后立刻展开的追击。这是 1813 年战局中迄今为止对失败敌军最成功的一次追击。即便按照温和的说法，朗热隆在 8 月 26 日表现得也并不出色。他对布吕歇尔意图的误读和对命令的违背原本可能导致灾难性的后果。这一天的英雄是约克的步兵、瓦西里奇科夫和他指挥的骑兵，以及法比安·冯·德·奥斯滕－萨肯。然而朗热隆的军在追击中取得了最辉煌的战果，这一点却并没有被写入布吕歇尔和格奈泽瑙对会战的记述。让布吕歇尔忘记朗热隆的不服从行为当然需要一段时间。再者，普鲁士领导人们也有充分理由对国民后备军的战绩予以热情洋溢的记述，以便努力加强国民后备军的自尊和士气。不过，在一份无须用来宣传的秘密报告中，普鲁士西里西亚军政府欢庆他们所在省份的解放和麦克唐纳所部的毁灭，在关于追击败军的记载中，他们将法军最终遭遇的灾难仅仅归因于朗热隆。[42]

这一说法太过偏向朗热隆了，因为约克和萨肯也为法军的崩溃做出了自己的贡献。会战当夜布吕歇尔就命令两人的部队立刻渡过卡茨巴赫河，促使法军尽快逃跑。这是不可能做到的，联军部队实在过于疲劳，卡茨巴赫河已经全面泛滥，那天晚上也是一片漆黑。到了第二天约克才在魏因贝格附近的桥梁和渡口成功过河，但是立刻遭遇了组织良好的法军后卫部队。这一点毫不奇怪，因为苏昂军3/4 的部队在此前一天几乎未曾投入战斗。

与此同时，萨肯在施默格维茨和利格尼茨之间渡口过河的尝试受到了被洪水淹没的河岸和卡茨巴赫河的深度与水流的阻碍，在连续暴雨之后，卡茨巴赫河的水流已经成为洪流。俄军一路赶往利格尼茨，最后在那里渡过卡茨巴赫河，因此延误了一天时间。这一切意味着法军有时间组织起相对有序的退却，不过这一退却速度很快、危险重重。许多掉队者和辎重车辆被落下了，但没有任何大部队被截断或摧毁。无论如何，在退却远未结束的 8 月 29 日，第三军名册显示战死 930 人，受伤 2722 人，失踪 4009 人。萨肯于 9 月 3 日向彼得·沃尔孔斯基报告，他率领的兵团自 8 月 25 日以来已经俘虏了 2 位将军、63 名军官、4916 名士兵和 50 门火炮。到那时为止，法军已经完全退出西里西亚，撤到萨克森边界之内。[43]

朗热隆的部队在 8 月 27 日拂晓之前就展开了追击，他们的指挥官无疑感到有必要弥补前一天的糟糕表现。鲁德泽维奇又一次指挥前卫部队，不过这次他还得到了科尔夫男爵骑兵军下属各团和彼得·卡普采维奇麾下整个第十军的增援。科尔夫和卡普采维奇的部队中几乎没有人在 8 月 26 日参加过战斗，因此差不多个个精力旺盛。与之相反，两个星期毫无休整的行军、瓢泼大雨、极少的食物与持续了一整天由开始时的胜利突然变成失败和整夜的疲倦退却的战斗，这些都使得法军部队精疲力竭。科尔夫骑兵军的参谋长在回忆录中写道："一场败仗和几天的坏天气就对法军士气造成了难以想象的破坏。"这一评价过于苛刻了。即使是威灵顿的步兵，如果被军需官和骑兵抛弃，又不得不在步枪因大雨而失效的情况下面对训练有素的大群敌方骑兵、协助骑兵的骑炮兵和数以千计的新锐步兵展开后卫战，也可能会被打得粉碎。但这格外疲惫的几天的确体现出了俄军士兵的坚韧和拿破仑新兵的虚弱。尽管法军的热忱在战斗顺利时无人可以匹敌，但在战事不利时，法军也确实常常会缺乏俄军步兵所具备的训练有素的冷静和稳定。[44]

当俄军在 8 月 27 日追上法军后卫部队后，许多法军部队当即崩溃。在皮尔格拉姆斯多夫（Pilgramsdorf）附近，埃马努埃尔将军指挥哈尔科夫（Kharkov/Харьков）、基辅龙骑兵团赶上了部分法军后卫，俘虏 1200 余人。由莫朗上校指挥的另一支后卫部队被特维尔龙骑兵团和谢韦尔斯克（Seversk/Северск）、切尔尼戈夫猎骑兵团追上，这 3 个骑兵团的指挥官是伊万·潘丘利泽夫（Ivan Panchulidzev/Иван Панчулидзев），一位格鲁吉亚裔骑兵老将。莫朗战斗得非常英勇，但他的步兵方阵无法使用步枪射击，因此在俄军骑兵的三面同时猛攻下最终崩塌。在步兵后卫崩溃、骑兵又不见踪影后，法军就开始面临几乎无法阻挡的威胁了。哥萨克团团围住了撤退中的法军，朗热隆的报告中如此阐述，"敌军的损失数量和队列中的混乱让我想起他们从莫斯科到维斯瓦河的灾难性撤退"。[45]

麦克唐纳和他的军长们判断，如果当即停下来重整部队或者抵抗俄军，其后果将是致命的。他们的唯一生机就是争取比俄军跑得更快，然后找到安全场所重新集结部队并恢复士兵士气。这个想法或许是切实可行的，但这也必然导致数量巨大的掉队者要么会逃亡，要么就被俄军骑兵和哥萨克一勺端起。这还意味着让与大部队分开的勒德吕师和皮托师听凭命运摆布。勒德吕最终成功逃出，但皮托决定尝试去和麦克唐纳手下正在溃退的军会合。皮托从希尔施贝格向西北方向前进，一路上都被由优素福维奇（Iusefovich/Юзефович）少将指挥的骑兵不停追踪。俄军截获了皮托递交给麦克唐纳的报告，而报告阐明了他的作战计划和行军路线。8 月 29 日，俄军在勒文贝格（Löwenberg）附近包围并困住了皮托师，该师背后便是博贝尔河，但大雨使得他们无法渡河。鲁德泽维奇将军一直等到由谢尔巴托夫公爵率领的第六军赶到后才开始发动攻击。面对这样拥有压倒优势的敌军，抵抗已经毫无意义，皮托随后带领 4000 多人和 16 门火炮投降。就在两周前秋季战局刚开始时，他的师尚有 8000 多人，这些人中几乎没人能够逃出去重新为拿破仑效力。[46]

联军的追击直到 9 月第一周才停了下来，到那时为止，麦克唐纳所部已经被赶回了萨克森境内，即使根据法方资料，他也损失了 35000 人之多。西里西亚军团的损失也很惨重，但它的许多失踪人员都是过于疲劳的普鲁士民兵，他们会及时返回队伍当中。对被联军撵上的法军伤员和失踪者而言，状况远非如此。拿破仑无法承担这样的人员损失，也不能承担让布吕歇尔继续前进建立基地的后果，那样德累斯顿、易北河渡口和其他联军军团都将处于布吕歇尔的突进范围之内。落在麦克唐纳所部头上的巨大灾难导致皇帝不大可能执行他的计划——率领他手下的近卫军和后备部队北上对付贝纳多特。

胜利极大地提高了布吕歇尔军团的士气和自信心，也缓解了此前指挥官间存在的紧张关系。朗热隆的违令得到了谅解。布吕歇尔向亚历山大提交的卡茨巴赫河会战报告使萨肯被提升为上将，并被授予二等圣格奥尔基勋章。战斗结束次日，布吕歇尔告诉所有能够听到他声音的普鲁士士兵，胜利很大程度上要归功于萨肯对他麾下骑兵和炮兵的掌控。萨肯下一次骑行经过约克军时，便得到了普鲁士士兵一阵阵的齐声欢呼。对一个多年来将自己视为不公和厄运受害者的人的灵魂而言，这一切可谓是止痛良药。卡茨巴赫河会战是萨肯命运的转折点，他在战争结束许多年后去世，但他那时已经是公爵和元帅，也是俄国最受尊敬的人物之一。[47]

不管布吕歇尔的胜利有多大，战役的最终命运主要还是取决于联军主力军团的表现，换句话说也就是施瓦岑贝格的波希米亚军团的表现。施瓦岑贝格军团的人数多于贝纳多特军团和布吕歇尔军团的总和。只有波希米亚军团能够期望和拿破仑正面决战并将其击败。此外，只有波希米亚军团中包含了很大一部分奥地利军队。奥地利是反法同盟中潜在的薄弱一环。如果主力军团被摧毁或被严重削弱，而波希米亚也遭到入侵，奥地利就有可能和拿破仑恢复谈判，甚至就此退出战争。

施瓦岑贝格和拉德茨基在6、7月间认为，如果奥地利加入战争，拿破仑就会率先攻入波希米亚对付奥军。联军也倾向于这一观点，他们无论如何都要想尽方法平息奥地利的恐惧。因此从联合军事会商的早期阶段开始，就有了将维特根施泰因和25000名士兵开入波希米亚增援奥军的计划。随着未曾预计到的大量后备军和出院伤员涌入联军各团，增援计划也变得更加雄心勃勃。当施瓦岑贝格的代表拉图尔（Latour）伯爵于6月22日抵达联军总部递交联合作战计划时，他惊讶地发现联军已经大大增加了准备派往波希米亚援助奥军的部队数量。除了整个维特根施泰因兵团之外，援军还有由冯·克莱斯特中将统率的普鲁士兵团和康斯坦丁大公的预备兵团，预备兵团中包括俄普两国近卫军、俄国掷弹兵军以及3个俄国胸甲骑兵师。在战火重燃时，已有总计115000名俄普士兵从西里西亚开入波希米亚。

奥地利人对这一状况的感受多少有些复杂。一方面，这支包括了联军中最好部队、规模庞大的援军对波希米亚的防务做出了巨大贡献。另一方面，供养这么多人要求联军在最后关头做出可观的努力。最糟糕的是，连弗里德里希·威廉都绝无可能放弃对手下精锐团的控制权，更不用说亚历山大了，而这些精锐部队现在恰恰成了联军主力部队和联军军事斗争的核心。与这些俄罗斯师和普鲁士师一起赶来的还有两国君主，在施瓦岑贝格的总部里，他们明显是不受欢迎的来宾。[48]

施瓦岑贝格绝不是一个能够抓住主动权、把自己的意志强加在拿破仑身上的指挥官。在1813年8月，他的初步选择是等待俄普援军到来，并采取预防措施警惕拿破仑攻击行军中的援军或入侵波希米亚。拉德茨基宁愿拿破仑抢先入侵波希米亚，那样法军只能行经厄尔士山脉的狭窄山道，联军就有可能在法军涌出山道时予以迎头痛击。奥地利军需总监也有充分的理由担心，如果联军通过山地向萨克森发起攻势，各个纵队的指挥官协调部队行动时到底会有怎样的速度和效率。即使不考虑地形和联军内部合作问题，奥军本身的指挥架构也过于集权而笨拙。奥地利在1809年效仿法军系统建立了独立的多兵种合成的军。而奥军从战争中学到的教训则是，他们的高级将领和参谋没有能力使这套系统正常运转。因此在1813年的四支主要参战国军队中，奥军是唯一在一定程度上重新集权化的军队，奥军统帅部直接与下属各师、各临时编成纵队的指挥官打交道。这种结构将被证明是有缺陷的，拉德茨基有足够理由担心这一点。[49]

如果拉德茨基还了解俄军的内部架构的话，他的悲观情绪将会进一步加剧。在1812年，俄军以简明而合理的军—师—旅架构走上战场。然而到1813年秋季为止，已经有许多将领被擢升为少将或中将。以中将为例，现在俄军里中将人数要远多于军的数目，而俄军中将则认为仅让他们指挥师是有失身份的，其结果便是出现了许多实际上比过去的师大不了多少的军。在秋季战局中，俄国野战军被分成7个较大的单位，那些"军"则是这些单位的下属。尽管这7个单位也令人困惑地被称为"军"，但是为了避免混乱，我将它们称为"兵团"。波希米亚军团中有两个这样的兵团（康斯坦丁大公兵团和维特根施泰因兵团）；西里西亚军团中有两个（朗热隆兵团和萨肯兵团）；波兰军团中有两个（多赫图罗夫兵团和彼得·托尔斯泰兵团）；北方军团中有一个（温岑格罗德兵团）。创建这些微型"军"很大程度上仅仅是为了满足将军的虚荣心而已，但这使俄军指挥架构变得头重脚轻，也让俄军和普军之间的关系变得更为复杂。一个由中将指挥的俄罗斯军的人数可能还没有一个普鲁士旅多，而那个旅的指挥官有时只是个上校。由于俄普两国军官都对资历和级别十分敏感，"误解"的发生就不可避免了。[50]

391

另一个造成效率低下的原因是米哈伊尔·巴克莱·德·托利的位置。巴克莱此前在休战期间作为总司令表现十分出色，但他现在发现自己事实上已经被解除了最高统帅职务，还要成为施瓦岑贝格的下属。亚历山大显然花了好几天时间才积累起勇气告诉巴克莱这件事。为了保护巴克莱的自尊心，可能实际上也是为了让他继续效力，巴克莱依然保有俄军总司令这一官方职务。理论上，西里西亚军团和北方军团中的俄军在作战方面需要听从贝纳多特和布吕歇尔的指挥，但在行政和人事上却由巴克莱掌控。考虑到这些部队分布范围很广，这个实际上无法执行的安排也是造成多方面挫败的原因之一。

巴克莱对波希米亚军团中的俄普军队所能行使的权力更加真实，但也一样不合理。经过巴克莱中转命令会造成延迟和失真，如果施瓦岑贝格能够将命令直接下达给兵团指挥官（康斯坦丁、维特根施泰因和克莱斯特），那会是更有效率的做法。甚至连维特根施泰因的位置在秋季战局前半段也有疑问。理论上维特根施泰因指挥符腾堡的欧根的第二军和由战争大臣的弟弟安德烈·戈尔恰科夫公爵带领的第一军，然而欧根军实际上在1813年8月已经离开主力军独立作战，维特根施泰因事实上只能掌握戈尔恰科夫的部队。其结果便是维特根施泰因有时会多少显得是个累赘：8月里他和戈尔恰科夫经常会试图去做同样的工作，其结果不过是互相帮倒忙。[51]

当联军统帅将领于8月17日在梅尔尼克（Melnik）召开军事会议时，法军还毫无向波希米亚进军的迹象：几乎所有将领现在都相信拿破仑可能会去攻击贝纳多特，还会试图攻占柏林。在场的两位最能干的参谋拉德茨基和迪比奇也都赞同这一点。在这种情况下，主力军团是不可能继续留在山后等待战斗，却让贝纳多特听天由命的。如果拿破仑向北前进，联军就能够从宽大正面安全通过山脉，其主攻方向则将指向莱比锡，进而攻入敌军后方。会议因此决定在俄普援军到达后就攻入萨克森。维特根施泰因在右侧进军，从彼得斯瓦尔德（Peterswalde）出发，沿特普利茨（Teplitz）大道经过皮尔纳（Pirna）到达德累斯顿。在中央战线，克莱斯特的普军将从布罗克斯（Brux）出发，行经赛达（Saida）抵达弗赖贝格（Freiberg）。在他们后方是康斯坦丁的预备兵团。与此同时，奥军主力将会沿着从科莫陶（Kommotau）经过马林贝格（Marienberg）通

392

往开姆尼茨（Chemnitz）、最终指向莱比锡的大道前进。规模较小的
奥军部队将利用大道两侧的道路，克勒瑙（Klenau）的纵队则位于
奥军左翼远端。

　　8月22日是星期六，当天早上联军纵队越过了萨克森边界。然
而，甚至就在联军越境之前，总部收到的情报已经越来越明确地指
出，拿破仑根本没有掉头北进对付贝纳多特，恰恰相反，他正在萨
克森东部面对布吕歇尔。如果这些情报是真实的，那么向莱比锡进
军就是漫无目标、毫无意义的。拿破仑可能会在联军进军的同时摧
毁布吕歇尔，也可能西进碾压维特根施泰因，或者利用他掌握的位
于柯尼希施泰因（Königstein）的易北河渡口，向西南方向联军的波
希米亚后方发起攻击。这些担忧并非虚幻。一旦联军深入厄尔士山
脉，假如维特根施泰因一翼遭到法军攻击，整个军团需要4天时间
才能够集结过去。尽管联军指挥官可能并不知道，但拿破仑事实上
曾经致信他在德累斯顿的指挥官圣西尔元帅，他根本就不关心联军
是否会攻入西萨克森或切断他与法国本土的联系。拿破仑关注的是
一定不能让联军夺取易北河渡口，最重要的是绝不能让联军夺取他
在德累斯顿为秋季战局设立的巨大仓库。此外，拿破仑确实考虑过
经由柯尼希施泰因攻入联军后方的可行性。[52]

　　如果联军的组织架构有足够的灵活性，他们可以在出发之前调
整计划，将攻击重点向东指向德累斯顿。然而，对这样一支指挥结
构笨拙的庞大军队而言，在最后一刻调整行动方向是十分困难的。
因此，正如施瓦岑贝格在8月20日晚上给妻子的家书中所述，"我
们希望在8月22日越过边界，随后快速转向易北河"，这一计划对
俄军而言并无问题，因为它并未改变维特根施泰因或康斯坦丁大公
的行军路线。哪怕克莱斯特的普军也不用走多少路就能到达在迪波
尔迪斯瓦尔德（Dippoldiswalde）和德累斯顿地区的新集结点。然
而，对奥军而言这就完全是另一回事了。他们要走的路程最远，需
要通过糟糕至极、在一条条陡峭的河谷间蜿蜒穿行的山道。早在8
月23日，威尔逊将军就遇到了克勒瑙麾下"湿透到骨子里，大部分

人没有鞋子，许多人没有大衣"的奥军。威尔逊记录说，克勒瑙部
队里的许多人是刚刚被征召入伍的新兵，他们的士气看上去不错，
但如果一路上继续降下瓢泼大雨、士兵们依然腹中空空、奥地利军
需马车还远在后方、道路也变成泥淖的话，他们的士气就颇有疑问
了。克勒瑙的部队花了 16 个小时走完了通往弗赖贝格地区的最后
32 公里越野路程，但是要到达德累斯顿的话，他们还需要走过塔兰
特（Tharandt）森林里更加糟糕的道路。[53]

联军起初向东转移主要是为了保护维特根施泰因和波希米亚，
而非抓住战机夺取拿破仑在德累斯顿的基地。然而，截至 8 月 23 日
的情报显示拿破仑实际上在西里西亚境内，这比联军此前认为的拿
破仑所在地还要偏东得多。8 月 23 日夜，施瓦岑贝格在给妻子的家
书中说，联军总部将于次日抵达迪波尔迪斯瓦尔德，如果足够多的
部队能集结起来的话，联军将会在 8 月 25 日下午对德累斯顿发起攻
击。他随后则列举理由认为联军不可能及时集结，因为大部分奥军
将在 8 月 24 日得到一天的休整。[54]

施瓦岑贝格此举背后的想法是，现在的状况已经没有此前想得
那么紧急了，维特根施泰因和波希米亚并没有处于直接危险当中。
这位和蔼的总司令无疑也听取了他手下奥地利将军们关于士兵悲惨
条件的呼声。施瓦岑贝格自己心中也不确定能否在 8 月 25 日拿下德
累斯顿，他在将这次攻击描述成突击还是武装侦察间游移不定。如
果施瓦岑贝格是布吕歇尔那样的人，德累斯顿将会在 8 月 25 日遭到
攻击，即使那时奥军已经有一半部队由于疲劳在行军途中掉队。从
这一刻起，奥军在联军中享有了行军最慢者的名声。英国军官、驻
俄大使之子乔治·卡思卡特礼貌地指出"他们行动相对迟缓"。亚
历山大·德·朗热隆则直率地认为，"奥地利人总是迟到，正是动
作迟缓这一不治之症经常导致他们失败"。[55]

奥地利官方历史则声称，当 8 月 25 日下午预定的攻击时刻到来
时，不仅奥军自己迟到了，克莱斯特的普军也并未抵达战场，因此
联军决定将攻击推迟到次日。但联军领导人在 8 月 26 日就攻击德累

斯顿是否可行发生了激烈的争吵，弗里德里希·威廉三世打算一旦
有足够的部队到达就发起攻击，施瓦岑贝格也这么认为，但他不及
弗里德里希·威廉那么热心。亚历山大则总是心怀疑虑，到 8 月 26
日下午则干脆反对攻击，他听取了莫罗和托尔的建议，这两人一致
认为任何攻击都会失败。

甚至早在 8 月 25 日，德累斯顿守军的指挥官圣西尔就同样认为
任何攻击终会失败。8 月 25 日上午 9 时，他向拿破仑报告联军纵队
正在向德累斯顿城开进，似乎是在准备发起攻击，"考虑到陛下您
正赶过来，这次攻击对我而言实在晚了点"。他补充说，由于缪拉
已经出现在前线，而拿破仑大军的营火也一定能被联军观察到，因
此联军不可能怀有任何关于皇帝尚未赶来的幻想。德累斯顿是否会
在 8 月 26 日遭到攻击尚有疑问。城防工事在休战期间被拿破仑修复
并加固了，正如他去年在斯摩棱斯克发现的那样，哪怕是过时的城
墙和临时搭建的堡垒也能够大大延缓敌方的攻击。再者，拿破仑的
援军在 8 月 26 日早已涌入德累斯顿城了。[56]

施瓦岑贝格对拿破仑在短短 3 天内就指挥 3 个军从西里西亚勒
文贝格行军 120 公里赶到德累斯顿地区极感困惑，考虑到施瓦岑贝
格麾下奥军的行军速度，他的困惑可能并不让人惊讶。尽管拿破仑
的增援使联军夺取德累斯顿的行动受挫，但这在某种意义上达成了
特拉亨贝格计划的目标。波希米亚军团向拿破仑的后方进军，并威
胁到他在德累斯顿的主要基地，此举迫使拿破仑停止追击布吕歇尔，
错过了彻底将其压倒的机会。事后看来，联军可能也要感谢拿破仑
仅仅满足于援救德累斯顿，并未选择他原先更加大胆的消灭施瓦岑
贝格军团的计划。

当拿破仑在 8 月 22 日第一次得知联军正向德累斯顿集结，并可
能攻击德累斯顿城时，他开始计划一场毁灭性的反击。只要圣西尔
能坚持住几天，拿破仑就会指挥近卫军和马尔蒙军、维克托军以及
旺达姆（Vandamme）军在柯尼希施泰因渡过易北河攻入联军后方，
此后要么在敌军能够集中起来对付拿破仑之前就将其摧毁，要么至

少摧毁联军的后方基地。如果拿破仑执行这一计划，他就很可能在两个星期内以一场奥斯特利茨或耶拿规模的胜利终结这场战役。他将横贯在联军的退却道路上，能够把施瓦岑贝格军团堵在厄尔士山脉之内。此外，他行动的快速和大胆将令缓慢且意见分歧的联军指挥层陷入混乱，完全不知所措。然而，当拿破仑在8月25日抵达施托尔彭时，由于他所信任的副官古尔戈（Gourgaud）将军和缪拉元帅都从德累斯顿发回报告，声称除非皇帝本人和他从西里西亚带回的军队立刻前来增援，否则法军将无法守住德累斯顿。因此拿破仑指挥他的大部队转向萨克森首都，而把从柯尼希施泰因渡过易北河的任务单独交托给旺达姆将军。[57]

　　就算拿破仑放弃了原先的高明计划，8月27日联军的状况依然糟糕。联军在8月26日下午最终展开了强攻德累斯顿的尝试，但以失败告终。而圣西尔的守军在此前就已经得到了拿破仑的增援。城防工事正如亚历山大、莫罗和托尔所担忧的那样难以摧毁。但联军领导人们考虑到8月26日只有不到一半的军队投入战斗，依然决定次日继续展开强攻。这一决定并不符合施瓦岑贝格和拉德茨基修订后的特拉亨贝格计划，更重要的是，这是一个愚蠢的决定。拿破仑从西里西亚带回的3个军都已经进入了德累斯顿城，联军没有机会强攻夺取德累斯顿。由于联军不能在厄尔士山脉中就地取食养活自己，而他们的补给车队又在山间小道中艰难前行，因此除非能够夺取德累斯顿，不然联军不能在德累斯顿城下停留很久。更重要的是，联军在城外占据的阵地使他们在拿破仑的反击面前显得非常脆弱。

　　一个关键问题是，联军在德累斯顿城外摆开了将近10公里长的战线。而拿破仑的部队安全地待在防御工事之后，只需要守卫一半长的防线。城墙和堡垒使得守军能够挡住联军优势兵力的攻击。与此同时，拿破仑可以集中部队准备反击，并利用敌军战线过度拉伸的弱点。在联军战线右翼远端，维特根施泰因需要尽力用仅仅15000人守卫4公里长的薄弱阵地，他的军也遭到部署在易北河对岸的多个法军炮群的轰击。在法军重压之下，维特根施泰因所部最终于 8 月 27 日被赶往联军战线中部，也丢失了他们在特普利茨大道上的据点，而这条大道原先是联军安全退往波希米亚的主要通道。当巴克莱接到发起反击夺回战线的命令时，他当即拒不从命。巴克莱争辩说，尽管他此前曾在高地上布设炮兵协助步兵发起反击，但现在的泥泞地面和瓢泼大雨导致他已经不能把炮兵移回高地。乔治·卡思卡特当天就在联军总部，在他看来，巴克莱的担忧完全是有理由的。甚至连时常对巴克莱持批判态度的奥地利官方历史也认为，在这种状况下他的举动可能是明智的。[58]

然而，设在拉克尼茨（Racknitz）高地上的联军总部这时实在太过混乱，没有人就此事与巴克莱展开磋商。卡思卡特回忆说，下午两点刚过的时候，"一发实心弹打中了莫罗（他那时大约在皇帝前方半个马身的位置）的右腿，然后击穿了他的战马，砸碎了他的左膝"，一个星期后莫罗去世。如果这发炮弹击中了皇帝，其后果可能就是戏剧性的。康斯坦丁大公永远不可能取代他兄长在反法同盟中的关键地位。他完全缺乏亚历山大的领袖魅力和外交才能，也没能分享他兄长对击败拿破仑的全力以赴和赢得俄军高级将领忠诚的能力，康斯坦丁有时甚至怀疑在德意志进行的战争到底是否符合俄国的利益。考虑到康斯坦丁的情绪时常发生极端变化，以及他自己也常常反对继续进行战争，欧洲可能再一次看到俄国外交政策的戏剧性变化，这不禁让人想到在他祖父和父亲统治时期发生的事情。[59]

与此同时，灾难也降临到几乎全部由奥军组成的联军左翼上。这里的问题在于，陡峭的普劳恩（Plauen）冲沟将联军的左翼和其他部队分隔开来。不管状况有多紧急，联军都无法从中央战线抽出部队越过冲沟增援。指挥联军左翼远端奥军的迈什科（Mesko）将军原本应当得到克勒瑙手下 21000 名士兵的增援，但后者在塔兰特森林里的道路上耽误了时间，其实一直都没有出现在战场上。施瓦岑贝格的军队规模已经扩张到了无法利用现有技术控制的地步，某种程度上来说施瓦岑贝格本人也是受害者之一。等到联军两翼失败

397

的消息传到总司令那里时，他再做出反应已经太晚了。

然而施瓦岑贝格在处理这个难题时表现得相当无能。将大量联军骑兵集中到多数骑兵并无用场的中央战线，和把迈什科的步兵置于缺乏保护的境地都毫无道理。此外，考虑到通过塔兰特森林的道路的艰难程度，人们不禁要假设，倘若是能够嗅到即将发生战争气味的布吕歇尔负责指挥，他应该会给予正在克服险阻的属下更多鼓励。他肯定不会像施瓦岑贝格起初那样，让克勒瑙的部队在 8 月 26 日穿过塔兰特森林时休整一天。当克勒瑙的部队于次日刚刚涌出森林、距离战场还有几个小时的路程时，迈什科的部队已经被消灭了。法军在 8 月 27 日俘虏了 15000 名奥军战俘。迈什科手下的悲惨士兵不仅要面对占压倒优势的法军骑兵和步兵，他们的步枪在雨中也没什么用处。即便如此，如果他们的将军和参谋们有更好的领导能力，还会有更多的士兵能够冲出法军包围圈。[60]

8 月 27 日下午，施瓦岑贝格决定退回波希米亚，这时他甚至还没有听说迈什科所部遭遇的灾难。联军在右翼和中央的攻势已经失败了，显然现在根本没有夺取德累斯顿的可能。联军部队留在城外露营，忍受饥饿、寒冷和疾病的折磨，而拿破仑的士兵却往往舒适地驻扎在德累斯顿城内，再让这种状况继续下去是没有意义的。天气实在糟糕透了，罗伯特·威尔逊爵士在日记中写道："狂风大雨。英格兰 12 月最糟糕的天气也不会更黯淡，更透湿。"此外，旺达姆在柯尼希施泰因渡过易北河的惊人消息已经传来，现在这构成了对联军右翼和施瓦岑贝格与波希米亚之间交通线的威胁。[61]

当维特根施泰因沿着特普利茨大道向德累斯顿进军时，他派出符腾堡的欧根前去监视柯尼希施泰因渡口。欧根的分遣队包括他自己手下第二军的绝大部分和来自第一军、由戈特哈德·冯·黑尔弗里希少将统率的第 14 师，共计 13000 人和 26 门火炮。欧根手上只有 4 个中队的正规骑兵和 1 个很小的哥萨克团，但他有维特根施泰因的几乎一半步兵。无论如何，考虑到欧根现在所面临的任务，他的力量都太过弱小了。旺达姆的部队不仅包括他自己麾下由 3 个实

力很强的师组成的第一军，还有从其他军借来的 3 个很大的旅和 1
个骑兵师。8 月 26 日早晨 6 时左右，欧根的哨兵向他报告发现法军
开始在柯尼希施泰因渡河，而捕获的俘虏则说旺达姆大约有
50000 人。

　　欧根向巴克莱和维特根施泰因紧急请求增援，但援军不可避免
地要花费一段时间才能到达。此时他得到的唯一援军是康斯坦丁大
公借给他的 1 个胸甲骑兵团，大公的兵团 8 月 26 日上午正在特普利
茨大道上向前开进，以便参加对德累斯顿的攻击。和皇后胸甲骑兵
团一起出现的还有它所在旅的指挥官，年仅 23 岁的萨克森 - 科堡
（Saxe - Coburg）亲王利奥波德（Leopold）。利奥波德的一个姐姐嫁
给了康斯坦丁大公，另一个姐姐是符腾堡的亚历山大公爵的妻子，
亚历山大公爵是欧根的叔父，当时正在指挥俄军围攻但泽。和欧根
一样，利奥波德还是个孩子的时候就当上了俄国少将。尽管他曾经
在 1807 年前往东普鲁士服役，但利奥波德后来退出了军事生涯，直
到 1813 年休战期间才重新加入军队。在之后的几周时间里，这位年
轻的亲王显示出了作为一位能干而勇敢的骑兵指挥官的才能，因此
迈出了他成名的第一小步。战争结束后多年，他将以第一位比利时
国王兼维多利亚女王舅父的身份驰名欧洲。

　　欧根亲王在 8 月 26 日早晨面临着十分危险的局势，他保持冷
静，表现出了优秀的战术才能和判断力。考虑到旺达姆在数量上的
压倒性优势，欧根所能期望的就是拖延旺达姆的前进，为援军到来
争取时间。他判断：尽可能长久地阻止法军从柯尼希施泰因附近的
丛林中冲出并展开队形，是实现这个期望的唯一可能机会。许多因
素都对欧根有利，旺达姆行动缓慢，直到战斗进行了相当时间后才
将炮兵投入战斗，因此俄军炮兵能够破坏法军最初在丛林前列成攻
击纵队的努力。此外，哪怕在法军最终从林中冲出，欧根也已经占
据了一块坚实的阵地，阵地前方有一条冲沟保护，还有克里奇维茨
（Krietzschwitz）村和施特鲁彭（Struppen）村作为支撑点。俄军凭借
娴熟的战斗技能和勇气展开战斗，卓有成效地展开散兵战。俄军损

失了超过 1500 人，但他们给法军造成了更大的损失。俄军投入了包括利奥波德麾下胸甲骑兵在内的全部预备队，尽管战场地形对重骑兵十分不利。欧根最终仅仅守住了阵地，但是很明显，他在次日的战斗中将没有任何可能守住阵地。他面对的敌军拥有压倒性的数量优势，而法军指挥官们可以用炮兵火力覆盖俄军或者展开侧翼包抄。[62]

8 月 26 日夜，欧根知道他拖住法军一天后就必须退却了。但问题在于朝哪个方向退却，他不能同时掩护位于德累斯顿城下的联军右翼和联军沿大道通往波希米亚的退却路线。掩护前者需要向北退却，而掩护通往波希米亚的退路则意味着向南沿着特普利茨大道前进。由于德累斯顿会战已经全面展开，而联军志在夺取德累斯顿城，欧根决定应当优先阻止旺达姆向北包抄联军右翼。考虑到欧根做出决定的时间和他当时所能得到的信息，这个决定是完全合理的，但当施瓦岑贝格次日决定全面退却时，这就意味着旺达姆正位于特普利茨大道上，能够阻碍欧根或其他任何一支联军部队退回波希米亚。

施瓦岑贝格向波希米亚退却的命令于 8 月 27 日傍晚 6 点发布，这份命令由拉德茨基和托尔二人起草。联军将分成三部分退却，包括克勒瑙所部和左翼残部在内的大约一半奥军将朝几乎位于正西方向的弗赖贝格退却，然后从那里转向西南，在马林贝格转入开姆尼茨大道，沿大道最终返回科莫陶。包括科洛雷多（Colloredo）所部在内的其余奥军将退往迪波尔迪斯瓦尔德，从那里出发，他们一半行经弗劳恩施泰因（Frauenstein），一半行经阿尔滕贝格（Altenberg），最终返回波希米亚境内的杜克斯（Dux）。与此同时，巴克莱和克莱斯特指挥的全部俄普军队，换句话说也就是整个波希米亚军团的一半部队，将朝东南方向退却，行经多纳（Dohna）抵达贝格吉斯许伯尔（Berggieshubel）小道前的特普利茨大道，在大道上沿彼得斯瓦尔德退往特普利茨。[63]

上述命令被一些收到命令的将军"修正"了，部分原因是命令不够切合实际，跟不上局势的变化。三部分联军中，只有 8 月 27 日

400

傍晚就迅速出发的奥地利中路纵队或多或少地根据命令行军，他们最终疲惫但未受损伤地逃到了迪波尔迪斯瓦尔德。然而在联军左翼，克勒瑙的部队不可能根据退却计划向西经过弗赖贝格退却，因为缪拉已经控制了通往弗赖贝格的道路。奥军指挥官们也断然拒绝了沿附近的一条平行道路向南退却的建议，因为这条路通往塔兰特森林，就在他们此前向德累斯顿进军时，森林造成了可怕的麻烦，最终他们走上了经普雷辰多夫（Pretschendorf）朝西南方向退却的道路。一部分奥军将从普雷辰多夫向杜克斯进军，另一部分则将前往马林贝格，左转进入开姆尼茨大道，然后退往科莫陶。尽管退却的第一阶段是疲惫、危险而混乱的，但到 8 月 28 日晚上，奥军已经不再面临被截断的危险了。这很大程度上得益于缪拉无精打采的追击，不管怎样，缪拉手下的大部分骑兵向西推进太远了，因此和奥军主力部队脱离了接触。

最危险的局面出现在联军右翼，巴克莱和克莱斯特决定无视给俄普两军预定的退却路线。作为联军右翼总指挥，巴克莱承担了做出这一决定的责任，尽管他很可能是在按照托尔的想法行事。[64] 俄普军队将直接翻越厄尔士山脉南下，而非朝东南方向的特普利茨大道前进。巴克莱有充分的理由背离施瓦岑贝格的命令，欧根亲王的报告显示，旺达姆和 50000 名法军士兵正堵在特普利茨大道上，他们会阻断任何沿大道退往波希米亚的行军。大道穿过了许多隘口，在那里即使面对数量庞大的敌军，也只要一半的兵力就能够守住。同时我们也有理由相信，如果巴克莱和克莱斯特沿着特普利茨大道退却，他们将会遭到由拿破仑指挥的大批部队的追击，这样就会存在巴克莱和克莱斯特的军队被拿破仑和旺达姆困在特普利茨大道上无法逃脱的巨大危险。

401 巴克莱因此宁可冒翻过厄尔士山脉退却的风险。俄军沿着通向迪波尔迪斯瓦尔德和阿尔滕贝格的道路行进，而普军走的是从马克森（Maxen）出发经过格拉斯许特（Glashütte）和巴伦施泰因（Barenstein），然后由格劳彭（Graupen）附近的小道进入特普利茨河谷的"老特普利茨大道"。这两条道路都不适合数以万计的部队行军，更不用说他们的辎重和炮兵部队了。老特普利茨大道是这两条道路中更差的一条，最后一段进入河谷的道路质量尤为低劣。另外，克莱斯特的部队人数只有巴克莱的一半，而且使用老特普利茨大道的部队几乎只有他这一支。与之相反，俄军则要跟在退却中的大型奥军纵队后方，在迪波尔迪斯瓦尔德 – 阿尔滕贝格道路上一路挤过去。更糟糕的是，当退却开始时，相当多的奥军辎重依然在奋力向德累斯顿前进，一场巨大的交通堵塞不可避免地发生了，在许多乡村小道和主干道交汇的阿尔滕贝格和迪波尔迪斯瓦尔德附近状况尤为严重。

圣西尔元帅对迪波尔迪斯瓦尔德 – 阿尔滕贝格道路的描述是"不过是一条连续的小道"。威尔逊将军则写道，退却中的俄军部队不得不拥挤着"通过最难行走的道路，通过最令人绝望的乡村，通过欧洲境内最难以通行的丛林"。道路直到绕进特普利茨河谷的最后一段才变得真正陡峭起来。拖曳火炮和马车的挽马在那里经历了艰难的减速阶段，其中有许多丢失了马蹄铁。从离开迪波尔迪斯瓦尔德到走出阿尔滕贝格，大部分路程都在沿着曲折的山路上上下下。最糟糕的问题是整条道路都十分狭窄，只能同时通过一门火炮或一辆马车、弹药车。道路两边的堤岸有 4~6 米高，堤岸之外生长着茂密的松树林。为了给火炮和马车腾出空间，步兵只能以一人宽的队列沿着堤岸顶部前进。任何出故障的车辆都不得不立刻用手举起扔到堤岸之外，事实上有许多车辆在坚硬的路面上损坏了。[65]

8 月 28 日，大雨不停地倾泻在俄军部队身上，所有人都又冷又饿，其中一些人的靴子还陷在烂泥里拔不出来。列兵帕姆菲尔·纳扎罗夫就是后者之一，他正在芬兰近卫团队列中行军，这也是他参加的第一场战役。他所属的团于 8 月 27 日深夜开始退却，此后一直都在夜行军。次日上午 8 点他们停下来煮粥，但是还没煮好法军就杀到了，他们不得不立刻逃跑。这天里的某个时刻，这些疲惫、赤脚的近卫军从森林中涌到一块开阔地上，从亚历山大和巴克莱身边

402

走过。帕姆菲尔回忆说，在看到他的近卫军的悲惨状况后，"皇帝开始痛苦地哭泣，从口袋里掏出一方白手帕，擦拭他的脸颊。看到这一幕，我也开始痛哭起来"。[66]

对俄军而言幸运的是，他们的后卫在逆境中表现出了一贯的冷静和纪律。普鲁士和奥地利军队也负责执行后卫任务。地形总的来说对后卫作战有利，妨碍了骑兵的快速追击。法军士兵和指挥官从西里西亚出发行军到击败联军都表现得十分出色，但是他们也有足够的理由疲惫不堪。然而，最重要的一点可能在于，拿破仑已经不再关注追击，并返回了德累斯顿。在德累斯顿，拿破仑的注意力转移到了传来的坏消息上，坏消息不仅来自正在西里西亚的麦克唐纳，也同样来自乌迪诺元帅，他向柏林进军的途中在大贝伦（Gross Beeren）被打败。皇帝似乎并不知道他有机会消灭施瓦岑贝格军团。他并没有充分了解厄尔士山脉的地形，特别是对奥地利一侧的山路一无所知，这个事实可能是导致上述结果的部分原因。在拿破仑缺席的情况下，追击行动自然少了许多劲头和协调性。

对联军而言，威胁最大的并非从德累斯顿出发追击的法军，而是旺达姆的分遣队。当联军在 8 月 27 日开始退却时，旺达姆所部不仅数量上远远超过欧根所部，位置上也处于欧根南方。他可以一边顶住欧根，一边指挥部队沿着大道毫无阻挡地南下，经过彼得斯瓦尔德进入特普利茨河谷，远在大部分俄普部队单位从厄尔士山脉中走出之前就占领各个隘口。巴克莱和克莱斯特正在赶往特普利茨和格劳彭，而堵住那里的主要山路并不需要太多人力。如果旺达姆这么做的同时，拿破仑能够发起一场精力十足且协调良好的追击的话，联军就有可能会被困在山里，不得不投降。事实上拿破仑只打算追求较小的目标，他仅仅命令旺达姆向特普利茨河谷进军，伺机夺取不能通过河谷的大批联军辎重和火炮。然而，旺达姆一旦攻入特普利茨河谷就可能发挥他的主动性，堵住各个隘口，这样给联军造成的损失会让拿破仑都大为吃惊。即使他局限于服从拿破仑的命令，火炮和补给车队的损失对联军来说也是一个重大打击，及时重建波希米亚军团以便重新展开 1813 年秋季战局将十分困难。联军内部存在的分歧已经因为德累斯顿的失败而大大增长，如果这时遭到此类打击，就会轻易导致反法同盟崩溃。[67]

因此，旺达姆和欧根亲王在特普利茨大道上的战斗关系十分重大。欧根在 8 月 26、27 日得到了两批援军，一批得到了热烈欢迎，另一批却恰好相反。受到欢迎的援军是由少将格雷戈尔·冯·罗森（Gregor von Rosen）男爵指挥的第 1 近卫步兵师的 6700 名士兵，该师由近卫军中的普列奥布拉任斯科耶近卫团、谢苗诺夫斯科耶近卫团、伊斯梅洛沃近卫团和近卫猎兵团组成，是俄军中最优秀的步兵，因此欧根得到的援军价值比其数目所显示的要大很多。第 1 近卫步兵师带来了一支规模不大的近卫水兵分遣队，他们被派上用场主要是搭建桥梁，现在已经成为近卫军指挥官的阿列克谢·叶尔莫洛夫也一同出现。

不受欢迎的援军是将军亚历山大·奥斯特曼－托尔斯泰伯爵，他 8 月 26 日从总部出发，奉命接管在柯尼希施泰因附近的全部联军右翼部队。任命一位高级将领履行该职责或许情有可原，欧根年仅 25 岁，此前从未独立指挥过分遣队。然而奥斯特曼－托尔斯泰并不适合这一职位。看上去亚历山大只是想打发走一个出没在联军总部，时常拦住皇帝并请求让他做点事情的讨厌鬼。当亚历山大在 8 月 25 日让奥斯特曼去负责指挥柯尼希施泰因对岸的军队时，他对这个地方很快将会有多重要一无所知。无论如何，亚历山大给予奥斯特曼的任命是高级将领情感的敏感性如何破坏军队指挥架构的又一个例证。

即使在发挥最好的时候，奥斯特曼也缺乏指挥一支独立分遣队所需的气质和战术技能。不幸的是，1813 年 8 月也远非奥斯特曼状态最好的时候，休完了 1813 年春季病假后，他的思想状态极端激动，有时甚至可以说是失常的，这在军中并不是秘密。在到达欧根指挥部后的 3 天内，他将成为人们的巨大烦恼。奥斯特曼歇斯底里的直接源头则是他担心亚历山大珍爱的近卫军会在他的指挥下蒙受

404

不幸。[68]

　　奥斯特曼在联军于 8 月 27 日开始退却时得到的命令使他的妄想变得尤为危险。这些命令指出，如果相信沿大道退却的尝试太过危险的话，他就可以放弃特普利茨大道，退入厄尔士山脉之中。精神异常紧张的奥斯特曼不可避免地相信了这一点，并下令全部部队离开大道退进山里。如果这道命令被传达下去的话，灾难必定会紧接着发生，奥斯特曼的部队会使迪尔迪斯瓦尔德道路上的交通堵塞进一步加剧，旺达姆也将毫无阻碍地进入特普利茨河谷。欧根直率地拒绝遵守奥斯特曼的命令，从而拯救了联军的事业。欧根对阻止旺达姆进入河谷、避免他堵住联军从厄尔士山脉中退却的路线的必要性了解得很清楚，他得到了叶尔莫洛夫的支持，后者有一张良好的当地地图，也研究过当地的地形，因此对该地的军事意义了如指掌。然而决定性的声音依然来自欧根本人，他是一位亲王，也是俄皇的表弟，这样一个人的意见是不容易被驳回的。当欧根提出为一切后果负全部责任后，奥斯特曼最终屈服了，作战计划被修改成在 8 月 28 日沿特普利茨大道退却。[69]

　　此次作战艰难而危险，对联军而言幸运的是，旺达姆在 8 月 27 日并未做出任何堵塞道路的举动，这使得俄军能够将他们的许多辎重平安运回波希米亚。无论如何，旺达姆的大部分军队都被部署在联军阵地以南的策希斯塔（Zehista），他仍然能够于 8 月 28 日抢在联军之前占据大道。为了抵达位于奥地利边界附近半安全的彼得斯瓦尔德，联军需要在两倍于己的敌军眼皮底下进行一场长达 18 公里的侧敌行军，在行军中遭到攻击的风险非常大。大道本身要比厄尔士山脉中的小道条件好得多，但状况远非完美，联军得拉着火炮和弹药车在滂沱大雨中沿 15° 的斜坡上上下下，或者在盖满了松针和落叶，有时如同冰面一样容易滑倒的碎石路上前进。最危险的状况出现在吉斯许伯尔（Giesshübel）和亨讷斯多夫间的狭窄小道上，那里可以被一支相对很小的敌军堵住，不过整个行军过程都充满了危险。[70]

欧根认为联军最好的做法是让他手下的第二军和黑尔弗里希师对克里施维茨（Krieschwitz）和科尔贝格（Kohlberg）高地发起牵制性攻击，换句话说就是佯攻柯尼希施泰因方向。他希望这次佯攻能够吸引旺达姆的注意力，将法军预备队转移到北面，让近卫军能够安全通过吉斯许伯尔和亨讷斯多夫小道。近卫军将在这两个危险地段留下后卫部队掩护欧根所部退却——如果有必要的话，还要把欧根所部从法军追击的魔爪中解救出来。计划执行的效果比任何期待者的设想都要好，欧根亲自指挥向克里施维茨发起攻击，叶尔莫洛夫则指挥欧根的几个常规团和近卫猎兵团攻打科尔贝格。俄军以极大的决心展开攻击，以科尔贝格高地为例，在近卫猎兵团最终发起突击拿下高地之前，高地曾在两军间三次易手。黑尔弗里希手下的第 14 师先是丢失了科塔（Cotta），随后又将其夺回，法军将预备队投入北面，但并未增援在吉斯许伯尔和亨讷斯多夫小道准备伏击俄军的小规模分遣队。普列奥布拉任斯科耶近卫团没遇到什么麻烦就突破了吉斯许伯尔小道，谢苗诺夫斯科耶近卫团则把旺达姆手下的士兵赶出了亨讷斯多夫附近的道路。

让正在北面作战的第二军和黑尔弗里希的士兵与法军脱离接触，再沿着大道南进注定是十分困难的，俄军尽管在这里付出了很多代价，最终却也大体上取得了成功。黑尔弗里希师的爱斯特兰步兵团在科尔贝格和吉斯许伯尔小道的战斗中损失了 6 名军官和 260 名士兵，也就是说全部兵力的 1/3。黑尔弗里希指挥他的部队安全通过吉斯许伯尔小道退却，但欧根本人也亲自发起了一次反击，这才从追击的法军手里救出了沙霍夫斯科伊公爵的 1 个旅。欧根下属的 4 个步兵团由普什尼茨基（Pyshnitsky/Пышницкий）少将指挥，此前它们在欧根战线北端的克里施维茨与法军展开激战，这 4 个团事实上被法军挡在大道之外，但他们成功地找到了一条路边的小道，躲开了法军，在 8 月 29 日晚上与第二军重新会合，正好及时赶上了库尔姆会战的第二天。[71]

到 8 月 28 日晚上为止，除普什尼茨基率领的团之外，欧根和叶尔莫洛夫率领的全部部队都已经抵达了彼得斯瓦尔德。彼得斯瓦尔德是个很大的村庄，村庄顺着大道延伸了 3000 余米。欧根手下的部队作为联军后卫坚守村庄，与此同时近卫军退入特普利茨河谷，在诺伦多夫（Nollendorf）构筑防御阵地，而欧根所部次日就能够安全退到诺伦多夫。这一计划在 8 月 29 日早晨几乎被破坏了，来自奥斯特曼－托尔斯泰的命令似乎说服由沙霍夫斯科伊公爵指挥的后卫部队在彼得斯瓦尔德前线坚持了很长时间，比欧根原先预计的要久很多。当俄军最终在 8 月 29 日凌晨撤出村庄时，法军的攻击不仅来自大道方向，也来自通往彼得斯瓦尔德的乡间小路。在拂晓的浓雾中，位于村庄内部道路上的沙霍夫斯科伊手下几个团中出现了一些恐慌状况。幸运的是，有足够多的俄军步兵保持了镇定，他们在彼得斯瓦尔德奋勇战斗，延迟了法军的追击。数目众多但组织混乱的法军单位刚刚离开彼得斯瓦尔德前往特普利茨河谷，就遭到了欧根麾下骑兵的冲击，萨克森－科堡的利奥波德所部胸甲骑兵则带头发起冲锋。这为欧根争取了足够多的时间，让他得以恢复秩序、重新组织后卫部队，开始向诺伦多夫和近卫军提供的掩护稳步退却。[72]

　　欧根在诺伦多夫不仅发现了两个近卫团，还找到了沙霍夫斯科伊师的 4 个团，这 4 个团此前沿着小路撤出彼得斯瓦尔德，然后成功返回了联军战线。欧根在回忆录中写道，近卫猎兵团以娴熟的技艺展开散兵战，在足够长的时间内阻挡了法军追击，使他能够构筑阵地、重整自己的军，把两个近卫团和他自己大部分单位都交给叶尔莫洛夫。欧根后来指挥沙霍夫斯科伊手下的两个团和鞑靼枪骑兵团作为后卫部队在诺伦多夫坚持了大约 90 分钟。他本人随后撤过库尔姆小镇，这个小镇的名字将会被用来替两天后发生的会战命名。到中午时分，欧根和他的后卫已经抵达了距离库尔姆 2 公里的普里斯滕（Priesten）村，他在这里找到了奥斯特曼－托尔斯泰、叶尔莫洛夫和将与旺达姆展开大会战的整支部队。[73]

407　　奥斯特曼－托尔斯泰最初并不打算停下来进行抵抗，8 月 28 日深夜，他曾致信弗朗茨二世，告诫后者最好离开特普利茨，因为占据巨大数量优势的敌军正在赶往那个方向，奥斯特曼自己也无力阻挡。于是奥地利君主离开了特普利茨，他在出发前却把奥斯特曼的消息转达给了刚刚来到特普利茨的弗里德里希·威廉。普鲁士君主立刻意识到，如果让旺达姆控制特普利茨附近的厄尔士山脉关键山口，其潜在后果将是灾难性的，因为他麾下的普军和俄军正赶往这些山口。甚至连亚历山大自己都可能有危险，因为俄皇还在从阿尔滕贝格出发的路上，依然被困在山里。国王先是立刻派出他的副官冯·纳茨默（von Natzmer）上校去警告奥斯特曼，命令他必须不惜一切代价把法军堵在特普利茨之外，后来又派了他的主要军事顾问冯·德姆·克内泽贝克将军再次前去提醒。由于俄国皇帝危在旦夕，俄军显然不会拒绝弗里德里希·威廉让他们停下来抵抗的要求。奥斯特曼和叶尔莫洛夫因此选定距离特普利茨大约7公里的普里斯滕作为下一个可能的守备阵地。近卫军已经在8点部署完毕，大约两个小时后，弗里德里希·威廉赶到阵地，与奥斯特曼和叶尔莫洛夫进行长谈。太阳此时终于露面了，俄军享受了一个星期以来的第一个明朗、温暖的白天。

俄军阵地以三个村庄作为支撑点：北部是施特拉登（Straden）村，中部是普里斯滕村，南部是卡尔维茨（Karwitz）村。如果这三个村庄是萨克森村庄的话，依靠石质农舍和教堂、大谷仓以及坚固的分界墙壁，它们将会为守军提供极大的帮助。然而在此时的波希米亚，几乎所有村庄建筑都是茅草屋顶或者瓦屋顶的木质房屋。这些建筑物远不能为守军提供庇护，反而由于延烧很快，极易成为死亡陷阱。俄军左翼后方的埃格米莱（Eggenmühle）锯木场和附近所谓的"皮革礼拜堂"是仅有的对守军多少有点用处的建筑物。然而连锯木场都在战斗中被烧塌了，给在里面容身的士兵造成了伤亡。

奥斯特曼多少是被迫进行战斗的，而他即将展开战斗的地形对俄军也没有太大帮助。俄军在地形上的主要优势是左翼被牢牢钉在厄尔士山脉陡峭的山脚下，难以被法军包抄。在俄军右翼，从普里斯滕向南延伸到卡尔维茨的草地东面与一条小溪接壤，这有助于俄军骑兵牵制法军。但 8 月 29 日的所有重大战斗都是在俄军战线中部和北部，亦即从普里斯滕延伸到施特拉登的战线上进行的。这是一块开阔的平地，上面散布着矮树丛、灌木丛和作为村民小菜园间正常边界标记的沟渠。特普利茨大道就在普里斯滕村南侧不远处通过的，它要比附近土地稍稍隆起一些，这使得村庄内部或后方邻近处的士兵不至于完全暴露在东面的法军炮火下。[74]

在联军战线左翼远端，近卫猎兵团和穆罗姆（Murom/Муром）团防守施特拉登，中央战线上的普里斯滕则由雷瓦尔（Reval/Ревель）团和第 4 猎兵团的散兵守卫，这两个团的剩余部分就留在村庄后方作为后备。欧根期望这些部队能够延迟而非击败法军的进攻，他们奉命退到村庄左右两侧。欧根的两个炮兵连被布设在村庄后方几百米处，从普里斯滕冲出的法军将面临这两个连的炮火杀伤。炮兵连后方则是由沙霍夫斯科伊指挥的步兵，沙霍夫斯科伊左侧是黑尔弗里希下属各营，前者的弹药很少，后者更是几乎没有弹药剩余，他们很大程度上只能依靠自己的刺刀。

黑尔弗里希左侧是 3 个近卫团，谢苗诺夫斯科耶团、伊斯梅洛沃团位于第一线，普列奥布拉任斯科耶团位于后方，两个近卫炮兵连则部署在步兵纵队前方不远处。位于俄军中央和左翼的骑兵起初只有近卫骠骑兵团，叶尔莫洛夫把这个团部署在步兵后方。会战开始时，俄军用于维持普里斯滕和卡尔维茨之间右翼战线的仅有 4 个不完整的正规骑兵团和一个哥萨克团，不过这并没有什么关系，法军骑兵很少发起像样的挑战，而旺达姆则把他的所有步兵都集中到施特拉登和普里斯滕，打算尽快打通前往特普利茨的最快路线。比斯特罗姆（Bistrom/Бистром）中校手下第 1 近卫骑炮连的 12 门火炮横跨在大道上。会战开始时参战俄军共有约 14700 人。

旺达姆低估了他的敌人，他是个傲慢的人，也是个急性子。元帅杖的诱惑已经在他面前晃动，他还需要的只不过是向波希米亚的推进能够成功。此前一天晚上，他曾向贝尔蒂埃元帅报告，"敌军徒劳地与我们的英勇士兵作战：他们在各个方向都被击败，完全处于溃逃状态之中"。当他的前卫罗伊斯（Reuss）亲王旅准备就绪后，旺达姆便命令该旅攻击俄军左翼的施特拉登。近卫猎兵团和穆罗姆团展开了坚决的抵抗，当谢苗诺夫斯科耶团前来增援后，罗伊斯所部不得不退了下来。然而，等到穆顿－迪韦内（Mouton－Duvernet）师的3个团抵达战场，并向施特拉登和普里斯滕中间进击后，法军很快就恢复了攻势。黑尔弗里希下属各营在沙霍夫斯科伊师托博尔斯克团和切尔尼戈夫团支撑下前进迎击法军。下午2点后，随着由法军师长菲利蓬（Philippon）将军统率的4个团赶到战场，守军的压力就越发沉重了，这4个团中有一个指向施特拉登，其余3个团则对普里斯滕发起攻击。

俄军放弃了已是一片火海的施特拉登，退到了埃格米莱锯木场和"皮革礼拜堂"，双方围绕这两个据点展开了凶暴的肉搏战。叶尔莫洛夫派出普列奥布拉任斯科耶团的两个营前去支援正在和黑尔弗里希、沙霍夫斯科伊所部并肩奋战的谢苗诺夫斯科耶团。就在这时菲利蓬手下的几个团冲进了普里斯滕，但他们企图冲出村庄时却遭到了俄军致命的霰弹火力。菲利蓬的部队刚退下，欧根就把他的两个炮兵连带到普里斯滕左侧，命令他们调转炮口，轰击正在礼拜堂和锯木场附近战斗的法军侧翼与后方。这迫使法军再次对普里斯滕村发起攻击，旨在摧毁俄军炮兵。

欧根已经把他手上所有疲惫不堪的营都投入了战斗，他请求叶尔莫洛夫出动伊斯梅洛沃近卫团击退法军。叶尔莫洛夫断然拒绝，两人随即爆发了十分激烈的争吵。根据欧根的副官的说法，叶尔莫洛夫吼道，"亲王是个德意志人，他不在乎俄国近卫军是死是活；但我的职责是至少得为皇帝保存一点他的近卫军"。俄军高层指挥中潜在的紧张关系此刻多少爆发出来了，但叶尔莫洛夫的拒绝并非只是由于排外心理和丧失理性：他手上仅有的依然留作预备队的3个营中，就有2个来自伊斯梅洛沃。然而欧根转而请求奥斯特曼－托尔斯泰，最终还是将伊斯梅洛沃团投入战斗，这2个营向前发起猛攻成功击退法军，但他们自己也死伤惨重。[75]

410　　由于没有任何普军部队出现在 8 月 29 日的战斗之中，因此普鲁士总参谋部战史不可能怀有偏见，它评论称普里斯滕的战斗是整场拿破仑战争中最为激烈的战斗之一。当天亲临战斗现场的罗伯特·威尔逊爵士写道，"敌军不能夺取一寸土地……俄军从未有过比这更为光荣的战斗，也从未有过更为重要的胜利"。同样在库尔姆战斗现场的查尔斯·斯图尔特后来也提到"皇帝陛下的近卫军大无畏的行为"和"不计后果的勇气"。就在伊斯梅洛沃发起反攻后不久，奥斯特曼 - 托尔斯泰被一发实心弹命中，当场断掉了一截手臂。被送往后方时他告诉担架队："我心满意足。这是我为指挥近卫军的荣誉付出的代价。"[76]

菲利蓬师的第 2 旅抵达战场后不久，法军最后一次展开对普里斯滕的突击。菲利蓬手下的两个旅列成两个大纵队对村庄发起攻击。位于普里斯滕左侧的俄军炮兵连被迫退却，村庄也被法军攻占。俄军预备队眼下只有沙列奥布拉任斯科耶团的两个连，战况看上去令人绝望。这两个连随即发起反击，沙霍夫斯科伊的部队虽然在连续几天的战斗后已经疲惫不堪，弹药也几乎毫无剩余，有几个营却还是加入了反击之中。无论如何，战局最终得到了拯救，救星则是近卫骑兵。近卫龙骑兵团和近卫枪骑兵团在会战过程中已经从格劳彭小道赶到战场，他们被部署在近卫步兵后方。在这一危急时刻，迪比奇也从巴克莱那里赶来，他宣称大批步兵生力军很快将抵达战场。和欧根进行简短讨论之后，迪比奇骑马赶到近卫龙骑兵团前方，率领他们前进攻击正涌出普里斯滕的法军步兵。

尼古拉·科瓦利斯基（Nikolai Kovalsky/Николай Ковальский）在 1813 年时是近卫龙骑兵团里的一名年轻军官，他回忆了该团是怎样在参谋和两名作为向导的当地牧羊人带领下，通过群山和特普利茨河谷之间有时甚至相当陡峭的狭窄小道的。显然当迪比奇骑马来到近卫龙骑兵团面前并下令冲锋时，由于谁都不知道他是什么人，没有一个龙骑兵听从他的命令。当迪比奇拉开外套展示了勋章和奖章以后，他才得到了回应。先是一个龙骑兵开始前进，然后更多龙骑兵也同样上前，最终整个近卫龙骑兵团都加入了前进的队列。这次毫无秩序的攻击并未得到叶尔莫洛夫的授权，因此他试图阻止攻击，但是已经太晚了。科瓦利斯基记录说，他们一接近战线，法军骑兵就惊慌逃窜，而法军步兵在打出一轮排枪后也同样逃跑了。法军的虚弱反应很大程度上无疑要归因于这一事实：就在近卫龙骑兵团威胁法军正面的同时，近卫枪骑兵团深深突入了法军右翼和后方。几乎可以肯定是近卫枪骑兵团承担了最为激烈的战斗，因为龙骑兵团的损失相对不多，而枪骑兵团则在战斗中损失了 1/3 的官兵。[77]

近卫骑兵的进攻无论如何都是一场辉煌的胜利。根据法军自己的估计，他们损失非常惨重，菲利蓬的进攻也被彻底粉碎。罗伯特·威尔逊爵士写道，"近卫军龙骑兵和枪骑兵经过菜园和沟渠向法军右纵队发起冲锋，右纵队士兵扔下武器以最快速度匆忙逃跑，但还是有好几百人被杀，几百人被俘。另一个纵队撤退秩序稍好，但逃跑速度也一样快"。这一事件尽管规模较小，却让人想起滑铁卢之战第一阶段英国重骑兵对埃尔隆伯爵（Count d'Erlon）麾下步兵展开的一次攻击。那时法国步兵同样以纵队前进，他们也确信胜利就在手中，一样遭到了未曾预料的大群敌方骑兵进攻。然而，俄军骑兵要比他们的英国同行训练有素得多。由于法军步兵纵队后方还有由戈布雷希特（Gobrecht）指挥的骑兵旅，俄军骑兵确实需要保持战斗纪律，因此俄军骑兵的反击并没有像英军一样，变成一场冲向严阵以待的敌军预备部队的疯狂追击。俄军近卫骑兵指挥将领在作战公报中不仅赞扬了这次攻击的勇敢与及时，也表扬了骑兵部队所表现出的"对指挥口令和号声的完全服从和注意"，还表彰了他们依然"总是准备好恢复此前迎击并打败敌军的出色阵型"的事实。[78]

菲利蓬师的溃退结束了这一天的战斗，对俄军而言这是真正荣耀的一天，大约 14700 名俄军士兵挡住了 30000 名左右的法军。但胜利的代价非常昂贵，不少于 6000 名俄军非死即伤。在很晚才到来的收尾阶段之前，几乎所有战斗都是由步兵完成的：12000 名步兵中有 5200 人伤亡，其中近卫军伤亡 2800 人，其他伤亡则来自欧根下属各团。亚历山大·奇切林是伤者中的一员，为了让属下士兵能够看到他，他在剑尖上挂了一块手帕。奇切林在率领他的排（属于谢苗诺夫斯科耶近卫团）前进时肩胛处中了一弹，医生没能够取出子弹，几周后他痛苦地死在布拉格的俄军军医院。临终前奇切林在病床上说服一个富裕的亲戚捐出 500 卢布帮助他所在的团里于库尔姆会战中受伤的士兵。[79]

联军领导人当晚在特普利茨决定，次日发起反攻，在旺达姆得到拿破仑的援军之前就迫使其远离厄尔士山脉隘口——所有联军将领都预计拿破仑将会增援旺达姆。特普利茨并无胜利气氛可言，德累斯顿之战已经是一场灾难，它使联军，尤其是奥军各团付出了数目巨大的人员损失。现在亚历山大的近卫军也损失惨重。联军高层在德累斯顿会战中体现的领导能力和协作能力都很糟糕，联军内部以俄罗斯、普鲁士为一方，奥地利为另一方，双方之间的紧张关系现在正处于高峰。奥军被指责行动迟缓且作战能力低下，前一指责属实，后者多数时候则不公允。但是来自波希米亚的新兵的确缺衣少穿、训练很差，他们也没有做好忍受作战困苦的准备，而迈什科和克勒瑙下属各团都充斥着此类新兵。另外，施瓦岑贝格向弗朗茨二世提交辞呈，他理所当然地因俄普军队经常不服从命令而感到疲倦和愤怒。就在这时，相当多的俄军和普军依然被困在厄尔士山脉之中，他们需要被带出困境，也需要足够的时间才能恢复战斗力。

众多联军部队依然处于厄尔士山脉当中，而冯·克莱斯特中将手下的普鲁士兵团是其中最大的部队之一，从德累斯顿退却后，该兵团多数时候沿着经过格拉斯许特和菲尔斯滕瓦尔德（Fürstenwalde）的老特普利茨大道开进。尽管圣西尔打算展开追击，但普军离开格拉斯许特之后，他事实上就和普军毫无接触了。克莱斯特的部队于 8 月 29 日下午 4 点开始抵达菲尔斯滕瓦尔德，此前不久，弗里德里希·威廉的副官冯·施魏尼茨伯爵带来了国王的命令，让克莱斯特抄小道进入特普利茨河谷救援奥斯特曼－托尔斯泰。正如克莱斯特告诉施魏尼茨的那样，天色已经太晚了，现在不可能赶去援救，而且在被要求做出进一步的努力前，他疲惫的部队无论如何都需要得到休息。施魏尼茨则告知克莱斯特，位于特普利茨和格劳彭的厄尔士山脉隘口已经被俄军部队和辎重完全塞满了。这意味着克莱斯特不可能从菲尔斯滕瓦尔德向南或西南方向进军，进入特普利茨河谷。

　　当夜，从同盟君主处赶来的另一位信使冯·舍勒（von Schöler）上校带来了给克莱斯特的新命令，要求他朝东南方向进军，经诺伦多夫攻入旺达姆后方。然而在舍勒抵达时，克莱斯特事实上已经侦察了通往诺伦多夫的道路，并自行决定朝东南方向前进。做出这个决定的关键人物是克莱斯特的参谋长卡尔·冯·格罗尔曼（Karl von Grolmann）中校，他曾经研究过弗里德里希大王在这一地区的战役，对这里的地形十分熟悉。克莱斯特的决定是十分勇敢的，当时克莱斯特、旺达姆本人和附近地区的几乎所有将领都认为拿破仑将会派出部队沿特普利茨大道增援旺达姆对波希米亚的入侵，向诺伦多夫前行并沿大道开进就有可能被夹在旺达姆军和拿破仑派出的增援部队之间。克莱斯特和格罗尔曼知道这么做的风险，但在反复权衡后仍然做出决定，第一束曙光出现后就向诺伦多夫前进。联军8月30日在库尔姆会战中取得的胜利的确很大程度上要归因于运气和意外，但和某些记载相反，克莱斯特出现在旺达姆后方绝非偶然。[80]

　　冯·舍勒上校于8月30日凌晨3点返回联军总部，弄醒了迪比奇，告知他克莱斯特的意向，联军总部的参谋们第一次看到了在旺达姆身上赢得一场巨大胜利的可能性。曙光刚出现，迪比奇和托尔就前去侦察战场，制订联军进攻计划。根据俄军高层的正常标准，或者说根据正常的人类天性，托尔和迪比奇应该是死敌才对。他们是那个时代最有才干的俄军参谋，在俄军总部中，托尔在库图佐夫逝世之前一直拥有战略方面的首要影响力，也赢得了亚历山大的信任。维特根施泰因接过指挥权后把托尔踢到一边，迪比奇则成了总司令和皇帝在战略方面的主要顾问。在巴克莱·德·托利担任俄军统帅时，迪比奇继续保留了这一职位。托尔和迪比奇之间的关系起初有些紧张，大部分人都会嫉妒后者的成功，迪比奇比托尔年轻8岁，这也是嫉妒的重要源头之一。托尔和迪比奇两人，尤其是托尔，以激情四射的性格、充沛的精力和坚定的意志而闻名。他俩的关系本来很容易变得更糟，然而互相尊重的情感迅速取得了胜利。两人都意识到了对方的才智、坚定和对胜利与军队福祉的全力以赴，这为他俩赢得了极大的赞赏。他们在秋季战局时已经成为坚定同盟和亲密朋友，这种关系一直维持到迪比奇于1831年逝世。[81]

返回巴克莱的总部后，两位将军确信俄军必须把旺达姆的右翼和中央钉在施特拉登和普里斯滕，与此同时，奥军科洛雷多师和比安基（Bianchi）师将在俄军骑兵协助下从南方击穿并包抄法军左翼。他俩发现旺达姆所部左翼单薄，在侧翼包抄面前十分脆弱，而且奥军接近战场时事实上可以充分利用斯特里索维茨高地隐藏行踪。如果克莱斯特像他们所期待的那样在奥军包抄旺达姆侧翼时攻入他后方，联军就有把握取得决定性的胜利。如果克莱斯特不在的话，联军与旺达姆的兵力对比大约是五比四，然而如果普军加入战斗，联军将拥有巨大优势。联军的战地指挥官巴克莱接受了迪比奇和托尔的建议，反攻将在8月30日上午开始。[82]

战况终于多少像联军指挥官所计划的那样展开了，这在1813年8月还是头一回。事实上是旺达姆在早上7点重新开始了会战，他再次试图在施特拉登冲过俄军防线。第1近卫步兵师在夜间退到后方转为预备队，第2近卫步兵师和第1掷弹兵师则接过了防务，8月28日被法军阻断的普什尼茨基所部各团也已经与欧根军重新会合。俄军没遇上什么麻烦就挡住了旺达姆的进攻。科洛雷多在上午9点30分左右投入战斗，他很快就发现有可能对面前的法军展开包抄。巴克莱同意了科洛雷多向右侧转移的请求，比安基师则上来填补空隙。来自南部的威胁出乎法军意料，他们无法阻挡持续包抄自己左翼的奥军步兵的前进。不到一小时后奥军就出现在斯特里索维茨（Strisowitz）高地上，随后继续深入旺达姆左翼，向库尔姆和奥席内（Auschine）前进。奥军得到了俄军骑兵的有力协助，俄军骑兵夺取了一个不小的法军炮兵连，还使得法军步兵一直处于警戒状态。奥军和俄军炮兵登上了旺达姆阵地南侧的所有高地，给试图在库尔姆和奥席内坚持抵抗的法军步兵造成了重大伤亡。

　　就在这时，克莱斯特的25000名步兵和104门火炮加入了战局。在混乱的战斗中，法军和联军指挥官起初都不清楚这些新来的军队是普鲁士人还是拿破仑的援军。以科洛雷多为例，弄清状况之前他停下了前进的步伐。然而克莱斯特手下的炮兵开火后，所有的怀疑就都消失了。旺达姆现在已经身处绝境，但是他做出的反应依然冷静而勇敢。他相信有必要牺牲自己的炮兵，计划在西面和南面对俄军与奥军展开战斗退却，与此同时在东面击穿位于特普利茨大道上的普军。旺达姆的许多骑兵的确冲破了克莱斯特的部队，沿着大道逃出重围，从这一点来看他这个计划取得了部分成功。发生这一状况的最主要原因是克莱斯特下属各个部队单位大多是国民后备军营，充斥着疲惫不堪的民兵，他们中许多人还是第一次参加战斗。受过训练的步兵会横跨大道展开队形，阻挡骑兵的前进，但那些国民后备军营却惊慌失措，溃散到附近的森林里了。不管怎么说，克莱斯特的部队还是及时重整起来了，他们挡住了试图跟在骑兵后面撤退的法军步兵。

　　会战到下午2点为止已经结束了。旺达姆本人被哥萨克俘获，送到了同盟君主们面前。从哥萨克手中救出旺达姆的俄军军官回忆说，旺达姆把他误认成将军，于是把自己的剑交给了他。做出这个姿势的同时，旺达姆还讲出了过于矫揉造作的言辞，"我向你交出我的剑，为了祖国的荣誉，它多年以来一直为我效劳"。当旺达姆和他的剑最终被交给亚历山大时，这段话已经是第三次被重复了，听起来也少了些快意。君主们有礼貌地对待旺达姆，但德意志民众就没这么慷慨了，因为他在整个德意志都以残忍和敲诈勒索的行为而闻名。不管在哪里出现，旺达姆都受到了当地人嘲讽、辱骂甚至石块的迎接：人们对他高喊"老虎"、"鳄鱼"、"毒蛇"，喊声中还夹杂了希望他去西伯利亚的"良好祝愿"。事实上，旺达姆抵达莫斯科后受到了当地贵族的款待，直到义愤填膺的亚历山大提醒莫斯科总督，旺达姆严酷而贪婪的行为让他在自己的部队中也受人厌恶为止。皇帝下令把旺达姆转移到维亚特卡（Viatka/Вятка），这并非西伯利亚，但也是俄罗斯的欧洲部分中距离西伯利亚最近的地方。[83]

联军声称捕获了 82 门火炮和 8000 多名战俘，其中包括旺达姆的参谋长。法军死伤数量至少与被俘数量相当，这一数字还不包括此前几天的重大伤亡。旺达姆的第一军实质上已经不复存在。即便如此，联军在德累斯顿战役中的总体损失数字仍然要超过拿破仑。然而联军不但能够负担得起这样的损失，而且他们损失中最大的一块——迈什科的新兵是可以快速得到补充的，因为奥地利的人力动员已经进入了高速状态。无论如何，这些数字都绝非关键之处，重要的是库尔姆的胜利对联军的士气和团结产生了巨大正面效果。联军中因德累斯顿战败而产生的严重紧张情绪得到了相当程度的缓解，其中一个关键原因就是库尔姆之战是联军取得的完胜。俄军是 8 月 29 日的英雄，科洛雷多的奥军和由克莱斯特指挥的普军则在次日为胜利做出了最大贡献。

亚历山大的一名随从军官回忆说，旺达姆停止抵抗后，皇帝骑马经过库尔姆战场，"他脸上洋溢着欢乐，因为这是第一场他亲临战场时完全击败敌军的会战"。亚历山大终其一生都梦想着获得军事荣耀，然而在此刻之前，他的梦想不断受到嘲弄。在奥斯特利茨，他的军队被打得当场溃败，他本人也大为丢脸。在 1812 年，他最亲密的顾问们一起密谋使他远离军队，以免给军方造成麻烦，皇帝太过聪明也太过敏感，他自然看得出这些人藏在场面话下的想法是什么。直到库尔姆会战之前，他在 1813 年所做的众多努力却导致了吕岑、包岑和德累斯顿的失败。现在不仅至少有了一场辉煌的胜利，这场胜利的首要功臣还是他视若珍宝的近卫军。

旺达姆被押解前往特普利茨后，亚历山大已然是福杯满溢，而他这时又收到了布吕歇尔在卡兹巴赫河得胜的消息。现在甚至连他身边通常尽量约束自己行为的随从也迸发出嘹亮的欢呼。骑行返回特普利茨后，亚历山大追上了运送俄军伤员的大车，"皇帝追上了伤员，感谢他们，询问他们自己可以怎样帮助他们，并将他们称为自己的战友"。公允地说，虽然亚历山大从未体验过他部下的饥饿或露宿，他还是时常冒着生命危险出现在战场，也承担了很少有人能够设想的精神负担。亚历山大直到死亡之前都时常谈论库尔姆附近的两天会战。他以后将很快看到其他胜利和凯旋，"但库尔姆会战永远是他最喜欢的回忆"。[84]

奖赏倾泻到将军甚至普通士兵头上，欧根和黑尔弗里希下属各师的勇士们却遭到了不公平的忽略，他们巨大业绩和牺牲所得到的关注与近卫军相比黯然无光。巴克莱·德·托利被授予圣格奥尔基大十字，这是军人的最高荣誉，在整个俄罗斯帝国历史上只授予过13位军事领导人。[85]巴克莱在战争大臣和总司令任上为军队所做的一切使他当之无愧地获得了奖赏。然而巴克莱在1813年8月的表现时常只能用平庸来形容，他得到这一奖励的时间极不合适。从这个方面来看，巴克莱的指挥是联军高层在德累斯顿战役中的典型例证。

联军无疑是极为幸运的，如此混乱而缺乏效率的指挥架构能够赢得胜利，在历史上也很少见。这场战役不仅有可能以灾难告终，从德累斯顿退却开始，战役就完全应该是灾难。联军能避免这一结局主要是幸运所致，尽管这也应当部分归因于联军士兵的勇敢和忍耐，尤其是俄军士兵在库尔姆会战第一天的表现。一些联军将领的发挥也不错，克莱斯特在向旺达姆后方突进时体现出了真正的勇气，叶尔莫洛夫在库尔姆会战第一天展现了鼓舞人心的领导能力，科洛雷多在第二天表现得也很出色。最突出的则是符腾堡的欧根，在所有联军将领中，他为最终能够取胜做出了最大贡献。

不过拿破仑和他的将领们也做出了巨大"贡献"。以旺达姆为例，他在库尔姆之战中的表现远不及会战之前3天作为对联军胜利的贡献大，那时他让俄军挡住了他规模大得多的军，还让俄军在他眼皮底下潜回了波希米亚。圣西尔也应当受到谴责，因为他和克莱斯特军脱离接触，从而使它能够介入库尔姆会战。无论如何，这场灾难首先是拿破仑的错误。他先是明确地命令旺达姆向波希米亚前进，又同样明确地命令青年近卫军停留在特普利茨大道上的皮尔纳。这两道命令是导致旺达姆被歼灭的关键因素。比损失一个军更重要的是，事实上拿破仑原本能够在德累斯顿会战后 3 天内摧毁联军主力进而终结战争，他不仅没能抓住这个机会，反而促使一场可能的全面胜利变成十分惨痛的失败。

418

和往常一样，拿破仑在失败面前保持冷静。库尔姆不是唯一的打击，就在同时还传来了两个消息：8 月 23 日乌迪诺元帅向柏林前进时在大贝伦被贝纳多特的北方军团击败，8 月 26 日麦克唐纳在卡茨巴赫河溃败。

贝纳多特军团由三个来自"不同国家"的部分组成：瑞典军队、俄罗斯军队和普鲁士军队。其中瑞军规模最小，而普军规模最大，处于两者之间的是由温岑格罗德统率的俄军兵团，有 32000 人和 120 门炮。北方军团在 1813 年战局中的历史总是由普鲁士方面主导的，这不仅因为普军是军团中最大的一部分，也是因为他们在两场挫败拿破仑夺取柏林意图的会战中出力最多：一场会战在 8 月 23 日发生于大贝伦，另一场则在 9 月 6 日发生于登讷维茨（Dennewitz）。温岑格罗德的步兵指挥官是米哈伊尔·沃龙佐夫伯爵，他是一位出色的将领，在 1812～1814 年多次表现突出。然而在 1813 年秋季战局中，沃龙佐夫和他的部队没有机会展现他们的战斗素质。与之相反，普军在保卫自己首都的会战中扮演的角色理所当然地成了普鲁士—德意志神话中的一部分。

贝纳多特和他的普鲁士下属们的激烈冲突也成了神话的一部分。贝纳多特军团中职位最高的普鲁士军官是弗里德里希·威廉·冯·比洛。

和约克比起来，比洛是一个相对而言容易相处的下属，但他的状况也好不了多少。他是一个聪明、诚实且受过良好教育的人，也是一个很有能力的将军，但他同时直率、口无遮拦、自信十足，而且拥有暴躁的性格。比洛没什么时间去应付法国人，对那个不知用什么办法爬上瑞典王储位置的加斯科涅（Gascon）叛徒就更没工夫了，在比洛眼里，贝纳多特看上去肯定会出卖瑞典人、联军以及任何阻挡在他个人野心之路上的人。在1806年耶拿-奥尔施塔特会战后的溃退中，比洛所部向贝纳多特军投降，这一事实也无助于改善两人间的关系。根据一位中立的历史学家的看法，这位普鲁士将军从未忘记这次奇耻大辱。[86]

关于怎样才能最好地作战，比洛和贝纳多特拥有不同观点。如果拿破仑挥师朝北方军团方向前进——贝纳多特认为这一假设很快将成为现实，贝纳多特将会自行其是，向他位于波罗的海沿岸的基地展开战斗退却。他谨慎、紧张，对拿破仑的天才十分敬畏。比洛则要自信且富有攻击性得多，他不仅决心保卫柏林，还希望攻击威胁柏林的法军，将他们赶得距离柏林越远越好。正如1812~1814年在联军中经常发生的那样，战略分歧很快就被人从政治角度加以诠释，还被视为对共同事业的背叛。春季在汉堡发生的状况使得普鲁士人确信了他们的怀疑：贝纳多特并不会为德意志解放事业全力以赴，他甚至可能受到自己取代拿破仑坐上法国王座这一梦想的约束。军团司令在秋季战局中的谨慎很快就遭到了来自这个角度的解读。[87]

一些俄国人也同样对贝纳多特持悲观态度。亚历山大驻布吕歇尔司令部的代表在9月3日致信彼得·沃尔孔斯基，抗议贝纳多特的无所作为。和往常一样，这种写给沃尔孔斯基的信实际上是为了博得亚历山大的注意：沃尔孔斯基不过是个过滤器。特伊尔（Tuyll）男爵写道，"瑞典王储在从8月23日算起的9天内没有前进一步，尽管根据总体行动计划，这本该是展开强力攻势的时候"。[88]

皇帝驻贝纳多特司令部的主要代表是夏尔-安德烈·波佐·迪·

博尔戈。亚历山大给波佐的指示是，让他确保贝纳多特使用军队为共同事业效劳，而不是仅仅为了瑞典的利益，更不用说为贝纳多特在未来法国政治中可能的角色服务了。只要后一点还是贝纳多特快活的白日梦，那就可以放任不管，瑞典在战后对挪威提出的主权主张也必须这样处理。但波佐还是被告诫要十分警惕贝纳多特，并使自己和王储司令部内的英国代表查理·斯图尔特爵士结为同盟。亚历山大告诉波佐，俄国和英国的利益在这时是相同的：他们都要确保贝纳多特将所有交托给他的部队用于共同事业，而不是让这些部队为了单纯的瑞典利益和次要行动而动弹不得或遭到误用。波佐是执行这一任务的理想人选。到1812年为止，亚历山大已经在随从队伍中集结了一大帮可以被描述为根深蒂固的外国反波拿巴分子的人。这些人中最

420　有名的是施泰因男爵，温岑格罗德也是这个团体的最初成员之一。波佐·迪·博尔戈的反波拿巴资格则是最完美的：他有科西嘉血统，自1793年以来一直是拿破仑在法国和科西嘉政坛上的死敌。波佐恰好是放在法国革命政治老手、前共和派人士让－巴蒂斯特·贝纳多特身边的理想猎犬。查尔斯·斯图亚特爵士和施泰因男爵都对波佐评价很高，这并不令人吃惊。[89]

　　与此相反，贝纳多特军团里的俄军部队喜欢这位王储，他们之间的感情也是相互的。贝纳多特喜欢十分得体地告诉普鲁士人和瑞典人，他们应当效仿杰出的俄国战友。他的司令部总是由俄军守卫，他对待俄军可谓溺爱，总是确保他们能吃得好，也保障他们的伏特加供应。他努力确保所有士兵都在有可能的情况下住到房子里面去，只在的确有必要时才让他们露营。俄军士兵赞扬他在这方面的细致用心，也相当喜欢贝纳多特的加斯科涅式的浮夸和怪癖。贝纳多特对待他麾下的俄罗斯高级军官也颇为礼貌，因此在军官圈子中广受欢迎。弗拉基米尔·勒文施特恩在回忆录中写道，尽管贝纳多特在柏林战线上面临许多困难，1813年秋季他还是完成了一场模范战役。至于指挥俄军"快速分队"的亚历山大·切尔内绍夫和米哈伊尔·沃龙佐夫，这两人似乎把坏脾气留给了温岑格罗德，他们正确

地将此人视为远不及自己的三流将军。[90]

温岑格罗德自己向亚历山大报告，贝纳多特司令部里的参谋人员们行动迟缓。实际上和所有观察者一样，他抱怨说王储在大贝伦会战后"极为谨慎地展开行动"，没能充分利用联军的胜利。然而，温岑格罗德总体而言似乎和贝纳多特关系良好。和他的司令一样，温岑格罗德并不急于向拿破仑的巢穴前进。他还对普鲁士人牢骚满腹，这主要是因为普鲁士人没能履行俄普协定，给他手下部队的补给并不充足。温岑格罗德对这一点的抱怨从7月就开始了，在整场战役中都不断持续着。以他早期的一封信为例，他抱怨说不仅他自己的部队吃不饱，甚至连借给普军弥补炮兵短缺的俄军炮兵连都得不到食物。[91]

面临普鲁士人不能向俄军提供足够补给的状况，俄国人只得依靠他们压榨波兰人的传统伎俩。巴克莱·德·托利在8月的第一周下令，在波兰再进行一次大规模征收，此次征收旨在抽取正在收获的谷物，首先养活西里西亚军团中的俄军部队。被征收的物资包括大量为士兵准备的面粉和为俄国马匹准备的燕麦，还有295000升伏特加。普鲁士政府请求巴克莱匀出一些食物，以便减轻柏林地区为温岑格罗德的部队和马匹提供食物的负担。巴克莱下达这次新征收命令一个星期后，部分征收品抵达，随后被转交给温岑格罗德。这包括可供士兵煮粥的超过50000千克去壳谷物、87000升伏特加和524000千克肉类。[92]

8月10日休战结束后，温岑格罗德立刻下令袭击和搜索分队绕过乌迪诺所部西翼，深入它的后方。拿破仑本人正在向乌迪诺司令部前进的流言甚至让俄军指挥官也相信他有可能生擒法国皇帝。勒文施特恩得到了一支哥萨克分遣队，还有把拿破仑装进袋里带回来的任务。勒文施特恩的哥萨克于是南下，在转入乌迪诺后方之前，他们迅速劫掠了途中遇到的一座富裕的庄园主宅邸。勒文施特恩记载说他给了劫掠者每人100鞭子，还把一个军士降了职，但他没能把大部分虏获品还给主人，因为他手下哥萨克隐藏财物的技巧实在

421

太过熟练了。勒文施特恩派出的侦察兵很快发现拿破仑远在西里西亚，而防备薄弱的乌迪诺所部金库则要近得多，勒文施特恩高兴地扑了上去。这位俄军上校本质上多少是个盗匪，他战前在彼得堡打牌时经常有大笔进账，但输的时候却更多。战争中他以巨大的勇气和无畏一路从维尔纳打到巴黎，与此同时也一路勾引女子。即便如此，他也是一个光荣的盗匪，尽管他记述说战俘对袭击分队总是个大麻烦，但他始终带着战俘一起行动，他鄙视菲格纳蓄意杀害法军战俘的行为。

乌迪诺金库里的硬币价值 240 万纸卢布，勒文施特恩在回忆录中坚称根据俄军惯例这笔财富应该属于他，因为正是他本人亲自持剑夺取金库。安全把这笔财富带回去则是个巨大的挑战。根据勒文施特恩回忆录的评价，躲避法军的难度还比不上击败急于共享战利品的"盟友"。威胁首先来自他自己手下的哥萨克，俄军惯例也许能（也许不能）让勒文施特恩成为他战利品的合法主人，哥萨克的惯例则更加民主。哥萨克是全职劫掠者的后裔，他们惯于平均分配战利品，不过要给指挥官一份特殊奖赏。没有人能够确定，当哥萨克为皇帝效力时这一传统改变了多少。为了避免误解，勒文施特恩给了每个哥萨克 100 银法郎，并许诺把战利品带回柏林时再给每人同等的金额。他的下一个成功则是瞒骗并躲开附近由普连杰利（Prendel/Прендель）上校指挥的哥萨克袭击分队，普连杰利感到有迫切必要去帮助保护勒文施特恩的劫掠物，以避免可能会发生的可怕后果——法军夺回金库。

返回柏林后，勒文施特恩遭遇到了最危险的敌人——这座城市好斗的军事总督莱斯托克将军。在普鲁士正急需现款的时候，莱斯托克没理由允许这笔劫掠收入在他眼皮底下不上税。随后便是一场纵贯柏林的奇怪追逐与躲藏，总督努力尝试找到勒文施特恩的大车和车内的物品，但等到他发现大车的时候，勒文施特恩已经把他的战利品安全地隐藏起来了。勒文施特恩随后付出了相当数量的贿赂以消除可能的威胁，在回忆录中他补充说，旧相识们突然到处涌了

422

出来，"对我而言，对我的朋友们有用是真正让人快乐的"。温岑格罗德的总监察长谢尔盖·沃尔孔斯基公爵的确是个老朋友，他记录说勒文施特恩运回的外国硬币数量极大，以致整个柏林地区的普鲁士塔勒都贬值了。根据勒文施特恩的回忆录判断，普鲁士首都最好的妓院和香槟酒店铺的生意也引人注目地增长了。[93]

与此同时，拿破仑正在进行他两次夺取柏林尝试中的第一次，此次的指挥官是乌迪诺元帅。拿破仑沉迷于攻占柏林的妄想，这是联军的幸事，即使他仅仅在贝纳多特军前方做出伪装，就可以把数量可观的部队调至其他地方。贝纳多特是最不可能发起一场大胆攻势的，因为他决心在渡过易北河并暴露于前任上司的突然反击下之前占据一个渡口要塞，他将会停下来围攻维滕贝格（Wittenberg）。拿破仑不仅起初命令乌迪诺向柏林进军，后来又命令奈伊做同样的事情，但他给他们的士兵人数太少、质量太低，因此无法完成预定的任务。拿破仑这么做部分是由于他鄙视普鲁士步兵，低估了他们在战场上的潜力。

乌迪诺拙劣地向前进发，于8月23日在大贝伦被比洛军击败。吉拉尔（Girard）将军指挥一个很强的师从维滕贝格出发增援乌迪诺，8月27日是联军开始从德累斯顿撤军的日子，这个师则恰好于当天在哈格尔贝格（Hagelberg）被歼灭。除了为弥补普军炮兵短缺而长期借给比洛的俄军炮兵连之外，俄军并未参加大贝伦之战。温岑格罗德军位于联军保卫柏林的战线右翼，而乌迪诺则试图在左翼突破。会战早在俄军能够参战之前就已经结束了。法军指挥官前进时手下的各个纵队散得很开，以致无法互相支援，因此比洛和陶恩钦（Tauenzien）的两个普鲁士军不需要俄军帮助就足以将其击败。无论如何，是切尔内绍夫在哈格尔贝格会战中命令他的哥萨克突然杀入敌军后方使其陷入混乱，他也为瓦解敌军做出了巨大贡献。[94]

法军向柏林的第二次推进是由奈伊元帅指挥的，结果于9月6日在登讷维茨会战中失败。法军又一次向由比洛和陶恩钦麾下普军所组成的联军左翼开进。和在大贝伦时一样，温岑格罗德军这次还

423

是被部署在联军右翼，只有部分骑兵和炮兵参加了会战，即使他们也只是在最后阶段才投入战斗。没有人能够因此指责俄军，他们的部署和行动都严格遵照贝纳多特的命令。但王储的行为从那时起就成为被指责的目标，对拥有普鲁士—德意志民族主义信仰的史学家来说尤其如此。另外，贝纳多特也有无数辩护者，包括可能对这场战局研究得最为出色的史学家，普鲁士总参谋部上校鲁道夫·冯·弗里德里希。[95]

424　　　　贝纳多特的敌人争辩说，他对普军的支援太过缓慢，把脏活都留给普军，却把功劳归于他自己、瑞军和俄军。与之相反，他的支持者认为由于可能通往柏林的路线有许多条，他只能将军队部署在保护这些路线的宽大正面上，并且一旦发觉奈伊正在朝比洛方向行进，他就以尽可能快的速度前去援救普鲁士人。他们也强调了俄军骑兵和步兵在会战最后阶段的巨大贡献，还争辩说即使比洛那时不得不退却，已经疲惫不堪的敌军也会落入俄军和瑞军口中。

　　没有人能够否认，普鲁士部队怀着巨大勇气进行了长达数个小时的战斗。比洛自己以指挥技艺、冷静和对时间的准确把握指导部下作战。国民后备军各团在战斗中的表现，要远比克莱斯特军的民兵一个星期前在库尔姆会战中的发挥出色。不容争辩的另一点是，即使普军的胜利很大程度上要归因于普军士兵的勇气和毅力，法军指挥官的行为却也是法军失败的重要原因。尽管理论上普军兵力远少于法军，奈伊在实践中却从未将他的三个军成功集中到战场上来。这场仗打得相当令人眼熟。奈伊出现在战场北半部，他完全沉浸于附近的战斗中，丧失了对全局的把握。他召集整个乌迪诺军赶来增援，就此暴露了南翼雷尼耶的萨克森军，使其遭到挫败。乌迪诺因被罢免了总指挥的职务而深深感到受辱，他乐于促成继任者的失败，因此一言不发地服从了上司的愚蠢命令。比洛利用乌迪诺向北方前进的机会对雷尼耶的萨克森军发起反攻，此后不久俄军骑兵和骑炮兵冲入雷尼耶敞开的左翼，将失败转化为溃逃。伊万·利普兰季写道，击退动摇中的萨克森人的集中火力打击是他看到俄军炮兵在整场战争中所做出的最为专业的表现。[96]

　　圣彼得堡龙骑兵团是会战即将结束时攻入法军左翼的俄军骑兵单位之一，它的团史指出，俄军骑兵在拯救疲惫不堪的普军步兵、冲散法军炮兵、使敌军步兵惊慌失措逃跑和最终打垮一些敌军后卫的战斗中发挥了决定性作用。撰写这部团史的卡缅斯基将军抱怨说，外国人从来不承认俄军做出的贡献，尽管他对会战的分析实际上和鲁道夫·冯·弗里德里希相差不大。作为一个民族主义者，谢尔盖·沃尔孔斯基和撰写登讷维茨会战历史的普鲁士史学家一样怀有偏见。他在回忆录中荒诞地写道，胜利的"全部荣誉"都归于"贝纳多特的部署、俄军与瑞军炮兵的无畏和俄军骑兵的攻击"。虽然程度上要低得多，这一争执却与后来关于普军在滑铁卢角色的争论有相同之处，这是联合作战中不可避免的一个方面。然而我们不得不说，正如俄国官方历史清楚表述的那样，普军在滑铁卢进行的战斗要远比俄军在登讷维茨艰苦。所有普鲁士和俄罗斯资料都同意的一点是，在一场全面追击就能摧毁奈伊所部的时候，贝纳多特却没能以足够的决心追击奈伊溃逃中的军队。[97]

　　即便没有遭到全面追击，奈伊所部的损失也非常严重。俄军估计他损失了多达 18000 人，其中 13000 人沦为战俘。由于后者多数是在骑兵追击溃逃法军时被一勺端起的，因此这一数字多少证明了俄军对胜利的贡献。总的来说，拿破仑在战争第一个月里损失了100000 人和 200 多门炮，联军损失了仅仅 50 门炮和不多于 85000 名士兵。援军还在不断涌入联军行列之中，到 10 月初开始向莱比锡前进时，施瓦岑贝格已经弥补了奥军在德累斯顿所蒙受的全部损失，这些新兵的训练程度总体来说要比 8 月时的迈什科所部更好一些。俄军行列也被更多新来的后备军和出院的伤病员补得满满当当。尤为重要的是，俄军里还增加了本尼希森接近 60000 人的波兰军团。本尼希森手下的步兵的确几乎有一半是彼得·托尔斯泰伯爵带出来的民兵，他们事实上只能在围城战中发挥作用，但其余的步兵以及所有的骑兵与炮兵都是优良的部队。[98]

第十二章

莱比锡会战

　　登讷维茨会战标志着秋季战局第一阶段的结束，9月的剩余时间则属于间歇期。秋季战局的第二阶段，即决定性阶段在10月初开始，最终以莱比锡会战结束。拿破仑原本有可能在9月打破僵局，随后按照习惯将自己的意志强加到敌人身上。然而他的战略处境，尤其是他的损失使得这无法实现。在秋季战局之初，拿破仑曾经希望指挥他的近卫军和后备军北上攻击柏林，来给联军毁灭性的一击。这样的举动现在看来已经不可想象了：监视布吕歇尔和施瓦岑贝格就已经让他腾不出人手。拿破仑一定程度上恢复了麦克唐纳所部的秩序，并试图向布吕歇尔方向前进。但后者只是向后撤退，赌拿破仑不敢一路追过萨克森东部和西里西亚，因为这样就会把德累斯顿让给施瓦岑贝格。

　　拿破仑在9月中旬沿着特普利茨大道南进，怀着击败联军主力军团的目标深入厄尔士山脉之中。无论如何，追击施瓦岑贝格的强大军团和试图深入波希米亚迫使其展开会战是不可能成功的。施瓦岑贝格可以找到足够多的良好防御阵地，与此同时，拿破仑与后方的交通线也会在蜂拥而至的联军骑兵面前变得十分脆弱，而布吕歇尔甚至贝纳多特也将出现在德累斯顿城门前，摧毁他的萨克森基地。到目前为止，除非拿破仑决心放弃德意志中部，他唯一实际的选择就是等待联军入侵萨克森，而后努力利用他们的错误。

　　主动权落入了联军手中。然而，只有当波希米亚军团再次越过厄尔士山脉时，联军才有可能发动对萨克森的入侵，但施瓦岑贝格还不愿意再次尝试。这部分是由于他需要时间接收并训练奥地利军

队，以便补充德累斯顿会战留下的部队空缺。在 8 月底越过群山的
混乱撤退中，联军丢失了许多大车和更多的物资与弹药。在计划发
动一场新攻势之前，这些损失也需要得到弥补。许多马匹也在山路
的烂泥和石子里，尤其是在进入特普利茨河谷的陡峭斜坡上失去了
马蹄铁。在 1813 年 9 月，波希米亚的马蹄铁供应极为短缺，不得不
从其他地方调运补充。

　　总体而言，对波希米亚北部的联军部队进行补给是相当困难的，
这也导致奥军、俄军和普军之间产生了许多分歧。奥地利人指责俄
罗斯人的劫掠行为，俄罗斯人则回复说，原本两国政府间的协定已
经包含了俄军驻扎在奥地利境内时的维持费用，而奥地利人不能根
据这一协定养活俄军部队，所以俄军不得不去自行搜寻食物。坎克
林后来说，奥俄协定理论上是没有任何问题的：唯一的替代方法是
利用私人承包商，而这要昂贵得多。但奥地利人却没能有效履行协
定条款。最后，一个部分解决补给问题的办法是把许多骑兵移到饲
料充足的波希米亚中部地区，让他们在那里一直待到联军做好恢复
进攻的准备为止。[1]

　　战略考量也延迟了联军的军事行动。8 月下旬发生的近乎灾难
的事件，证实了奥地利人对沿着横穿厄尔士山脉的道路前进的危险
性的恐惧，它也为奥地利人对拿破仑会利用联军深入厄尔士山脉的
时机攻入（波希米亚军团）右翼和波希米亚后方的担忧提供了充分
的证明。除非施瓦岑贝格确信，他已经对此类威胁采取了良好的防
范措施，否则他便不会向萨克森前进。若米尼在 9 月 3 日撰写的一
份备忘录对该问题做了详尽阐述。主力军团需要至少 170000 兵力才
能攻入萨克森，而其中必须有 20000 人监视德累斯顿方向。拿破仑
曾计划从德累斯顿以南的易北河一线发起攻击，而旺达姆事实上在
8 月进行过此类尝试，但联军主力军团将不能同时在这一线投入足
够兵力进行防御。若米尼的解决方案得到了施瓦岑贝格的欣赏，也
被三国君主批准：布吕歇尔军团必须向波希米亚进军，以便在主力
军团进入厄尔士山脉向前推进期间保护它的右翼。要是拿破仑并未

在右翼构成威胁，西里西亚军团可以自行沿着特普利茨大道向德累斯顿及其他地区推进，加入对萨克森的入侵。[2]

登讷维茨的胜利和援军赶赴波希米亚军团改变了若米尼方案中的一些数字，但并未调整方案的战略核心。毫不令人惊讶的是，布吕歇尔极不愿意丧失自己的独立地位而仅仅成为施瓦岑贝格麾下笨重军队的一部分。他致信克内泽贝克，内容如下：为了"共同利益，不要让我（的军团）和主力军团合为一体；这么庞大的一群人在那种地形条件下能做成什么事？"另一封布吕歇尔书信由格奈泽瑙起草，标明日期为9月11日，直接传给了亚历山大。这封信强调，如果布吕歇尔远离贝纳多特转而进军波希米亚，会给贝纳多特造成相当大的影响："9月6日的会战（即登讷维茨会战）肯定已经改变了该战区的战线，但是假若瑞典王储发现西里西亚军团正在远离他，他就可能有充分理由陷入毫无动作的状态。"[3]

在写下上述得体的语句时，写信人需要谨慎从事。和这封信一起抵达亚历山大与弗里德里希·威廉那里的还有布吕歇尔的优秀参谋，吕勒·冯·利林贝格（Rühle von Lilienberg），以便将布吕歇尔的观点口头表述给他们。吕勒强调了布吕歇尔和格奈泽瑙的看法，"只要王储被独立部署在一个单独战区里，由于他的政治立场，我们就无法期待他采取任何行动"。书信和口头请求的联合力量说服了君主们，也对战役的未来产生了决定性影响。布吕歇尔被允许继续独立作战，并准备跨过易北河与贝纳多特会合。内塞尔罗德致信波佐，让他在此后的军事行动中确保王储与联军保持一致。与此同时，本尼希森的波兰军团将改变原来穿越西里西亚的行军路线，转而南下波希米亚，保护施瓦岑贝格的右翼和后方。[4]

亚历山大在9月13日致信布吕歇尔，告诉他冯·德姆·克内泽贝克将军正带着指令赶往他那里，在制订即将展开的军事行动计划时，这些指令将给予布吕歇尔广阔的回旋余地。他同一天还写信给本尼希森，命令他向波希米亚进军。皇帝直白地告诉本尼希森，"我认为让他（布吕歇尔）改变已经选好的方向是困难的"，并告知波兰军团司令进入波希米亚的行军路线。他强调了这一行动的紧迫性，本尼希森必须每天向他报告。9月17日，本尼希森在海瑙接到了亚历山大的命令，他立刻催促下属各军军长加速前进，只让托尔斯泰伯爵的民兵在利格尼茨休整了一天，告诉将军们把任何不能上战场的部队都留在身后。然而，本尼希森的部队沿着糟糕的道路开进，在已经被过路部队吃得一干二净的地区行军，又赶上了恶劣天气，最终还是花了至少两个星期才抵达波希米亚。尽管存在上述问题，本尼希森此后还是坚持每天向亚历山大提交报告，他还补充说，为了确保部队吃饱，奥地利军需官们在这种状况下做得很不错。[5]

就在本尼希森所部不停行军的同时，大部分联军部队则处于休整之中。军事行动大多数状况下仅仅局限于轻型部队，他们现在已经涌入拿破仑的后方，对他的补给造成了巨大破坏。俄国、普鲁士、奥地利轻骑兵和哥萨克迫使拿破仑不管在莱比锡以东还是以西，都投入规模越来越大的护送部队保护补给车队。9月11日，一支由4000名步兵和1500名骑兵护送的补给车队在莱比锡以西被一支联军部队击败。亚历山大命令布吕歇尔抽出6个哥萨克团，他希望把这些部队部署到萨克森西部的敌军战线后方。亚历山大通过彼得·沃尔孔斯基要求普拉托夫指挥他们，他给普拉托夫的信里充满了优雅的礼貌用语，仿佛顿河哥萨克的阿塔曼还是独立君主一样。普拉托夫接受了这一职位，以行动证明他不负亚历山大的信任。9月28日，他和其他联军轻骑兵部队一起在彭尼格（Pennig）附近击溃了勒费弗－德努埃特（Lefebvre－Desnouettes）将军的第二近卫骑兵师，这个师是拿破仑专门派到后方对付联军游击队的。[6]

由亚历山大·切尔内绍夫指挥的北方军团俄军轻型部队的军事行动更加出色。切尔内绍夫写道，他劝说贝纳多特同意给他10天时间在易北河以西的敌军战线后方自行其是。他的部队由5个哥萨克团、6个薄弱的正规骑兵中队和4门火炮组成。在9月14日夜间渡过易北河之后，切尔内绍夫决心径直西进卡塞尔（Kassel），它也是热罗姆·波拿巴摇摇欲坠的威斯特伐利亚傀儡王国的首都。他的日记还说，攻击这一目标而非莱比锡，部分是因为后者附近法军数量众多、组织良好。切尔内绍夫指出，对卡塞尔的成功进攻能够在整个地区引起暴动。

切尔内绍夫行动得快速而隐秘，仅仅在一天内就行军 85 公里，于 9 月 29 日拂晓时分展开了对卡塞尔的攻击。奇袭、勇气和虚张声势的结合，以及法军深知他们在当地毫无民心，这些最终导致热罗姆国王出逃，他的首都也随之投降，俄军还夺取了庞大的仓库和内含 79000 塔勒军费的金库。切尔内绍夫并非盗匪：他在撤出卡塞尔之前将其中的 15000 塔勒分给部下，剩余部分则上交给温岑格罗德。他在日记中认为，如果他在城里找到了足够的武器，他会武装平民志愿者，奋力坚守卡塞尔直到援军到来。他的奇袭战果极为辉煌，这再一次证明了他的无畏和领导才能。另外，与前几次具备重大的战略意义的袭击不同，暂时夺取卡塞尔在 1813 年秋季对联军事业并没有明显贡献。真正侵蚀拿破仑在德意志西部根基的是梅特涅正在与莱茵同盟各国进行的秘密谈判，这场谈判已经渐渐把巴伐利亚带到了倒向联军阵营的边缘。意义最为重大的则是将在莱比锡发生的大会战，这将决定德意志甚至也许是欧洲的命运。和普拉托夫及其他萨克森境内的游击队指挥官不一样，切尔内绍夫并没有迫使拿破仑分派部队削弱主力，也没有阻断拿破仑主力的补给。他此时诚然是一颗明星，很大程度上却不过是无足轻重的细枝末节。[7]

与此同时，本尼希森军团正赶往波希米亚。一位名叫安德烈·拉耶夫斯基的年轻民兵军官正在军团队列中行进，作为民兵军官，拉耶夫斯基的视角与正规军军官多少有些不同。他的回忆录盛赞了志愿离开家乡的贵族的自我牺牲精神，尽管他们中许多人在为国效力多年后已经得到了安度晚年的机会。他虽然满怀自豪地指出地方精英正为国做出牺牲，却没有为他们指挥的农民士兵说一句话。在这方面拉耶夫斯基的回忆录同亚历山大·奇切林的日记形成强烈反差，奇切林的日记里包含着对谢苗诺夫斯科耶近卫团士兵细腻而富有人道关怀的评论。

然而就大多数层面而言，在那些经过波兰、西里西亚长途进军到波希米亚的俄国军官们的著作中，拉耶夫斯基的回忆录是有代表性的。他把波兰的肮脏和贫穷同西里西亚的整洁和富裕加以对比。进入波希米亚之后，他注意到当地居民同样也是斯拉夫人，并补充说和西里西亚的德意志人比起来，他们要不快活得多。他们不仅非常贫穷、不够干净，对待远道而来的俄军也不够热情，还格外吝啬。和他的许多同类一样，拉耶夫斯基因俄国的权力、声望和慷慨而振奋。他为俄国人不仅打败了拿破仑，还要把欧洲从他的轭下解放感到自豪。一定程度上来说，他的回忆录也是一部浪漫游记。以在洛伊特梅里茨（Leutmeritz）的经历为例，他回忆说俄军民兵遇见了主力军团的马车队："一长排大车，马匹不计其数，到处是巴什基尔人和卡尔梅克人的营火烟雾，他们聚集在车队周围，让人想起漫步在乌拉尔草原和狂暴的叶尼塞河（Enisei/Енисей）两岸的野蛮游牧部落。"[8]

本尼希森在洛伊特梅里茨收到了亚历山大关于即将展开的战役的命令。他的主要任务是保护主力军团在波希米亚的基地和交通线。如果拿破仑入侵这一省份，本尼希森将退到埃格河后方的坚固防御阵地上去。如果法军并未入侵，反而迎击主力军团，本尼希森将沿着特普利茨大道攻入他们后方。9月30日，多赫图罗夫将军的部队抵达特普利茨河谷，开始占用波希米亚军团此前留下的露营地。莱比锡战役即将开始。[9]

施瓦岑贝格的前卫部队于9月27日开始北进，波希米亚军团这次只使用了两条穿过厄尔士山脉的大道中的一条，换句话说就是从科莫陶经过开姆尼茨前往莱比锡的道路。这不可避免地延缓了部队前进的速度，施瓦岑贝格和巴克莱都敏锐地意识到，如果军队从山中涌出时遭到拿破仑的突袭，它将极易被击溃。由于许多轻骑兵已经被派到了莱比锡附近的袭击分队，侦察也成了一个问题。维特根施泰因和克勒瑙指挥联军先头部队：前者手下没有哥萨克，后者手下仅有1200名轻骑兵。尽管巴克莱很担心补给，但开姆尼茨和阿尔

432　滕贝格之间的地区从未被战火波及，当地的食物和草料被证明是相对充足的。施瓦岑贝格带着160000人走出了厄尔士山脉，他面前仅有若阿基姆·缪拉麾下的40000人。但是联军的行动十分缓慢且缺乏协作，因此缪拉能够轻松地拖慢联军前进的速度，甚至在前哨战中赢得了许多小胜。缪拉所部身上要承载的压力非常轻微，这让缪拉相信他面对的仅仅是波希米亚军团的一部分而已，施瓦岑贝格和军团主力可能还会试图向德累斯顿开进。缪拉带有这一想法的报告误导了拿破仑，但施瓦岑贝格谨慎行为的主要后果则是拿破仑能够摆脱束缚，带着绝大部分军队对付布吕歇尔和贝纳多特。[10]

　　布吕歇尔的军队于9月29日开始北进，意在与贝纳多特会合。10月3日，布吕歇尔的俄国舟桥连让他手下的普军在瓦滕堡（Wartenburg）跨过了易北河。瓦滕堡的法军尽管数量上处于劣势，却占有十分有利的防御阵地，约克手下的步兵则怀着极大的勇气对阵地展开突击。与此同时，贝纳多特履行了他越过易北河与西里西亚军团会师的诺言：他的3个军于10月4日在罗斯劳（Rosslau）和阿肯（Aken）渡河。温岑格罗德收到贝纳多特的命令：如果法军前进与布吕歇尔交战，就攻击奈伊的后方。西里西亚军团则向东南方向的迪本（Düben）前进，先头部队是约克，朗热隆紧随其后，萨肯军则走在最后面。在放弃了易北河以东的基地后，朗热隆的士兵已经开始从附近乡村搜刮食物了，他们中的一些人开始陷入饥饿。拉多日茨基上尉抱怨说，跟在普军后面行军总是让人不快的，因为他们把乡村掠夺得干干净净，比起俄军在同年早些时候行经华沙大公国时对待波兰人的做法，普军对待萨克森人的行径要恶劣得多。[11]

　　从西里西亚军团和北方军团的自身安全出发，也为了能够赢得战役的胜利，这两个军团应当同时行动。实际上贝纳多特和布吕歇尔都不能向另一个军团司令下达命令：他们必须在战略上达成一致意见。考虑到布吕歇尔的大胆和贝纳多特的谨慎，一致意见注定是很难达成的。布吕歇尔的目标是拽着贝纳多特和他一起行动，在莱

比锡附近与施瓦岑贝格会合，进而使 3 个联军军团合起来同拿破仑
展开一场决定性会战。贝纳多特理论上并不反对这一战略。如果拿
破仑向莱比锡前进并与施瓦岑贝格展开会战，贝纳多特完全愿意像
特拉亨贝格计划要求的那样攻入拿破仑的后方。然而贝纳多特很有
理由担心，如果他和布吕歇尔在波希米亚军团来到他们附近之前就
向莱比锡进军，他们将会暴露在拿破仑全部军队的攻击之下。在展
开这样冒险的行动之前，他们至少需要清楚了解到施瓦岑贝格的下
落和拿破仑的动向。此外，贝纳多特相信拿破仑可能会充分依靠施
瓦岑贝格的迟缓，在波希米亚军团来得及加入战斗之前就亲自北上
摧毁其他两个联军军团。贝纳多特的这一预见完全正确，他的谨慎
也是有足够根据的。

433

　　莱比锡战役打响时，拿破仑还在德累斯顿。他起初发现联军的
动向难以掌握，这部分是因为他缺乏良好的骑兵，但也是因为他不
能轻易相信布吕歇尔居然会胆大到放弃他在西里西亚的基地和补给，
带着全部军团越过易北河，深入拿破仑的巢穴。皇帝直到 10 月 7 日
才离开德累斯顿前往迈森（Meissen）和武尔岑（Wurzen），并于次
日抵达两地。不管他是要前往莱比锡迎战施瓦岑贝格，还是要北上
对付布吕歇尔，这都是合情合理的路线。他只有在抵达迈森之后才
必须摊牌，到底是西进莱比锡，还是沿着穆尔德河（Mulde）东岸
朝东北方向开往迪本。

　　然而，拿破仑就在这时犯下了他在这场战役中可能最严重的错
误。他起初命令圣西尔放弃德累斯顿，带着他的军和主力部队会合。
在皇帝改变心意下令圣西尔应当留在德累斯顿保卫城市的时候，圣
西尔已经撤走了他在厄尔士山脉的前哨部队。现在德累斯顿的补给
已经被耗尽，它几乎毫无作为基地的用处。由于这座城市并没有进
行适当的要塞化处理，它作为渡河点的价值也要比易北河上如托尔
高、维滕贝格和马格德堡之类的其他渡河点小得多。无论如何，联
军对萨克森西部的入侵给了拿破仑赢得 1813 年战局、保住他在德意
志地位的最好机会，这也是他最后的机会，他需要为决定性会战集

中全部兵力。在这种状况下，本尼希森能够动用托尔斯泰伯爵的民兵部队将圣西尔堵在萨克森——在野战战场上民兵几乎是无用的——同时带着他手下的大部分正规军及时与联军大部队会合，加入莱比锡会战。拿破仑在莱比锡战败之后，圣西尔在德累斯顿的饥饿守军已经完全处于孤立状态，他们最终于 1813 年 11 月投降：35000 名原本足以令拿破仑在莱比锡会战中取得优势的士兵沦为战俘，他们在关键的 10 月对拿破仑的事业毫无贡献。[12]

布吕歇尔和朗热隆在 10 月 9 日抵达迪本，朗热隆军在村庄内部和周边驻扎下来休息。午后不久警报声就响起了。拿破仑从武尔岑率领大军出发，正在赶往迪本的途中，而他的前卫部队已经十分危险地接近了联军。朗热隆在回忆录中写道，他和布吕歇尔原本可能会轻易被俘虏。显然，朗热隆的骑兵在侦察中一败涂地。这可能和从布吕歇尔军团抽调哥萨克加入普拉托夫在莱比锡附近的袭击分队有关。附近地区的森林也的确妨碍了情报搜集工作。然而，这些原因都不足以解释为何会遭遇如此重大的挫折。尽管朗热隆和布吕歇尔都十分尊重通常情况下指挥俄军前卫的鲁德泽维奇和埃马努埃尔将军，但他们对朗热隆兵团大部分高级骑兵指挥官的评价都很低。朗热隆写道，"在整场战役中，我手下的骑兵都因为他们的指挥官的疏忽、懒惰和缺乏信念而陷于瘫痪"，他指的首先是骑兵军总指挥、中将科尔夫男爵，迄今为止他都在战役里沉溺于绅士生活方式，安于舒适的生活。[13]

由于卡普采维奇将军的冷静和他手下第十军展开的娴熟后卫作战，朗热隆把他所有的部队都安全带出了迪本，退往西北方向，在耶斯尼茨（Jessnitz）渡过了穆尔德河；但拿破仑的前进将萨肯兵团和西里西亚军团其他部队分割开来。在此后递交给巴克莱·德·托利的报告里，萨肯描述他的兵团于 10 月 4 日越过易北河，在随后几天里，他麾下的骑兵，包括一个卡尔梅克团，同法军展开了许多次成功的前哨战。突然，在 10 月 9 日，"（我的）军发现它正处于整场战争里所遭遇的最危险的处境中"。由兰斯科伊少将指挥的萨肯

所部前卫发现"数量很大"的敌军正挡在它的前进道路上。与此同
时，优素福维奇少将手下的后卫部队遭到法军猛攻，攻击后卫部队
的包括塞巴斯蒂亚尼的全部骑兵、6000 名步兵和从托尔高方向赶来
的 18 门火炮，法军似乎出现在四面八方。

　　幸运的是，萨肯从来都不是一个会惊慌失措的人，而他麾下以
伊拉里翁·瓦西里奇科夫为首的骑兵指挥官们也非常能干。他们在
相当长的时间内挡住了法军，使得萨肯能够让步兵沿着乡村小道穿
过森林，赶往挡住法军的北面。在 10 个小时的行军之后，萨肯于午
夜时分抵达了普雷斯尔（Presl）村，他在那里找到了部分骑兵，而
塞巴斯蒂亚尼就在不远处。然而，法军骑兵指挥官容许自己被这样
的事实欺骗了，"我们的辎重车队正在赶往易北河畔的埃尔斯特：
他认为我们军也会向相同方向前进"。事实上，萨肯把他的部队派
往相反方向，换句话说就是跟随军团其他部队的脚步向西北方向前
进。塞巴斯蒂亚尼最后跟丢了绝大部分辎重车队，和所有萨肯的部
队。对萨肯而言，他的下一段行军——"从迪本延伸到维滕贝格的
主干道"——是最危险的时刻。他的士兵在夜间通过主干道，"我
们把我们的猎兵部署在这条道路两旁，我们在他们中间通过，敌军
的露营地就在视野之内，但敌人并未注意到我们的行动"。[14]

　　朗热隆在他的回忆录中评论道：

　　　　一个不如萨肯大胆的将军会急忙经过斯米德贝格（Smiede-
　　berg）赶往瓦滕堡的桥头堡，但萨肯坚持不与我们分离，他同
　　时也是一位富有冒险精神的将军，行军十分娴熟：他在夜间距
　　离拿破仑不到 1 里①的状况下，成功从侧翼越过了他，从他的
　　主力和前卫部队之间杀出，展开强行军，在拉贡（Raguhn）渡
　　过穆尔德河，最终与我们再次会合。他从未被拖入战斗行动，

---

① 朗热隆在回忆录中使用的单位 Mille，即俄国长度单位 Мили 或德意志里 Mei-
le，1 Мили 折合 7468 米，1 帝国里折合 7500 米，1 萨克森里折合 9062 米，
1 普鲁士里折合 7532 米。——译者注

也没有损失哪怕一个辎重部队的士兵。几乎不可能找到比这更大胆、执行得更好的机动作战了。[15]

　　萨肯的壮举避免了联军立刻陷入灾难之中，但是他们的处境依然危险。布吕歇尔和贝纳多特一致认为，北方军团和西里西亚军团都应该向西进军，在萨勒河（Saale）另一边（也就是西岸）占据阵地。联合起来的两个军团与拿破仑之间还隔着一条河流，他们可以在寻找施瓦岑贝格下落、打探拿破仑意向的同时安全地等待。如果状况像布吕歇尔预测的那样，皇帝赶往莱比锡与波希米亚军团作战，那么他和贝纳多特就可以安全地沿着萨勒河西岸南下，从北面攻击莱比锡。如果状况像贝纳多特担忧的那样，拿破仑试图越过萨勒河撤退，或者赶往马格德堡和元帅达武（守卫的汉堡），那么联合起来的两个军团也将处于阻拦拿破仑前进的良好阵地上。如果拿破仑试图攻击柏林或者俄普联军的交通线，这两个军团也不难到达位于罗斯劳和阿肯的易北河渡口。

　　然而，布吕歇尔和所有普鲁士将领到目前为止已经对贝纳多特极不信任，他们越来越确信他将成为联军事业的潜在叛徒。普鲁士人原先相信王储为约克军在韦廷（Wettin）搭建跨过萨勒河的浮桥的诺言，但是当他们在 10 月 11 日抵达那里时，却并没有发现任何桥梁。他们将这解释为迫使普军沿萨勒河向北退往易北河渡口的卑鄙手段，换句话说也就是优先服从于贝纳多特的考虑。布吕歇尔则转而南进，在上游的哈雷（Halle）渡河。对这位普鲁士指挥官来说十分幸运的是，拿破仑麾下骑兵的侦察能力低下，而拿破仑的注意力也集中在北面的易北河方向上，他相信萨肯和联军的许多剩余部队都在向那里撤退。如果拿破仑把注意力向西转移到萨勒河上，他就会有抓住孤立的约克军，把它钉在河岸上最终加以歼灭的良机。

　　到 10 月 12 日为止，西里西亚军团和北方军团都已经位于萨勒河西岸，它们的指挥官则试图弄清楚令人困惑且互相矛盾的各类信息。布吕歇尔和贝纳多特都不可避免地按照他们预先的想法去解释这些迹象。考虑到拿破仑此时也正待在迪本，不能决定究竟是集中兵力在莱比锡迎战施瓦岑贝格，还是越过萨勒河西进或向易北河北进，他们的困惑在一定程度上并不令人吃惊。从这一点来看，实际上是联军总司令替拿破仑下了决心。如果施瓦岑贝格利用他4∶1的兵力优势击退缪拉，后者将不得不放弃莱比锡，向北退往拿破仑那里。那时皇帝唯一现实的选择就是依照贝纳多特的预计，渡过萨勒河杀出一条退路或者继续北进前往马格德堡。与此相反，施瓦岑贝格既缺乏速度，又没有决心，这使得拿破仑在10月12日接近黄昏时做出决定，他最好的机会将是在莱比锡集中兵力，抢在布吕歇尔和贝纳多特能够干扰之前粉碎波希米亚军团。然而在做出这一决定之前，拿破仑于10月11日派出两个军向易北河畔的德绍（Dessau）和维滕贝格展开袭击。

在高度紧张、不确定性盛行的气氛中，不仅贝纳多特把此次袭击解释成拿破仑意图攻击柏林的证据，连易北河以北的普鲁士指挥官冯·陶恩钦中将也这样认为。陶恩钦向贝纳多特提交的报告称，拿破仑本人和4个完整的军正在北上，准备渡过易北河。这增强了王储退到易北河后方保护他的交通线和普鲁士首都的决心。对联军事业来说幸运的是，拿破仑军队的接近使得阿肯和罗斯劳的联军指挥官拆除了浮桥，而贝纳多特原本希望通过那里的浮桥撤退。

因此，贝纳多特军团沿着易北河向南进军，路程长得足够让来自布吕歇尔的新消息到达，这些消息为"拿破仑正在赶往莱比锡"提供了强有力的证据。贝纳多特不仅受到普鲁士人的强大压力，也被他总部里的俄国使节和英国使节（波佐·迪·博尔戈和查尔斯·斯图尔特）施压，他再次转向南方。即便如此，展开行动时贝纳多特也十分犹豫，他并没有直接赶往莱比锡，而是前往布吕歇尔在哈雷的后方。连这样的行动也在10月15日暂时中止下来，越来越迷惑的贝纳多特对"法军纵队正从东面赶来"的报告做出了过激反应，他将纵队展开成横队，对抗这个新的却是虚构的威胁。这一切混乱的最终结果是北方军团距离莱比锡太远，没能赶上10月16日的第一天会战。

最好将莱比锡战场看作 3 个明确区域。北面是布吕歇尔和贝纳多特所部部署的区域,帕尔特河自东向西在联军和拿破仑大军之间流过,河岸附近是默肯(Möckern)村、奥伊特里奇(Eutritzsch)村和舍讷费尔德(Schönefeld)村,这 3 座村庄中都将发生激烈的战斗。在帕尔特河(Parthe)汇入普莱瑟河(Pleisse)的莱比锡正北面哈雷门附近地区,战况也将同样激烈。所有这些地方都在最近200 年间被并入了扩张中的莱比锡城,实际上已经没有任何战地遗迹留存下来。

莱比锡以西的第二区域也没有战地遗迹保留,原因则略有不同。这一地区受到埃尔斯特河(Elster)和普莱瑟河的支配,这两条河相距很近、平行流淌,直到在莱比锡附近交汇到一起。1813 年时这片地方遍布着如迷宫般大大小小的河道,河道间的大部分区域是沼泽地,在下了几个星期雨后的 10 月尤其如此,该地区的少数村庄和更稀少的道路几乎就是沼泽和河道间的孤岛。现在整个地区已经被打扫干净,沼泽被排干,河道上也加筑了堤坝。除了德利茨(Dölitz)还能让人在十分有限的程度上体会到当年的地形之外,今天的地形根本无法让人感受到 1813 年时任何试图在该区域部署大量部队的将领所面临的巨大困难。

莱比锡南面和东面的第三区域保存状况则非常不同。直到很晚近的时候,它仍然在相当程度上保持了原状。[16] 在关键的第一天会战中,发生在这一区域的战斗局限于莱比锡南面,战线从普莱瑟河畔的马克克莱贝格(Markkleeberg)延展到利伯特沃尔克维茨(Liebertwollkwitz),从那里又延伸到赛费尔茨海恩(Seifertshain)。这一区域的主要特征是山脊从普莱瑟河岸一路延伸到利伯特沃尔克维茨,长约 5.5 公里。

亲临战斗现场的乔治·卡思卡特写道,利伯特沃尔克维茨位于

　　小丘顶端,而小丘为它组成了一道整齐的斜堤。一条山脊

从利伯特沃尔克维茨所在的隆起高地经过瓦豪（Wachau）后方一路延伸到普莱瑟河，从山脊上可以俯瞰瓦豪。一位经验丰富的军官必定能够发现这个地点，它是这片乏味乡村中唯一能够用来掩护莱比锡免受南面进攻的地方。[17]

利伯特沃尔克维茨的山脊给了拿破仑许多优势。它提供了观察东面和南面大部分区域的良好视野，也给集群炮兵提供了完美的射击线。在它的斜坡后方的部队可以不被敌军观察到。对设法攻击山脊的敌人而言，卡思卡特用来描述地形的"斜堤"一词极为准确。从南面的戈萨（Gossa）到利伯特沃尔克维茨与瓦豪之间山脊的斜坡尤其如此，这是一块光秃而开阔的杀戮地带，没有任何地物可供掩护。

最好的莱比锡会战历史学家之一注意到，"地形对拿破仑的目标十分有利"。拿破仑在南面拥有极好的防御阵地，这一防御阵地也有作为反攻跳板的良好潜力，当联军部队正被他们上面的炮兵密集火力攻击压制的时候，可以从利伯特沃尔克维茨的山脊后方突然出其不意地发起反攻。普莱瑟河以外城市西面地区的地形使得任何从那个方向发起的攻击都会面临巨大困难。规模相对较小的守备部队就能堵住少数几条通往城市的狭窄道路，可以在几乎无限的时间内挡住数量优势极大的敌军。此外，整个普莱瑟河以东的地区都点缀着村庄，村里的房屋通常情况下都是用石头建造、被结实的菜园围墙环绕的大房子。越接近城市，房屋就越密集、越结实，而莱比锡的老城门、老城墙以及郊区仍然能够给防御者提供令人满意的保护。

与之相对的是，拿破仑的防御阵地也存在不利条件，普莱瑟河以东的地区能够让一支大军完全展开。如果联军得到了动用全部人力和火力优势的机会，皇帝将难以挡住联军。如果拿破仑被迫撤退，他的整支军队就需要沿着莱比锡的狭窄街道退却，跨过莱比锡唯一一条位于埃尔斯特河上的桥梁，沿着经过林德瑙（Lindenau）的漫长堤道向西撤退，这样才能进入安全地带并最终抵达莱茵河。如果联军占据了林德瑙，法军就要大难临头了，但这个村庄和通向它的道路都十分易于防守，因此只有出现了极大的疏忽，这种事情才可能发生。然而，即便联军没有占领林德瑙，让一支大军和它的伤员、辎重通过莱比锡和林德瑙也注定是令人棘手的事情，在法军失败后尤其如此。[18]

然而，施瓦岑贝格亲王关于这场会战的行动计划似乎是要确保拿破仑不用担心失败。总司令不该因贝纳多特或本尼希森未能在10月16日赶到战场的事实而受到责备，贝纳多特的谨慎已经得到了解释，而本尼希森的波兰军团正在尽可能快地从德累斯顿赶来。无论如何，施瓦岑贝格把布吕歇尔所部和大部分波希米亚军团部署在莱比锡西面的计划是错误的，那里的地形保证了大部分部队都不可能与敌军交手。奥军核心部队按照计划应当在孔内维茨（Connewitz）和德利茨渡过普莱瑟河，而后席卷拿破仑在河流东岸的右翼战线，切断它通往莱比锡的退路。这毫无意义，哪怕是在最好的情况下，渡过普莱瑟河也代价高昂、极费时间。即使奥军最终依靠数量优势取胜，一些奥军部队得以渡河，他们也将很快撞上不远处的拿破仑预备队，没有可能进一步扩大他们起初的胜利。

无论如何，施瓦岑贝格将康斯坦丁大公包括了俄国和普鲁士近卫军的后备军部署在埃尔斯特河以西以便协助奥军进攻的计划都是十分怪异的。此外，他打算利用布吕歇尔军团和久洛伊（Gyulai）将军的奥地利"军"攻击林德瑙，在那种地形上部署数以万计的部队是不可想象的。如果施瓦岑贝格最初的计划得到执行，54000名士兵将汇集到对孔内维茨的攻击中去，75000人会试图攻入林德瑙，另外72000人则留在河东迎战拿破仑的主力。[19]

这个计划错得实在太明显了，亚历山大的所有高级顾问都对此提出了抗议，皇帝本人也被鼓动起来，去与施瓦岑贝格展开较量。亚历山大对待总司令的态度通常是十分谨慎的，而施瓦岑贝格也是对这位君主保持礼貌尊重的典型。然而，那个奥地利人这次顽固地为他的计划辩护，两人发生了一场大声争吵。最终结果是布吕歇尔战线的前进方向被移回埃尔斯特河东岸，他将从哈雷沿主干道向莱比锡前进。康斯坦丁大公的后备军也被调回东岸，尽管近卫军只被移动到正好位于一座跨普莱瑟河桥梁附近的勒塔（Rotha），仍然在各个一线俄军师后面 10 公里。但是，任何争吵都不能改变施瓦岑贝格的基本想法：在埃尔斯特河西岸使用奥军部队。[20]

在这个问题上总司令听从了他的参谋长冯·朗格瑙（von Langenau）将军的意见，他原本是个萨克森军官，在 1813 年才转入奥军。奥地利资料承认，作为当地人，朗格瑙对地形的了解被寄予了过高的信任。但他们毫无说服力地声称，仅仅是由于最近的暴雨才使得埃尔斯特河以西确实无法通行。他们还宣称法军骑兵阻止了施瓦岑贝格亲自对这一地区进行彻底侦察。近来有位作者甚至怀疑朗格瑙实际上是联军的叛徒，尽管这一说法并无实据。也许最有可能的解释是朗格瑙制订会战计划时更多地参考了地图，而非任何实际观察过地形的人。在地图上，他冲过埃尔斯特河攻入拿破仑侧翼和后方的计划是有一定道理的。如果计划取得成功，胜利的主要荣誉总体上将归于奥军，特别是朗格瑙本人。为联军在莱比锡的怪诞部署寻找解释时可能并不用偏得太远。[21]

施瓦岑贝格喜欢这一计划的一个理由是，他起初从未打算在莱比锡展开一场大会战。他贯穿 10 月战役始终的目标是堵住拿破仑向西撤退的道路，迫使皇帝攻击挡路的联军。尽管这作为战略理念有一定的合理之处，但他将这一理念付诸莱比锡附近的战术部署时就引发了灾难。奥军的计划无论如何都有一个基本问题：拿破仑把部队集中在莱比锡不是为了向西撤退，他是打算粉碎波希米亚军团，进而赢得这场战役。

拿破仑想当然地认为敌军主力将会部署在唯一合理的地方，换句话说也就是埃尔斯特河和普莱瑟河以东。他的作战计划是从利伯特沃尔克维茨以东包抄联军右翼，粉碎联军中央，将施瓦岑贝格的军队赶下普莱瑟河。即使贝纳多特和本尼希森未能赶到，联军在 10

月 16 日也有 205000 兵力可供调用，他们面对的则是拿破仑的
190000 大军。但即使在为了安抚，亚历山大做出调整之后，施瓦岑
贝格的计划也意味着在关键的南部战场将是 138000 法军面对 100000
联军，其中康斯坦丁的 24000 名预备队在几个小时内都无法抵达战
场。联军当然在其他战场上对拿破仑拥有数量优势，但那里的地形
使得联军无法运用这一优势。因此，施瓦岑贝格在莱比锡会战的第
一天给了拿破仑一个毫无来由的胜机，让他能够从联军手中夺取胜
利，扭转秋季战局此前的态势。[22]

　　10 月 16 日，布吕歇尔军团从北面开往莱比锡。朗热隆占领了
奥伊特里奇村，约克军在一场持续到傍晚的凶残死斗后最终强攻拿
下了默肯村。然而，要点在于布吕歇尔成功地压制住了法军位于北
部的两个规模较大的军，其中包括马尔蒙军，拿破仑原本准备依靠
这个军对施瓦岑贝格发起攻击。布吕歇尔在莱比锡的成就和他在滑
铁卢之战中的影响类似，他抵达战场的时间比拿破仑预计得要早很
多，以此迫使一部分关键的法军战略预备队进行转移，而皇帝原本
打算依靠他们去决定主战场的成败。

　　在莱比锡西面，久洛伊的奥军向林德瑙前进，迫使拿破仑让贝
特朗的第四军全体出动过河，以确保村庄和向西撤退路线的安全。
在更南方，奥军在孔内维茨和德利茨附近渡过普莱瑟河的所有尝试
都未能成功，这让施瓦岑贝格越来越沮丧。到近午时分为止，他已
经准备屈服于亚历山大的要求，同意朗格瑙计划已经失败。他因此
下令让奥军预备队渡过普莱瑟河协助打退拿破仑的进攻。联军在普
莱瑟河以东的处境如今已经越来越凄惨。关键问题在于，奥军预备
队到底能否及时赶到支撑联军的战线。

　　符腾堡的欧根麾下的俄军第二军被部署在普莱瑟河以东的联军
战线中央附近，戈萨村前方。欧根在回忆录中写道，在 10 月 15 日
可以从戈萨看到拿破仑正在瓦豪附近的高地上检阅部队并颁发奖章。
欧根和他的军官们预计，他们自己会在次日遭到攻击，但"当我军
第二天就会得到北方军团、波兰军团和科洛雷多伯爵的军一共

130000 兵力增援的时候，我们无法理解为何施瓦岑贝格要决定在 16 日发起总攻"。看上去联军高层指挥官希望能够压制拿破仑，害怕他会转而袭击布吕歇尔和贝纳多特，甚至可能向北逃跑。[23]

为了避免这一状况，普莱瑟河以东的联军部队奉命在 10 月 16 日早晨以四路纵队发起进攻。左边是克莱斯特的普鲁士军和黑尔弗里希的俄军第 14 师，他们将向马克克莱贝格前进。克莱斯特右侧是向瓦豪发起攻击的欧根第二军，克吕克斯（Klüx）的普鲁士旅为其提供支援。第三纵队由安德烈·戈尔恰科夫中将指挥，下辖戈尔恰科夫的第一军和皮尔希（Pirch）的普鲁士旅。戈尔恰科夫将从西南方向攻击利伯特沃尔克维茨村，与此同时，由克勒瑙将军的奥军组成的第四纵队将从东南方向对这个村庄发起攻击。

10 月 15 ~ 16 日的夜间是寒冷的，风也很大，树木被连根拔起，屋顶也被损毁了。第二天早晨，克勒瑙的部队延误了攻击时间，戈尔恰科夫不得不在自己的部队已经展开攻击队形、暴露在法军炮火下的时候继续等待他们。在这个寒风依然凛冽的 10 月清晨，克莱斯特和欧根无论如何还是按时在天没大亮之前就发起攻击。到 9 点 30 分为止，克莱斯特已经占据了马克克莱贝格，欧根也攻入了瓦豪。然而，事态很快起了变化：法军步兵向瓦豪和马克克莱贝格发起反攻，山脊上法军炮兵集群凶猛的火力开始倾泻到俄军和普军头上。但联军不管怎样还是以极大的勇气继续向前攻击。在瓦豪的法军炮兵上校让 - 尼古拉·诺埃尔（Jean - Nicolas Noël）回忆说，俄军和普军"以我在敌军中此前未曾见到的坚定发起攻击"。[24]

双方的伤亡数字迅速上升，欧根在瓦豪以东光秃斜坡上的俄军损失尤为严重。欧根的大部分火炮早在 11 点前就被打哑了，俄军找不到隐蔽物，而部署在瓦豪以东的法军骑兵也是阵型被打乱的任何步兵的额外威胁。普鲁士总参谋部历史学家鲁道夫·冯·弗里德里希评论说，"这需要俄军士兵的全部韧性和蔑视死亡的品质，以及欧根公爵的全部英雄勇气，才能在那样的阵地上岿然不动"。到当天战斗结束为止，欧根已经损失了 2/3 的部下，他所有的团长非死

443

即伤。欧根在他的回忆录中写道，在博罗季诺，他的部队也遇到了类似处境，被炮火覆盖了一段时间，但是在莱比锡的第一天里，他们的煎熬"持续的时间要长得多"。[25]

由于仅仅几个星期前，欧根下属各团已经在库尔姆蒙受了惨重损失，因此他手下步兵的英雄主义就越发令人印象深刻了。以穆罗姆和雷瓦尔为例，这两个团先是在 1812 年损失了许多士兵，然后在库尔姆和莱比锡作为伊万·沙霍夫斯科伊公爵第 3 步兵师的一部分参加战斗。在库尔姆战后，这两个团需要从其他单位抽调军官和军士填补死伤导致的空缺。无论如何，莱比锡会战时团里的许多老前辈依然在队列中，其中包括了雷瓦尔团的大部分军士长。雷瓦尔步兵团在 1813 年事实上将数目罕见的虽不识字却经验丰富的高级军士提升为军士长，其中包括军士长阿列克谢·费奥多罗夫（Aleksei Fedorov/Алексей Федоров）、米哈伊尔·拉什宾（Mikhail Lashbin/Михаил Лашбин）和米纳·阿法纳西耶夫（Mina Afanasev/Мина Афанасьев），他们 3 人在这个团里服役的时间加起来长达 70 年。拉什宾是个来自西伯利亚托博尔斯克的国有农民，阿法纳西耶夫是个来自斯摩棱斯克的农奴，而费奥多罗夫实际上是个楚瓦什人，楚瓦什是一个位于伏尔加地区的小民族，并不信仰基督教，不过费奥多罗夫的家人已经成为基督徒。3 个人全都拥有军事奖章，总计 10 位军士长里也有 7 个人拥有军事奖章。我曾见过的其他团的记录中没有一个团能够与之媲美。[26]

伊利亚·沙托夫（Ilia Shatov/Илья Шатов）中尉和伊万·德米特里耶夫（Ivan Dmitrev/Иван Дмитриев）中尉都是在莱比锡作战的穆罗姆团军官。这两人都在 20 多年前以列兵身份进入穆罗姆团，后来升为军士长，并在 1812 年得到军官委任。这两人都曾于 1807 年和穆罗姆团一起在东普鲁士作战，但沙托夫甚至曾在 1799 年作为该团士兵参加了瑞士作战。穆罗姆团在莱比锡幸存下来的最高级别军官是彼得·克拉季谢夫（Petr Kladishchev/Пётр Кладищев），他来自梁赞省的一个普通贵族家庭，年仅 29 岁就成为上校。克拉季谢夫在

16 岁时加入穆罗姆团，此后从未离开。1807 年他在东普鲁士由于表现英勇被授予勋章，在 1812 年的维捷布斯克和 1813 年的包岑也同样得到了勋章。他是许多因为英勇和领导才能的记录而得到快速战时提拔的年轻军官中的一员。同切尔内绍夫将军和迪比奇将军那样的精彩案例比起来，这些人要不引人注目得多，但他们无论如何都为军队的表现做出了关键性的贡献。[27]

在法军轰击之下，欧根下属各团坚守阵地，保持联军战线完整，他们不仅挺过了 10 月 16 日的整个上午，还一直坚持到午后时分。法军炮兵指挥官们后来也向俄军步兵的坚定勇气致敬，他们在令人惊骇的损失面前依然收紧队列坚守阵地。到上午晚些时候为止，这场会战已经变成了一场竞赛。如果拿破仑能够在联军预备队抵达之前集中兵力进攻，欧根和克莱斯特麾下那些越来越薄弱的步兵营将不能抵挡他突破联军战线，也无法阻止他把波希米亚军团赶到普莱瑟河畔碾碎。

亚历山大、巴克莱和迪比奇都敏锐地意识到了这一危险。亚历山大刚抵达战场，就能看到两支军队在 10 月的昏暗光线中排兵布阵，他当即下令，让近卫军全速从勒塔赶来，但他们接到命令后需要 3 个小时才能抵达战场。尼古拉·拉耶夫斯基的掷弹兵军距离战场更近，但他的两个师不足以支撑整条联军战线。与此同时，即使施瓦岑贝格午后不久就抽调奥军预备队上前增援，他们也需要沿着普莱瑟河西岸南进抵达克罗伯恩（Crobern），在那里渡过涨水的河段，然后才能北上援救位于马克克莱贝格的克莱斯特军，这段路程需要奥利地步兵行军 4 个小时。十分幸运的是，亚历山大坚持把他的近卫军部署在普莱瑟河东岸，这意味着在这个危急存亡的关头，近卫军将不会与奥军争抢渡口。[28]

对联军而言同样幸运的是，拿破仑组织并发起反攻的时间要比他预想得长一些。他在等待马尔蒙，但后者南下时却被迫停下来折返北上，赶往默肯村堵住布吕歇尔。最为重要的则是，拿破仑展开行动的前提是麦克唐纳元帅的整个军出现在他的左翼并向赛费尔茨海恩方向攻击奥军。只有当麦克唐纳在东面对联军形成足够威胁后，皇帝才会投入他的主力部队攻击克莱斯特和欧根。麦克唐纳抵达预定阵地并做好攻击准备时已经接近正午时分，尽管他随后将克勒瑙的奥军一路撵到赛费尔茨海恩为止，奥军在那里展开了坚定抵抗，麦克唐纳的攻势也暂时停顿了。马特维·普拉托夫率领数以千计的哥萨克突然出现在麦克唐纳东面，这也转移了麦克唐纳的注意力，对延缓他的前进做出了贡献。普拉托夫拖走了正在麦克唐纳东翼活动的塞巴斯蒂亚尼骑兵军，失去了塞巴斯蒂亚尼后，麦克唐纳既缺少包抄克勒瑙的手段，又缺乏击穿奥军赛费尔茨海恩阵地的数量。

　　到下午早些时候为止，拿破仑的注意力已经向西转移到克莱斯特和欧根麾下各个不断收缩的营上。他出动了近卫军、大部分骑兵、德鲁奥的预备炮兵以及他手上所有能够调遣的步兵对他们发起进攻。

　　到下午 3 点为止，克莱斯特下属各旅依然在拼命守卫马克克莱贝格，但已经被赶出奥恩海恩（Auenhain），处于法军骑兵追击之中。俄军第 2 掷弹兵师出现在奥恩海恩后方，但无法阻挡法军前进的步伐。对联军来说幸运的是，诺斯蒂茨伯爵胸甲骑兵军的 6 个优秀胸甲骑兵团在这千钧一发之际抵达战场，他们驱散了法军骑兵，扭转了战局。诺斯蒂茨下属各团是从普莱瑟河西岸出发的奥军预备队中第一批到达战场的，他们身后还跟着更多的骑兵，再后面则是比安基和魏森沃尔夫（Weissenwolf）的步兵师。魏森沃尔夫伯爵麾下的掷弹兵营是奥军中最好的步兵之一。他们只要出现在战场，拿破仑击穿克莱斯特阵地的机会就消失了。到夜幕降临、战事告一段落时，魏森沃尔夫的掷弹兵已经夺回了奥恩海恩，拿破仑非但没能击穿阵地，甚至还不得不投入一部分老近卫军阻挡奥军向马克克莱贝格前进。[29]

　　10 月 16 日下午，当克莱斯特麾下的普军和俄军正在马克克莱贝格和奥恩海恩为自己的性命奋战时，一场甚至更为惨烈的战斗正在他们右侧戈萨村附近疯狂展开。那里是联军普莱瑟河以东战线的中央部位，联军的 3 位君主和他们的参谋人员都位于戈萨村后的一座小丘上。法军的步兵先锋是洛里斯东的第五军和乌迪诺元帅的青年近卫军，协助他们一起从山脊上杀下来的还有大批法军预备炮兵，其中包括德鲁奥将军指挥的全部近卫炮兵，德鲁奥完全可以被称为欧洲最好的炮兵指挥官。

　　这是经典的拿破仑式战术。在对敌军两翼发起攻击之后，皇帝现在部署了大量机动火力意图粉碎敌军已被削弱的中央部位。在戈萨前方唯一能够看到的步兵是欧根那些已经被撕成碎片的步兵营，在亲王被迫把他位于二线的旅移动到左翼去对付奥恩海恩方向越来越大的威胁后，他们的行列已经越发单薄了。迪比奇将军对这次战斗有如下描述，"此前从未在战争中遭遇到的炮兵密集火力风暴"现在降临到欧根所部头上。看出联军步兵的弱点后，缪拉指挥他的骑兵发起冲锋，意图横扫联军中央战线，夺取守卫戈萨村和通往村后小丘的道路上的火炮，现在 3 位同盟君主和新来的施瓦岑贝格正在那座小丘上指挥战斗。这次冲锋的结果可能是莱比锡会战第一天里最重要的事件，也无疑是最著名的事件。[30]

　　弄清楚在一次骑兵攻击中发生了什么，甚至要比把某种秩序强加到对战局的总体描述上还要困难得多。在事态发展所带来的激动情绪、尘土和高速移动当中，参战者几乎不能成为可靠的目击者。由于缪拉在 10 月 16 日的骑兵攻击就许多方面而言都是这一天战局发展的顶点，让同盟君主和联军中央阵线处于危险之中，这也产生了击退缪拉麾下骑手的功勋到底该归于谁的争议。在所有语言中，最好的目击记录是由乔治·卡思卡特提供的。他是一位职业骑兵军官，当时就站在戈萨村后君主们所在的小丘上，由于他本人不用卷入混战，所以对事态发展有良好的观察视野。同样重要的是，因为没有英军部队参加战斗，卡思卡特是一位相对中立的观察者。

　　卡思卡特回忆说，大约 5000 名法军骑兵参与了此次攻击。从戈萨村后联军总部所在的小丘上可以看到，他们在利伯特沃尔克维茨山脊上列队准备攻击。除了欧根的步兵之外，法军骑兵前进道路上唯一可见的联军部队是俄军近卫龙骑兵团和近卫枪骑兵团。欧根的步兵营尽管已经大为缩小，但大部分步兵营还是组成了所谓的"密集阵"对抗骑兵，士兵们背对背地站立，以良好的秩序向后撤退，右翼则退入戈萨村中，这为他们赢得了极大的赞扬。不过俄军近卫轻骑兵却在展开队形之前就遭到攻击，这一定程度上可能是因为它的指挥官舍维奇（Shevich/Шевич）将军在行动即将开始时被一发实心弹打死。无论如何，这两个团永远不可能挡住相当于一整个骑兵军的敌军骑兵。枪骑兵被赶往西南方向，龙骑兵直接退往南方。法军骑兵夺取了部分联军火炮，越过戈萨村，距离正在村后小丘上观战的同盟君主仅有几百米远。

就在这时，这些骑手出现了停顿，卡思卡特描述了导致停顿的原因：

> 一条小溪或者说排水渠从戈萨村流向普莱瑟河……它的河岸恰好如同沼泽一般，除非经过农民出于农业目的修筑的两三处堤道，其他情况下要么只能艰难前行，要么就得跃过宽阔的水渠。这个障碍物是不完全的，它仅仅向右延伸几百码到戈萨村附近，并不足以拦住敌军……但敌军……出乎意料地停在这个并未预见到的障碍物面前，他们越来越拥挤，越来越混乱。就在这时，维特根施泰因派出的俄军近卫骠骑兵团……出现在他们后方，这造成了恐慌。笨拙的骑兵集群开始喧闹起来，打算向后撤退，俄军轻骑兵立刻展开追击。站在小丘上的亚历山大皇帝抓住这个机会出动了他自己多达数个中队的近卫哥萨克护卫，在奥尔洛夫－杰尼索夫伯爵的指挥下，他们在戈萨村附近的有利地点越过小溪，攻入撤退中的骑兵集群侧翼。这使敌军完全陷入恐慌之中，他们随即开始溃退，那些逃命的家伙直到再次得到步兵的保护后才收紧了缰绳。[31]

卡思卡特并未提到两个普军骑兵团对战局的干预，而大部分德语资料都认为它们是击败法军进攻的重要角色。尽管卡思卡特赞扬了俄军近卫骑兵，但他描述的要点是这次骑兵进攻组织得并不好。

法军骑兵似乎是以纵队队形紧紧挤在一起向前开进的，并且"肯定只是挤作一团，也就是说，没有任何形式的二线部队或预备队"。缺乏纪律和领导使得法军骑兵"被一个微不足道的障碍"弄得陷入混乱之中，此后被"恐惧所支配"，在"加在一起也不可能有2000人的轻骑兵部队面前逃窜了"。大部分法军骑手是重骑兵，这一事实使哥萨克、枪骑兵和骠骑兵对法军骑兵的胜利变得越发令人印象深刻。卡思卡特将法军的溃败首先归因于"缺乏用以重整队形并展开一次新出击的第二条战线，没有这一预防措施，任何骑兵进攻都不应当展开"。[32]

作为一个货真价实的"热爱骑兵分子"，就某种程度而言，卡思卡特显然在记载这一他口中的"令人印象深刻的骑兵事件"时略有偏颇，他忘记了俄军炮兵的贡献。就在法军骑兵接近亚历山大所在小丘的时候，亚历山大转向他的炮兵司令伊万·苏霍扎涅特少将，说："看，哪一边让它的部队抢先占据这里，哪一边就会获胜。你的预备炮兵很远吗？"苏霍扎涅特当时只有25岁，在1805～1813年的战争中有大批优秀青年军官依靠军事业绩被擢升到关键职位上，他是其中的一个范例。作为一个波兰军官的儿子，苏霍扎涅特本身没有任何财富或关系，他在1806～1807年表现良好，因此赢得了上级的注意，被转入近卫炮兵。他1812年在维特根施泰因麾下和1813年在包岑的表现使其获得了圣格奥尔基十字和两次晋升。维特根施泰因被升为总司令一事对他身边的军官很有好处，以苏霍扎涅特为例，他因此被任命为俄军新任炮兵司令亚什维利公爵的副手。当亚什维利在秋季战局中病倒之后，苏霍扎涅特接替了他的职位，莱比锡会战则给了他在皇帝眼前展现自己的机会。[33]

苏霍扎涅特抓住了这个机会，证明他有资格赢得亚历山大的信任。他这样答复皇帝"预备炮兵很远吗"的问题："两分钟之内就会到达这里。"苏霍扎涅特的行动比他的言辞还要好，两个骑炮连当即抵达：一个骑炮连直接上前支援近卫哥萨克团向戈萨村后方小溪东岸的攻击，苏霍扎涅特报称，"敌军纵队猝不及防遭到轰击，炮兵猛烈开火,迫使他们停顿下来"。与此同时,另一个炮兵连移动到小溪西岸,赶往法军侧翼展开,从那里猛烈轰击法军骑兵的拥挤队形,取得了很大战果。但对苏霍扎涅特和俄军炮兵而言,最大的考验尚未到来。就在法军骑兵如同退潮般涌向利伯特沃尔克维茨的时候,法军步兵在德鲁奥的集群炮兵支援下对戈萨展开攻击。然而和在博罗季诺时不同,俄军预备炮兵这次得到了良好的管理。苏霍扎涅特从预备队中抽出了 80 门火炮,将它们补充到已经就位的炮兵连那里,在戈萨后方组成了 100 多门火炮的战线。这次大规模密集火力攻击落到了德鲁奥下属各个炮兵连头上,最终迫使法军炮兵撤退。米洛拉多维奇将军曾经参加过博罗季诺会战,但他后来回忆说,戈萨附近的炮战是他一生中听到的声音最响的战斗。[34]

地形同时也捉弄了法军,这对俄军有利。拿破仑站在利伯特沃尔克维茨西面的高地上,从那里不可能看到同盟君主所在的小丘后方到底发生了什么。事实上,就在法军步兵接近戈萨的同时,俄国和普鲁士近卫步兵也正在抵达联军中央战线后方。他们的指挥官阿列克谢·叶尔莫洛夫和他的副官马特维·穆罗姆采夫(Matvei Muromtsev/Матвей Муромцев)一起骑行侦察戈萨附近的地形,在法军骑兵发起攻击时几乎被生擒。幸运的是,俄国马要比追击他们的法国骑兵的战马跑得更快,但这也只是侥幸脱险罢了。穆罗姆采夫此前曾经在打赌中输给了叶尔莫洛夫,他所受的惩罚则是:不管叶尔莫洛夫在什么时候唱起咏叹调的第一小节,穆罗姆采夫都必须立刻跟唱,还必须唱完一整段。重新回到俄军战线后,叶尔莫洛夫开始歌咏起来,穆罗姆采夫则唱起了《唐·乔瓦尼》(Don Giovanni)中莱波雷洛(Leporello)的一段著名咏叹调。他回忆说,叶尔莫洛夫"刚刚逃过战死或被俘的命运,在此刻却完全保持了沉着,但是我记得很清楚,我的反应并没有表现出任何同等的冷静"。[35]

叶尔莫洛夫在任何时候都是富有魅力且能鼓舞人心的人物。他在军事行动中表现超群,他在战场上的功勋和妙语传遍了整个俄军。阿列克谢·阿拉克切耶夫的举动也广为流传,意义却大不一样。当谢苗诺夫斯科耶近卫团在亚历山大所在的小丘后方列队时，阿拉克切耶夫骑行过去跟他的一个旧相识帕维尔·普辛上校聊天。就在这时法军炮兵开始炮击到谢苗诺夫斯科耶近卫团头上，一发榴弹在距离普辛和阿拉克切耶夫谈话处仅仅 50 米的地方爆炸。伯爵是一位行政管理者，却并非战地指挥官，普辛评论说这是阿拉克切耶夫在整场拿破仑战争中距离法军炮兵最近的一次。阿拉克切耶夫完全被爆炸吓着了，当他从普辛那里得知这是一发榴弹后，他的脸"变了颜色，调转马头，以跑步速度远离危险地带"。俄军军官视胆怯为最大的恶行。虽然大部分近卫军军官不管怎样都讨厌阿拉克切耶夫，但缺乏血气之勇对他的声誉来说仍然是决定性的、不可饶恕的污点。[36]

试图突击戈萨的法军步兵包括洛里斯东第五军的迈松师。俄方资料和就在戈萨后方指挥德鲁奥的一些炮兵连的格里瓦（Griois）将军都认为乌迪诺的两个青年近卫军师也参加了村庄争夺战。联军最初在戈萨的"守军"是由欧根的几个营和皮尔希旅的 3 个普鲁士营组成的：这两批部队都已经激战了几个小时，数量极为不足。圣彼得堡掷弹兵团、塔夫里亚（Tauride/Таврия）掷弹兵团和近卫猎兵团也进入村庄展开防御。对戈萨的争夺持续了 3 个小时，进攻与反攻一次接着一次。根据俄方资料，每当法军被逐出村庄，就又有一波敌军步兵生力军投入战斗，强行冲入村庄。最后解决这场战斗的是俄军第 2 近卫步兵师，他们一枪不发，以营纵队从西南方向突入村庄。近卫军正如字面意义上那样在"皇帝眼皮底下"作战，他们表现出了非同寻常的勇气。芬兰近卫团一半以上军官非死即伤，该团长马克西姆·克雷扎诺夫斯基（Maksim Kryzhanovsky/Максим Крыжановский）少将在允许自己被运出战场之前已经 4 次受伤。[37]

然而，在戈萨争夺战中最负盛名的却并非军官，而是一名列兵。列昂季·科连诺伊（Leontii Korennoi/Леонтий Коренной）是芬兰近卫团第三营的一名掷弹兵。和大部分近卫军中的掷弹兵一样，他个子高，肩膀宽。他是一名老兵，先是在喀琅施塔得卫戍团服役，从芬兰近卫团成立起就一直在这个团里。科连诺伊是个结了婚的人，在芬兰近卫团中被称为"大叔"。在博罗季诺，他因在散兵线上表现出来的勇气而赢得了一枚军事奖章。现在他超越了自己，戈萨是一个拥有石质房屋、结实菜园围墙和许多小路的村庄。在战斗态势的起伏变化中，芬兰近卫团第三营营长热尔韦（Gervais）上校和其他一些军官在一次突如其来的法军反攻中被切断了与其他部队间的联系，科连诺伊起先带着几个战友抵抗，后来竟独自挡住了法军，军官们趁机翻过围墙与该营其余部队会合。

让法军备受赞扬的是，他们不仅将科连诺伊作为战俘对待，还把他送到拿破仑本人面前，拿破仑褒奖了他的勇气，确保他得到良好的看护。由于法军并不缺乏英雄，科连诺伊能赢得这样的待遇就必定做出了令人印象深刻的壮举。在会战结束前，他返回了自己的团，战友们将他视为几乎从死地复生的人。在1917年之前，科连诺伊的半身像一直在芬兰近卫团军营中占据头等地位，团歌（《我们记得科连诺伊大叔》）也是为了纪念他而谱写的。[38]

就在列昂季·科连诺伊赢得美名的同时，帕姆菲尔·纳扎罗夫正在芬兰近卫团中参加他的第一场战斗。他回忆说在他们团向戈萨开进之前，康斯坦丁大公骑行来到该团队列之中，他吩咐近卫军士兵们给步枪装填子弹，随后下令他们前进。和他的许多战友一样，帕姆菲尔甚至在抵达村庄前就在进攻中受了伤，他的受伤部位是右膝上方，他也记得他的外套被子弹撕碎了。帕姆菲尔倒了下来，失血很多，他回忆说自己的血看上去是那样热。他设法硬撑着走了2公里抵达医疗点，途中又倒下了一次，路上还不断遭到呼啸而来的实心弹的威胁。当他抵达伤兵收容点时，他发现了团里的弹药、军旗、乐手和医生。他在包扎后蹒跚走到一个火堆旁边度过这个寒冷的雨夜。团里的一个战友给了他两根盐腌黄瓜，这可谓巨大的恩惠。

帕姆菲尔在晚上流了许多血，他自己重新包扎了一下，然后背着背包用步枪当拐杖前往后方。他的腿由于连日行军肿了起来，后来他不得不找了辆大车把自己送到医院。他最终在10月28日抵达了一所位于普劳恩（Plauen）的野战医院，那里伤员人数太多，因此他被安排在礼拜堂里，另外，那里也有许多德意志医护人员。这已经是帕姆菲尔包扎后的第 12 天，而他的伤口已经感染了。接下来的日子是极度痛苦的，绷带被换掉了，药膏则每天两次通过附在一根巨针上的棉绒直接注入伤口。直到 1814 年初他才返回团里。[39]

　　然而，帕姆菲尔和他的战友们的牺牲最终达成了目标。戈萨被守住了，而拿破仑的大反攻也停下了。当夜，叶尔莫洛夫的年轻参谋们在戈萨的废墟上即兴表演拉辛（Racine）的《费德尔》（Phèdre）。从战术层面来说，莱比锡会战的第一天是一场平局。除布吕歇尔夺取了莱比锡以北的村庄外，两支军队在战斗结束时仍然占据着和当天战斗开始时几乎完全相同的阵地。然而平局事实上就意味着联军取胜。如果拿破仑要保住德意志，他就必须在会战第一天决定性地击败联军，否则，因为在附近的生力军超过 100000 人，联军此后的军力将居于压倒性的优势地位。这一点拿破仑在 10 月 16 日日落时应该已经很清楚了，当然回顾时总是比会战当晚要看得清晰许多。最明智的对策应当是立刻组织起有秩序的撤退，尽可能快地运走辎重，在埃尔斯特河上修建新的渡河点，以避免仅仅依靠一座桥梁的危险局面。事实上，拿破仑直到 10 月 17 日晚上才开始组织撤退，甚至直到那时还没有采取任何能够缓解部队撤出莱比锡越过埃尔斯特河时的交通压力的措施。与之相反，他浪费时间去和被俘的默费尔特（Meerveldt）将军谈话，随后他将默费尔特交还给弗朗茨二世，似乎天真地希望联军也许会展开谈判，让他离开。

　　10 月 17 日，星期日，这一天发生的战斗很少。贝纳多特和本尼希森都没有抵达战场，由于拿破仑并未表露出离开的迹象，同盟君主们愿意让他们的士兵稍作休整，等待援军的到来。当天唯一重要的战斗是伊拉里翁·瓦西里奇科夫的骠骑兵师发起的精彩冲锋，这次冲锋让身为老骠骑兵的布吕歇尔兴奋不已，令法军不仅损失了许多士兵和火炮，还在城市西北方向退缩到哈雷门前方的郊区，从那里开始，他们已经不能考虑继续退缩了：如果俄军从哈雷门攻入

453

莱比锡，拿破仑本人和整个法军的退路将被切断。然而，当布吕歇尔得到波希米亚军团不会在这天发起攻击的消息后，他被迫将萨肯从北面突入莱比锡的尝试推迟到 10 月 18 日。[40]

　　莱比锡会战的最后两天——10 月 18 日和 19 日——某种程度上来说是虎头蛇尾的，其间没有大胆的军事行动，也找不出鼓舞人心的军事领导才能的例子。以娴熟的战斗技能和勇气战斗着的法军，时常在发生于莱比锡城内和附近的许多结实建筑里的遭遇战中取得较好的结果——至少在短期内是这样。当成千上万的人正在丧失性命的时候，称一场会战"无聊"是不正确的，但对军事学者而言，当把莱比锡与奥斯特利茨或坎尼（Cannae）对比时，它的确是一场"无聊"的会战。然而关键的一点是，这种"无聊"的会战正是联军所需要的。考虑到联军难以管理的庞大规模、多民族的部队组成和混乱的指挥结构，任何展开灵巧或者说精细复杂行动的尝试都注定会以灾难告终。联军所需的是把拿破仑牵制在某一地点，在那里它可以让拿破仑军队面临联军人数和火炮优势的重压。这就是联军在莱比锡会战最后两天里所完成的事情。到 10 月 18 日下午为止，他们已经在战场上集结了所有部队和 1360 门火炮。

　　10 月 18 日的上午明亮而晴朗。这一天，联军在莱比锡东、北、南面形成了一个巨大的半圆形包围圈。也许 10 月 18 日最著名的事件是一些萨克森团倒向联军一边，但区区几千人的叛逃在一场 500000 士兵参与的会战里实际上并不重要。更重要的则是贝纳多特接近 60000 之众的北方军团直到下午 3 点左右才抵达战场的事实，这反过来迫使本尼希森将他的部队分布得更为稀疏，也降低了他从东面包抄普罗布斯泰达（Probstheida）村迫使法军放弃这一据点的可能性。普罗布斯泰达是拿破仑在莱比锡以南阵地的关键据点，由于村庄房屋的坚固和联军记载中盛赞的法军守卫者的英雄气概，拿破仑得以坚守该据点一整天。联军方面，在代价高昂的试图夺取村庄的战斗中，普军首当其冲，但甚至连欧根军残部也加入了战斗，尽管他们此前蒙受了令人惊骇的损失。与此同时，俄军第 1 近卫师和整个普鲁士近卫军无所事事地站在不足 1 公里外的地方，尽管他们即使在会战第一天也一枪未开。

　　某种程度上来说，君主们又一次保护了他们的近卫军，但这也不过是拿破仑时代战争的逻辑：尽可能保留精锐部队单位作为预备队，直到战役或会战危急时刻才将他们投入。萨肯手下没有任何近卫军，但事实上他在试图突入哈雷郊区时也采用了类似的做法。他投入了涅韦罗夫斯基的第 27 师和利芬的两个猎兵团，但第 10 师的 3 个久经沙场的步兵团却在整场战斗中都被保留下来作为预备队，哪怕萨肯军的其他部队在奋力攻入莱比锡北郊时遭遇了惊人的伤亡。

　　即便没有法军修筑的野战工事，哈雷门外的郊区也是难以克服的障碍。普莱瑟河就在郊区前方流过，而普法芬多夫（Pfaffendorf）小村和村里坚固的建筑物形成了强大的前出据点，可以阻击任何企图冲入莱比锡的作战行动。通往哈雷门的道路是狭窄的，而俄军步兵在侧射火力面前也显得脆弱，威胁不仅来自普法芬多夫，也来自他们西面的罗森塔尔（Rosenthal）公园围墙。绝不会怀有亲俄思想的奥地利官方历史评论说，"俄军士兵以惊人的勇气展开战斗，他们的军官也拼尽全力"。[41]

　　勇敢且极为聪明的前《军事杂志》编辑、涅韦罗夫斯基麾下旅长之一帕维尔·拉赫曼诺夫上校在这里战死，同时战死的还有第 27 师炮兵指挥官许纳（Huene）上校。我们上次遇到德米特里·杜申克维奇是在 1812 年 8 月的克拉斯内，他那时是个正参加第一场战斗的 15 岁准尉。到 1813 年 10 月，他已经成了德米特里·涅韦罗夫斯基的一名副官，他回忆说 10 月 18 日的涅韦罗夫斯基和往常一样出现在战斗最激烈的地方，周围的房屋都在燃烧，在残酷的逐房逐屋争夺战中，攻击和反攻快速交替进行。在激励试图向哈雷门突击的拉赫曼诺夫所部时，涅韦罗夫斯基被一发子弹击中左腿。他被哥萨克护卫带离战场，几天后死去。作为百年纪念的一部分，他的遗体于 1912 年被迁回俄国，改葬在他的师当年在博罗季诺会战中守卫的阵地附近。[42]

到 10 月 18 日战斗结束为止，俄军已经蒙受了惨重伤亡，但他们距离哈雷门并没有比当天早上近多少。无论如何，与一些记载相反，他们的牺牲绝非虚掷。东布罗夫斯基的波兰师是哈雷郊区最初的守军，就像当波兰人遭遇俄国人时经常发生的那样，他们之间的战斗异常激烈。但随着俄军压力逐步增大，越来越多的法国援军也被投入防守这一关键地区的战斗中，其中包括布拉耶尔的第 8 师，还有青年近卫军的 12 个步兵营和 3 个炮兵连。正如朗热隆所言，萨肯的攻击转移了上述部队的注意力，避免了他们前去增援舍讷费尔德的守军，而朗热隆正试图攻占这个关键村落。[43]

舍讷费尔德和莱比锡南面的普罗布斯泰达一样，是拿破仑在北面的关键阵地。它也是由大部分两层高的坚固石质房屋和菜园所组成的村庄，整个村庄外面还环绕着一条坚固的围墙。让俄军面临的问题变得更加复杂的是，就在村庄以南有一片筑有围墙的公墓，这给防御者提供了极好的保护。由于村庄距离普莱瑟河的沼泽河岸很近，从北面包抄舍讷费尔德也很困难。此外，对舍讷费尔德的进攻还会遭遇到任何试图攻占这些萨克森村庄的军队通常要面临的问题。只要有足够的人数和勇气，尽管会付出惨重伤亡的代价，发起进攻的步兵还是能够攻入村庄的。但他们随后就将成为集结在村后、处于火力范围之外的新锐敌军和支援他们的敌方集群炮兵的反击目标。如果进攻方要携带自己的火炮穿越或绕过村庄，形成足够数量的炮群与上述敌军炮兵对抗的话，这就会极为困难。拉多日茨基上尉在舍讷费尔德正是打算这么做，却发现他的几个炮组遭到了敌军近距离压倒性霰弹火力的覆盖。只有在贝纳多特让他的所有炮兵就位、从南面炮击村庄之后，舍讷费尔德才最终在下午 6 点被攻陷。即便到那时，朗热隆的部队为了守住村庄，也还必须抵抗法军持续到夜间的凶猛反击。[44]

舍讷费尔德的陷落产生了这样的风险：联军部队将会攻入正在莱比锡南面作战的拿破仑军队后方，并切断他们的退路。然而，拿破仑事实上已经在 10 月 18 日凌晨决定放弃莱比锡。唯一的问题在于他是否能够让大部分军队和辎重安然离开。早在 10 月 17 日，贝特朗军就奉命沿林德瑙以外的大道前进，以确保魏森费尔斯和拿破仑西撤路线的安全，奈伊元帅则派出部队接手林德瑙的防务，法军的辎重车队也开始穿过莱比锡后撤。拿破仑收紧防御外围，利用坚固的萨克森建筑物作为据点，成功地令联军在 10 月 18 日既未攻入他后方，也没有切断他的退路。

最大的考验将在 10 月 19 日到来，那时拿破仑的后卫需要阻击联军足够长时间，来让他把大部分士兵、火炮和数量依然可观的辎重挤过莱比锡的街道，跨过那座桥梁——这是通往安全地带的唯一路径。不可避免的是，拿破仑的许多炮兵连被尽可能久地留在战场上，以保护后卫部队免遭联军占压倒优势的炮兵火力打击。同样不可避免的是，这会极大地加剧 10 月 19 日莱比锡的交通堵塞。最重要的是，拿破仑没能在埃尔斯特河上架设更多的桥梁，这个举动毫无必要地恶化了交通状况。俄国官方历史将拿破仑的失败归咎于"那时法军管理中惯常出现的无序"。[45]

联军纵队在 10 月 19 日早晨 7 时开始向莱比锡前进。与此同时，拿破仑将组建后卫的任务交给了波尼亚托夫斯基的波兰军和麦克唐纳由法兰西、意大利和德意志师混编成的军。如果拿破仑退到莱茵河后方，可能这些非法国人部队将设法背离他的事业，这也许是值得注意的现实因素。然而，后卫部队在莱比锡城墙外战斗得颇有成效，他们利用许多建筑物和其他障碍物拖延联军的前进。即便如此，到上午 11 点为止，联军已经开始突破四座城门攻入内城。截至正午时分，尽管后卫部队的战斗已经让拿破仑的大部分部队撤过了埃尔斯特河，数以万计的士兵和大量火炮却依然在莱比锡的街道上奋力强行前进。在这种状况下，就算发生一场大灾难也并不令人吃惊。

在莱比锡北面，联军战线右翼远端，利芬第 10 师的第 39 猎兵团最终突破哈雷门攻入城内。第 39 猎兵团是一个令人生畏的部队单位，它由布良斯克步兵团在 1810 年改编而成，大部分军官和每个军士都在团里度过了整个军事生涯。第 39 猎兵团在 1809 ~ 1812 年与

457

奥斯曼人作战，1812 年和 1813 上半年则在萨肯手下表现出色。该团惯于对付坚固的奥斯曼要塞，在 1813 年 3 月以精准的射术迅速制服了波兰要塞城镇琴斯托霍瓦（Częstochowa）的守军，为他们自己赢得了礼仪银号角，也令约翰·冯·利芬被晋升为中将。第 39 猎兵团在莱比锡由米哈伊尔·阿赫列斯特舍夫（Mikhail Akhlestyshev/Михаил Ахлестышев）指挥，他是一位优秀的军官，在最后一次攻击哈雷门时受了重伤。[46]

与此同时，亚历山大·德·朗热隆的步兵正在上前支援萨肯。他的两个猎兵团——第 29、45 猎兵团——向西前进，越过罗森塔尔花园，沿北城墙行动，跨过埃尔斯特河一条小支流上无人防守的桥梁，经过雅各布（Jakob）医院攻入城内。第 29、45 猎兵团都参与了最近一次同奥斯曼人进行的战争中的所有重大行动，从 1806 年的霍京（Khotin/Хотин）围城战，到强攻布拉伊洛夫（Brailov/Браилов）和茹尔扎（Jurja/Журжа，罗马尼亚文名为 Giurgiu，即久尔久），一直到库图佐夫最后在 1811~1812 年冬季歼灭奥斯曼主力军。1812 年和 1813 年春季他们在萨肯军中服役，赢得了许多赞美，但并没有像那些在博罗季诺作战或是从塔鲁季诺追击拿破仑直到维尔纳的团那样损失惨重。当这两个团抵达莱比锡时，团里依然满是拥有多年狙击、巷战和小分队袭击经验的老兵。[47]

午后不久，第 29、45 猎兵团越过雅各布医院向前推进，从而接近了埃尔斯特河干流上唯一一座桥梁，拿破仑的军队正从那座桥上撤退，炸药已经被安放在桥底下。在撤退时的混乱状况中，负责炸桥的军官已经离开岗位去弄清楚到底何时起爆，而军官不在岗时临时负责指挥的仅仅是一名军士。炸桥部队遭到了第 29、45 猎兵团准确的步枪射击，而他们拿到的指示又要求在敌军接近时摧毁桥梁，这名军士非常可以理解地起爆了炸药。因为桥梁被炸毁，成千上万的士兵和数以百计的火炮被困在了城内。此后不仅拿破仑把这样重大的损失归咎于那名军士，还有许多回忆录作者也这样认为。不过当一支大军的命运仅仅取决于一座桥梁和一个孤单的军士时，责任显然要归于更高层的军方人士。[48]

联军在莱比锡会战中损失了 52000 人，其中最大一部分——22000 人——是俄军损失的。尽管经过了 3 天的激战、面临着如此巨大的伤亡，联军在攻入莱比锡时很少出现劫掠和混乱，这有力地说明了联军的军纪。法军的损失当然会更大，也许正如法方资料声称的那样，他们损失了仅仅 60000 人，另外，当抵达埃尔福特时，法军已经只剩下 70000 名尚有武装的士兵和 30000 名徒手掉队者，因此法军在莱比锡会战及其后几天内的总损失必然更接近 100000 人。300 门火炮和 900 辆弹药车也被丢在莱比锡。因此联军明白无误地取得了胜利，这也导致拿破仑丧失了莱茵河以东的整个德意志。[49]

考虑到他们的数量优势，这场会战联军本来就该取胜，而他们几乎在第一天就输掉了会战，这主要是因为施瓦岑贝格犯了错误。莱比锡会战是拿破仑保住德意志的最后一次机会，施瓦岑贝格的错误在会战第一天给了他这个机会，拿破仑也正确地把握住了。拿破仑未能在 10 月 16 日取得决定性胜利，这更应归因于联军部队的英勇和坚韧，而非他本人犯下的任何错误。然而，一旦丧失了在第一天取胜的机会，拿破仑的胜利就近乎无望。此外，他拖延撤退太久，又没能为撤退做好充分准备。

联军领导人中最主要的英雄是布吕歇尔，如果没有他，联军三大军团就永远不可能在莱比锡会合。不可否认，布吕歇尔冒了很大的风险，而运气恰好在他一边。迫使马尔蒙军未能参加 10 月 16 日对波希米亚军团的进攻，以及两天后最终将贝纳多特拖上战场，这也应归功于布吕歇尔。亚历山大不管怎样也应得到巨大的褒扬，只有他的干涉够能迫使施瓦岑贝格改变原定联军战斗部署。没有他的坚持，俄军预备队就不可能在 10 月 16 日及时抵达戈萨后方。他的唠叨也为施瓦岑贝格及时动用奥军预备队做出了贡献。公允地说，如果没有亚历山大的话，联军是有可能输掉莱比锡会战的。皇帝最终在战场上为奥斯特利茨的灾难做出了补偿。

459

　　拿破仑从莱比锡的撤退和他从莫斯科的撤退多少有些相似之处。法军都处于快速运动之中，都付出了许多人掉队和发生大面积无纪律现象的代价。俄军哥萨克和轻骑兵都在骚扰撤退中的法军纵队，抓获了数以千计的俘虏。施瓦岑贝格追击拿破仑的速度并不比库图佐夫快。哪怕布吕歇尔也先是被远远抛在后面，后来又因为误判法军撤退路线向北拐得太远了。奇恰戈夫的角色则由指挥巴伐利亚—奥地利联军的弗雷德元帅扮演，他试图在海瑙（Haynau）阻截拿破仑，却被击败。由于巴伐利亚刚刚改换阵营，法军尤其喜欢这场击败"叛徒"的胜利。和别列津纳一样，拿破仑的军队在处境极其艰难、自身生存都成问题的时候表现出了巨大的勇气和韧性。然而，拿破仑难以负担在海瑙蒙受的 15000 人的额外损失，11 月 2 日，他跨过莱茵河返回法国。

　　和正好一年前从莫斯科退到俄国边境的行军相比，从莱比锡撤退无疑少了许多恐怖色彩，撤退途中只有很少的雪和少得多的复仇农民，并且没有吃人的传说。然而，路上依然发生了严重的斑疹伤寒疫情：拿破仑带回莱茵河畔的大约有 85000 人，但其中上千人在此后几天内死于这种疾病。与此同时，联军占领了法兰克福，神圣罗马帝国的"旧都"，向莱茵河前进。这条河流以东的德意志土地已经在联军手中。欧洲的权力平衡已经恢复，俄普奥联盟的目标已经基本实现。1813 年战局至此结束。

第十三章

入侵法兰西

在1814年战局里，军事行动被卷进了外交和法国国内政治中，
这是联军在1813年取得胜利的必然结果。1813年9月在特普利茨签
订的同盟条约使俄罗斯人、普鲁士人和奥地利人献身于将拿破仑赶
过莱茵河、恢复德意志独立的事业，到1813年11月为止，这一目
标已然达成。联军现在必须决定，究竟是坚持此前的有限战争目标
还是在此基础上继续加码。如果他们选择后者，那么联军就需要一
致认同新的目标。不管联军做出怎样的决定，他们都需要一个愿意
展开和平谈判并信守和约的法国政府。厌战情绪很可能会让法国人
在短期内欢迎和平，但在22年的战争岁月之后，反法同盟渴望的是
可以长久持续的和平，而不仅仅是临时休战。设计一个能够确保欧
洲和平与稳定、满足同盟大国的利益，同时也可以被法国社会接受
的和平方案注定是十分艰难的。[1]

反法同盟应当容许法国保留所谓的"天然疆界"——就是以莱
茵河、阿尔卑斯山脉和比利牛斯山脉为标志，且在《特普利茨条
约》中设想过的边界吗？还是应当将法国缩小到它的"历史疆
界"——1792年法国国王统治的领土？这个问题和联军是否应当与
拿破仑谈判或是否应当试图推翻他并不完全是一回事，但它们之间
也存在关联。也许可以想象的是，拿破仑将会容忍基于"天然疆
界"上的和平，但只有极为乐观的人才会相信，他并不会把与旧王
国时期疆界联系在一起的和平协定视作暂时休战。然而，反法同盟
知道，给法国强加一个政府既不是同盟的权力，也不符合它们的利
益。它们的军队无法永久占领法国。它们需要尽早找到一个拥有足

够合法性以接受和平协定的法国政权，并且即使在原先的厌战思潮从社会上退去之后，它也能继续保有权力。在同盟当中，关于何种法国政权最符合上述要求，存在很坦率的分歧。但是有一点显而易见：这个政权看上去越像是反法同盟扶植的，它就越难得到法国人的接受。

这些问题相当复杂，也不会有明确答案。然而，由于在整个欧洲最终和平解决方案上的利益纠纷，联军阵营里的猜疑与争吵越加严重。拿破仑直接或间接地统治着波兰、德意志、意大利和低地国家的大部分地区。所有这些领土的命运现在都需要被决定，这对所有反法同盟国家的权力、地位与安全影响深远。最重要的则是波兰，或者更明确地说，是华沙大公国。整个大公国此前都是普鲁士或奥地利的领土，而亚历山大希望为俄罗斯赢得它。世人普遍认为，在这三个主要欧陆反法同盟国家间维系的东中欧权力平衡很大程度上取决于这一问题。关于怎样瓜分波兰的分歧曾经导致针对革命中的法国的第一次反法同盟破裂，这些分歧也是最有可能导致这次同盟瓦解的源头。波兰问题也不可能同如何处理拿破仑和法国的问题分开。面对俄普两国的团结一致，奥地利将法国视为可能的盟友。如果和平协定导致法国太过衰弱或太过蒙羞，它将无法担当这一角色。另外，一个因为相对宽松的和平方案而受惠于维也纳，又被弗朗茨二世的女婿拿破仑统治的法国，可能会对俄国权力构成有力制衡。[2]

尽管在所有同盟大国间都或多或少地存在紧张状态，但最为重要的冲突则发生在奥地利和俄罗斯之间。一个关键的分歧领域是巴尔干，在1808～1812年，俄国人看上去几乎征服了现在的罗马尼亚全境，并把塞尔维亚转变为他们的附庸国，从而使俄国在整个巴尔干地区的声望和影响大为增加。拿破仑的入侵威胁是导致彼得堡最终退缩的唯一原因，但在维也纳没有谁会天真到相信，俄国对巴尔干的觊觎就此告终。从更广泛的层面上来看，奥地利人害怕俄国日益增长的实力，1812年发生的种种为他们敲响了警钟。几乎不可伤

害的地理条件、军队的高质量和资源的庞大规模都使得俄罗斯成为

一个值得恐惧的帝国。

无论如何，我们不能夸大其词：1814年的奥地利在国力上与俄罗斯还没有太大差距。此时我们距离1914年那个时代还十分遥远，那时俄国的巨额人口增长增强了国力，而奥地利军队则被哈布斯堡帝国内部众多民族间的冲突削弱了。在1814年，即使仅仅依靠自己，奥地利人也有希望对俄国人展开顽强抵抗。如果与普鲁士结为同盟，他们就完全有可能击败俄国。对梅特涅来说，1814年的主要问题在很多层面上都是由俄普两国的团结一致引发的，这增强了俄国的自信心，也给了俄国进入中欧的安全通道。俄普同盟使得奥地利面临孤立的威胁，也与梅特涅建立德意志集团、将法俄两国影响力排除出中欧的愿望相抵触。在德意志集团内部，奥地利的资源和哈布斯堡的历史将给予维也纳天然的主导地位，而梅特涅设想中的欧洲整体和平与均势则应由法国和俄国间的权力平衡来保护。[3]

奥地利的观点在普鲁士政府内部得到了一定的支持。当俄罗斯和普鲁士在1813年2月就《卡利什条约》进行谈判时，对华沙大公国境内前普鲁士领土的不同处理意见曾导致两国间产生严重紧张局面。普王最亲近的军事顾问卡尔·冯·德姆·克内泽贝克少将和奥地利高层一样害怕进军巴黎、废黜拿破仑的企图。[4]

反对克内泽贝克的有布吕歇尔、格奈泽瑙和西里西亚军团。他们的观点有时被贬低为仅仅是出于对复仇和军事荣誉的渴望。这种说法并不公允，西里西亚军团的军需总监米夫林男爵是一位冷静的参谋，就私人关系而言，他同克内泽贝克要比同格奈泽瑙或布吕歇尔亲密得多。但米夫林也赞同他们的观点——为了实现持久的和平，必须让拿破仑退位。他相信只要皇帝依然握有权力，在得到短暂的休息并重组资源后，他就必然会试图推翻任何和平协定，而目前所有被联军俘虏或尚在医院治疗的老兵到那时都会做好支持他的准备。米夫林还补充说，当拿破仑越过莱茵河时，俄军将至少位于1000公里外，无法赶来援救普鲁士。[5]

普鲁士的政策最终取决于弗里德里希·威廉三世。国王与米夫

463 林持有同样观点，对在卡利什达成的协定相当满意。1813年2月之后，当弗里德里希·威廉度过了做出支持俄国这一决定的痛苦时期，出于性格原因，他非常不愿去回顾它。不管怎样，国王都是信任并钦慕亚历山大的，他也对沙皇在蒂尔西特拒绝放弃普鲁士和在1813年从拿破仑手中救出他的王国的事实感恩在心。很快，国王长女与亚历山大的弟弟、后来的皇位继承人尼古拉大公的婚姻就使得俄普同盟更为紧密。[6]

在欧陆反法同盟国家间的倾轧中，英国多少有些置身事外。在1813年解放德意志的反法同盟里，它的角色大部分时候局限于为盟友的军队提供补助金。然而，到1813~1814年冬天为止，事情已经起了变化。随着德意志重获自由，最终和平也即将到来，英国便逐渐移动到了事件的中心。欧陆反法同盟的痛苦经历告诉它们，如果英法两国仍然处于战争状态，它们最终也会被卷入战火、复员军队、恢复财政状况和重建国际贸易将十分困难。因此，英国必须在和平解决方案中占有一席之地，而它的欧陆盟友则希望它能够将1793~1814年征服的许多海外殖民地归还法国，以促使其接受和平条件。

1813年时，派驻于三个反法同盟国家宫廷中的英国外交使节的表现并不引人注目。卡思卡特勋爵和查尔斯·斯图尔特爵士都是将军，他们更渴望参加战役而非从事谈判。年仅28岁的驻奥地利公使阿伯丁（Aberdeen）勋爵甚至不会说得体的法语，他不可避免地被梅特涅随意摆布。一份奥地利资料评论说，"在这三人里，只有阿伯丁有些外交天分，可他却毫无经验。而另外两人既无天分也无经验。"同盟国家要求伦敦派出能够从事和平谈判的重量级政坛人物，英国的回应则是让卡斯尔雷子爵于1814年1月抵达联军总部，他是英国历史上最能干的外交大臣之一。[7]

然而，基本的一点是，从某种程度而言英国是反法同盟四国中最强大的国家。在输掉了美国独立战争后，联合王国一度面临法国、西班牙和荷兰舰队的联合挑战。而在1814年，这些舰队大部分已经464 被摧毁了，英国海军主宰了海洋。海军的后盾则是迄今为止世界上最强大的商船队和造船业，为这些提供支持的还有英国巨大的财政与商贸资源。英格兰历史上的后门苏格兰和爱尔兰现在也已经牢牢处于伦敦的控制之下。除了以上的这些基本要素，评估英国的实力时还要加上威灵顿和他麾下的士兵，他们是过去200年间英国最为优秀的将领和军队。同盟君主在1814年已经知道威灵顿深入法国南部牵制住了苏尔特元帅和超过40000名法军，使得他们远离北方的关键战场。更为重要的是，欧洲国际关系的逻辑对英国有利。欧陆上的同盟国家也许会经常愤恨英国的财富和安全，但它们的关键利益总是受到陆上邻居更为严重的威胁。出于自身安全因素，它们和英国一样致力于达成权力平衡，而欧陆大国间的权力平衡一旦实现，就意味着英国在海上和殖民地的主宰地位不会受到严峻挑战。[8]

这一事实在和平谈判中得到了体现。英国坚持"海上权利"——换句话说就是国际海洋法——不应当受这场谈判支配。英国如愿以偿，俄国则对此感到不快。俄国驻伦敦总领事写道，直到战争结束为止，英国海军依然扣押着俄国的军舰和商船。这些船只有时确实携带了虚假证件，但是无论如何，在持怀疑态度的英国官员面前，要证明它们的证件合乎法律也是非常困难的。英国方面从未告知俄国使馆船只曾被扣押，所有的后续程序都是秘密而缓慢地进行的。即使英国最终承认俄国商船是在从事合法贸易，长期的拖延也导致了毁灭性的损失。英国从未给出任何道歉或补偿，也没有英国官员因为错误或恶意扣押船只而受到处罚。然而，俄国政府在1814年有比海洋法更为优先的议题，它不能承担惹恼伦敦的恶果。[9]

联合王国在1793~1814年最重要的领土收益——如果没有海上优势的话是不可能获得的——是从印度王公身上拿到的，因而并非和平谈判的一部分。不列颠商业帝国非正式地向南美渗透，填补西班牙在当地统治崩溃后留下的空缺，这也并非谈判的一部分。从法国和它的盟友那里夺取的殖民地则是谈判的对象，伦敦方面在归还殖民地的问题上表现出了智慧与节制，例如它将富庶的东印度群岛

465　殖民地归还给了荷兰人。但英国保留了马耳他、好望角和印度洋上的许多岛屿，这加强了它对海上通道的控制。英国在欧洲的一些战争目标到 1813 年 12 月为止已经实现了，如西班牙已经得到解放。剩下来最优先的目标之一是将法国人赶出比利时，确保比利时海岸掌握在对英友好的政权手中。卡斯尔雷写道，如果不能做到这一点，英国海军将永远处于战时状态。但除了法国之外，没有一个欧洲大国与英国利益相悖，就在卡斯尔雷做出上述表态的时候，荷兰人掀起了针对拿破仑的暴动，这为伦敦提供了一个可以接受的比利时问题解决方案。在这种状况下，英国能够在反法同盟间保持平衡，协助缓和它们的争吵，在某一国家的力量或诉求可能威胁到英国的利益时加以打压。[10]

　　在 1814 年，上述的大部分"打压"是针对俄国的，这一方面仅仅是因为它是欧陆盟国中最为强大的一个，另一方面也是由于亚历山大的目标和行为在英国人看来有时很不明晰，甚至显得咄咄逼人。事实上，亚历山大对他的国家外交政策的主导程度要比梅特涅更深。梅特涅之所以能够主导奥地利外交政策，是因为他的君主甚至整个奥地利精英阶层的见解都和他一致，这些人将捍卫他们利益的任务交托给梅特涅。而亚历山大掌控俄罗斯外交政策的原因是，他是君主和独裁者。皇帝所表达的观点与俄国统治精英的共识时常相去甚远，就某些关键问题而言，他很大程度上是个少数派。

　　对亚历山大的许多顾问来说，关键的一点是，精疲力竭的俄国依然在那些同帝国核心利益距离甚远的问题上大量投入财富和士兵。亚历山大·切尔内绍夫不仅对皇帝非常忠诚，也是个圆滑到极致的廷臣。即便是他也在 1813 年 11 月致信给皇帝，"在所有同盟大国中，俄国是最需要尽快得到和平的国家。在被剥夺贸易许多年之后，它需要恢复自身的财政秩序……俄罗斯最为富庶的省份已经被破坏了，它们需要马上得到帮助。只有终结战争才能治疗这些创伤。"[11]

　　亚历山大的顾问里只有很少人不同意这一点。海军将领希什科夫此前就反对越过涅曼河攻入德意志境内，而越过莱茵河攻入法国的想法更是几乎让他陷入歇斯底里。财政大臣德米特里·古里耶夫提出警告，再进行一年战争将让国家面临破产。库图佐夫已经去世，鲁缅采夫则被边缘化了，但若米尼接过了他们的古老呼号，提醒皇帝一个保有莱茵河边界和比利时海岸的强大法国将对俄国的利益至关重要，因为只有这样的法国才能制约"可怕的不列颠强权"。在亚历山大的高级将领中，西里西亚军团的俄军指挥官和布吕歇尔处于同一战线。作为一个保王党流亡者，亚历山大·德·朗热隆有足够的个人理由希望将拿破仑赶下台，而法比安·冯·德·奥斯滕－萨肯则恐吓那些集合起来试图不顾一切保持中立的南锡（Nancy）城显贵们，他以一种"愿长久以来作为法兰西民族灾祸和欧洲瘟疫的暴君得到死亡和毁灭"的口吻呼吁这些人加入他的事业。另外，在亚历山大自己的总部里，他的许多最亲近的顾问则要谨慎得多，他们更倾向于通过妥协达成和平。[12]

卡尔·内塞尔罗德并没有理会他的岳父亦即财政大臣的担忧，他用皇帝肯定会认可的话回复说："部队的吃穿或多或少是由他们作战时身处的国度负担的。与奥地利和普鲁士的协定对我们完全有利，华沙大公国的岁入只流入我们这里，所以我不理解为何战争会非常昂贵。"另外，亚历山大的主要外交事务助手和皇帝在两个关键问题上有所分歧，这两个问题对俄国君主和俄国与它的盟友间的关系都有压倒一切的重要性，具体内容则是波兰的命运和是否向巴黎进军推翻拿破仑。尽管内塞尔罗德知道他的建议不会受到欢迎，他却还是表现出了道义上的勇气——坚持捍卫他所认为的真正国家利益。[13]

内塞尔罗德早在1813年1月就向亚历山大提交了他在波兰事务上的关键备忘录。他在备忘录中指出，建立一个自治的波兰王国以取悦波兰人实质上将不会增加俄国的实力，反而会产生致命的政治后果。它既会疏远维也纳，也会激怒俄罗斯爱国者，这些人相信波兰人最近对俄国的行为导致他们不该得到任何让步。从长远角度而言，让独裁的沙皇同时作为波兰的立宪国王也是极为困难的。由于

467 波兰精英的独立愿望无论如何都不可能被抹煞，将华沙大公国并入帝国的最终结果也许将是丧失那些由波兰人占主导的省份，它们现在已经成为帝国西部边境地区的一部分。[14]

内塞尔罗德的观点到 1813 年冬天为止都未改变。与此同时，他还向亚历山大提交了关于和拿破仑谈判的令人不快的建议。内塞尔罗德写道，联军已经实现了他们的战争目标。如今存在这样的和平可能，它"将能够令陛下在安全的环境下为臣民的福祉而工作，为医治战争的创伤而工作，同时还能确立对陛下有利的帝国西部边界，对其他政府施加仁慈和公平的影响，让它们对您给予的帮助留下根深蒂固的记忆"。与这一可能性相比，"一场旷日持久的战争能给予的机会是无法估算的，更何况进行这场战争还是为了并不明晰且过分的目标"。[15]

内塞尔罗德的观点削弱了亚历山大对他的信任。内塞尔罗德伯爵夫人写信给她的丈夫，认为他在个人关系和观点上都与梅特涅太过接近了，为了他自己着想，（应该有所疏远）。内塞尔罗德的私人信件则泄露了被他勉强压下的对皇帝的挫折感。1814 年初，在联军的许多关键领导人身上都能发现这种挫折感。对他们来说，亚历山大不仅过于骄傲专横，也时常被纯粹个人的、狭隘的动机所驱使。在最早从盟军总部发到英国首相处的一批报告中，卡斯尔雷勋爵写道，"我认为我们现在最大的危险来自亚历山大皇帝如同中世纪骑士般倾向于推动战争的语调。他对巴黎有一种个人感情，与任何政治或军事因素无关。他看上去似乎打算寻求让他带着壮观的近卫军进入敌国首都的机会，这可能是为了和莫斯科的毁灭作对比，展示他的仁慈与节制。"[16]

卡斯尔雷的评论体现出了深刻的洞察力。在 1814 年，亚历山大有时确实会让自己被个人考虑甚至狭隘想法所摆布，而这些与俄国国家利益并没有太大关系。他把自己的"胜利者与和平给予者"角色视为个人生涯的巅峰。他也记得是他在 1812 年独自抵抗看上去不可战胜的敌人——他们的军队里还包括强大的奥地利和普鲁士部队。

接下来的一年里，他在将普鲁士和奥地利先后拉进他的胜利同盟的 468
过程中冒了许多风险，展现了出色的技巧和极大的耐心。到 1814 年
2 月为止，他感到所做努力的回报却是程度本来不该如此的不信任
与批评，而这些不仅来自他的盟国，还来自他的许多顾问。混成一
团的兴奋感和挫折感永远都是难以处理的。使问题更为复杂的是，
亚历山大在国际关系上的看法永远都不是纯粹基于现实政治的。长
久以来他对国际合作持有理想主义观点，现在这种观点又受到新确
立的基督教信仰的影响，这在很多方面都让那些脚踏实地的、对其
他大国外交政策起主导作用的现实主义者们感到不安。[17]

　　然而，关键点并不仅仅在于理解亚历山大的情感，还要认识到
他的政策核心通常都是理性的，并且在许多情况下都显得比他的批
评者们更加正确。将波兰的诉求和俄罗斯的国家安全予以调和，对
他的帝国而言是极其重要的事情。亚历山大的这种尝试是慷慨而富
有想象力的。尽管它最终失败了，但此后俄国的每一次努力也都没
能取得成功。更为重要的是，尽管皇帝不摊牌并将波兰事务的讨论
推延到战后的决定招来了不确定因素和猜疑，但这个决定是明智的，
任何其他尝试都一定会造成同盟的破裂。

　　亚历山大当然理解他某些顾问的主张——法国作为大国，对制
衡英国野心至关重要。就某种程度而言，这也是俄国在蒂尔西特和
之后几年内外交政策的部分基本原则。鲁缅采夫曾希望利用拿破仑
对抗英国，正如梅特涅希望利用他平衡俄国一样。但基本的一点是，
法国实在太过强大，而拿破仑又过于野心勃勃，结果奥地利人和俄
国人都没有把握利用他。这种尝试只会让欧洲陷入更长时间的冲突
与不稳定。亚历山大的见解——拿破仑永远不会遵守任何对反法同
盟来说可以接受的和平协定，持久的和平只能在巴黎确立——是正
确的。他比其他任何人都更有责任推翻拿破仑。如果联军的领导权
归于梅特涅和施瓦岑贝格，那么 1814 年战局完全有可能这样告终：
拿破仑仍然在位，联军位于莱茵河后方，欧洲注定还要面对无休止
的冲突与混乱。在巴黎最终投降的那一天，卡斯尔雷的异母兄弟查

尔斯·斯图尔特爵士写道，不承认亚历山大领导联军走向胜利的成就和他因此应当"当之无愧地得到人类解放者的称号"的做法"将是不公平的"。[18]

然而，当联军于 1813 年 11 月初抵达法兰克福、在莱茵河畔宿营时，巴黎看上去依然遥远。联军领导人在法兰克福就政治和军事的联合战略达成了一致。他们将给拿破仑开出十分温和的和平条件。不过甚至连梅特涅都向他的一个奥地利下属坦言，皇帝极有可能拒绝这些条件，但主动提出和平有助于阐明联军的目标，向法国人揭露拿破仑的拒不让步。在 1814 年战局中，联军的一种主要战术就是强调他们是在和拿破仑贪得无厌的野心作战，而不是同法国及它的合法利益和尊严作战。令联军害怕的是，拿破仑可能会效法他的共和国前辈在 1792~1794 年的做法，动员"全民族拿起武器"，抵抗联军对法国的入侵。与之相反，如果联军能够将拿破仑和法兰西民族分离开来，这要么会增加拿破仑身上的议和压力，要么就会鼓励建立起另一个能够和联军谈判的法国政权。[19]

联军力量的最大来源将是军事方面。在看到拿破仑怎样利用 1812~1813 年冬季从在俄国遭遇的灾难中恢复过来并重建新军后，联军决心不给他第二次这样的机会。因此他们致力于发动对法国的全面冬季入侵，如果任何联军领导人对这种全力以赴的做法有所怀疑，那么怀疑感很快就被从巴黎传来的消息驱散了。在 1813 年秋季宣告征募 280000 名新兵的基础上，拿破仑又于 11 月 15 日宣告进一步征兵 300000 人。联军对此的反应则是发出了面向法国人民的嘹亮宣言，内容如下所述：

> 法国政府刚刚下令进行新一轮数量为 300000 人的征兵。颁布这条征兵法令的理由是要挑衅同盟国家……同盟国家不是向法国发动战争……而是针对拿破仑皇帝长久以来在他的帝国疆界之外给欧洲和法国带来不幸的统治……同盟君主希望法国强盛、伟大而欢乐，因为一个强盛而伟大的法国是全世界秩序

（édifice sociale）的基石之一……但同盟国家本身也希望生活在自由、幸福和平静之中。它们希望处在以明智的权力再分配和公平的平衡实现的和平状态中，保护它们的人民今后免于 20 年来降临在欧洲身上的难以计数的灾难。[20]

470

联军的和平条件通过圣艾尼昂（Saint – Aignan）伯爵传达给了拿破仑。圣艾尼昂伯爵是一位法国外交官，也是科兰古的内兄，他在莱比锡会战后的追击中被联军俘虏。10 月 29 日，梅特涅和亚历山大就和平条件达成一致，11 月 10 日，圣艾尼昂在梅特涅本人、内塞尔罗德和阿伯丁勋爵在场的情况下写下了这些条件。联军容许法国保留它的"天然疆界"，换句话说就是莱茵河、阿尔卑斯山脉和比利牛斯山脉。这将会使法国继续领有安特卫普和比利时海岸，它们正是英国最渴望剥夺的法国领土。法国必须放弃一切在上述边界之外的领土主权，尽管它仍然可以像任何一个大国那样对弱小邻国施加影响力。虽然拿破仑必须从意大利国王的位置上退下来，但联军并未完全排除以现任意大利副王欧仁·德·博阿尔内取代拿破仑的可能性。甚至更让人惊讶的是，和平条件也包括英国将为和平做出巨大牺牲的许诺，这意味着归还许多法国殖民地，并承认"自由贸易与航海"原则。尽管这一许诺本身是模糊的，却意味着和会将讨论"海洋权利"的全部议题，这对英国政府而言可谓诅咒。[21]

如果拿破仑立刻同意上述条件，即使是梅特涅都有可能向后退缩，因为这大大约束了奥地利在意大利的影响力。俄国或英国事实上也不会签署基于上述条件的和平条约。然而，一定程度上来说，亚历山大同意提出这些条件的原因无疑和梅特涅一样，他希望拿破仑会拒绝它们。从 1812 年夏季以来，这一信念就在亚历山大心里深深扎下了根：牢固的和平协定只可能在巴黎签署，而签署对象最好是除拿破仑之外的法国统治者。然而，提出这种战争目标会吓坏他的盟友们，因此亚历山大小心翼翼地将这一看法深藏于心。哪怕是在 1813 年 11 月，谈论向巴黎进军和推翻拿破仑都依然时机未到并且十分危险，在梅特涅的耳力范围内说这些话时更是如此。对亚历山大而言，关键的一点是，军事行动应当全力以赴地继续进行下去。他一直相信会决定并且应当决定最终和平解决方案的是在战争中的运数。至于阿伯丁，他无疑害怕与联军的共识相悖，然而在面对像梅特涅或亚历山大那样大权在握、老奸巨猾的外交官时，他不过是个毫无经验的年轻人罢了。[22]

事实上，联军迅速调低了他们的报价。12 月 1 日向法国人民发布的宣言就并未承诺保留法国的天然疆界，而是"一定程度上比在任何国王统治下的法国还要大的领土，因为一个勇敢的民族是不该仅仅因为在一场顽强而血腥的战争中遭受失败就降低地位的，而它在这场战争中则以一贯的无畏展开战斗"。这一调整部分反映了伦敦对于阿伯丁所同意的条件的恐惧。此外，亚历山大的基本信念——正在发生的军事和政治事件终将决定和平条件——无论如何都被证明是正确的。[23]

联军一出现在荷兰边界，当地就随之发生了暴动。此后的景象和 1813 年春季在汉堡和北德意志发生的起义十分类似，荷兰人和汉堡市民一样都深受拿破仑的经济政策的危害，他们渴望得到解放。由亚历山大·本肯多夫指挥的温岑格罗德兵团先锋驰入荷兰境内，支援人民暴动并确保阿姆斯特丹安全。他的步兵——第 2 猎兵团和图拉步兵团——在不到 36 小时内行军 60 公里。本肯多夫的分遣队中也包括了一个团的巴什基尔人，对洋溢着布尔乔亚气息的荷兰而言，他们是富有异国情调的、几乎令人难以置信的解放者。本肯多夫手下不到 2000 人的小部队之后前往布雷达（Breda）抵抗法军反攻。关于这场战役，最早的法方历史记载对亚历山大·本肯多夫倍加赞赏，认为即使是在试图展开防御的战斗中，他都表现出了勇敢和积极主动的品质，更不用说在此后脱身的战斗中了。[24]

和前一年在汉堡时不同，联军现在有大批正规部队支援哥萨克并支持暴动。比洛的普鲁士军进入荷兰，在几个星期内横扫了大部分低地地区。即使就军事层面而言，征服低地地区也对入侵法国有重要作用，更不用说政治影响了。它为联军打开了一条可能的补给线，而这条补给线会穿过富庶且并未遭到破坏的国度直抵海岸，联军可以利用这条补给线在巴黎地区展开活动。它使拿破仑确信联军于1813～1814年冬季发起的攻势将会在低地地区展开，因此他将质量低劣的后备军中相对而言最优秀的一部分向北调动。[25]

472

与此同时，联军领导人则计划在南面很远处越过莱茵河发动入侵。布吕歇尔和格奈泽瑙争辩说，应当趁拿破仑的军队依然规模不大且组织混乱时立刻发起攻击，此后的普鲁士历史学家也赞成这一战略。但联军也因秋季战局而变得疲惫、饥饿、人数稀少，他们也需要时间去休整、重新组织部队，在后方建立军用道路、仓库和医院。事实上，在莱茵河畔休整的7个星期内，联军得到了比拿破仑更多更好的援军。当他们在年底开拔向前时，法国东部轻而易举地落入他们手中，联军的人数依然远远超过拿破仑的部队。此后的战役变得更为困难，但这与数量没有什么关系：是联军低劣的指挥和让政治考量破坏军事行动导致了这种后果。[26]

11月9日，巴克莱·德·托利向皇帝提交了俄军在秋季战局结束之际的状态报告。他估计，"尽管我们取得了伟大的胜利，但目前的战役已经消耗了我们……一半的军队"。在一些部队单位中，不在行列里的人员所占比例还要高得多。"维特根施泰因伯爵的骑兵甚至还不到它（在8月底）离开西里西亚时兵力的1/4。"在5个前线兵团里，只有两个还能够继续自行作战，"看上去还像正规士兵"。这两个兵团是康斯坦丁大公由近卫军和掷弹兵组成的预备兵团，以及北方军团中的温岑格罗德兵团，"该兵团参与战斗较少，因而损失也少于其他兵团"。在其他3个兵团（维特根施泰因、朗热隆和萨肯）里的许多单位中，除非立刻采取行动，不然它们就将面临"完全解体"的威胁。"士兵们被弹药严重短缺所困扰，而靴子、衬衫、外套则更为缺乏。"在一些团里，只有不到100人还在队列中。军官在秋季战局中伤亡率已经很高，而"甚至连这么一点残余部队都无法恢复良好秩序的原因就是缺乏军官"。许多其他资料，

473　包括团史记载和布吕歇尔给亚历山大的报告，都证实了巴克莱所描绘的景象，强调部队亟须暂时停止行进，以便补充士兵，休整部队，储备弹药、食物和装备。[27]

　　在俄军于莱茵河畔停留的 7 个星期里，情况发生了转变。掉队者和出院士兵返回了他们所在的团，在秋季战局中分遣到后方的部队单位也被带了回来，例如阿列克谢·谢尔巴托夫公爵从柏林出发的军就在此期间作为萨肯的援军抵达。然而，最为重要的还是洛巴诺夫－罗斯托夫斯基后备军团的下一波补充兵最终抵达前线。因此，正如在 1813 年夏季休战时发生的那样，俄军精神饱满地以完整建制参加了 1814 年战局。驻扎在莱茵河畔的 7 个星期里，朗热隆和萨肯得到了 25000 名补充兵，维特根施泰因和康斯坦丁大公从洛巴诺夫那里得到了 19000 名补充兵。一共有 63 个后备骑兵中队，也就是至少 12000 名骑兵前来补充俄军各个正规骑兵团，还有更多的骑兵正在赶往前线的路上。朗热隆和萨肯在抵达莱茵河一线时，手下还只有不足 30000 人，但是到 1814 年战局开始时，他们麾下已经有 60000 人之众。[28]

　　补充兵通常都秩序良好、质量较高，骑兵的质量则同往常一样是最好的。尼古拉·普雷拉多维奇将军在 11 月 18 日检阅了前来增援骑马禁军团的后备骑兵中队后汇报说，"我发现部队秩序可谓完美：士兵着装良好，马匹状态优良。"彼得·维特根施泰因也报告称，抵达他的兵团的后备部队单位状况都相当好。与洛巴诺夫在 1813 年春季派出的第一波补充兵完全不同，此次后备部队单位以完整建制抵达，只有很少人得病或掉队。当然，在德意志的秋天行军和在白俄罗斯的冬天行军是大不相同的，但这一对比也反映出坎克林对军队后方军用道路、医院和仓库的管理运作良好。[29]

　　在某种意义上，补充兵的行动几乎成功得过了头。和春季一样，后备连在出发时仅有 3/4 的士兵配备了步枪。只有很少的士兵中途掉队，因而萨肯兵团的一些士兵实际上要等到 1814 年 1 月初从法军那里夺取大批储备物资后，才得到了属于自己的步枪。装备也是一个问题，当亚历山大钟爱的近卫军士兵配着猎兵团的斜挂肩带和子弹袋出现时，他变得近乎歇斯底里。每个人都指责新兵军服的悲惨状况，那些军服现在常常已经破烂不堪。在 1814 年，许多常规团的军服模样也很奇怪，有些时候士兵还穿着缴获的法军服装。事实上，他们中一部分人的新军服已经在德意志、波兰和波希米亚定做了，但俄军前进的速度意味着这些服装都被远远抛在后方。原先的计划是，率领洛巴诺夫下属各单位赶往野战军的军官应当返回波兰继续训练新兵，然而实际上由于常规部队现在十分缺乏军官，洛巴诺夫的一些训练核心不得不留在莱茵河畔参加 1814 年战局。[30]

与此同时，普鲁士人和奥地利人也在休整并补充他们的部队。几乎同样重要的是，反法同盟正在动用已被它们征服的德意志地区的资源，以维持它们对抗拿破仑的新战役。这一任务的具体责任者是通常所说的"中央行政"，其首脑是施泰因男爵，早在 1813 年 3 月他就建立上述机关管理联军征服的土地。施泰因起初不仅将"中央行政"看作为联军事业动员德意志资源的手段，也希望借此替战后可能建立的统一的德意志政治实体奠定基石。在这样的政治实体里，君主们的主权将受到联邦机构和选举产生的议会的限制。这一计划对梅特涅和前莱茵同盟的君主们而言都是不可接受的，他们团结起来对此加以破坏。历史学家集中研究这场政治战争，而亚历山大在此战中并没有进行任何挑战梅特涅的尝试。

为了保住他们的主权，君主们要付出的代价就是慷慨支持联军的战争动员。在这一点上，梅特涅和施泰因同样坚定。在和反法同盟签订的条约中，君主们许诺向联军提供正规军，其数量与他们之前提供给拿破仑的相同，此外还要派出和正规军人数相等的国民后备军。他们还要向联军贡献一年的岁入，尽管这显然不能立刻以现款缴纳。最终，巴伐利亚军和符腾堡军在施瓦岑贝格军团中作战，此外还建立了其他 5 个德意志军。一些军接过了封锁法军要塞、看守联军基地和交通线的任务。这种做法把大批俄普一线军队解放出来，使得他们能够向巴黎地区开进，参加 1814 年 2、3 月间与拿破仑的战斗。如果没有这些援军，联军在这场战役中几乎是必败的。[31]

475　　　对许多反法同盟领导人和将领而言，进军巴黎并推翻拿破仑的想法看上去是十分冒险的。许多世纪以来法国都是欧洲最强大的国家，在1415年之后，还没有外国军队曾经攻占过巴黎。正如库图佐夫在1812年11月回忆的那样，就在一个世纪前西班牙王位继承战争即将结束时，法国与大部分欧洲国家处于战争状态，而联军以两位可以跻身历史上最伟大将军之列的人为统帅——萨伏伊的欧根亲王（Prince Eugène of Savoy）和马尔博罗（Marlborough）公爵。在整整6年的连战连败之后，法国的崩溃已经隐约可见，但这个国家却依然能够集中资源击败入侵者，与欧洲其他国家打了个平手。法国在1792~1794年也做到了同样的事情，尽管看上去处于混乱中的共和国不仅要与全欧洲对抗，还要面临内战的威胁。假如联军的入侵燃起了法国人的民族主义情绪，激起了大规模抵抗，那么没有一支军队的规模能够大到成功压制如此庞大的国家和人民。此外，法国的东部边界由一条又一条的河流保护着，不仅包括莱茵河，还有摩泽尔河（Moselle）、默兹河（Meuse）、马恩河（Marne）以及孚日山脉（Vosges）。除了这些天然防线，法国东部边境上还分布着世界上最密集也最昂贵的链状要塞群，任何试图利用从东部边境延伸到法国心脏地带的大道的入侵者都将受到要塞群的阻挡、牵制和骚扰，而这正是它们的设计目的。最为重要的是，联军还试图在冬季展开入侵。[32]

　　如果联军要在动员人员和物资的方面抢先拿破仑一步，一场冬季战役就是必不可少的。它将确保皇帝缺乏受过训练的士兵，让他既不能坚守堡垒群，也不能在战场上投入大军。另外，它也对联军的补给、运动及给平民留下的印象造成了严重影响。到这时为止，联军各部补给里最庞大的项目是给马匹准备的草料，但军队的马车只能运走其中的一小部分，而冬季的野外是没有草的。因此大部分草料都需要从当地仓库征收，士兵口粮中的很大一部分也要这么处理。辎重车队越庞大，军队的行动就越笨拙，在许多小道难以通行的冬季更是如此。与拿破仑作战时缺乏机动性将被证明是致命的。

然而，就地补给只有在地方当局协助征收且人民不加以抵抗的状况下才能够运作良好。只要联军还在运动、部队相对分散并且看上去有可能获胜，地方上就有可能表现出合作的意向。一旦军队需要集中起来准备作战，问题就会成倍增加，尤其是联军静止不动、拿破仑看起来却占了上风的时候。没有什么比一支庞大敌军就地取食更能激起大众的抵抗、更能帮助拿破仑了，而联军队伍中饥荒正在蔓延，纪律也松弛下去，情况就尤为严重了。士兵们对联军领导人此时发出的保持良好行为和基督徒的忍耐的呼吁充耳不闻，人民抵抗和军事暴行的恶性循环极有可能发生，规模越来越大的分遣队不得不越来越深入乡村，寻找被藏起来的补给物资。巴克莱·德·托利预言过不少此类问题，不过事实上它们对任何一个多少有点学问的将军而言都是不言自明的。[33]

为了将此类问题降到最低限度，特别是为了包抄法国要塞地带的侧翼，联军决定主攻方向应当经过瑞士境内。他们将从那里向西北方向前进，进入朗格勒（Langres）高原。一旦在朗格勒站稳脚跟，他们就将决定进军巴黎的时机是否已经成熟。亚历山大在 11 月 10 日给贝纳多特的一封信里阐述了这个计划的所有优点，他在信中声称已经将计划推荐给了奥地利人和普鲁士人，而他们也接受了这一主张。但皇帝此后又改变了主意，争辩说联军应该尊重瑞士的中立。亚历山大之所以这么做，似乎是出于若米尼和他前任家庭教师塞萨尔·德·拉阿尔普（Cesare de la Harpe）的请求，这两人都是瑞士公民。看上去奥地利人准备放弃入侵，可他们随后还是侵入了瑞士，还让瑞士军事和政治领导人为这一举动提供支持。发现自己被骗了以后，亚历山大大为光火，而当奥地利人后来开始干涉瑞士内政、使其向保守方向倾斜时，他就更加恼火了。事实上，总体而言亚历山大这次做错了。由于瑞士政府允许法国在它的领土上征兵和移动部队，它的中立只不过是伪装而已。也许正如最擅长研究这场战役的普鲁士历史学家所主张的那样，联军的计划无论如何都是粗疏的，但是一旦这个计划得到一致赞成，奥地利人就完全有理由拒绝变更计划。最为重要的是，瑞士的内部事务对俄国而言无足轻重，而皇帝却让纯粹的私人考量干涉整体战略，从而损害了联军的团结。[34]

477　　　最终在巴塞尔（Basle）渡过莱茵河并行经瑞士的不仅有奥地利人，还有俄国近卫军。联军渡过大河的行动被推迟到俄历1月1日，这正好能让渡过莱茵河的日期成为俄军越过涅曼河开始解放欧洲的一周年纪念日。对某些外国观察家而言，这又是一个亚历山大出于个人琐碎原因影响军事行动的例子，不过这次延迟事实上并没有（对联军事业）造成什么损害。

　　目睹了俄国近卫军跨过莱茵河这场阅兵仪式的其他观察家思考得更加认真深入。查尔斯·斯图尔特爵士写道：

　　　　用多么夸张的语言来描述这些部队的完美状况都不过分，他们的仪容和装备令人钦佩。如果有人能想到他们曾经忍受过什么，而且考虑到这些俄国人横越他们自己的土地——他们中有些人是从邻近中华帝国的鞑靼地区出发的，在短短几个月内从莫斯科一直行军到莱茵河，他就会惊讶不已，并对这个巨人般的大国产生政治上的敬畏感。俄军骑兵表现出来的状况应当得到关于这一兵种的最高赞誉，而他们的炮兵也是值得赞赏的。

　　但在这份很大程度上与联军有关的陈述中，斯图尔特的钦佩之情里却掺杂了警觉的成分。"在那天看到这些俄国近卫军之后，我不由自主地一次次回想起这个过于庞大的帝国给人留下的严肃印象……整个欧洲的政治系统应当正如它的首要原则和特征那样，确保以下公理：必须对这一可怕且不断渗透的大国设置限制"。[35]

　　联军自巴塞尔出发，向朗格勒开进。驻施瓦岑贝格总部的英国代表伯格什（Burghersh）勋爵对这位元帅的领导才能印象并不深刻：

在入侵法国期间所观察到的事情中，没有哪件比联军此刻的运动更能不可思议地体现出他们的谨慎了。联军的目标是在朗格勒立足，只需 5 天行程就能从巴塞尔抵达那里。没有一个法国兵能在 12 月底抵抗从这个方向开来的联军，而他们却包抄阵地侧翼，一英寸一英寸地克服河流和链状山地的障碍，这些"科学的"运动都要诉诸复杂的行军，因此他们直到 1 月 17 日才占领朗格勒，而不是在 12 月 26 或 27 日即控制此地。[36]

向朗格勒进军途中，谢苗诺夫斯科耶近卫团的帕维尔·普辛在日记中写道，道路状况恶劣，天气糟糕透顶，而且当地的法国人非常贫穷。由于法国当时总是被俄国军官当成欧洲文明的顶峰，其他许多军官也被他们眼前的贫困景象震惊了，法国的贫穷与萨克森、西里西亚令人钦慕的富庶在他们的日记和回忆录中形成了鲜明的对比。法国人起初显得胆怯而精神萎靡，既没有体现出保拿破仑的热情，也没有支持波旁王室的热情。然而规模庞大的侵略军不可避免地造成了毁灭和劫掠。一位近卫龙骑兵团的军官回忆说，他的士兵在寻找下榻庄园的隐藏财富时有准确的直觉，最后该团团长成功地找出大部分劫掠品，将它们物归原主。当近卫军骑兵带头（劫掠）后，哥萨克就不大可能保持谨慎了，他们的大部分军官都要比近卫军团长无所顾忌得多。在进入法国之后不久，亚历山大就致信普拉托夫，抱怨说甚至有些哥萨克将军和上校也在洗劫法国住宅和农场。对亚历山大而言这固然令人羞耻，而且也十分危险，因为这种做法冒的是激起人民战争的风险，而那正是联军极力想要避免的。[37]

在施瓦岑贝格的大军几乎毫无抵抗地向朗格勒开进的同时，规模小得多的西里西亚军团则在着手展开更加危险的行军，他们需要在莱茵河中游渡河，然后穿过法国要塞和河流防线的主要地带。亚历山大在 12 月 26 日给布吕歇尔的指示中命令他越过莱茵河，前进与主力部队会合，但具体选择哪条前进路线则取决于布吕歇尔本人。

478

亚历山大所坚持的一点是，"关键在于保持两个军团间的联系，这样军团所处的位置会让它们总是能够并肩作战"。布吕歇尔被迫留下几乎全部朗热隆兵团封锁美因茨大要塞，整个约克兵团则被用于监视梅斯（Metz）、蒂永维尔（Thionville）、卢森堡（Luxemburg）要塞群。被布吕歇尔带着向前推进的只有萨肯兵团和扎哈尔·奥尔苏菲耶夫中将的小型分遣队，麾下总计不过27000人。这位元帅从来不厌恶冒险，但他手下的哥萨克缴获了关键的敌军信件，从而使得他对法军的人数和部署位置了如指掌，这无疑对他的处境极其有益。由于拿破仑正在巴黎动员新兵，而法国野战军的精锐后备军则被部署在低地方向，布吕歇尔知道他面对的只不过是精疲力竭并且分布单薄得如幕墙一般的敌军，敌方可以调动的所有部队在数量上勉强超过他自己的部队，而且面前的法军还被分成了由不少于三位元帅所指挥的不同分队。这种状况鼓励着布吕歇尔向前推进，将法国人赶过摩泽尔河、默兹河和埃纳河（Aisne），随后再转向西南方向与施瓦岑贝格会合。[38]

到1814年1月底，联军已经征服了法国东部的庞大条状地带，使得拿破仑无法利用这些地区的人力资源、税收和食物补给。在拿破仑动员法国资源的努力已经遭遇了空前困难和阻力的时候，对他的战争机器来说这又是一个沉重打击。令人畏惧的征兵系统的效率在1810~1813年达到了最高程度，此时则在拿破仑贪得无厌的需求面前终于开始走向耗竭。在1813年11月被召往兵站的新兵后来大部分都没有出现，他们也不能像过去那样得到武器、装备，甚至连军官都没有。拿破仑没有预料到联军会在冬季入侵，他们的攻势使他征集新的"大军团"的计划陷入混乱。此外，亚历山大恰当地坚持把被围困在德累斯顿、但泽、莫德林和其他中欧要塞的大批法军都作为战俘对待，而这些要塞在1813~1814年冬季及时地逐一投降了。他拒绝批准允许要塞守军返回法国的投降条款，如果这些人回国，毫无疑问最后其中有些人会为拿破仑训练新兵，并成为军队的核心。到1814年1月底为止，拿破仑的处境已经愈发绝望。看上去亚历山大"让军事行动决定最终和平解决方案的限度"的战略此时正在让他的期望成真——换句话说就是拿破仑的失败和倒台。[39]

在法国土地上的第一场大战发生在 1 月底。拿破仑于 1 月 25 日离开巴黎，前往他位于沙隆（Châlons）的总部，从那里转向东南方向，希望能够在布吕歇尔所部与施瓦岑贝格会合前将其捕获，并予以歼灭。对布吕歇尔来说很幸运的是，俄军骑兵俘虏了一位携带着拿破仑制订的计划的参谋。与之同样幸运的是，彼得·帕伦和部分主力部队骑兵就位于布吕歇尔附近。帕伦延缓了法军前进的速度，掩护布吕歇尔所部于 1 月 29 日午后抵达布列讷（Brienne）。

就在那个冬日下午的晚些时候，拿破仑的步兵列成 3 个纵队对布列讷发起攻击。布吕歇尔的总部就设在布列讷城堡，他从那里可以清楚地看到正在前进的敌军。他当即发觉法军左翼的纵队易受骑兵攻击，便下令伊拉里翁·瓦西里奇科夫向敌军侧翼和后方冲锋，这使得法军步兵陷入了停顿。然而，法军步兵于当天傍晚时分在黑暗中越过奥尔苏菲耶夫规模较小的军，从联军另一翼攻入布列讷。布吕歇尔和萨肯差点沦为战俘，后者的一位重要参谋战死。在度过了最初的混乱阶段后，俄军官兵再次结集起来，布吕歇尔则向位于布列讷南方几公里的特拉讷（Trannes）高地上的主力军方向撤退，以便与其会合。但萨肯对奥尔苏菲耶夫暴怒不已，他将整个事件都归咎于奥尔苏菲耶夫。[40]

拿破仑一路跟踪布吕歇尔，在邻近特拉讷高地北方的拉罗蒂耶勒（La Rothière）村设立总部，其后两支军队一动不动地对峙了两天。到 2 月 1 日正午为止，拿破仑确信联军的目的在于绕过他的西侧采取行动，因此下令他的预备队离开拉罗蒂耶勒，去监视（该方向的）联军。然而战局不久就变得清晰起来，布吕歇尔即将攻击法军战线。拿破仑手中只有不足 50000 人，却要控制长达 9.5 公里的战线，他的部队人数实在是太少了。拿破仑的右翼在迪安维尔（Dienville）村，紧靠着奥布河，拉罗蒂耶勒村位于战线中央，而战线则一直延伸到左翼的拉吉伯里耶（La Giberie）村。布吕歇尔负责指挥西里西亚军团的萨肯、奥尔苏菲耶夫所部，他们位于战线中央，正对着拉罗蒂耶勒。在他们左侧的是久洛伊的奥地利兵团，久洛伊奉命攻击迪安维尔。右侧则是由符腾堡王储指挥的符腾堡兵团，他们的任务是攻击拉吉伯里耶。联军自身的数量略微多于法军，但他们在战场周边地区能够利用的部队超过法军两倍。

久洛伊对法军设在迪安维尔的坚固阵地的进攻失败了，符腾堡王储也面临严重困难，他很难在拉吉伯里耶周围的狭窄道路和沼泽地带上部署足够击退法国守军的部队。符腾堡王储最后被弗雷德的巴伐利亚军救了出来，巴伐利亚人出现在敌军左翼，迫使马尔蒙元帅撤退。施瓦岑贝格并未命令弗雷德加入战斗，但这位巴伐利亚指挥官主动向炮声传来的方向前进。

然而，最激烈的战斗发生在拉罗蒂耶勒及其附近地区，这场会战中联军3/4的伤亡都是在这里产生的。萨肯的步兵列成两个纵队进攻拉罗蒂耶勒：约翰·利芬沿道路正面进攻，阿列克谢·谢尔巴托夫则在东面几百米远处向前推进。这是西里西亚军团第一次在亚历山大眼皮底下作战，萨肯也打定主意要给皇帝留下深刻印象。普鲁士官方历史写道，"利芬纵队的乐队奏着军乐，士兵唱着战歌攻击村庄"。一阵暴雪吹到了俄军步兵的后背上，他们却没有停下来开火，而是直接端着刺刀突入村庄。由于道路十分泥泞，萨肯的炮兵主任尼基京（Nikitin/Никитин）少将不能把他的全部火炮拖上来支援进攻，因此他把36门炮留在后方，剩余火炮则用双倍的挽马拖曳。利芬和谢尔巴托夫经过一番苦战才将位于他们中间的拉罗蒂耶勒守军清除干净，接下来却马上要在傍晚时分面对拿破仑近卫军的凶猛反击，乌迪诺元帅和利芬双双在这场战斗中负伤。会战的结局最终由俄军预备队决定——此战中是第2掷弹兵师，他们前来增援萨肯，一劳永逸地将敌军赶出了拉罗蒂耶勒。法军损失了73门火炮和5000人，联军的损失略少一些，但联军的胜利主要体现在士气方面。在此次战役的第一场会战里，拿破仑就在法国的土地上被击败了，他所部的士气大受影响，随后几天里许多法国士兵逃离军队回家。[41]

　　萨肯关于此次会战的报告是以廷臣式的华丽辞藻结尾的，"在这个值得纪念的胜利之日，拿破仑不再是人类之敌，而亚历山大可以说，我将赋予全世界和平"。这类语言是危险的早熟说法。拿破仑还没有死透，而西里西亚军团将会在此后的短短几天里由于它的过分自信受到惩罚。然而，这场会战对萨肯自己而言则是一次完胜。由于他在1813年取得的一系列胜利，萨肯已经被擢升为上将，还获得了一系列奖章。这次亚历山大授予萨肯他极其渴望的圣安德烈勋章，又赠给他一份价值50000卢布的礼物。不过对萨肯而言，最重要的也许是皇帝在会战后一天对他的评价，"你不仅征服了国外的敌人，也征服了国内的敌人"。他与本尼希森的争斗可以上溯到1807年，这不仅使萨肯痛苦，也威胁到他的职业生涯，而这场战斗现在已经决定性地有利于萨肯一方。他的大敌将以上将和伯爵的身份退出军旅，萨肯则会超过本尼希森，他既是元帅，也是公爵。[42]

　　战后次日，联军领导人在布列讷城堡召开会议，以决定未来的战略。然而会议开始时，布吕歇尔却似乎不知所踪了。众多显贵四散出去寻找，最后亚历山大在酒窖深处发现了他，那时布吕歇尔正在架子上挑选最好的瓶装酒。会议决定联军主力和西里西亚军团必须分开，这据说是因为如果联军集中在一起，地方上就会无法供养。施瓦岑贝格将沿着塞纳河（Seine）从南面向巴黎前进，布吕歇尔则沿着马恩河从西面进军。[43]

　　这在许多方面都会重蹈1813年的覆辙，面临同样的危险，拿破仑会在两支联军部队中间展开内线运动。迄今为止，他已经习惯了面对施瓦岑贝格的谨慎、迟缓与布吕歇尔的大胆、敢于冒险。拿破仑在1813年秋季曾失去了利用这一弱点的机会，而这个机会现在却以更加清晰的形式出现了。拿破仑现在不必像上个秋季那样长途跋涉攻击敌军，使自己疲惫不堪。由于所有军事行动都将发生在狭小区域内，他可以期望击败一支敌军后只花几天时间就折返回去面对另一支敌军。因为在自己的国家里运动，拿破仑可以利用对地方的

482

了解、动员当地的运输工具和人力，以此来使用小道、获取食物补给、预警敌军行动。他还控制了大部分关键渡河点。除此之外，由于布吕歇尔对广为流传的"拿破仑濒临毁灭"这一说法表示赞同，他在 1814 年 2 月时甚至表现得比之前都要更倾向于冒险。到了 2 月 7 日，他已经开始和亚历山大讨论抵达巴黎后如何安排部队宿营的问题。[44]

与此同时，施瓦岑贝格显得比前一年时还要谨慎。他对指挥和供养这样一支庞大军队时面临的困难感到担心，而联军巨大的数量优势似乎仅仅让他的担忧越发严重。他高度关注延伸到巴塞尔和莱茵河对岸的漫长交通线的安全。施瓦岑贝格高估了拿破仑的军队规模，也夸大了奥热罗元帅试图在里昂（Lyons）组建的部队规模，他相信奥热罗有可能攻入联军在瑞士的后方。在这种状况下，施瓦岑贝格十分抗拒任何继续前进的做法，正如他 1 月 26 日给妻子的信中所言，"任何向巴黎的推进都在最大程度上违背了军事科学"。[45]

为了公平地对待总司令，必须指出在联军将领中，持有这一观点的并不只他一个人。克内泽贝克争辩说，向巴黎进军时必须经过特鲁瓦（Troyes）附近的地区，而想要在那里供养军队是非常困难的。联军的许多个军只能沿着通往首都的南北方向大道行动，因为在一年中的这个时候，小道是几乎无法通行的。因此即使是在最好的状况下，联军的侧向行军和各军间的互相支持也将十分缓慢。而拿破仑此时却能够在巴黎以西的肥沃地区养活自己，利用内线交通和他控制的路况较好的侧向道路集中兵力打击迟缓笨拙的联军纵队。如果拿破仑的宝座受到威胁，他无疑会战斗至死。而法兰西民族将要抛弃他的证据何在？说到底，向巴黎进军就等于在法国政局中碰运气，和拿破仑在 1812 年"占领莫斯科会导致和平"的赌博一样，这最终难道不会被证明是靠不住的?[46]

施瓦岑贝格的观点和计划严重受到政治考量的影响。在他看来，向朗格勒进军是给拿破仑额外施压、迫使他以联军能够接受的条件议和的一种手段。甚至在过了这么多年后，施瓦岑贝格现在依然没能真正掌握拿破仑的心态和作战方式。梅特涅对总司令的影响也是非常重要的，他在 1814 年 1 月多次建议施瓦岑贝格拖延行动，为和平谈判争取时间。拿破仑则任命科兰古为外交事务大臣，摆出似乎打算接受圣艾尼昂所传达的联军和平条件的姿态，表现出了妥协的态度。和会最终将于 2 月 3 日在沙蒂永（Châtillon）召开，此刻施瓦岑贝格、梅特涅和弗朗茨二世比以往任何时候都更不情愿让军队在拉罗蒂耶勒之战后立刻向前推进，也不愿让军事行动决定外交方针与和平解决方案。由于总司令是个奥地利人，哈布斯堡的政治观点便能够悄悄破坏联军的军事战略。[47]

与此同时，亚历山大竭尽全力破坏梅特涅在沙蒂永的外交战略。当和会于 2 月 5 日起进入磋商阶段时，俄国代表拉祖莫夫斯基（Razumovsky/Разумовский）伯爵宣称他尚未接到相关指示。然而，俄国人的拖延战术不可能像梅特涅给施瓦岑贝格的建议一样秘不示人，这很快惹怒了他们的盟国。迄今为止反法同盟在谈判上的立场已经变得强硬很多，在法兰克福时，它们准备给法国开出的条件是保留天然疆界，在沙蒂永却只计划让法国保留 1792 年的"历史疆界"。梅特涅向盟国展示了一份备忘录，迫使它们决定：假若拿破仑接受上述条件，是否就此与拿破仑达成和平，梅特涅以此压制住了亚历山大，强迫他明确表态。备忘录也要求盟国决定，如果它们届时拒绝拿破仑的条件，此后到底是应该致力于恢复波旁王室还是让法国人选择另一个统治者。[48]

亚历山大发现他在面临这些质问时得不到支持。俄国皇帝相信，即使拿破仑接受联军的和平条件，他也只会把和平当作临时休战，一找到合适的机会就将又发动一场新的战争。拿破仑的军事天才和领袖风范能够给他所统率的任何军队增添数以万计看不见的士兵，只要他还坐在法国的皇位上，他在法国以外的许多前盟友就永远不会相信将会迎来稳定的和平。然而，只要拿破仑接受 1792 年的法国疆界，并交出大批要塞作为保证，英国人和普鲁士人都希望与其签订和平条约。反法同盟中没有人赞同亚历山大的观点：他们的军队应当先拿下巴黎，然后判断法国人的看法，由此决定应当同怎样的一个政权签订合约。对他们而言，这个方针看上去太不可靠了。联军最不希望的事情就是掀起一场群众暴动，或者说发现他们被迫卷入法国内战。但是如果拿破仑确实倒台了，在英国、奥地利、普鲁士看来，唯一可能的选择就是波旁王室回归，亦即波旁家族的合法领袖路易十八即位。[49]

亚历山大对波旁王室复辟并不热心，这一定程度上直接反映了他对路易十八的轻视。路易十八曾在俄国流亡多年，却并没有给皇帝留下深刻印象。亚历山大不是一个正统主义者，反而多少有些时髦的激进思想。他的祖母叶卡捷琳娜二世曾经试图给伏尔泰和狄德罗留下深刻印象，亚历山大则喜欢赢得热尔梅娜·德·斯塔埃尔（Germaine de Staël）的赞美，在候选者中她倾向于让贝纳多特元帅统治法国。亚历山大自己曾一度无意考虑过让贝纳多特即位的可能性，这激怒了他的盟国，甚至导致这样的流言：皇帝试图把一个俄国的附庸摆上法国王座。[50]

事实上这个说法并不靠谱，亚历山大考虑过很多可能的王位候选人，而瑞典王储仅仅是其中之一。讨论这个问题时基本的一点是，亚历山大相信一个像法国这样高端而现代化的社会只能由尊重公民权利、允许代议机构存在的政权来统治。如果这个政权打算生存下去，它也必须接受革命的部分遗产。皇帝怀疑复辟的波旁王朝不会做上述事情中的任何一件，一如既往地，亚历山大在告诉旁人他们不愿听到的话时显得最为可信。甚至迟至3月17日，亚历山大还告诉一位保王党使者维特罗勒（Vitrolles）男爵，他不仅考虑过贝纳多特，也考虑过欧仁·德·博阿尔内和奥尔良公爵成为法国统治者的可能性，和路易十八不一样，他们并未沦为回忆与要求为过去复仇的支持者们的囚徒。皇帝还说，甚至一个以明智方式组织起来的共和国可能最适合法国，这让维特罗勒大为吃惊。[51]

亚历山大最期待的还是一个稳定的法国，它不仅将在国内保持和平，也能与邻居和平共处。皇帝比任何人都更好地理解带着一支俄国军队横跨欧洲时遭遇的巨大困难，也更好地理解实现这场行军的独特环境，这种努力很有可能是无法重复的。正如他在同盟各国于2月初盛行的争吵中向卡斯尔雷勋爵所说的那样，正是由于这个原因，俄国需要一个能够持续下去的和平解决方案，而不仅仅是休战。在这些因素的基础上，亚历山大反对与拿破仑达成的一切和平协定，但也正是这种焦虑导致他寻找波旁王室的替代者。事实上亚历山大低估了路易十八，但他最后还是及时怀着善意接受了波旁王室的复辟。不过他的担忧并非毫无根据，无能的查理十世此后被推翻便说明了这一点。[52]

在1814年2月第二周和盟国展开激烈争辩后，亚历山大最终还是被迫做出让步。布吕歇尔被拿破仑击败的消息于这周末传来，更进一步确认了俄国被孤立的危险。皇帝只得同意，如果发生复辟，那么唯一可能的选择就是王室首领路易十八。从亚历山大的角度而言，更为重要的则是他不得不接受这样的现实：沙蒂永谈判将继续下去，假如拿破仑接受1792年的疆界并交出若干要塞，联军就会和他缔结和约。另外，盟国也同意如果拿破仑拒绝联军开出的条件，它们就会一直将战争进行下去，直到打败他为止。梅特涅提出，如果俄国君主拒绝让步，奥地利将以退出战争相威胁，弗里德里希·威廉三世则拒绝加入这一威胁，这多少给亚历山大一些慰藉。普王坚持，只要俄军还在战场上，普鲁士王家军队就会和他们并肩作战。[53]

布吕歇尔就在这时遭遇了近乎灾难的事件。在2月2日的布列讷会议后，他带着萨肯和奥尔苏菲耶夫麾下的18000名俄军北上，打算同约克兵团正在沿马恩河北岸向蒂埃里堡（Château Thierry）前进的16500人和正从东面赶往沙隆的15000名由克莱斯特和卡普采维奇指挥的普俄军队会合。麦克唐纳元帅指挥的一个法国军正在约克前方撤退，布吕歇尔命令萨肯向前急进，试图将其截住，其间他本人则和奥尔苏菲耶夫所部一起停在韦尔蒂（Vertus），等待克莱斯特和卡普采维奇的到来。麦克唐纳事实上从萨肯的指缝间溜掉了，但试图捕获麦克唐纳的尝试让萨肯所部一路赶到了位于马恩河南岸、距离蒂埃里堡很远的拉费尔泰苏茹阿尔（La Ferte - sous - Jouarre）以西。布吕歇尔的军团现在已经分散在70多公里的距离上，这让军团内部的交通变得困难，各部间的互相支持时常无法实现。

其后发生的军事行动细节上十分复杂的，本质却很简单。拿破仑经塞扎讷（Sézanne）北上，攻入布吕歇尔军团中央，然后逐一击败被孤立的军团各部。由于布吕歇尔是普鲁士在拿破仑战争中最大的英雄，可以理解一些普鲁士回忆录作者和历史学家有种保护他名誉的倾向。他们给出了许多关于此次失败的片面借口，正确地指出如果施瓦岑贝格向拿破仑的后方施压，那么西里西亚军团就不会有任何危险。然而，主力军不但只是向前缓慢挪动，它的总司令还把维特根施泰因兵团向西撤退，没有把它留下来联系布吕歇尔。元帅的辩护者还争辩说，如果奥尔苏菲耶夫中将在军团受到从南方袭来的威胁时毁掉小莫兰（Petit Morin）河上的关键桥梁，拿破仑就永远不可能攻入布吕歇尔军团中央。和在外国土地上作战时往往出现的状况一样，联军的地图无疑是劣质的，他们得到的当地路况信息也很不准确。以布吕歇尔和萨肯为例，他们都相信拿破仑从塞扎讷
487　北上时走的那条道路是无法让军队通行的。然而，关键之处仍然在于布吕歇尔尽管接近敌军，却把整个军团分散到既无法集结起来作战，他本人也无法有效指挥的地步。布吕歇尔之所以会犯这个错误，一定程度上是因为他相信拿破仑已经到了最终失败的边缘，巴黎已经是他的囊中之物。[54]

拿破仑于2月10日从塞扎讷出发，随后在尚波贝尔（Champaubert）彻底击败了奥尔苏菲耶夫规模很小的军。皇帝刚刚从西班牙战场调回了数千名经验丰富的骑兵，而奥尔苏菲耶夫麾下总共只有17名骑手。一个机敏的指挥官也许会及时撤退以拯救他的部下，但奥尔苏菲耶夫在两周前未能在布列讷守住阵地，遭到了萨肯的批评，他依然为此大感苦恼。因此尽管他的下属将领们乞求他向布吕歇尔方向撤退，奥尔苏菲耶夫依然坚持遵照守卫阵地的命令，他似

乎还相信布吕歇尔本人正在从东面攻入敌军后方。拿破仑声称捕获了 6000 名战俘，这是一个令人印象深刻的成就，因为奥尔苏菲耶夫的"军"仅有 3690 人，其中几乎一半人还带着军旗和许多火炮，在冬夜和附近森林的掩护下成功躲开了法军。然而关键的一点是，拿破仑现在已经带着 30000 名士兵开进萨肯在拉费尔泰（La Ferte）的 15000 人和布吕歇尔在韦尔蒂的 14000 人之间，恰好位于连接西里西亚军团两翼的道路上。[55]

萨肯最安全的抉择是退到马恩河以北，与约克在蒂埃里堡会合，约克催促他这么做，但是毫无效果。萨肯从布吕歇尔那里接到的命令是向东折返，经过尚波贝尔前往埃托日，他本应在那里与奥尔苏菲耶夫和布吕歇尔本人会合。布吕歇尔签发这些命令时对拿破仑的运动尚无清晰了解，这些命令此时也已然过时，但萨肯并不清楚这一点。他于 2 月 10 日晚上出发，知道布吕歇尔已经命令约克渡过马恩河支援他，却不知道那位普鲁士将军对这些命令持怀疑态度，因而拖延了行动。收到命令的时候，萨肯对拿破仑已经横亘在他即将通过的道路上的事实还一无所知。

2 月 11 日上午晚些时候，萨肯在蒙米拉伊（Montmirail）村西面不远处撞上了敌军前卫部队，此后他很快从俘虏口中得知，拿破仑本人和他的主力军都在战场上。就在战斗全面展开的时候，这位俄军指挥官收到了约克的消息，声称从马恩河通往蒙米拉伊的道路状况很差，因此他只有一小部分步兵能够前来援救俄军，没有一门火炮能够赶来增援。联军的地图显示这是一条铺设了路面的道路，然而实际上这只是一条乡村小道，而最近的融雪更是把道路变成了深深的泥淖。

由于萨肯所部步兵的严明纪律和坚定意志，他还是成功地指挥部队带着大部分辎重和火炮脱离战场，在傍晚和夜间沿着向北通往马恩河畔的蒂埃里堡的糟糕道路进发，一路上每隔 200 步就点起火炬来引导步兵前进。在浇得人全身湿透的大雨里，俄军步兵的枪支根本派不上用场，他们不得不以紧凑的"密集阵"行军，以便抵抗敌军骑兵，但是为了把火炮拖出泥淖，他们又必须时常解散队形。尽管伊拉里翁·瓦西里奇科夫和他麾下那些出色的骑兵团在数量上大大地处于劣势，可他们依然给予步兵极大帮助，协助拖走了大部分火炮。拿破仑猛烈追击撤退中的俄军，当俄军最终渡过马恩河后，他们已经损失了5000人。如果不是约克的普军步兵展开了英勇的后卫作战，俄军的损失肯定还要大得多。萨肯是个久经沙场的顽强老将，也是个"政客"。紧张而疲惫的参谋们在撤退途中与萨肯失散，直到战后次日才终于找到他，而他那时仍然一如既往地镇静、自信。依照联合作战中的最佳传统，萨肯在官方报告上将失败归咎于普军，尤其强调了约克未能遵照布吕歇尔的命令及时赶来救援。[56]

　　在击败了约克和萨肯之后，拿破仑着手准备南进堵住施瓦岑贝格的前进道路，却在2月13日吃惊地得知，布吕歇尔正沿着通往蒙米拉伊的道路前进。布吕歇尔误读了负责监视道路的法军部队的撤退，相信拿破仑已经南下攻击主力军团，而拿破仑事实上却于2月14日上午抵达沃尚（Vauchamps），布吕歇尔发现自己正面对拿破仑本人和他麾下在人数上远远超过联军的主力部队。和3天前的萨肯所部一样，布吕歇尔的步兵不得不在敌军重压下列成方阵撤退了几里远。然而，萨肯的步兵至少有瓦西里奇科夫的骑兵和约克的普军协助，与之相反，布吕歇尔的16000名步兵无可依靠，他们需要在明亮的白天通过对骑兵极其有利的地区，而己方却只有很少的骑兵能够提供帮助。和萨肯手下的老兵不一样，俄军卡普采维奇中将规模为6000人的军中大部分士兵都是新兵，这是他们第一次上战场，射击时常热情有余却效力不足。这批士兵蒙受了1/3的战损，但正如法国观察者所承认的那样，布吕歇尔的整个部队没有遭遇毁灭，这一事实是对俄普两国步兵伟大勇气和纪律的赞扬。[57]

　　在5天的战斗中，布吕歇尔军团损失了几乎1/3的部队。拿破仑狂喜不已，早在2月11日夜间，他就致信兄长约瑟夫，信中称，"西里西亚军团是联军最好的军团"，这一点千真万确。相比之下，拿破仑随后补充的话就没那么让人信服了，"敌军的西里西亚军团已经不复存在，我将其完全击溃"。即使在一个星期之后，拿破仑有时间掂量此次会战的最终结果时，他依然在一封写给欧仁·德·博阿尔内的信中声称他已经捕获了超过 30000 名战俘，这意味着"我已经摧毁了西里西亚军团"。事实真相则与此大相径庭。在拿破仑写信次日，亦即 2 月 18 日，从朗热隆兵团里赶来增援布吕歇尔的8000 人就已抵达，更多的从属于西里西亚军团的俄普部队现在已经从封锁要塞的任务中解放出来，正在赶往前线的路上。在战后的短短几天内，联军就解救了数以百计的战俘，许多失踪士兵也返回了部队，布吕歇尔军团的实力很快就恢复到 2 月 10 日的水准。[58]

　　具有讽刺意义的是，拿破仑本人最终成为他对布吕歇尔取得的这一系列胜利的头号受害者。在拉罗蒂耶勒会战之后，拿破仑非常吝惜地给了科兰古接受联军和平条件的全权。外交大臣于 2 月 5日被告知，"皇帝陛下授予你谈判全权，以此取得良好谈判结果、拯救首都、避免发生关系到国家最后一线希望的会战"。科兰古被这些指令弄得迷惑不已，他请求拿破仑做出解释，询问自己是应该立刻接受联军所要求的全部条件，还是尚有一些谈判时间。在拿破仑有时间做出回复之前，他已经击败了布吕歇尔，调门也随之全然不同。[59]

　　拿破仑在 2 月 17 日撤销了科兰古的谈判全权，指示他不接受所谓"法兰克福条件"之外的任何条件，换句话说就是只能接受法国的天然疆界。拿破仑对他的立场做出了如下解释，他此前准备接受联军的条件，是为了避免冒输掉一切的风险展开会战。既然他已经面临了这样的风险，并且俘虏了超过 30000 名联军战俘，事态就已经发生了根本性的变化。他已经把西里西亚军团打得粉碎，现在正向施瓦岑贝格军团方向前进，以便在该军团逃出法国边界前将其歼灭。4 天后，拿破仑给弗朗茨二世写了一封言辞傲慢的书信，表明他永远不会对低于法兰西天然疆界的条件感到满足。他还补充说，即使联军成功地将 1792 年的边界强加到他头上，这样令人蒙羞的和平也必然是不会长久的。在给兄长约瑟夫的信中，拿破仑说得更为

490

露骨，"如果我接受了历史疆界，我会在两年之后再次拿起武器，我将向全国说明这并不是我签署的和平，而是被迫接受的屈服"。事实上，这时候令人陶醉的胜利气息让拿破仑渴望获得天然疆界之外的土地。他在给欧仁·德·博阿尔内的信中写道，法国现在也许能够保住意大利。拿破仑在这些天里的言辞和行动完全处于亚历山大的掌握之中，印证了俄国皇帝此前向他的盟友所说的一切。法国和俄国君主的确在某种程度上遵循同一战略——让军事行动决定和平解决方案，但亚历山大在真实的军事力量对比状况和战局预计结果上的态度更加现实主义。最重要的是，亚历山大多少懂得些限度和妥协，对外交和战争间的联系有灵敏得多的掌握能力。[60]

　　然而，当联军事业在 1814 年 2 月中旬处于最低谷时，这一切对他们而言都是模糊不清的。在击败了布吕歇尔之后，拿破仑便快速南下对付施瓦岑贝格，他在此时的表现绝非 1812～1813 年那个倾向于纯粹依靠人员数量和炮兵集火攻击威力的指挥官可比，过去那个以速度和大胆让敌人目瞪口呆的拿破仑又回来了。对施瓦岑贝格来说，拿破仑必然快得太过分了，因为联军主力军团还在沿着塞纳河缓慢前进，在路上还停留下来好好休息了若干天。即便如此，施瓦岑贝格军团依然在 2 月 16 日推进到了距离巴黎仅有三四天路程的地方，他麾下的 4 个兵团（比安基的奥军、符腾堡军、巴伐利亚军、维特根施泰因的俄军）都各自走在通往巴黎的道路上，但这 4 支行军纵队之间的距离达 50 公里，正如克内泽贝克预计的那样，泥泞、塞纳河和乡村小道的低劣状况使得部队间的横向交通速度异常缓慢。施瓦岑贝格相信，这是让他的军团能够自行前进或者自行取得给养的唯一方法，但这也让联军在敌军集中兵力的攻击面前显得非常脆弱。俄军和奥军的预备队依然位于塞纳河南岸，让事情更为糟糕的是，维特根施泰因对施瓦岑贝格的迟缓十分不耐烦，因此径自向前推进，这让他在联军右翼变得更加孤立了。尤为突出的是维特根施泰因麾下有彼得·帕伦指挥的为数 4000 人的前卫部队，他们一直前进到莫尔芒（Mormant），然后正如帕伦和亚历山大所担忧的那样，完全暴露在法军面前。[61]

在维特根施泰因能够反应过来之前，拿破仑于 2 月 17 日上午展开突击。帕伦是一位优良的后卫指挥官，但他手下的 4000 人毫无挡住占据压倒性优势的敌军的可能。帕伦的骑兵逃离了战场，但全体步兵几乎不是战死就是被俘，以其中的爱斯特兰团为例，在该团战前的 338 人中，仅有 3 名军官和 69 名士兵于 2 月 17 日晚上还在队伍里。这个团曾以巨大的勇气在维特根施泰因麾下参加了 1812 年战局，此后于 1813 年参加了库尔姆会战和莱比锡会战。维特根施泰因公正地承担了此次溃败的全部责任，完全宽宥了帕伦，但指挥官的绅士行为并没有给爱斯特兰团的士兵带来多少安慰，他们本该享有好一点的命运。拿破仑的前进随后就把整个联军军团赶过了塞纳河。施瓦岑贝格的唯一想法就是向西南方向的特鲁瓦和奥布河畔巴尔（Bar - sur - Aube）前进，退到安全区域。他成功做到了这一点，这一定程度上得益于天气突变导致地面冻结，让撤退中的联军纵队能够脱离道路越野前进。[62]

2 月中旬的军事灾难不可避免地加剧了联军内部的紧张状况。亚历山大和弗里德里希·威廉指责施瓦岑贝格拒不帮助布吕歇尔，并相信他的缓慢前进是出于政治因素——某种程度上来说这是正确的。奥地利人特意保存他们自己的部队，却让俄国人和普鲁士人"流血"，以便在战争结束后的和会上瓜分战利品时拥有较强地位，这种令人不快的流言也开始广为流传。对过分注重荣誉感，因而不可能做出此类举动的施瓦岑贝格而言，这一说法无疑是不公平的。他自己对这些状况的解释则是：布吕歇尔及其同僚荒谬地冒险，"像猪一样机动"，最终得到了应有的惩罚。施瓦岑贝格在 2 月 20 日给弗朗茨二世的信中写道，最近几天里主力军团损失的 6000 人是一个相对来说尚属低廉的代价，它表明这场进军正如他此前一直预计的那样，从一开始就是个错误。[63]

与此同时，联军各团一直在民穷力竭的地区来回行军，士兵们的怨言也开始滋长，他们深知将领们缺乏自信，还时常互相内斗。

撤退和日益严重的饥荒一如既往地侵蚀着士气和纪律。现已成为俄军宪兵司令的厄特尔将军接到命令，要求他统一协调所有位于交通线上的守备司令，以消灭劫掠现象。伊斯梅洛沃近卫团的一名士兵特罗菲姆·叶夫多基莫夫（Trofim Evdokimov/Трофим Евдокимов）甚至试图杀死亚历山大的一名副官，仅仅是因为后者当时正在阻止他抢劫。[64]

供养人员和马匹的问题直到 2 月的第二个星期才变得严重起来。正如巴克莱在 2 月 10 日所写的那样，这些问题在军队停止前进、集中起来准备会战的时候是不可避免的："没有地方能够长期供养集中起来的无数联军部队。"部队偷盗原本指定给友邻或同盟部队的补给。俄国人痛苦地抱怨奥军监管人员控制着穿过瑞士的后方交通线，偏爱奥军自己的补给纵列。和平日里一样，马匹是最严重的问题，在隆冬时节找到干草对骑兵而言可谓日益严重的梦魇。收集粮草所需的活动范围越来越远，但报酬却越来越少。以库尔兰龙骑兵团的士兵为例，他们发现"收集粮草的行动实际上需要派出一整个骑兵团，而付出巨大的努力后只能弄到很少一点食物和草料"。[65]

如果这一场景令人不快地联想起 1812 年法军在莫斯科附近的体验的话，法国农民日益增长的对联军征用和劫掠的抵抗也同样勾起了糟糕的回忆。甚至早在 1 月 29 日，坎克林就报告说，"除非向居民强烈施压，否则他们就什么都不提供"。随着拿破仑运势的上升，法国地方行政当局此后通常更倾向于遵守他下达的抵抗联军的命令。农民们有时会放弃已被毁灭的村庄，躲藏在森林里，伺机袭击沿着道路前进的联军补给队伍。坎克林麾下从瑞士赶来的移动仓库中就有若干分队遭遇了伏击。一支法军侦察队潜入炮兵仓库附近，伏击了正在蒙斯昂拉昂努瓦（Mons-en-Laonnois）村休整的俄军补给车队，屠杀了车队的哥萨克护卫，在这次袭击中弗拉基米尔·勒文施特恩损失的马匹和其他财产价值总计 80000 卢布。温岑格罗德将军希望焚毁这座村庄作为报复，但这个念头被阻止了。不过巴克莱·德·托利还是下令，那些曾经攻击过坎克林补给纵列的"罪

493

犯""必须得到惩罚,以震慑他人",俄军在附近地区执行了公开绞刑,并张贴了宣传海报,以此来减少今后可能发生的袭击。坎克林是一位有能力且头脑冷静的后勤总监,到目前为止他在粮秣补给方面积累的经验也十分丰富。如果连他都在 3 月 4 日表示,当前的补给状况比自从 1812 年开战以来的任何时候都要糟糕的话,事态显然已经非常严峻。[66]

第十四章

拿破仑的倒台

　　在出战后的 4 个星期内，拿破仑就把联军打得溃不成军，并且似乎已经阻止了这场入侵，他在 1812 年和 1813 年大为受损的无敌声望和军事才能也有了明显恢复。然而，就在坎克林陷入绝望之际，战争的三个关键方面实际上都已经开始变得对联军有利，换句话说就是补给、外交和军事行动。

　　关于补给方面，一个重要的因素是：坎克林的大部分移动仓库已经在利萨列维奇少校（Lisanevich/Лисаневич）和孔德拉季耶夫（Kondratev/Кондратьев）少校的指挥下冲过莱茵兰，与前线部队会合，它们随后给部队提供了足够维持 1 个月的饼干。在俄国为战争所做出的诸多努力中，利萨列维奇和孔德拉季耶夫都是其贡献未被赞颂的英雄，他们让移动仓库中的很大一部分——包括大部分原有的大车和马匹——从多瑙河畔和白俄罗斯一路通过德意志和瑞士进入法兰西中部地区，这一成就令人印象深刻。他们一路上战胜了雪堆、洪水、牛瘟、伏击和业已过载的农民大车的不停损坏。他们带给部队的饼干里有许多是在 1812 年秋季烤制的，在冬季受潮后又晾干了，它们无疑不会非常可口。但这总比什么都没有好多了，和 1813 年一样，坎克林利用大车在交通线上的兵站间输送物资、疏散伤员，这些大车可谓天赐之物。非常重要的是，坎克林还能够派出孔德拉季耶夫少校的整个移动仓库赶往洛林的茹安维尔（Joinville），以此为俄军建立起一条全新的专用补给线，终结了俄军依靠通过瑞士的已然过载的道路和奥地利军需官的历史。[1]

　　打通这条新的补给线需要依靠洛林占领区总督戴维·阿洛佩乌

斯（David Alopaeus）的合作。施泰因男爵的"中央行政"在 1814
年 1 月承担了管理已被征服的法国领土的责任。奥地利官员负责管
理施瓦岑贝格军团和莱茵河之间的省份，普鲁士人则管理法国的北
部省份，换句话说就是邻近低地和莱茵河下游的地方，布吕歇尔军
团在 1 月征服的中间地区则由俄国人管理，俄国总督阿洛佩乌斯进
驻南锡。阿洛佩乌斯起初对坎克林的请求并不十分赞成，因为他已
经要承担供养布吕歇尔军团的任务，担心继续征用物资会导致农民
的抵抗激化到不可控制的地步。尽管洛林要比由奥地利人管理的邻
近省份富庶，但它境内还有许多封锁并不严密的法军要塞，有时封
锁兵力甚至比守军兵力还少，因此联军要持续面对要塞守军展开突
围并与外围农民团伙连成一片的威胁。此外阿洛佩乌斯还抱怨军队
从未归还他运送补给所需的大车，而俄国军需官的数量和效率都远
不及他们的普鲁士同行。[2]

　　坎克林在读到上述抱怨时必定咬牙切齿，因为他的补给线一直
延伸回俄国境内，会说德语和法语的后勤军官也不可避免地长期短
缺。正如他向巴克莱报告的那样，他为了解决补给线上的问题，甚
至不得不把自己的秘书都派了出去。[3]但坎克林实在太需要阿洛佩
乌斯的帮助了，他无法承担发泄愤怒的后果，就像他在给巴克莱的
函件中所写的那样，"新的食物补给运输线路至关重要"。事实上两
人的关系很快热乎起来，总督在信中这样写道，"如你所见，我们
并不缺乏善意，你所需要的补给也并非全然短缺，但我们受制于严
重缺乏运输工具和监督官员"。作为回应，坎克林派出了他能够抽
出的所有官员，还出动了孔德拉季耶夫的大车。与此同时，西里西
亚军团的移动仓库如有神佑般地抵达了南锡，这为阿洛佩乌斯和孔
德拉季耶夫提供了大量的额外预备车辆。即使这并未完全解决坎克
林所面临的问题，它也的确终止了迫在眉睫的紧急状况，将军队的
补给前景维持在稳定得多的基础之上。[4]

　　在外交战线上，受惠于拿破仑（的失策），事态对联军而言也
变得更为光明。他拒不妥协的态度损毁了梅特涅的战略，也提醒了

奥地利人依靠拿破仑并孤立于反法同盟之外会有多么危险。正如梅特涅所知，甚至连英国驻联军总部的军事代表也变得对施瓦岑贝格的拖延战术极不耐烦。自卡斯尔雷抵达联军总部以来，他和梅特涅之间就已经建立起了一种非正式的政治上的互相理解。但这两人都意识到英国抚慰维也纳的愿望终归有个限度。英国公众对任何与拿破仑签订的和约都不信任，英国政府也是如此。[5]

卡斯尔雷在联军总部内谈判的时候，俄国驻英大使克里斯托夫·利芬正在伦敦和英国首相利物浦（Liverpool）勋爵及摄政王谈话，这两人都反对与拿破仑签订和约。摄政王的观点恰好印证了亚历山大的观点，正如利芬所述：

> 已经流了这么多血，如果不在不可动摇的基础上建立和平……就会违背天意……这个世界从未目睹过能够团结起来实现这一目的的如此强大的手段。然而这些手段是独一无二的，联军的精神和物质力量在未来任何时候都不会恢复到当前的水准。现在是确保欧洲获得数个世纪的幸福的时候，可是与拿破仑缔结的任何和约，不管条件有多么有利，所能给予人类的不外乎或长或短的休战罢了。他整个人生的经历提供了一个又一个背信、残暴和野心的案例，如果和平要依赖于同这个永恒的祸乱源头签订的和约的话，流遍整个欧洲的鲜血不会止住，只会可疑地暂停一阵子而已。[6]

只要和约确保比利时（不在法国治下），并建立起抵抗新一轮法国侵略的强大缓冲地带，只要法国还不存在能够缔结和约的另一股势力，卡斯尔雷就有可能与拿破仑签约。然而，他无论如何都不可能接受法国的"天然疆界"，甚至连奥地利人都暗示关于"天然疆界"的条款会把卡斯尔雷推到亚历山大一边。因此到2月底为止，梅特涅已经完全有理由寻求（与俄国的）妥协，不过俄国皇帝也正需要妥协。2月初的时候，他在政治上被孤立于盟国之外，这和拿破仑的军事胜利一起表明了拒不妥协的危险。因此，四个同盟国家

于 1814 年 3 月 1 日签订了《肖蒙条约》，发誓只会接受建立在法国 497
仅保留"历史疆界"、建立独立且版图有所扩大的尼德兰及奥普两
国主导的德意志君主国邦联这个基础上的和平。至少同样重要的是，
这份条约也是同盟四国间的军事同盟条约，军事同盟将在和约签订
后的 20 年内持续生效，如果法国试图破坏和约条款，四国将以联合
军事行动确保和平。《肖蒙条约》无法决定联军究竟是同拿破仑缔
结和约，还是选择另一个法国政权作为谈判对象，所有联军领导人
都知道在很大程度上这取决于法国人自己。无论如何，这份条约在
实际层面和精神层面上都对反法同盟的团结大有益处。[7]

　　然而说到底，还是军事行动最有可能决定拿破仑的命运。只有
彻底的失败才能迫使拿破仑接受 1792 年的边界——即使可能只是暂
时接受而已。皇帝的失败也最有可能成为法国精英反抗拿破仑统治
的催化剂。然而在 2 月下半月，皇帝的失败又一次看上去极其遥远。
施瓦岑贝格军团正处于全面撤退之中，原先的计划是让布吕歇尔南
下与主力军团会合，并且向敌军挑战。但是当西里西亚军团于 2 月
21 日抵达主力军团附近地区时，施瓦岑贝格却改变了主意。总司令
坚持让他的大部分奥军部队南下封堵奥热罗元帅在里昂的部队，在
他看来这是日益滋长的对交通线的威胁。这一举动给了他继续向南
撤退回避会战的绝佳理由——施瓦岑贝格的批评者则称之为借口。
布吕歇尔大为光火，亚历山大则认真考虑让他本人和俄军离开主力
军团，转而与布吕歇尔会合。

　　2 月 25 日，联军领导人最终在奥布河畔巴尔进行的会议上达成
妥协。施瓦岑贝格在必要情况下将一直退到朗格勒，他将在那里与
新近赶来的奥军后备部队会合。如果拿破仑还在追击他的话，他将
在朗格勒转而与拿破仑展开决定性会战。与此同时布吕歇尔则会向
北进军，希望通过威胁巴黎来吸引拿破仑的注意，使其远离施瓦岑
贝格的后方。假若拿破仑如其所愿掉头去追击布吕歇尔，施瓦岑贝
格就将恢复攻势。此前贝纳多特北方军团下属的比洛兵团和温岑格
罗德兵团已从荷兰边界向巴黎进军，现在正接近埃纳河畔的苏瓦松

498 （Soissons），他们将和新近组建的德意志联合部队萨克森军一起加入布吕歇尔麾下，不过萨克森军的任务是守住低地地区。即使不把萨克森人计算在内，布吕歇尔的混合军团现在的总人数也超过了100000人，该军团的兵力已经远远多于拿破仑的全部部队。亚历山大给普鲁士元帅的指示既反映出他意识到只有布吕歇尔拥有胜利所需要的充满自信的攻击性，也反映出他对布吕歇尔可能重蹈覆辙、毁坏联军大业的担忧。上述指示最终以这样的言辞收尾，"只要你能使下属各军的行动协调一致，我们就希望你着手展开攻势。只要进攻的决定是在审慎考虑的基础上做出的，就有希望获得最令人高兴的结果"。[8]

布吕歇尔立刻着手北上，和他此前向巴黎发动的攻势不同，这回俄军骑兵被从南到北部署在道路两旁，负责一路上的戒备。到3月2日为止，从俄军骑兵的报告中已经可以明确看出，拿破仑正在指挥大军追击西里西亚军团。因此布吕歇尔这次行动的第一个目的已经实现了，下一个任务则是与当时正在苏瓦松周边地区的温岑格罗德和比洛会合，由于苏瓦松的桥梁为联军提供了越过埃纳河的安全通道，因此这座城市军事意义相当重大。联军指挥官派弗拉基米尔·勒文施特恩作为特使进入此城，他用尽自己作为赌徒的一切愚弄、攻讦和赌咒伎俩，最终劝说法军守备司令于3月2日交出苏瓦松。

拿破仑大为暴怒，他下令枪决守备司令①，宣称如果不是苏瓦松投降的话，他就可以把布吕歇尔逼到埃纳河岸上牢牢钉住，继而歼灭他的军团。大部分普鲁士史学家愤怒地否定了这一说法，宣称西里西亚军团可以在其他地方渡过埃纳河。另外，冯·比洛将军的一些支持者则十分乐意争辩说，是他们的英雄把布吕歇尔从艰难处

---

① 拿破仑的退位使得苏瓦松守备司令让－克洛德·莫罗（Jean－Claude Moreau）幸运地未被枪决，复辟王朝取消了他的死刑，莫罗最终死于1828年。——译者注

境中拯救出来。他们不可避免地忽略了一点，这次拯救行动的主要
人物并非普鲁士人，而是勒文施特恩。俄国在 1813～1814 年战争中
的角色一直遭到普遍的忽视，真实状况被淹没在法国与德意志民族
主义和男子气概的杂音之中，这次的事情不过较为严重而已。也许
普鲁士历史学家的看法是正确的，布吕歇尔照样能够逃出拿破仑的
魔爪，但至少一部分联军会需要借助西里西亚军团的俄军浮桥过
河，在拿破仑即将到来的状况下架设浮桥不会是一个轻松的任务，　　499
而埃纳河水位的上涨使得这一任务更加艰巨。[9]

　　3 月 5 日，法军在苏瓦松以东的贝里欧巴克（Berry - au - Bac）
渡过埃纳河。拿破仑打算向拉昂（Laon）前进，他正处于"联军正
在撤退"的错觉支配之下，认为他会碰到的不过是多少有点抵抗决
心的后卫部队罢了。布吕歇尔则决心在法军向科尔贝尼和拉昂前进
时展开突袭，他把米哈伊尔·沃龙佐夫指挥的 16300 名温岑格罗德
所部步兵放在克拉奥讷村附近通往拉昂的道路以西的一块高地上。
布吕歇尔正确地相信，皇帝不可能在这样一支部队正位于他侧翼的
情况下径直向拉昂推进，他需要首先集中兵力击败沃龙佐夫。法比
安·冯·德·奥斯滕 – 萨肯兵团被部署在沃龙佐夫后方几公里远的
高地上，以便在必要时刻支援他。布吕歇尔打算在沃龙佐夫的俄军
拖住拿破仑、吸引他的注意力时，以温岑格罗德的 10000 名骑兵和
整个克莱斯特的普鲁士兵团绕过法军北翼包抄后方。与此同时，比
洛会掩护拉昂以及布吕歇尔和低地间的交通线，亚历山大·德·朗
热隆的一部分部队则留下来守卫苏瓦松。

　　布吕歇尔的计划存在下列问题：朗热隆和比洛的部队将不会参
与战斗，因而某种意义上来说他们被浪费了。联军并未对给温岑格
罗德和克莱斯特选定的侧翼包抄行军地区进行充分侦察，而这些地
方将被证明是难以行军的。甚至连骑兵都因岩石、山丘、溪流和破
碎的地表而导致了相当严重的延迟，更不用说火炮了。一个优于温
岑格罗德的将领也许会克服上述困难，但是在温岑格罗德指挥下，
包抄行军的全程都以缓慢速度进行，最终也只得彻底放弃。

因此沃龙佐夫在 3 月 7 日的克拉奥讷会战中几乎孤军奋战了一整天，而他面对的是不断增加的拿破仑大军。幸运的是，沃龙佐夫据守的阵地非常有利。俄军占据的高地在第一次世界大战中以"贵妇小径"（Chemin des Dames）闻名，它自东向西延伸了大约 17 公里，高地相当狭窄，有些地方甚至只有几百米宽。高地两侧十分陡峭，使得法军难以包抄俄军阵地，因此俄军可以展开纵深防守。沃龙佐夫颇有技巧地部署了炮兵，将第 14 猎兵团部署在战线前方的厄尔特比瑟（Heurtebise）村结实的农舍中，以便削弱、拖延法军攻势。第 14 猎兵团是个极为优秀的团，团里满是来自前温岑格罗德兵团混合掷弹兵营的神射手，那些混合掷弹兵营在战役开始前刚刚解散。这次轮到俄军占有在结实墙壁后面作战的优势，而第 14 猎兵团在 3 月 7 日的表现极其出色。[10]

3 月 7 日上午 10 点过后不久，奈伊元帅 14000 人的军向俄军战线左翼前进，由此拉开战幕。奈伊在其他的步兵师能够赶来助战之前就过早地展开攻击，他麾下年轻的新兵们怀着巨大的勇气去战斗，但他们需要在难以通行的地段上跋涉，而且还要面对许多占据良好阵地的俄军炮兵连，他们展开的多次进攻都毫不令人惊讶地失败了。布瓦耶（Boyer）将军的师由从西班牙撤出的优秀部队组成，它一抵达战场就被拿破仑投入激战之中。该师一路杀往厄尔特比瑟的农舍攻入高地，让 4 个法军炮兵连爬上斜坡，架设火炮协助攻击。然而，沃龙佐夫的一次反击就把布瓦耶和奈伊都赶下了高地。直到午后时分沙尔庞捷的步兵和几个骑兵旅加入进攻后，俄军的阵地才受到真正意义上的威胁。

此时沃龙佐夫收到了来自布吕歇尔的命令，要求他向后撤退，整个军团也向北退却集中到拉昂。这些命令是合情合理的，在侧翼攻击一无所成的状况下，让沃龙佐夫和萨肯暴露在整个法军面前是毫无意义的。然而不可避免地，正处于激战中的沃龙佐夫不会这么看。他的士兵极为英勇地拖住了拿破仑，而他们的牺牲现在看起来竟要白费了。战士的自尊让他难以从这场迄今为止都处于优势的会战中撤退。无论如何，至少从短期来看坚守阵地要比在占据数量优势的敌军面前有秩序地撤退容易，一旦选择后者，敌军将会因为看到他们的敌人后撤而备受鼓舞。

　　萨肯一再下达命令以后，沃龙佐夫才终于开始了撤退。和他手下的士兵一样，沃龙佐夫自始至终都保持着冷静，法军骑兵尽管展开奋战，却未能攻破俄军步兵方阵或者缴获俄军火炮。沃龙佐夫在瑟尔尼（Cerny）村附近的隘路上暂时停止了撤退，来为伊拉里翁·瓦西里奇科夫的骑兵到达战场争取时间。当萨肯接到布吕歇尔的撤退命令后，他让步兵立刻撤退，但是向前派出了瓦西里奇科夫的骑兵，掩护沃龙佐夫下属各团通过瑟尔尼以西更为开阔的高地。瓦西里奇科夫和沃龙佐夫的合作让追击的法军与俄军间保持了相当一段距离，这在他们联手伏击了一支追击时不够小心的法军分队后仍是如此。高地在西部边缘又变得狭窄起来，法军被迫挤在一起列成紧密纵队，如此才能继续前行。萨肯麾下十分能干的炮兵指挥官阿列克谢·尼基京少将在这些地方预先部署了相当数量的炮兵连，它们的集中火力打击挡住了法军的追击，给他们造成了惨重伤亡，随后又在瓦西里奇科夫的骑兵掩护下毫发无损地退出战场。[11]

　　由于英国在联军中并无部队，因此它在联军总部的军事代表伯格什勋爵是一个相对中立的观察者。他把俄军在克拉奥讷的表现称为"整场战役中最好的作战行动"。沃龙佐夫、瓦西里奇科夫和他们的部队当然都展现出了极好的作战技艺、纪律性和勇气。沃龙佐夫所部步兵的表现尤为惹人注目，因为他手下只有很少几个团自1813年春季以来参与过激烈战斗，许多士兵在克拉奥讷都是初次上阵。法国人随后宣称他们在此战中获得胜利，因为布吕歇尔的计划已经失败，也因为会战当天他们最终控制了战场。仅就这一狭窄方面来看，他们的确赢得了胜利，就像他们在1812年向莫斯科前进时所遭遇的每场俄军后卫行动中都赢得了这一层面的"胜利"一样。但俄军没有扔下一门火炮，只有很少人被俘。克劳塞维茨用这样的言辞总结克拉奥讷会战，"俄军在克拉奥讷自我保护的作战相当成功，使得主要目标——不受干扰地抵达拉昂——得以实现……这是由异常英勇的士兵、十分冷静的指挥官和极好的阵地共同实现的"。[12]

俄军损失了 5000 人，关于此战最早的法军完整记载将己方损失定在 8000 人，由于法军十分不愿意夸大他们的损失，这个数据可能是准确的。然而，其后的法国史学家们开始着手修改这些数字，亨利·乌塞（Henri Houssaye）写道，"俄军损失了 5000 人，法军损失了 5400 人"。一位当代法国专家进一步调整了相关数据，声称联军损失了 5500 人，拿破仑仅仅损失了 5000 人，这可能是为了给他们所声称的胜利提供额外的支撑。在同样的精神指引下，他们说 29000 名法军士兵要面对 50000 名联军士兵，如果把距离战场一日行程之内的每个联军士兵都算进去的话，也许这个数据可能是正确的，但这完全扭曲了 3 月 7 日在战场上发生的状况。实际上，所有这些统计数字的游戏都无关大局，尽管这确实有助于阐明历史学家得到真相时所要面临的重重困难。就算俄军和法军事实上在克拉奥讷损失相当，最根本的一点则是，拿破仑再也无法负担此类消耗了。[13]

拿破仑追击布吕歇尔直至拉昂，于 3 月 9 日对当地的俄普联军发起攻击。他又一次相信面对的只是联军的后卫，还严重低估了联军的规模。事实上，布吕歇尔将他下属各军都集中到了拉昂附近，合计近 100000 人，是法军的两倍还多。除此之外，拿破仑的大军还被分成两部分，皇帝本人沿着经过苏瓦松的道路前进，马尔蒙则从经过兰斯（Rheims）的道路开进。由于俄军轻骑兵和沼泽地带的影响，法军两翼之间的交通十分困难。拿破仑在 3 月 9 日的攻击最终失败，这丝毫不令人惊讶。普军在日落之后自行对马尔蒙所部展开奇袭并将其击溃，这是整场战争中最为成功的夜袭之一。拿破仑的军队现在任凭联军宰割了，不过布吕歇尔的精神崩溃却拯救了他，这场精神崩溃导致西里西亚军团陷于瘫痪状态。元帅时年 72 岁，之前两个月的高度紧张状态毁坏了他的健康。在普鲁士于 1806～1807

年战败之后，布吕歇尔就曾发作过一次精神崩溃，它的副作用之一则是认为自己分娩了一头大象的惊人幻觉。那些前来请求下达命令的参谋们发现布吕歇尔已经处于另一个世界，根本无法回复他们的请求。任何进入他眼中的光亮都会让他痛苦不已。[14]

此后几天里的状况暴露出了联军指挥架构的脆弱和西里西亚军团是多么需要布吕歇尔的推动、勇气和个人魅力。军团中级别最高的上将理论上是亚历山大·德·朗热隆，但约克和比洛毫无服从他的可能性。朗热隆自己也不敢接过指挥权，他指出应当由格奈泽瑙接替指挥，因为他是布吕歇尔的参谋长，也是最了解总司令意图的人。然而约克和比洛都不怎么尊重格奈泽瑙，此外格奈泽瑙的军衔也低于这两人。约克抓住这个机会大发脾气，还离开了指挥岗位，直到布吕歇尔给他乱写了一通乞求，还附上了普王的弟弟、约克属下旅长之一威廉亲王的请求后，约克才最终返回岗位。在失去了布吕歇尔的意志和鼓舞之后，格奈泽瑙也丧失了自信和勇气。一个天生的弱点——坚信普鲁士将被其盟国出卖——令他烦扰不已。其结果则是，在拉昂之战后的一个多星期里，西里西亚军团四散出去寻觅食物，却没有在战争中扮演任何有用角色。[15]

西里西亚军团的迟钝使拿破仑得以逃脱、休整，继而突袭由埃马纽埃尔·德·圣普列斯特指挥的12000人的分队。圣普列斯特在1812年是巴格拉季翁的参谋长，于3月12日攻占了兰斯。尽管拿破仑在拉昂至少损失了6000人，但从巴黎开来的援军将他的部队人数恢复到40000人，这本来就足够打败圣普列斯特，更何况拿破仑还对他展开了奇袭。这在某种意义上来说是因为圣普列斯特犯下了没有充分预警的错误，但没人会预计到布吕歇尔军团竟然毫无行动，根本探察不到拿破仑的行踪，也没有提供任何关于他动向的警告。圣普列斯特手下的一部分部队是普鲁士国民后备军，法军3月13日发起攻击时他们已经分散出去寻觅食物，对法军几乎毫无抵抗。不过，来自圣普列斯特自己的第八军的各个俄国团则要坚韧和顽强得多，尽管他们的将军在开战之初就受了重伤退出战斗，他们依然展开了顽强的抵抗。

俄军的抵抗核心是梁赞团，该团由彼得大帝在 1703 年创立，是一支战斗记录优良的老资格部队。在眼下这场战争中，梁赞团参与过博罗季诺、包岑和莱比锡会战，在莱比锡有 35% 的军官非死即伤，还有 32 名军人获得军事奖章。圣普列斯特将军十分关怀下属士兵，例如在 1813~1814 年冬季利用缴获的法军金库为士兵购买新衣，因此在部队中广受欢迎。他和梁赞团的关系特别融洽，将这个团称为"第八军的近卫团"。擅长鼓舞人心的该团团长伊万·斯科别列夫（Ivan Skobelev/Иван Скобелев）上校是个国有农民的儿子，得到军官委任前他已经在部队里服役 12 年。在 3 月 13 日的混乱中，

504

梁赞团第三营在兰斯主城门外修建了一道胸墙，挫败了法军攻入城内的努力。与此同时，在城墙以外大约 2 公里处，梁赞团第一营列成方阵抵抗法军骑兵，带着位于方阵中央、业已受伤的圣普列斯特一路杀回他们第三营的战友坚守的地方。梁赞团的两个营随即组成了俄军后卫核心，在斯科别列夫的指挥下抵抗法军，为第八军大部分部队逃出兰斯和在城外重整部队争取了足够时间。法军切断了梁赞团自身和俄军大部队之间的联系，但他们在一个当地保王党向导的指引下经由城中小巷成功撤退。[16]

击败了圣普列斯特以后，拿破仑让他的部队在兰斯休整两天，随后挥师南下对付施瓦岑贝格。而在联军总部当中，3 月前 3 个星期的氛围也高度紧张，对亚历山大来说尤其如此。皇帝并非毫无军事才能，但他过分紧张，缺乏自信。他在 1814 年 3 月的信件表明他极为担心历史将会重演。施瓦岑贝格又一次以令人愤怒的谨慎和缓慢速度展开推进，与此同时，布吕歇尔军团则面临着很大的危险。皇帝时常试图催促施瓦岑贝格前进，同时还焦急地打听布吕歇尔和圣普列斯特的安危，叹息从他们那里传来的消息太过稀少。当亚历山大在 3 月 12 日质问梅特涅是否存在奥地利给施瓦岑贝格的密令，让他有意限制主力军团的行动，而弗里德里希·威廉三世也怒斥奥地利人正在背叛联军事业，让布吕歇尔军团的普鲁士和俄罗斯士兵

陷入毁灭境地时，联军总部内的状况可谓异常狂暴。圣普列斯特战败的消息更无助于缓解亚历山大的恐惧。一想起在2月发生的事件，他就害怕维特根施泰因兵团和帕伦的前卫部队会被互相隔绝，从而极易遭到法军突袭。朗热隆回忆说拿破仑在2月表现出的速度和大胆让联军指挥官们坐立不安，"我们相信会在任何地方看到他"。最相信这一点的莫过于亚历山大了。[17]

无论如何，亚历山大正确地坚信，拿破仑此时的战略将是攻入主力军团右翼和后方，以期分割、歼灭其中一个兵团。事实上，如果拿破仑还打算攻击主力军团的话，这已经是他唯一可行的选择了。他必须留下马尔蒙元帅和莫尔捷（Mortier）元帅的20000人去监视布吕歇尔的100000人。麦克唐纳元帅则指挥30000人守卫从南面通往巴黎的通道，对付施瓦岑贝格的122000人。这就使得拿破仑在3月17日从兰斯南下时仅仅带了20000人，他期望对施瓦岑贝格展开奇袭。拿破仑在前进途中有望得到从巴黎赶来的数千援军，但就算他随后和麦克唐纳会合，联军主力军团也会在数量上占有至少两倍的优势。3月21日，当皇帝发觉他在奥布河畔阿尔西（Arcis - sur - Aube）面对着施瓦岑贝格的整个军团时，他知道此次攻势已然失败，除了撤退别无选择。

联军抢在拿破仑组建起一支新军之前就于冬季入侵法国的决定，到这时才真正被证明是合理的。皇帝的兵站里已经没有后备军了，连续2个月毫无止歇的行军和战斗让他的军队疲惫不堪。从阿尔西撤退之后，拿破仑实际上只剩下两个选择了。他可以退到首都，把能抓到手的所有士兵和国民自卫队集中在一起保卫巴黎，他在首都出现会震慑住那里的任何反对势力。依靠巴黎周边的山丘、园圃和建筑物，即使拿破仑麾下只有90000人能够用于防守，巴黎对联军而言也将是难以敲开的坚果。[18]

另一个选择则是进攻联军通向莱茵河的交通线，这也是拿破仑在3月22日采取的选择。施瓦岑贝格在这场战役中的表现说明，总体而言他是一个极其谨慎的人，特别是对任何出现在后方的威胁都感到非常紧张。因此，拿破仑合理地坚信，如果他以主力部队攻击施瓦岑贝格的交通线，联军总司令就会从巴黎地区撤出，试图保护他的基地和补给线。施瓦岑贝格此前的作战方式表明，他根本不会冒险让拿破仑处在他的背后，自己却向巴黎进军。如果联军的确这么去做的话，拿破仑就有必要牺牲自己的首都了，就像亚历山大牺牲莫斯科一样。拿破仑在 1814 年最大的弱点之一就是，他认为出于政治原因，自己不能这么去做。随后发生的事件将证明他是正确的。法军曾经占领过莫斯科、维也纳和柏林，但那些地方并没有滋生任何针对罗曼诺夫、哈布斯堡或霍亨佐伦王朝君主的大规模国内反对派。可联军抵达巴黎后不到一个星期，拿破仑本人和他的王朝就被一并扫除。拿破仑认为自己的宝座要比任何一个反对他的世袭君主更为脆弱，这个信条是正确的。另外，他在 1813 ~ 1814 年的所作所为使得法国精英相信，他为自己荣誉而战的动机优先于为法国的利益而战。[19]

　　施瓦岑贝格和亚历山大直到 3 月 22 日还不知道拿破仑赶往哪里。彼得·沃尔孔斯基基于 3 月 22 日给格奈泽瑙写信说，拿破仑在他的后方留下了大片骑兵幕，以隐蔽自己的运动。联军倾向于紧追拿破仑，如果敌军攻击西里西亚军团，那么这一回主力军团就将恰好位于拿破仑身后并攻击他的后方。如果拿破仑选择其他方向，两个联军军团就将会合在一起，随后前进寻求与其会战。当天夜间，布吕歇尔发现了敌军到底开往哪里，因为他手下的哥萨克俘虏了一名法军信使，信使身上携带了一封拿破仑写给玛丽-路易丝的信，信中说他打算攻击联军的交通线，以此来吸引联军远离巴黎。[20]

　　这封信的一份抄件立刻被送到联军总部，3 月 23 日下午，军事会议在普吉（Pougy）召开，会上对它的寓意展开了讨论。亚历山大最亲近的俄国军事顾问中，只有彼得·沃尔孔斯基当时在普吉，而他从不在此类会议中发表意见。然而最根本的一点在于，联军就算在这时回头也会被拿破仑落下两天的行程，没有什么能够阻止他攻入联军后方。任何折回去保护联军基地的尝试都会导致联军的士气和纪律承受重压，其中的重要原因之一就是部队将行经已被战火蹂躏过的地区，他们在那里会很难养活自己。联军领导人此时倾向于坚持原定计划——和布吕歇尔会合，然后前进迎击敌军展开会战。与此同时，紧急命令被下达给后方的城镇守备司令和部队指挥官，让他们把尽可能多的补给物资、运输纵列和补充兵置于部队保护之下，或者使其远离主干道。总是精神紧张的宪兵司令厄特尔此前曾臆想过对俄军交通线的威胁，做出了过头的反应，因此受到了申斥，现在巴克莱终于给他下达了采取紧急措施保护俄军基地、补给和金库的急切命令。厄特尔这一回做得很好，他用拉脱维亚文向巴克莱做了关于对应保护安排的报告，俄军总司令同样来自波罗的海东南岸地区，能够看懂拉脱维亚文。即使这些报告被截获，普通的法国人也无法辨识出其中含义。[21]

3月23日夜，施瓦岑贝格、亚历山大、弗里德里希·威廉和他们的参谋人员从普吉出发前往松皮（Sompuis），他们最终于次日清晨抵达松皮，途中得到了俄军骑兵截获的更多敌军信件。这些信件反映出拿破仑的部队和将领士气低落，也暴露了巴黎的兵站和军械库已经空空荡荡。最为重要的则是警察总监萨瓦里（Savary）写给拿破仑的一封信，信中说如果联军逼近巴黎，他将无法保证首都的忠诚。波尔多（Bordeaux）已经倒向波旁王室以及此城已被威灵顿占领的消息也在同一晚从南方传来。虽然如此，当施瓦岑贝格和弗里德里希·威廉于3月24日上午离开松皮时，联军的计划依然是先让两个军团会合，然后出击搜寻拿破仑。

两人离开后不久，上午10点左右，亚历山大召集了巴克莱、迪比奇和托尔，向他们展示了截获的信件和部队此刻在地图上的位置，向他们征求关于最佳行动路线的建议。亚历山大给了他们两个选择：联军要么追击拿破仑，要么向巴黎进军。也许亚历山大此前已经和沃尔孔斯基有过谈话，后者曾私下主张进军巴黎。与之相反，巴克莱则是一个谨慎且想象力并不丰富的战略家，他主张继续执行与布吕歇尔会合并追击搜索拿破仑的既定计划。迪比奇并没有在公开场合和他的上司唱反调，而是建议他们应该同时派出一个充实的军夺取巴黎。和迪比奇比起来，托尔始终是一个不够"政治化"且不够圆滑的人，和上司意见相左是他的第二天性。他指出仅仅派出一个军是不足以夺取巴黎的，与之相反，两个军团都应当向巴黎前进，同时则应该派出大部分由骑兵组成的快速纵队跟踪拿破仑，报告他的行踪。[22]

皇帝期待的可能正是托尔的看法，他立刻接受了这一意见。亚历山大派了一名副官去寻找施瓦岑贝格和弗里德里希－威廉，要求他们停下来等他。亚历山大最终在普朗西（Plancy）村附近的一座小丘上找到了他们，在这个明媚的春日里，托尔在地上展开了他的地图，一场即兴户外会议随即展开。普王立刻同意了亚历山大的建议，施瓦岑贝格也不用怎么说服就同意了，尽管他的一些参谋提出了反对意见。把拿破仑抛在背后、向法国首都进军的计划对施瓦岑贝格而言并非全然意外，这个计划已经流传了一段时间，而且他最能干的参谋拉德茨基中将也显然在之前几天里私下赞同该计划。虽然如此，之前过分谨慎的总司令竟会没费多少波折就同意这样一个大胆的行动，这点实在令人吃惊。还没有明确原因表明施瓦岑贝格为何会这么去做，但我们可以做出一个合情合理的猜测。[23]

尽管向巴黎进军是大胆的，但另一个计划也同样要冒很大风险。就在 10 天前，施瓦岑贝格还在感慨从"已经支撑了我们 3 个月的穷困香槟（Champagne）"搜刮食物的艰难。让会合后的联军军团通过这一地区追击拿破仑将十分困难。事实上，威胁巴黎可能是迫使拿破仑远离联军后方的可能性最高的方法。巴黎周边地区相当富庶，也没有被战火波及过，一旦联军抵达那里，他们供给自己时遇到的麻烦和追击拿破仑或者留在原地相比都会少很多。目前主力军团补给车辆里携带的食物足以支撑他们赶到巴黎附近地区。3 月 25 日，一个俄国军报称它下属各团的大车里还有足够消耗 8 天的补给，4 天后坎克林告诉巴克莱，200 辆来自利萨列维奇移动仓库的大车正和军队在一起，车上尚有足够食用 4 天的饼干配给。正如坎克林和弗朗茨二世都注意到的那样，随着主力军团的北进，现在正是建立通过低地地区的补给线的良机，当地不仅富裕，而且大体上未曾受到战火破坏。[24]

巴克莱·德·托利并不是一个容易给出褒扬的人，但他这时在给坎克林的信中说，"我对你的热忱和为军队福利做出的合理安排有充分的信心"。这次表扬是坎克林应得的，因为联军的后勤部门很好地同时应对了保护后方基地和供养前进中的军队这两个挑战。如果说军队的补给军官们让联军有可能前进的话，在施瓦岑贝格看来，政治和军事上的理由才让此次前进变得富有吸引力。在沙蒂永和会结束以及与拿破仑的谈判也搁置下来之后，显然只有军事胜利才是确保和平的唯一方法。夺取巴黎是迫使拿破仑接受联军和平条件或者鼓舞法国精英摆脱拿破仑的最好方法。最近联军总部里的火药味儿也定然使施瓦岑贝格意识到，俄国、普鲁士甚至英国对他谨慎战略的耐心都已经所剩无几，就连他麾下的一些奥地利高级军官也在抱怨他们的军队迄今为止在战役中扮演的不光彩角色。也许最终做出向巴黎进军的决定时，总司令脑海里的想法就是以上这些。此外，对一个指挥官而言，展开一场明确了解敌军位置、弱点和担忧的军事行动难道还不够愉快吗？[25]

费迪南德·温岑格罗德则奉命率领8000名骑兵追踪拿破仑，他被告知应当尽力蒙蔽皇帝，使他相信整个联军正在展开追击，并且还要让联军总部对敌军行动了如指掌。与此同时，两大联军军团以彼得·帕伦和符腾堡的亚当亲王所部骑兵作为前卫，开始沿着从维特里（Vitry）经过费尔尚普努瓦斯（Fère-Champenoise）通往塞扎讷的道路进军。南面几公里外，巴克莱和军队的预备部队经过小道和田野平行进军。在联军主力北面，朗热隆和萨肯的部队沿着从沙隆通往贝尔热雷斯（Bergères）的道路前进，他们前方是科尔夫男爵和伊拉里翁·瓦西里奇科夫的数个骑兵师。胜利的气息让布吕歇尔进入半康复状态，他坐在一辆马车里和部队一起前行，让所有人都能看到他。布吕歇尔戴着一顶女用的绿色丝绸帽子，帽檐做得很

509

宽，以便遮挡射向眼睛的光线。天气也变好了，联军士兵们终于感到他们是在自信而团结的领导层指挥下前进，因此士气十分高昂。

3月25日上午8点刚过，帕伦和亚当亲王就在苏代圣克罗伊村（Soudé Sainte-Croix）附近撞上了正在横穿通往费尔尚普努瓦斯的道路的马尔蒙元帅军，附近不远处还有莫尔捷元帅军。这两位元帅合计指挥12300名步兵、4350名骑兵并拥有68门火炮。而即使把哥萨克计算在内，帕伦和亚当亲王手下也只有5700名骑兵和36门火炮，其数量远少于法军。但法国元帅可以看到有大批敌军出现，因而着手开始撤退。即使在2500名奥地利胸甲骑兵到达之后，法军步兵方阵仍然足够安全，不过他们的骑兵已经被赶走，两个轻步兵团也被隔断在苏代圣克罗伊村里被迫投降。

到了下午2点左右俄军重骑兵抵达战场后，法军的状况才变得凶险起来。禁卫骑兵团和骑马禁军团自从博罗季诺会战以来就没有参加过激战，指挥他们的尼古拉·普雷拉多维奇将军乞求巴克莱让第1胸甲骑兵师投入战斗。他们出现时恰好赶上一阵暴雨和冰雹，法军步兵那时正试图穿过科南特赖（Conantray）附近的深沟，雨滴和冰雹直打在他们脸上。法军步兵的步枪已经失效，在俄军近卫骑炮兵的准确炮火打击下，两个法军步兵方阵陷入崩溃，随后遭到俄军胸甲骑兵和符腾堡骑兵的践踏。惊慌情绪在剩余的法军步兵中迅速蔓延，许多士兵拔腿逃跑。最终马尔蒙和莫尔捷得以逃脱，但他们在数量处于劣势且没有任何步兵的敌军面前损失了1/3的士兵和大部分火炮。[26]

他们最终得以逃脱的部分原因是，接近下午5点时联军骑兵听到后方发生了激烈炮击，一时弄不清出现的到底是哪一方部队，炮火又究竟意味着什么。事实上这是两个大部分由国民自卫军士兵组成、规模较小的法军师，他们正在护送一支规模庞大的火炮和补给车队，途中遭到了来自西里西亚军团的科尔夫和瓦西里奇科夫麾下骑兵的追击。法军护送纵队由帕克托（Pacthod）将军和阿梅（Amey）将军指挥，数量在5000人上下。上午11点左右，它先是在从沙隆延伸出的道路附近遭遇了科尔夫的骑兵。科尔夫男爵在 1812 年战局之初就是个胖子，到 1814 年为止，他已经大腹便便，也变得越发懒惰。科尔夫不喜欢露营，在下属将领的陪同下，他于前一天晚上赶往附近的锡耶里（Sillery）城堡就寝。他手下的哥萨克同时发现了一座存有 60000 瓶酒的仓库，科尔夫的所有骑兵都沉浸在愉悦之中，他们第二天早上出发得很慢就毫不奇怪了。[27]

然而，法军到正午时已经沿着从沙隆行经费尔尚普努瓦斯附近通往贝尔热雷斯的道路展开全面撤退。此刻包围他们的已经不仅是科尔夫的部队，还有可怕得多的伊拉里翁·瓦西里奇科夫。俄军一共有 4000 名骑兵和 3 个骑炮连，法军将领在下午三四点放弃了辎重车队，但是即使这么做也无法拯救他们。法军原本已经十分疲惫，在与科尔夫和瓦西里奇科夫作战的过程中又蒙受了惨重损失，当撤退时一头撞上费尔尚普努瓦斯的联军主力军团骑兵和骑炮兵后，他们的抵抗便毫无希望。最终整个法军纵队要么战死，要么被俘。

费尔尚普努瓦斯会战常被描述为法军英雄主义的赞歌，这点在某种程度上是相当公平的。帕克托和阿梅的国民自卫军士兵表现出了哪怕是老兵都要为之自豪的勇气、纪律性和忍耐力，但马尔蒙和莫尔捷麾下各团却并非表现得都很好。此外，联军骑兵的成就也相当引人注目。16000 名骑兵——其中有 3/4 是俄军——击败了 23000 名大部分为步兵的法军，杀死或俘虏了其中一半的士兵，还夺取了几乎所有火炮。费尔尚普努瓦斯会战完全可以同 1812 年 8 月德米特里·涅韦罗夫斯基与缪拉元帅在克拉斯内展开的殊死战斗相提并论，尽管涅韦罗夫斯基的兵力劣势要大得多。和在费尔尚普努瓦斯的法军一样，涅韦罗夫斯基的士兵里有很大一部分是新兵，他们在第一场战斗中表现出了极好的勇气和纪律性。俄军将领在费尔尚普努瓦斯得胜，而缪拉在克拉斯内失败的部分原因是，俄军将领把他们的骑炮兵带到了战场上，缪拉却没能这么做。俄军将领展开协同攻击和根据地形调整战术的技艺也更为娴熟。[28]

随着马尔蒙和莫尔捷的溃退，通往巴黎的道路已经敞开了。法

511

军守住首都的唯一机会就是拿破仑和他的军队准时回到巴黎，即便
皇帝只身一人回城，他也有可能激励士气、组织防御，并震慑城中
的潜在叛徒。然而，拿破仑直到 3 月 27 日才得知他遭到欺瞒和联军
已经向巴黎进军的真相，现在联军足足领先他 3 天的行程。在咨询
了科兰古、巴萨诺（Bassano）以及诸位元帅后，他做出决定：必须
放弃对联军后方的攻击，折返回去拯救首都。但这已经太晚了，他
在 3 月 30 日傍晚接近巴黎时，法军已经输掉了巴黎之战，他的首都
正处于投降边缘。更糟糕的是，拿破仑在巴黎的敌人活跃起来了。
根据皇帝的命令，他的妻子、儿子和政府成员在战斗前夜离开了巴
黎，以免被俘虏。波拿巴政权的所有关键人物都已离开，而联军又
即将占领巴黎，拿破仑的对手们夺取主动权的时刻来临了。塔列朗
和其他所有高官一样接到了离开巴黎的命令，但他试图在并不公开
藐视拿破仑权威的同时躲避这些命令。[29]

512

在战线另一边的是卡尔·内塞尔罗德，尽管两边现在相距不过
几公里而已。在 1812 年之前，塔列朗曾经向他泄露许多秘密建议
和消息。当拿破仑在 3 月 22 日发起对联军的攻击后，几乎所有反法
同盟外交官都和总部失去了联系，被迫向安全的南方逃跑，这让许
多乐于摆脱外交官的将领们表现出毫不掩饰的喜悦。内塞尔罗德则
是其中的一个例外，他及时逃出肖蒙，找到了退往亚历山大那里的
路。就在 3 月 28 日——拿破仑的皇后、儿子和政府应当离开首都的
日子——内塞尔罗德在巴黎附近的一个村庄里给妻子写信，信中说
他正在享用"一只精致的阉鸡"，这只鸡原本是奈伊元帅的夫人从
巴黎寄到她丈夫那里去的，还附上了几瓶烈酒。哥萨克截获了这份
礼物，机敏地把它献到他们皇帝的餐桌上。当时弗朗茨二世、梅特
涅、卡斯尔雷和哈登贝格都不在场，一旦联军抵达巴黎，毫无疑问
亚历山大将代表反法同盟发言。无论如何，有内塞尔罗德在身边总
归多了一个有利条件，尤其是在和塔列朗谈判的时候。随着胜利景
象依稀可见和亚历山大期望的正在实现，两人之间此前存在的紧张
关系也消失了。[30]

俄军在明媚的春日逼近巴黎，他们行经富裕的乡村，空气中也能嗅到胜利的气息。弗拉基米尔·勒文施特恩以第一次吃到孔雀来庆祝胜利。彼得·帕伦想象着他将在法国首都遇到的所有年轻漂亮的女士。伊万·拉多日茨基把他的士兵召集起来，告诉他们每个人，当抵达巴黎后，皇帝会给他们一人发 1 个卢布、1 磅肉和 1 杯伏特加。当他的炮兵连沿着大道开进时，"站到左边，站到右边"的叫声响了起来，就像一位将军或者皇帝本人经过行进中的纵队时那样。位于大道中央的是"瓦西卡"（Vaska/Bacька），它是士兵们作为吉祥物收养的一头山羊，伴着"让路，让路，瓦西卡正前往巴黎"的喊声向前猛冲。[31]

3 月 29 日傍晚，皇帝的参谋们登上了朝向克利希（Clichy）村的一座小山，亚历山大·米哈伊洛夫斯基－丹尼列夫斯基也在其中。 513他在许多年后回忆道：

> 太阳刚刚落山，一阵凉爽的微风让白天被晒热了的空气变得清新起来，天空中没有一朵云。就在一瞬间，我们从右手边偶然瞥见了蒙马特尔和首都的高大尖顶。"巴黎！巴黎！"的喊声同时响起。我们用手指着、睁大眼睛望着地平线上巨大却模糊的一块地方，一时间竟忘了战役的疲倦、创伤和倒下的朋友与兄弟，站在勉强能够看到巴黎的小山上，沉浸在欢乐之中。从那一天起已经过了 20 多年……但对这个难忘场景的记忆却依然鲜活，它就像是刚刚发生的事情一样带给我们新鲜感，让我们心中饱含在那一刻溢满了所有胸膛的胜利喜悦。[32]

在这场欧洲历史上最漫长的战局里，俄国军队从维尔纳退到莫斯科，然后又一路横穿整个欧洲赶到巴黎，前后一共花了不到两年时间。当敌国的首都最终跃入视野时，速度就是现在最要紧的事情。必须在拿破仑抵达巴黎鼓舞人心并增强防御前将其攻克。巴伐利亚兵团和萨肯兵团已经被留在莫（Meaux）守卫联军后方，以防拿破仑试图选择最笔直的道路赶回巴黎。但其余所有的军都在当夜接到了次日（3 月 30 日）对巴黎发起全面攻击的命令。在联军右翼，西里西亚军团将从北面的蒙马特尔和拉沙佩勒（La Chapelle）方向攻击首都，左翼的符腾堡军将沿着塞纳河北岸越过万塞讷（Vincennes）城堡从东面向前推进，久洛伊将军的奥军则会予以支援。彼得·维特根施泰因已经动身返回俄国，他把兵团指挥权交给了尼古拉·拉耶夫斯基。拉耶夫斯基将指挥联军中央向罗曼维尔（Romainville）和庞坦（Pantin）发起攻击。参与攻击的部队合计多达 100000 人，在拉耶夫斯基后方还有康斯坦丁大公的后备兵团，他们由近卫军和掷弹兵组成，将在必要的情况下投入战斗。[33]

法军占据的阵地相当难以攻克。北面的蒙马特尔高地和中央的罗曼维尔高地是攻城部队面临的主要障碍，城市的防御也主要依靠这两个高地。正如人们所预计的那样，作为欧洲最大的城市之一，巴黎的整个郊区也是由石质建筑和墙壁组成的迷宫。然而拿破仑根本就没有加强过这座城市的天然防御，此外用以防守这条漫长防线的法军仅有 38000 人，其中还有数千乃至上万人是只接受过极少的训练、步枪也并不可靠的国民自卫军。守城法军的最高指挥是拿破仑的兄长约瑟夫，莫尔捷元帅负责防守北面与西里西亚军团作战，马尔蒙元帅负责防守东面迎战联军主力军团。这三个人都知道，除非守军愿意在巴黎展开巷战，把他们自己埋葬在城市的瓦砾之中，不然胜利的概率就微乎其微。如果联军的全部攻城部队在 3 月 30 日清晨同时发起攻击，那么可能到吃午饭时巴黎就已经陷落了。

联军的计划事实上出了岔子。甚至早在 3 月 29 日晚上，计划走样的情况就已经很明显了，符腾堡和奥地利部队依然远在后方，不可能在次日下午之前发起攻击。当晚施瓦岑贝格的副官传令给布吕歇尔，却在夜间迷了路，这意味着西里西亚军团的多数部队也要等到上午 11 点才能做好进攻准备，这比预定时间晚了 6 个小时。因此，最终只有位于中央的拉耶夫斯基兵团的 16000 人能够执行联军之前制订的攻击计划。对俄军而言幸运的是，他们发现关键的罗曼维尔村无人防守，得以在马尔蒙抽空派出部队设防之前拿下村庄。

俄军在清晨也夺取了庞坦村，但 3 月 30 日上午其余时间他们所能做的也只是在法军不断的反击面前守住上述据点。

所有试图冲出村庄的努力都落了空。普鲁士近卫军步兵在 1813 年春季以后从未参加过战斗，他们以极大的勇气从庞坦冲出，却被挡住了前进的道路，也蒙受了惨重的伤亡。在建筑物、墙壁和园圃之间，所有阵型都无法组织起来，会战演变成了令人迷乱的散兵战和交火。巴克莱·德·托利出动了两个俄国掷弹兵师增援拉耶夫斯基，自己也亲临前线组织协同作战。他十分明智地把大部分团都拉回去在后方列成营纵队，准备发动下一波冲击，但命令拉耶夫斯基只有等到左面的符腾堡军进入阵地，而且右面的西里西亚军团吸引莫尔捷的全部注意力，才能发动新一轮大规模攻击。[34]

下午 3 点过后不久，所有的联军部队都已就位，做好了攻击准备。符腾堡王储只遭遇了轻微抵抗就冲过万塞讷城堡，威胁到塞纳河畔的整个法军右翼。约克兵团从北面发起攻击，攻入正在庞坦村附近作战的法军后方，迫使他们向后撤退。在联军中央方面，拉耶夫斯基的部队和掷弹兵师以压倒优势展开攻击，90 分钟内就拿下了法军所有的关键阵地。俄军炮兵连被带到前方，正从东面对巴黎展开近距离炮击。在联军战线右翼远端，朗热隆兵团向蒙马特尔高地发起突击。事实上，俄军占领上述高地时马尔蒙元帅已经试图投降，但在蒙马特尔战斗的俄军或法军都不可能知道这一点。

联军损失了 8000 人，其中 3/4 是俄军，但巴黎已属于他们。俄军队列里激荡着欢乐的浪潮。近卫军开始擦拭他们的装备，拿出最好的制服，准备在巴黎大街上进行他们有生以来最盛大的阅兵式。军乐队在蒙马特尔高地上奏起他们所属步兵团的进行曲。朗热隆派往巴黎与距离最近的法军部队商议停战事宜的军官在几个小时后才返回，他由于庆祝胜利干了太多杯酒，处于极其幸福的状态之中。作为兵团的指挥将领，朗热隆原谅了他的属下，为了这一刻，他麾下来自前多瑙河军团的团走了漫长的道路，打过许多次会战。[35]

然而，真正艰难的战斗此时才刚要开始，这场战斗将在政治而

515

非军事层面展开。除非联军将领犯了大错，否则他们麾下部队的压倒性数量优势和优良战斗素质都应当在 3 月 30 日迫使巴黎投降并给联军带来胜利。然而，法国首都在政治上的重要性要更甚于军事，这在很大程度上取决于联军能否把攻陷巴黎转化成政治上的优势。当然，联军领导人总体来说都对这一点有敏锐的认识，亚历山大尤其如此。施瓦岑贝格发布了一份声明，强调联军是在和拿破仑而非法国作战，他们的最终目的是要寻求和平与繁荣。随着亚历山大的部队接近巴黎，他也给俄军将领下达命令，向盟友提出请求，要求他们维持最为严格的纪律和善待平民，强调赢得法国民心的极端重要性。亚历山大派到巴黎去安排投降事宜的是米哈伊尔·奥尔洛夫上校，他就是那个在 1812 年 6 月陪同亚历山大·巴拉绍夫前往拿破仑设在维尔纳的总部的年轻情报军官。奥尔洛夫向马尔蒙元帅说出的第一句话是，"皇帝陛下希望为了法兰西和全世界保全巴黎"。联军部队将住宿在巴黎的军营而非私人住宅里，国民自卫军将被保留下来以维持各个街区的平静和正常运作。在之后的几天里，亚历山大对巴黎人来说是魅力、得体和赞扬之词的完美化身，这正是他擅长扮演的角色。[36]

516

联军于次日进入巴黎，时为 1814 年 3 月 31 日，星期天。在这个明朗的春日上午，阳光普照，巴黎一派欢乐景象。上午 8 点，亚历山大从他的总部出发，穿着卸去装饰的禁卫骑兵团将军制服。他骑着一匹名叫"马尔斯"的灰马，带着随员同弗里德里希·威廉和施瓦岑贝格会合，"马尔斯"是科兰古此前在彼得堡担任大使时赠予亚历山大的礼物。联军领导人们接受了他们麾下士兵的敬礼和雷鸣般的欢呼，骑行通过蒙马特尔高地，进入城市中心。近卫哥萨克团为他们提供了身着猩红色紧身短上衣和深蓝色灯笼裤的护卫，在过去两年的战争中，一直都是这个团负责保护亚历山大的个人安全。君主们和施瓦岑贝格在香榭丽舍大街上停了下来，检阅从他们身旁开过的联军各团。阅兵式包括了普鲁士近卫军、1 个师的奥地利掷弹兵，甚至还有 1 个团的巴登（Baden）近卫军。然而，俄罗斯近卫军是全欧洲都公认的军容最美观的部队，他们在这一天出尽了风头。[37]

　　这是近卫军和亚历山大最自豪也最能实现个人价值的时刻，对亚历山大而言尤其如此，但在政治方面这一场景也自有它的影响。巴黎群众看到数以千计的卓越部队好像身处和平年代一般身着华丽的制服以完美的阵型行军，这提醒了他们联军的强大实力，也说明拿破仑声称"入侵者已处于耗竭边缘"的说法有多么空洞。可是如果说联军在政治层面给巴黎人上了一课的话，他们也同样在政治上受了一次教育。迄今为止，在反法同盟所征服的地区里，君主们只遇到了很少对波旁王朝表现出热情的民众。他们难以预知在巴黎情况竟会如此不同，毕竟那里生活着许多革命和拿破仑统治的受益者。然而，君主们受到了大群民众的欢迎，他们高呼支持联军事业和君主政体，佩戴了白色帽章，打出波旁王室的白旗，在进入巴黎市中心时尤其如此。两天后，亚历山大向一位保王党政治家承认，公众对复辟的支持"远远超过我的想象"。阅兵式结束后，君主们和施瓦岑贝格骑行前往位于附近圣弗洛朗坦（Saint-Florentin）街的塔列朗宅邸，亚历山大将在那里度过他在巴黎的关键头几天。当夜在塔列朗宅邸周围执勤的是普列奥布拉任斯科耶近卫团第一营第一（皇帝直属）连，这个营7年前就曾在蒂尔西特负责保卫工作。[38]

　　在联军进入巴黎的那个上午，内塞尔罗德也正赶往圣弗洛朗坦街。此前一天，当米哈伊尔·奥尔洛夫正在马尔蒙的宅邸里等待他同意城市投降条件时，塔列朗过来请求他"向俄罗斯皇帝陛下传达贝内文托（Benevento）亲王（即塔列朗）最深的敬意"。奥尔洛夫是一个聪明且消息灵通的情报军官，他对塔列朗的意图并无疑问。这位年轻军官回忆说，"我柔和地回答：'亲王，你可以肯定，我会让它公开得到皇帝陛下的注意'"，"一个极轻的、几乎无法注意到的微笑飞快地从亲王脸上滑过"。内塞尔罗德在3月31日前来谋求塔列朗协助推翻拿破仑，并以既在法国人眼里合法又愿意赞同和平解决方案的人取而代之。正如亚历山大当晚向法国领导人们明确说

517

明的那样，这是他唯一优先考虑的事情。尽管亚历山大向他们列出了法国未来政府的一连串可能方案，但他还是强调说让法国人自己从中选择。[39]

对皇帝来说，塔列朗是个完美的盟友，这并不仅是因为他的政治技巧和关系纽带。和亚历山大一样，塔列朗也并非波旁王室的强烈支持者，他在 3 月 30 日还没有下决心投身于复辟事业。他坚定认为如果王室要回归的话，就必须受到宪法的约束，还要接受自 1789年以来已经大有变化的法兰西。在塔列朗心中，他可能更倾向于让拿破仑尚在襁褓中的儿子继位，其他人代为摄政，塔列朗自己则成为宝座背后的权臣。亚历山大并无不同意见。然而，只要拿破仑还活着、还自由、还充满着野心，这种摄政就有显而易见的危险性。3月 31 日深夜，联军领导人和法国政治家在塔列朗的沙龙里召开了会议，起草联军致法国人民公告的关键时刻终于来临了。他们再也不会将拿破仑作为谈判对手，这一点没有人怀疑。当写到把波拿巴家族任何成员都排除在谈判对手之外的条款时，亚历山大"瞟了施瓦岑贝格亲王一眼，亲王点头表示同意，普鲁士国王也是如此"。即使在这之后，亚历山大的想法也没有完全确定下来。科兰古直到 4月 5 日还相信，亚历山大依然很容易接受建立摄政统治的想法，塔列朗和他的伙伴们则大为害怕这一点。然而，到那时亚历山大已经很难再扭转局面以及抛弃那些在他的保护和鼓励下投身于复辟事业的法国人了。[40]

根据亚历山大早在 2 月就大体定下的次序，联军宣言呼吁召集参议院，选举临时政府并起草新宪法。在塔列朗的指导下，参议院的少数残余议员在 4 月 1 日将塔列朗和他的 4 位同事选举为临时政府大臣。次日，参议院废黜拿破仑和波拿巴家族，解除了所有法军士兵的效忠誓言。随着巴黎明确倒向波旁王朝的复辟，现在最大的问题就在于军队的立场了。如果拿破仑位于枫丹白露（Fontaine-bleau）的军队依然支持他，那么联军就有很大可能发现他们身处法国内战之中。联军不仅担忧卷入内战会导致浪费时间并付出相当代价，也害怕内战会给他们所支持的法国政权的合法性造成严重伤害，这一点不证自明。除了对波旁王室的怀疑之外，对内战的担忧也影响了亚历山大，使他一直在考虑建立以拿破仑幼子为君主的摄政统治的可行性。直到马尔蒙元帅的军在4月5日背叛拿破仑之后，亚历山大的怀疑才得以终止，波旁王朝复辟已成定局。[41]

在抵达巴黎后的最初几天里，亚历山大领导反法同盟，并代表同盟发言。他在巴黎时也犯过一些错误。尽管他向路易十八施压、要求后者采取温和态度并接受由参议院制订的宪法的努力是可以理解的，但这些实际上毫无必要，反而导致俄国和复辟后的法国最初关系不佳。更为严重的错误则是允许拿破仑统治厄尔巴（Elba）岛，这在当时就引起了同盟国家和俄国内部的担心，这些担心在此后不久得到了证实。这一定程度上无疑是亚历山大对待被击败的敌人时既希望做到慷慨，又希望被人视作慷慨的愿望的结果。然而，在当时的氛围下想找到安全解决拿破仑问题的方案也很不容易，就像卡斯尔雷在给英国战争大臣的一封信中所说的那样（这封信并没有被收入卡斯尔雷通信集）。卡斯尔雷写道，法国临时政府也支持亚历山大的提议，因为他们害怕内战，十分想让皇帝远离他在枫丹白露的军队。厄尔巴岛方案有其危险性，但当时并没有明显更好的替代方案。而且拿破仑的自由不能受到任何限制——尽管卡斯尔雷在信中没有提到这一点，因为马尔蒙在把他的军带到联军一边时签署的协议规定不许限制拿破仑的自由。然而，英国外交大臣还写道，厄尔巴岛终归是一个较好的选择，因为拿破仑明显流露出居住在英格兰的愿望，而英国政府必然不会欢迎这一选择。[42]

无论如何，亚历山大在巴黎的表现总体来看取得了巨大的成功。他迷住了法国人，使自己和盟国处于同一战线，在巴黎建立了最可能既拥有合法性又能接受长久和平的政权。亚历山大曾因为主张"一旦联军抵达巴黎，就能够找到并鼓励反对拿破仑的法国人"而备受指责，但事态的发展证明他是正确的。虽然他对波旁王室持怀疑态度，但许多法国人和反法同盟人士也怀有相同想法。正如施瓦

519

岑贝格那时给妻子的信中所述，扫除拿破仑是对人类的恩惠，但他
对复辟王朝也几乎毫无信心。对施瓦岑贝格和亚历山大来说，波旁
王室仅仅是联军能够选择的最不坏的替代品，这在政治上司空见惯。
在王室复辟和对法和约得以签署之后，亚历山大于 1814 年 6 月 3 日
离开巴黎。[43]

当亚历山大忙于谈判时，他的军队则在法国首都内外体验着生
活。弗拉基米尔·勒文施特恩为自己找到了一位昂贵的巴黎情妇并
置办了一辆上好的马车，他为此支付的款项中有一部分是在打牌时
赢来的 10000 卢布。近卫军军官得到了一份特别津贴，这让他们能
够享受巴黎，也让他们能够装扮巴黎。卑微的常规部队军官就没有
这么幸运了。一位年少天真的凯克斯霍尔姆团准尉亚历山大·扎伊
采夫（Aleksandr Zaitsev/Александр Зайцев），在大胆参观赌博窝点
并拜访皇宫里的年轻女士后，发现他的微薄收入很快不属于自己了。
至于士兵，只有近卫军士兵能够驻扎在巴黎，他们则受到严格的纪
律和时常举行的阅兵的约束。听到即将回国的消息后，士兵们高兴
地表示欢迎。首先出发的是非正规骑兵——哥萨克、巴什基尔人和
卡尔梅克人：对急于安抚法国平民、期望被视为欧洲秩序与文明支
柱的俄国而言，他们在和平时期绝非最好的使者。其后不久，常规
部队各团也开始了漫长的回国行军，他们中许多人在经过普鲁士城
镇时享用了大餐，这是弗里德里希·威廉三世表达感激之情的方式。
近卫军一如既往地与众不同，他们中的大部分人搭乘此前 18 个月里
以英国港口为基地活动的俄国舰队的船只返回彼得堡。[44]

第十五章

结　语

　　俄军离开法国不到一年，"百日王朝"（即拿破仑逃出厄尔巴岛，试图推翻 1814 年和平协定）就又让俄军回到法国。在滑铁卢之战前夕，一支 150000 人的俄军才进军到莱茵河，卡尔·冯·托尔也刚抵达比利时，准备与威灵顿和布吕歇尔协调军事行动。在 1814 年赢得的一部分胜利果实要在 1815 年以许多生命为代价重新争取，不过俄国人这一回并没有付出生命的代价。

　　这可能会让 1814 年的战役看起来没有意义，但这种看法事实上是错误的。如果联军在 1814 年 3 月同拿破仑签署了妥协的和约，那么他在挑战和平协定时就会处于远比历史上他于 1815 年逃出厄尔巴岛后有利的地位。他会有更长的时间去准备复仇，会更好地选取复仇时机。他在法国国内的地位也会更加稳固。到 1815 年为止，复辟王朝已经得到了许多支持者，即使是作为拿破仑主要支持者的军队，其中与波旁王朝妥协的人和波拿巴家族的死硬支持者之间的关系也很紧张，从而导致军队内部出现裂痕。

　　最重要的是，假若没有 1814 年的战役，拿破仑在国际上的处境就会有利得多。在 1814 年，反法同盟最终能够比较情愿地团结在复辟王朝周围，因此与拿破仑就和平达成妥协相对而言就不那么让人接受了，对亚历山大来说尤其如此。如果没有 1814 年的战役，在反法同盟内部就欧洲战后分配方案达成一致也要困难得多，即便没有"百日王朝"，维也纳和会也一度走到爆发另一场欧洲大战的边缘。假若拿破仑安居巴黎，利用反法同盟间的倾轧和正等待他东山再起的前盟国，未来的战争就会变得更加危险。实际上 1815 年拿破仑重

522   回巴黎时，反法同盟已经达成了和平解决方案，并决心团结起来不让他破坏和平，他的失败在那时就几乎注定了。1815 年 6 月，拿破仑穷尽一切手段试图在联军主力部队能够赶来干预之前歼灭威灵顿和布吕歇尔所部。拿破仑知道即使他成功做到这一点，也还要面临大群已经越过法国边界的俄军、奥军和普军，他依然有可能败在他们手上。

"百日王朝"对和平解决方案的相关条款影响很小。法国多少还是保住了 1792 年的边界；俄国即使没有得到整个华沙大公国，也已将它的大部分领土收入囊中；普鲁士吞并了萨克森的一部分，还得到了威斯特伐利亚和莱茵兰，以便防御法国的"收复失地运动"。在奥地利和普鲁士的领导下，十分松散的德意志邦联也建立起来，不过它远没有满足德意志民族主义者和自由主义者的希望，尽管这两者的数量实际上要比后来的民族主义史学家们所声称的少得多。意大利的状况实际上更没有满足人民的愿望，它在 1815 年后是由哈布斯堡霸权卵翼下的许多狭小邦国组成的。

对俄国人来说，和平解决方案的关键点在于波兰和德意志。关于前者，内塞尔罗德的许多可怕预言被证明是正确的。亚历山大的确认真考虑过建立一个联邦化的、拥有代议机构的俄国，比起目前的专制帝国，立宪的波兰王国也许会更适应这样的俄国。然而，考虑到俄国的实际状况，可以理解，他放弃了这一想法。很快，俄国君主的两个角色——专制沙皇和波兰立宪国王——就积累了足够多的矛盾。1830 年的波兰起义终结了波兰境内的立宪统治尝试。而俄国军官在 1825 年发动的所谓"十二月党人运动"相当大程度上也是出于被伤害的俄罗斯民族自尊心——波兰人竟得到了俄罗斯精英无法获得的自由。在 1815 年后的一个世纪里，波兰人对俄罗斯帝国的经济贡献很大。但是就政治层面而言，居住在前华沙大公国领土上的波兰人和犹太人都给俄国政府惹出了许多麻烦。吞并大公国也没有显著增强俄国的战略地位。与之相反，到 1900 年时它已经可以被视为俄军的潜在陷阱。从俄国利益的角度来看，1815 年对德意志

的处理到那时也已经被视为错误。德意志日益强大的实力已经对俄 523
国形成了挑战，而一个以莱茵河为国界的法国会大大舒缓俄国的
担忧。

当然，以后见之明评价国务活动家的努力是不公平的。吞并华
沙大公国所造成的一部分困难是能够预见的——事实上在吞并之前
就有人预见到。但从俄国角度而言，波兰问题的明确答案实际上是
不存在的，这甚至比英国在爱尔兰所要面临的问题严重得多。也没
有人能够预想到，通过工业革命和德国统一，在 1814 年还很虚弱的
普鲁士会变成对俄国自身和整个欧洲的威胁。虽然如此，对此后欧
洲历史的了解也的确会（让人们）强调一个问题——俄国人民在
1812～1814 年所付出的巨大牺牲到底是否值得。

这不仅是关于俄国人民在战争中承受了多少苦难的问题。一如
既往地，胜利赋予现有政体合法性，使其进一步强化，而在当时的
俄国，政体植根于独裁政治和农奴制度。认为俄国取得了胜利且安
全无虞，这种想法让激进的内部改革失去了动机。尼古拉一世
1825～1855 年实行的保守统治一定程度上也是源自俄国拥有霸权和
安全的臆想。这一臆想直到俄国输掉了 1854～1856 年的克里米亚战
争才宣告破灭，失败使得尼古拉之子亚历山大二世皇帝领导进行了
一系列现代化改革。然而，俄国在 1815 年没有手段——这首先意味
着拥有受过教育的改革核心——去执行两代人以后发生的激进改革。
相信被拿破仑击败就会让俄国出现一个成功的自由化方案是天真的，
认为尼古拉的保守主义是俄国在 1815～1860 年相对于西北欧越发落
后的根本原因这种想法就更没有根据。工业革命所需要的动力远远
超过那个时代的俄国政府所能掌控的范围。它需要相当的教育程度
和人口密度——这两样俄国都缺乏，还要把煤和铁放在一起——这
在俄国只有引入铁路以后才可能发生。

无论如何，提出"在 1812～1814 年所做出的牺牲是否值得"的
问题就暗含着一个想法，即俄国可以另有选择。同往常一样，普通
俄国人自然没有什么可选，毕竟整套俄国政治体制的设计逻辑就是

524　为了否认这一点的。然而，俄国政府在 1807~1814 年事实上也无从选择。到 1810 年下半年为止，俄国在巴黎进行的出色情报活动让亚历山大完全有理由预见到法国将会进攻俄国，1811 年来自多方面的军事情报也证实了这一点。如果亚历山大对拿破仑做出让步，那么一段时间内的确有可能避免战争。但是到 1810 年为止，紧随拿破仑大陆封锁体系所付出的代价已经明确损害到俄国作为大国的经济基础。俄国越虚弱，拿破仑就越容易重建一个大波兰，这既在他的权力范围之内，又符合他的利益。将一部分亚得里亚海海岸归还给奥地利可以轻松安抚哈布斯堡接受这样的欧洲新秩序。以摧毁普鲁士来补偿萨克森国王则会同时符合法国的两种利益。这样即使不能建立囊括欧洲的法兰西帝国，也会让法国的霸权至少在短期内遍及全欧。没有俄国政府，会不经战斗就让它成真。就算一个俄国君主尝试对法国听之任之——虽然这几乎不可能发生，他也会被推翻的。如果法国的霸权持续下去的话，也许此后的欧洲历史会稍微幸福一些，但没有人能够期望亚历山大的政府预见或接受这一点。

　　正如亚历山大的一些顾问所预测的那样，摧毁拿破仑的后果之一就是英国势力大增。滑铁卢会战之后的一个世纪里，英国付出从历史角度来看相对较小的生命与金钱代价，就在世界上独领风骚。俄国的自尊和利益有时会受到英国霸权的伤害，这在克里米亚战争中最为明显。从长远角度而言，英国的霸权也意味着自由民主原则在全球占据主导地位，这一原则对任何形式的俄罗斯帝国都是致命的。但这已经是在展望未来了：在 1815 年，威灵顿和卡斯尔雷至少和亚历山大一样讨厌民主。俄国在拿破仑时代的政策绝无可能阻止英国的工业革命，也不可能阻止工业革命对英国霸权产生影响。此外，在 1815 年后的一个世纪里，俄国在财富和人口上都有极大的增长，从融入以英国为保护者的世界资本主义经济中受益匪浅。在 19 世纪和 20 世纪，俄国害怕意欲主宰欧洲的陆上强国都远甚于害怕英国。

俄国为何要和拿破仑作战并不非常令人困惑。俄国怎样和他作战以及为何俄国竟会获胜则是更大也更有趣的问题。为了回答这些问题，我们需要摧毁已经得到广泛承认的神话。西方人在考虑俄国在击败拿破仑过程中扮演的角色时常被这些神话主导，这一点毫不令人吃惊。从来没有西方学者或军人曾在俄国资料的基础上从俄国视角对此加以研究。仅从敌人和合作伙伴的视角诠释一个国家的战争努力是注定要出问题的，在欧洲民族主义正大行其道的时代更是如此。

挑战俄罗斯民族神话的任务则要有趣得多，也困难得多。这些神话自然绝不可能都是假的。俄国军队和人民在 1812 年展示了伟大的英雄主义，也蒙受了巨大的损失。然而，关于击败拿破仑的俄国神话中那些奇异且独一无二的元素实际上低估了俄国所取得的成就。最基本的原因在于，击败拿破仑的俄国是一个贵族的、王朝的、多民族的帝国。仅仅为了俄罗斯民族神话就埋藏拿破仑时代的事件，而在埋藏时又做得过于幼稚，这就不可避免地遗漏掉了许多和战争努力相关的事情。

把托尔斯泰称为造成这一误解的主要恶人在一定程度上是幼稚的。托尔斯泰是一个小说家而非历史学家，他书写的是若干人物在 1812 年之前和 1812 年的心态、价值观和体验。但《战争与和平》给大众对"拿破仑被俄国击败"这一事件的看法所造成的影响远甚于迄今为止出现过的所有历史书。托尔斯泰否认任何人为因素在 1812 年发生的事件中起了理性指引的作用，暗示军事的职业化是一种德意志病，他的想法轻易地影响了西方人对 1812 年的诠释——将法国的失败归咎于冰雪或运气。托尔斯泰的小说终结于 1812 年 12 月的维尔纳，这也让俄国人和外国人更进一步地大体遗忘了俄国在 1813～1814 年所取得的巨大成就——俄国人甚至让他们的军队横穿欧洲来到巴黎，更不用说一路上击败拿破仑了。这造成的一个问题是，俄国这样的关键角色被边缘化或者被误解了，它导致解释拿破仑帝国为何倒台、怎样倒台的问题时产生了严重错误。这也造成了对 1812 年所发生的事件的误解，明白亚历山大和巴克莱·德·托利一直计划进行一场漫长的战争是十分重要的。他们希望这场战争以在俄国土地上进行的战役为开端——这会令拿破仑精疲力竭，但他最后将以俄国推进到欧洲、组织起反拿破仑的新同盟告终。

526

俄国击败拿破仑的一个重要原因是他的领导人比拿破仑更会思考。拿破仑在 1812 年未能理解俄国的社会和政治，也没能利用俄国的内部弱点。他希望得到亚历山大、俄国精英甚至哥萨克暴动的帮助，这样的天真想法让他停留在莫斯科，最终毁灭了他的事业。与此相反，亚历山大十分了解敌人的优势与弱点，并充分发挥了他的洞察力。早在法军入侵之前，他就准确意识到拿破仑所希望、所需要的是何种战争。俄国人计划并执行了与之完全相反的一种战争——一场漫长的防御战役和一种将会发挥自己优势攻击拿破仑劣势的"人民战争"。战争第一年里俄国战略所取得的成功超出了他们的预计。拿破仑的整个大军几乎被毁灭，更大程度上这应当被归于好运而非拿破仑的失误。事态自然不会严格按照亚历山大的计划发展，如果真的如他计划的那样，拿破仑会被挡在德维纳河上消耗殆尽。但是在战争中很少有事情会严格按照计划进行，在一场有必要把主动权交给敌人的防御战役里更是如此。无论如何，俄国的基本想法"纵深撤退"是合理且有效的。如果没有好运气和敌军失误的话，"纵深撤退"不会收到这么好的效果，但米哈伊尔·巴克莱·德·托利的决心和精神勇气也十分重要，而最重要的则是俄军后卫及其指挥官的刚毅、纪律性和战斗技能。

俄军在 1813～1814 年时比 1812 年表现出了更好的战术技能，这一点不该使任何人感到惊讶。在绝大部分军事行动中，为战争而进行的训练和战争实况差别很大，这次战争尤其如此。经验是至关重要的教师。不管是观察低层次的战术——例如对猎兵的使用——还是参谋的能力，毫无疑问 1814 年 3 月的俄军都比两年前的俄军强大得多。与本尼希森的大军 1806～1807 年在东普鲁士陷入饥荒的灾难相比，格奥尔格·坎克林供养、补给俄军，使其能够越过几乎整个欧洲的表现也是出色的。仅以库尔姆、莱比锡或克拉奥讷这三场会战为例，曾读过俄军战斗相关记载的人都不可能再相信那些古老的神话——士兵缺乏在 1812 年所能感受到的爱国主义动力。这并非否认在连续几个星期的撤退后，军官和士兵们会在位于俄国腹地的博罗季诺拼死奋战。然而，和大部分军队一样，俄军在战场上的表现关键通常来自对战友和所属部队单位的忠诚。在俄军当中，这不仅包括一起吃饭的合作团体，也包括所在的团，对许多士兵而言，团是他们终身的家。

俄军的团很大程度上是旧制度的一部分，而非现代的民族主义军队。这不过是再次强调一个事实——是欧洲的旧制度打败了拿破仑。它的确吸收了一部分现代化的因素，例如普鲁士的国民后备军。它也和英国经济强权结为同盟，这实际上要比拿破仑的绝对主义帝国现代化得多。无论如何，拿破仑失败的最主要原因是三大王朝国家自 1792 年以来首次并肩作战，而且俄军这一次从战争开始起就上阵搏杀，不像以前那样在拿破仑击败奥军或普军之后才出来收拾残局。拿破仑的军队在 1812 年被摧毁，因此 1813 年他只能带着更年轻也更缺乏战斗技能的部队作战，这一点诚然对联军帮助很大。但在 1813 年春季战局中，俄军也因为它在前一年的劳苦受到严重削弱，而普军大部分还是毫无训练的新兵，还在奋力训练和配备武装。普军和奥军在 1813 年秋季战局开始时也是如此。事实上，1813 年战局直到莱比锡会战为止都难分胜负，也很容易以拿破仑获胜告终。这一点增加了故事的戏剧性。

毫不奇怪的是，俄国人自然发现认同库图佐夫指挥下在莫斯科城外发生的博罗季诺会战，要比认同遵从"俄国的安全来自欧洲的权力平衡"这一概念由巴克莱·德·托利和施瓦岑贝格指挥在德意志境内发生的莱比锡会战容易得多。和英国在 1940 年时一样，虽然孤军奋战但团结无畏是最好的战时回忆，然而，即便从最狭隘自私的俄国或英国利益来看，仅仅有 1812 年和 1940 年也是不够的。消除敌人的威胁意味着在国境之外作战，这就需要盟友。希特勒和东条英机在 1941 年慷慨地给英国提供了盟友。亚历山大在 1813 年却不得不冒着极大风险让他疲惫而虚弱的军队攻入中欧，以此来鼓动他的潜在盟友，有时他甚至几乎需要拎着盟友的脖子，迫使他们为自己和欧洲的利益而战。在创建反法同盟和领导它攻入巴黎的过程中，亚历山大体现出了非凡的勇气、技巧和智慧。

亚历山大如此行事的首要原因是，他正确地观察到这是俄国——帝国、国家与人民——所需要的。这并非全盘否认尼古拉·鲁缅采夫的看法，他也正确地意识到英国在全球日益增长的经济霸权是这一时代最重要的潜在事实。了解这一点必然有助于将拿破仑战争放在全球大背景下观察，也有助于理解它的内在逻辑。但是对俄国而言，它在 1812～1813 年最优先的事务是终结拿破仑对德意志的控制。只要拿破仑还控制着德意志，他就要比亚历山大强大得多。为了应付拿破仑的威胁，用于确保俄国安全的军费开支很快就会达到难以忍受的程度，至关重要的俄国安全和经济利益将因此无法得到保护。在 1813～1814 年冬季，随着德意志得到解放，是否入侵法国、推翻拿破仑引发了相当大的争论，双方的支持者和反对者益发势均力敌。也许亚历山大相信，主张推翻拿破仑有利于满足他在波兰问题上的野心，但俄国文献清楚地显示这并非他的主要动机。与之相反，皇帝相信只要拿破仑还在统治，对德意志的安排和欧洲的和平就无法令人放心。

根本的一点在于，亚历山大确信俄国和欧洲的安全是彼此依赖的，时至今日这一点依然正确。也许从这段史话里可以多少得出一些启迪：1813～1814 年俄军横穿欧洲时，它在绝大部分地方都被视为解放者——它的胜利意味着逃离拿破仑的苛政，意味着结束战火不断的年代，意味着欧洲贸易和繁荣的恢复。

附录 1

1812 年 6 月的俄军

第一西方军团：米哈伊尔·波格丹诺维奇·巴克莱·德·托利上将

参谋长：尼古拉·伊万诺维奇·拉夫罗夫中将

军需总监：谢苗·亚历山德罗维奇·穆欣少将

勤务总监：彼得·安德烈耶维奇·基金上校

炮兵主任：亚历山大·伊万诺维奇·库泰索夫少将，伯爵

总工程师：赫里斯季安·伊万诺维奇·特吕松中将

第一步兵军：彼得·赫里斯季安诺维奇·冯·维特根施泰因中将，伯爵

 第 5 步兵师：格里戈里·马克西莫维奇·贝格少将

  第 1 旅：基里尔·费奥多罗维奇·卡扎奇科夫斯基少将

   谢夫斯克步兵团

   卡卢加步兵团

  第 2 旅：亚历山大·瓦西里耶维奇·西比尔斯基少将，公爵

   彼尔姆步兵团

   莫吉廖夫步兵团

  第 3 旅：格里戈里·尼古拉耶维奇·弗罗洛夫上校

   第 23 猎兵团

   第 24 猎兵团

  第 5 野战炮兵旅：叶戈尔·亚历山德罗维奇·穆鲁济中校

   第 5 重炮连

   第 9 轻炮连

   第 10 轻炮连

  后备部队：2 个混合掷弹兵营

 第 14 步兵师：伊万·捷连季耶维奇·萨佐诺夫少将

  第 1 旅：德米特里·瓦西里耶维奇·利亚林上校

   田格步兵团

纳瓦金步兵团

第 2 旅：戈特哈德·冯·黑尔弗里希少将

爱斯特兰步兵团

图拉步兵团

第 3 旅：斯捷潘·瓦西里耶维奇·杰尼西耶夫上校

第 25 猎兵团

第 26 猎兵团

第 14 野战炮兵旅：叶夫斯塔菲·叶夫斯塔菲耶维奇·施塔登上校

第 14 重炮连

第 26 重炮连

第 27 重炮连

后备部队：2 个混合掷弹兵营

骑兵：

第 1 骑兵师第 3 旅：米哈伊尔·德米特里耶维奇·巴尔克少将

里加龙骑兵团

亚姆堡龙骑兵团

第 1 骑兵师第 5 旅：

格罗德诺骠骑兵团

3 个顿河哥萨克团

第 1 预备炮兵旅：列夫·米哈伊洛维奇·亚什维利少将，公爵

第 27 重炮连

第 28 重炮连

第 1 骑炮连

第 3 骑炮连

第 1 舟桥连

第 2 舟桥连

第二步兵军：卡尔·费奥多罗维奇·巴戈武特中将

第 4 步兵师：符腾堡的欧根亲王，少将

第 1 旅：德米特里·伊里奇·佩什尼特斯基上校

克列缅丘格步兵团

明斯克步兵团

第 2 旅：伊格纳季乌斯·彼得罗维奇·罗西少将

托博尔斯克步兵团

沃伦步兵团

第 3 旅：叶戈尔·马克西莫维奇·皮拉尔·冯·皮尔肖上校

第 4 猎兵团

第 34 猎兵团

第 4 野战炮兵旅：阿列克谢·伊万诺维奇·沃耶伊科夫上校

第 4 重炮连

第 7 轻炮连

第 8 轻炮连

第 17 步兵师：扎哈尔·德米特里耶维奇·奥尔苏菲耶夫中将

第 1 旅：伊万·斯捷潘诺维奇·阿列克谢耶夫少将

梁赞步兵团

别洛焦尔斯克步兵团

第 2 旅：帕维尔·阿列克谢耶维奇·图奇科夫少将

维尔曼斯特兰步兵团

布列斯特步兵团

第 3 旅：雅科夫·阿列克谢耶维奇·波将金上校

第 30 猎兵团

第 48 猎兵团

第 17 野战炮兵旅：伊万·伊万诺维奇·迪特里希斯上校

第 17 重炮连

第 32 轻炮连

第 33 轻炮连

骑兵：来自第 2 骑兵师第 8 旅

叶利萨维特格勒骠骑兵团

第 4 骑炮连的 6 门火炮

第三步兵军：尼古拉·阿列克谢耶维奇·图奇科夫中将

第 1 掷弹兵师：帕维尔·亚历山德罗维奇·斯特罗加诺夫少将，伯爵

第 1 旅：彼得·费奥多罗维奇·热尔图欣上校

近卫掷弹兵团

阿拉克切耶夫伯爵掷弹兵团

第 2 旅：亚历山大·伊万诺维奇·茨维列涅夫少将

帕夫洛夫斯克掷弹兵团

叶卡捷琳诺斯拉夫掷弹兵团

第 3 旅：鲍里斯·鲍里索维奇·福克少将

圣彼得堡掷弹兵团

塔夫里亚掷弹兵团

第 1 野战炮兵旅：瓦西里·阿列克谢耶维奇·格卢霍夫上校

第 1 重炮连

第 1 轻炮连

第 2 轻炮连

后备部队：2 个混合掷弹兵营

第 3 步兵师：彼得·彼得罗维奇·科诺夫尼岑中将

第 1 旅：亚历山大·阿列克谢耶维奇·图奇科夫少将

雷瓦尔步兵团

穆罗姆步兵团

第 2 旅：伊万·米哈伊洛维奇·乌沙科夫中校

科波尔步兵团

切尔尼戈夫步兵团

第 3 旅：伊万·列昂季耶维奇·沙霍夫斯科伊少将，公爵

第 20 猎兵团

第 21 猎兵团

第 3 野战炮兵旅：费奥多尔·叶戈罗维奇·托尔诺夫中校

第 3 重炮连

第 5 轻炮连

第 6 轻炮连

骑兵：来自近卫骑兵师第 2 旅

近卫哥萨克团

第 1 捷普佳尔哥萨克团

第 2 骑炮连

第四步兵军：帕维尔·安德烈耶维奇·舒瓦洛夫中将，伯爵

第 11 步兵师：尼古拉·尼古拉耶维奇·巴赫梅捷夫少将

第 1 旅：帕维尔·尼古拉耶维奇·乔格洛科夫少将

凯克斯霍尔姆步兵团

佩尔瑙步兵团

第 2 旅：帕维尔·安德烈耶维奇·菲利索夫少将

波洛茨克步兵团

叶列茨步兵团

第 3 旅：亚当·伊万诺维奇·比斯特罗姆上校

第 1 猎兵团

第 33 猎兵团

第 11 野战炮兵旅：亚历山大·费奥多罗维奇·科特利亚罗夫中校

第 2 重炮连

第 3 轻炮连

第 4 轻炮连

第 23 步兵师：阿列克谢·尼古拉耶维奇·巴赫梅捷夫少将

第 1 旅：莫杰斯特·马特维耶维奇·奥库洛夫少将

雷利斯克步兵团

叶卡捷琳堡步兵团

第 2 旅：费奥多尔·潘捷列伊莫诺维奇·阿列克索波尔少将

色楞格斯克步兵团

第 18 猎兵团

第 2 混合掷弹兵旅：安德烈·伊万诺维奇·叶菲莫维奇上校

5 个混合掷弹兵营

第 23 野战炮兵旅：拉夫尔·利沃维奇·古列维奇中校

第 23 重炮连

第 43 轻炮连

第 44 轻炮连

骑兵：来自第 2 骑兵师第 8 旅

伊久姆骠骑兵团

第 4 骑炮连的 6 门火炮

第五预备军：康斯坦丁大公

近卫步兵师：阿列克谢·彼得罗维奇·叶尔莫洛夫少将

第 1 旅：格里戈里·弗拉基米罗维奇·冯·罗森少将，男爵

普列奥布拉任斯科耶近卫团

谢苗诺夫斯科耶近卫团

第 2 旅：马特维·叶夫格拉福维奇·赫拉波维茨基上校

伊斯梅洛沃近卫团

立陶宛近卫团

第 3 旅：卡尔·伊万诺维奇·比斯特罗姆上校

芬兰近卫团

近卫猎兵团

近卫水兵营

近卫炮兵旅：亚历山大·赫里斯托福罗维奇·欧拉上校

第 1 近卫重炮连

第 2 近卫重炮连

第 1 近卫轻炮连

第 2 近卫轻炮连

近卫海军炮兵分遣队

第 1 混合掷弹兵旅：格里戈里·马特维耶维奇·坎塔库济诺上校，公爵

4 个混合掷弹兵营

第 1 胸甲骑兵师：尼古拉·伊万诺维奇·普雷拉多维奇少将

近卫胸甲骑兵旅：伊万·叶戈罗维奇·舍维奇少将

禁卫骑兵团

骑马禁军团

第 1 胸甲骑兵旅：尼古拉·米哈伊洛维奇·博罗兹金少将

皇帝陛下近卫胸甲骑兵团

皇后陛下近卫胸甲骑兵团

阿斯特拉罕胸甲骑兵团

第 1、2 近卫骑炮连：彼得·安德烈耶维奇·科岑上校

第六步兵军：德米特里·谢尔盖耶维奇·多赫图罗夫上将

第 7 步兵师：彼得·米哈伊洛维奇·卡普采维奇中将

第 1 旅：德米特里·彼得罗维奇·利普亚诺夫上校

普斯科夫步兵团

莫斯科步兵团

第 2 旅：阿列克谢·伊万诺维奇·艾古斯托夫上校

利巴瓦步兵团

索菲亚步兵团

第 3 旅：亚当·伊万诺维奇·巴尔拉少将

第 11 猎兵团

第 36 猎兵团

第 7 野战炮兵旅：丹尼尔·费奥多罗维奇·杰韦利中校

第 7 重炮连

第 12 轻炮连

第 13 轻炮连

第 24 步兵师：彼得·加夫里洛维奇·利哈乔夫少将

第 1 旅：伊万·杰尼索维奇·齐布尔斯基少将

　　乌法步兵团

　　希尔万步兵团

　第 2 旅：彼得·瓦西里耶维奇·杰尼西耶夫上校

　　布特尔基步兵团

　　托木斯克步兵团

　第 3 旅：尼古拉·瓦西里耶维奇·武伊奇上校

　　第 19 猎兵团

　　第 40 猎兵团

　第 24 野战炮兵旅：伊万·格里戈里耶维奇·叶夫列莫夫中校

　　第 24 重炮连

　　第 45 轻炮连

　　第 46 轻炮连

骑兵：来自第 3 骑兵师第 11 旅

　　苏梅骠骑兵团

　　第 7 骑炮连

第一骑兵军：费奥多尔·彼得罗维奇·乌瓦罗夫中将

　近卫骑兵师第 1 旅：安东·斯捷潘诺维奇·恰利科夫少将

　　近卫龙骑兵团

　　近卫枪骑兵团

　近卫骑兵师第 2 旅：

　　近卫骠骑兵团

　第 1 骑兵师第 4 旅：伊万·伊万诺维奇·恰尔内什少将

　　喀山龙骑兵团

　　涅任龙骑兵团

　　第 5 骑炮连

第二骑兵军：费奥多尔·卡尔洛维奇·冯·科尔夫少将，男爵

　第 2 骑兵师第 6 旅：尼古拉·费奥多罗维奇·达维多夫上校

　　普斯科夫龙骑兵团

　　莫斯科龙骑兵团

　第 2 骑兵师第 7 旅：谢苗·达维多维奇·潘丘利泽夫少将

　　卡尔戈波尔龙骑兵团

　　英格曼兰龙骑兵团

　第 1 骑兵师第 5 旅：

波兰枪骑兵团

第 6 骑炮连

第三骑兵军：彼得·冯·德·帕伦伯爵，少将

第 3 骑兵师第 9 旅：斯捷潘·瓦西里耶维奇·佳特科夫少将

库尔兰龙骑兵团

奥伦堡龙骑兵团

第 3 骑兵师第 10 旅：安东·安东诺维奇·斯卡隆少将

西伯利亚龙骑兵团

伊尔库茨克龙骑兵团

第 3 骑兵师第 11 旅：

马里乌波尔骠骑兵团

哥萨克快速军：马特维·伊万诺维奇·普拉托夫上将

顿河哥萨克阿塔曼团

其余 7 个顿河哥萨克团

第 1 布格河哥萨克团

第 2 布格河哥萨克团

第 1 巴什基尔团

辛菲罗波尔鞑靼骑兵团

彼列科普鞑靼骑兵团

斯塔夫罗波尔卡尔梅克团

第 2 顿河哥萨克炮兵旅

军团预备队：

第 29、30 重炮连

5 个工兵连

2 个舟桥连

4 个移动老兵连

6 个移动停炮场

第二西方军团：彼得·伊万诺维奇·巴格拉季翁上将，公爵

参谋长：埃马纽埃尔·德·圣普列斯特少将，伯爵

军需总监：米哈伊尔·斯捷潘诺维奇·维斯季茨基少将

勤务总监：谢尔盖·尼基福罗维奇·马林上校

炮兵主任：卡尔·费奥多罗维奇·冯·勒文施特恩少将，男爵
总工程师：叶戈尔·赫里斯季安诺维奇·福尔斯特少将

第七步兵军：尼古拉·尼古拉耶维奇·拉耶夫斯基中将
　第 26 步兵师：伊万·费奥多罗维奇·帕斯克维奇少将
　　第 1 旅：安东·伊万诺维奇·利普哈特上校
　　　拉多加步兵团
　　　波尔塔瓦步兵团
　　第 2 旅：尼古拉·费奥多罗维奇·拉德任斯基上校
　　　下诺夫哥罗德步兵团
　　　奥廖尔步兵团
　　第 3 旅：费奥多尔·格里戈里耶维奇·戈格尔上校
　　　第 5 猎兵团
　　　第 42 猎兵团
　　第 26 野战炮兵旅：古斯塔夫·马克西莫维奇·舒尔曼中校
　　　第 26 重炮连
　　　第 47 轻炮连
　　　第 48 轻炮连

　第 12 步兵师：彼得·米哈伊洛维奇·科柳巴金少将
　　第 1 旅：米哈伊尔·尼古拉耶维奇·雷列耶夫上校
　　　斯摩棱斯克步兵团
　　　纳尔瓦步兵团
　　第 2 旅：卡尔·卡尔洛维奇·潘策比特尔上校
　　　阿列克索波尔步兵团
　　　新英格曼兰步兵团
　　第 3 旅：伊万·伊万诺维奇·帕利岑少将
　　　第 6 猎兵团
　　　第 41 猎兵团
　　第 12 野战炮兵旅：雅科夫·伊万诺维奇·萨布林中校
　　　第 12 重炮连
　　　第 22 轻炮连
　　　第 23 轻炮连
骑兵：来自第 4 骑兵师第 14 骑兵旅
　　阿赫特尔卡骠骑兵团

第 8 骑炮连

第八步兵军：米哈伊尔·米哈伊洛维奇·博罗兹金中将

　第 2 掷弹兵师：梅克伦堡－什未林的卡尔亲王，少将

　　第 1 旅：伊万·雅可夫列维奇·沙季洛夫上校

　　　基辅掷弹兵团

　　　莫斯科掷弹兵团

　　第 2 旅：伊万·菲利波维奇·冯·布克斯赫夫登上校

　　　阿斯特拉罕掷弹兵团

　　　法纳戈里亚掷弹兵团

　　第 3 旅：弗拉基米尔·安东诺维奇·黑塞上校

　　　西伯利亚掷弹兵团

　　　小俄罗斯掷弹兵团

　　第 2 野战炮兵旅：亚历山大·安德烈耶维奇·博古斯拉夫斯基上校

　　　第 11 重炮连

　　　第 20 轻炮连

　　　第 21 轻炮连

　第 2 混合掷弹兵师：米哈伊尔·谢苗诺维奇·沃龙佐夫少将，伯爵

　　第 1 旅：

　　　4 个混合掷弹兵营

　　第 2 旅：

　　　6 个混合掷弹兵营

　　第 3 预备炮兵旅：

　　　第 31 重炮连

　　　第 32 重炮连

　第 2 胸甲骑兵师：奥托·费奥多罗维奇·冯·克诺林少将

　　第 2 胸甲骑兵旅：尼古拉·瓦西里耶维奇·克列托夫少将

　　　叶卡捷琳诺斯拉夫胸甲骑兵团

　　　军事修会胸甲骑兵团

　　第 3 胸甲骑兵旅：伊利亚·米哈伊洛维奇·杜卡少将

　　　格卢霍夫胸甲骑兵团

　　　小俄罗斯胸甲骑兵团

　　　诺夫哥罗德胸甲骑兵团

第四骑兵军：卡尔·卡尔洛维奇·冯·西弗斯少将，伯爵

第 4 骑兵师第 12 旅：伊万·达维多维奇·潘丘利泽夫少将

　哈尔科夫龙骑兵团

　切尔尼戈夫龙骑兵团

第 4 骑兵师第 13 旅：叶戈尔·阿尔谢尼耶维奇·埃马努埃尔上校

　基辅龙骑兵团

　新俄罗斯龙骑兵团

　来自第 4 骑兵师第 14 旅

　立陶宛枪骑兵团

　第 10 骑炮连

哥萨克分遣队：尼古拉·瓦西里耶维奇·伊洛瓦伊斯基少将

　　8 个顿河哥萨克团

　　第 3 布格河哥萨克团

　　第 1 顿河骑炮连

军团预备队：

　　2 个工兵连

　　1 个坑道工兵连

　　1 个舟桥连

　　3 个移动老兵连

　　6 个移动停炮场

前往第二军团途中：

　第 27 步兵师：德米特里·彼得罗维奇·涅韦罗夫斯基少将

　第 1 旅：马克西姆·费奥多罗维奇·斯塔维茨基上校

　　敖德萨步兵团

　　塔尔诺波尔步兵团

　第 2 旅：亚历山大·雅可夫列维奇·克尼亚日宁上校

　　维尔纳步兵团

　　辛比尔斯克步兵团

　第 3 旅：阿列克谢·瓦西里耶维奇·沃耶伊科夫上校

　　第 49 猎兵团

　　第 50 猎兵团

　第 27 野战炮兵旅：帕维尔·伊万诺维奇·阿拉佩托夫上校

　　第 49 重炮连

第 53 轻炮连

第 54 轻炮连

2 个混合掷弹兵营

第三预备军团：亚历山大·彼得罗维奇·托尔马索夫上将

参谋长：伊万·尼基季奇·因佐夫少将

军需总监：罗伯特·叶戈罗维奇·伦尼上校

勤务总监：卡尔·费奥多罗维奇·奥尔德科普上校

炮兵主任：伊万·赫里斯季安诺维奇·冯·西弗斯少将

谢尔盖·米哈伊洛维奇·卡缅斯基上将的军

第 18 步兵师：阿列克谢·格里戈里耶维奇·谢尔巴托夫少将，公爵

第 1 旅：潘捷列伊蒙·叶戈罗维奇·别纳尔多斯少将

弗拉基米尔步兵团

坦波夫步兵团

第 2 旅：尼古拉·尼古拉耶维奇·霍万斯基公爵，少将

科斯特罗马步兵团

第聂伯步兵团

第 3 旅：瓦西里·德米特里耶维奇·梅谢里诺夫少将

第 28 猎兵团

第 32 猎兵团

第 18 野战炮兵旅：列夫·科尔涅耶维奇·帕先科中校

第 18 重炮连

第 34 轻炮连

第 35 轻炮连

混合掷弹兵旅：季马舍夫中校

6 个混合掷弹兵营

骑兵：来自第 8 骑兵师第 14 旅

帕夫洛格勒骠骑兵团

第 11 骑炮连

叶夫根尼·伊万诺维奇·马尔科夫中将的军

第 15 步兵师：费奥多尔·维克托罗维奇·纳济莫夫少将

第 1 旅：费奥多尔·费奥多罗维奇·帕杰斯基少将

科兹洛夫步兵团

科雷万步兵团

第 2 旅：费奥多尔·伊万诺维奇·乌沙科夫中校

库林步兵团

维捷布斯克步兵团

第 3 旅：瓦西里·瓦西里耶维奇·维亚泽姆斯基少将，公爵

第 13 猎兵团

第 14 猎兵团

第 15 野战炮兵旅：亚历山大·德米特里耶维奇·扎夏德科中校

第 15 重炮连

第 28 轻炮连

第 29 轻炮连

第 9 步兵师：叶夫斯塔菲·叶夫斯塔菲耶维奇·乌多姆少将

第 1 旅：阿列克谢·米哈伊洛维奇·谢利维奥尔斯托夫上校

纳舍堡步兵团

雅库茨克步兵团

第 2 旅：阿布拉姆·阿布拉莫维奇·赖歇尔上校

阿普歇伦步兵团

里亚日斯克步兵团

第 3 旅：伊万·德米特里耶维奇·伊万诺夫上校

第 10 猎兵团

第 38 猎兵团

第 9 野战炮兵旅：谢苗·叶菲莫维奇·利亚普诺夫上校

第 9 重炮连

第 16 轻炮连

第 17 轻炮连

骑兵：来自第 5 骑兵师第 17 旅

亚历山德里亚骠骑兵团

第 12 骑炮连

法比安·冯·德·奥斯滕－萨肯中将，男爵的军

18 个后备营（即第二营）

16 个后备骑兵中队

卢布内骠骑兵团

第 4 预备炮兵旅

第 33 重炮连

第 13 骑炮连

卡尔·德·朗贝尔少将，伯爵的骑兵军

第 5 骑兵师：卡尔·德·朗贝尔（即前文的夏·德·朗贝尔）少将，伯爵

 第 15 旅：亚历山大·尼古拉耶维奇·别尔佳耶夫少将

  斯塔罗杜布龙骑兵团

  特维尔龙骑兵团

 第 16 旅：伊万·阿列克谢耶维奇·赫鲁晓夫少将

  日托米尔龙骑兵团

  阿尔扎马斯龙骑兵团

 第 17 旅：

  鞑靼枪骑兵团

第 8 骑兵师：叶菲姆·伊格纳季耶维奇·恰普利茨少将

 第 24 旅：彼得·克拉夫季耶维奇·穆辛－普希金少将

  弗拉基米尔龙骑兵团

  塔甘罗格龙骑兵团

 第 26 旅：

  谢尔普霍夫龙骑兵团

 第 4 预备炮兵旅

  第 34 重炮连

  第 4 舟桥连

哥萨克分遣队：

 5 个顿河哥萨克团

 2 个卡尔梅克团

 2 个鞑靼团

 1 个巴什基尔团

多瑙河军团：帕维尔·瓦西里耶维奇·奇恰戈夫海军上将

 参谋长：伊万·瓦西里耶维奇·萨巴涅耶夫中将

 军需总监：布尔哈尔德·马克西莫维奇·贝格少将（德文名为伯恩哈特·马格努斯·贝格。——译者注）

 勤务总监：亚历山大·叶戈罗维奇·安西奥少将

 炮兵主任：德米特里·彼得罗维奇·列兹沃伊少将

亚历山大·德·朗热隆上将，伯爵的军

 第 22 步兵师：谢尔盖·阿列克谢耶维奇·图奇科夫少将

第 1 旅：米哈伊尔·安德烈耶维奇·什卡普斯基少将

维亚特卡步兵团

旧奥斯科尔步兵团

第 2 旅：

维堡步兵团

第 3 旅：伊万·尼古拉耶维奇·杜尔诺沃上校

第 29 猎兵团

第 45 猎兵团

第 22 重炮旅：米哈伊尔·米哈伊洛维奇·科洛京斯基上校

第 22 重炮连

第 41 轻炮连

第 42 轻炮连

骑兵：

第 6 骑兵师第 16 旅：伊万·瓦西里耶维奇·冯·曼陀菲尔少将，伯爵

圣彼得堡龙骑兵团

利沃尼亚龙骑兵团

2 个顿河哥萨克团

1 个乌拉尔哥萨克团

第 14 骑炮连

彼得·基里洛维奇·冯·埃森中将的军

第 8 步兵师：彼得·基里洛维奇·冯·埃森中将

第 1 旅：瓦西里·尼卡诺罗维奇·申欣上校

阿尔汉格尔哥罗德步兵团

乌克兰步兵团

第 2 旅：格里戈里·格里戈里耶维奇·恩格尔哈特少将

施吕塞尔贝格步兵团

旧英格曼兰步兵团

第 3 旅：

第 37 猎兵团

第 8 野战炮兵旅：卡尔·彼得罗维奇·巴斯蒂安上校

第 8 重炮连

第 14 轻炮连

第 15 轻炮连

骑兵：

来自第 6 骑兵师第 19 旅：

谢韦尔斯克龙骑兵团

来自第 7 轻骑兵第 21 旅：

斯摩棱斯克龙骑兵团

1 个顿河哥萨克团

1 个乌拉尔哥萨克团

第 15 骑炮连

1 个舟桥连

亚历山大·利沃维奇·沃伊诺夫中将的军

第 10 步兵师：约翰·安德烈耶维奇·冯·利芬少将，伯爵

第 1 旅：亚历山大·帕夫洛维奇·察斯上校

别洛斯托克步兵团

克里米亚步兵团

第 2 旅：

库尔斯克步兵团

第 3 旅：伊万·彼得罗维奇·别洛科佩托夫上校

第 8 猎兵团

第 39 猎兵团

第 10 野战炮兵旅：普拉东·瓦西里耶维奇·韦尔博夫斯基中校

第 10 重炮连

第 18 轻炮连

第 19 轻炮连

骑兵：

来自第 6 骑兵师第 19 旅：

金布尔恩龙骑兵团

来自第 6 骑兵师第 20 旅：

白俄罗斯骠骑兵团

1 个顿河哥萨克团

2 个乌拉尔哥萨克团

第 7 预备炮兵旅

第 38 重炮连

第 50 轻炮连

安德烈·帕夫洛维奇·察斯中将的军

第 16 步兵师：米哈伊尔·列昂季耶维奇·布拉托夫少将

第 1 旅：

鄂霍茨克步兵团

第 2 旅：季莫费·伊万诺维奇·兹比耶夫斯基少将

堪察加步兵团

明格列利亚步兵团

第 16 野战炮兵旅：叶戈尔·拉夫连季耶维奇·波尔上校

第 16 重炮连

第 31 轻炮连

骑兵：

第 7 骑兵师：安德烈·帕夫洛维奇·察斯中将

第 21 旅：

佩列亚斯拉夫尔龙骑兵团

第 22 旅：保罗·冯·德·帕伦少将，伯爵

多尔帕特龙骑兵团

蒂拉斯波尔龙骑兵团

第 23 旅：

丘古耶夫枪骑兵团

2 个顿河哥萨克团

第 7 预备炮兵旅：

第 39 重炮连

第 50 轻炮连

军团预备队：伊万·瓦西里耶维奇·萨巴涅耶夫中将

奥洛涅茨步兵团

雅罗斯拉夫尔步兵团

第 7 猎兵团

奥利维奥波尔骠骑兵团

1 个顿河哥萨克团

第 16 骑炮连

1 个坑道工兵连

2 个工兵连

在塞尔维亚的分遣队：尼古拉·伊万诺维奇·吕德斯少将

第16步兵师：尼古拉·伊万诺维奇·吕德斯少将

  第1旅：

    涅伊什洛特步兵团

  第3旅：谢尔盖·雅可夫列维奇·列普宁斯基少将

    第27猎兵团

    第43猎兵团

    第16野战炮兵旅的第30轻炮连

骑兵：来自第6骑兵师第20旅

    沃伦枪骑兵团

    2个顿河哥萨克团

    第18骑炮连

里加军：伊万·尼古拉耶维奇·冯·埃森中将

  24个后备步兵营（即第二营）

  18个新兵兵站步兵营（即第四营）

  1个工兵连

  1个坑道工兵连

芬兰军：法捷耶·费奥多罗维奇·冯·施泰因黑尔中将

  第6步兵师：瓦西里·谢尔盖耶维奇·拉赫曼诺夫少将

    第1旅：叶戈尔·谢尔盖耶维奇·戈尔本佐夫少将

      布良斯克步兵团

      尼佐夫步兵团

    第3旅：米哈伊尔·利沃维奇·特列斯金上校

      亚速步兵团

      第3猎兵团

    第6野战炮兵旅：费奥多尔·马克西莫维奇·舒尔曼中校

      第6重炮连

      第11轻炮连

  第21步兵师：尼古拉·伊万诺维奇·杰米多夫少将

    第1旅：安德烈·季莫费耶维奇·马斯洛夫上校

      彼得罗夫斯克步兵团

      波多利耶步兵团

    第2旅：费奥多尔·费奥多罗维奇·冯·罗森上校，男爵

      涅瓦步兵团

　　　　立陶宛步兵团

　　　第 3 旅：费奥多尔·叶夫斯塔菲维奇·克尼佩尔上校

　　　第 2 猎兵团

　　　第 44 猎兵团

　　　第 21 野战炮兵旅：雅科夫·叶戈罗维奇·许内上校

　　　　第 21 重炮连

　　　　第 40 轻炮连

　　第 25 步兵师：帕维尔·雅可夫列维奇·巴舒茨基少将

　　　第 1 旅：亚历山大·埃马努伊洛维奇·佩克尔上校

　　　　第 1 水兵团

　　　　第 2 水兵团

　　　第 2 旅：米哈伊尔·费奥多罗维奇·瑙莫夫上校

　　　　第 3 水兵团

　　　　沃罗涅日步兵团

　　　第 3 旅：亚历山大·伊万诺维奇·魏德迈上校

　　　　第 31 猎兵团

　　　　第 47 猎兵团

　　　第 25 野战炮兵旅：格里戈里·达维多维奇·阿尔贡上校

骑兵：

　　　第 27 骑兵旅：伊利亚·伊万诺维奇·阿列克谢耶夫少将

　　　　芬兰龙骑兵团

　　　　米陶龙骑兵团

　　　　3 个顿河哥萨克团

第一后备军：叶戈尔·伊万诺维奇·米勒 - 扎科梅利斯基少将，男爵

　　27 个后备步兵营（即第二营）

　　33 个后备骑兵中队

第二后备军：费奥多尔·费奥多罗维奇·厄特尔中将

　　18 个后备步兵营（即第二营）

　　6 个后备骑兵中队

　　3 个顿河哥萨克团

博布鲁伊斯克分遣队：加夫里尔·亚历山德罗维奇·伊格纳季耶夫少将

12 个后备步兵营（即第二营）

1 个工兵连

2 个坑道工兵连

斯摩棱斯克后备军：费迪南德·费奥多罗维奇·冯·温岑格罗德少将，男爵

27 个新兵兵站步兵营（即第四营）

12 个新兵兵站骑兵中队

第 2 预备炮兵旅：亚历山大·彼得罗维奇·马齐列夫上校

第 46 重炮连

第 51 重炮连

第 59 轻炮连

第 60 轻炮连

第 61 轻炮连

第 62 轻炮连

第 20 骑炮连

第 24 骑炮连

卡卢加后备军：米哈伊尔·安德烈耶维奇·米洛拉多维奇上将

42 个新兵兵站步兵营（即第四营）

18 个新兵兵站骑兵中队

附录 2

1813 年秋季战局开始时的俄军兵团[*]

波希米亚军团

上将彼得·冯·维特根施泰因伯爵兵团：43 个步兵营，19 个骑兵中队，4 个哥萨克团，92 门火炮：合计兵力 31913 人

第一步兵军：安德烈·伊·戈尔恰科夫中将，公爵
　第 5 步兵师：弗·彼·梅津采夫少将
　　旅：彼尔姆步兵团；莫吉廖夫步兵团
　　旅：卡卢加步兵团；谢夫斯克步兵团；叶卡捷琳娜女大公营
　　旅：第 23、24 猎兵团
　第 14 步兵师：戈特哈德·冯·黑尔弗里希少将
　　旅：田格步兵团；爱斯特兰步兵团
　　旅：第 25、26 猎兵团
　第 3 重炮连；第 6、7 轻炮连

第二步兵军：符腾堡的欧根亲王，中将
　第 3 步兵师：伊万·列昂季耶维奇·沙霍夫斯科伊少将
　　旅：穆罗姆步兵团；雷瓦尔步兵团
　　旅：切尔尼戈夫步兵团；色楞格斯克步兵团
　　旅：第 20 猎兵团；第 21 猎兵团
　第 4 步兵师：德米特里·伊里奇·佩什尼特斯基少将
　　旅：托博尔斯克步兵团；沃伦步兵团
　　旅：克列缅丘格步兵团；明斯克步兵团

---

　　* 这不包括后备军团、符腾堡的亚历山大公爵正在包围但泽的兵团，以及其他封锁敌军要塞的分遣队。

旅：第 4、34 猎兵团

第 5 重炮连；第 13、27 轻炮连

第 1 骠骑兵师：彼得·冯·德·帕伦中将，伯爵

格罗德诺、苏梅、奥利维奥波尔、卢布内骠骑兵团

4 个顿河哥萨克团

第 6、12 骑炮连

康斯坦丁大公预备兵团：47 个步兵营，87 个骑兵中队，3 个哥萨克团，182 门火炮，合计兵力 43498 人

第五（近卫）步兵军：阿列克谢·彼得罗维奇·叶尔莫洛夫中将

第 1 近卫师：格里戈里·冯·罗森少将，男爵

旅：普列奥布拉任斯科耶近卫团；谢苗诺夫斯科耶近卫团

旅：伊斯梅洛沃近卫团；近卫猎兵团；近卫水兵营

第 2 近卫师：伊万·费奥多罗维奇·乌多姆少将

旅：立陶宛近卫团；近卫掷弹兵团

旅：帕夫洛夫斯克近卫团；芬兰近卫团

第 2 近卫重炮连；第 1、2 近卫轻炮连

第三（掷弹兵）军：尼古拉·尼古拉耶维奇·拉耶夫斯基中将

第 1 掷弹兵师：帕维尔·尼古拉耶维奇·乔格洛科夫少将

旅：阿拉克切耶夫掷弹兵团；叶卡捷琳诺斯拉夫掷弹兵团

旅：塔夫里亚掷弹兵团；圣彼得堡掷弹兵团

旅：凯克斯霍尔姆掷弹兵团；佩尔瑙掷弹兵团

第 2 掷弹兵师：梅克伦堡 – 什未林的卡尔亲王，中将

旅：基辅掷弹兵团；莫斯科掷弹兵团

旅：阿斯特拉罕掷弹兵团；法纳戈里亚掷弹兵团

旅：西伯利亚掷弹兵团；小俄罗斯掷弹兵团

第 33 重炮连；第 14 轻炮连

预备骑兵：德米特里·弗拉基米罗维奇·戈利岑中将，公爵

第 1 胸甲骑兵师：尼古拉·伊万诺维奇·普雷拉多维奇少将

旅：禁卫骑兵团；骑马禁军团

旅：皇帝陛下近卫胸甲骑兵团；皇后陛下近卫胸甲骑兵团

第 1、2 近卫骑炮连：彼得·安德烈耶维奇·科津上校

第 2 胸甲骑兵师：尼古拉·瓦西里耶维奇·克列托夫少将

旅：叶卡捷琳诺斯拉夫胸甲骑兵团；普斯科夫胸甲骑兵团

旅：格卢霍夫胸甲骑兵团；阿斯特拉罕胸甲骑兵团

第 3 胸甲骑兵师：伊利亚·米哈伊洛维奇·杜卡少将

旅：军事修会胸甲骑兵团；斯塔罗杜布胸甲骑兵团

旅：小俄罗斯胸甲骑兵团；诺夫哥罗德胸甲骑兵团

近卫轻骑兵师：伊万·格奥尔基耶维奇·舍维奇少将（即前文中伊万·叶戈罗维奇·舍维奇。——译者注）

旅：近卫龙骑兵团；近卫枪骑兵团

旅：近卫骠骑兵团；近卫哥萨克团

枪骑兵师：叶戈尔·伊万诺维奇·米勒 - 扎科梅利斯基男爵，中将

丘古耶夫枪骑兵团；谢尔普霍夫枪骑兵团；第 2 鞑靼枪骑兵团

顿河阿塔曼哥萨克团和另外 2 个顿河哥萨克团

第 1 顿河哥萨克骑炮连

预备炮兵：

第 1 近卫重炮连；第 1、14、29、30 重炮连；近卫海军炮兵分遣队；第 1、3、10、23 骑炮连

西里西亚军团

中将法比安·冯·德·奥斯滕 - 萨肯男爵兵团：24 个步兵营，30 个骑兵中队，12 个非正规骑兵团，60 门火炮，合计 17689 人

第 10 步兵师：约翰·冯·利芬中将，伯爵

旅：雅罗斯拉夫尔步兵团

旅：克里米亚步兵团；别洛斯托克步兵团

旅：第 8、39 猎兵团

第 16 步兵师：谢尔盖·雅可夫列维奇·列普宁斯基少将

旅：鄂霍茨克步兵团；堪察加步兵团

第 27 步兵师：德米特里·彼得罗维奇·涅韦罗夫斯基中将

旅：维尔纳步兵团；辛比尔斯克步兵团

旅：塔尔诺波尔步兵团；敖德萨步兵团

旅：第 49、50 猎兵团

骑兵：伊拉里翁·瓦西里耶维奇·瓦西里奇科夫中将

来自第 3 龙骑兵师的旅

斯摩棱斯克龙骑兵团；库尔兰龙骑兵团

第 2 骠骑兵师：谢尔盖·尼古拉耶维奇·兰斯科伊少将

旅：白俄罗斯骠骑兵团；阿赫特尔卡骠骑兵团

旅：亚历山德里亚骠骑兵团；马里乌波尔骠骑兵团

8 个顿河哥萨克团；1 个卡尔梅克团；1 个巴什基尔团；2 个其他哥萨克团

炮兵：阿列克谢·彼得罗维奇·尼基京少将

第 10、13 重炮连；第 24、35 轻炮连；第 18 骑炮连

1 个舟桥连

上将亚历山大·德·朗热隆伯爵的兵团：53 个步兵营，37 个骑兵中队，176 门火炮，合计 43531 人

第六步兵军：阿列克谢·格里戈里耶维奇·谢尔巴托夫中将

第 7 步兵师：费奥多尔·伊万诺维奇·塔雷津少将

旅：普斯科夫步兵团；莫斯科步兵团

旅：利巴瓦步兵团；索菲亚步兵团

旅：第 11、36 猎兵团

第 18 步兵师：潘捷列伊蒙·叶戈罗维奇·别纳尔多斯少将

旅：弗拉基米尔步兵团；坦波夫步兵团

旅：第聂伯步兵团；科斯特罗马步兵团

旅：第 28、32 猎兵团

第八步兵军：埃马纽埃尔·德·圣普列斯特中将，伯爵

第 11 步兵师：伊万·斯捷潘诺维奇·古里耶洛夫少将，公爵

旅：叶卡捷琳堡步兵团；雷利斯克步兵团

旅：叶列茨步兵团；波洛茨克步兵团

旅：第 1、33 猎兵团

第 17 步兵师：格奥尔格·皮拉尔·冯·皮尔肖少将（即前文中叶戈尔·马克西莫维奇·皮拉尔·冯·皮尔肖上校。——译者注）

旅：梁赞步兵团；别洛焦尔斯克步兵团

旅：维尔曼斯特兰步兵团；布列斯特步兵团

旅：第 30、48 猎兵团

第九步兵军：扎哈尔·德米特里耶维奇·奥尔苏菲耶夫中将

第 9 步兵师：叶夫斯塔菲·叶夫斯塔菲耶维奇·乌多姆少将

旅：纳舍堡步兵团；阿普歇伦步兵团

旅：里亚日斯克步兵团；雅库茨克步兵团

旅：第 10、38 猎兵团

亚历山大·雅可夫列维奇·鲁德泽维奇少将分遣队：第 15、13 步兵师：

旅（第 15 步兵师）：维捷布斯克步兵团；科兹洛夫步兵团

旅（第 15 步兵师）：库林步兵团；科雷万步兵团

旅（第 13 步兵师）：第 12、22 猎兵团

第十步兵军：彼得·米哈伊洛维奇·卡普采维奇中将

第 8 步兵师：亚历山大·彼得罗维奇·乌鲁索夫公爵，少将

旅：阿尔汉格尔步兵团；施吕塞尔贝格步兵团

旅：旧英格曼兰步兵团

旅：第 7、37 猎兵团

第 22 步兵师：帕维尔·彼得罗维奇·图尔恰尼诺夫少将

旅：维亚特卡步兵团；旧奥斯科尔步兵团；奥洛涅茨步兵团

旅：第 29、45 猎兵团

骑兵军：弗里德里希·冯·科尔夫男爵，中将

第 3 龙骑兵师：亚历山大·尼古拉耶维奇·别尔佳耶夫少将

特维尔龙骑兵团；金布尔恩龙骑兵团

第 1 龙骑兵师：尼古拉·米哈伊洛维奇·博罗兹金少将

莫斯科、卡尔戈波尔、米陶、新俄罗斯龙骑兵团

第 4 龙骑兵师：格奥尔基·阿尔谢尼耶维奇·埃马努埃尔少将（译者注：即前文中叶戈尔·阿尔谢尼耶维奇·埃马努埃尔上校）

哈尔科夫龙骑兵团；基辅龙骑兵团

第 1 猎骑兵师：谢苗·达维多维奇·潘丘利泽夫少将

切尔尼戈夫、阿尔扎马斯、谢韦尔斯克猎骑兵团

第 2 猎骑兵师：保罗·冯·德·帕伦伯爵，少将

利沃尼亚猎骑兵团；多尔帕特猎骑兵团

非正规骑兵

5 个顿河哥萨克团；3 个乌克兰哥萨克团；1 个卡尔梅克团

朗热隆兵团的炮兵：

第 2、15、18、32、34、39 重炮连；第 3、19、28、29、32、33、34 轻炮连；第 8 骑炮连；第 2 顿河哥萨克骑炮连；3 个工兵连；3 个舟桥连

北方军团：

中将费迪南德·冯·温岑格罗德男爵兵团：29 个步兵营，48 个骑兵中队，20 个非正规骑兵团，96 门火炮，合计 29639 人

中将米哈伊尔·谢苗诺维奇·沃龙佐夫伯爵分遣队：
　第 21 步兵师：瓦西里·丹尼洛维奇·拉普捷夫少将
　　旅：彼得罗夫斯克、波多利耶、立陶宛步兵团
　　旅：涅瓦步兵团；第 44 猎兵团
　　第 31 重炮连；第 42 轻炮连
　第 24 步兵师：尼古拉·瓦西里耶维奇·武伊奇少将
　　旅：希尔万步兵团；乌法步兵团
　　旅：布特尔基步兵团；托木斯克步兵团
　　旅：第 19、40 猎兵团
　　第 46 轻炮连
　骑兵：少将戈特哈德·冯·曼陀菲尔伯爵
　　圣彼得堡龙骑兵团；叶利萨维特格勒骠骑兵团；亚洪托夫志愿骑兵团
　　5 个顿河哥萨克团；1 个布格河哥萨克团；1 个乌拉尔哥萨克团

哈佩少将分遣队：
　　纳瓦金、图拉、谢夫斯克步兵团
　　第 2、13、14 猎兵团
　　3 个混合掷弹兵团

少将约瑟夫·奥罗克伯爵骑兵分遣队：
　　涅任猎骑兵团；帕夫洛格勒骠骑兵团；波兰枪骑兵团；沃伦枪骑兵团
　　6 个顿河哥萨克团；1 个西伯利亚哥萨克团；1 个巴什基尔哥萨克团

亚历山大·伊万诺维奇·切尔内绍夫少将骑兵分遣队：
　　芬兰龙骑兵团；里加龙骑兵团；伊久姆骠骑兵团
　　5 个顿河哥萨克团；4 门来自第 8 骑炮连的火炮
　兵团炮兵
　　第 31 重炮连；第 42、46 轻炮连；8 门来自第 8 骑炮连的火炮

波兰军团：

司令：莱温·冯·本尼希森上将：43 个正规步兵营，27 个民兵步兵营，40 个正规骑兵中队，10 个非正规骑兵团，7 个民兵骑兵中队，198 门火炮，合计 59033 人

前卫：叶夫根尼·伊万诺维奇·马尔科夫中将
　第 16 步兵师：米哈伊尔·列昂季耶维奇·布拉托夫少将
　　涅伊什洛特步兵团；第 27、43 猎兵团
　第 13 步兵师：
　　第 2 旅：伊万·德米特里耶维奇·伊万诺夫少将
　　　萨拉托夫步兵团；奔萨步兵团
　骑兵：斯捷潘·瓦西里耶维奇·佳特科夫少将和尼古拉·瓦西里耶维奇·杰赫捷廖夫少将
　　奥伦堡枪骑兵团；弗拉基米尔枪骑兵团；第 1 混合骠骑兵团；第 1 混合枪骑兵团
　　4 个顿河哥萨克团；1 个乌拉尔哥萨克团；4 个巴什基尔团
　　1 个西伯利亚哥萨克民兵团；1 个奔萨民兵骑兵团
　炮兵：第 16 重炮连；第 56 轻炮连；第 30、10 骑炮连

右翼兵团：德米特里·谢尔盖耶维奇·多赫图罗夫上将
　第 12 步兵师：尼古拉·尼古拉耶维奇·霍万斯基少将，公爵
　　旅：斯摩棱斯克步兵团；纳尔瓦步兵团
　　旅：阿列克索波尔步兵团；新英格曼兰步兵团
　　旅：第 6、41 猎兵团
　第 26 步兵师：伊万·费奥多罗维奇·帕斯克维奇少将
　　旅：拉多加步兵团；波尔塔瓦步兵团
　　旅：下诺夫哥罗德步兵团；奥廖尔步兵团
　　旅：第 5、42 猎兵团
　第 13 步兵师：
　阿克塞尔·林德福尔斯少将旅：大卢基步兵团；加利奇步兵团
　骑兵分遣队：叶菲姆·伊格纳季耶维奇·恰普利茨中将
　混合龙骑兵团；第 1、2 混合猎骑兵团；第 2 混合枪骑兵团；塔甘罗格、西伯利亚、日托米尔枪骑兵团

炮兵：

　　第 26、45 重炮连；第 1、47 轻炮连；第 2 骑炮连；1 个坑道工兵连

兵团预备炮兵：

　　第 22 重炮连；第 18、48、53 轻炮连；第 9 骑炮连

左翼兵团：彼得·亚历山德罗维奇·托尔斯泰中将，伯爵

尼古拉·谢利维奥尔斯托维奇·穆罗姆采夫少将民兵军

　　4 个下诺夫哥罗德民兵步兵团；1 个下诺夫哥罗德民兵骑兵团；1 个科斯特罗马民兵骑兵团；1 个乌拉尔哥萨克团

　　第 52 重炮连；第 22 骑炮连

尼古拉·马克西莫维奇·蒂托夫少将民兵军

　　3 个奔萨民兵步兵团；1 个梁赞民兵步兵团；1 个梁赞民兵猎兵团；1 个梁赞民兵骑兵团；2 个喀山民兵骑兵中队

　　第 64 轻炮连

注 释

缩略语列表

AGM Arkhiv grafov Mordvinovykh / Архив графов Мордвиновых（莫尔德维诺夫图片档案）

BL British Library（不列颠图书馆）

Correspondance de l' Empereur Alexandre Correspondance de l' Empereur Alexandre Ier avec sa sœur la Grande Duchesse Cathérine 1805 – 1818, ed. Grand Duke Nicholas, SPB, 1910（尼古拉大公编，亚历山大皇帝与其妹叶卡捷琳娜女大公通信集（1805～1818），圣彼得堡，1910）

Entsiklopediia V. Bezotosnyi et al.（eds.）, *Otechestvennaia voina 1812 goda*: *Entsiklopediia*, Moscow, 2004 / Отечественная война 1812 г. : Энциклопедия. М. , 2004（维克托·别佐托斯内等人编，1812 年卫国战争：百科全书，莫斯科，2004）

Eugen, *Memoiren Memoiren des Herzogs Eugen von Württemberg*, 3 vols. , Frankfurt an der Oder, 1862（符腾堡的欧根公爵回忆录，3 卷本，奥得河畔的法兰克福，1862）

IV Istoricheskii vestnik / Исторический вестник（历史杂志）

Kutuzov L. G. Beskrovnyi（ed.）, *M. I. Kutuzov*: *Sbornik dokumentov*, Moscow, 1954, vols. 4i, 4ii, 5 / М. И. Кутузов. Сборник документов. Т. 4. Ч. 1, 2. Т. 5. М. , 1954 1956.（柳博米尔·格里戈里耶维奇·别斯克罗夫内编，米哈伊尔·伊拉里奥诺维奇·库图佐夫文件集，莫斯科，1954，第 4 卷 1、2 部分，第 5 卷）

MVUA Materialy voenno – uchenago arkhiva（1812，1813）/ Материалы военно – ученого архива（1812，1813）[军事科学文献档案，（1812，1813）]

PSZ Polnoe Sobranie Zakonov Rossiiskoi Imperii / Полное Собрание Законов Российской Империи（俄罗斯帝国法律全书）

RA Russkii arkhiv / Русский архив（俄罗斯档案）

RD Relations diplomatiques（外交关系）

RGVIA Rossiiskii gosudarstvennyi voenno – istoricheskii arkhiv / Российский государственный военно-исторический архив（俄罗斯国家军事历史档案馆）

RS Russkaia Starina / Русская Старина（俄罗斯古物）

SIM Sbornik istoricheskikh materialov izvlechennykh iz arkhiva S. E. I. V. kantseliarii/
Сборник исторических материалов, извлеченных из архива собственной Е. И. В.
канцелярии（皇帝陛下内阁档案文件历史材料选编）

*SIRIO Sbornik imperatorskago russkago istoricheskago obshchestva/*Сборник императорского
русского исторического общества（俄罗斯帝国历史学会文集）

SPB St Petersburg/Санкт – Петербург（圣彼得堡）

*SVM Stoletie voennago ministerstva/*Столетие военного министерства（战争部的 100
年）

*TGIM Trudy gosudarstvennogo istoricheskogo muzeia/*Труды государственного исторического
музея（国家历史博物馆学报）

*VIS Voenno – istoricheskii sbornik/*Военно – исторический сборник（军事历史文集）

*VPR Vneshniaia politika Rossii/*Внешняя политика России（俄罗斯外交政策）

*VS Voennyi sbornik/*Военный сборник（军事文集）

第一章 序言

[1] 序言的许多内容来自我的论文，'Russia and the Defeat of Napoleon'，*Kritika*，7/
2，2006，pp. 283 – 308。这篇论文包括了全面的脚注，有兴趣的读者应当将其作
为对待大部分二手文献时的参考。序言章节也省略了许多在后文中有详尽细节
描述的主题，我到那时会在注释中作必要的文献引用。

[2] 对于这一领域的主要英文著作，参见补充阅读部分。

[3] 其中的一个例外是克里斯托夫·达菲：见 Christopher Duffy，*Austerlitz*，London，
1999 和 *Borodino and the War of* 1812，London，1999：这两本书都是 Cassell 图书
公司对若干年前已经出版的书籍的再版，它们都很简短，是在俄国档案馆还对
外国人关闭时撰写的。达菲关于俄国的主要著作涵盖的是稍早时间段。

[4] 我指的当然是原始资料：有许多关于拿破仑时代的优秀法语二手文献，见我在
Kritika 上所发表论文的注释 14。

[5] *Memoiren des Herzogs Eugen von Württemberg*，3 vols.，Frankfurt an der Oder，1862.

[6] 例如，科尔夫男爵骑兵军的参谋长弗里德里希·冯·舒伯特的回忆录：Friedrich
von Schubert，*Unter dem Doppeladler*，Stuttgart，1962。

[7] Carl von Clausewitz，*The Campaign of 1812 in Russia*，London，1992.

[8] 克劳塞维茨对战局后期阶段的判断是更为成熟的：他那时已经在彼得·维特根
施泰因麾下，维特根施泰因的司令部里的所有重要军官都是德意志人，这有助
于他的判断。

[9] 鲁道夫·冯·弗里德里希的 *Die Befreiungskriege 1813 – 1815* 一书前三卷涵盖了
1813 年 的 春 季、秋 季 战 局 和 1814 年 战 局：Rudolph von Friederich，*Der*

Frühjahrsfeldzug 1813，Berlin，1911；*Der Herbstfeldzug 1813*，Berlin，1912；*Der Feldzug 1814*，Berlin，1913。

[10] 见 *Geschichte der Kämpfe Österreichs*：*Kriege unter der Regierung des Kaisers Franz. Befreiungskrieg 1813 und 1814*，Vienna，1913. 一书的五个分卷。

[11] Henry Kissinger，*A World Restored*，London，1957 在这一点上最为真切。

[12] 例如 Anthony D. Smith，'War and Ethnicity：The Role of Warfare in the Formation，Self-Images，and Cohesion of Ethnic Communities'，*Ethnic and Racial Studies*，4/4，1981，pp. 375–97。

[13] 这主要归功于彼得·霍夫施勒尔的两卷本：Peter Hofschröer，*1815：The Waterloo Campaign*，London，1998 and 1999。

[14] 费奥多尔·扎特莱尔在 1860 年做的尖刻评论，认为对后勤的研究是军事史上的大弱点依然在相当程度上是正确的：F. Zatler，*Zapiski o prodovol'stvii voisk v voennoe vremia*，SPB，1860，p. 95（Затлер Ф. К. Записки о продовольствии войск в военное время. СПб.，1860. С. 95）。关于俄军在 1812~1814 年的后勤，最好的已出版资料仍然是格奥尔格·坎克林和米哈伊尔·巴克莱·德·托利给亚历山大一世的报告：*Upravlenie General-Intendanta Kankrina：General'nyi sokrashchennyi otchet po armiiam… za pokhody protiv Frantsuzov，1812，1813 i 1814 godov*，Warsaw，1815（Управление генерал-интендант Канкрина：Генеральный сокращенный отчет по армиями <...> за походы против французов 1812，1813 и 1814 годов. Варшава，1815）。有一本由谢尔盖·加夫里洛夫撰写的副博士论文很有用：Serge Gavrilov，*Organizatsiia i snabzheniia russkoi armii nakanune i v khode otechestvennoi voiny 1812 g. i zagranichnykh pokhodov 1813–1815 gg.：Istoricheskie aspekty*，SPB，2003（Гаврилов С. В. Организация и снабжение русской армии накануне и в ходе отечественной войны 1812 г. и заграничных походов 1813–1815 гг. Исторические аспекты. СПб.，2003）。关于拿破仑时代的后勤，见 Martin van Creveld，Supplying War：Logistics from Wallenstein to Patton，Cambridge，1977，ch. 2。

[15] 关于战争中的马匹，有一本由路易·迪马尔科撰写的有趣近作 Louis DiMarco，*War Horse：A History of the Military Horse and Rider*，Yardley，2008。

[16] 关于威灵顿和滑铁卢之战相关历史的关系，见 Malcolm Balen，*A Model Victory：Waterloo and the Battle for History*，London，1999 和 Peter Hofschroer，*Wellington's Smallest Victory：The Duke，the Model-Maker and the Secret of Waterloo*，London，2004. 布图尔林的著作最早是在 1824 年以法语版本出版的：Buturlin，*Histoire militaire de la campagne de Russie en 1812*. 米哈伊洛夫斯基-丹尼列夫斯基出版的第一本战争史是关于 1814 年战局的：Mikhailovsky-Danilevsky，*Opisanie pokho-*

da vo Frantsii v 1814 godu, 2 vols. , SPB, 1836（Михайловский – Данилевский А. И. Описание похода во Францию в 1814 г. Ч. 1 – 2. СПб. , 1836）。他关于 1812 年的战史在 1839 年以四卷本形式在彼得堡出版：*Opisanie otechestvennoi voiny 1812 goda*（Описание Отечественной войны 1812 г. по высочайшему повелению сочиненное. Ч. 1 – 4. СПб. , 1839）。他的两卷本 1813 年战局历史在次年出版：*Opisanie voiny 1813 g*（Описание войны 1813 г. Ч. 1 – 2. СПб. , 1840）。

[17] 关于拿破仑战争的俄国历史编纂学，见 I. A. Shtein, *Voina 1812 goda v otechestvennoi istoriografii*, Moscow, 2002（Шейн И. А. Война 1812 г. в отечественной историографии. М. , 2002）和 V. P. Totfalushin（Тотфалушин В. П. ）在 *Entsiklopediia*, pp. 309 – 13 上的文章。

[18] B. F. Frolov, *'Da byli liudi v nashe vremia'*: *Otechestvennaia voina 1812 goda i zagranichnye pokhody russkoi armii*, Moscow, 2005（Фролов Б. Ф. 《 Да, были люди в наше время 》: Отечественная война 1812 года и заграничные походы русской армии. М. , 2005. ）.

[19] 见 D. Lieven, *Empire*: *The Russian Empire and its Rivals*, London, 2001. 一书中的讨论和参考书目。

[20] 在中国和土耳其关于大清帝国和奥斯曼帝国的历史编纂学中有一些类似之处。

[21] 任何触及这一主题的人都在很大程度上得益于 John Keegan, *The Face of Battle*, London, 1978, pp. 117 – 206. 他所论述的英国军官价值观和它们的俄国同类之间存在很大的相似程度，差异则相对较少。

[22] 帕姆菲尔·纳扎罗夫和伊万·梅尼希（Ivan Men'shii/Иван Меньший）。

[23] J. P. Riley, *Napoleon and the World War of 1813*, London, 2000, 是由一位英国高级军官撰写的关于 1813 年的世界战争的有趣独创研究。在 1812 ~ 1814 年的英美战争尽管并非拿破仑战争的一部分，却和它直接相关，见 Jon Latimer, *1812*: *War with America*, Cambridge, Mass. , 2007。

第二章 作为大国的俄罗斯

[1] 关于 18 世纪俄国外交关系的综览，见 D. Lieven（ed. ）, *The Cambridge History of Russia*, Cambridge, 2006 一书中保罗·布什科维奇（Paul Bushkovitch）和休·拉格斯代尔（Hugh Ragsdale）撰写的章节 vol. 2, pp. 489 – 529。

[2] 关于叶卡捷琳娜和她的统治，权威书籍是 Isabel de Madariaga, *Russia in the Age of Catherine the Great*, London, 1981. 关于"希腊计划"，见西蒙·塞巴格·蒙蒂菲奥里的卓越作品 Simon Sebag Montefiore, *Prince of Princes*: *The Life of Potemkin*, London, 2000, pp. 219 – 21, 241 – 3。

[3] 关于 18 世纪奥斯曼的发展，近来最为全面的综览是 Suraiya Faroqhi（ed.），*Turkey*，vol. 3：*The Later Ottoman Empire 1603 – 1839*，Cambridge，2003. 关于奥斯曼军队，见 Virginia Aksan，*Ottoman Wars 1700 – 1870*：*An Empire Besieged*，Harlow，2007。我在 D. Lieven，*Empire*：*The Russian Empire and its Rivals*，London，2001，ch. 4，pp. 128 ff. 对俄罗斯和奥斯曼进行了对比。

[4] 关于欧洲的旧制度有丰富的文献资料。关于欧洲国家形态的长期观察，见 Charles Tilly，*Coercion*，*Capital and European States*：*A. D. 990 – 1992*，Oxford，1990。同样令人深思的是 Perry Anderson，*Lineages of the Absolutist State*，London，1974，和 Brian Downing，*The Military Revolution and Political Change*，Princeton，1992。

[5] 近来关于俄国农民阶层的最好研究是 David Moon，*The Russian Peasantry*，*1600 – 1930*，London，1999. 关于同时期欧洲的精英阶层对土地的占有，见 D. Lieven，*Aristocracy in Europe 1815 – 1914*，Basingstoke，1992，chs. 1 and 2，pp. 1 – 73。

[6] 准确数据是 7. 3%，这是从 *Entsiklopediia* 中包括的近 500 名将军中算出的数字。关于波罗的海省份的教育和启蒙运动，见 G. von Pistohlkors，*Deutsche Geschichte in Osten Europas*：*Baltische Länder*，Berlin，1994，pp. 266 – 94。

[7] 最好的资料是俄国军事工程官方历史：I. G. Fabritsius，*Glavnoe inzhenernoe upravlenie*，SVM，7，SPB，1902（Фабрициус И. Г. Главное инженерное управление // Столетие военного министерства. Т. 7. СПб.，1902）。关于医生见：A. A. Baranov，'Meditsinskoe obespechenie armii v 1812 godu'，in *Epokha 1812 goda*：*Issledovaniia*，*istochniki*，*istoriografiia*，TGIM，vol. 1，Moscow，2002，pp. 105 – 24（Баранов А. А. Медицинское обеспечение армии в 1812 г. // Эпоха 1812 года：Исследования. Источники. Историография. Т. 1. М.，2002. С. 105 – 124）。

[8] D. G. Tselerungo，*Ofitsery russkoi armii*，*uchastniki Borodinskogo srazheniia*，Moscow，2002，p. 81（Целорунго Д. Г. Офицеры русской армии，участники Бородинского сражения. М.，2002. С. 81）. 关于总参谋部起源的最好资料是 N. Glinoetskii，'Russkii general' nyi shtab v tsarstvovanie Imperatora Aleksandra I'，*VS*，17/10，1874，pp. 187 – 250（Глиноецкий Н. П. Генеральный штаб в царствование императора Александра I. Т. 1. СПб.，1883）。也见：P. A. Geisman，*Vozniknovenie i razvitie v Rossii general' nago shtaba*，SVM，4/1/2/1，尤其见 pp. 169 ff：'Svita Ego Imperatorskago Velichestva po kvartirmeisterskoi chasti'（Гейсман П. А. Свита Его Императорского Величества по квартирмейстерской части в царствование императора Александра I // Столетие военного министерства. Т. 4. Кн. 2. Отд. 1. СПб.，1902）。

[9] 这是借用约翰·布鲁尔（John Brewer）文中描述 18 世纪英国的术语。

[10] 俄国的统计是不准确的，因为政府只计算有义务服兵役的臣民数量。这并不包

括妇女、贵族、教士、商人和俄罗斯人之外的一切少数民族。关于欧洲人口的基本统计资料，见 R. Bonney（ed.），*Economic Systems and Finance*，Oxford，1995，pp. 315 – 19 and 360 – 76。关于 1812 年的欧洲人口详细分类，见由约瑟夫·帕尔杜斯（Josef Paldus）少校在 *Geschichte der Kämpfe Österreichs: Kriege unter der Regierung des Kaisers Franz. Befreiungskrieg 1813 und 1814*，vol. 1: O. Criste，Österreichs Beitritt zur Koalition，Vienna，1913. 一书的附录当中汇总的统计结果。所有这些统计资料都必须仔细审视，例如帕尔杜斯的俄国人口数据就太低了，尽管他很可能使用了俄罗斯族而非皇帝的所有臣民的估计人数。邦尼（Bonney）引用了彼得·乔治·缪尔·迪克森关于哈布斯堡的数据（P. G. M. Dickson，*Finance and Government under Maria Theresa 1740 – 1780*，2 vols.，Oxford，1987，vol. 1，p. 36），但是迪克森的数据并没有包括在尼德兰和意大利的哈布斯堡臣民。

[11] 关于俄军的薪饷和配给，见 F. P. Shelekhov，*Glavnoe intendantskoe upravlenie: istoricheskii ocherk*，SVM，5，SPB，1903，pp. 87，92（Шелехов Ф. П. Главное интендантское управление: исторический очерк // Столетие военного министерства. СПб.，1903. Т. 5. С. 87，92）。关于威灵顿的部队，见 Matthew Morgan，*Wellington's Victories*，London，2004，pp. 33，74。

[12] E. K. Wirtschafter，*From Serf to Russian Soldier*，Princeton，1990，ch. 4，pp. 74 – 95.

[13] 关于俄国的征兵制度，见 Janet Hartley，*Russia*，*1762 – 1825: Military Power*，London，2008，ch. 2，pp. 25 – 47。关于法国的征兵制度，见 Isser Woloch，*The New Regime: Transformations of the French Civil Order*，*1789 – 1820s*，London，1994，ch. 13，pp. 380 – 426，和 David Hopkin，*Soldier and Peasant in French Popular Culture*，Wood – bridge，2003，pp. 125 – 214。关于全民武装，见 MacGregor Knox，'Mass Politics and Nationalism as Military Revolution: The French Revolution and After'，in MacGregor Knox and Williamson Murray（eds.），*The Dynamics of Military Revolution. 1300 – 2050*，Cambridge，2001，ch. 4，pp. 57 – 73。

[14] 'Zapiski I. V. Lopukhina'，*RA*，3，1914，pp. 318 – 56，at p. 345（Записки И. В. Лопухина // Русский архив. 1914，Кн. 3. С. 345）. 关于民兵和围绕动员民兵展开的争论，见 V. V. Shchepetil'nikov，*Komplektovanie voisk v tsarstvovanie imperatora Aleksandra I*，SVM，4/1/1/2，SPB，1904，pp. 18 – 40，69 – 72（Щепетильников В. В. Комплектование войск в царствование императора Александра I // Столетие военного министерства. СПб.，1904，Т. 4. Ч. 1. Отд. 2. С. 18 – 40，69 – 72）。

[15] I. Merder，*Istoricheskii ocherk russkogo konevodstva i konnozavodstva*，SPB，1868: 引用部分位于第 84 – 85 页 V. V. Ermolov and M. M. Ryndin，*Upravlenie general – inspektora*

kavalerii o remontirovanii kavalerii. Istoricheskii ocherk，SVM，3/3.1，SPB，1906
（Мердер И. Исторический очерк русского коневодства и коннозаводства. СПб.，
1868. С. 84 - 85；Ермолов В. В.，Рындин М. М. Управление генерал - инспектора
кавалерии о ремонтировании кавалерии. Исторический очерк // Столетие военного
министерства. СПб.，1906. Т. 12. Кн. 3. Вып. 1. Это ключевая работа.）. 这是一本重
要著作。

[16] Marquess of Londonderry，*Narrative of the War in Germany and France in 1813 and
1814*，London，1830，p. 31. Sir Robert Wilson，*Campaigns in Poland. 1806 and
1807*，London，1810，p. 14.

[17] 关于马匹的购买和保养：除了梅尔德（Merder/Мердер）的著作，还可参见
Shelekhov，*Glavnoe intendantskoe upravlenie*：例如马匹购买价格位于第 104 页。
关于俄国骑兵的一部有用的当代历史著作是 A. Begunova，*Sabli ostry，koni by-
stry*，Moscow，1992（Бегунова А. И. Сабли остры，кони быстры. М.，1992）。
关于和奥地利人发生的事件，见 T. von Bernhardi，*Denkwürdigkeiten aus dem Leben
des kaiserlichen russischen Generals der Infanterie Carl Friedrich Grafen von Toll*，5
vols.，Leipzig，1858，vol. 4，book 7，pp. 183 - 4。

[18] 有两篇极为有用的俄罗斯副博士（大约相当于当今的英国博士）学位论文，关于
军事经济，见 S. V. Gavrilov，*Organizatsiia i snabzheniia russkoi armii nakanune i v
khode otechestvennoi voiny 1812g i zagranichnykh pokhodov 1813 - 1815gg：Istoricheskie
aspekty*，candidate's dissertation，SPB，2003 和 V. N. Speranskii，*Voenno - ekonomi-
cheskaia podgotovka Rossii k bor' be s Napoleonom v 1812 - 1814 godakh*，Gorky，1967
（Сперанский В. Н. Военно - экономическая подготовка России к борьбе с
Наполеоном в 1812 - 1814 годах. Горький，1967）。关于原材料的基本统计见
Gavrilov，pp. 39 - 42。斯佩兰斯基的论文是实用信息的宝库：他表现出来的唯一
弱点是忽视了相当重要的彼得堡兵工场野战火炮产量。维克托·别佐托斯内好意
证实了这一兵工场的确生产了绝大部分俄国野战火炮。

[19] 关于彼得罗扎沃茨克和其他工场产量的基本统计，见 L. Beskrovnyi，*The Russian
Army and Fleet in the Nineteenth Century*，Gulf Breeze，1996，pp. 196 - 7。Speran-
skii，*Voenno - ekonomicheskaia*，pp. 38 - 58，关于炮兵在 1812~1814 年的装备，火
炮和战术，见 A. and Iu. Zhmodikov，*Tactics of the Russian Army*，2 vols.，West
Chester，Ohio，2003，vol. 2，chs. 10 - 15。也见：Anthony and Paul Dawson and
Stephen Summerfield，*Napoleonic Artillery*，Marlborough，2007，pp. 48 - 55。

[20] 关于这 3 个兵工场，最好的介绍材料是 *Entsiklopediia*，pp. 296，654 and 724 - 5.
上的文章。

[21] Speranskii，*Voenno - ekonomicheskaia*，ch. 2，especially pp. 82 ff.，362 ff. 关于图

拉兵工场最细致的一手材料是由帕维尔·彼得罗维奇·斯温因撰写的极有意思的文章 P. P. Svinin，'Tul'skii oruzheinyi zavod'，Syn Otechestva，19，1816，pp. 243 ff（Свиньин П. П. Тульский оружейный завод // Сын отечества. 1816. № 19. С. 243 и далее）. 尽管 V. N. Ashurkov，*Izbrannoe：Istoriia Tul'skogo kraia*，Tula，2003（Ашуркова В. Н. Избранное：История Тульского края. Тула，2003）的许多评价是天真的苏联时代说法，但它也包含了有趣的细节。

[22] 关于法国人的测试，见 K. Alder，*Engineering the Revolution：Arms and Enlighten-ment in France*，*1763 - 1815*，Princeton，1997，p. 339。关于英国人的批评，见 Philip Haythornthwaite，*Weapons and Equipment of the Napoleonic Wars*，London，1996，p. 22。关于在 1812 ~ 1813 年分发给军队的枪支来源，见 Speranskii，*Voenno - ekonomicheskaia*，pp. 458 - 9。

[23] 即便是威灵顿的部队通常情况下也不会期望仅仅依靠步枪射击击退敌军。他们在齐射之后会用刺刀发起迅速反击。

[24] 关于俄国财政和税收的两本近来著作：Peter Waldron，'State Finances'，in Lieven（ed. ），*Cambridge History of Russia*，vol. 2，pp. 468 - 88 和 Richard Hellie，'Russia'，in R. Bonney（ed. ），*The Rise of the Fiscal State in Europe c. 1215 - 1815*，Oxford，1999，pp. 481 - 506。

[25] 所有这些统计数据都应当以一定的怀疑态度审视。俄国的数据尤其应当受到怀疑，因为我们不能确定其引用数字是对应银卢布还是纸卢布。大部分统计数据摘自 Bonney，*Economic Systems*，pp. 360 - 76。法国数据来自 Michel Bruguière，'Finances publiques'，in J. Tulard（ed. ），*Dictionnaire Napoléon*，Paris，1987，pp. 733 - 5。英国数据来自 J. M. Sherwig，*Guineas and Gunpowder：British Foreign Aid in the Wars with France 1793 - 1815*，Cambridge，Mass. ，1969，p. 96。

[26] W. M. Pintner，*Russian Economic Policy under Nicholas 1*，Ithaca，NY，1967，ch. 5。在该书第 186 页有一个有用的表格，它显示了每年发行的纸币量和纸币与银币的相对比价。一位知情人士表示，由于国家给士兵的薪饷很不足，由农民来负责供养士兵是一个行之有效的定制：L. Klugin，'Russkaia soldatskaia ar-tel'，*RS*，20，1861，pp. 90，96 - 7（Клугин Л. Русская солдатская артель // Русская старина. 1861. № 20. С. 90，96 - 97）。

[27] 后文的大部分讨论都是从基本文献中搜集的，添加了我个人的看法：尤见 Paul W. Schroeder，*The Transformation of European Politics 1763 - 1848*，Oxford，1994；H. M. Scott，*The Emergence of the Eastern Powers*，*1756 - 1775*，Cambridge，2001；H. M. Scott，*The Birth of a Great Power System 1740 - 1815*，Harlow，2006；A. N. Sakharov et al. （eds. ），*Istoriia vneshnei politiki Rossii：Pervaia polovina XIX veka*，Moscow，1995（История внешней политики России：Первая половина

XIX века，M.，1995）。

［28］Isabel de Madariaga，*Britain，Russia and the Armed Neutrality of* 1780，London，1962. Ole Feldbaek，*The Battle of Copenhagen 1801*，Barnsley，2002 的第一章对这些海洋权益争端的幕后真实状况有出色的描写。Jeremy Black，'Naval Power，Strategy and Foreign Policy，1775 - 1791'，in Michael Duffy（ed.），*Parameters of British Naval Power 1650 - 1850*，Exeter，1998，pp. 93 - 120 对皮特的误算进行了总结。

［29］除了通常所见的外交文本之外，还要特别注意 H. Heppner，'Der Österreichisch - Russische Gegensatz in Sudosteuropa im Zeitalter Napoleons'，in A. Drabek et al.（eds.），*Russland und Österreich zur Zeit der Napoleonischen Kriege*，Vienna，1989，pp. 85 ff。

［30］Elise Wirtschafter，'The Groups Between：*raznochintsy*，Intelligentsia，Professionals'，in Lieven，*Cambridge History of Russia*，vol. 2，pp. 245 - 63 是对俄国中产阶级发展的良好介绍。关于拿破仑时代的国家和社会，Nicholas Riasanovsky，*A Parting of Ways：Government and the Educated Public in Russia 1801 - 1855*，Oxford，1976 依然是有价值的。

［31］Jerzy Lukowski，*The Partitions of Poland*，Harlow，1999 是对这一问题的可靠介绍。

［32］J. Hartley，*Alexander I*，London，1994，pp. 58 - 72. A. A. Orlov，*Soiuz Peterburga i Londona*，Moscow，2005，ch. 1，pp. 7 ff（Орлов А. А. Союз Петербурга и Лондона. M.，2005. C. 7 и далее）.

［33］关于这一点的关键文本是亚历山大于 1804 年 9 月 11/23 日给他派往英国政府的特使尼古拉·诺沃谢利采夫（Nikolai Novosil'tsev/Николай Новосильцев）的训令：*VPR*，1st series，2，pp. 138 - 46 and 151 - 3（Внетняя политика России. T. 2. M.，1961. C. 138 - 146，151 - 153）。也见 Patricia Grimsted，*The Foreign Ministers of Alexander I*，Berkeley，1969，pp. 32 - 65。

［34］关于 1805 年战局，首先应当参阅两本近来的著作：R. Goetz，*1805 Austerlitz：Napoleon and the Destruction of the Third Coalition*，London，2005；Frederick W. Kagan，*Napoleon and Europe 1801 - 1805：The End of the Old Order*，Cambridge，Mass.，2006。

［35］关于普鲁士政策的一篇有趣辩护，可参见 Brendan Simms，*The Impact of Napoleon：Prussian High Politics，Foreign Policy and the Crisis of the Executive 1797 - 1806*，Cambridge，1997。1806 年的俄国外交大臣、亚当·恰尔托雷斯基公爵，对普鲁士的困境毫不同情，见 W. H. Zawadski，*A Man of Honour：Adam Czartoryski as a Statesman of Russia and Poland 1795 - 1831*，Oxford，1993，pp. 61 - 136。

[36] 关于这一点的最好资料是 Shelekhov, *Glavnoe intendantskoe upravlenie*, chs. VI – XIV; F. Zatler, *Zapiski o prodovol'stvii voisk v voennoe vremia*, SPB, 1860 也是一份很好的资料，在第 23 页、第 78 ~ 79 页提供了相对人口密度的统计资料：甚至在人口快速增长了几十年之后的 1860 年，白俄罗斯和立陶宛的人口密度依然只有西里西亚、萨克森、波希米亚和法国东北部的 1/4。Gavrilov, *Organizatsiia*, p. 59. 关于薪水，见 *PSZ*, 30, 23542, 17 March 1809 (OS), pp. 885 – 6 (ПСЗ. Т. XXX. 17 марта 1809 г. (ст. ст.). С. 885 – 886. В 1809 г)。在 1809 年，所有基层官员的薪水增长了 33%，以抵销纸卢布贬值的后果。

[37] 关于这一点，在 Drabek *et al.* (eds.), *Russland und Österreich* by Rainer Egger: ' Die Operationen der Russischen Armee in Mahren und Österreich ob und unter der Enns im Jahre 1805 ', pp. 55 – 70 上有一篇出色又详尽的论文。

[38] 首先参阅 E. Weber, *Peasants into Frenchmen*, Stanford, Calif., 1976, 尤其见第 6 章第 67 页以下。

[39] 这一统计是我在对 1500 名个人详细资料记录在 RGVIA, Fond 489 的个人档案 (*formuliarnye spiski*/формулярные списки) 里的军士所做调查基础上得出的。我从以下各个部队的记录中选取了所有记录材料清晰可辨的军士：普列奥布拉任斯科耶近卫团 (Ed. Khr. 1)；小俄罗斯掷弹兵团 (Ed. Khr. 1190)、赫尔松掷弹兵团 (Ed. Khr. 1263)；穆罗姆 (Ed. Khr. 517)、切尔尼戈夫 (Ed. Khr. 1039)、雷瓦尔 (Ed. Khr. 754)、库尔斯克 (Ed. Khr. 425) 步兵团；第 39 (Ed. Khr. 1802)、45 (Ed. Khr. 1855) 猎兵团；皇帝陛下近卫胸甲骑兵团 (Ed. Khr. 2114)；米陶 (Ed. Khr. 2446)、鲍里索格列布斯克 (Ed. Khr. 2337)、纳尔瓦 (Ed. Khr. 2457)、亚姆堡 (Ed. Khr. 2631)、普斯科夫 (Ed. Khr. 212) 龙骑兵团；第 2 (Ed. Khr. 3798)、5 (Ed. Khr. 3809)、10 (Ed. Khr. 3842) 炮兵旅。

[40] 关于这一点在 A. N. Andronikov and V. P. Fedorov, *Prokhozhdenie sluzhby*, SVM, 4/1/3, SPB, 1909, pp. 1 – 59 (Андроников А. Н., Федоров В. П. Прохождение службы // Столетие военного министерства. Т. 4. Ч. 2. Кн. 1. Отд. 3. СПб., 1909. С. 1 – 59) 和 Shchepetil' nikov, *Komplektovanie*, pp. 41 – 55 中有许多信息。

[41] 关于互助社 (artel/артель)，见 William Fuller 在 *Strategy and Power in Russia*, 1600 – 1914, New York, 1992, pp. 172 – 3 上的评论；也见 L. Klugin, ' Russkaia soldatskaia artel ', pp. 79 – 130; Andronikov and Fedorov, *Prokhozhdenie sluzhby*, pp. 112 – 14。关于新团的组建，见 A. A. Kersnovskii, *Istoriia russkoi armii*, 4 vols., Moscow, 1992, vol. 1, p. 206 (Керсновский А. А. История русской армии. М., 1992. Т. 1. С. 206)。

[42] Eugen, *Memoiren*, vol. 2, p. 49; S. F. Glinka, *Pis' ma russkogo ofitsera*, Moscow, 1987, p. 347 (Глинка Ф. Н. Письма русского офицера. М., 1987. С. 347)。

[43] 以 1806 年在亚历山大的私人军事内阁成员间传阅的一份文件为例，它强调
"把军官从一个团转到另一个团是完全与皇帝意愿相悖的"：Andronikov and Fe-
dorov, *Prokhozhdenie sluzhby*, p. 112. 齐普里安·冯·克罗伊茨（Cyprian von
Kreutz）男爵在 1812 年成了西伯利亚枪骑兵团名誉团长。他的两个妹夫在次年
转入了这个团，不到 30 个月内，其中一个被晋升了两次军衔，另一个则被晋
升了三次：RGVIA, Fond 489, Opis 1, Ed. Khr. 2670, fos. 34 - 45：'Spisok o
sluzhbe i dostoinstv Sibirskago ulanskago polka generaliteta' and 'Spisok o sluzhbe i
dostoinstv Sibirskago ulanskago polka rotmistrov i shtab - rotmistrov'
（РГВИА. Ф. 489. Оп. 1. Д. 2670. Л. 34 - 45：《 Список о службе и достоинстве
Сибирского уланского полка ротмистров и штаб - ротмистров 》）。也可参阅
普列奥布拉任斯科耶近卫团（Ed. Khr. 1）、小俄罗斯、赫尔松掷弹兵团
（Ed. Khr. 1190 and 1263）、库尔斯克、布良斯克（第 39 猎兵团）步兵团
（Ed. Khr. 425 and 1802）以及普斯科夫龙骑兵团（Ed. Khr. 212）等部队的人员
档案。

[44] 关于卡尔涅耶夫，见 RGVIA, Fond 489, Ed. Khr. 1, fo. 506：'Formuliarnyi sp-
isok leib gvardii Preobrazhenskago polka, generalam, shtab i ober ofitseram i drugim
chinam'（РГВИА. Ф. 489. Д. 1. Л. 506：《 Формулярный список лейб - гвардии
Преображенского полка, генералам, штаб - и обер - офицерам и другим
чинам 》），日期为 1808 年 1 月 1 日（旧历）。关于布良斯克团、纳尔瓦团和
掷弹兵团，见在前文注释 39 中列出的军士人员档案部分。关于士兵的儿子和
军士的关系，见 Komplektovanie, SVM, pp. 173 - 208（Комплектование //
Столетие военного министерства. Т. 4. Кн. 2. Ч. 3. СПб., 1909. С. 173 - 208）。
关于俄军军士，见 D. G. Tselerungo, 'Boevoi opyt unter - ofitserov russkoi armii -
uchastnikov Borodinskago srazheniia', in *Otechestvennaia voina 1812 goda: Istochni-
ki, pamiatniki, problemy. Materialy XII vserossisskoi nauchnoi konferentsii. Borodino,
6 - 8 sentiabria 2004 g.*, Moscow, 2005, pp. 21 - 6（Целорунго Д. Г. Боевой
опыт унтер - офицеров русской армии - участников Бородинского сражения //
Отечественная война 1812 г.: Источники, памятники, проблемы. Материалы
XII всероссийской научной конференции. Бородино, 6 - 8 сентября 2004
г. М., 2005. С. 21 - 26）。

[45] 关于俄军在 1805 ~ 1807 年的表现，最好的评价是在 Zhmodikov, *Tactics.* 的第一
卷里。

[46] Eugen, *Memoiren*, vol. 1, p. 136.

[47] 这一信息来自奥斯滕 - 萨肯日记于 1900 年在 *Russkii arkhiv* 上刊布时，介绍日记
作者的传略：RA, 1, 1900, pp. 6 - 25（Русский архив. 1900. Кн. 1. С. 6 - 25）。

[48] ' Iz zapisok fel' dmarshala Sakena ' , *RA*, 1, 1900, pp. 161 – 80（Из записок
      фельдмаршала Сакена // Русский архив. 1900. Кн. 1. С. 161 – 180）。关于这一
      争论，朗热隆的回忆录是一份有用的资料，因为他对本尼希森和萨肯都感到钦
      佩。落款日期为 1816 年 12 月 10 日的朗热隆致本尼希森的信件收录在 *Mémoires
      du Général Bennigsen*, 3 vols. , Paris, n. d, vol. 1, pp. xxvii – xxix. 在他本人回忆
      录中的评论见 *Mémoires de Langeron* , *Général d' Infanterie dans l' Armée Russe*:
      Campagnes de 1812 , *1813* , *1814* , Paris, 1902, pp. 15 – 18。

[49] 关于亚历山大和他的顾问们的想法的最好资料是亚历山大·库拉金公爵给玛丽
      亚皇太后的许多信件，收录在 *RA*, 1, 1868。也见 A. Gielgud (ed.) , *Memoirs of
      Prince Adam Czartoryski*, 2 vols. , London, 1888, vol. 2, pp. 174 – 83. V. Sirotkin,
      Napoleon i Aleksandr I, Moscow, 2003（Сироткин В. Г. Наполеон и Александр
      I. М. , 2003）是对俄国统治阶层精英内部对外交政策看法的良好介绍。

[50] S. Tatishcheff, *Alexandre I et Napoléon*, Paris, 1894, 亚历山大致洛巴诺夫, 1807
      年 6 月 4/16 日, p. 121。

[51] D. N. Shilov, *Gosudarstvennye deiateli Rossiiskoi imperii*, SPB, 2001, pp. 377 – 9
      （ Шилов Д. Н. Государственные деятели Российской империи. СПб. ,
      2001. С. 377 – 379）. Grand Duke Nikolai Mikhailovich, *Russkie portrety*, SPB,
      n. d. , vol. 4, part 1, no. 62（Великий князь Николай Михайлович // Русские
      портреты. СПб. , б. г. Т. 4. Ч. 1. № 62）.

[52] 关于亚历山大·库拉金的职业生涯，见 S. N. Shipov and Iu. A. Kuz' min, *Chleny
      gosudarstvennogo soveta Rossiiskoi imperii*, SPB, 2007, pp. 412 – 6（Шипов С. Н. ,
      Кузьмин Ю. А. Члены государственного совета Российской империи. СПб. ,
      2007. С. 412 – 16）。洛巴诺夫关于最初几次谈判的报告收录在 *RS*, 98, 1899,
      pp. 594 – 5, 洛巴诺夫致亚历山大, 1807 年 6 月 7/19 日。也见 *RA*, 1, 1868,
      库拉金致玛丽亚皇太后, 1807 年 6 月 10/22 日, pp. 183 – 7。

[53] 托尔斯泰似乎在他的初稿里以更富同情的言辞描绘库拉金家族: K. B. Feuer,
      Tolstoy and the Genesis of War and Peace, Ithaca, NY, 1976, p. 71。关于洛巴诺
      夫和库拉金的祖先，见 N. Ikonnikov, *La Noblesse de Russie*, 2nd edn. , vols. A1 –
      Z2, Paris, 1958 – 66: vols. H1, pp. 211 – 16 and I1, pp. 426 – 31。

[54] 关于康斯坦丁, 见 E. Karnovich, *Tsesarevich Konstantin Pavlovich*, SPB, 1899
      （ Карнович Е. Цесаревич Константин Павлович. СПб. , 1899）。关于帕维尔,
      见 R. McGrew, *Paul I of Russia*, Oxford, 1992 和 H. Ragsdale (ed.), *Paul I*: *A
      Reassessment of his Life and Reign*, Pittsburgh, 1979。

[55] V. I. Genishta and A. T. Borisovich, *Istoriia 30 – go dragunskago Ingermanlandskago
      polka 1704 – 1904*, SPB, 1904, pp. 119 – 21（Геништа В. И. , Борисович

A. T. История 30 – го драгунского Ингерманландского полка，1704 – 1904. СПб. ，1904. С. 119 – 121），描述了利芬在准备 1805 年战局时的角色。

[56] 利芬的个人档案位于 RGVIA，Fond 489，Opis 1，Delo 7062，fo. 356：和许多军官一样，他没有提及父母的财产。参阅他给玛丽亚皇后教女、未婚妻多罗特娅的信中的自我评价：J. Charmley，*The Princess and the Politicians*，London，2005，p. 7。

[57] S. W. Jackman（ed.），*Romanov Relations*，London，1969，安娜女大公致康斯坦丁大公，1828 年 4 月 2 日，p. 149。

[58] 可参阅 Tatishcheff，*Alexandre*，pp. 140，183 和 A. Vandal，*Napoléon et Alexandre Premier*，3 vols. ，Paris，1891，vol. 1，pp. 61 – 7。秘密命令被收录在 *VPR*，1st series，3，note 414，pp. 754 – 60。

[59] 亚历山大的确放弃了爱奥尼亚群岛（Ionian Islands）和卡塔罗（Cattaro），一旦俄国与奥斯曼、英国开战，这两个地方是无论如何也守不住的。它得到了更有用的别洛斯托克地区作为回报。

[60] 和平和同盟条约收录在 *VPR*，1st series，vol. 3，nos. 257 and 258，pp. 631 ff。

[61] 关于亚历山大的偏好与看法的评论，是从他给库拉金和洛巴诺夫的命令中得出的：*VPR*，1st series，vol. 3，note 414，pp. 754 – 60。

[62] 团属工匠名单见 I. Ul'ianov，*Reguliarnaia pekhota 1801 – 1855*，vol. 2，Moscow，1996，p. 212（Ульянов И. Э. Регулярная пехота，1801 – 1855. М. ，1996. Т. 2. С. 212）。关于军队中的教会，见 L. V. Mel'nikova，*Armiia i pravoslavnaia tserkov' Rossiiskoi imperii v epokhu Napoleonovskikh voin*，Moscow，2007，pp. 45 – 56，116 – 37（Мельникова Л. В. Армия и Православная Церковь Российской империи в эпоху Наполеоновских войн. М. ，2007. С. 45 – 56，116 – 37）。

[63] 关于军官状况分析的重要著作是 Tselerungo，*Ofitsery russkoi armii*。

[64] 关于普列奥布拉任斯科耶团的信息来自：RGVIA，Fond 489，Opis 1，Ed. Khr. 1，fos. 455 – 560：'Formuliarnyi spisok leib gvardii Preobrazhenskago polka，generalam，shtab i ober ofitseram i drugim chinam'（РГВИА. Ф. 489. Оп. 1. Д. 1. Л. 455 – 560：《Ф ормулярный список лейб – гвардии Преображенского полка，генералам，штаб – и обер – офицерам и другим чинам》），标记日期为 1808 年 1 月 1 日。在普通部队的人员档案中，人们只会偶尔发现没有提及个人拥有农奴数量的军官，例如：纳尔瓦龙骑兵团中的多尔日科夫（Dolzhikov/Должиков）三兄弟把家务农奴作为勤务兵使用：RGVIA，Fond 489，Opis 1，Ed. Khr. 2457，'Spisok o sluzhbe... Narvskago dragunskago polka'，fos. 95 ff（РГВИА. Ф. 489. Оп. 1. Д. 2457. 《Список о службе... Нарвского драгунского полка》. Л. 95 и далее）。勤务兵名单见 6 ff，三兄弟个人记录见 27 ff。在普列奥布拉任斯科耶团的军官中的要

人里发现这类疏忽要容易得多，更不用说在 Fond 489, Opis 1, Delo 7602 中的将领个人档案里了。

[65] 引用部分来自 *Zapiski Sergeia Grigorovicha Volkonskago (dekabrista)*, SPB, 1902, p. 70［Записки Сергея Григорьевича Волконского (декабриста). СПб., 1902. С. 70]。关于有教养的年轻近卫军官的心态的深刻理解，也见 L. G. Beskrovnyi (ed.), *Dnevnik Aleksandra Chicherina, 1812 – 1813*, Moscow, 1966 (Дневник Александра Чичерина, 1812 – 1813. М., 1966)。在 1812 年前夕的谢苗诺夫斯科耶团和 1814 年 1 月的近卫炮兵中发生了两起此类罢训事件：P. Pototskii, *Istoriia gvardeiskoi artillerii*, SPB, 1896, pp. 285 – 6 (Потоцкий П. П. История гвардейской артиллерии. СПб., 1896. С. 285 – 286); *Dnevnik Pavla Pushchina*, Leningrad, 1987, pp. 49 – 50 (Дневник Павла Пущина. Д., 1987. С. 49 – 50)。

[66] 关于拉扎罗夫，见 http：www. svoboda. org/programs. 退伍士兵因为战后的不良行为招致责难的事例，例如：第 45 猎兵团的别良金 (Beliankin/Белянкин) 中尉和基尔萨诺夫 (Kirsanov/Кирсанов) 中尉 (RGVIA, Fond 489, Opis 1, Delo 1855, fos. 19 – 20) 或者亚姆堡枪骑兵团的三名军官 [Lt. Krestovskii, *Istoriia 14 – go Ulanskago Iamburgskago E. I. V. velikoi kniagini Marii Aleksandrovny polka*, SPB, 1873, appendices (Крестовский В. В. История 14 – го Уланского Ямбургского Е. И. В. великой княгини Марии Александровны полка. СПб., 1873. Приложения)] 的案例。当然还有许多退伍士兵事业有成。

[67] 'Imperator Aleksandr I: Ego kharakteristika po sochineniiu N. K. Shil'dera', *RS*, 99/3, 1899, pp. 98 – 114, at p. 99 (Император Александр I: Его характеристика по сочинению Н. К. Шильдера // Русская старина. 1899. Т. 99. № 7. С. 99).

[68] 近来在艾尔米塔什博物馆 (Hermitage/Эрмитаже) 举办的出色展览的目录册中包含的文章，提供了关于他个性的许多深刻认识：*Aleksandr I: 'Sfinks ne razgadannyi do groba'*, SPB, 2005 (Александр I: Сфинкс, не разгаданный до гроба. СПб., 2005)。

[69] 引用在 N. Shil'der, *Imperator Aleksandr pervyi: Ego zhizn' i tsarstvovanie*, 4 vols., SPB, 1897, vol. 3, 帕罗 (Parrot) 教授给亚历山大的一封信, p. 489 [Шильдер Н. К. Император Александр Первый, его жизнь и царствование. Т. 3. СПб., 1897. С. 489 (письмо профессора Паррота Александру)]。

[70] D. V. Solov'eva (ed.), *Graf Zhozef de Mestr: Peterburgskie pis'ma*, SPB, 1995, no. 72, 德·迈斯特致德·罗西, 1808 年 1 月 20 日/2 月 1 日, p. 99 (Де Местр Ж. Петербургские письма. СПб., 1995. № 72. Де Местр к Росси, 20 ЯНВ. /1 февр. 1808 г. С. 99)。

［71］现在依然缺乏关于亚历山大治下的行省社会和行政管理的相关著作。关于叶卡捷琳娜二世统治时期和 1861 年解放农奴到 1917 年这一时间段的相关研究状况则要好得多。关于地方行政管理的良好概述，见 Janet Hartley, 'Provincial and Local Government', in Lieven (ed.), *Cambridge History of Russia*, vol. 2, pp. 446 – 67。

［72］最好地表现了亚历山大所处困境的书是 S. V. Mironenko, *Samoderzhavie i reformy：Politicheskaia bor'ba v Rossii v nachale XIX v.*, Moscow, 1989（Мироненко С. В. Самодержавие и реформы：Политическая борьба в России в начале XIX в. М., 1989）。

［73］梅特涅致哈登贝格，1812 年 10 月 5 日，收录在 W. Oncken, *Österreich und Preussen in Befreiungskriege*, Berlin, 1878, vol. 1, no. 3, pp. 378 – 80。

［74］*RD*, 5, no. 520, 科兰古致尚帕尼，1810 年 9 月 19 日, pp. 138 – 40。

第三章 俄法同盟

［1］N. F. Dubrovin, 'Russkaia zhizn' v nachale XIX v.', *RS*, 29/96, 1898, pp. 481 – 516（Дубровин Н. Ф. Русская жизнь в начале XX в. // Русская старина. 1898. № 12. С. 481 – 516）.

［2］*RD*, 4, no. 334, 科兰古致尚帕尼，1809 年 10 月 3 日, pp. 110 – 16。

［3］例如 *RD*, 1, no. 52, 科兰古致尚帕尼，1808 年 2 月 25 日, pp. 161 – 74；2, no. 165, 科兰古致拿破仑，1808 年 9 月 8 日, pp. 344 – 6；3, no. 187, 科兰古致尚帕尼，1809 年 1 月 15 日, pp. 27 – 32。

［4］*Zapiski Sergeia Grigorovicha Volkonskago (dekabrista)*, SPB, 1902, pp. 60 – 62.

［5］A. Vandal, *Napoléon et Alexandre Premier*, 3 vols., Paris, 1891, vol. 1, pp. 196 – 7. *SIRIO*, 89, 1893, no. 15, 托尔斯泰致鲁缅采夫，1807 年 10 月 26 日/11 月 7 日, pp. 183 – 5；no. 86, 托尔斯泰致亚历山大，1807 年 12 月, pp. 312 – 13；no. 111, 托尔斯泰致鲁缅采夫，1808 年 4 月 25 日/5 月 7 日, pp. 519 – 27。

［6］*Correspondance de l'Empereur Alexandre*, no. 12, Catherine to Alexander, 25 June 1807, pp. 18 – 19. 关于在俄国的法国流亡者，见 André Ratchinski, *Napoléon et Alexandre Ier*, Paris, 2002。

［7］*VPR*, 4, no. 219, 斯特罗加诺夫致亚历山大，1809 年 2 月 1/13 日, pp. 490 – 91。

［8］关于莫尔德维诺夫，可见：*AGM*, 4, pp. xliv – xlv：尤见他落款日期为 1811 年 9 月 25 日（旧历）的关于大陆封锁体系的备忘录 pp. 479 – 86。关于古里耶夫的表述，见 C. F. Adams (ed.), *John Quincy Adams in Russia*, New York, 1970, p. 277。因为在拿破仑越过边境之前，表面上的官方政策依然是与法国维持同盟，所以外交官们通常会掩饰这一看法。主要但决非唯一的例外是彼得·托尔斯泰，他早在 1808 年夏天就已主张接近英国，可参阅 *SIRIO*, 89, 1893, no. 111, 托尔斯

泰致鲁缅采夫，1808 年 4 月 25 日/5 月 7 日，pp. 519 – 27；no. 176，托尔斯泰致鲁缅采夫，1808 年 7 月 26 日/8 月 7 日，pp. 631 – 5。也可参阅 *VPR*, 4, no. 101，阿洛佩乌斯致鲁缅采夫，1808 年 4 月 18/30 日，pp. 233 – 5，了解另一些在相当程度上表达了"托尔斯泰式"观点的俄国外交官中的一个代表。

[9] *Mémoires du Général Bennigsen*，3 vols.，Paris，n. d.，vol. 1，4th letter，pp. 33 – 52；vol. 3，annex 53，pp. 377 – 95。

[10] 关于斯佩兰斯基的主要英文资料依然是 Marc Raeff 的经典之作 *Mikhail Speransky*：*Statesman of Imperial Russia*，The Hague，1969，但是至少英语读者也应当注意到 John Gooding，'The Liberalism of Michael Speransky'，*Slavonic and East European Review*，64/3，1986，pp. 401 – 24。

[11] 关于德·迈斯特的观点，见 D. V. Solov'eva（ed.），*Graf Zhozef de Mestr*：*Peterburgskie pis'ma*，SPB，1995，no. 72，德·迈斯特致德·罗西，1808 年 1 月 20 日/2 月 1 日，pp. 98 – 101（Де Местр Ж. Петербургские письма. № 72. C. 98 – 101）。关于科兰古，见 *RD*，1，no. 18，科兰古致拿破仑，1808 年 1 月 13 日，pp. 48 – 51。Count A. de Nesselrode（ed.），*Lettres et papiers du Chancelier Comte de Nesselrode 1760 – 1850*，Paris，n. d.，vol. 3，内塞尔罗德致斯佩兰斯基，1810 年 4 月 2/14 日，pp. 251 – 2。也可见 Joanna Woods，*The Commissioner's Daughter*：*The Story of Elizabeth Proby and Admiral Chichagov*，Witney，2000。

[12] *RA*，2，1876，普罗佐罗夫斯基致戈利岑，1807 年 7 月 23 日/8 月 4 日，pp. 157 – 9。关于英国的视角，见 Brendan Simms，*Three Victories and a Defeat*：*The Rise and Fall of the First British Empire*，1714 – 1783，London，2007。

[13] 关于爱尔兰，见 S. J. Connolly，*Religion*，*Law and Power*：*The Making of Protestant Ireland 1660 – 1760*，Oxford，1992，pp. 249 – 50。

[14] 就全球范围内而言，见 Christopher Bayly，*The Birth of the Modern World 1780 – 1914*，Oxford，2004，part 1，chs. 1 – 3，pp. 27 – 120；John Darwin，*After Tamerlane*：*The Global History of Empire*，London，2007，ch. 4，'The Eurasian Revolution'，pp. 158 – 217。

[15] *RD*，5，no. 563，科兰古致尚帕尼，1810 年 12 月 14 日，pp. 235 – 43。

[16] Adams，*Adams*，p. 209.

[17] Ibid.，pp. 87，432.

[18] 在关于工业革命起源的争论中，几乎没有人把俄国作为潜在的可能对象。除了在文中指出的原因外，通常还认为工业化起步需要密集的人口。可见 Kenneth Pomeranz，*The Great Divergence*：*China*，*Europe and the Making of the Modern World Economy*，Princeton，2000 中的有趣讨论。

[19] *RD*，4，no. 334，科兰古致尚帕尼，1809 年 10 月 3 日，pp. 110 – 16；no. 423，

1810 年 3 月 11 日，pp. 325 – 8。

[20] P. Bailleu (ed.), *Briefwechsel König Friedrich Wilhelm III's und der Königin Luise mit Kaiser Alexander I*, Leipzig, 1900, no. 157，亚历山大致弗里德里希·威廉，1807 年 11 月 2 日，pp. 167 – 8。*VPR*, 4, no. 146，库拉金致鲁缅采夫，1808 年 8 月 16/28 日，pp. 320 – 21，这仅仅是俄国人对拿破仑在西班牙遭遇的困境可能会损害和平前景的评价之一，另一个类似评价是 no. 198，鲁缅采夫致亚历山大，1808 年 12 月 16/28 日，p. 441。

[21] N. Shil'der：'Nakanune Erfurtskago svidaniia 1808 goda', *RS*, 98/2, 1899, pp. 3 – 24（Шильдер Н. К. Накануне Эрфуртского свидания 1808 года // Русская старина. 1899. Т. 98. № 2. С. 3 – 24），玛丽亚致亚历山大，1808 年 8 月 25 日（旧历），pp. 4 – 17。埃尔福特协定收录在 *VPR*, 4, no. 161, pp. 359 – 61。

[22] *RS*, 98/2, 1899，亚历山大致玛丽亚，日期不明但肯定在 1808 年 8 月末，pp. 17 – 24。

[23] *Correspondance de l'Empereur Alexandre*, no. 19，亚历山大致叶卡捷琳娜，1808 年 9 月 26 日，p. 20。

[24] 这一段是在阅读了这 6 个月中的所有俄国外交信件基础上总结而成，因而不可能列出所有相关信件。关键信件是：*VPR*, 4, no. 131，库拉金致亚历山大，1808 年 7 月 2/14 日，pp. 291 – 8；no. 143，亚历山大致库拉金，1808 年 8 月 14/26 日，pp. 316 – 17；no. 144，鲁缅采夫致库拉金，1808 年 8 月 14/26 日，pp. 317 – 19；no. 150，亚历山大致库拉金，1808 年 8 月 27 日/9 月 8 日，pp. 331 – 2；no. 174，鲁缅采夫致亚历山大，1808 年 10 月 26 日/11 月 7 日，pp. 387 – 9；no. 186，安施泰特（Anstedt）致萨尔特科夫，1808 年 11 月 22 日/12 月 4 日，pp. 410 – 12；no. 217，鲁缅采夫致亚历山大，1809 年 1 月 30 日/2 月 11 日，pp. 485 – 7；no. 220，亚历山大致鲁缅采夫，1809 年 2 月 2/14 日；no. 224，亚历山大致鲁缅采夫，1809 年 2 月 10/22 日，pp. 502 – 4；no. 246，鲁缅采夫致安施泰特，1809 年 3 月 11/23 日，pp. 543 – 5。

[25] *SIRIO*, 89, 1893, no. 94，鲁缅采夫致托尔斯泰，1808 年 3 月，pp. 496 – 7；no. 112，托尔斯泰致鲁缅采夫，1808 年 4 月 26 日/5 月 8 日，pp. 525 – 7。

[26] *Correspondance de l'Empereur Alexandre*，玛丽亚致叶卡捷琳娜，1809 年 12 月 23 日（旧历），pp. 251 – 7；叶卡捷琳娜致玛丽亚，1809 年 12 月 26 日（旧历），pp. 259 – 60。

[27] 关于拒绝批准协定，见 *RD*, 4, no. 410，科兰古致尚帕尼，1810 年 2 月 26 日，pp. 296 – 9；巴克莱·德·托利的备忘录复写件被收录在 *MVUA* 1812, 1/2, pp. 1 – 6。

[28] *VPR*, 4, no. 221，鲁缅采夫致库拉金，1809 年 2 月 2/14 日，pp. 496 – 7。

［29］ 统计数据来自 A. A. Podmazo, 'Kontinental'naia blokada kak ekonomicheskaia pri-china voiny 1812 g.', *Epokha 1812 goda：Issledovania, istochniki, istoriografiia*, 137, TGIM, Moscow, 2003, vol. 2, pp. 248 – 66（Подмазо А. А. Континентальная блокада как экономическая причина войны 1812 г.// Эпоха 1812 года：Исследования. Источники. Историография. М., 2003. Т. 2. С. 248 – 266）和 M. F. Zlotnikov, *Konti-nental'naia blokada i Rossiia*, Moscow, 1966, ch. IX, pp. 335 ff（Злотников М. Ф. Континентальная блокада и Россия. М., 1966. С. 335 и далее）。关于科兰古的评论，见 *RD*, 2, no. 179, 科兰古致拿破仑, 1808 年 12 月 9 日, pp. 387 – 8。

［30］ Adams, *Adams*, pp. 236 – 8, 364；关于尼古拉·莫尔德维诺夫就大陆封锁体系撰写的备忘录，见 J. Hanoteau（ed.）, *Mémoires du Général de Caulaincourt, Duc de Vicenze*, 3 vols., Paris, 1933, vol. 1, pp. 282 – 3. *AGM*, vol. 4, no. 1050, 1811 年 9 月 25 日, pp. 479 – 86。

［31］ *SIRIO*, 121, 1906, 切尔内绍夫致巴克莱·德·托利, 1811 年 12 月 31 日/1812 年 1 月 12 日, pp. 196 – 202. V. M Bezotosnyi, *Razvedka i plany storon v 1812 godu*, Moscow, 2005, pp. 51 – 5（Безотосный В. М. Разведка и планы сторон в 1812 году. М., 2005. С. 51 – 55）。

［32］ 引用部分来自切尔内绍夫给鲁缅采夫的信，落款日期为 6 月 6 日/18 日：*SIRIO*, 121, 1906, no. 7, pp. 55 – 8。

［33］ Nesselrode（ed.）, *Nesselrode*, vol. 3, 5/17 July 1811, pp. 375 – 9.

［34］ 这份备忘录被重印收录在 N. K. Shil'der, *Imperator Aleksandr pervyi：Ego zhizn' i tsarstvovanie*, 4 vols., SPB, 1897, vol. 3, pp. 471 – 83, 但要注意 *VPR*, 5, note 246, pp. 692 – 3 上的评论, 它纠正了希尔德（Shil'der/Шильдер）关于亚历山大何时收到这份报告的错误。

［35］ 这些都取自切尔内绍夫向亚历山大、巴克莱·德·托利和鲁缅采夫递交的报告，它们刊布在 *SIRIO*, 121, 1906, parts 2, parts 4, pp. 32 – 108, 114 – 204. 引用部分来自 pp. 178 – 87 给巴克莱的第 6 份报告，落款时间为 1811 年 11 月。切尔内绍夫的一个失误是在 1812 年离开巴黎时出现了短暂疏忽，导致他安排在战争部里的间谍被破获。Vandal, *Napoléon et Alexandre*, vol. 3, pp. 306 – 18, 377, 393, 讨论了切尔内绍夫的活动。其中有一些细节存在差异：例如，他提到战争部的"簿册"每两周发行一次。更为重要的是，他低估了切尔内绍夫所扮演角色的规模和影响，更不用说他和内塞尔罗德两人的信息合在一起所产生的重要性了。

［36］ Bailleu（ed.）, *Briefwechsel*, no. 192, 弗里德里希·威廉致亚历山大, 1809 年 10 月 19/31 日, pp. 204 – 5. Nesselrode（ed.）, *Nesselrode*, vol. 3, 内塞尔罗德致斯佩兰斯基, 1811 年 8 月 6/18 日, pp. 382 – 5。关于切尔内绍夫的活动，最为详尽的

描述是亚历山大·米哈伊洛夫斯基 – 丹尼列夫斯基将军 A. Mikhailovskii – Dani-
levskii, *Zhizneopisanie kniazia Aleksandra Ivanovicha Chernysheva ot 1801 do 1815 goda*
（Михайловский – Данилевский А. Жизнеописание князя Александра Ивановича
Чернышева: От 1801 до 1815 года）一书第 2 章，这部分重印在 *Rossiiskii arkhiv*，
7，Moscow，1996，pp. 13 – 40（Российский архив. М.，1996. Т. 7. С. 13 –
40）上。

[37] *SIRIO*，121，1906，no. 12，切尔内绍夫致巴克莱，收信日期为 1812 年 3 月 3
日，pp. 204 – 10。

[38] *VPR*，6，巴克莱·德·托利致亚历山大，1812 年 1 月 22 日/2 月 3 日，pp. 267 – 9。

[39] 迄今为止，关于这些人和事的最好英文资料是 Alexander Martin，*Romantics*，*Re-
formers*，*Reactionaries*：*Russian Conservative Thought and Politics in the Reign of Alex-
ander I*，De Kalb，Ill.，1997. 在 A. Kondratenko，*Zhizn' Rostopchina*，Orel，
2002（Кондратенко А. Жизнь Ростопчина. Орел，2002）中也有关于罗斯托普
钦的有用传记细节。

[40] 所有这些讨论都来自理查德·派普斯对卡拉姆津著作的出色翻译和分析，见
R. Pipes，*Karamzin's Memoir on Ancient and Modern Russia*：*A Translation and Analy-
sis*，Ann Arbor，2005；引用部分来自第 146 页。

[41] Ibid.，pp. 147 – 67.

[42] *VPR*，6，no. 137，鲁缅采夫致施塔克尔贝格，1812 年 3 月 28 日/4 月 9 日，
pp. 341 – 3；no. 158，施塔克尔贝格致鲁缅采夫，1812 年 4 月 29 日/5 月 11 日，
pp. 393 – 4。

[43] Bailleu（ed.），*Briefwechsel*，no. 196，弗里德里希·威廉致亚历山大，1812 年 4
月 30 日/5 月 12 日，pp. 214 – 8。

[44] W. H. Zawadski，*A Man of Honour*：*Adam Czartoryski as a Statesman of Russia and
Poland 1795 – 1831*，Oxford，1993，pp. 188 – 205. 关于旺达尔（Vandal）的俄
国计划在 1811 年先行发起进攻的说法，在 *VPR*，6，p. 693，n. 98 上有详尽的驳
斥。

[45] W. Oncken，*Österreich und Preussen in Befreiungskriege*，2 vols.，Berlin，1878，
vol. 2，appendices，no. 30，圣朱利安致梅特涅，1813 年 8 月 13 日，pp. 611 – 4。

[46] Bailleu（ed.），*Briefwechsel*，no. 198，亚历山大致弗里德里希·威廉，1811 年 5
月 14 日，pp. 219 – 22；no. 208，弗里德里希·威廉致亚历山大，1812 年 3 月
19/31 日，pp. 238 – 9。

[47] I. G. Fabritsius，*Glavnoe inzhenernoe upravlenie*，SVM，7，SPB，1902，pp. 733 –
58. 弗吉尼亚·阿克桑写了一本关于奥斯曼帝国战争的新鲜而有趣的书：Vir-
ginia Aksan，*Ottoman Wars 1700 – 1870*：*An Empire Besieged*，London，2007 要是

说它有什么缺点的话，那就是关于实战和战术提得太少了。

[48] *SIRIO*，121，1906，no. 13，切尔内绍夫致鲁缅采夫，1810 年 7 月 13/25 日和 no. 15，1810 年 9 月 5 日/17 日，pp. 75 – 80 and 88 – 95。关于他对自己出使瑞典的记载，见 *SIRIO*，121，pp. 22 – 48。

[49] 引用部分出自贝纳多特给勒文耶姆（Löwenhielm）伯爵的落款日期为 1812 年 3 月 7/19 日的信，伯爵是派到亚历山大那里的瑞典特使，这封信被刊布在 *La Suède et la Russie：Documents et matériaux 1809 – 1818*，Uppsala，1985，pp. 96 – 8。俄瑞同盟条约的文本位于此书 no. 66，pp. 105 – 11。

[50] "跌跌撞撞走向帝国"（blundered towards empire）这个短语让人想起欧文·康奈利对拿破仑各次战役的描述：Owen Connelly，*Blundering to Glory：Napoleon's Military Campaigns*，Wilmington，Del.，1987。

[51] 关于拿破仑帝国的文献极为丰富，无论如何都无法在这里列出相关参考书目。在我看来包含了最新观点的通史是 Thierry Lentz，*Nouvelle histoire du Premier Empire*，3 vols.，Paris，2004 – 7。在英文文献中，最好的近作包括 P. Dwyer（ed.），*Napoleon and Europe*，Harlow，2001；M. Broers，*Europe under Napoleon*，London，1996；S. Wolff，*Napoleon's Integration of Europe*，London，1991。

[52] 首先参阅 Christopher Bayly，*Indian Society and the Making of the British Empire*，Cambridge，1988，ch. 3，和 Michael Duffy，Patrick O'Brien and Rajat Kanta Ray 在 P. J. Marshall（ed.），*The Oxford History of the British Empire：The Eighteenth Century*，Oxford，1998. 中撰写的章节。

[53] Rajat Kanta Ray，'Indian Society and the Establishment of British Supremacy，1765 – 1818'，in Marshall（ed.），*British Empire*，pp. 509 – 29，at p. 525. 关于欧洲人对海外帝国的观点变化，尤其要参阅 Jennifer Pitts，*A Turn to Empire：The Rise of Imperial Liberalism in Britain and France*，Princeton，2005。关于法国（及其他国家）关于东欧的看法，见 Larry Wolff，*Inventing Eastern Europe：The Map of Civilization on the Mind of the Enlightenment*，Stanford，Calif.，1994。

[54] 这让我冒险卷入了关于民族起源的众多文献当中：可参阅例如 A. D. Smith，*The Ethnic Origins of Nations*，London，1986。拿破仑时代提供了检验民族认同强度和构成要素的良机，这不仅存在于欧洲，也有全球范围内的比较：R. G. S. Cooper，*The Anglo – Maratha Campaign and the Contest for India*，Cambridge，2003 描绘了英国在印度最顽强的敌对政体的内在弱点。可以将这一点和 M. Rowe（ed.），*Collaboration and Resistance in Napoleonic Europe*，Basingstoke，2003 等书相比较。

[55] 帝国征服者的完美模板是中国皇帝秦始皇，萨姆·芬纳（Sam Finer）称这位统治者给政府留下了最庞大也最持久的印记。和他相比，拿破仑的雄心和影响显

得相当可怜：S. Finer, *The History of Government*, 3 vols., Oxford, 1997, vol. 1, pp. 472 – 3. 关于（中国）第一位皇帝的更全面的研究，见 D. Bodde, 'The State and Empire of Ch'in', in D. Twitchett and M. Loewe (eds.), *The Cambridge History of China*, vol. 1：*The Ch'in and Han Empires 221 BC – AD 220*, Cambridge, 1986, ch. 1. Michael Doyle, *Empires*, Ithaca, NY, 1986, 在制度化方面表现出了相当的洞察力。

[56] 关于在这一节中讨论的各个方面，见伦茨（Lentz）的优秀著作，*Nouvelle histoire*, vol. 3：*La France et l'Europe de Napoléon 1804 – 1814*, Paris, 2007. 从上文中显而易见的是，我在思想体系问题上赞同伦茨的看法：见前书 pp. 671 – 5。

[57] *VPR*, 5, no. 142, 费奥多尔·彼得罗维奇·帕伦（费奥多尔是特奥多尔的俄化形式。——译者注）备忘录，不晚于 1809 年 11 月 14/26 日，pp. 294 – 5。

[58] 关于拿破仑的"印度计划"以及俄国人对他们可能会被迫为之效劳的担忧，见 V. Bezotosnyi, 'Indiiskie proekty Napoleona i Rossiia v 1812 g.', in *Epokha 1812 goda：Issledovaniia, istochniki, istoriografiia*, 161, TGIM, Moscow, 2006, vol. 5, pp. 7 – 22（Безотосный В. М. Индийские проекты Наполеона и Россия в 1812 г. // Эпоха 1812 года：Исследования. Источники. Историография. М., 2006. Т. 5. С. 7 – 22）。

第四章　备战

[1] D. V. Solov'eva (ed.), *Graf Zhozef de Mestr：Peterburgskie pis'ma*, SPB, 1995, no. 72, 1808 年 1 月 20 日/2 月 1 日，pp. 98 – 9。

[2] 关于阿拉克切耶夫，见 E. Davydova, E. Liatina and A. Peskov (eds.), *Rossiia v memuarakh：Arakcheev. Svidetel'stva sovremennikov*, Moscow, 2000（Россия в мемуарах：Аракчеев. Свидетельства современников. М., 2000），这是一本非常有用的同时代人关于阿拉克切耶夫的回忆汇编。也见 K. M. Iachmenikov, 'Aleksei Andreevich Arakcheev' 第一章，此文收录在 *Russkie konservatory*, Moscow, 1997, pp. 17 – 62（Ячменихин К. М. Алексей Андреевич Аракчеев // Русские консерваторы. М., 1997. С. 17 – 62）。

[3] Solov'eva, *de Mestr*, no. 72, 20 Jan./1 Feb. 1808, p. 99.

[4] 这首先是更优良的霰弹弹药和更好的瞄准装置。

[5] P. Pototskii, *Istoriia gvardeiskoi artillerii*, SPB, 1896, chs. VI and VIII, pp. 99 – 153 是关于阿拉克切耶夫角色的最好资料。在 V. N. Stroev, *Stoletie sobstvennoi Ego Imperatorskago Velichestva kantseliarii*, SPB, 1912, pp. 98 – 129（Строев В. Н. Столетие собственной Его Императорского Величества канцелярии. СПб., 1912. С. 98 – 129）中也有一个有用的章节。关于回忆录，首先应参阅 'Zapiski

A. A. Eilera', *RA*, 11, 1880, pp. 333 – 99, at pp. 342 – 3, 348 – 50（Записки А. А. Эйлера // Русский архив. 1880. Кн. 2. С. 333 – 399）. F. Lange（ed.）, *Neithardt von Gneisenau*: *Schriften von und über Gneisenau*, Berlin, 1954：'Denkschrift Gneisenaus an Kaiser Alexander I', pp. 119 – 34, at p. 133。

[6] 见在这些年里颁布的诸多法律和法令：*PSZ*, 30, 22756, 17 Jan. 1808, p. 27（所有这些都是通过阿拉克切耶夫之手向亚历山大报告的）; 22777, 25 Jan. 1808, pp. 42 – 3（账簿）; 22809, 5 Feb. 1808, p. 58（非私人信件）; 23052, 2 June 1808, p. 284（准确的服役记录）; 23205, 5 Aug. 1808, pp. 486 – 508（关于验收衣料的规定）。

[7] 关于衣料供应见 *PSZ*, 30, 23923, 1809 年 10 月 21 日, pp. 1223 – 7; *MVUA* 1812, 1/2, no. 8, 阿拉克切耶夫致巴克莱, 1810 年 1 月 26 日, pp. 21 – 3. 团史是关于阿拉克切耶夫就射击训练和武器保养下达训令的最好资料：例如 V. V. Rantsov, *Istoriia 96 – go pekhotnago Omskago polka*, SPB, 1902, pp. 114 – 17（Ранцов В. В. История 96 – го пехотного Омского полка. СПб., 1902. С. 114 – 117）。

[8] *MVUA* 1812, 1, no. 116, 巴克莱致军需总监, 1810 年 6 月 4 日, p. 53; *RD*, 4, no. 332, 科兰古致尚帕尼, 1809 年 10 月 2 日, pp. 106 – 8。

[9] 关于新兵的制服, 见 *PSZ*, 30, 20036, 23 May 1808, pp. 272 – 4 等。关于起初对布料供应采取的紧急措施, 见 23121, 26 June 1808, pp. 357 – 68. S. V. Gavrilov, *Organizatsiia i snabzheniia russkoi armii nakanune i v khode otechestvennoi voiny 1812 g. i zagranichnykh pokhodov 1813 – 1815 gg.*: *Istoricheskie aspekty*, candidate's dissertation, SPB, 2003, pp. 117 – 20, 124。

[10] 在法国状况也是如此, 关于引入可互换配件的失败努力, 所有参考来源见 K. Alder, *Engineering the Revolution*: *Arms and Enlightenment in France*, *1763 – 1815*, Princeton, 1997, p. 466。

[11] 首先见 V. N. Speranskii, *Voenno – ekonomicheskaia podgotovka Rossii k bor' be s Napoleonom v 1812 – 1814 godakh*, Gorky, 1967, pp. 82 – 135 中关于轻兵器生产的出色章节。关于新步枪和它的口径, *PSZ*, 30, 23580, 13 April 1809, pp. 908 – 11。关于铅, 22827, 16 Feb. 1808, pp. 71 – 7, 也见 *MVUA 1812*, 4, no. 11, 克雷默（Kremer）致巴克莱·德·托利, 1811 年 7 月 25 日, pp. 82 – 5; no. 12, 巴克莱致古里耶夫, 草稿, pp. 85 – 6. P. Haythornthwaite, *Weapons and Equipment of the Napoleonic Wars*, London, 1996, p. 21。

[12] *PSZ*, 30, 23297, 1808 年 10 月 10 日, pp. 603 – 38。

[13] 'Dvenadtsatyi god: Pis' ma N. M. Longinova k grafu S. R. Vorontsovu', *RA*, 4, 1912, pp. 381 – 547, 1812 年 10 月 13 日, pp. 534 – 5（Двенадцатый год：

Письма Н. М. Лонгинова к графу С. Р. Воронцову // Русский архив. 1912. Кн. 4. С. 534 – 535）。I. P. Liprandi, *Materialy dlia otechestvennoi voiny 1812 goda*：*Sobranie statei*, SPB, 1867, ch. 10, pp. 199 – 211（Липранди И. П. Материалы для Отечественной войны 1812 года：Собрание статей. СПб. , 1867. С. 199 –211）.

[14] 关于巴克莱的背景、价值观和早年生活，大体而言最好的资料是 Michael and Diana Josselson, *The Commander*：*A Life of Barclay de Tolly*, Oxford, 1980。

[15] 例如符腾堡的欧根的评论：Eugen, *Memoiren*, vol. 1, pp. 274 – 7。

[16] Josselson, *Commander*, pp. 81 – 2. V. P. Totfalushin, *M. V. Barklai de Tolli v otechestvennoi voine 1812 goda*, Saratov, 1991, ch. 1（Тотфалушин В. П. М. Б. Барклай де Толли в Отечественной войне 1812 года. Саратов, 1991. Гл.1）.

[17] 法典收录在 *PSZ*, 31, no. 24975, 1812 年 1 月 27 日（旧历）, pp. 43 – 164. Gavrilov, *Organizatsiia*, pp. 61 ff. 对其做了详细探讨。

[18] 修正案收录在 *PSZ*, 31, no. 25035, 1812 年 3 月 13 日（旧历）, pp. 228 – 9。关于法典，见 P. A. Geisman, *Svita Ego Imperatorskago Velichestva po kvartirmeisterskoi chasti v tsarstvovanie Imperatora Aleksandra I*, SVM, 4/2/1, SPB, 1902, pp. 284 ff。

[19] 组建 13 个新团的法令在 *PSZ*, 30, no. 24505, 1811 年 1 月, pp. 537 –43；关于内卫部队的法令在 vol. 30, no. 24704, pp. 783 – 802. 关于这些新团的质量，可见 F. G. Popov, *Istoriia 48 – go pekhotnago Odesskago polka*, 2 vols. , Moscow, 1911, vol. 1, pp. 7 – 52（Попов Ф. Г. История 48 – го пехотного Одесского полка. Т. 1. М. , 1911. С. 7 –52）；S. A. Gulevich, *Istoriia 8 – go pekhotnago Estliandskago polka*, SPB, 1911, pp. 117 – 21（Гулевич С. А. История 8 – го пехотного Эстляндского полка. СПб. , 1911. С. 117 –121）等。

[20] 一本关于内卫部队的文件合辑于 2002 年在莫斯科出版：*Vnutrenniaia i konvoinaia strazha Rossii*：*Dokumenty i materialy*（Внутренняя и конвойная стража России：Документы и материалы. М. , 2002）。对英文读者而言，约翰·勒多内在 John LeDonne, *Absolutism and Ruling Class*, Oxford, 1991, pp. 132 –9 提供了简短的指南。P. E. Shchegoleva（ed.）, *Zapiski grafa E. F. Komarovskgogo*, SPB, 1914, pp. 183 – 7（Комаровский Е. Ф. Записки графа Е. Ф. Комаровского. СПб. , 1914. С. 183 –187）就内卫部队的组建和亚历山大对他们的态度提供了相当多的内情。关于亚历山大对巴拉绍夫的看法，见 ‘Zapiski Iakova Ivanovicha de Sanglena：1776 – 1831 gg. ’, *RS*, 37, 1883, pp. 1 –46, at pp. 20 –5（Записки Якова Ивановича Санглена：1776 – 1831 гг. // Русская старина. 1883. Т. 37. № 1. С. 20 –25）。

［21］尤其见洛巴诺夫在1814年5月8日（旧历）写给亚历山大的信：RGVIA，Fond 125，Opis 1/188a，Delo 153，fo. 65。出于公允，需要补充说明洛巴诺夫指出其中一些军官还是优秀的。

［22］在这一阶段，所有团都有所谓的"荣誉团长"，他们的军衔可能位于上校到高级将领之间，掌管该团的训练、资金和行政管理。如果荣誉团长没有其他职位的话，他就会实际负责指挥这个团。在各种状况下，他们都对下属军官的行为有强烈影响。

［23］Colonel Markov，*Istoriia leib - gvardii kirasirskago Eia Velichestva polka*，SPB，1884，pp. 199 - 201（Марков М. И. История лейб - гвардии кирасирского Ее Величества полка. СПб. , 1884. C. 199 - 201）；E. K. Wirtschafter, From Serf to Russian Soldier, Princeton, 1990, pp. 97 - 8.

［24］M. A. Rossiiskii，*Ocherk istorii 3 - go pekhotnago Narvskago general - fel' dmarshala kniazia Mikhaila Golitsyna polka*，Moscow，1904，pp. 291 - 302（Российский м. А. Очерк истории 3 - го пехотного Нарвского генерал - фельдмаршала князя Михаила Голицына полка. М. , 1904. C. 291 - 302）.

［25］P. Voronov and V. Butovskii，*Istoriia leib - gvardii Pavlovskago polka 1790 - 1890*，SPB，1890，pp. 46 - 73；Popov，*Istoriia 48go*，vol. 1，pp. 26 - 8（Воронов П. , Бутовский В. История лейб - гвардии Павловского полка, 1790 - 1890. СПб. , 1890. C. 46 - 73）. 关于水平低下的领导使得个别中队逃亡状况加剧的案例，见 Lt. Krestovskii，*Istoriia 14 - go Ulanskago Iamburgskago E. I. V. velikoi kniagini Marii Aleksandrovny polka*，SPB，1873，pp. 327 - 33。

［26］关于威灵顿的第95团的最新英国著作令人信服地证明了这些论点，见 Mark Urban，*Rifles*，London，2003。

［27］Hon. George Cathcart，*Commentaries on the War in Russia and Germany in 1812 and 1813*，London，1850，p. 7.

［28］关于猎兵和新兵的训练条令，见 A. I. Gippius，*Obrazovanie（Obuchenie）voisk*，SVM，4/1，book 2，SPB，1903，pp. 76 - 7，81 - 2（Гиппиус А. И. Образование（обучение）войск // Столетие военного министерства. Т. 4. Кн. 2. Отд. 1. СПб. , 1903. C. 76 - 77，81 - 82）。关于猎兵的历史，见 Rantsov，*Istoriia 96 - go*，pp. 1 - 36 等。伊利亚·乌里扬诺夫撰写的三卷本俄国步兵史 I. Ulianov，*Reguliarnaia pekhota 1801 - 1855*，Moscow，1995 - 8，是对条令、制服、武器和战术诸方面十分有益的总结，幸运的是，这本书也涵盖了猎兵。Lange，*Gneisenau*，pp. 130 - 31.

［29］近卫军中的两个轻步兵团有优秀的团史，它们提供了关于这一时期猎兵的大量信息：*Istoriia leib - gvardii egerskago polka za sto let 1796 - 1896*，SPB，1896（История лейб - гвардии Егерского полка за сто лет，1796 - 1896. СПБ. ,

1896）和 S. Gulevich, *Istoriia leib gvardii Finliandskago polka 1806 – 1906*, SPB, 1906（Гулевич С. А. История лейб - гвардии Финляндского полка, 1806 – 1906. СПб., 1906）。

[30] *Mémoires de Langeron*, *Général d'Infanterie dans l'Armée Russe*: *Campagnes de 1812, 1813, 1814*, Paris, 1902, pp. 74 – 5. 关于第 2 猎兵团，见 Rantsov, Istoriia 96 – go, pp. 81 – 3。关于第 10 猎兵团，见 N. Nevezhin, *112 – i pekhotnyi Ural'skii polk*: *Istoriia polka 1797 – 1897*, Vilna, 1899, pp. 35 – 8（Невежин Н. 112 – й пехотный Уральский полк: История полка, 1797 – 1897. Вильна, 1899. С. 35 – 38）。

[31] Digby Smith, *Napoleon against Russia*: *A Concise History of 1812*, Barnsley, 2004, p. 92. M. I. Bogdanovich, *Istoriia otechestvennoi voiny* 1812 *goda*, 3 vols., SPB, 1859 – 60, vol. 2, p. 456（Богданович М. И. История Отечественной войны 1812 года. Т. 2. СПб., 1859. С. 456）.

[32] 我阅读了 1810～1812 年《军事期刊》上的所有文章，列出全部引用出处是不可能的。

[33] 关于总参谋部起源的两本重要著作是 Geisman, *Svita*, SVM 和 N. Glinoetskii, 'Russkii general' nyi shtab v tsarstvovanie Imperatora Aleksandra I', *VS*, 17/10, 1874 年 10 月, pp. 187 – 250 和 17/11, 1874 年 11 月, pp. 5 – 43（Гейсман П. А. Указ. соч.；Глиноецкий Н. П. Генеральный штаб в царствование императора Александра I // Военный сборник. 1874. №10. С. 187 – 250; № 11. С. 5 – 43）。

[34] 沃尔孔斯基此前的下属米哈伊洛夫斯基 – 丹尼列夫斯基以无力的赞美批评他：A. I. Mikhailovskii – Danilevskii, *Memuary 1814 – 1815*, SPB, 2001, pp. 156 – 7（Михайловский – Данилевский А. И. Мемуары, 1814 – 1815 гг. СПб., 2001. С. 156 – 157）。

[35] Glinoetskii, 'Russkii general' nyi shtab', *VS*, 17/11, 1874 年 11 月, p. 11。

[36] RGVIA, Fond 489, Opis 1, Ed. Khr. 1, fos. 215 ff.

[37] 所有这些统计数据都取自 S. V. Shvedov, 'Komplektovanie, chislennost' i poteri russkoi armii v 1812 godu', in *K 175 – letiiu Otechestvennoi voiny 1812 g.*, Moscow, 1987, pp. 120 – 39（Шведов С. В. Комплектование, численность и потери русской армии в 1812 году // К 175 – летию Отечественной войны 1812 г. M., 1987. С. 120 – 139）。Geisman, Vozniknovenie, SVM, p. 298 中提供的较老的统计数据要更高一些。正如亚当·恰尔托雷斯基评论的那样，"在俄国，我时常看见纸面上的 100000 名士兵实际上只代表 65000 人"：A. Gielgud（ed.）, *Memoirs of Prince Adam Czartoryski*, 2 vols., London, 1888, vol. 2, p. 221。

［38］关于各团架构和战时部署的基本法规在 *PSZ*，31，nos. 24400 and 24526，pp. 420 - 24 and 553 - 8。

［39］关于这一点，最有可能的理由是近卫军的老兵连、水兵团和位于彼得堡的其他许多军事单位与机构提供了充足的后方训练核心，因而没有必要把第二营留在后方。

［40］关于亚历山大的看法，见 *SIM*，1，no. 56，亚历山大致埃森，1812 年 8 月 3 日（旧历），pp. 46 - 7。当冯·施泰因黑尔将军抵达里加后，他赞同了埃森的观点，"这里的部队是后备营，人数较少，在战备上也劣于一线部队" *SIM*，13，no. 3，施泰因黑尔致阿拉克切耶夫，1812 年 9 月 7 日（旧历），pp. 205 - 7。

［41］要从政策和命名法的复杂变化中对新兵兵站和后备部队加以探究的话，关于 1812 年的出色著作 *Entsiklopediia* 是十分有用的。

［42］关于第四营分配问题的关键文件是亚历山大给维特根施泰因的落款日期为 1812 年 8 月 3 日（旧历）的信中所附备忘录：*SIM*，1，no. 58，pp. 47 - 9。

［43］关于贵胄团，见 M. Gol'mdorf，*Materialy dlia istorii byvshego Dvorianskago polka*，SPB，1882（Гольмдорф М. Г. Материалы для истории бывшего Дворянского полка. СПб. , 1882）统计数据来自 p. 137。关于吸引军官的问题，也见 A. N. Andronikov and V. P. Fedorov，Prokhozhdenie sluzhby，SVM，4/1/3，SPB，1903，pp. 2 - 9，100 - 82。

［44］N. Shil'der，*Imperator Aleksandr pervyi：Ego zhizn' i tsarstvovanie*，4 vols. ，SPB，1897，vol. 3，pp. 98 - 102。本书第七章会更为细致地论述这一点。下达给洛巴诺夫的，要求他在志愿捐献基础上组建 12 个新团的命令是附在巴克莱于 1812 年 5 月 10 日（旧历）给洛巴诺夫的信中的：RGVIA，Fond 125，Opis 1/188a，Delo 15，fos. 2 - 10。关于费用的估计位于沃罗涅日省长 1812 年 6 月 24 日（旧历）给巴拉绍夫的一封信中：RGVIA，Fond 125，Opis 1/188a，Delo 16，fos. 92 - 3。

［45］*MVUA 1812*，1/2，no. 1，pp. 1 - 6.

［46］关于沃尔措根的观点，见他于 1811 年 10 月 13 日（旧历）撰写的备忘录：*MVUA 1812*，5，no. 139，沃尔措根致巴克莱，pp. 273 - 9. 关于战争大臣本人认为进攻战略是更好选择的看法，见他在 1811 年 1 月撰写的备忘录等文献：*MVUA 1812*，7，no. 16（additional），pp. 187 - 9。

［47］*MVUA 1812*，2，no. 56，军事行动计划，1811 年 2 月，pp. 83 - 93。

［48］符腾堡的亚历山大撰写的有用备忘录位于 *MVUA 1812*，10，no. 143，pp. 253 - 75；关于巴格拉季翁，见 *MVUA 1812*，12，no. 103，巴格拉季翁致巴克莱，1812 年 6 月 12 日（旧历），pp. 107 - 9 等文献；关于沃尔孔斯基，见 *MVUA 1812*，11，no. 260，1812 年 4 月 29 日（旧历），pp. 324 - 33。

［49］有许多关于部队供给面临困难的文件，例如巴克莱于 1812 年 4 月 4 日（旧历）

给亚历山大递交的报告，他在报告中表示食物是一个大问题，草料问题尤为严重，道路难以通行，由于并未宣布进入战争状态，他也无法展开征用，但是又缺乏购买食物的资金，并表示只要部队充分分散开来，就能够保持患病率较低 *MVUA 1812*, 11, no.41, 1812 年 4 月 4 日（旧历）, pp. 54 – 5。

［50］关于这一问题，*MVUA* 中又有很多相关文献，但最好的总结出现在 I. G. Fabritsius, *Glavnoe inzhenernoe upravlenie*, SVM, 7, SPB, 1902。

［51］关于沃尔措根的观点，见上文提到的他的备忘录（本章注释6）Bogdanovich, *Istoriia… 1812 goda*, vol. 1, pp. 407 – 11, 较好地描述了当地地形。奥珀曼给巴克莱的报告落款日期为 1811 年 8 月 10 日（旧历）：*MVUA 1812*, 4, no.56, pp. 207 – 9。

［52］关于俄国整体战争规划，尤其是普菲尔计划的两部重要著作是 V. M. Bezotosnyi, *Razvedka i plany storon v 1812 godu*, Moscow, 2005, pp. 85 – 108（Безотосный В. М. Разведка и планы сторон в 1812 году. C. 85 – 108）和 V. V. Pugachev, 'K voprosu o pervonachal' nom plane voiny 1812 goda', in *K stopiatidesiatiletiiu otechestvennoi voiny*, Moscow, 1962, pp. 31 – 46（Пугачев В. В. К вопросу о первоначальном плане войны 1812 года // К стопятидесятилетию Отечественной войны. Сб. статей. M. , 1962. C. 31 – 46）。我从这两部著作中受益良多。

［53］'Analiticheskii proekt voennykh deistvii v 1812 P. A. Chuikevicha', in *Rossiiskii arkhiv*, 7, 1996, pp. 41 – 57（Безотосный В. М. Аналитический проект военных действий в 1812 г. П. А. Чуйкевича // Российский архив. Т. 7. M. , 1996. C. 41 – 57）.

［54］Josselson, *Commander*, pp. 41 – 2; *Correspondance de l' Empereur Alexandre*, no.73, 亚历山大致叶卡捷琳娜, 1812 年 9 月 18 日（旧历）, pp. 86 – 93; Comte de Rochechouart, *Souvenirs de la Révolution, l' Empire et la Restauration*, Paris, 1889, pp. 167 – 8。罗斯托普钦的信被引用在 A. G. Tartakovskii, *Nerazgadannyi Barklai*, Moscow, 1996, p. 73（Тартаковский А. Г. Неразгаданный Барклай. M. , 1996. C. 73）。

［55］F. von Schubert, *Unter dem Doppeladler*, Stuttgart, 1962, pp. 212 – 13: "俄国将会不可挽回地战败"。*Metternich: The Autobiography 1773 – 1815*, London, 2004, p. 153. *MVUA 1812*, 7, prilozheniia, no. 21, 'Plan voennykh deistvii', 约翰·巴克莱·德·托利, 1811 年, pp. 217 – 42, at p. 218。

［56］引用所有相关信件是不可能的，可参阅巴戈武特中将于 1812 年 2 月 9 日（旧历）写给巴克莱的一封典型信函：*MVUA 1812*, 9, no.50, p. 128。

［57］这些退却中的绝大部分都太过著名，因而不需要提供参考资料，但关于从布尔

戈斯撤退给英军纪律造成的影响（"许多部队行军途中分崩离析"），可参阅 C. Esdaile, *The Peninsular War*, London, 2002, p. 412。正文中所引用的文字来自 Gordon Corrigan, *Wellington：A Military Life*, London, 2001, p. 227。关于巴格拉季翁，见他在 1812 年 6 月 6 日（旧历）写给亚历山大的信：*MVUA 1812*, 13, no. 57, pp. 48 – 50。

[58] 例如亚姆堡枪骑兵团团史作者的评论：Lieutenant Krestovskii, *Istoriia… Iamburgskago… polka*, pp. 102 – 3。英文读者会从 P. Longworth, *The Art of Victory*, London, 1965 中对苏沃洛夫的"理论"有所感悟。Christopher Duffy, *Russia's Military Way to the West*, London, 1981, 是关于 18 世纪俄军历史的优秀介绍，其中也提到了它的"军事理论"演化过程。

[59] *MVUA 1812*, 1/2, no. 60, 迪比奇致巴克莱, 1810 年 5 月 9 日, pp. 87 – 91；这份匿名报告没有落款日期，但它显然是在 1811 ~ 1812 年冬天写成的：见 *MVUA 1812*, 7, no. 13, pp. 175 – 83。

[60] C. F. Adams（ed.）, *John Quincy Adams in Russia*, New York, 1970, p. 426. 隆吉诺夫给谢苗·罗曼诺维奇·沃龙佐夫的信落款日期为 1812 年 6 月 28 日：*RA*, 4, 1912, pp. 481 – 547, at p. 490。

[61] 关于（法奥）同盟的重要性，以及先发制人的进攻已无法实现，见 *MVUA 1812*, 16, no. 2, 亚历山大致巴克莱, 1812 年 4 月 7 日（旧历）, pp. 180 – 81；13, no. 190, 阿伦席尔特（Arenschildt）致明斯特尔（Münster）, 1812 年 5 月 22 日（6 月 3 日）, pp. 189 – 94。

[62] *MVUA 1812*, 12, no. 260, 沃尔孔斯基备忘录, 1812 年 4 月 29 日（旧历）, pp. 324 – 33。

[63] *MVUA 1812*, 13, no. 65, 巴克莱致巴格拉季翁, 1812 年 6 月 6 日（旧历）, p. 56。

[64] *MVUA 1812*, 13, no. 94, pp. 96 – 7, and no. 103, pp. 107 – 9：巴格拉季翁致巴克莱。

[65] *MVUA 1812*, 13, no. 57, 巴格拉季翁致亚历山大, 1812 年 6 月 6 日（旧历）, pp. 48 – 50。

第五章　退却

[1] 统计数字来自 S. V. Shvedov, 'Komplektovanie, chislennost' i poteri russkoi armii v 1812 godu', in *K 175 – letiiu Otechestvennoi voiny 1812 g.*, Moscow, 1987, p. 125。

[2] 见附录 1。表格取自 *MVUA 1812*, 17, pp. 51 – 4。

[3] 例如保卢奇给亚历山大的落款日期为 1812 年 7 月 14 日（旧历）的信，位于 *MVUA 1812*, 14, no. 130, pp. 128 – 9。

[4] 关于托尔的传记信息，见 D. N. Shilov, *Gosudarstvennye deiateli Rossiiskoi imperii*, SPB, 2001, pp. 671 - 4。评论摘自 N. Murav'ev, 'Zapiski Nikolaia Nikolaevicha Muraveva', *RA*, 3, 1885, pp. 5 - 84, at p. 81 (Муравьев Н. Н. Записки Николая Николаевича Муравьева // Русский архив. 1885. Кн. 3. С. 81)。

[5] P. Grabbe, *Iz pamiatnykh zapisok: Otechestvennaia voina*, Moscow, 1873, pp. 17 - 19, 60, 74 - 7 (Граббе П. Х. Из памятных записок. М., 1873. С. 17 - 19, 60, 74 - 77).

[6] Murav'ev, 'Zapiski', p. 53. P. Pototskii, *Istoriia gvardeiskoi artillerii*, SPB, 1896, pp. 155 - 6.

[7] Ludwig von Wolzogen, *Mémoires d'un Général d'Infanterie au service de la Prusse et de la Russie (1792 - 1836)*, Paris, 2002, pp. 106, 115. V. von Löwenstern, *Mémoires du Général - Major Russe Baron de Löwenstern*, 2 vols., Paris, 1903, vol. 1, pp. 217, 247 - 8.

[8] *SIM*, 5, nos. 1 and 2, 叶尔莫洛夫致亚历山大, 1812 年 8 月 1 日和 10 日 (均为旧历), pp. 411 - 7。V. Kharkevich (ed.), *1812 god v dnevnikakh, zapiskakh i vospominaniiakh sovremennikov*, 4 vols., Vilna, 1900 - 1907, vol. 1, p. 183 ('Iz zapisok Vistitskago') (1812 год в дневниках, записках и воспоминаниях современников. Вильна, 1900 - 1907. Вып. 1. С. 183)。

[9] S. N. Golubeva (ed.), *General Bagration: Sbornik dokumentov i materialov*, Moscow, 1945, no. 102, 叶尔莫洛夫致巴格拉季翁, 1812 年 6 月 30 日 (新历 7 月 12 日), pp. 189 - 90 (Генерал Багратион; Сборник документов и материалов. М., 1945. С. 189 - 190)。关于十二月党人有丰富的文献资料，其中有许多都谈到了叶尔莫洛夫：例如 M. A. Davydov, *Oppozitsiia ego velichestva*, Moscow, 1994 (Давыдов М. А. Оппозиция его величества. М., 1994)。关于亚历山大的评论，见：'Zapiski Iakova Ivanovicha de Sanglena: 1776 - 1831 gg.', *RS*, 37, 1883, pp. 1 - 46, 539 - 56, at p. 551 (Записки Якова Ивановича Санглена: 1776 - 1831 гг. // Русская старина. 1883. Т. 37. № 1. С. 551)。

[10] 首先参阅 R. I. Sementkovskii, *E. F. Kankrin: Ego zhizn' i gosudarstvennaia deiatel'nost'*, SPB, 1893 (Сементковский Р. И. Е. Ф. Канкрин; Его жизнь и государственная деятельность. СПб., 1893)。

[11] *Correspondance de l'Empereur Alexandre*, no. 73, 亚历山大致叶卡捷琳娜, 1812 年 9 月 18 日 (旧历), pp. 86 - 93。关于亚历山大对有必要注意公众意见的关键性论述，见 *VS*, 47/1, 1904, no. 19, 亚历山大致巴克莱, 1812 年 11 月 24 日 (旧历), pp. 231 - 3。

[12] 关于维特根施泰因，见 *MVUA 1812*, 13, no. 173, 巴克莱致亚历山大, 1812 年 6

月 18 日（旧历），pp. 183 -4；巴戈武特的信件在 I. I. Shelengovskii, *Istoriia 69 - go Riazanskago polka*, 3 vols. , Lublin, 1911, vol. 2, p. 143 （ Шеленговский И. И. История 69 - го Рязанского полка. Т. 2. Люблин, 1911. С. 143）被引述。

[13] *Mémoires du Général Bennigsen*, 3 vols. , Paris, n. d. , vol. 3, p. 77；关于本尼希森是俄军最优秀战术家的观点，见 *Mémoires de Langeron*, *Général d' Infanterie dans l' Armée Russe*: *Campagnes de 1812*, *1813*, *1814*, Paris, 1902, e. g. p. 35。

[14] 关于巴克莱创建移动仓库的失败努力，可见：V. P. Totfalushin, *M. V. Barklai de Tolli v otechestvennoi voine 1812 goda*, Saratov, 1991, pp. 29 -31。

[15] 见普辛的日记：V. G. Bortnevskii (ed.), *Dnevnik Pavla Pushchina*: *1812 - 1814*, Leningrad, 1987, pp. 46 -7。例如，阿列克谢·尼基京提到波兰枪骑兵团的大部分人在维捷布斯克逃亡了：'Vospominaniia Nikitina', in Kharkevich (ed.), *1812 god*, vol. 2, pp. 140 -1，这一说法也许是夸张了。

[16] M. M. Petrov, 'Rasskazy sluzhivshego v 1 - m egerskom polku polkovnika Mikhaila Petrova o voennoi sluzhbe i zhizni svoei', in*1812 god*: *Vospominaniia voinov russkoi armii*, Moscow, 1991, pp. 112 - 355, at pp. 176 -7 （ Петров М. М. Рассказ служившего в I - от егерском полку полковника Михаила Петрова о военной службе и жизни своей // 1812 год: Воспоминания воинов русской армии. М. , 1991. С. 176 -177）.

[17] N. E. Mitarevskii, *Rasskazy ob otechestvennoi voine 1812 goda*, Moscow, 1878, pp. 13 -23 （ Митаревский И. Е. Рассказ об Отечественной войне 1812 года. М. , 1878. С. 13 -23）。教士的故事来自第六军军需总监，伊万·利普兰季的回忆：Kharkevich, *1812 god*, vol. 2, p. 5: 'Zamechaniia I. P. Liprandi'.

[18] *MVUA 1812*, 13, no. 203, 乌瓦罗夫致亚历山大, 1812 年 6 月 19 日（旧历）, pp. 206 -7。

[19] Armand de Caulaincourt, *At Napoleon's Side in Russia*, New York, 2003, p. 43. V. M. Bezotosnyi, *Razvedka i plany storon v 1812 godu*, Moscow, 2005, pp. 58 -9, 100 -1 （ Безотосный В. М. Разведка и планы сторон в 1812 году. С. 58 -59, 100 -101）.

[20] *Correspondance de Napoléon Ier*, 32 vols. , Paris, 1858 -70, vol. 24, no. 18925, 拿破仑致克拉克, 1812 年 7 月 8 日, pp. 33 -4。

[21] 关于奥尔洛夫的出使，可见尼古拉·杜尔诺沃（Nikolai Durnovo/Николай Дурново）1812 年 6 月 21、22 日（旧历）的日记，收录在 A. G. Tartakovskii (ed.), *Voennye dnevniki*, Moscow, 1990, pp. 79 -80 （ 1812 год... Военные дневники. М. , 1990. С. 79 -80）.

[22] Grabbe, *Iz pamiatnikh*, pp. 22 -35。

［23］ *MVUA 1812*，13，no. 296，巴克莱致亚历山大，1812 年 6 月 25 日（旧历），
pp. 302 - 3 和 no. 323，1812 年 6 月 27 日（旧历），pp. 331 - 3。

［24］ 关于工程师，见 I. G. Fabritsius，*Glavnoe inzhenernoe upravlenie*，SVM，7，SPB，
1902，pp. 392 - 5。

［25］ 讨论请参阅 Bezotosnyi，*Razvedka*，pp. 112 - 3，它指出所谓的普菲尔计划是亚历
山大玩的狡猾伎俩，以此避免自己承担战略撤退政策的责任，尽管他认为有必
要战略撤退，却不愿承认这一点。

［26］ Löwenstern，*Mémoires*，vol. 1，p. 208. *MVUA 1812*，17，亚历山大致巴格拉季翁，
1812 年 7 月 5 日（旧历），pp. 275 - 6。希什科夫在他的回忆录中复写了给亚历
山大的信件，讨论了这三人间的交谈：N. Kiselev and I. Iu. Samarin（eds.），
Zapiski，mneniia i perepiska Admirala A. S. Shishkova，2 vols.，Berlin，1870，vol. 1，
pp. 141 - 8（Записки，мнения и переписка адмирала А. С. Шишкова. Берлин，
1870. Т. 1. С. 141 - 148）。

［27］ 关于巴格拉季翁的"体系"，可见他在 1812 年 7 月 7 日的作战公报，和他此前给
阿拉克切耶夫的信（这封信只标注了落款时间在 6 月）：*General Bagration*，
nos. 95，pp. 179 - 80，和 nos. 103，pp. 190 - 1. 关于他计划中的牵制，见 *MVUA
1812*，13，no. 120，巴格拉季翁致亚历山大，1812 年 6 月 26 日，pp. 131 - 3。

［28］ I. Radozhitskii，*Pokhodnyia zapiski artillerista s 1812 po 1816 god*，3 vols.，Moscow，
1835，vol. 1，p. 67（Радожицкий И. Т. Походные записки артиллериста，с
1812 по 1816 год. М.，1835. Ч. 1. С. 67）。

［29］ 可见 Löwenstern，*Mémoires*，vol. 1，p. 209. 对奥斯特曼 - 托尔斯泰的辩护，见
I. I. Lazhechnikov，'Neskol' ko zametok i vospominanii po povodu stat' i "Materialy
dlia biografii A. P. Ermolova" '，*Russkii vestnik*，31/6，1864，pp. 783 - 819
（Лажечников И. И. Несколько заметок и воспоминаний поповоду статьи 《
Материалы для биографии А. П. Ермолова 》// Русский вестник. 1864. No
6. С. 783 - 819）。关于奥斯特曼 - 托尔斯泰的外貌，见 Serge Glinka，*Pis' ma
russkogo ofitsera*，Moscow，1987，p. 316（Глинка Ф. Н. Письма русского
офицера. С. 316）。

［30］ 关于英格曼兰龙骑兵团，见 V. I. Genishta and A. T. Borisovich，*Istoriia 30 - go
dragunskago Ingermanlandskago polka 1704 - 1904*，SPB，1904，pp. 172 - 5，and
prilozhenie 7. 我们无法完全确认被提拔为军官的 5 位军士都并非贵族，但他们
必然都不是容克，也就是说并非军官学校学员出身。见 G. P. Meshetich，'Istori-
cheskie zapiski voiny rossiian s frantsuzami i dvadtsat' iu plemenami 1812，1813，
1814 i 1815 godov'，in *Vospominaniia voinov russkoi armii：Iz Sobraniia otdela pis'
mennykh istochnikov gosudarstvennogo istoricheskogo muzeia*，Moscow，1991，pp. 39 -

102，at pp. 42 – 3（Мешетич Г. П. Исторические записки войны россиян с французами и двадцатью племенами 1812，1813，1814 и 1815 годов // 1812 год；Воспоминания воинов... С. 42 –43）。

[31] Radozhitskii，*Pokhodnyia zapiski*，pp. 32 – 3.

[32] 像这一章里的其他各处一样，我这里的描述很大程度上得益于 Bogdanovich，*Istoriia otechestvennoi voiny 1812 goda*，3 vols.，SPB，1859 – 60，在所有不确定的时刻都得到了 *Entsiklopediia* 的帮助。关于从维捷布斯克退却的决定，可见巴克莱在 1812 年 7 月 22 日（旧历）向亚历山大给出的解释，*MVUA 1812*，14，no. 196，pp. 195 – 6。

[33] 例如巴克莱在 1812 年 7 月 15 日（旧历）给亚历山大的信件，收录在 *MVUA 1812*，14，no. 136，pp. 136 – 7. 关于彼得·帕伦，见 M. Bogdanovich，' Graf Petr Petrovich fon der Palen i ego vremia'，*VS*，7/8，1864，pp. 410 – 25。古尔戈将军一如既往地否定这些批评，为拿破仑申辩，但他的辩护在一定程度上依靠的是模糊俄军决定退却的时间：Général Gourgaud，*Napoléon et la Grande Armée en Russie ou Examen critique de l'ouvrage de M. le Comte de Ségur*，Paris，1826，pp. 132 – 6。

[34] Duc de Fezensac，*Souvenirs militaires*，Paris，1863，pp. 221 – 2；Philippe de Ségur，*History of the Expedition to Russia*，1812，2 vols.，Stroud，2005，vol. 1，p. 145.

[35] 'Zapiski Paskevicha'，in Kharkevich（ed.），*1812 god*，vol. 1，pp. 82 – 119，at p. 96. 'Zhurnal uchastnika voiny 1812 goda'，*VIS*，1/3，1913，pp. 155 – 72，at pp. 152 – 3（Журнал участника войны 1812 года // Военно – историческийсборник. 1913. № 1/3. С. 152 –153）.

[36] *SIM*，5，no. 1，1812 年 8 月 1 日（旧历），叶尔莫洛夫致亚历山大，pp. 411 – 14。

[37] *MVUA 1812*，14，no. 257，亚历山大致巴克莱，1812 年 7 月 28 日（旧历），pp. 263 – 4. N. Dubrovin（ed.），*Otechestvennaia voina v pis'makh sovremennikov*，Moscow，2006，no. 60，亚历山大致巴克莱，1812 年 7 月 30 日（旧历），pp. 68 – 9（Отечественная война в письмах современников. М.，2006. С. 68 – 69）。

[38] *MVUA 1812*，16，no. 59，巴克莱致亚历山大，1812 年 8 月 9 日（旧历），pp. 47 –8。

[39] *MVUA 1812*，16，no. 92，巴克莱致亚历山大，1812 年 8 月 16 日（旧历），pp. 76 – 7；17，巴克莱致奇恰戈夫，1812 年 7 月 31 日（旧历），pp. 167 – 8；巴克莱致库图佐夫，1812 年 8 月 17 日（旧历），pp. 186 – 7。

[40] Löwenstern，*Mémoires*，vol. 1，p. 220. Bogdanovich，*Istoriia··· 1812 goda*，vol. 1，pp. 234 – 5.

[41] *MVUA 1812*，14，no. 277，巴格拉季翁致巴克莱，1812 年 7 月 30 日（旧历），

pp. 280 - 1。

[42] Golubeva (ed.)，*General Bagration*，no. 129，巴格拉季翁致阿拉克切耶夫，1812 年 7 月 29 日（旧历），p. 226。

[43] 例如 Popov，*Istoriia 48 - go pekhotnago Odesskago polka*，2 vols. ，Moscow，1911，vol. 1，pp. 7 - 26 （Попов Ф. Г. Указ. соч. Т. 1. М. ，1911. С. 7 - 26）。D. V. Dushenkovich，'Iz moikh vospominanii ot 1812 goda do 1815 goda'，in 1812 god v vospominaniiakh sovremennikov，Moscow，1995，pp. 103 - 35 （Душенкевич Д. В. Из моих воспоминаний от 1812 года до 1815 года // 1812 год в воспоминаниях современников. М. ，1995. С. 103 - 135）。

[44] Baron Fain，*Manuscrit de Mil Huit Cent Douze*，Paris，1827，p. 359.

[45] Dushenkovich，'Iz moikh vospominanii'，in *1812 god v vospominaniiakh*，p. 111.

[46] 'Zapiski Paskevicha'，in Kharkevich (ed.)，*1812 god*，vol. 1，pp. 99 - 103.

[47] 关于这些问题，在 A. G. Tartakovskii，*Nerazgadannyi Barklai*，Moscow，1996，pp. 103 - 8 中有相当好的探讨。

[48] ' Zamechaniia I. P. Liprandi na "Opisanie Otechestvennoi voiny 1812 goda" Mikhailovskago - Danilevskago'，in Kharkevich (ed.)，*1812 god*，vol. 2，pp. 1 - 35，at pp. 15 - 6. Dushenkovich，'Iz moikh vospominanii'，p. 111.

[49] P. A. Geisman，*Svita Ego Imperatorskogo Velichestva po kvartirmeisterskoi chasti v tsarstvovanie Imperatora Aleksandra I*，SVM，4/2/1，SPB，1902，pp. 313 - 4. 关于（参谋）不堪重负的最好资料是尼古拉·穆拉维约夫的回忆录：Nikolai Muravev，'Zapiski'。

[50] 关于此战的最好资料是 Bogdanovich，*Istoriia… 1812*，vol. 1，pp. 285 - 9 和 Eugen，*Memoiren*，vol. 2，book 2，pp. 18 - 41。

[51] F. von Schubert，*Unter dem Doppeladler*，Stuttgart，1962，p. 97.

[52] Kharkevich (ed.)，*1812 god*，vol. 1，p. 13 ('Zapiski Shcherbinina') and pp. 219 - 24 ('Iz vospominanii grafa Orlova - Denisova')。*SIM*，5，no. 2，叶尔莫洛夫致亚历山大，1812 年 8 月 10 日（旧历），pp. 414 - 7。

[53] T. Lentz，*Nouvelle histoire du Premier Empire*，3 vols. ，Paris，2004 - 7，vol. 2，p. 324.

[54] Schubert，*Doppeladler*，pp. 203 - 4.

第六章　博罗季诺与莫斯科的陷落

[1] 关于里加城防的最好资料是 I. G. Fabritsius，*Glavnoe inzhenernoe upravlenie*，SVM，7，SPB，1902，pp. 355 - 9。M. I. Bogdanovich，*Istoriia otechestvennoi voiny 1812 goda*，3 vols. ，SPB，1859 - 60（关于里加的城防见 vol. 1，pp. 340 - 3）和 *Entsiklo-*

pediia 中的许多相关条目也一如既往地有价值。关于里加要塞守备司令埃梅（Emme）将军的回忆录，见 VS, 53/11, 1910, pp. 30 – 38，这些回忆很有意思，不过也许对埃森将军有些不公平。

［2］除非另行表述，不然我关于 1812 年的所有部队实力数字都取自 Entsiklopediia 的相关条目。关于维特根施泰因得到的命令，见 MVUA 1812, 17，巴克莱致维特根施泰因，1812 年 7 月 4 日（旧历），pp. 134 – 5。

［3］Bogdanovich, Istoriia··· 1812, vol. 1, pp. 351 – 2 提出了关于芬兰战争中经验的看法，也可参考如下两本团史：Captain Geniev, Istoriia Pskovskago pekhotnago general – fel' dmarshala kniazia Kutuzova – Smolenskago polka：1730 – 1831, Moscow, 1883, pp. 178 – 82（Гениев Н. И. История Псковского пехотного, генерал – фельдмаршала князя Кутузова Смоленского полка. 1700 – 1881. М. , 1883. С. 178 – 182）；S. A. Gulevich, Istoriia 8 – go pekhotnago Estliandskago polka, SPB, 1911, pp. 128 – 41. 关于维特根施泰因所部的士气和胜利的影响，见 V. Kharkevich（ed.）, 1812 god v dnevnikakh, zapiskakh i vospominaniiakh sovremennikov , 4 vols. , Vilna, 1900 – 1907, 'Zapiski A. I. Antonovskago', vol. 3, pp. 72 – 3。

［4］例如米哈伊洛夫斯基 – 丹尼列夫斯基的评论，收录在 A. G. Tartakovskii（ed.）, Voennye dnevniki, Moscow, 1990, pp. 333, 345。

［5］关于多夫雷，可参阅 F. von Schubert, Unter dem Doppeladler, Stuttgart, 1962, p. 58；关于苏霍扎涅特，可参阅 N. M. Zatvornitskii, Pamiat' o chlenakh voennago soveta, SVM, 3/4, SPB, 1906, pp. 141 ff（Затворницкий Н. М. Память о членах военного совета // Столетие военного министерства. Т. 3. Кн. 4. СПб. , 1906. С. 144 и далее）。

［6］关于迪比奇，可参阅亚历山大·奇切林的评论：L. G. Beskrovnyi（ed.）, Dnevnik Aleksandra Chicherina, 1812 – 1813, Moscow, 1966, p. 135. Dnevnik Pavla Pushchina, SPB, 1896, p. 111（Дневник Павла Пущина. СПб. , 1896. С. 111）。

［7］Correspondance de Napoléon Ier, 32 vols. , Paris, 1858 – 70, vol. 24, no. 19100, Napoleon to Berthier, 19 Aug. 1812, pp. 158 – 9.

［8］Marshal Gouvion Saint – Cyr, Mémoires pour servir à l' histoire militaire sous le Directoire, le Consulat et l' Empire, Paris, 1831, vol. 3, pp. 79 – 81；MVUA 1812, 17, Wittgenstein to Alexander, 6 Aug. 1812（OS）, pp. 284 – 5.

［9］Gulevich, Istoriia··· Estliandskago polka, pp. 137 – 41.

［10］Saint – Cyr, Mémoires, vol. 3, p. 87.

［11］MVUA 1812, 17, no. 32, p. 295：维特根施泰因致亚历山大：这封信的落款日期是 8 月 25 日（旧历），但这些递交给皇帝的报告上的日期明显是亚历山大收到时的日期，而非撰写日期。1400 万的总数来自 Bogdanovich, Istoriia··· 1812 goda，vol. 2，p. 72. 1811 年度财政预算的数据来自 F. P. Shelekhov，*Glavnoe inten-dantskoe upravlenie*，SVM，5/1，SPB，1903，p. 373。在 1812 年的俄国，由于对"行省"一词的定义较为复杂，因此在省份数目上产生了轻微的模糊。一些边疆地区和亚洲地区并不被称作行省。

[12] 可参阅少将瓦西里·维亚泽姆斯基公爵的评论，他在托尔马索夫的军团里指挥一个旅：Tartakovskii（ed.），*Voennye dnevniki*，pp. 199 – 215。

[13] 朗热隆称这个军团为"欧洲最优秀的军队之一"。作为这支部队的副司令，他的看法是偏颇的，但这一点会被多瑙河军团的表现所证明。*Mémoires de Lange-ron*，*Général d'Infanterie dans l'Armée Russe：Campagnes de 1812，1813，1814*，Paris，1902，p. 7。

[14] *VPR*，6，no. 164，俄土和约，pp. 406 – 17。

[15] 亚历山大给奇恰戈夫的两封关键信件分别写于 7 月 6 日和 22 日（均为旧历）：*VIS*，2/3，1912，pp. 201 – 6。

[16] *MVUA 1812*，16，亚历山大致巴克莱，1812 年 4 月 7 日（旧历），pp. 181 – 2。

[17] 这些指示收录在 *VPR*，6，no. 145，1812 年 4 月 21 日，pp. 363 – 5。

[18] *VPR*，6，no. 197，鲁缅采夫致亚历山大，1812 年 7 月 5/17 日，pp. 486 – 90。

[19] *MVUA 1812*，13，no. 321，特伊尔致巴克莱，1812 年 6 月 26 日/7 月 8 日，pp. 329 – 30. *VIS*，2/3，1912，亚历山大致奇恰戈夫，1812 年 6 月 13 日（旧历），pp. 196 – 8。关于奥地利的许诺，尤其要注意弗朗茨二世和施塔克尔贝格的谈话：*VPR*，6，no. 158，施塔克尔贝格致鲁缅采夫，1812 年 4 月 29 日/5 月 11 日，pp. 393 – 6。

[20] 关于行军路线和时间，见 *MVUA 1812*，vol. 17，pp. 197 – 8。

[21] V. von Löwenstern，*Mémoires du Général – Major Russe Baron de Löwenstern*，2 vols.，Paris，1903，vol. 1，p. 250. *VS*，47/1，1904，no. 19，亚历山大致巴克莱，1812 年 11 月 24 日（旧历），pp. 231 – 6.

[22] S. Panchulidzev，*Istoriia kavalergardov*，SPB，1903，vol. 3，p. 180（Панчулидзев С. А. История кавалергардов. СПб.，1903. Т. 3. С. 180）.

[23] N. M. Konshin，'Zapiski o 1812 gode'，IV，8，1884，pp. 263 – 86，at pp. 281 – 2. A. M. Valkovich and A. P. Kapitonov（eds.），*Borodino：Dokumental'naia khroni-ka*，Moscow，2004，no. 27，库图佐夫致亚历山大，1812 年 8 月 19 日（旧历），pp. 24 – 5. *Kutuzov*，vol. 4i，Moscow，1954，no. 125，库图佐夫致叶卡捷琳娜·伊利尼奇娜·库图佐娃（E. I. Kutuzova/Е. И. Кутузова），1812 年 8 月 19 日（旧历），p. 108。

[24] Langeron，*Mémoires*，p. 28. 事实上俄军在莫扎伊斯克遗弃了许多伤员，不过那时的状况很特殊。

[25] Carl von Clausewitz，*The Campaign of 1812 in Russia*，London，1992，pp. 175 – 6.

[26] Antoine de Jomini, *The Art of War*, London, 1992, pp. 64 – 5, 230, 233 – 8.

[27] Eugen, *Memoiren*, vol. 2, pp. 70 – 2.

[28] F. Glinka, *Pis' ma russkogo ofitsera*, Moscow, 1987, p. 293.

[29] 科诺夫尼岑和克罗伊茨（Kreutz）将军（他指挥一部分后卫骑兵）所作的评论收录在 Kharkevich（ed.）, *1812 god*, vol. 2, pp. 70 – 2, 124 – 5；也参阅米哈伊洛夫斯基 – 丹尼列夫斯基关于科诺夫尼岑的回忆，收录在 Tartakovskii（ed.）, Voennye dnevniki, pp. 313 – 6. Bogdanovich, *Istoriia… 1812*, vol. 2, pp. 129 – 36。

[30] Ivan Radozhitskii, *Pokhodnyia zapiski artillerista s 1812 po 1816 god*, 3 vols., Moscow, 1835, vol. 1, pp. 131 – 2.

[31] 关于这一委员会的记录，见 *Kutuzov*, vol. 4i, no. 82, pp. 71 – 3. 关于这一选择背后的争议，见 A. G. Tartakovskii, *Nerazgadannyi Barklai*, Moscow, 1996, pp. 130 – 7. A. A. Podmazo, 'K voprosu o edinom glavnokomanduiushchem v *1812 godu*', in *Otechestvennaia voina 1812 goda: Istochniki, pamiatniki, problemy. Materialy X vserossiiskoi nauchnoi konferentsii. Borodino, 3 – 5 sentiabria 2001 g.*, Moscow, 2002, pp. 140 – 6（Подмазо А. А. К вопросу о едином главнокомандующем в 1812 году // Отечественная война 1812 года; Источники, памятники, проблемы. С. 140 – 146）。

[32] *Dnevnik Pavla Pushchina*, 1812 年 8 月 19 日（旧历）, p. 59. *Correspondance de l' Empereur Alexandre*, nos. 70 and 73, 亚历山大致叶卡捷琳娜，8 月 8 日、9 月 18 日（均为旧历）, pp. 81 – 2, 86 – 93。

[33] 关于库图佐夫的文献是极为丰富的。也许最好的概述是 N. A. Troitskii, *Fel' dmarshal Kutuzov: Mify i fakty*, Moscow, 2002（Троицкий Н. А. Фельдмаршал Кутузов; Мифы и факты. М., 2002）。

[34] 关于主要将领间的关系，最重要的文献是 V. Bezotosnyi, 'Bor' ba general'skikh gruppirovok', in *Epokha 1812 goda: issledovaniia, istochniki, istoriografiia*, TGIM, Moscow, 2002, vol. 1（Безотосный В. М. Борьба генеральских группировок // Эпоха 1812 года… Т. 1. М., 2002）, 另外也可见 Lidiia Ivchenko, *Borodino: Legenda i deistvitel' nost'*, Moscow, 2002, pp. 6 – 18（Ивченко Л. Л. Бородино; Легенда и действительность. М., 2002. С. 6 – 18）。

[35] 除了在上一条注释中列出的资料之外，另见 *Mémoires du Général Bennigsen*, 3 vols., Paris, n. d., vol. 3, pp. 77 – 84。关于他们之间就拉耶夫斯基炮垒的设计产生的争执，见 I. P. Liprandi, *Materialy dlia otechestvennoi voiny 1812 goda: Sobranie statei*, SPB, 1867, 176 – 8。

[36] Clausewitz, *Campaign*, p. 148.

[37] 关于博罗季诺的二手文献是非常多的：英文读者应当从 A. Mikaberidze, *The Battle of Borodino*, Barnsley, 2007 一书开始，它提供了清晰而公平的说明，来

自俄国视角的部分尤其如此。Duffy，*Borodino* 依然是优秀、简要的介绍。和几乎所有时候一样，俄文著作中的起始点是 *Entsiklopediia* 中的条目［在这一情况下是 'Borodinskoe srazhenie'（Бородинское сражение）第 80 - 92 页］，它给出了当代俄文著作对这场会战的最好诠释的良好总结。关于 1812 年的军事行动的俄文文献数目众多、细节详尽而且时常质量很高。其中的一个范例是亚历山大·亚历山德罗维奇·斯米尔诺夫（A. A. Smirnov/А. А. Смирнов）给 9 月 5 日舍瓦尔季诺战斗撰写的三篇长文，它们分别概述了沙俄时期、苏联时期和苏联解体后的史料编纂学。见 *Epokha 1812 goda：Issledovaniia，istochniki，istoriografiia*，TGIM，Moscow，vol. 3，2004，pp. 320 - 51；vol. 4，2005，pp. 239 - 71；vol. 5，2006，pp. 353 - 68：'Chto zhe takoi Shevardinskii redut?'（Эпоха 1812 года... Т. 3. М.，2004. С. 320 - 351；Т. 4. М.，2005. С. 239 - 271；Т. 5. М.，2006. С. 353 - 368）。

［38］关于这一部署及其相关影响，年轻的第五军参谋尼古拉·穆拉维约夫的回忆录中有很好的说明：见 'Zapiski Nikolaia Nikolaevicha Murav'eva'，*RA*，3，1885，pp. 225 - 62，at p. 250。关于炮火所造成伤亡的讨论，见：A. A. Smirnov，'Somnitel'nye vystrely'，in *Problemy izucheniia istorii otechestvennoi voiny 1812 goda*，Saratov，2002，pp. 150 - 4（Смирнов А. А. Сомнительные выстрелы // Проблемы изучения Отечественной войны 1812 года. Саратов，2002. С. 150 - 154）。

［39］Mark Adkin，*The Waterloo Companion*，London，2001，pp. 120 - 1，284 - 301.

［40］距离数据来自 *Entsiklopediia*，pp. 80 - 3. 巴克莱向库图佐夫递交的报告收录在 Valkovich and Kapitonov（eds.），*Borodino：Dokumental'naia khronika*，no. 331，26 Sept. 1812（OS），pp. 249 - 51（Бородино：Документальная хроника. М.，2004. С. 249 - 251）。在罗里·缪尔（Rory Muir）的优秀著作 *Tactics and the Experience of Battle in the Age of Napoleon*，London，1998 中，他在第 15 页指出，俄军的战线平均每英里部署了 36000 人，与之相比，威灵顿的部队每英里部署了 24000 人。这些推算总是很难进行的，但我猜测，如果有人采用俄军实际战线长度代替起初部署位置距离的话，那么这个部队密度数据会变得更高。

［41］例如，巴克莱通过勒文施特恩要求近卫骑兵指挥官尽力确保他的部队——俄军最后的精锐预备队——保持隐蔽。舍维奇将军则回复说根本找不到掩蔽物。Löwenstern，*Mémoires*，vol. 1，p. 264。以格拉贝为例，他指出叶尔莫洛夫让他命令保卫拉耶夫斯基多面堡的部队躺下来，以此削弱炮火影响，但他们拒绝如此行事：P. Grabbe，*Iz pamiatnykh zapisok：Otechestvennaia voina*，Moscow，1873，p. 77。

［42］来自俄方视角的最好描述是关于这一时期俄军工程部队的官方历史：Fabritsius，

Glavnoe inzhenernoe upravlenie，该书第760~765页提到了博罗季诺，但关于1812年的其他围城战和这一时期工程部队的结构、任务，就需要阅读前后文了。波格丹诺维奇对这些工事做出了合理的描述，他在 *Istoriia··· 1812*, vol. 2, pp. 142 - 3 中称之为"非常脆弱"。英文二手著作通常会不可避免地径直重复源自法国方面的神话。因而最近出版的 *Fighting Techniques of the Napoleonic Age*, London, 2008（edited by Robert Bruce et al.），p. 113 如此描述，"巨大的俄军多面堡……防御设施令人心悸"。

[43] 波格丹诺夫的回忆录复写本刊布在 *Borodino v vospominaniiakh sovremennikov*, SPB, 2001, pp. 169 - 71（Бородино в воспоминаниях современников. СПб., 2001. С. 169 - 171）。

[44] Fabritsius, *Glavnoe inzhenernoe upravlenie*, pp. 762 - 4. Clausewitz, *Campaign*, p. 151.

[45] Liprandi, *Materialy*, pp. 177 - 80.

[46] Mikaberidze, *Borodino*, pp. 75 - 6 很好地处理了相关争议。就连年轻的格林卡中尉（当时已经退役）也记录说，他从博罗季诺教堂钟楼上看到拿破仑的部队在9月6日傍晚集中到（俄军）左翼，并回忆说他那天遇到的俄军军官的"普遍意见"是拿破仑会攻击俄军左翼：*Pis' ma*, pp. 18, 299。

[47] Löwenstern, *Mémoires*, vol. 1, pp. 261 - 2。

[48] Mikaberidze, *Borodino*, pp. 49 - 53 讨论了兵力数字，并提供了一张表格，列出了历史学家和同时代的人所做的许多不同估计。

[49] 关于米洛拉多维奇的援军，见他在1812年8月18日（旧历）给亚历山大的报告，收录在 Valkovich and Kapitonov（eds.），*Borodino: Dokumental' naia khronika*, pp. 21 - 2.

[50] Philippe de Ségur, *History of the Expedition to Russia*, 1812, 2 vols., Stroud, 2005, vol. 1, p. 255.

[51] *Correspondance de Napoléon Ier*, vol. 24, no. 19182, p. 207.

[52] Ségur, *History*, vol. 1, pp. 251 - 2. 这一次，古尔戈将军的 *Napoléon et la Grande Armée en Russie ou Examen critique de l' ouvrage de M. le Comte de Ségur*, Paris, 1826, pp. 213 - 15 在为拿破仑所作决定辩护时是完全正确的。

[53] 近卫猎兵团团长卡尔·比斯特罗姆的官方报告和该团团史一样，以细节描述令读者感到相当迷惑 Valkovich and Kapitonov（eds.），*Borodino: Dokumental' naia khronika*, no. 293, 比斯特罗姆致拉夫罗夫，1812年8月31日（旧历），pp. 168 - 70；*Istoriia leib - gvardii egerskago polka za sto let 1796 - 1896*, SPB, 1896, pp. 84 - 6。关于巴克莱，见 Grabbe, *Iz pamiatnykh*, p. 74. 关于传言，可参阅 Tartakovskii（ed.），*Voennye dnevniki*, p. 107, 伊万·杜尔诺沃日记。

[54] Valkovich and Kapitonov（eds.），*Borodino: Dokumental' naia khronika*, pp. 332 -

54 的附录（*prilozhenie/приложение*）4 中提供了其他军阶人员的完整伤亡数据。关于法军炮兵，见 A. P. Larionov, 'Izpol' zovanie artillerii v Borodinskom srazhenii', in *K stopiatidesiatiletiiu otechestvennoi voiny*, Moscow, 1962, pp. 116 – 31 at p. 127。

[55] Jomini, *Art of War*, pp. 202 – 3.

[56] T. von Bernhardi, *Denkwürdigkeiten aus dem Leben des kaiserlichen russischen Generals der Infanterie Carl Friedrich Grafen von Toll*, 5 vols. , Leipzig, 1858, vol. 4, p. 74.

[57] I. Ul' ianov, *1812: Russkaia pekhota v boiu*, Moscow, 2008, pp. 164 – 5 （Ульянов И. Э. 1812; Русская пехота в бою. М. , 2008. С. 164 – 165）.

[58] 关于库泰索夫，见 A. A. Smirnov, *General Aleksandr Kutaisov*, Moscow, 2002 （Смирнов А. А. Генерал Александр Кутайсов. М. , 2002）。

[59] 得益于叶尔莫洛夫回忆录的翻译者兼编辑亚历山大·米卡贝里泽（Alexander Mikaberidze），这本回忆录现在出现了英文版本：*The Czar's General*, Welwyn Garden City, 2007. 他关于这一事件的记述位于第 159 ~ 161 页。勒文施特恩的记述在 *Mémoires*, vol. 1, pp. 257 – 9。

[60] 关于炮兵在博罗季诺的部署，见 Larionov, 'Izpol' zovanie', 各处。P. Pototskii, *Istoriia gvardeiskoi artillerii*, SPB, 1896, pp. 181 – 2 将这些不足之处解释为库泰索夫之死的后果。关于利普兰季的观点，见 Kharkevich (ed.), *1812 god*, vol. 2, 'Zamechaniia I. P. Liprandi', pp. 28 – 9。

[61] 关于帕斯克维奇的记述，见 I. F. Paskevich, 'Pokhodnyia zapiski', in *1812 god v vospominaniiakh sovremennikov*, Moscow, 1995, pp. 72 – 105, at pp. 102 – 3 （Паскевич И. Ф. Походные записки //1812 год в воспоминаниях современников. С. 102 – 103）。

[62] 关于诺罗夫的评论，见 Pototskii, *Istoriia*, p. 178. 关于立陶宛团中校瓦西里·季莫费耶夫（Vasilii Timofeev/Василий Тимофеев）的精彩回忆，见 Kharkevich (ed.), *1812 god*, vol. 2, pp. 176 – 84。关于芬兰团，见 S. Gulevich, *Istoriia leib gvardii Finliandskago polka 1806 – 1906*, SPB, 1906, pp. 204 – 20 （Гулевич С. А. История лейб – гвардии Финляндского полка, 1806 – 1906. С. 204 – 220）。关于立陶宛团，见 N. S. Pestreikov, *Istoriia leib – gvardii Moskovskago polka*, SPB, 1903, vol. 1, pp. 59 – 83 （Пестряков Н. С. История лейб – гвардии Московского полка. СПб. , 1903. Т. 1. С. 59 – 83）。

[63] Eugen, *Memoiren*, vol. 2, pp. 110 – 11; Bogdanovich, *Istoriia … 1812 goda*, vol. 2, pp. 219, 226.

[64] 普列奥布拉任斯科耶团和谢苗诺夫斯科耶团在 9 月 7 日一共损失了不到 300 人：Valkovich and Kapitonov (eds.), *Borodino: Dokumental' naia khronika*, p. 342。

［65］ D. Chandler，*The Campaigns of Napoleon*，London，1993，p. 807 指出拿破仑的决定可能是正确的。

［66］ 关于第二次进攻多面堡的最近分析是 V. N. Zentsov，'Borodinskoe srazhenie：Padenie "bol'shogo reduta"'，in Borodinskoe pole：Istoriia，kul'tura，ekologiia，Moscow，2000，pp. 31 – 55（Земцов В. Н. Бородинское сражение；Падение 《 большого редута 》// Бородинское поле；История，культура，экология. М.，2000. С. 31 – 55）。

［67］ 'Zhurnal uchastnika voiny 1812 goda'，*VIS*，3/2，1913，pp. 163 – 4.

［68］ Radozhitskii，*Pokhodnyia zapiski*，vol. 1，p. 168.

［69］ Valkovich and Kapitonov（eds.），*Borodino：Dokumental'naia khronika*，pp. 332 – 5. Mikaberidze，*Borodino*，p. 209.

［70］ V. M. Bezotosnyi，*Donskoi generalitet i ataman Platov v 1812 godu*，Moscow，1999，pp. 33 – 4，62 – 4，75 – 83. 米洛拉多维奇的副官，费奥多尔·阿金福夫（Fedor Akinfov/Фёдор Акинфов）的回忆录对了解这一时期很有用：'Iz vospom-inanii Akinfova'，in Kharkevich（ed.），*1812 god*，vol. 2，pp. 205 – 12。

［71］ 关于库图佐夫给亚历山大的话，见埃德林（Edling）伯爵夫人的回忆录，收录在 A. Libermann（ed.），*Derzhavnyi sfinks*，Moscow，1999，p. 177（Державный сфинкс. М.，1999. С. 177）. *Kutuzov*，vol. 4i，no. 105，库图佐夫致罗斯托普钦，1812 年 8 月 17 日（旧历），pp. 90 – 91。

［72］ 和通常情况下一样，关于军事会议的最佳概述依然是 *Entsiklopediia*，pp. 666 – 7。米卡贝里泽对叶尔莫洛夫回忆录的翻译让人明确领悟到他和库图佐夫就放弃莫斯科的责任所进行的博弈：*The Czar's General*，pp. 168 – 72。本尼希森在 1813 年 1 月 19 日（旧历）给亚历山大的信中表达了他在争论中的立场，这封信收录在 *VS*，1，1903，pp. 235 – 8。

［73］ S. I. Maevskii，'Moi vek ili istoriia generala Maevskago，1779 – 1848'，*RS*，8，1873，pp. 135 – 67，at p. 143.

［74］ 'Iz vospominanii Akinfova'，in Kharkevich（ed.），*1812 god*，vol. 1，pp. 205 – 12. Maevskii，'Moi vek'，pp. 143 – 4.

［75］ 和通常情况下一样，最新的综述位于 *Entsiklopediia* 当中，尤其见关于莫斯科（第476~479页）和大火（第482~484页）的部分。关于被毁的私人财产数据，见 Bogdanovich，*Istoriia⋯ 1812 goda*，vol. 3，p. 28。关于伤员的疏散，见 Mikhailovskii – Danilevskii，*Memuary 1814 – 1815*，SPB，2001，p. 189 作者后来与怀利的交谈。也见 S. Gavrilov，*Organizatsiia i snabzheniia russkoi armii nakanune i v khode otechestvennoi voiny 1812 g. i zagranichnykh pokhodov 1813 – 1815 gg.：Is-toricheskie aspekty*，SPB，2003，pp. 143 – 4.

［76］关于驳船，见战后调查记录，收录在 *Kutuzov*，vol. 4ii，prilozhenie no. 20，pp. 717 – 8。

［77］A. I. Popov，*Velikaia armiia v Rossii：Pogonia za mirazhom*，Samara，2002，pp. 178 ff.（Попов А. И. Великая армия в России：Погоня за миражом. Самара，2002. С. 178 и далее）一如既往地就这些问题展开了精彩的讨论。

［78］V. N. Speranskii，*Voenno – ekonomicheskaia podgotovka Rossii k bor' be s Napoleonom v 1812 – 1814 godakh*，candidate's dissertation，Gorky，1967，pp. 386 – 8. *Kutuzov*，vol. 4i，no. 294，库图佐夫致沃罗诺夫，1812 年 9 月 7 日（旧历），p. 250。

第七章　1812 年的后方

［1］P. A. Chuikevich，'Analiticheskii proekt voennykh deistvii v 1812. P. A. Chuikevicha'，*Rossiiskii Arkhiv*，7，1996，p. 46（Безотосный В. М. Аналитический проект военных действий в 1812 г. П. А. Чуйкевича. С. 46）. S. N. Golubeva（ed.），*General Bagration：Sbornik dokumentov i materialov*，Moscow，1945，no. 57，'Plan kampanii 1812 goda，predstavlennyi P. I. Bagrationom Aleksandru I'，pp. 130 – 8. Janet Hartley 在 'Russia and Napoleon：State，Society and the Nation'，in M. Rowe（ed.），*Collaboration and Resistance in Napoleonic Europe*，Basingstoke，2003，pp. 186 – 202 中，就俄罗斯社会对拿破仑的抵抗提供了一份非常有用的概述。

［2］N. Shil' der，*Imperator Aleksandr Pervyi：Ego zhizn' i tsarstvovanie*，4 vols.，SPB，1897，vol. 3，pp. 100 – 3.

［3］*MVUA 1812*，17，巴克莱致阿施，1812 年 7 月 21 日（旧历），pp. 157 – 8。

［4］L. G. Beskrovnyi（ed.），*Narodnoe opolchenie v otechestvennoi voine 1812 goda：Sbornik dokumentov*，Moscow，1962，no. 2，1812 年 7 月 6 日（旧历），pp. 14 – 5（Народное ополчение в Отечественной войне 1812 года：Сборник документов. M.，1962. С. 14 – 15）.

［5］这一统计数字来自 Beskrovnyi（ed.），*Narodnoe opolchenie*，no. 205，pp. 218 – 9：这是特维尔民兵指挥官特尔托夫（Tyrtov/Тыртов）中将的最终报告。C. F. Adams（ed.），*John Quincy Adams in Russia*，New York，1970，p. 452。

［6］关于俄国民众（和其他人）抵抗拿破仑的杰出著作是 A. I. Popov，*Velikaia armiia v Rossii：Pogonia za mirazhom*，Samara，2002. 安德烈·伊万诺维奇·波波夫也为 *Entsiklopediia* 在 "人民战争"、农民骚乱、游击队及其他相关方面贡献了许多精彩条目。这与西班牙存在相似之处，查尔斯·埃斯代尔（Charles Esdaile）表明有许多游击队员是正规骑兵。然而，俄国的状况要比人们所预计的清晰得多。和西班牙不一样，俄国政权并未崩溃。见 Charles Esdaile，*Fighting Napoleon：*

Guerrillas, *Bandits and Adventurers in Spain 1808 – 14*, London, 2004。

[7] Beskrovnyi, *Narodnoe opolchenie*, no. 140，库图佐夫致亚历山大，1812 年 10 月 23
日（旧历），pp. 155 – 6；关于个体行为的描述，可参阅 no. 89，pp. 113 – 7 和
no. 121，p. 142。

[8] Popov, *Velikaia armiia*, pp. 185 – 229. A. G. Tartakovskii（ed.），*Voennye dnevniki*,
Moscow, 1990，德米特里·米哈伊洛维奇·沃尔孔斯基公爵日记，p. 146. 关于
农民骚乱虽然老旧却依然有用的看法，见 V. I. Semevskii, 'Volneniia krest' ian v
1812 gi. sviazannyia s otechestvennoi voinoi', in A. K. Dzhivelegov, S. P. Melgunov
and P. I. Pichet（eds.），*Otechestvennaia voina i russkoe obshchestvo*, 7 vols., Mos-
cow, 1911, vol. 5, pp. 74 – 113（Отечественная война и русское общество. М.,
1911. Т. 5. С. 74 – 113.）。

[9] 见 RGVIA, Fond 1, Opis 1ii, Delo 2584 中的许多有趣文件：'O vozmushcheni-
iakh krest' ian i ob usilenii sredstv k poimke beglykh rekrut, dezertirov i kazakov':
fos. 41 – 2：多夫雷致戈尔恰科夫，1812 年 11 月 1 日（旧历），描述了龙骑兵被
击溃，fo. 35：维特根施泰因致戈尔恰科夫，1812 年 11 月 6 日（旧历），则解释
了为何要将军事行动置于首位。

[10] *SIM*, 2, no. 312，亚历山大致戈尔恰科夫，1812 年 11 月 9 日（旧历），pp. 171 – 2。

[11] 关于 1812 年的莫斯科有丰富的文献资料，其中包括了许多有趣的材料，例如彼
得·伊万诺维奇·休金编纂的多卷本系列 P. I. Shchukin: *Bumagi otnosiashchiia-
sia do otechestvennoi voiny 1812 goda*, Moscow, 1897 – 1908（Бумаги,
относящиеся до отечественной войны 1812 года. М., 1897 – 1908）.
N. Dubrovin（ed.），*Otechestvennaia voina v pis' makh sovremennikov*, Moscow,
2006（Дубровин Н. Ф. Отечественная война в письмах современников. М.,
2006）收录了罗斯托普钦给巴拉绍夫的许多书信，尤其要参阅第 60～63 页写
于 1812 年 7 月 23 日（旧历）的第 55 封信，第 70～71 页写于 7 月 30 日（旧
历）第 62 封信。英文读者没有必要阅读亚历山大·马丁撰写的优秀文章之外
的资料 Alexander Martin, 'The Response of the Population of Moscow to the Napole-
onic Occupation of 1812', in Eric Lohr and Marshall Poe（eds.），*The Military and
Society in Russia*, *1450 – 1917*, Leiden, 2002, pp. 469 – 89。

[12] Dubrovin, *Otechestvennaia voina*, no. 47, 15 July 1812（OS），pp. 54 – 6. Shil'
der, *Imperator Aleksandr*, vol. 3, p. 90. L. V. Mel' nikova, *Armiia i pravoslavnaia
tserkov' Rossiiskoi imperii v epokhu Napoleonovskikh voin*, Moscow, 2007, pp. 57 –
90, 100 – 15.

[13] *PSZ*, 22, 16187, 21 April 1785（OS），p. 348.

[14] 可以以亚历山大写给弗拉基米尔省省长苏波涅夫（Suponev/Супонев）的信和

苏波涅夫后来给皇帝"命令"的回信中的语气为例进行比较：RGVIA，Fond 125，Opis 1，Delo 16，fos. 21，23 – 8：苏波涅夫致洛巴诺夫 – 罗斯托夫斯基，1812 年 6 月 11 日（旧历），以及亚历山大致苏波涅夫，1812 年 5 月 13 日（旧历）。关于在民兵中的服役状况和逃避兵役状况，可参见 N. F. Khovanskii，*Uchastie Saratovskoi gubernii v otechestvennoi voine 1812 g.*，Saratov，1912，pp. 41 – 64（Хованский Н. Ф. Участие Саратовской губернии в Отечественной войне 1812 г. Саратов，1912. С. 41 – 64）；I. I. Prokhodtsev，*Riazanskaia guberniia v 1812 godu*，Riazan，1913，pp. 277 – 528（Проходцев И. И. Рязанская губерния в 1812 году. Рязань，1913. С. 277 – 528）。

[15] 见埃德林伯爵夫人的回忆录，它的复写本刊布在 A. Libermann（ed.），*Derzhavnyi sfinks*，Moscow，1999：'Grafiniia Roksandra Skarlatovna Edling: Zapiski'，pp. 157 – 236，at pp. 174 – 5. 关于（贵族）对庄园税收事务的破坏，可见 Prokhodtsev，*Riazanskaia*，pp. 8 – 21.

[16] 'V. V. Viazemskii: Zhurnal *1812 g.*'，in *Russkie dnevniki*：1812 *god*，Moscow，1990，pp. 185 – 225，at p. 211（1812 год...Военные дневники. М.，1990. С. 210 – 211）.

[17] Khovanskii，*Uchastie*，pp. 31 – 3.

[18] *Upravlenie General – Intendanta Kankrina*：*General' nyi sokrashchennyi otchet po armii-am*··· *za pokhody protiv Frantsuzov*，*1812*，*1813 i 1814 godov*，Warsaw，1815，pp. 11，44. L. G. Beskrovnyi，*Otechestvennaia voina 1812 goda*，Moscow，1962，pp. 245 – 7（Бескровный Л. Г. Отечественная война 1812 года. М.，1962. С. 245 – 247）. S. Gavrilov，*Organizatsiia i snabzheniia russkoi armii nakanune i v khode otechestvennoi voiny 1812 g. i zagranichnykh pokhodov 1813 – 1815 gg.*：*Istoricheskie aspekty*，SPB，2003，p. 121.

[19] V. V. Tivanov，*Finansy russkoi armii*，Moscow，1993，p. 79（Тиванов В. В. Финансы русской армии. М.，1993. С. 79）.

[20] *PSZ*，32，nos. 24975 and 25035，1812 年 1 月 27 日、3 月 13 日（均为旧历），pp. 43 – 164 and 228 – 9. *Upravlenie General – Intendanta*，p. 134. *Kutuzov*，vol. 4i，no. 387，库图佐夫致卡韦林，1812 年 9 月 13 日，p. 305：同样的信件也发给了梁赞、奥廖尔、特维尔和图拉的省长。

[21] 该估算出自 Tivanov，*Finansy*，p. 66，不过这是建立在 M. I. Bogdanovich，*Istoriia otechestvennoi voiny 1812 goda*，3 vols.，SPB，1859 – 60，vol. 2，pp. 31 – 90 的讨论基础之上的。

[22] 关于克莱因米歇尔的工作的重要文件收录在 *SIM*，1，no. 3，亚历山大致戈尔恰科夫，1812 年 6 月 27 日（旧历），pp. 5 – 11；no. 9，亚历山大致克莱因米歇

尔，1812 年 6 月 27 日（旧历），pp. 14 – 5；no. 21，亚历山大致克莱因米歇尔，1812 年 7 月 6 日（旧历），pp. 23 – 4。有一本关于俄国海军步兵的优秀新书：A. Kibovskii and O. Leonov, *300 let Rossiiskoi morskoi pekhoty*, Moscow, 2007（Кибовский А., Леонов О. 300 лет Российской морской пехоты. М., 2007）. 书中对拿破仑时代有大量描述。

[23] RGVIA, Fond 125, Opis 1/188a, Delo 16, e. g. fos. 18 – 19, 苏波涅夫致洛巴诺夫，1812 年 6 月 6 日（旧历）；fo. 21，苏波涅夫致洛巴诺夫，1812 年 6 月 11 日（旧历）；fos. 23 – 8，亚历山大给苏波涅夫的命令副本，签发日期为 1812 年 5 月 13 日（旧历）。关于这些省份的名单，请参阅 Prokhodtsev, *Riazanskaia*, p. 168。

[24] RGVIA, Fond 125, Opis 1/188a, Delo 16, fos. 2 – 3, 帕森科夫致洛巴诺夫，1812 年 6 月 18 日（旧历）；fos. 90 – 91，什捷尔（Shter/Штер）致洛巴诺夫，1812 年 7 月 6 日（旧历）。

[25] RGVIA, Fond 125, Opis 188a, Delo 16, fos. 6 – 7, 帕森科夫致洛巴诺夫，1812 年 7 月 23 日（旧历）；fos. 100 – 101，什捷尔致洛巴诺夫，1812 年 7 月 18 日（旧历）。

[26] RGVIA, Fond 125, Opis 1/188a, Delo 16, fos. 6 – 7, 帕森科夫致洛巴诺夫，1812 年 7 月 23 日（旧历）；fos. 284 – 5，格里戈里·戈利岑公爵致洛巴诺夫，1812 年 7 月 9 日（旧历）. *RA*, 6, 1866, pp. 922 – 7：'Avtobiograficheskie zametki Grafa Arakcheeva'。

[27] Prokhodtsev, *Riazanskaia*, pp. 174 – 82, 210 – 22；*Entsiklopediia*, p. 297.

[28] RGVIA, Fond 125, Opis 1/188a, Delo 16, fos. 92 – 3, 什捷尔致巴拉绍夫，1812 年 6 月 24 日（旧历）；Delo 19, fos. 77 – 81，乌鲁索夫（Urusov/Урусов）致洛巴诺夫，1812 年 7 月 23 日（旧历）. Prokhodtsev, *Riazanskaia*, p. 188。

[29] RGVIA, Fond 125, Opis 1/188a, Delo 16, fos. 29 and 32, 多尔戈鲁科夫致洛巴诺夫，1812 年 8 月 6 日、9 月 3 日（均为旧历）。

[30] RGVIA, Fond 125, Opis 1/188a, Delo 19, fos. 2 – 4, 戈尔恰科夫致洛巴诺夫，1812 年 8 月 20 日（旧历）；fos. 134 – 40, 'Spisok o vsekh shtab i ober ofitserakh postupivshikh na sluzhbu'。

[31] *Kutuzov*, vol 4ii, 库图佐夫致亚历山大，1812 年 10 月 9 日（旧历），pp. 62 – 3. Prokhodtsev, *Riazanskaia*, pp. 224 – 7. RGVIA, Fond 125, Opis 1/188a, Delo 16, fos. 100 – 101, 什捷尔致洛巴诺夫，1812 年 7 月 18 日（旧历）。

[32] Beskrovnyi, *Narodnoe opolchenie*, no. 3, 1812 年 7 月 18 日（旧历），pp. 15 – 6，是这一宣言的文本。

[33] 这一统计数字来自苏联时代最重要的民兵专家瓦西里·伊万诺维奇·巴布金的

一篇文章 V. I. Babkin, 'Organizatsiia i voennye deistviia narodnogo opolcheniia v otechestvennoi voine 1812 goda', in *K stopiatidesiatiletiiu otechestvennoi voiny*, Moscow, 1962, pp. 134 – 62, at p. 145（Бабкин В. И. Организация и военные действия народного ополчения в Отечественной войне 1812 года // К стопятидесятилетию Отечественной войны. М., 1962. С. 145）。

［34］Beskrovnyi, *Narodnoe opolchenie*, no. 117, pp. 137 – 9：卡卢加省民兵委员会条例，1812 年 7 月 25 日（旧历）。

［35］Prokhodtsev, *Riazanskaia*, p. 228. 其中有一些人的确得到了在国外生产的新制服，见第十章。大臣还补充说，即便在战时，也并非所有羊毛要用来制作军服。

［36］Beskrovnyi, *Narodnoe opolchenie*, no. 354, Tolstoy to Alexander, 28 Sept. 1812（OS）, p. 368.

［37］Bogdanovich, *Istoriia⋯ 1812 goda*, vol. 2, p. 56.

［38］除了巴布金和别佐托斯内之外，关于民兵的最全面资料是弗谢沃洛德·罗斯季斯拉沃维奇·阿普赫金为 1812 年一百周年庆典编纂的多卷本书籍：可参阅 V. R. Apukhtin, *Narodnaia voennaia sila：Dvorianskiia opolcheniia v otechestvennoi voine*, Moscow, 1912（Апухтин В. Р. Народная военная сила: Дворянское ополчение в Отечественной войне. М., 1912）. 就像巴布金坚定地贬低贵族所作贡献那样，阿普赫金同样坚定地颂扬贵族的光荣。Prokhodtsev, *Riazanskaia*, pp. 229 –621, 是关于梁赞省民兵的信息量极为丰富的研究。

［39］Speranskii, *Voenno – ekonomicheskaia podgotovka*, pp. 381, 392, 407 – 23. *Kutuzov*, vol. 4i, no. 18：米勒 – 扎科梅利斯基（Müller – Zakomel'sky / Меллер – Закомельский）备忘录，1812 年 7 月 10 日（旧历），p. 20。

［40］*SIM*, 1, no. 81, 亚历山大致库图佐夫，1812 年 8 月 24 日（旧历），pp. 64 – 5.

［41］A. I. Ulianov, 'Tarutinskii lager: "neudobnye" fakty', in *Ot Tarutino do Maloiaroslavtsa：K 190 – letiiu Maloiaroslavetskogo srazheniia*, Kaluga, 2002, pp. 23 – 36（Ульянов А. И. Тарутинский лагерь; « неудобные » факты //От Тарутино до Малоярославца: К 190 – летию Малоярославецкого сражения. Калуга, 2002. С. 23 –36）.

［42］Radozhitskii, *Pokhodnyia zapiski*, vol. 1, p. 172. Viazemskii, 'Zhurnal', p. 215. *Correspondance de l' Empereur Alexandre*, nos. 33 and 37, 叶卡捷琳娜致亚历山大，1812 年 9 月 6 日，9 月 23 日（旧历），pp. 107 – 8, 119 – 22。

［43］Meshetich, 'Istoricheskie zapiski', p. 50. L. G. Beskrovnyi（ed.）, *Dnevnik Aleksandra Chicherina*, *1812 –1813*, Moscow, 1966, pp. 14 – 6.

［44］关于季先科，见 *MVUA 1812*, 19, pp. 335 –6。*Istoriia leib – gvardii egerskago pol-*

ka za sto let 1796 – 1896, SPB, 1896, p. 88. V. Kharkevich（ed.），*1812 god v dnevnikakh, zapiskakh i vospominaniiakh sovremennikov*，4 vols., Vilna, 1900 – 1907, vol. 2, p. 200：'Opisanie srazhenii'。

［45］*Dnevnik Chicherina*，pp. 18 – 9, 28. *Dnevnik Pavla Pushchina*，Leningrad, 1987, pp. 61 – 2.

［46］'Edling'，pp. 172 – 3，表明了感到双方互不信任的看法。

［47］ E. F. Komarovskii，*Zapiski grafa E. F. Komarovskago*，SPB，1914，p. 195（Комаровский Е. Ф. Записки графа Е. Ф. Комаровского. СПб.，1914. С. 195）。Shil'der, *Imperator Aleksandr*, vol. 3, pp. 88 – 90.

［48］Shil'der, *Imperator Aleksandr*, pp. 90 – 2. 'Edling'，pp. 174 – 5.

［49］Sir Robert Wilson, *The French Invasion of Russia*, Bridgnorth, 1996, pp. 115 – 6.

［50］Ibid.，pp. 116 – 7.

［51］Ibid.

［52］'Edling'，pp. 178 – 9.

［53］*Correspondance de l'Empereur Alexandre*，nos. 33, 38, 39，叶卡捷琳娜致亚历山大，1812 年 9 月 6、23、28 日（均为旧历），pp. 83 – 4, 93 – 6 and 98 – 9；nos. 73 and 74，亚历山大致叶卡捷琳娜，1812 年 9 月 18、24 日（旧历），pp. 86 – 93, 96 – 8。

［54］伊丽莎白（即叶丽萨维塔皇后，伊丽莎白为其德文名）致巴登边地伯爵夫人，1812 年 9 月 7、9 日，收录在 Grand Duke Nikolai Mikhailovich, *L'Impératrice Élisabeth, épouse d'Alexandre Ier*，4 vols., SPB，1908 – 9, vol. 2ii, pp. 443 – 5。

［55］引用在 F. Ley, *Alexandre Ier et sa Sainte – Alliance*（1811 – 1825），Paris, 1975, pp. 49 – 55；'Edling'，pp. 176 – 9。

［56］见米肖关于这次会谈的记述，它被收录在 Shil'der, *Imperator Aleksandr*, vol. 3, prilozheniia, document VII, pp. 509 – 10。

第八章　从莫斯科向前进发

［1］*Kutuzov*, vol. 4i, no. 187, 库图佐夫致亚历山大，1812 年 8 月 27 日（旧历），pp. 154 – 5；no. 241, 亚历山大致库图佐夫，1812 年 8 月 31 日（旧历），pp. 194 – 5。

［2］这些计划是在亚历山大 8 月 31 日（旧历）的信件和给奇恰戈夫、托尔马索夫、维特根施泰因和施泰因黑尔的草案中制订的，切尔内绍夫带着这些草案前往库图佐夫的总部。关于后者见 prilozheniia 6, 7, 8 and 9 in *Kutuzov*, vol. 4i, pp. 463 – 70。

［3］*Kutuzov*, vol. 4i, no. 322, 切尔内绍夫致亚历山大，1812 年 9 月 10 日（旧历），pp. 265 – 8。

[4] 切尔内绍夫本人关于这些行动的记载被收录在 RGVIA，Fond 846，Opis 16，Delo 3386，fos. 2ii – 3ii：‘Zhurnal voennykh deistvii General Adiutanta Chernysheva’. *MVUA 1812*，20，no.1，维特根施泰因致亚历山大，1812 年 11 月 6 日（旧历），p. 4。

[5] Eugen，*Memoiren*，vol. 2，pp. 169，173. A. Brett – James（ed.），*General Wilson's Journal 1812 – 1814*，London，1964，p. 75.

[6] 最近出版了一本优秀的达维多夫回忆录英译本：*In the Service of the Tsar against Napoleon：The Memoirs of Denis Davydov*，trans Prince G. Trubetskoy，London，2006。

[7] T. J. Binyon，*Pushkin：A Biography*，London，2002，p. 130.

[8] I. Radozhitskii，*Pokhodnyia zapiski artillerista s 1812 po 1816 god*，3 vols.，Moscow，1835，vol. 1，pp. 205 – 6. 关于菲格纳，见佚名作者的一篇名为‘Uverennost' v zvezde svoego schastiia’的文章，*Rodina*，8，2002，pp. 47 – 50（《Уверенность в звезде своего счастья》// Родина. 2008. № 8. C. 47 – 50）。

[9] *MVUA 1812*，18，no. 124，达维多夫致科诺夫尼岑，1812 年 9 月 21 日（旧历），p. 101。

[10] P. Grabbe，*Iz pamiatnykh zapisok：Otechestvennaia voina*，Moscow，1873，pp. 97 – 8；V. von Löwenstern，*Mémoires du Général – Major Russe Baron de Löwenstern*，2 vols.，Paris，1903，vol. 1，p. 296.

[11] S. G. Volkonskii，*Zapiski Sergeia Grigorovicha Volkonskogo（dekabrista）*，SPB，1902，pp. 170 – 1，189 – 94（Волконский С. Г. Записки Сергея Григорьевича Волконского（декабриста）. СПб.，1902. C. 170 – 171，189 – 194）；Löwenstern，*Mémoires*，vol. 2，pp. 7，182. *Kutuzov*，vol. 4ii，no. 163，库图佐夫致亚历山大，1812 年 10 月 20 日（旧历），p. 175. 关于阿拉克切耶夫试图减少自己捐献份额的努力，见他在 1812 年夏天和秋天给诺夫哥罗德省苏马罗科夫（Sumarokov/Сумароков）省长的愤怒书信，以及他向巴拉绍夫寻求帮助：P. I. Shchukin（ed.），*Bumagi otnosiashchiiasia do otechestvennoi voiny 1812 goda*，vol. 4，Moscow，1899，pp. 118 – 27。

[12] 首先参阅 G. Bibikov，‘Aleksandr Khristoforovich Benkendorf（1781 – 1844）：Istoricheskii ocherk’，*Vestnik MGU*，1，2007，pp. 36 – 60（Бибиков Г. Н. Александр I Христофорович Бенкендорф（1781 – 1844）：Исторический очерк //Вестник МГУ. 2007）。还有一封约翰·利芬写给克里斯托夫·利芬的提供大量资料的书信，这封信落款日期是 1811 年 1 月 5 日（旧历）：BL Add. MSS 47410，p. 56。

[13] *Zapiski Benkendorfa，1812 god：Otechestvennaia voina. 1813 god. Osvobozhdenie Niderlandov*，Moscow，2001，pp. 70 – 1（Записки Бенкендорфа，1812 год：

Отечественная война, 1813 год. Освобождение Нидерландов. М. , 2001. С. 70 –
71）.

［14］所有这些统计数据都取自 *Kutuzov*, vol. 4i, no. 439, 库图佐夫致亚历山大,
1812 年 9 月 22 日（旧历）, pp. 353 – 61, and *prilozheniia*.

［15］例如, 库图佐夫在 9 月 22 日的作战公报中通知部队很快将有来源众多的换乘马
匹, 到达, 并告知下属各团做好领取准备。马匹的一个来源是图拉省, 库图佐
夫曾要求它的省长购买 500 匹马, 并把 2000 匹民兵乘马调给正规骑兵: *Ku-
tuzov*, vol. 4i, nos. 287, 296, 320, pp. 246 – 7, 251, 264: 前两份文件是 9 月
6 日和 7 日（均为旧历）写给波格丹诺夫省长的信件, 第三份文件是 9 月 10 日
的作战公报。

［16］Babkin, 'Organizatsiia', p 145. L. G. Beskrovnyi (ed.), *Narodnoe opolchenie v ote-
chestvennoi voine 1812 goda*: *Sbornik dokumentov*, Moscow, 1962, nos. 452, 453,
pp. 473 – 7. 第一份文件是顿河地区在 7 月 23 日（旧历）向普拉托夫递交的关
于总动员的报告。第二份是普拉托夫在十月份就动员结果向亚历山大一世所作
的报告。也见 V. M. Bezotosnyi, *Donskoi generalitet i ataman Platov v 1812 godu*,
Moscow, 1899, pp. 92 – 6。

［17］Viscount de Puybusque, *Lettres sur la Guerre de Russie en 1812*, Paris, *1816*,
pp. 142 – 4.

［18］关于库图佐夫的评论, 见 A. I. Mikhailovskii – Danilevskii, *Opisanie otechestvennoi
voiny v 1812 godu*, repr. Moscow, 2008, p. 384（Михайловский – Данилевский
А. И. Описание Отечественной войны в 1812 году. М. , 2008）. *Kutuzov*, vol. 4i,
no. 531, 亚历山大致库图佐夫, 1812 年 10 月 2 日（旧历）, pp. 431 – 2。

［19］A. P. Ermolov, *The Czar's General*, ed. and trans. A. Mikaberidze, Welwyn Garden
City, 2007, pp. 178 – 80, 在叶尔莫洛夫的回忆录英文译本中涵盖了塔鲁季诺
会战和他关于指挥架构的看法。库图佐夫的副官, 亚历山大·戈利岑公爵, 在
VS, 53/12, 1910, pp. 21 – 35, at p. 29: 'Zapiska o voine 1812 goda A. B. Gol-
itsyna' 中描述了库图佐夫的大怒。

［20］巴克莱在 1812 年 9 月 24 日（旧历）给亚历山大的信中提到了这一点, 它被收
录在 *MVUA 1812*, 18, no. 148, pp. 118 – 22。

［21］N. A. Troitskii, *Fel' dmarshal Kutuzov*: *Mify i fakty*, Moscow, 2002, 在 pp. 232 –
3 引用了拉耶夫斯基的话。

［22］关于这场会战, 近来最为充分的叙述出自维塔利·阿纳托利耶维奇·别索诺
夫: V. A. Bessonov, 'Tarutinskoe srazhenie', in *Epokha 1812 goda*: *Issledovaniia*,
istochniki, *istoriografiia*, TGIM, Moscow, 2006, vol. 5, pp. 101 – 53（Бессонов
В. А. Тарутинское сражение // Эпоха 1812 года. Т. 5. С. 101 – 153）。

［23］ Eugen, *Memoiren*, vol. 2, pp. 175 - 82 给出了生动而公正的记述。

［24］ 本尼希森的观点在他 1812 年 10 月 10 日（旧历）给妻子的信中表达得最为完好：no. 177, pp. 223 - 5 in N. Dubrovin（ed.）, *Otechestvennaia voina v pis' makh sovremennikov*, Moscow, 2006. 伤亡数字来自 Bessonov, 'Tarutinskoe', pp. 142 - 3, 尽管亚历山大·伊万诺维奇·乌里扬诺夫（A. I. Ulianov/А. И. Ульянов）在 *Entsiklopediia*, p. 694 引用了更高的伤亡数字。库图佐夫向亚历山大递交的关于塔鲁季诺会战的报告收录在 *Kutuzov*, vol. 4ii, no. 16, 库图佐夫致亚历山大, 1812 年 10 月 7 日（旧历）, pp. 16 - 9。

［25］ P. de Ségur, *History of the Expedition to Russia, 1812*, 2 vols., Stroud, 2005, vol. 2, pp. 75 - 8, 其中回忆了拿破仑关于多种可能状况的一些思考。拿破仑本人于 1812 年 10 月在莫斯科写下的一系列信件和备忘录则解释了这些状况, 见 *Correspondance de Napoléon Ier*, 32 vols., Paris, 1858 - 70, vol. 24, 尤其是 no. 19237, notes, 未注明日期, pp. 235 - 8, 也参阅他在 10 月 5、6 日给贝尔蒂埃的信和 10 月 16 日给马雷（Maret）的信：nos. 19250, 19258, 19275, pp. 246 - 7, 252 - 4, 265 - 6。

［26］ Ségur, *History*, vol. 2, pp. 82 - 3; A. de Caulaincourt, *At Napoleon's Side in Russia*, New York, 2003, pp. 136 - 8; Duc de Fezensac, *Souvenirs militaires*, Paris, 1863, p. 258. Brett - James, *Wilson's Journal*, p. 80. 关于意大利战役期间令人震惊的洗劫程度, 见 Martin Boycott - Brown, *The Road to Rivoli*, London, 2001, pp. 287 - 8, 306, 335 - 6。

［27］ 多赫图罗夫给库图佐夫的关键报告, 写于 10 月 22 日晚上 9 点 30 分, 它被收录在 *Kutuzov*, vol. 4ii, no. 59, pp. 75 - 6。

［28］ 关于这场会战的最好描述出自阿列克谢·阿纳托利耶维奇·瓦西里耶夫：A. Vasil'ev, *Srazhenie pri Maloiaroslavtse 12/24 oktiabria 1812 goda*, Maloiaroslavets, 2002（Васильев А. А. Сражение при Малоярославце 12/24 октября 1812 года. Малоярославец, 2002）; 关于第 6 猎兵团的信息, 见第 27 页。*Entsiklopediia* 中位于第 437 - 9 页和 472 页的关于会战和修道院的条目也非常有用。

［29］ 库图佐夫的记载出自他在 1812 年 10 月 16 日（旧历）给亚历山大的报告, 这份报告附在他的军团军事行动日志当中：*Kutuzov*, vol. 4ii, no. 119, pp. 128 - 34。

［30］ Sir Robert Wilson, *The French Invasion of Russia*, Bridgnorth, 1996, p. 234.

［31］ 他关于英国的评论被引用在 Troitskii, *Fel' dmarshal Kutuzov*, p. 278。

［32］ 威尔逊给皇帝和他的同胞的许多信件被刊布在 Dubrovin（ed.）, *Otechestvennaia voina*. 它们是从警务档案中选取的。本尼希森落款日期为 10 月 8 日（旧历）, 请求亚历山大返回军队总部的信件被刊布在 *MVUA 1812*, 19, pp. 344 - 5。

［33］ N. Shil' der, *Imperator Aleksandr pervyi: Ego zhizn' i tsarstvovanie*, 4 vols., SPB,

1897，vol. 3，p. 124.

［34］ 例如，亚历山大于 1812 年 12 月在维尔纳向威尔逊所作评论，或叶卡捷琳娜女
大公对库图佐夫民望很高，又（在她看来）不应当得到如此声望的恼怒：
Wilson's Journal，p. 95. *Correspondance de l' Empereur Alexandre*，no. 46，叶卡捷
琳娜致亚历山大，1812 年 11 月 25 日（旧历），pp. 108－9。

［35］ *Kutuzov*，vol 4ii，no. 192，pp. 195－201，军事行动日志。*MVUA 1812*，19，e. g.
叶尔莫洛夫致库图佐夫，1812 年 10 月 18 日（旧历），p. 73；普拉托夫致库图
佐夫，1812 年 10 月 20 日（旧历），p. 78。

［36］ P. B. Austen, *1812 : Napoleon's Invasion of Russia*，London，2000，p. 47.

［37］ F. Glinka，*Pis' ma russkogo ofitsera*，Moscow，1987，p. 371.

［38］ 关于这里所引用的统计数字，见 S. V. Gavrilov，*Organizatsiia i snabzheniia russkoi
armii nakanune i v khode otechestvennoi voiny 1812 g. i zagranichnykh pokhodov 1813 －
1815 gg. : Istoricheskie aspekty*，candidate's dissertation，SPB，2003，p. 109。

［39］ *Kutuzov*，vol 4i，no. 536 and annex，库图佐夫致兰斯科伊，1812 年 10 月 3 日
（旧历），pp. 439－40. 也可见 Gavrilov，*Organizatsiia*，pp. 158－9。

［40］ RGVIA，Fond 103，Opis 210/4，Sv. 1，Delo 1：fos. 1－2，1812 年 9 月 15 日
（旧历）库图佐夫给十二位省长的通告；fos. 28－9，10 月 9 日（旧历）兰斯科
伊向库图佐夫递交的报告。

［41］ RGVIA，Fond 103，Opis 210/4，Sv. 1，Delo 1：fos. 38－9：波图洛夫（Potu-
lov/Потулов）少将致本尼希森，1812 年 10 月 11 日（旧历）：注意这封信是
在 10 月 16 日（旧历）收到的；fos. 77－8，兰斯科伊致库图佐夫，11 月 11
日（旧历）；fo. 97，桑季（Santi/Санти）致库图佐夫，11 月但并未注明日
期；fos. 113－14，兰斯科伊致库图佐夫，12 月 11 日（旧历）；fos. 126－7，
兰斯科伊致库图佐夫，12 月 15 日（旧历）；fos. 137－8，兰斯科伊致库图佐
夫，1813 年 1 月 23 日（旧历）. 关于冬衣，可见 *Kutuzov*，vol. 4i，no. 387，
库图佐夫致卡韦林，1812 年 9 月 13 日（旧历），p. 305。

［42］ 可见库图佐夫在 10 月 19、24 日（均为旧历）给图拉省省长尼古拉·波格丹诺
夫的信件：*Kutuzov*，vol. 4ii，nos. 159 and 196，pp. 169－70 and 205－6。

［43］ *Kutuzov*，vol 4ii，no. 195，pp. 203－4，1812 年 10 月 24 日（旧历）当天的作战
公报。Mikhailovskii － Danilevskii，*Opisanie 1812*，p. 457（Михайловский －
Данилевский А. И. Описание Отечественной войны 1812 г，С. 457），指出斯摩
棱斯克省在 1812 年有价值 7400 万卢布的财产被毁。Gavrilov，
Organizatsiia，p. 159。

［44］ Eugen，*Memoiren*，vol. 2，pp. 204－7. *Entsiklopediia*，p. 170，认为俄军损失了 1800
人，敌军损失了 7000 人。Radozhitskii，*Pokhodnyia zapiski*，vol. 1，pp. 250－1。

[45] *Kutuzov*, vol. 4ii, *prilozhenie* 21，p.719，有一张表格展示了 1812 年不同地方的每月气温，并附有这一气温在多大程度上偏离正常水平的统计数据。任何使用这张表格的人必须记住表格中的月份是根据俄历来划分的。关于 1812 年的冬季是怎样突然到来的，见 R. M. Zotov, *Sochineniia*, Moscow, n. d.，p. 611（Зотов Р. М. Сочинения. М.，б. г. С. 611）。列出所有批驳法国人与天气相关借口的俄国资料会是令人乏味的，不过可以举出克罗伊茨将军的评论作为例子，V. Kharkevich（ed.），*1812 god v dnevnikakh, zapiskakh i vospominaniiakh sovremennikov*，4 vols.，Vilna，1900 – 1907，vol. 1，pp. 80 – 81. Baron Fain, *Manuscrit de Mil Huit Cent Douze*，Paris，1827，pp. 151 – 2。

[46] Radozhitskii, *Pokhodnyia zapiski*，vol. 1，pp. 256 – 67.

[47] Puybusque, *Lettres*，pp. 105 – 15：1812 年 11 月 7、10、12 日。Fezensac, *Souvenirs*，p. 276.

[48] T. von Bernhardi, *Denkwürdigkeiten aus dem Leben des kaiserlichen russischen Generals der Infanterie Carl Friedrich Grafen von Toll*，5 vols.，Leipzig，1858，vol. 4，p. 307.

[49] Eugen, *Memoiren*，vol. 2，pp. 241 – 50. Löwenstern, *Mémoires*，vol. 1，p. 348.

[50] M. I. Bogdanovich, *Istoriia otechestvennoi voiny 1812 goda*，3 vols.，SPB，1859 – 60，vol. 3，pp. 101 – 46 和 *Entsiklopediia*，pp. 379 – 80 都提供了准确而公平的叙述。Eugen, *Memoiren*，vol. 2，pp. 268 – 70 从俄军角度解释了奈伊的逃脱。

[51] *Dnevnik Pavla Pushchina*，Leningrad，1987，pp. 71 – 2.

[52] Eugen, *Memoiren*，vol. 2，p. 275.

[53] Gavrilov, *Organizatsiia*，pp. 154 – 71. *Upravlenie General – Intendanta Kankrina: Generalnyi sokrashchennyi otchet po armiiam … za pokhody Frantsuzov*，*1812*，*1813*，*1814 godov*，Warsaw，1815，p. 79. 关于部队精疲力竭地沿着大雪覆盖的乡间小路行军，见 *Zapiski o pokhodakh 1812 i 1813 godov ot Tarutinskago srazheniia do Kul' mskago boia*，SPB，1834，part 1，p. 40（Записки о походах 1812 и 1813 годов от Тарутинского сражения до Кульмского боя. СПб.，1834. Ч. 1. С. 40）。这本书是匿名出版的，因为它的作者瓦西里·谢尔盖耶维奇·诺罗夫在 1825 年的十二月党人起义后入狱，在监狱中撰写此书。

[54] 关于这一点，库图佐夫与被俘的皮比斯克间的谈话提供了有趣的间接说明，尤其是记录在他 1812 年 12 月 11 日和 18 日（均为旧历）的信件中的谈话：*Lettres*，pp. 141 ff. 也要注意到本章提及的库图佐夫先前向威尔逊和本尼希森所作评论和将在第九章中讨论的他后来与亚历山大和希什科夫的交谈。

[55] 这封信位于 *Kutuzov*，vol. 4ii，no. 295，pp. 282 上的一个脚注。

[56] 库图佐夫写给奇恰戈夫的两封信收录在 *Kutuzov*，vol. 4ii，no. 295，1812 年 11 月

3 日（旧历），pp. 282 – 3 和 no. 363，1812 年 11 月 10 日（旧历），pp. 344 – 5.
他在 11 月 8 – 9 日给维特根施泰因的信件位于同一卷 no. 349，pp. 334 – 5。他给
叶尔莫洛夫的意见被时为副官兼近卫猎兵团——交给叶尔莫洛夫的近卫团之
———军官的瓦西里·谢尔盖耶维奇·诺罗夫所引述。见 Norov's *Zapiski*,
p. 75. 叶尔莫洛夫在他的回忆录中引用了第一段，但没有引用第二段，他本人
是最能确切知道库图佐夫说了什么的。诺罗夫可能是在给他的故事添枝加叶，
但他归给库图佐夫的话的确总结了在包括叶尔莫洛夫在内的许多记载中都提到
的相关态度：见 A. P. Ermolov, *Zapiski A. P. Ermolova 1798 – 1826*, Moscow,
1991, pp. 243 – 6.

[57] Carl von Clausewitz, *The Campaign of 1812 in Russia*, London, 1992, pp. 213 – 14.

[58] 这里的基本叙述来自 Bogdanovich, *Istoriia* … *1812*, vol. 2, ch. XXXI, pp. 442
ff. and vol. 3, ch. XL, pp. 205 ff. 关于萨肯对他和他的部队在无望获得个人荣誉
的情况下为大局做出牺牲的抱怨，见 RGVIA, Fond 846, Opis 16, Delo 3419:
'Iskhodiashchii zhurnal Generala Sakena', fos. 4i – ii, 萨肯致库图佐夫，1813 年
2 月 21 日。

[59] Bogdanovich, *Istoriia* … *1812*, vol. 3, pp. 206 – 35. A. G. Tartakovskii (ed.),
Voennye dnevniki, Moscow, 1990, pp. 211 – 25, 涵盖了向别列津纳河的推进。

[60] Bogdanovich, *Istoriia* … *1812*, vol. 3, p. 236。

[61] 见厄特尔在 1812 年 11 月 3 日（旧历）写给奇恰戈夫的信：*MVUA 1812*, 21,
pp. 115 – 17；奇恰戈夫致亚历山大，1812 年 11 月 17 日（旧历）：*SIRIO*, 6,
1871, pp. 56 – 8。

[62] *MVUA 1812*, 19, 维特根施泰因致亚历山大，1812 年 10 月 19 日（旧
历），p. 265。

[63] Marshal Gouvion Saint – Cyr, *Mémoires pour servir à l' histoire militaire sous le Direc-
toire, le Consulat et l' Empire*, Paris, 1831, vol. 3, pp. 201 – 3.

[64] Bogdanovich, *Istoriia* … *1812*, vol. 3, pp. 198 – 204. *MVUA 1812*, 19, 维特根施
泰因致亚历山大，1812 年 10 月 26 日（旧历），p. 268；维特根施泰因致亚历山
大，1812 年 10 月 31 日（旧历），pp. 270 – 72. Gavrilov, *Organizatsiia*, p. 163。
例如亚历山大 1812 年 10 月 30 日（旧历）给库图佐夫的信件，收录在 *SIM*, 2,
no. 270, pp. 140 – 41, 以及库图佐夫 11 月 3 日（旧历）给维特根施泰因的，提
到了同样风险的信件，收录在 *Kutuzov*, vol. 4ii, no. 293, pp. 280 – 1。

[65] V. Kriuchkov, *95 – i pekhotnyi Krasnoiarskii polk : 1797 – 1897*, SPB, 1897, p. 172
（Крючков В. 95 – й пехотный Красноярский полк. История полка, 1797 –
1897. СПб., 1897. С. 173）. 关于在莫吉廖夫省的征用，见 Gavrilov, *Organizatsi-
ia*, p. 161。

[66] Ermolov, *Zapiski*, pp. 244 – 8.

[67] P. Pototskii, *Istoriia gvardeiskoi artillerii*, SPB, 1896, pp. 207 – 10. （Norov），*Zapiski*, pp. 76 – 7；*Istoriia leib – gvardii egerskago polka za sto let* 1796 – 1896, SPB, 1896, pp. 88 – 94.

[68] S. Gulevich, *Istoriia leib gvardii Finliandskago polka 1806 – 1906*, SPB, 1906, pp. 256 – 61. （Norov），*Zapiski*, pp. 76 – 7.

[69] 奇恰戈夫给亚历山大的信件形成了他对自己行为的第一次辩护：见 *SIRIO*，6，1871, pp. 51 – 67；1812 年 11 月 17、18 日（旧历）。在回忆材料中，最好的辩护也许来自伊万·阿诺尔迪将军撰写的一篇文章：'Berezinskaia pereprava'，*VS*，53/9，1910，pp. 8 – 20. 最近的主要辩护来自伊万·尼古拉耶维奇·瓦西里耶夫：I. N. Vasilev, *Neskol'ko gromkikh udarov po khvostu tigra*, Moscow, 2001（Васильев И. Н. Несколько громких ударов по хвосту тигра. М.，2001）。

[70] *Kutuzov*, vol. 4ii, no. 363, 库图佐夫致奇恰戈夫，1812 年 11 月 10 日（旧历），pp. 344 – 5. Clausewitz, *Campaign*, p. 210。

[71] Ermolov, *Zapiski*, p. 251.

[72] Bogdanovich, *Istoriia*··· *1812*，vol. 3, pp. 255 – 61. Mikhailovskii – Danilevskii, *Opisanie 1812*, p. 519.

[73] Arnol'di, 'Berezinskaia pereprava', pp. 11 – 2.

[74] 来自俄国方面的最好描述是 Bogdanovich, *Istoriia*··· *1812*，vol. 3, pp. 263 – 76 和 Vasil'ev, *Neskol'ko gromkikh udarov*, pp. 190 – 200，248 – 68.

[75] Bogdanovich, *Istoriia* ··· *1812*，vol. 3, pp. 270 – 2，277 – 84，297. Vasil'ev, *Neskol'ko gromkikh udarov*, pp. 235 – 48，268 – 85. Clausewitz, *Campaign*, pp. 204 – 8.

[76] Ermolov, *Zapiski*, pp. 254 – 5.

[77] Bogdanovich, *Istoriia* ··· *1812*，vol. 3, p. 288 和 Bernhardi, *Denkwürdigkeiten*, vol. 4, p. 319 都指出了这一点。

[78] *Kutuzov*, vol. 4ii, no. 563, 库图佐夫致亚历山大，1812 年 12 月 17 日（旧历），pp. 551 – 4. N. Murav'ev, 'Zapiski Murav'eva', *RA*, 3, 1885, pp. 389 – 90. 这些数据中没有包括奥斯滕－萨肯的军。

[79] I. I. Shelengovskii, *Istoriia 69 – go Riazanskago polka*, 3 vols., Lublin, 1911, vol. 2, p. 192. *Upravlenie General – Intendanta*, pp. 108 – 16.

[80] *Upravlenie General – Intendanta*, pp. 114 – 16.

[81] *Kutuzov*, vol. 4ii, no. 516, 库图佐夫致亚历山大，1812 年 12 月 1 日（旧历），pp. 494 – 5。

第九章　1813 年春季战局

［1］ C. F. Adams（ed.）, *John Quincy Adams in Russia*, New York, 1970, pp. 458 - 9. *VPR*, 7, no. 120, 鲁缅采夫致亚历山大, 1813 年 6 月 27 日/7 月 9 日, pp. 293 - 4；no. 158, 鲁缅采夫致亚历山大, 1813 年 9 月 18 日/30 日, pp. 386 - 9。

［2］ Countess Choiseul - Gouffier, *Historical Memoirs of the Emperor Alexander I and the Court of Russia*, London, 1904, p. 148.

［3］ S. I. Maevskii, 'Moi vek ili istoriia generala Maevskago', *RS*, 8, 1873, p. 253.

［4］ 'Grafinia Roksandra Skarlatovna Edling：Zapiski', in A. Libermann（ed.）, *Derzhavnyi sfinks*, Moscow, 1999, p. 181.

［5］ 例如查尔斯·斯图尔特爵士, 后来的伦敦德里侯爵所做的评论, 载于他的 *Narrative of the War in Germany and France in 1813 and 1814*, London, 1830, pp. 33, 242 - 3。

［6］ 关于（女子的）诱惑, 实例如 V. von Löwenstern, *Mémoires du Général - Major Russe Baron de Löwenstern*, 2 vols. , Paris, 1903 和 Boris Uxkull, *Arms and the Woman：The Intimate Journal of an Amorous Baltic Nobleman in the Napoleonic Wars*, London, 1966. 近卫军军官的回忆录证实了戴维·贝尔关于贵族军事文化中性与战争关系的论点：D. A. Bell, *The First Total War*, London, 2007, pp. 23 - 4。

［7］ 关于希什科夫与库图佐夫的交谈, 见 N. Kiselev and Iu. Samarin（eds.）, *Zapiski, mneniia i perepiska Admirala A. S. Shishkova*, 2 vols. , Berlin, 1870, vol. 1, pp. 167 - 9. 关于托尔的回忆录, 见 T. von Bernhardi, *Denkwürdigkeiten aus dem Leben des kaiserlichen russischen Generals der Infanterie Carl Friedrich Grafen von Toll*, 5 vols. , Leipzig, 1858, vol. 3, book 5, pp. 469 - 70。

［8］ *VPR*, 7, no. 12, 内塞尔罗德致亚历山大一世, 1813 年 2 月初, pp. 33 - 4。

［9］ L. G. Beskrovnyi（ed.）, *Pokhod russkoi armii protiv Napoleona v 1813 g. i osvobozhdenie Germanii：Sbornik dokumentov*, Moscow, 1964：no. 24, 切尔内绍夫致库图佐夫, 1813 年 1 月 1/13 日, p. 23（Поход русской армии против Наполеона в 1813 г. и освобождение Германии：Сборник документов. М. , 1964. С. 23）。

［10］ 'Perepiska markviza Paulushi s imperatorom Aleksandrom, prusskim generalom Iorka i drugimi litsami', in K. Voenskii（ed.）, *Akty, dokumenty i materialy dlia istorii 1812 goda*, 2 vols. , SPB, 1910 - 11, vol. 2, pp. 330 - 443（Акты, документы и материалы для истории 1812 года. Т. 2. СПб. , 1911. С. 330 - 443）.

［11］ 见 F. Martens（ed.）, *Sobranie traktatov i konventsii, zakliuchennykh Rossiei s inostrannymi derzhavami*, vol. 7：*Traktaty s Germaniei 1811 - 1824*, SPB, 1885, no. 254, pp. 40 - 62（Собрание трактатов и конвенций, заключенных Россией с иностранными державами. Т. 7. СПб. , 1885. С. 40 – 62）。

［12］见 F. Reboul, *Campagne de 1813*：*Les préliminaires*, 2 vols. , Paris, 1910, vol. 1, pp. 194 – 6, on Yorck's numbers。

［13］见保卢奇在 1812 年 12 月 27 日（旧历）给亚历山大一世的信，收录在 Voen-skii, *Akty*, vol. 2, pp. 400 – 402, 以及维特根施泰因就保卢奇的愚蠢行为给奇恰戈夫的愤怒信件：*MVUA 1813*, vol. 2, no. 24, 维特根施泰因致奇恰戈夫，1813 年 1 月 4 日（旧历）。

［14］Beskrovnyi (ed.), *Pokhod*, no. 16, pp. 14 – 15.

［15］关于施泰因给库图佐夫递交的供养俄军部队和利用普鲁士行政机构的两份重要备忘录，见 Ibid. , no. 7, 1812 年 12 月 6/18 日, pp. 6 – 8 和 no. 53, 1813 年 1 月 25 日/2 月 6 日。

［16］关于这种效果有大量的文件，例如维特根施泰因在 1812 年 12 月 31 日/1813 年 1 月 12 日给库图佐夫的报告（Beskrovnyi (ed.), *Pokhod*, no. 21, pp. 19 – 20），他在报告中表示部队在柯尼希斯贝格的行为堪称模范，当地居民则把俄军作为解放者来欢迎，并通过当地的普鲁士官员以库图佐夫命令中规定的方式提供食物。

［17］E. Botzenhart（ed.), *Freiherr vom Stein*：*Briefwechsel, Denkschriften und Aufzeich-nungen*, 8 vols. , Berlin, 1957 – 70, vol. 4, 施泰因致亚历山大一世，1813 年 2 月 27 日/3 月 11 日, pp. 234 – 6。

［18］接下来的段落中关于弗里德里希·威廉的态度和政策的讨论很大程度上得益于 T. Stamm – Kuhlmann, *König in Preussens grosser Zeit*, Berlin, 1992, pp. 365 ff。

［19］W. Oncken, *Österreich und Preussen in Befreiungskriege*, 2 vols, Berlin, 1878：关于克内泽贝克出使的讨论位于 vol. 1, pp. 137 – 56, 引用的克内泽贝克原话位于 p. 166。

［20］Beskrovnyi (ed.), *Pokhod*, no. 33, 1813 年 1 月 10/22 日, 切尔内绍夫致库图佐夫, pp. 31 – 3。

［21］Ibid. , no. 48, 1813 年 1 月 22 日/2 月 3 日, 切尔内绍夫致库图佐夫, pp. 43 – 4。

［22］关于瓦尔特河畔的战斗，见切尔内绍夫的日志：RGVIA, Fond 846, Opis 16, Delo 3386, fos. 6ii – 7i, 以及他在 1813 年 1 月 31 日/2 月 11 日给维特根施泰因的报告：RGVIA, Fond 846, Opis 16, Delo 3905, fo. 2ii；关于本肯多夫，见 Beskrovnyi (ed.), *Pokhod*, no. 80, 1813 年 2 月 15 日/2 月 27 日, 维特根施泰因致库图佐夫, pp. 80 – 81。

［23］例如 Reboul, *Campagne de 1813*, vol. 2, ch. 5 和 Gouvion Saint – Cyr, *Mémoires pour servir à l'histoire militaire sous le Directoire, le Consulat et l'Empire*, vol. 4, Paris, 1831, ch. 1。

[24] RGVIA, Fond 846, Opis 16, Delo 3386, fo. 8.

[25] 例如本肯多夫在 2 月 22 日（旧历 2 月 10 日）给列普宁的报告，切尔内绍夫在此前一天给维特根施泰因的报告：RGVIA, Fond 846, Opis 16, Delo 3905, fo. 8ii; Beskrovnyi（ed.）, *Pokhod*, no. 86, 1813 年 2 月 20 日/3 月 4 日, 维特根施泰因致库图佐夫, p. 89。

[26] RGVIA, Fond 846, Opis 16, Delo 3416, fos. 1–2.

[27] A. G. Tartakovskii（ed.）, *Voennye dnevniki*, Moscow, 1990; A. I. Mikhailovskii – Danilevskii, pp. 319–20.

[28] 关于条约，见 Martens, *Sobranie traktatov*, vol. 7, pp. 62–82. 关于施泰因对波兰的态度，见 Botzenhart, *Stein*, vol. 4, 施泰因致明斯特尔, 1812 年 11 月 7/19 日, pp. 160–62。

[29] Oncken, *Österreich*, vol. 1, pp. 359–60; vol. 2, p. 287. *VPR*, no. 50, 内塞尔罗德致斯塔克尔贝里, 1813 年 3 月 17/29 日, pp. 118–22. Beskrovnyi（ed.）, *Pokhod*, no. 131, 库图佐夫致温岑格罗德, 1813 年 3 月 24 日/4 月 5 日, p. 132。

[30] 关于奥地利外交政策最全面的资料依然是 Oncken 的两卷本, *Österreich und Preussen*. 除了已经引用的关于这一阶段外交的常见著作外，还可参阅 E. K. Kraehe, *Metternich's German Policy*, vol. 1: *The Contest with Napoleon 1799–1814*, Princeton, 1963, 以及 A. Drabek *et al.*（eds.）, *Russland und Österreich zur Zeit der Napoleonischen Kriege*, Vienna, 1989 中的文章。

[31] Oncken, *Österreich*, vol. 1, p. 423: no. 19, 给莱布策尔特恩的指令, 1813 年 2 月 8 日; vol. 2, pp. 323–4, 与哈登贝格伯爵的谈话, 1813 年 5 月 30 日。关于军事准备，见 *Geschichte der Kämpfe Österreichs*: *Kriege unter der Regierung des Kaisers Franz*, *Befreiungskrieg 1813 und 1814* 的前两卷: vol. 1: O. Criste, *Österreichs Beitritt zur Koalition*, Vienna, 1913; vol. 2: W. Wlaschutz, *Österreichs entscheidendes Machtaufgebot*, Vienna, 1913。

[32] Count A. de Nesselrode（ed.）, *Lettres et papiers du Chancelier Comte de Nesselrode 1760–1850*, Paris, n. d., vol. 5, e. g. 根茨致内塞尔罗德, 1813 年 1 月 16 日, pp. 12–21; 1813 年 1 月 28 日, pp. 27–31; 1813 年 3 月 10 日, pp. 35–44; 1813 年 3 月 12 日, pp. 44–7; 1813 年 3 月 17 日, pp. 48–51; 1813 年 3 月 18 日, pp. 51–5; 内塞尔罗德致根茨, 1813 年 3 月 14/26 日, pp. 58–60; 根茨致内塞尔罗德, 1813 年 4 月 11 日, pp. 64–70; 1813 年 4 月 16 日, pp. 70–78; 1813 年 5 月 2 日, pp. 83–90; 1813 年 5 月 16 日, pp. 96–101; 1813 年 6 月 13 日, pp. 104–7; 1813 年 7 月 23 日, pp. 122–4. 关于根茨在维也纳的地位，见 Helmut Rumpler, *Österreichische Geschichte 1804–1914*, Vienna, 1997,

pp. 78 – 80。

[33] 后来的谈判大部分是由法比安·冯·德·奥斯滕 – 萨肯完成的，相关文件收录在他与外人通信的记录里：RGVIA, Fond 846, Opis 16, Delo 3403. 奥地利人提供了关于波兰军队行动的重要信息，休战协定原始文本收录在 Martens, *Sobranie traktatov*, vol. 3, no. 67, pp. 70 – 91. 后续协定收录在 *VPR*, 7, p. 118 和 no. 74, pp. 184 – 5。

[34] *Kutuzov*, vol. 5, no. 320, 1813 年 2 月 16 日（旧历）作战公报，pp. 282 – 4. N. S. Pestreikov, *Istoriia, leib – gvardii Moskovskago polka*, SPB, 1903, vol. 1, pp. 115 – 19。

[35] Pestreikov, *Istoriia*, vol. 1, p. 115；关于凯克斯霍尔姆团，见 B. Adamovich, *Sbornik voenno – istoricheskikh materialov leib – gvardii Keksgol' mskago imperatora Avstriiskago polka*, vol. 3, SPB, 1910, p. 300（Адамович В. Сборник военно – исторических материалов лейб – гвардии Кексгольмского императора Австрийского полка. Т. 3. СПб., 1910. С. 300）。

[36] 关于雅罗斯拉夫尔团，见 RGVIA, Fond 489, Opis 1, Delo 1098, fos. 46 – 71。

[37] Beskrovnyi（ed.）, *Pokhod*, no. 59, 特滕博恩致亚历山大，1813 年 1 月 31 日，pp. 54 – 6. 关于他给维特根施泰因的报告，见 RGVIA, Fond 846, Opis 16, Delo 3905：引述的这两份特滕博恩致维特根施泰因的报告分别写于 1813 年 3 月 9 日（旧历）（fos. 22ii – 23i）和 1813 年 3 月 11 日（旧历）（fos. 24ii – 25i）。

[38] Londonderry, *Narrative*, p. 63.

[39] J. von Pflugk – Harttung, *Das Befreiungsjahr 1813：Aus dem Geheimen Staatsarchivs*, Berlin, 1913, no. 136, 贝纳多特与波佐和叙赫特伦的交谈，1813 年 6 月，pp. 175 – 7。

[40] R. von Friederich, *Die Befreiungskriege 1813 – 1815*, vol. 1：*Der Frühjahrsfeldzug 1813*, Berlin, 1911, pp. 196 – 7；C. Rousset, *La Grande Armée de 1813*, Paris, 1871, pp. 96 – 7；A. Vallon, *Cours d' hippologie*, 2 vols., Paris, 1863, vol. 2, p. 473. 我感谢蒂埃里·伦茨（Thierry Lentz）教授让我注意到瓦隆（Vallon）的著作。

[41] A. Uffindell, *Napoleon's Immortals*, Stroud, 2007, pp. 76, 88 – 90.

[42] 这里的两份关键资料是 Rousset, *Grande Armée*, chs. I – XII；Friederich, *Frühjahrsfeldzug*, pp. 162 – 80. 弗里德里希认为拿破仑从西班牙抽调了大约 40000 名老兵，斯科特·鲍登（Scott Bowden）写道，"西班牙军团立即为拿破仑的新大军团提供了 20000 名经过考验的老兵"，所以数据间的差异可能是由于牵涉的具体时间段不一所致：S. Bowden, *Napoleon's Grande Armée of 1813*, Chicago, 1990, p. 29.

［43］ *Mémoires de Langeron*, *Général d' Infanterie dans l' Armée Russe*: *Campagnes de 1812*, *1813*, *1814*, Paris, 1902, p. 190.

［44］ Beskrovnyi (ed.), *Pokhod*, no. 141, 库图佐夫致戈列尼谢夫 – 库图佐夫, 1813 年 3 月 28 日/4 月 9 日, p. 142。

［45］ Ibid., no. 131, 库图佐夫致温岑格罗德, 1813 年 3 月 24 日/4 月 5 日, p. 132。

［46］ Tartakovskii, *Voennye dnevniki*, p. 329: 这里有一段对米哈伊洛夫斯基 – 丹尼列夫斯基 1813 年日记的摘录。Beskrovnyi (ed.), *Pokhod*, no. 105, 库图佐夫致维特根施泰因, 1813 年 3 月 8/20 日, pp. 107 – 8; no. 123, 库图佐夫致维特根施泰因, 1813 年 3 月 17/29 日, pp. 125 – 6; no. 94, 维特根施泰因致库图佐夫, 1813 年 2 月 26 日/3 月 10 日, pp. 95 – 6; no. 150, 沃尔孔斯基致多夫雷, 1813 年 4 月 8/20 日, pp. 151 – 2。

［47］ K. von Clausewitz, *Der Feldzug in Russland und die Befreiungskriege von 1813 – 15*, Berlin, 1906, pp. 196 – 202.

［48］ Pflugk – Harttung, *Befreiungsjahr*, no. 82, 布吕歇尔致维特根施泰因, 1813 年 4 月 20 日前后, pp. 106 – 7: no. 45, 沙恩霍斯特致沃尔孔斯基, 1813 年 3 月 22 日, pp. 62 – 5。

［49］ P. Pototskii, *Istoriia gvardeiskoi artillerii*, SPB, 1896, pp. 220 – 21.

［50］ I. Radozhitskii, *Pokhodnyia zapiski artillerista s 1812 po 1816 god*, 3 vols., Moscow, 1835, vol. 2, pp. 22 – 5.

［51］ S. G. Volkonskii, *Zapiski Sergeia Grigorovicha Volkonskogo (dekabrista)*, SPB, 1902, p. 232: 还有许多类似的评论, 例如作为军队中所受教育最为良好的一个群体, 那些年轻参谋军官们所做的评论。

［52］ Tartakovskii, *Voennye dnevniki*, pp. 333, 345.

［53］ Hon. George Cathcart, *Commentaries on the War in Russia and Germany in 1812 and 1813*, London, 1850, pp. 122 – 30. J. P. Riley, *Napoleon and the World War of 1813*, London, 2000, pp. 79 – 89 （对村庄的描述位于第 80 页）。

［54］ Clausewitz, *Feldzug*, p. 209.

［55］ 关于这一点, 见 Botzenhart, *Stein*, vol. 4, 备忘录和 1813 年 4 月与沙恩霍斯特、哈登贝格、内塞尔罗德的通信集, pp. 274 – 6, 289 – 90, 293 – 4, 299 – 300, 304 – 6。

［56］ *VPR*, no. 102, 亚历山大致贝纳多特, 1813 年 5 月 26 日/6 月 7 日, pp. 238 – 42; Oncken, *Österreich*, vol. 2, no. 46, 施塔迪翁致梅特涅, 1813 年 6 月 3 日, pp. 660 – 63.

［57］ Oncken, *Österreich*, vol. 2, nos. 33 and 34, 梅特涅致莱布策尔特恩, 1812 年 4 月 29 日, pp. 630 – 34。

[58] Ibid. , vol. 2, no. 38, 给施塔迪翁的指令, 1813 年 5 月 7 日, pp. 640 – 44。

[59] *VPR*, no. 80, 内塞尔罗德致亚历山大, 1813 年 5 月 1/13 日, pp. 196 – 7。

[60] *VPR*, no. 101, 内塞尔罗德致亚历山大, 1813 年 5 月 24 日/6 月 5 日, pp. 236 – 7。

[61] Langeron, *Mémoires*, pp. 169 – 78. Eugen, *Memoiren*, vol. 3, p. 39。

[62] 除了已经引用的基础文献外（Bogdanovich, Friederich, Chandler, Riley and Hofschroer）, 米夫林男爵的回忆录也是重要的资料, 但他给出的巴克莱军有 5000 人的数据应当予采用, 因为指挥这支部队的朗热隆认为那一天有 8000 人在场: Baron Karl von Müffling, *The Memoirs of Baron von Müffling*: *A Prussian Officer in the Napoleonic Wars*, London, 1997, pp. 36 – 8。

[63] Langeron, *Mémoires*, p. 189. Baron von Odeleben, *A Circumstantial Narrative of the Campaign in Saxony in the Year 1813*, 2 vols. , London, 1820, vol. 1, p. 95.

[64] Odeleben, *Narrative*, vol. 1, p. 103.

[65] Oncken, *Österreich* , vol. 2, pp. 323 – 4, and no. 46, Stadion to Metternich, 3 June 1813, pp. 660 – 63.

[66] 关于亚历山大对施韦德尼茨的看法, 见 RGVIA, Fond 846, Opis 16, Delo 3905, fo. 51ii, 沃尔孔斯基致维特根施泰因, 1813 年 5 月 11 日（旧历）; Müffling, *Memoirs*, pp. 44 – 9。

[67] RGVIA, Fond 103, Opis 4/210, Sv. 17, Delo 34, fo. 18, 坎克林致巴克莱·德·托利, 1813 年 5 月 23 日; RGVIA, Fond 103, Opis 4/210, Sv. 17, fos. 158 – 9, 巴克莱致维特根施泰因, 1813 年 6 月 26 日。Botzenhart, *Stein*, vol. 4, 库图佐夫致施泰因, 1813 年 4 月 6/18 日, p. 287。

[68] RGVIA, Fond 846, Opis 16, Delo 3905, fo. 55ii, 沃尔孔斯基致多夫雷, 1813 年 5 月 19 日（旧历）; Pflugk – Harttung, *Befreiungsjahr*, no. 135, 莱斯托克致哈登贝格, 1813 年 5 月 30 日, pp. 171 – 5; M. I. Bogdanovich, *Istoriia voiny 1813 g. za nezavisimost' Germanii*, 2 vols. , SPB, 1863, vol. 1, pp. 299 – 301 (Богданович М. И. История войны 1813 г. за независимость Германии. СПб. , 1863. Т. 1. С. 299 – 301)。

[69] F. Ley, *Alexandre Ier et sa Sainte – Alliance* (1811 – 1825), Paris, 1975, pp. 63 – 5. 关于亚历山大的行为, 可见 Oncken, *Österreich* , vol. 2, p. 330。

[70] Langeron, *Mémoires*, p. 199.

第十章 重建军队

[1] RGVIA, Fond 1, Opis 1/2, Delo 2888, fos. 11 – 13.

[2] John Keep, 'The Russian Army in the Seven Years' War', in E. Lohr and M. Poe

(eds.), *The Military and Society in Russia*, 1450 – 1917, Leiden, 2002, pp. 197 – 221. 关于七年战争中各个战役的总体后勤看法，见 F. Szabo, *The Seven Years War in Europe 1756 – 1763*, Harlow, 2008。

[3] *MVUA 1813*, 1, pp. 119 – 20. 军队的一月条令确立了军事道路的基本管理准则：见 *PSZ*, 32, no. 24975, 1812 年 1 月 27 日（旧历），pp. 116 – 18. *Kutuzov*, vol. 5, no. 461, 1812 年 3 月 15 日（旧历）作战公报，pp. 416 – 17。

[4] *PSZ*, 32, no. 24975, 1812 年 1 月 27 日（旧历），第三部分，pp. 107 – 58。

[5] *Kutuzov*, vol. 5, no. 255, 库图佐夫致施泰因，1813 年 1 月 31 日（旧历），pp. 214 – 15; L. G. Beskrovnyi (ed.), *Pokhod russkoi armii protiv Napoleona v 1813 g. i osvobozhdenie Germanii：Sbornik dokumentov*, Moscow, 1964, no. 7, 施泰因给亚历山大的备忘录，1812 年 12 月 6/18 日，pp. 6 – 8 和 no. 53, 施泰因致库图佐夫，1813 年 1 月 25 日/2 月 6 日，pp. 47 – 8。

[6] F. Martens (ed.), *Sobranie traktatov i konventsii, zakliuchennykh Rossiei s inostrannymi derzhavami*, vol. 7：*Traktaty s Germaniei 1811 – 1824*, SPB, 1885, no. 258, pp. 88 – 96. 也见 *Upravlenie General – Intendanta Kankrina：General' nyi sokrashchennyi otchet po armiiam⋯ za pokhody protiv Frantsuzov, 1812, 1813 i 1814 godov*, Warsaw, 1815 一书第 123 页。

[7] 以 1813 年下半年为例，俄国战争部推算在下半年的前四个月中，它花费了 390 万卢布供养部署在帝国境内的后备军团，却只花了 110 万卢布供养数量上大得多的位于大公国境内的部队。即便这 110 万卢布，也是亚历山大命令后备军团的肉、酒配给应当由俄国财政而非波兰人承担后才支付的：战争大臣阿列克谢·戈尔恰科夫大公爵备忘录，1813 年 12 月 30 日（旧历），RGVIA, Fond 846, Opis 16, Delo 3441, fos. 100 – 101。

[8] *Kutuzov*, vol. 5, no. 370, 关于华沙大公国临时政府的法令，1813 年 3 月 1 日/13 日，pp. 329 – 35；引用部分位于 p. 332。

[9] *Kutuzov*, vol. 5, no. 34, 库图佐夫向波兰人发出的公告，1812 年 12 月 27 日，p. 29, 以及 no. 326, 库图佐夫致亚历山大，1813 年 2 月 18 日（旧历），p. 291. *MVUA 1813*, vol. 2, no. 96, 沃龙佐夫致奇恰戈夫，1813 年 2 月 1 日（旧历），p. 70。

[10] 关于坎克林的说明，见 RGVIA, Fond 474, Opis 1, Ed. Khr. 1204, fos. 4i – ii. *Kutuzov*, vol. 5, no. 442, 库图佐夫致他的妻子，1813 年 3 月 11 日（旧历），p. 400. Adamovich, *Sbornik*, III, pp. 302 – 5, 有关于前卫部队中的凯克斯霍尔姆团在一月到四月间食物储备的有趣统计资料。关于弗里德希对萨克森的伤害，见 Szabo, *Seven Years War*, pp. 119 – 20。

[11] RGVIA, Fond 103, Opis 208a, Sv. 28, Delo 31, fos. 161 – 7, Barclay to Alexan-

der, 18 June 1813（OS）. 这封信的一份副本位于 Opis 4/210, Sv. 17, Delo 34, fos. 100 – 106。

［12］有两份关于奇恰戈夫的移动仓库的重要报告：见 RGVIA, Fond 103, Opis 4/210, Sv. 18, Delo 76, fos. 20 – 25：利萨列维奇给坎克林的报告，1813 年 12 月 5 日（旧历）；RGVIA, Fond 103, Opis 4/210, Sv. 17, Delo 34, fos. 184 – 7：阿列克谢耶夫少校给坎克林的报告，1813 年 6 月 25 日（旧历）。也见 *Kutuzov*, vol. 5, 库图佐夫致奇恰戈夫，1813 年 1 月 31 日（旧历），pp. 212 – 13。

［13］关于和阿德尔松（Adelsohn）及其他人的交易，见 RGVIA, Fond 103, Opis 4/210, Sv. 17, Delo 34, fos. 240 – 41, 317 – 18. 第一份文件是一位普鲁士高级法官贝图西（Bethusy）伯爵的报告，落款日期为 6 月 25 日。第二份文件是阿德尔松本人在 11 月 8 日递交的报告。关于主力军团的仓库，尤其见坎克林在 1813 年 7 月 6、10、16 日（均为旧历）向巴克莱递交的报告：RGVIA, Fond 103, Opis 4/210, Sv. 17, Delo 34, fos. 207 – 8, 226, 251 – 3. 关于农民大车的行动极限，见 Keep, 'Russian Army', p. 215。

［14］这大部分是位于所谓汇兑局中的纸币，设立汇兑局的目的是让希望将收到的纸卢布换成本国货币的外国人兑换货币，并把纸卢布汇回俄国。

［15］亚历山大给古里耶夫的命令收录在 *SIM*, 3, no. 136, 亚历山大致古里耶夫，1813 年 1 月 14 日（旧历），pp. 100 – 101. 古里耶夫给巴克莱的落款日期为 6 月 28 日和 7 月 1 日（均为旧历）的两封信很有意思，见 RGVIA, Fond 103, Opis 208a, Sv. 28, Delo 31, fos. 125 and 219。

［16］*SIM*, 1, section B, 'Sekretnyia ofitsial' nyiia svedeniia o polozhenii nashikh finansov v 1813g i ob izyskanii sredstv k prodolzheniiu voennykh deistvii v chuzhikh kraiakh': no. 1, 1813 年 4 月 24 日（旧历）古里耶夫备忘录，pp. 47 – 50 and 54。

［17］Ibid., pp. 55 – 63.

［18］*VPR*, 7, nos. 13 and 14, 亚历山大致利芬，1813 年 1 月 20 日/2 月 1 日，pp. 36 – 9.

［19］*VPR*, 7, no. 55, 利芬致亚历山大，1813 年 3 月 25 日/4 月 6 日，pp. 132 – 7；no. 84, 古里耶夫致内塞尔罗德，1813 年 5 月 5/17 日，pp. 203 – 6. E. Botzenhart（ed.）, *Freiherr vom Stein: Briefwechsel, Denkschriften und Aufzeichnungen*, 8 vols., Berlin, 1957 – 70, 施泰因致科丘别伊（Kochubei/Кочубей），1813 年 5 月 31 日，pp. 350 – 51. 遗留下来的最大问题是在欧洲大陆上兑换英国国库券的开支。

［20］坎克林的列表位于 RGVIA, Fond 103, Opis 4/210, Sv. 17, Delo 34, fos. 64 – 5：坎克林致巴克莱，1813 年 5 月 30 日（旧历）；巴克莱给兰斯科伊的落款日期是 5 月 31 日（旧历）的信位于同一 Delo, fo. 66. 亚历山大给兰斯科伊的命令收录在 *SIM*, 3, no. 140, 14 June 1813, pp. 102 – 3。

［21］RGVIA, Fond 103, Opis 4/210, Sv. 17, Delo 34：兰斯科伊致巴克莱, 1813 年 6 月 22 日（旧历）, fos. 167 - 8；给维诺库罗夫（Vinokurov/Винокуров）少校 的公开命令, 1813 年 6 月 18 日（旧历）, fo. 135；维诺库罗夫致巴克莱, 1813 年 8 月 23 日, fos. 311 - 12；Lieutenant - Colonel Lekarsky to Barclay, 27 July 1813 （OS）, fos. 313 - 14。

［22］Beskrovnyi（ed.）, *Pokhod*, no. 184, 1813 年 5 月 29 日/6 月 10 日作战公报, pp. 195 - 6。

［23］*Kutuzov*, vol. 5, no. 300, 库图佐夫致巴克莱, 1813 年 2 月 9 日（旧历）, pp. 259 - 60；no. 258, 库图佐夫致柯尼希斯贝格守备司令（少将西弗斯伯爵）, 1813 年 2 月 2 日（旧历）, pp. 216 - 18；no. 441, 库图佐夫致亚历山大, 1813 年 3 月 11 日（旧历）, pp. 398 - 9。

［24］RGVIA, Fond 103, Opis 3/209b, Sv. 10, Delo 117, fo. 6：坎克林关于靴子和裤 子的报告。Radozhitsky, *Pokhodnyia*, vol. 2, pp. 156 - 9. RGVIA, Fond 103, Opis 209b, Sv. 11, Delo 2, fos. 104 - 10：少将古里亚洛夫（Gurialov/Гурьялов） 公爵关于步枪给多夫雷的报告, 1813 年 7 月 13 日（旧历）。

［25］*MVUA 1813*, 1, pp. 97 - 132.

［26］*Kutuzov*, vol. 4ii, pp. 575 - 7. 亚历山大在一封落款日期为 1812 年 11 月 29 日 （旧历）的信中向库图佐夫阐述了他的计划：*SIM*, 2, no. 367, pp. 211 - 13。

［27］V. V. Shchepetil'nikov, *Komplektovanie voisk v tsarstvovanie imperatora Aleksandra I*, SVM, 4/1/1/2, SPB, 1904, pp. 55 - 62. 莫斯科龙骑兵团在 1813 年的新兵平 均年龄是 28 岁——比和平时期的新兵平均年龄大了 4 岁。见 RGVIA, Fond 489, Opis 1, Ed. Khr. 2442, fos. 94 - 119：注意, 尽管这份文件认为这些人在 1812 年入伍, 实际上有相当多的人在 1813 年才入伍。1812 年末和 1813 年时进 入赫尔松掷弹兵团的新兵有 40% 已经结婚：见 RGVIA, Fond 489, Opis 1, Ed. Khr. 1263. 页码数字已经无法辨识, 但新兵的名单位于 fos. 43 ff 的士官服役 记录档案（*formuliarnyi spisok*/*формулярный список*）之后。

［28］V. A. Aleksandrov, *Sel'skaia obshchina v Rossii*（*XVII - nachalo XIX v.*）, Moscow, 1976, pp. 244 - 5（Александров В. А. Сельская община в России（XVII - начало XIX в.）. М., 1976. С. 244 - 245）.

［29］I. I. Prokhodtsov, *Riazanskaia guberniia v 1812 godu*, Riazan, 1913, p. 119. 关于 战争部送达给征兵委员会的检查国有农民管理部门提交的记录的紧急通知, 见 RGVIA, Fond 1, Opis 1/2, Delo 2636, fo. 11。

［30］V. Lestvitsyn（ed.）, 'Zapiski soldata Pamfila Nazarova', *RS*, 9/8, 1878, pp. 529 - 43.

［31］这些记录保存在不列颠图书馆, 被列为利芬文件集（Lieven papers）编号 47427

的其他手稿（Additional Manuscript 47427）。

[32] 关于庄园，见 Edgar Melton, 'Household Economies and Communal Conflicts on a Russian Serf Estate, 1800 –1817', *Journal of Social History*, 26/3, 1993, pp. 559 –86.

[33] 关于斯塔罗斯特村，见 BL Add. MSS. 47424, fos. 47 –53. 关于列昂季耶夫（Leontev）的案例——庄园管家试图让一位军役人员的妻子成为家中顶梁柱，并保有她丈夫土地的努力遭到了庄园社区的拒绝，见 Melton, 'Household Economies', p. 569. 其他所有个别案例都是我从 Add. MSS. 47427 中摘录的。

[34] 夏洛塔关于"财富税"的命令被收录在 BL Add. MSS. 47427：这些款项和从各个家族中收取资金总数的列表收录在 fos. 122 –41. 也见 Melton, 'Household Economies', p. 569.

[35] RGVIA, Fond 1, Opis 1/2, Delo 2636, fo. 53.

[36] S. E. Charnetskii, *Istoriia 179 – go pekhotnago Ust – Dvinskago polka*：1711 –1811 – 1911, SPB, 1911, p. 26.

[37] 我使用了 RGVIA 中的所有上述服役记录。记录所包含的团是：赫尔松（Ed. Khr. 1263）、小俄罗斯（Ed. Khr. 1190）掷弹兵团；穆罗姆（Ed. Khr. 517）、库尔斯克（Ed. Khr. 425）、切尔尼戈夫（Ed. Khr. 1039）、雷瓦尔（Ed. Khr. 754）、色楞格斯克（Ed. Khr. 831）、别洛斯托克（Ed. Khr. 105）步兵团；第29（Ed. Khr. 1794）、39（Ed. Khr. 1802）、45（Ed. Khr. 1855）猎兵团；皇帝陛下近卫胸甲骑兵团（Ed. Khr. 2114）、亚姆堡（Ed. Khr. 2631）、西伯利亚（Ed. Khr. 2670）、莫斯科（Ed. Khr. 2442）、鲍里索格列布斯克（Ed. Khr. 2337）、普斯科夫（Ed. Khr. 212）龙骑兵团和沃伦枪骑兵团（Ed. Khr. 2648）。此外，有三部团史的附录中包括了军官得到委任时间的列表。这些团史是近卫猎兵团团史（*Istoriia leib – gvardii egerskago polka za sto let 1796 – 1896*, SPB, 1896, *prilozheniia*, pp. 56 ff.）；近卫枪骑兵团团史（P. Bobrovskii, *Istoriia leib – gvardii ulanskago E. I. V. gosudarnyi Imperatritsy Aleksandry Fedorovny polka*, SPB, 1903, *prilozheniia*, pp. 140 ff.（Бобровский П. История лейб – гвардии уланского полка Е. И. В. государыни императрицы Александры Федоровны полка. СПб., 1903. С. 140 и далее））；皇后陛下胸甲骑兵团团史（Colonel Markov, *Istoriia leib – gvardii kirasirskago Eia Velichestva polka*, SPB, 1884, *prilozheniia*, pp. 73 ff.）。新军官总计有341名，其中43%是此前的候补准尉或容克。不过这个数字并未包括以上团里所有新近得到委任的军官，因为其中一些服役记录是从1813年1月或7月开始的。这也使得统计结果偏向于曾作为贵族军士服役的人。

[38] *Istoriia leib – gvardii egerskago polka*, *prilozheniia*, pp. 56 ff., 这是一个信息宝库。

[39] 在所调查的新军官当中，有20%之前是非贵族军士。事实上（近卫团）当中有

少数人是尚未被提拔到候补准尉或容克军衔的贵族。但这些人远少于转到其他团里、被提拔为军官的 12 名非贵族军士，所以 1/5 的统计依然成立。与各阶层间所认定的鲜明法律差异相比，俄国社会实际上要模糊得多。一个中间案例是，在一些于 1813 年由龙骑兵团改编成的俄国枪骑兵团里，许多波兰小贵族军士得到了军官委任。

［40］ *SIM*，2，no. 249，亚历山大致维特根施泰因，1812 年 10 月 26 日（旧历），pp. 119 – 21。

［41］ 在我的调查中，有 8.5% 的军官来自贵族团，7% 原先是文官，但偏重于战争前半段的统计结果无疑低估了他们的重要性。另一个军官来源是军队孤儿院，战死军官的儿子们在那里接受教育。关于贵族团，见 M. Gol'mdorf, *Materialy dlia istorii byvshego Dvorianskago polka*，SPB，1882；该统计数字来自第 137 页。亚历山大在 1812 年 12 月 18 日（旧历）写给萨尔特科夫伯爵的信中说，文官数量已经过剩，国家现在需要的是军官，因此不愿意转入军队的人应当被解职：*SIM*，2，no. 417，pp. 253 – 4. 在 1812 年 12 月 29 日，他下令"重新启动"贵族团，这反映了在 1812 年的紧急时期，贵族团事实上多少出现了停滞状况：*SIM*，2，no. 412，亚历山大致维亚济米季诺夫（Viazmitinov/Вязмитинов），1812 年 12 月 17 日（旧历），p. 250。

［42］ *Mémoires du Général Bennigsen*，3 vols.，Paris，n. d.，vol. 3，pp. 278 – 9（亚历山大一世 6 月 24 日（旧历）的来信）. RGVIA，Fond 125，Opis 188a，Delo 70：埃森关于他的部队离开训练营地时状况的报告位于 fo. 4，出发人员的名单位于 fo. 5。

［43］ *SIM*，11，no. 13，洛巴诺夫 – 罗斯托夫斯基致亚历山大一世，1812 年 11 月 16 日（旧历），pp. 109 – 11。

［44］ *Kutuzov*，vol. 4ii，pp. 578 – 80. 这出自炮兵总监米勒 – 扎科梅利斯基的一份报告，标注日期为 1813 年 1 月 3 日（旧历）。*SIM*，11，no. 12，1812 年 11 月 14 日（旧历），洛巴诺夫向亚历山大确认他已收到了这一命令。V. N. Speranskii, *Voenno – ekonomicheskaia podgotovka Rossii k bor'be s Napoleonom v 1812 – 1814 godakh*，candidate's dissertation，Gorky，1967，pp. 385 – 454 是关于 1812 ～ 1814 年间轻兵器生产的优秀资料。

［45］ RGVIA，Fond 125，Opis 188a，Delo 163，fos. 31 – 2：戈尔恰科夫致洛巴诺夫 – 罗斯托夫斯基，1813 年 3 月 31 日（旧历）。

［46］ *SIM*，11，萨尔特科夫致洛巴诺夫 – 罗斯托夫斯基，1812 年 12 月 19 日（旧历），p. 199。

［47］ 关于这一阶段后备军团的两份关键资料是洛巴诺夫 – 罗斯托夫斯从 1813 年 1 月 7 日到 8 月 6 日间给亚历山大的报告（RGVIA，Fond 125，Opis 188a，Delo

47）和洛巴诺夫司令部 1813 年 1 月 1 日到 4 月 1 日间关于往来信函的记录（RGVIA，Fond 125，Opis 188a，Delo 42）。

[48] 亚历山大的命令被收录在 *SIM*，3，no. 52，亚历山大致洛巴诺夫－罗斯托夫斯基，1813 年 2 月 5 日（旧历），pp. 39 – 43. 洛巴诺夫对这一行动命令的最初反应见 RGVIA，Fond 125，Opis 188a，Delo 147，fos. 17 – 18：标注日期为 1813 年 2 月 15 日（旧历）的信件。

[49] RGVIA，Fond 846，Opis 16，Delo 3441，fos. 31 – 2：洛巴诺夫致亚历山大，1813 年 2 月 17 日（旧历）。

[50] 关于洛巴诺夫的报告，见 RGVIA，Fond 125，Opis 188a，Delo 47，fos. 26 – 9. 关于涅韦罗夫斯基给皇帝的报告，见 RGVIA，Fond 125，Opis 188a，Delo 39，fos. 28 – 9. 统计数字来自同一 Delo，见于 fos. 31 – 2. 洛巴诺夫在 1813 年 5 月 9 日（旧历）（RGVIA，Fond 125，Opis 188a，Delo 47，fos. 62 – 4）和 7 月 18 日旧历）（RGVIA，Fond 125，Opis 188a，Delo 47，fos. 104 – 5）给亚历山大一世的信中表示，在留在别利察的 9000 名伤员中，有 7000 人已经返回原单位，预期还有人能够继续归队。以近卫猎兵团的后备连为例，从彼得堡出发时共有 704 人，抵达西里西亚的有 481 人，见 *Istoriia leib - gvardii egerskago polka*，p. 113。

[51] 就连禁卫骑兵团在库尔姆也投入了散兵：见 S. Panchulidzev，*Istoriia kavalergardov*，SPB，1903，vol. 3，p. 314。

[52] 关于这一时期俄国骑兵的最佳入门资料（包括了有用的绘图，如马具、如何控制缰绳、如何用剑、如何展开成散兵阵型、如何部署冲锋等）是 Alla Begunova，*Sabli ostry*，*koni bystry*，Moscow，1992。

[53] 例如阿拉克切耶夫在 1813 年 3 月 31 日（旧历）给库图佐夫的信件和亚历山大在同一天给康斯坦丁大公的信：RGVIA，Fond 103，Opis 4/20，Sv. 3，Delo 22，fos. 42 and 43。

[54] 例如，科洛格里沃夫在 1812 年 12 月从国有马场得到了 269 匹好马：所有这些马匹都是给近卫军的，但就连近卫枪骑兵都只得到了一匹马：*MVUA* 1812，20，科洛格格里沃夫致戈尔恰科夫，1812 年 12 月 12 日（旧历），p. 153。

[55] V. V. Ermolov and M. M. Ryndin，*Upravlenie general - inspektora kavalerii o remontirovanii kavalerii*，SVM，13，SPB，1906，pp. 126 – 7.

[56] RGVIA，Fond 846，Opis 16，Delo 3442 专门收录与这一使命相关的材料。也见科马罗夫斯基的回忆录：*Zapiski Grafa E. F. Komarovskago*，SPB，1914，pp. 200 ff. Ermolov and Ryndin，*Upravlenie*，SVM，13，pp. 134 – 6。

[57] *Kutuzov*，vol. 4ii，no. 513，备忘录，pp. 488 – 90：并未标注日期，但可能是 11 月末。

[58] A. Grigorovich, *Istoriia 13 – go dragunskago voennago ordena general – fel' dmarsha-la Grafa Minikha polka*, 2 vols., , SPB, 1907 and 1912, vol. 2, pp. 32 – 3. 即便在旧历10月末，这个师的5个胸甲骑兵团一共也只有1000名士兵。

[59] N. Durova, *The Cavalry Maiden*: *Journals of a Female Russian Officer in the Napole-onic Wars*, ed. and trans. Mary Fleming Zirin, Bloomington, Ill. , 1989, p. 168.

[60] V. Godunov, *Istoriia 3 – go ulanskago Smolenskago Imperatora Aleksandra III – go pol-ka 1708 – 1908*, Libava, 1908, pp. 133 – 4 （Королев А. Н. История 3 – го Уланского Смоленского Императора Александра III – го полка. 1708 – 1908 г. Либава, 1908. С. 133 – 134）. 他们在斯洛尼姆与原先的后备中队亦即第7中队的8名军官、155名老兵会合，这个中队在1812年被部署到位于后方的奥利维奥波尔。

[61] 这份报告题为 'Otnoshenie Generala ot Infanterii kniaz' ia Lobanova – Rostovskago s otchetami o raspredelenii v rezervy voinov i loshadei'. 在 RGVIA, Fond 1, Opis 1/2, Delo 3230 中可以找到这份报告和洛巴诺夫写给戈尔恰科夫、落款日期为 1815年4月14日（旧历）的说明信。后备军团骑兵军向野战军派出了543名军官和21699名士兵。自组建后备军团起，共有1749名军官、33423名老兵、38620名新兵曾在骑兵军中服役。后备军团步兵军向野战军派出了635名军官和61843名士兵，后备军团存在期间，共有3662名军官、116904名老兵和174148名新兵曾在步兵军中服役。需要记住的重要一点是，这些统计并未包括科洛格里沃夫和洛巴诺夫在1813年春季预备军团组建前派出的"第一波"补充兵。

[62] A. S. Griboedov, *Sochineniia*, Moscow, 1953: 'O kavaleriiskikh rezervakh', pp. 363 – 7.

[63] 关于这一统计数字，见 Ermolov and Ryndin, *Upravlenie*, p. 136. 关于洛巴诺夫对骑兵训练的评论，可见他在1814年2月4日（旧历）给亚历山大的报告，这份报告收录在 RGVIA, Fond 125, Opis 188a, Delo 153, fo. 21. 关于维特根施泰因的部队，见 RGVIA, Fond 125, Opis 188a, Delo 47, no. 135: 洛巴诺夫致亚历山大，1813年11月29日（旧历）。

[64] A. Brett – James (ed.), *General Wilson's Journal, 1812 – 1814*, London, 1964, p. 147.

[65] Rudolph von Friederich, *Die Befreiungskriege 1813 – 1815*, vol 2: *Der Herbstfeldzug 1813*, Berlin, 1912, pp. 18 – 26.

[66] Friedrich von Schubert, *Unter dem Doppeladler*, Stuttgart, 1962, p. 311.

[67] *SIM*, 3, no. 131, 亚历山大致本尼希森，1813年5月25日（旧历），pp. 96 – 8。

[68] *MVUA* 1813, 1, 巴克莱致本尼希森，1813年6月14日（旧历），p. 123. 关于

部队实力，见 M. I. Bogdanovich, *Istoriia voiny 1813 g. za nezavisimost' Germanii*, 2 vols. ，SPB，1863，vol. 1，pp. 722 - 7. 计划分配给萨肯和朗热隆下属各团的埃森下属各营实际上被配属给了本尼希森的军团，没有被并入萨肯和朗热隆所部，这是为了让这些部队依然属于原先的团：可参阅 Lieutenant Lakhtionov, *Istoriia 147 - go Samarskago polka 1798 - 1898*，SPB，1898，pp. 66 - 7（Лахтионов С. В. История 147 - го Самарского полка. 1798—1898 г. СПб. ，1898. С. 66—67）。

[69] *SIM*，3，no. 150，亚历山大致本尼希森，1813 年 7 月 10 日（旧历），pp. 107 - 9. 洛巴诺夫在签发日期为 1813 年 7 月 16 日（旧历）的作战公报中传达了上述训令：RGVIA，Fond 125，Opis 188a，Delo 149，fo. 35。

[70] 这一数字来自洛巴诺夫给戈尔恰科夫的信，其中包括了对后备军团的最终报告和统计，并附带了一份说明，落款日期为 1815 年 4 月 14 日（旧历）。325000 这个数据包括了 45783 名额外的士兵，换句话说就是尚未被正式分配到各个部队单位的人。理论数字一如既往地会比军队实际见在人数大得多。见 RGVIA，Fond 1，Opis 1/2，Delo 3230 各处。关于病员，见 RGVIA，Fond 125，Opis 188a，Delo 144，fo. 12，埃森致洛巴诺夫，1814 年 5 月 8 日（旧历）。

第十一章 欧罗巴命运未卜

[1] *VPR*，no. 101，内塞尔罗德致亚历山大，1813 年 5 月 24 日/6 月 5 日，pp. 236 - 7. W. Oncken, *Österreich und Preussen in Befreiungskriege*，vol. 2，Berlin，1878，梅特涅致施塔迪翁，1813 年 6 月 6 日，pp. 663 - 4；1813 年 6 月 8 日，pp. 664 - 5。

[2] *VPR*，no. 104，内塞尔罗德致利芬，6 月 2/14 日，pp. 246 - 9；Oncken，*Österreich*，vol. 2，梅特涅致施塔迪翁，1813 年 7 月 30 日，pp. 680 - 81。

[3] *VPR*，no. 118，亚历山大给安施泰特的指示，1813 年 6 月 26 日/7 月 8 日，pp. 283 - 92（引用部分来自 p. 286）。

[4] *VPR*，no. 107，内塞尔罗德致梅特涅，1813 年 6 月 7/19 日，pp. 257 - 8。

[5] E. Botzenhart（ed.），*Freiherr vom Stein：Briefwechsel，Denkschriften und Aufzeichnungen*，8 vols. ，Berlin，1957 - 70，vol. 4，施泰因致格奈泽瑙，1813 年 7 月 11 日；致明斯特尔，1813 年 7 月 17 日；致亚历山大，1813 年 7 月 18 日，pp. 372 - 81。

[6] Oncken，*Österreich*，vol. 2，pp. 402 - 5.

[7] Ibid. ，pp. 405 - 8.

[8] R. von Friederich, *Die Befreiungskriege* 1813 - 1815，vol. 2：*Der Herbstfeldzug 1813*，Berlin，1912，pp. 26，31；M. I. Bogdanovich, *Istoriia voiny 1813 g. za nezavisimost' Germanii*，2 vols. ，SPB，1863，vol. 1，p. 448. 由卡米耶·鲁塞给出的数据（*La Grande Armée de 1813*，Paris，1871，p. 180）是 425000 名士兵做好了战斗准备，

其中 365000 人身处乌迪诺、奈伊和拿破仑的三个军团当中。在 1813 年 8 月，位于汉堡的达武和位于马格德堡的吉拉尔能够提供 40000 人用于向柏林推进。

［9］ Friederich，*Herbstfeldzug*，pp. 33，348.

［10］ N. S. Pestreikov，*Istoriia leib gvardii Moskovskago polka*，SPB，1903，vol. 1，pp. 129 - 30. 关于从雅罗斯拉夫尔团抽出的人员，见 RGVIA，Fond 489，Opis 1，Delo 1098，fo. 220。

［11］ F. G. Popov，*Istoriia 48 - go pekhotnago Odesskago polka*，2 vols.，Moscow，1911，vol. 1，pp. 119 - 27.

［12］ RGVIA，Fond 489，Opis 1，Delo 1098，fos. 177 - 94 and 271 - 391（雅罗斯拉夫尔团）；Delo 105，fos. 194i - 195ii（别洛斯托克团）；Delo 106，fos. 111 - 13（库尔斯克团）。

［13］ 所有信息都来自这两个团位于 RGVIA，Fond 489，Opis 1，Dela 105 and 106 的服役记录。在别洛斯托克团里，29 名少尉、中尉和参谋上尉中有 10 人是下层出身。较高级军官和准尉中则没有此类出身的。

［14］ Oncken，*Österreich*，vol. 2，布勃纳致梅特涅，1813 年 8 月 9 日，pp. 684 - 6。Eugen，*Memoiren*，vol. 3，pp. 64 - 8.

［15］ Karl Fürst Schwarzenberg，*Feldmarschall Fürst Schwarzenberg：Der Sieger von Leipzig*，Vienna，1964，p. 233.

［16］ RGVIA，Fond 846，Opis 16，Delo 3399，沃尔孔斯基致维特根施泰因，1813 年 8 月 9/21 日，fo. 1i。

［17］ A. G. Tartakovskii（ed.），*Voennye dnevniki*，Moscow，1990，p. 355；Schwarzenberg，*Schwarzenberg*，p. 233.

［18］ L. G. Beskrovnyi（ed.），*Pokhod russkoi armii protiv Napoleona v 1813 g. i osvobozhdenie Germanii：Sbornik dokumentov*，Moscow，1964，特拉亨贝格会议，1813 年 6 月 28～30 日/7 月 10～12 日，p. 462；*Geschichte der Kämpfe Österreichs：Kriege unter der Regierung des Kaisers Franz，Befreiungskrieg 1813 und 1814*，vol. 3：E. Glaise von Horstenau，*Feldzug von Dresden*，Vienna，1913，pp. 3 - 6。

［19］ RGVIA，Fond 846，Opis 16，Delo 3399，亚历山大致贝纳多特，1813 年 8 月 9/21 日，fos. 2 - 3。

［20］ 关于瑞典军队，见 Marquess of Londonderry，*Narrative of the War in Germany and France in 1813 and 1814*，London，1830，pp. 72 - 4. 关于贝纳多特，最新的一本书是 C. Bazin，*Bernadotte*，Paris，2000。

［21］ 关于贝纳多特所持立场的最佳评价是由普鲁士总参谋部撰写的战史：Friederich，*Herbstfeldzug*，pp. 146 - 8. 也参见 M. Leggiere，*Napoleon and Berlin*，Stroud，2002 这是关于北方战区和普鲁士资源动员的出色记述。

[22] 关于这一点，最好的观点来自两卷本奥地利总参战史，它讨论了施瓦岑贝格最初在 8 月向德累斯顿推进以及此后向莱比锡运动时的计划制订与执行过程。见 Horstenau, *Dresden*, pp. 63 – 106；*Geschichte der Kämpfe Österreichs：Befreiungskrieg 1813 und 1814*, vol. 5：Max von Hoen, *Feldzug von Leipzig*, Vienna, 1913, 尤其是 pp. 127 – 34。

[23] F. von Schubert, *Unter dem Doppeladler*, Stuttgart, 1962, pp. 336 – 7.

[24] Baron von Odeleben, *A Circumstantial Narrative of the Campaign in Saxony in the Year 1813*, 2 vols., London, 1820, vol. 1, p. 140.

[25] 引用部分来自 Bogdanovich, *Istoriia… 1813*, vol. 2, p. 22。

[26] 关于俄国境内的法国流亡者总体历史，见 A. Ratchinski, *Napoléon et Alexandre Ier*, Paris, 2002；关于朗热隆和黎塞留，见 L. de Crousaz – Cretet, *Le Duc de Richelieu en Russie et en France*, Paris, 1897, 尤其是 pp. 18 – 20. 埃马纽埃尔·德瓦雷基耶尔（Emmanuel de Waresquiel）在 J. Tulard（ed.）, *Dictionnaire Napoléon*, Paris, 1999 edn., 2 vols., vol. 2, pp. 144 – 6 中概述了朗热隆的个性和职业生涯。

[27] 关于朗热隆，尤其要参阅 Schubert, *Doppeladler*, pp. 163 – 7. 关于引用部分，见 Langeron, *Mémoires de Langeron*, *Général d'Infanterie dans l'Armée Russe：Campagnes de 1812, 1813, 1814*, Paris, 1902, p. 205。

[28] 关于在本茨劳的作战行动，尤其要参阅 E. Nikolaev, *Istoriia 50 pekhotnago Belostokskago, Ego Vysochestva Gertsoga Saksen – Al'tenburgskago polka*, SPB, 1907, pp. 71 – 3（Николаев Е. П. История 50 – го пехотного Белостокского его высочества герцога Саксен – Альтенбургского полка. 1807 – 1907. СПб., 1907. C. 71 – 73）。Friederich, *Herbstfeldzug*, p. 122 注意到了塞巴斯蒂亚尼下属各团的低劣质量。

[29] Langeron, *Mémoires*, p. 220；J. von Pflugk – Harttung, *Das Befreiungsjahr 1813：Aus dem Geheimen Staatsarchivs*, Berlin, 1913, no. 196, 格奈泽瑙致哈登贝格，1813 年 8 月 25 日, pp. 276 – 8。

[30] 约克的信件被引用在 Bogdanovich, *Istoriia… 1813*, vol. 2, p. 42. 本尼希森也抱怨布吕歇尔的战略：见他 8 月 14/26 日写于卡利什的致亚历山大书信：RGVIA, Fond 846, Opis 16, Delo 3385, fos. 191 – 2。

[31] Marshal Gouvion Saint – Cyr, *Mémoires pour servir à l'histoire militaire sous le Directoire, le Consulat et l'Empire*, Paris, 1831, vol 4, no. 8, Protocole de la conférence de Trachenberg：no. 9, Instructions pour S. Ex. M. de Blücher, pp. 347 – 53.

[32] 亚历山大给布吕歇尔的信位于 RGVIA, Fond 846, Opis 16, Delo 3399, fos. 7 ii – 8 i。

［33］布吕歇尔给亚历山大的信，发出日期未注明，但在 8 月 27 日收到，位于 RGVIA, Fond 846, Opis 16, Delo 3911, fos. 215i - ii。

［34］关于麦克唐纳对联军阵地的失败侦察，见 RGVIA, Fond 846, Opis 16, Delo 3911, fo. 247ii：韦南孔致沃尔孔斯基，1813 年 8 月 16/28 日。

［35］关于第三军行动的最好资料是由科克上尉（Captain Koch）汇编的作战日志：Captain Koch, *Journal des opérations du IIIe Corps en 1813*, Paris, 1999. 关于该军在卡茨巴赫所扮演角色的描述位于 pp. 54 - 60。

［36］米夫林关于这场会战的描述来自他回忆录中的两部分，这两部分的写作和出版间隔多年，因为他的一些评论如果早先出版的话会招致指责：见 Baron Karl von Müffling, *The Memoirs of Baron von Müffling: A Prussian Officer in the Napoleonic Wars*, London, 1997, pp. 58 - 75 and 317 - 24. 引用部分位于 p. 60。

［37］RGVIA, Fond 846, Opis 16, Delo 3911, fos. 246ii - 247i：韦南孔致沃尔孔斯基，1813 年 8 月 16/28 日。韦南孔的长篇报告在很大程度上是从奥斯滕 - 萨肯军角度观察战斗的最佳记述，科克给出了最优秀的法军目击记录，米夫林则是最好的普鲁士资料。波格丹诺维奇也提供了一份极好的详细记载，弗里德里希则确认了这一点。

［38］除了常见著作和科克的著作之外，敖德萨团的团史也是关于会战中这个少有人提及的插曲的有用资料，该团是涅韦罗夫斯基第 27 师的一部分：Popov, *Istoriia 48 - go*, pp. 139 - 41。

［39］Prince A. G. Shcherbatov, *Moi vospominaniia*, SPB, 2006, p. 87（Щербатов А. Г. Мои воспоминания. СПб., 2006. С. 87.）.

［40］Müffling, *Memoirs*, pp. 67 - 8. I. Radozhitskii, *Pokhodnyia zapiski artillerista s 1812 po 1816 god*, 3 vols., Moscow, 1835, vol. 2, p. 202.

［41］Captain Geniev, *Istoriia Pskovskago pekhotnago general - fel' dmarshala kniazia Kutuzova - Smolenskago polka: 1700 - 1831*, Moscow, 1883, pp. 216 - 17; Bogdanovich, *Istoriia*··· 1813, vol. 2, p. 65.

［42］Pflugk - Harttung, *Befreiungsjahr*, no. 219：西里西亚军政府致柏林军事总督，1813 年 8 月 28 日，pp. 283 - 4。

［43］Koch, *Journal*, p. 64；RGVIA, Fond 846, Opis 16, Delo 3403, fos. 24i - 25i：萨肯致沃尔孔斯基，1813 年 9 月 3 日。

［44］Schubert, *Doppeladler*, p. 321.

［45］Beskrovnyi（ed.）, *Pokhod*, no. 216，军事行动日志，1813 年 8 月 23 日/9 月 4 日，pp. 245 - 7. 除了波格丹诺维奇之外，在 Prince N. B. Golitsyn, *Zhizneopisanie generala ot kavalerii Emmanuelia*, Moscow, 1844, pp. 97 - 104 中也有关于追击的出色记载。

［46］这个统计数字取自 George Nafziger，*Napoleon at Dresden*，Chicago，1994，pp. 77，301。

［47］Bogdanovich，*Istoriia… 1813*，vol. 2，p. 78.

［48］Horstenau，*Dresden*，pp. 1 – 11.

［49］关于奥军组织结构和备战工作的关键资料是 *Befreiungskrieg 1813 und 1814* 的前三卷，作者分别是 O. Criste（*Österreichs Beitritt zur Koalition*，Vienna，1913），Wlaschutz（*Österreichs entscheidendes Machtaufgebot*，Vienna，1913）和 Glaise von Horstenau。例如霍斯特瑙（Horstenau）的评论位于 *Dresden*，p. 78. 然而也要参阅在威尔逊日记中记载的他和拉德茨基非常有趣的谈话：A. Brett – James（ed.），*General Wilson's Journal 1812 – 1814*，London，1964，20 Aug. 1813，p. 63.

［50］例如沃龙佐夫在听说他要成为比洛的下属后，向巴克莱提出的一次愤怒抗议，比洛晋升中将的时间要比沃龙佐夫晚一个月。巴克莱接受了抗议，将沃龙佐夫置于温岑格罗德指挥之下。RGVIA，Fond 103，Opis 4/210，Sv. 53，Delo 18，fos. 15 – 16：沃龙佐夫致巴克莱，1813 年 7 月 9 日（旧历）。

［51］许多例子中的一个：巴克莱在 1813 年 9 月 10 日（旧历）给萨肯的信：*MVUA 1813*，1，p. 202；Eugen，*Memoiren*，vol. 3，pp. 145 – 6。

［52］Saint – Cyr，*Mémoires*，vol. 4，no. 15，拿破仑致圣西尔，1813 年 8 月 17 日，pp. 365 – 8。

［53］Horstenau，*Dresden*，pp. 78 – 117. Brett – James，*Wilson's Journal*，p. 165.

［54］Horstenau，*Dresden*，pp. 103，106 – 7，123 – 4.

［55］Hon. George Cathcart，*Commentaries on the War in Russia and Germany in 1812 and 1813*，London，1850，p. 29. Langeron，*Mémoires*，p. 256.

［56］Horstenau，*Dresden*，p. 159；Friederich，*Herbstfeldzug*，p. 69；Bogdanovich，*Istoriia… 1813*，vol. 2，p. 127. Saint – Cyr，*Mémoires*，vol. 4，no. 26，圣西尔致拿破仑，1813 年 8 月 25 日，pp. 383 – 4。

［57］关于拿破仑最初计划的快速入门见 8 月 24 日给巴萨诺公爵的一封信中传达的内容：Saint – Cyr，*Mémoires*，vol. 4，no. 21，1813 年 8 月 24 日，pp. 377 – 8。

［58］Cathcart，*Commentaries*，pp. 231 – 2. Horstenau，*Dresden*，p. 270.

［59］Cathcart，*Commentaries*，p. 228. On Constantine's views，see e. g. *RA*，1，1882，pp. 142 – 54.

［60］这些观点都是由霍斯特瑙提出的，Horstenau，*Dresden*，pp. 257 – 68，277 – 86：由于他是此次战役的奥地利官方历史学家，因而并没有理由去夸大奥地利领导层的过失，所以人们可以认为他的看法是公正的。也见 Friederich，*Herbstfeldzug*，pp. 76 – 8。

［61］Brett – James，*Wilson's Journal*，1813 年 8 月 30 日，p. 169。

［62］所有关于这场战役的通史都详细讨论了 8 月 26～30 日在联军右翼发生的关键事件。除了弗里德里希和波格丹诺维奇之外，在 *Geschichte der Kämpfe Österreichs*：*Befreiungskrieg 1813 und 1814*, vol. 4：Maximilian Ehnl, *Schlacht bei Kulm*, Vienna, 1913 中也有充分的描述。除了欧根本人的回忆录之外，他的参谋长冯·赫尔多夫将军的回忆录也很有价值：General von Helldorff, *Zur Geschichte der Schlacht bei Kulm*, Berlin, 1856. 所有后来编纂的历史都大量借鉴了 1844 年到 1852 年间由萨克森军队阿斯特尔（Aster）上校撰写的关于 1813 年秋季战局的三卷本历史。然而人们也必须参考阿斯特尔本人的书，因为他的著作包括了后来的历史著作中遗漏的大量细节：关于右翼的状况，见 H. Aster, *Die Kriegsereignisse zwischen Peterswalde, Pirna, Königstein und Priesten im August 1813 und die Schlacht bei Kulm*, Dresden, 1845. 出于显而易见的原因，寻找详细描述这些事件的法军方面记载要困难得多：以 Rousset, *Grande Armée* 为例，尽管鲁塞引用了旺达姆的重要信件，但是他关于这次惨败提得很少。圣西尔也刊布了有用的文件，但和其他所有法军参战者一样，他也急于证明自己并无责任。费藏萨克（Fezensac）把大部分责任都推给了旺达姆，不过他也对圣西尔和拿破仑有所批评，他的著作是法军方面信息最为丰富的记述：*Souvenirs militaires*, Paris, 1863, pp. 403 - 29。

［63］关于预定行军路线最清晰也最细致的描述位于 Horstenau, *Dresden*, pp. 293 - 6。

［64］关于这一决定，在 T. von Bernhardi, *Denkwürdigkeiten aus dem Leben des kaiserlichen russischen Generals der Infanterie Carl Friedrich Grafen von Toll*, 5 vols. , Leipzig, 1858, vol. 3, book 6, pp. 175 - 83 中有一个有用的探讨。

［65］Saint - Cyr, *Mémoires*, vol. 4, no. 30, 圣西尔致贝尔蒂埃, 1813 年 8 月 29 日, pp. 386 - 7; Brett - James, *Wilson's Journal*, 1813 年 8 月 30 日, p. 172; 关于道路状况的最佳描述位于 P. Pototskii, *Istoriia gvardeiskoi artillerii*, SPB, 1896, pp. 261 - 3。

［66］P. Nazarov, 'Zapiski soldata Pamfila Nazarova', *RS*, 9/8, 1878, p. 535.

［67］8 月 28 日下午 4 点由贝尔蒂埃以拿破仑的名义下达给旺达姆的关键命令被翻印并刊布在 Ehnl, *Kulm* 的附录 no. 5, p. 204。

［68］欧根和他的参谋冯·赫尔多夫上校两人的回忆录可能被视为对奥斯特曼－托尔斯泰有偏见，但阿列克谢·叶尔莫洛夫也评论说，奥斯特曼－托尔斯泰在库尔姆会战中比法国人更麻烦。赫尔多夫写道，整支军队都知道奥斯特曼－托尔斯泰在 1813 年结束病假归队后精神方面出了问题：Helldorff, *Kulm*, p. 17. 许多旁人的回忆录也证实了奥斯特曼－托尔斯泰在 1813 年 8 月并不适宜指挥部队。关于对他的辩护，见 I. I. Lazhechnikov, ' Neskol' ko zametok i vospominanii po povodu stat' i "materialy dlia biografii A. P. Ermolova" ', *Russkii vestnik*, 31/6,

1864, pp. 783 - 819。

[69] Eugen, *Memoiren*, vol. 3, pp. 131 - 3; L. von Wolzogen, *Mémoires d' un Général d' Infanterie au service de la Prusse et de la Russie (1792 - 1836)*, Paris, 2002, p. 169; Pototskii, *Istoriia*, p. 250. 赫尔多夫说叶尔莫洛夫起初支持奥斯特曼的意见,但是因为害怕惹怒欧根、继而令亚历山大把愤怒发泄到自己头上,他就撤回了支持: *Kulm*, pp. 29 - 30。

[70] 关于大道和地势的最佳描述位于 *Istoriia leib - gvardii egerskago polka za sto let 1796 - 1896*, SPB, 1896, pp. 125 - 30。

[71] 一如既往地,除了波格丹诺维奇之外,一些团史提供了关于 8 月 28 日状况的精彩描述。前一条注释中引用的近卫猎兵团团史可能是最好的,不过也可参阅 S. A. Gulevich, *Istoriia 8 - go pekhotnago Estliandskago polka*, SPB, 1911, pp. 178 - 81。

[72] 赫尔多夫对他所目睹的状况的描述位于 *Kulm* 一书 pp. 35 - 8。

[73] Eugen, *Memoiren*, vol. 3, p. 149.

[74] 所有的通史都较好地描述了地势,但波格丹诺维奇、弗里德里希和恩尔 (Ehnl) 都假定读者已经了解波希米亚村庄是由木制建筑构成的,因而没有提到和建筑相关的事。正因为阿斯特尔提供了这类微小却重要的细节,因此他的著作显得十分重要: 以房屋为例,见 Aster: *Kriegsereignisse… Kulm*, pp. 14 - 15。

[75] Helldorff, *Kulm*, p. 45.

[76] Friederich, *Herbstfeldzug*, p. 88; Brett - James, *Wilson's Journal*, p. 173; Londonderrry, *Narrative*, p. 124. *Istoriia leib - gvardii egerskago polka*, p. 135.

[77] 关于科瓦尔斯基的记述,见 'Iz zapisok pokoinago general - maiora N. P. Koval'skago', *Russkii vestnik*, 91/1, 1871, pp. 78 - 117, 尤其是 p. 102; 'Zapiski N. N. Murav' eva - Karskago', *RA*, 24/1, 1886, pp. 5 - 55, 尤其是 pp. 22 - 6; P. Bobrovskii, *Istoriia leib - gvardii ulanskago E. I. V. gosudarynyi Imperatritsy Aleksandry Fedorovny polka*, SPB, 1903, p. 231。

[78] 关于法军损失,见穆拉维约夫和旺达姆的参谋长的交谈: 'Zapiski', p. 25; Brett - James, *Wilson's Journal*, p. 173; Bobrovskii, *Istoriia leib - gvardii ulanskago… polka*, p. 230。

[79] L. G. Beskrovnyi (ed.), *Dnevnik Aleksandra Chicherina, 1812 - 1813*, Moscow, 1966, pp. 252 ff.; 'Zapiski N. N. Murav' eva', 24/1, 1885, p. 26.

[80] 这一点得到了 Friederich, *Herbstfeldzug*, pp. 90 - 92 和 Ehnl, *Kulm*, pp. 112 - 18 的良好证明,因此 (克莱斯特偶然出现在旺达姆后方的) 无稽之谈没有理由继续存在下去。

[81] Bernhardi, *Denkwürdigkeiten*, p. 454.

［82］ Ehnl, *Kulm*, p. 132 写道，41000 名联军步兵和 10000 名骑兵迎战 39000 名法军
　　　步兵和 3000 名骑兵。考虑到旺达姆所部在 8 月 28 日和 29 日的伤亡，他的步兵
　　　数字看上去太高了点。

［83］ P. A. Kolzakov, ' Vziatie v plen marshala Vandama 1813 g. ', *RS*, 1, 1870,
　　　pp. 137 – 44. Bogdanovich, *Istoriia… 1813*, vol. 2, p. 704; *SIM*, no. 254, 亚历山
　　　大致罗斯托普钦，1813 年 12 月 22 日，p. 164。

［84］ Tartakovskii, *Voennye dnevniki*：米哈伊洛夫斯基 – 丹尼列夫斯基的 1813 年日
　　　记，p. 360。

［85］ 这并未包括罗曼诺夫家族的成员和外国人。

［86］ Hoen, *Feldzug von Leipzig*, p. 274：赫恩（Hoen）是个奥地利人，他在这方面是
　　　中立的。

［87］ Friederich, *Herbstfeldzug*, pp. 144 – 8; Leggiere, *Napoleon and Berlin*, ch. 7, 尤
　　　其是 pp. 137 – 41。

［88］ RGVIA, Fond 846, Opis 16, Delo 3911, fos. 213 – 4, 特伊尔致沃尔孔斯基，
　　　1813 年 8 月 21 日/9 月 2 日。

［89］ *VPR*, no. 141, 亚历山大给波佐的指示，1813 年 7 月 31 日/8 月 10 日, p. 345;
　　　Botzenhart, *Stein*, vol. 4, 施泰因致明斯特尔，1813 年 8 月 7、10 日, pp. 390 –
　　　92; Londonderry, *Narrative*, p. 179。

［90］ V. von Löwenstern, *Mémoires du Général – Major Russe Baron de Löwenstern*, 2 vols. ,
　　　Paris, 1903, vol. 2, pp. 136 – 7, 184 – 5; S. G. Volkonskii, *Zapiski Sergeia Grig-*
　　　orovicha Volkonskago (dekabrista), SPB, 1902, pp. 264 – 5, 306 – 7.

［91］ RGVIA, Fond 846, Opis 16, Delo 3911, 温岑格罗德致亚历山大，1813 年 8 月
　　　7/19 日, fos. 148 – 9; 1813 年 8 月 22 日/9 月 3 日, fos. 289 – 91; RGVIA, Fond
　　　103, Opis 4/210, Sv. 53, Delo 18, fo. 7：坎克林致洛特胡姆（Lotthum），1813
　　　年 7 月 1/19 日。

［92］ RGVIA, Fond 103, Opis 4/120, Sv. 18, Delo 57, fos. 5 – 6：巴克莱致兰斯科
　　　伊，1813 年 7 月 28 日（旧历）：Sv. 53, Delo 18, fo. 25, 巴克莱致坎克林，
　　　1813 年 8 月 8 日（旧历）。

［93］ Löwenstern, *Mémoires*, vol. 2, pp. 100, 146 – 78; Volkonskii, *Zapiski*, pp. 258 –
　　　9; V. M. Bezotosnyi, *Donskoi generalitet i ataman Platov v 1812 godu*, Moscow,
　　　1899, pp. 109 – 18.

［94］ Friederich, *Herbstfeldzug*, pp. 139 – 73 提供了精彩的分析与描述。

［95］ 在近期的英文文献中，关于这场会战以及与其相关的一些争议的完整记述可见
　　　Leggiere, *Napoleon and Berlin*, ch. 11. 与 Friederich, *Herbstfeldzug*, pp. 177 – 91
　　　相比，莱杰雷（Leggiere）对贝纳多特敌意更浓。.

［96］V. Kharkevich（ed.）, *1812 god v dnevnikakh, zapiskakh i vospominaniiakh sovremennikov*, 4 vols., Vilna, 1900 – 1907, vol. 2, p. 28.

［97］Major – General E. S. Kamenskii, *Istoriia 2 – go dragunskago S – Peterburgskago generalafel' dmarshala kniazia Menshikova polka 1707 – 1898*, Moscow, 1900, pp. 225 – 37（Каменский Е. С. История 2 – го драгунского С. – Петербургского генера – ла – фельдмаршала князя Меншикова полка. 1707 – 1898 г. М., 1900. С. 225 – 237）. Volkonskii, *Zapiski*, p. 266.

［98］Bogdanovich, *Istoriia*… 1813, vol. 2, pp. 275, 281.

第十二章　莱比锡会战

［1］协定文本收录在 F. Martens（ed.）, *Sobranie traktatov i konventsii, zakliuchennykh Rossiei s inostrannymi derzhavami*, vol. 3: *Traktaty s Avsrtieiu*, SPB, 1876, no. 71, pp. 126 – 38。坎克林的评论位于 *Upravlenie General – Intendanta Kankrina：General' nyi sokrashchennyi otchet po armiiam*… *za pokhody protiv Frantsuzov, 1812, 1813 i 1814 godov*, Warsaw, 1815, pp. 72 – 6。

［2］L. G. Beskrovnyi（ed.）, *Pokhod russkoi armii protiv Napoleona v 1813 g. i osvobozhdenie Germanii：Sbornik dokumentov*, Moscow, 1964, no. 214, 若米尼致亚历山大, 1813 年 8 月 21 日/9 月 2 日, pp. 241 – 2。

［3］给克内泽贝克的信被引用在 Rudolph von Friederich, *Die Befreiungskriege 1813 – 1815*, vol. 2: *Der Herbstfeldzug 1813*, Berlin, 1912, pp. 214 – 15；给亚历山大的信被刊布在 Beskrovnyi（ed.）, *Pokhod*, no. 232, 布吕歇尔致亚历山大, 1813 年 8 月 30 日/9 月 11 日, pp. 268 – 9。

［4］吕勒的话被弗里德里希引用在 *Herbstfeldzug*, p. 215；VPR, no. 162, 内塞尔罗德致波佐, 1813 年 9 月 21 日/10 月 3 日, pp. 393 – 4。

［5］RGVIA, Fond 846, Opis 16, Delo 3399, nos. 50 and 51, 沃尔孔斯基致布吕歇尔、沃尔孔斯基致本尼希森, 1813 年 9 月 1/13 日, fos. 21ii – 22ii；Delo 3416, 'Zhurnal voennykh deistvii Pol'skoi armii', fos. 12i – 14i。

［6］M. I. Bogdanovich, *Istoriia voiny 1813 g. za nezavisimost' Germanii*, 2 vols., SPB, 1863, vol. 2, pp. 336 – 41；RGVIA, Fond 846, Opis 16, Delo 3399, 沃尔孔斯基致普拉托夫, 1813 年 9 月 4 日（旧历）, fos. 24ii – 25i。

［7］切尔内绍夫涵盖了此次袭击的日记保存在 RGVIA, Fond 846, Opis 16, Delo 3386, fos. 26 – 31. Bogdanovich, *Istoriia*… 1813, vol. 2, pp. 342 – 55 提供了一份叙述, 尽管我的结论和他差异很大。

［8］A. Raevskii, *Vospominaniia o pokhodakh 1813 i 1814 godov*, Moscow, 1822, pp. 1 – 77（Раевский А. Воспоминания о походах 1813 и 1814 годов. Ч. 1 – 2. СПб.,

1822. C. 1 – 77）.

［9］ RGVIA, Fond 846, Opis 16, Delo 3416, fos. 16i – 17ii.

［10］ 最好也最详细的叙述位于 *Geschichte der Kämpfe Österreichs: Kriege unter der Re-gierung des Kaisers Franz. Befreiungskrieg 1813 und 1814*, vol. 5: M. von Hoen, *Feldzug von Leipzig*, Vienna, 1913；关于施瓦岑贝格的担忧见 RGVIA, Fond 846, Opis 16, Delo 3399, 沃尔孔斯基致奥珀曼, no. 97, 1813 年 9 月 24 日（旧历）, fos. 38i – 39i；关于食物见 A. A. Eiler, 'Zapiski A. A. Eilera', *RS*, 1/11, 1880, p. 367 和 *Pokhod*, no. 254, 巴克莱致维特根施泰因, 1813 年 9 月 20 日/10 月 2 日, pp. 296 – 7。

［11］ RGVIA, Fond 846, Opis 16, Delo 3385, 贝纳多特致温岑格罗德, 1813 年 10 月 2 日, fo. 57i；I. Radozhitskii, *Pokhodnyia zapiski artillerista s 1812 po 1816 god*, 3 vols. , Moscow, 1835, vol. 2, p. 246。

［12］ 这 35000 人当中的确有一部分是病员, 不过基本论点依然是有效的: 关于本尼希森所部在德累斯顿的部署状况, 见 *Feldzug der kaiserlichen Russischen Armee von Polen in den Jahren 1813 und 1814*, Hamburg, 1843, pp. 33 – 6。

［13］ *Mémoires de Langeron, Général d'Infanterie dans l'Armée Russe: Campagnes de 1812, 1813, 1814*, Paris, 1902, pp. 222, 298.

［14］ RGVIA, Fond 846, Opis 16, Delo 3403, fos. 27i – 28ii, 萨肯致巴克莱, 1813 年 10 月 1 日（旧历）。

［15］ Langeron, *Mémoires*, pp. 299 – 300.

［16］ 我在莱比锡开始大规模修建高速公路之前曾两次到访过战场, 高速公路给莱比锡提供了一条分流道路, 在修建过程中对南部战场造成了严重破坏。

［17］ Hon. George Cathcart, *Commentaries on the War in Russia and Germany in 1812 and 1813*, London, 1850, p. 298.

［18］ Friederich, *Herbstfeldzug*, p. 294.

［19］ Ibid. , p. 295.

［20］ 波格丹诺维奇引用了亚历山大的话: *Istoriia*… 1813, vol. 2, p. 439。

［21］ Hoen, *Feldzug von Leipzig*, pp. 402 – 10. 朗格瑙是叛徒的可能性是由迪格比·史密斯提出的（*1813 – Leipzig, Napoleon and the Battle of the Nations*, London, 2001, p. 69）, 但他没有提供任何证据。我自己的解释一定程度上来自 Ludwig von Wolzogen, *Mémoires d'un Général d'Infanterie au service de la Prusse et de la Russie（1792 – 1836）*, Paris, 2002, pp. 179 – 82。

［22］ 这一统计数字来自 Friederich, *Herbstfeldzug*, pp. 296 – 300。

［23］ Eugen, *Memoiren*, vol. 3, p. 230.

［24］ J. – N. Noel, *With Napoleon's Guns*, London, 2005, pp. 180 – 81.

［25］ Friederich, *Herbstfeldzug*, p. 232；*Mémoires du Général Griois*, Paris, n. d. , p. 202；Eugen, *Memoiren*, vol. 3, p. 232. Smith, *Leipzig*, p. 86 认为欧根应当把他的军移动到火线之外，或者至少让他们趴下来，但是亲王不能就此在联军战线上留下一个缺口。此外，俄军（普军和奥军也是如此）并未接受过在敌军火炮面前趴下的训练。即便是威灵顿的步兵，在处于开阔斜堤上又有大群敌军骑兵位于附近时，也可能会不愿这么做。

［26］ RGVIA, Fond 489, Opis 1, Delo 754, fos. 38 ff.

［27］ 所有这些信息都来自穆罗姆团个人服役记录（*posluzhnye spiski/послужные списки*），档案收录在 RGVIA, Fond 489, Opis 1, Ed. Khr. 517：从 fo. 2 开始，每一级军阶都有属于它的服役记录档案（*posluzhnoi spisok/послужной список*）。

［28］ 例如迪比奇在 10 月 16 日上午 8 时给巴克莱的一份报告，当时前者正在催促近卫军立刻前进，如果不这么做的话，"他们距离勒塔实在太远，决不会及时到达"：Beskrovnyi（ed.）, *Pokhod*, no. 283, 迪比奇致巴克莱, 1813 年 10 月 4/16 日, p. 329。

［29］ 正如人们可能会预计到的那样，奥地利官方历史对会战的这一部分最为关注，但它的记载很大程度上得到了波格丹诺维奇的确认：就算在 1813 年，奥地利人和俄罗斯人也并不十分欣赏对方，着手撰写官方历史的时候观感就更差了。总的来说，相信俄国官方历史赞扬奥军时的话是一个不错的经验法则，反过来也是如此。在怀有疑问的时候，弗里德里希常常是个极为公平和中立的仲裁者。Hoen, *Feldzug von Leipzig*, pp. 471 – 82；Bogdanovich, *Istoriia* ··· 1813, vol. 2, pp. 461 – 4；Friederich, *Herbstfeldzug*, pp. 308 – 12。

［30］ Beskrovnyi（ed.）, *Pokhod*, no. 300, 迪比奇对莱比锡会战的记载, 1813 年, pp. 360 – 81, at pp. 363 – 5。

［31］ Cathcart, *Commentaries*, pp. 306 – 7.

［32］ Ibid. , pp. 307 – 8.

［33］ Ibid. , p. 308；P. Pototskii, *Istoriia gvardeiskoi artillerii*, SPB, 1896, pp. 271 – 2；A. Mikaberidze, *The Russian Officer Corps in the Revolutionary and Napoleonic Wars*, *1795 – 1815*, Staplehurst, 2005, p. 382.

［34］ Bogdanovich, *Istoriia* ··· 1813, p. 460；Pototskii, *Istoriia gvardeiskoi artillerii*, pp. 270 – 73. Beskrovnyi（ed.）, *Pokhod*, no. 299, 苏霍扎涅特致亚什维利, 1813 年 12 月 29 日/1814 年 1 月 10 日, pp. 358 – 60；no. 300, 迪比奇对莱比锡的记载, 1813 年, pp. 365 – 7。

［35］ 'Vospominaniia Matveia Matveevicha Muromtseva', *RA*, 27/3, 1890, pp. 366 – 94, at p. 378.

［36］ *Dnevnik Pavla Pushchina*, Leningrad, 1987, p. 128.

[37] S. Gulevich, *Istoriia leib gvardii Finliandskago polka 1806 - 1906*, SPB, 1896, pp. 303 - 13; *Istoriia leib - gvardii egerskago polka za sto let* 1796 - 1896, SPB, 1906, pp. 144 - 50; Griois, *Mémoires*, pp. 202 - 3.

[38] Gulevich, *Istoriia leib gvardii Finliandskago polka*, pp. 312 - 15.

[39] 'Zapiski soldata Pamfila Nazarova', *RS*, 9/8, 1878, pp. 536 - 7.

[40] 在 Smith, *Leipzig*, pp. 166 - 8 中对瓦西里奇科夫的攻击有良好的描述。

[41] Hoen, *Feldzug von Leipzig*, pp. 619 - 27.

[42] D. V. Dushenkovich, 'Iz moikh vospominanii ot 1812 goda', in*1812 god v vospominaniiakh sovremennikov*, Moscow, 1995, pp. 124 - 6.

[43] Langeron, *Mémoires*, p. 330.

[44] Ibid., pp. 326 - 34; Radozhitskii, *Pokhodnyia zapiski*, vol. 2, pp. 269 - 74.

[45] Bogdanovich, *Istoriia*⋯ *1813*, vol. 2, pp. 550 - 51.

[46] 关于第 39 猎兵团，见 RGVIA，Fond 489，Opis 1，Ed. Khr. 1802，*passim*，但也要参阅萨肯在攻克琴斯托霍瓦后的报告（RGVIA，Fond 846，Opis 16，Delo 3403，fos. 8ii - 9i：萨肯致库图佐夫，1813 年 3 月 25 日（旧历））以及萨肯在莱比锡会战后的报告：Beskrovnyi (ed.)，*Pokhod*，no. 293，pp. 349 - 51：萨肯致巴克莱，1813 年 10 月 18/30 日。

[47] 关于第 45 猎兵团（'Spisok⋯ 45go Egerskago polka'，标注日期为 1813 年 7 月 1 日）见 RGVIA，Fond 489，Opis 1，Delo 1855，fos. 2 ff.，关于第 29 猎兵团（'29 - go egerskago polka⋯ o sluzhbe ikh i po prochim'，标注日期为 1814 年 1 月 1 日），见 RGVIA，Fond 489，Opis 1，Delo 1794，fos. 2 ff.. Beskrovnyi (ed.)，*Pokhod*，no. 300，迪比奇的记载，pp. 379 - 82；Langeron，*Mémoires*，p. 343。

[48] Smith, *Leipzig*, p. 272 论述了推卸责任的企图。

[49] 关于联军损失，可参阅 Smith, *Leipzig*, p. 298；关于法军方面的统计，见 J. Tulard (ed.)，*Dictionnaire Napoléon*，Paris，1987，p. 354；关于（法军）丢失的火炮，见 Hoen, *Feldzug von Leipzig*, pp. 652 - 4。

第十三章 入侵法兰西

[1] 关于俄国与奥地利、普鲁士的条约，见 F. Martens (ed.)，*Sobranie traktatov i konventsii, zakliuchennykh Rossiei s inostrannymi derzhavami*，vol. 3：*Traktaty s Avstrieiu*，SPB，1876，no. 70，pp. 111 - 26 和 vol. 7：*Traktaty s Germeniei 1811 - 1824*，SPB，1885，no. 259，pp. 96 - 112。奥普间的条约与之相似。

[2] 例如汉诺威国务活动家明斯特尔伯爵写给摄政王（未来的英国国王乔治四世）的一封信，信中提到了在 1 月份针对法国的军事和政治方针争论："所有这些争论中的主要因素是，俄国并没有表明它究竟要把边界向波兰延伸多少。"

A. Fournier, *Der Congress von Chatillon*：*Die Politik im Kriege von 1814*, Vienna, 1900, sect. IV, no. 1, 明斯特尔致摄政王, 1814 年 1 月 30 日, pp. 295 - 6。

［3］ 即便在英文当中, 也有关于梅特涅及其政策的大量文献。这些著作中的两大柱石是 Paul W. Schroeder, *The Transformation of European Politics 1763 - 1848*, Oxford, 1994 和 Henry Kissinger, *A World Restored*, London, 1957. 施罗德（Schroeder）的书是一部尤其出色的学术著作。艾伦·斯凯德（Alan Sked）在 *Metternich and Austria*, London, 2008 中戳破了一些对梅特涅"体系"过分拔高的说法。关于这本书的焦点, 也就是梅特涅在推翻拿破仑过程中所扮演的角色, 我对他的怀疑主义抱有一定程度的赞同。

［4］ 关于克内泽贝克的看法, 见 R. von Friederich, *Die Befreiungskriege 1813 - 1815*, vol. 3：*Der Feldzug 1814*, Berlin, 1913, pp. 81 - 2。

［5］ Baron Karl von Müffling, *The Memoirs of Baron von Müffling*：*A Prussian Officer in the Napoleonic Wars*, London, 1967, pp. 92 - 3, 100 - 101, 418 - 19.

［6］ 关于弗里德里希·威廉, 见本书 Chapter 9, n. 18。

［7］ Fournier, *Congress*, p. 10. 保罗·施罗德（Paul Schroeder）在 ' An Unnatural "Natural Alliance"：Castlereagh, Metternich, and Aberdeen in 1813 ', *International History Review*, 10/4, Nov. 1988, pp. 522 - 40 中尝试为阿伯丁辩护, 但他的说法并不完全令人信服。*VPR*, 7, no. 191, 亚历山大给利芬和波佐·迪·博尔戈的命令, 1813 年 12 月 6 日, pp. 492 - 500。

［8］ N. A. M. Rodger, *The Command of the Ocean*, London, 2004, pp. 572 - 3 表明了英国霸权的要素。

［9］ *VPR*, 7, no. 249, 杜巴切夫斯基（Dubachevsky）致鲁缅采夫, 1814 年 4 月 2 日, pp. 230 - 37。

［10］ 卡斯尔雷的关于英国战争目标的表态收录在他给阿伯丁的一封重要信件中, 落款日期是 1813 年 11 月 13 日。见 Marquess of Londonderry（ed. ）, *Correspondence, Despatches, and Other Papers of Viscount Castlereagh*, 12 vols. , vol. 9, London, 1853, pp. 73 - 6。

［11］ *VPR*, 7, no. 180, 并未注明日期, 但应当不晚于 1813 年 11 月 20 日：切尔内绍夫致亚历山大, pp. 447 - 51。

［12］ *VPR*, 7, no. 171, 古里耶夫致内塞尔罗德, 1813 年 11 月 3 日, pp. 429 - 31；N. Kiselev and I. Iu. Samarin（eds. ）, *Zapiski, mneniia i perepiska Admirala A. S. Shishkova*, 2 vols. , Berlin, 1870；A. de Jomini, *Précis politique et militaire des campagnes de 1812 à 1814*, 2 vols. in 1, Geneva, 1975, vol. 2, pp. 231 - 2；Fournier, *Congress*, annex VI, 哈登贝格日记, 1814 年 2 月 27 日, p. 364。

［13］ *VPR*, 7, no. 197, 内塞尔罗德致古里耶夫, 1813 年 12 月 19 日, pp. 512 -

14. Count A. de Nesselrode (ed.), *Lettres et papiers du Chancelier Comte de Nesselrode 1760 – 1850*, Paris, n. d., vol. 6, pp. 152 – 3: 内塞尔罗德致他的妻子，1814 年 1 月 16 日。

[14] *SIRIO*, 31, 1881, pp. 301 – 3: 'Memoire présenté par le comte de Nesselrode sur les affaires de Pologne'.

[15] *VPR*, 7, no. 207, 内塞尔罗德致亚历山大，1814 年 1 月 9 日，pp. 539 – 41。

[16] *Nesselrode*, vol. 6, pp. 161 – 3, 内塞尔罗德致他的妻子，1814 年 2 月 28 日；内塞尔罗德伯爵夫人致她的丈夫，1814 年 4 月 9 日，pp. 188 – 90. *Castlereagh*, vol. 9, 卡斯尔雷致利物浦勋爵，1814 年 1 月 30 日，pp. 212 – 14。

[17] 见哈登贝格男爵在他 2 月 27 日日记中的评论：Fournier, *Congress*, p. 364。

[18] *Castlereagh*, vol. 9, 斯图尔特致卡斯尔雷，1814 年 3 月 30 日，pp. 412 – 13。

[19] Fournier, *Congress*, 梅特涅致胡德利斯特（Hudelist），1813 年 11 月 9 日，p. 242。

[20] 这份宣言的复写本收录在 Baron Fain, *Manuscrit de Mil Huit Cent Quatorze*, Paris, 1825: no. 5, pp. 60 – 61。

[21] Fournier, *Congress*, p. 8 提到了亚历山大和梅特涅在迈宁根（Meiningen）达成一致。Fain, *Manuscrit de Mil Huit Cent Quatorze*, nos. 1 and 2, pp. 49 – 56 给出了圣艾尼昂给拿破仑的报告，以及他陈述联军条件的备忘录。

[22] 关于亚历山大的内心想法，见 'Grafinia Roksandra Skarlatovna Edling: Zapiski', in A. Libermann (ed.), *Derzhavnyi sfinks*, Moscow, 1999, p. 181; *SIRIO*, 31, 1881: 'Considérations générales sur la politique du Cabinet de Russie à la fin de la Campagne de 1813', pp. 343 – 5. 关于卡斯尔雷给阿伯丁的非常慎重的"建议"，见 *Castlereagh*, vol. 9, 卡斯尔雷致阿伯丁，1813 年 11 月 30 日，pp. 73 – 6。

[23] Fain, *Manuscrit de Mil Huit Cent Quatorze*, no. 5, pp. 60 – 61.

[24] 本肯多夫自己的记载收录在 *Zapiski Benkendorfa, 1812 god: Otechestvennaia voina. 1813 god. Osvobozhdenie Niderlandov*, Moscow, 2001, pp. 205 – 38. 关于猎兵，见 V. V. Rantsov, *Istoriia 96 – go pekhotnago Omskago polka*, SPB, 1902, pp. 187 – 90. 法国方面的评论来自科克上尉，见 Captain Koch, *Mémoires pour servir à l'histoire de la campagne de 1814*, 3 vols., Paris, 1819, vol. 1, p. 69。

[25] 关于发生在荷兰的事件，近来最充分的研究是 M. V. Leggiere, *The Fall of Napoleon: The Allied Invasion of France 1813 – 1814*, Cambridge, 2008, pp. 100 – 104, 145 – 87. 关于此次暴动的背景，见 Simon Schama, *Patriots and Liberators*, London, 2005。

[26] 例如 Friederich, *Feldzug*, pp. 6 – 10。

[27] *VPR*, 7, no. 172, 巴克莱致亚历山大，1813 年 11 月 9 日，pp. 431 – 3。关于布吕

歇尔，可见他在 11 月 23 日给亚历山大的报告：RGVIA，Fond 846，Opis 16，Delo 3915，fos. 121 - 2. 梁赞团的团史作者写道，"强攻舍讷费尔德已经令这个团大为削弱，向莱茵河的进军更是几乎毁了它"：I. I. Shelengovskii，*Istoriia 69 - go Riazanskago polka*，3 vols.，Lublin，1911，vol. 2，p. 246。

[28] 大部分统计数据见 M. I. Bogdanovich，*Istoriia voiny 1814 goda vo Frantsii*，2 vols.，SPB，1865，vol. 1，pp. 35 - 40，48 - 9。他指出到 12 月 27 日为止，已有 45 个来自洛巴诺夫所部的骑兵中队抵达目的地，另有 18 个骑兵中队正在路上，事实上后来还有更多的中队陆续赶到。可参阅洛巴诺夫在 1813 年 11 月 15 日（旧历）给亚历山大的报告，收录在 RGVIA，Fond 125，Opis 1，Delo 148，fos. 44 - 7。

[29] S. Panchulidzev，*Istoriia kavalergardov*，SPB，1903，vol. 3，p. 433. 巴克莱向亚历山大报称，抵达维特根施泰因所部的后备部队单位花名册上共有 6250 人，他们当中仅有 48 人在行军途中被留在医院：*MVUA 1813*，1，巴克莱致亚历山大，1813 年 12 月 22 日（旧历），p. 276。

[30] *MVUA 1813*，1，巴克莱致亚历山大，1813 年 11 月 30 日、12 月 1 日、12 月 22 日（均为旧历），pp. 258 - 60，276；巴克莱致各兵团司令部，1813 年 12 月 21 日（旧历），p. 275. Bogdanovich，*Istoriia … 1814*，vol. 1，p. 80. *SIM*，4，no. 3，亚历山大致洛巴诺夫，1814 年 1 月 3 日（旧历），p. 3。关于常规部队在 1814 年战局中通常展现出来的外表，见 Il' ia Ul' ianov，'I eti nas pobedili'，*Rodina*，8，2002，pp. 74 - 8（Ульянов И. Э. И эти нас побили! Внешний облик русской пехоты в Заграничных походах // Родина. 2002. № 8. C. 74 - 78）；Oleg Sheremet' ev，'Katat' shineli, gospoda'，*Rodina*，6，2006，pp. 53 - 9（Шереметьев О. 《Катать шинели, господа! 》Внешний вид русской армии от Бородина до Парижа // Родина. 2006. № 6. C. 53 - 59）。

[31] 波格丹诺维奇和弗里德里希关于 1814 年战局的历史著作提到了与此相关的一些事，但关键资料则是 Peter Graf von Kielmansegg，*Stein und die Zentralverwaltung 1813/14*，Stuttgart，1964。

[32] 关于库图佐夫的评论，见 Count de Puybusque，*Lettres sur la Guerre de Russie en 1812*，Paris，1816，pp. 153 ff.，18 Dec. 1812. 关于要塞，见由帕迪·格里菲思撰写的一本近作，Paddy Griffith，*The Vauban Fortifications of France*，Oxford，2006。

[33] 例如巴克莱在 1813 年 11 月 9 日给亚历山大的报告（*VPR*，7，no. 172，pp. 431 - 3），不过也要参阅他在 1814 年 1 月 29 日（旧历）给坎克林的信，收录于 RGVIA，Fond 103，Opis 4/210，Sv. 18，Delo 17，fo. 128。

[34] 关于奥地利方面对此事的看法，见 Karl Fürst Schwarzenberg，*Feldmarschall Fürst*

Schwarzenberg: *Der Sieger von Leipzig*，Vienna，1964，pp. 268 – 71。若米尼的观点不可避免地与之相悖：见 Jomini，*Précis*，vol. 2，pp. 224 – 5，228 – 31. Friederich，*Feldzug*，pp. 9 – 15 给出了一份折衷的记述，但指出通过瑞士也许是不可避免的。亚历山大给贝纳多特的信收录在 *VPR*，7，no. 174，pp. 434 – 6。他在 1814 年 1 月 5 日写给施瓦岑贝格的愤怒信件收录在 RGVIA，Fond 846，Opis 16，Delo 3399，fo. 108。

[35] Marquess of Londonderry，*Narrative of the War in Germany and France in 1813 and 1814*，London，1830，pp. 254 – 5. 也许斯图尔特当时的感受并不像写于 1830 年的最后一段暗示得那样清楚。

[36] Lord Burghersh，*The Operations of the Allied Armies in 1813 and 1814*，London，1822，pp. 72 – 3.

[37] *Dnevnik Pavla Pushchina*，Leningrad，1987，pp. 142 – 3. I. Radozhitskii，*Pokhodnyia zapiski artillerista s 1812 po 1816 god*，3 vols.，Moscow，1835，vol. 3，pp. 36 – 9. 'Iz zapisok pokoinago general – maiora N. P. Koval'skago'，*Russkii vestnik*，91/1，1871，pp. 106 – 7. RGVIA，Fond 846，Opis 16，Delo 3399，fos. 120i – ii，亚历山大致普拉托夫，1814 年 1 月 24 日（旧历）。

[38] RGVIA，Fond 846，Opis 16，Delo 3399，fos. 99ii – 100i，亚历山大致布吕歇尔，1813 年 12 月 14 日（旧历）。由于篇幅原因，这是一份缩写过的记述，较为完整的记述请参阅 Leggiere，*Fall of Napoleon*，chs. 10 – 16 和 Friederich，*Feldzug*，pp. 60 – 72。

[39] Leggiere，*Fall of Napoleon* 和 Friederich，*Feldzug* 都涵盖了这些方面。不过关于征兵制度的衰颓可以参阅 Isser Woloch，*The New Regime*：*Transformations of the French Civil Order*，*1789 - 1820s*，London，1994，ch. 13，pp. 380 – 426。

[40] 关于会战的记载，见 Friederich，*Feldzug*，pp. 89 – 95；Bogdanovich，*Istoriia*··· *1814*，vol. 1，pp. 108 – 13；James Lawford，*Napoleon*：*The Last Campaigns. 1813 - 15*，London，1976，pp. 68 – 101. 关于这场会战，萨肯本人极其简明的战报收录在 RGVIA，Fond 846，Opis 16，Delo 3403，fos. 34ii – 35ii，萨肯致巴克莱，1814 年 1 月 17 日（旧历）。

[41] 引用部分来自 Friederich，*Feldzug*，p. 103. 见萨肯在 1814 年 1 月 27 日（旧历）给巴克莱的信，收录在 RGVIA，Fond 846，Opis 16，Delo 3403，fo. 37i。

[42] RGVIA，Fond 846，Opis 16，Delo 3403，fos. 36i - ii，萨肯致巴克莱，1814 年 1 月 21 日（旧历）。Bogdanovich，*Istoriia*··· *1814*，vol. 1，p. 128。

[43] 关于布吕歇尔和酒窖，见 F. von Schubert，*Unter dem Doppeladler*，Stuttgart，1962，p. 343。

[44] 见亚历山大在 1814 年 1 月 26 日（旧历）给布吕歇尔的信，收录在 RGVIA，

Fond 846，Opis 16，Delo 3399，fos. 121ii – 122i。

[45] Schwarzenberg, *Schwarzenberg*, pp. 276 – 300.

[46] Friederich, *Feldzug*, pp. 81 – 2. Burghersh, *Operations*, pp. 91 – 103，250 – 52.

[47] Fournier, *Congress*, pp. 42 – 4，58 – 63；首先要参阅的是弗朗茨二世对施瓦岑
贝格 2 月 8 日信件（pp. 272 – 3）的回复（p. 277）。施瓦岑贝格明显是在请求
得到原地不动的命令，皇帝也提供了这类命令。Schwarzenberg, *Schwarzenberg*,
pp. 276 – 9，293 – 9。

[48] Fournier, *Congress*, pp. 105 – 14. 梅特涅备忘录的文本收录在 text of Metternich's
memorandum is in *SIRIO*，31，1881，pp. 349 – 55。

[49] 亚历山大对梅特涅的质询所作回复收录在 *SIRIO*，31，1881，pp. 355 – 60。关
于英国、奥地利和普鲁士意见的概述收录在 Fournier, *Congress*, pp. 285 – 9。

[50] 关于德·斯塔埃尔夫人对亚历山大的看法，见她的 *Ten Years' Exile*, Fontwell,
1968，pp. 377 – 82。关于亚历山大对路易的看法，见 Philip Mansel, *Louis XVIII*,
London，2005，p. 164。关于贝纳多特的王位候选人地位，见 F. D. Scott, 'Ber-
nadotte and the Throne of France 1814', *Journal of Modern History*，5，1933，
pp. 465 – 78。在 1814 年的俄国军事或外交信件中没有任何东西表明俄国对贝纳
多特的候选人资格有超过偶然兴趣的想法。亚历山大在 1813 年曾写道，只要贝
纳多特对法国王冠的私人愿望不至于影响联军事业，他就可以尽情沉溺于此。
皇帝在 1814 年甚至有可能鼓励贝纳多特产生这种期望，借此将他从对丹麦的作
战中拉回来。

[51] Baron de Vitrolles, *Mémoires et relations politiques*，3 vols.，Paris，1884，vol. 1，
pp. 115 – 20.

[52] 关于和卡斯尔雷的交谈，见 T. von Bernhardi, *Denkwürdigkeiten aus dem Leben des
kaiserlichen russischen Generals der Infanterie Carl Friedrich Grafen von Toll*，5 vols.，
Leipzig，1858，vol. 4ii，p. 58。

[53] Fournier, *Congress*, pp. 105 – 37；Friederich, *Feldzug*, pp. 156 – 64.

[54] 例如 Karl von Clausewitz, *Der Feldzug von 1812 in Russland, der Feldzug von 1813
bis zum Waffenstillstand und der Feldzug von 1814 in Frankreich*，Berlin，1862，
pp. 361 – 71. Müffling, *Memoirs*, pp. 115 – 45. Friederich, *Feldzug*, pp. 117 – 47，
一如既往地极为公正且平衡。

[55] 科尔尼洛夫（Kornilov/Корнилов）少将是奥尔苏菲耶夫军得以逃脱的最高级军
官：他关于此战的报告收录在 M. Galkin, *Boevaia sluzhba 27 – go pekhotnago
Vitebskago polka 1703 – 1903*，Moscow，1908，pp. 223 – 4（Галкин М. Боевая
служба 27 – го пехотного Витебского полка. 1703 – 1903. М.，1908. С. 223 –
234）。关于奥尔苏菲耶夫的损失，见：拿破仑致约瑟夫，1814 年 2 月 10 日，

信件收录在 A. du Casse（ed.）, *Mémoires et correspondance politique et militaire du Roi Joseph*, Paris, 1854, p. 85。

[56] 基本叙述来自 Friederich, *Feldzug*, pp. 129 – 34 和 Bogdanovich, *Istoriia*··· 1814, vol. 1, pp. 186 – 96. 萨肯向巴克莱提交的落款日期为 1814 年 2 月 3 日（旧历）的官方报告收录在 RGVIA, Fond 846, Opis 16, Ed. Khr. 3403, fos. 37ii – 39i. 对萨肯在战后次日表现的描述来自 Bernhardi, *Denkwürdigkeiten*, vol. 4i, p. 393。普斯科夫步兵团团史中对这次退却有良好的描述：Captain Geniev, *Istoriia Pskovskago pekhotnago general – fel'dmarshala kniazia Kutuzova – Smolenskago polka: 1700 – 1831*, Moscow, 1883, pp. 233 – 6。

[57] Koch, *Mémoires*, vol. 1, pp. 267 – 8. 关于这次退却，在 Müffling, *Memoirs*, pp. 128 – 36 中有不错的描述。

[58] Bogdanovich, *Istoriia*··· 1814, vol. 1, pp. 206 – 8（Богданович М. И. История войны 1814 г. Т. 1. С. 206 – 208）. Du Casse, *Mémoires*··· *du Roi Joseph*, 拿破仑致约瑟夫, 1814 年 2 月 11 日, pp. 88 ff. *Correspondance de Napoléon Ier*, 32 vols., Paris, 1858 – 70, vol. 27, Paris, 1869, no. 21295, 拿破仑致欧仁, 1814 年 2 月 18 日, pp. 192 – 3。

[59] Fain, *Manuscrit de Mil Huit Cent Quatorze*, nos. 12 and 13, 巴萨诺致科兰古, 1814 年 2 月 5 日和科兰古致巴萨诺, 1814 年 2 月 6 日, pp. 253 – 7。

[60] Ibid. , no. 26, 拿破仑致科兰古, 1814 年 2 月 17 日, pp. 284 – 5. *Correspondance de Napoléon*, vol. 27, no. 21344, 拿破仑致弗朗茨二世, 1814 年 2 月 21 日, pp. 224 – 7; no. 21295, 拿破仑致欧仁, 1814 年 2 月 18 日, pp. 192 – 3. Du Casse, *Mémoires*··· *du Roi Joseph*, 拿破仑致约瑟夫, 1814 年 2 月 18 日, pp. 133 ff。

[61] 关于亚历山大给维特根施泰因的告诫，见 RGVIA, Fond 846, Opis 16, Delo 3399, fo. 125ii, 亚历山大致维特根施泰因, 1814 年 2 月 4 日（旧历）。关于帕伦和维特根施泰因, 见 M. Bogdanovich, 'Graf Petr Petrovich fon der Pahlen i ego vremiia', *VS*, 7/8, 1864, pp. 411 – 26, at pp. 418 – 19。

[62] 关于维特根施泰因, 见前一条注释。关于爱斯特兰团, 见 S. A. Gulevich, *Istoriia 8go pekhotnago Estliandskago polka*, SPB, 1911, p. 208。

[63] 关于施瓦岑贝格对布吕歇尔的评论, 见 Schwarzenberg, *Schwarzenberg*, pp. 281 – 8. 关于他在 2 月 20 日给弗朗茨二世的信件, 见 Fournier, *Congress*, no. 14, pp. 277 – 8, 关于弗朗茨让他留在塞纳河以南直到明确了解和平谈判是否成功, 见 no. 13, p. 277. 明斯特尔伯爵在 2 月 23 日给摄政王的信中描述了联军对奥地利"放血"战术的猜疑：Fournier, *Congress*, no. 9, p. 302。

[64] 关于普通士兵中的挫败感, 见萨巴涅耶夫在 2 月 20 日（旧历）给彼得·米哈

伊洛维奇·沃尔孔斯基的信：RGVIA，Fond 846，Opis 16，Delo 4166，fo. 65i。关于给厄特尔的命令和叶夫多基莫夫案件，见厄特尔 1 月 28 日（旧历）给奥尔德科普少将的信件（fo. 40i），以及他 1 月 24 日给康斯坦丁大公的信件（fo. 42i）。

[65] 最重要的是收录在 RGVIA，Fond 103，Opis 4/210，Sv. 18，Delo 17 中的巴克莱和坎克林之间的大量信件，它们给人以军队努力养活自己和这一过程中所遭遇问题的细节感。尤其见 fos. 128i-ii，巴克莱致坎克林，1814 年 1 月 29 日（旧历）；fos. 153i-ii，巴克莱致坎克林，1814 年 2 月 9 日（旧历）；fos. 160i-ii，坎克林致巴克莱，1814 年 2 月 14 日（旧历）。M. Dandevil', *Stoletie 5-go dragunskago Kurliandskago Imperatora Aleksandra III-go polka*，SPB，1903，p. 105（Дандевиль М. Столетие 5-го драгунского Курляндского Императора Александра III-го полка. СПб.，1903. С. 105）。

[66] RGVIA，Fond 103，Opis 4/120，Sv. 18，Delo 17，fos. 109-10，坎克林致巴克莱，1814 年 1 月 17 日（旧历）；fos. 172-5，坎克林致巴克莱，1814 年 2 月 20 日（旧历）；fo. 218，巴克莱致厄特尔，1814 年 3 月 7 日（旧历）. V. von Löwenstern，*Mémoires du Général-Major Russe Baron de Löwenstern*，2 vols.，Paris，1903，vol. 2，pp. 315-20。

第十四章 拿破仑的倒台

[1] RGVIA，Fond 103，Opis 4/120，Sv. 18，Delo 17，fos. 68-70，坎克林致巴克莱（利萨列维奇本人的报告在 fos. 70-71 内），1814 年 1 月 14 日（旧历）；fos. 73-5，巴克莱致坎克林，1814 年 1 月 15 日（旧历）（关于移动仓库应当怎样使用）；fo. 127，坎克林致巴克莱，1814 年 1 月 27 日（旧历）（关于仓库几乎完好无损地幸存下来）；fo. 160，坎克林致巴克莱，1814 年 2 月 15 日（旧历）（关于移动仓库已经以何种方式提供了一个月的饼干配给）；fo. 204，坎克林致巴克莱，1814 年 2 月 27 日（旧历）（关于把孔德拉季耶夫的仓库派往茹安捷尔）。

[2] RGVIA，Fond 103，Opis 4/210，Sv. 18，Delo 17，fos. 50-52：施泰因给巴克莱的信阐述了在占领的法国领土上设立行政机关、划分占领区的安排，这封信落款日期是 1814 年 1 月 25 日（新历）。关于阿洛佩乌斯最初的反应，见：fos. 188-9，坎克林致巴克莱，1814 年 2 月 22 日（旧历）和 fos. 201-3，阿洛佩乌斯致巴克莱，1814 年 2 月 23 日（旧历）。也见 Peter Graf von Kielmansegg，*Stein und die Zentralverwaltung 1813/14*，Stuttgart，1964，part 4，pp. 98 ff。

[3] RGVIA，Fond 103，Opis 4/210，Sv. 12，Delo 126，fos. 52-3，坎克林致巴克莱，1814 年 1 月 22 日（旧历）。

[4] RGVIA，Fond 103，Opis 4/210，Sv. 18，Delo 17，fo. 204，坎克林致巴克莱，

1814 年 2 月 27 日（旧历）；fos. 205 – 7，阿洛佩乌斯致坎克林，2 月 25 日（旧历）。

[5] A. Fournier, *Der Congress von Chatillon: Die Politik im Kriege von* 1814, Vienna, 1900, no. 27, 梅特涅致施塔迪翁，1814 年 3 月 9 日，pp. 334 – 5。关于事后回顾的、"净化过的"看法，见 Lord Burghersh, *The Operations of the Allied Armies in 1813 and 1814*, London, 1822, pp. 177 – 85。

[6] 利芬发给内塞尔罗德的急件，1814 年 1 月 26 日，附在卡斯尔雷 1814 年 2 月 18 日给利物浦的一封信里：Marquess of Londonderry (ed.), *Correspondence, Despatches, and Other Papers of Viscount Castlereagh*, 12 vols., vol. 9, London, 1853, pp. 266 – 73。

[7] F. Martens (ed.), *Sobranie traktatov i konventsii, zakliuchennykh Rossiei s inostrannymi derzhavami*, vol. 3: *Traktaty s Avstrieiu*, SPB, 1876, no. 73, pp. 148 – 65.

[8] RGVIA, Fond 846, Opis 16, Delo 3399, fos. 131ii – 132i. *SIRIO*, 31, 1881, pp. 364 – 5 包括了 2 月 25 日会议的议定书。M. Bogdanovich, *Istoriia voiny 1814 goda vo Frantsii*, 2 vols., SPB, 1865, vol. 1, pp. 268 – 70。

[9] K. von Clausewitz, *Der Feldzug von 1812 in Russland, der Feldzug von* 1813 *bis zum Waffenstillstand und der Feldzug von 1814 in Frankreich*, Berlin, 1862, pp. 375 – 7; Baron Karl von Müffling, *The Memoirs of Baron von Müffling: A Prussian Officer in the Napoleonic Wars*, ed. P. Hofschroer, London, 1997, pp. 146 – 71; V. von Löwenstern, *Mémoires du Général – Major Russe Baron de Löwenstern*, 2 vols., Paris, 1903, vol. 2, pp. 325 – 34. *Correspondance de Napoléon Ier*, 32 vols., Paris, 1858 – 70, vol. 27, no. 21439, 拿破仑致约瑟夫，1814 年 3 月 5 日，pp. 288 – 9. Henri Houssaye, *Napoleon and the Campaign of 1814: France*, Uckfield, 2004, pp. 116 – 41 表现得像是一个对波拿巴主义者的观点不加批驳的辩护者。Bogdanovich, *Istoriia… 1814*, vol. 1, pp. 299 – 307。

[10] 关于作战双方的基本叙述，见 Bogdanovich, *Istoriia… 1814*, vol. 1, pp. 309 – 29; Houssaye, *Napoleon*, pp. 142 – 59。R. von Friederich, *Die Befreiungskriege 1813 – 1815*, vol. 3: *Der Feldzug 1814*, Berlin, 1913, pp. 214 – 22 是一定程度上中立且准确的。关于厄尔特比瑟村和俄军猎兵的战斗，见 S. I. Maevskii, 'Moi vek, ili istoriia generala Maevskogo, 1779 – 1848', *RS*, 8, 1873, рр. 268 – 73。他在会战中指挥第 13 猎兵团。

[11] 除了在前一条注释中引用的著作外，关于俄军的退却，尤其要参阅 Ivan Ortenberg, 'Voennyia vospominaniia starykh vremen', *Biblioteka dlia chteniia*, 24/6, 1857, pp. 18 – 33, at pp. 18 – 19。

[12] Burghersh, *Operations*, p. 196. Clausewitz, *Feldzug*, 1862, p. 379.

［13］ Bogdanovich, *Istoriia… 1814*, vol. 1, pp. 324 – 5；Captain Koch, *Mémoires pour servir à l' histoire de la campagne de 1814*, 3 vols. , Paris, 1819, vol. 1, pp. 399 – 400. Houssaye, *Napoleon*, p. 157. Alain Pigeard, *Dictionnaire de la Grande Armée*, Paris, 2002, pp. 648 – 9. Friederich, *Feldzug* 指出，在克拉奥讷战场实际上是俄军 15000 人与法军 21000 人作战。

［14］ 在 F. von Schubert, *Unter dem Doppeladler*, Stuttgart, 1962, pp. 345 – 6 中对此时与布吕歇尔的会面有出色的描述。

［15］ Friederich, *Feldzug*, pp. 243 – 8；Müffling, *Memoirs*, pp. 167 – 76.

［16］ I. I. Shelengovskii, *Istoriia 69 – go Riazanskago polka*, 3 vols. , Lublin, 1911, vol. 2, pp. 251 – 75. 斯科别列夫事实上出身独院农户（*odnodvorets/однодворец*），换言之就是在 15 世纪和 16 世纪前往莫斯科公国南方边境地区拓殖的自由农民后裔。到亚历山大统治时期，独院农民（*odnodvortsy/однодворцы*）的负担和人身束缚已经大体与国有农民相同。

［17］ 亚历山大的通信集被收录在 RGVIA, Fond 846, Opis 16, Delo 3399，其中包括了大量表达此类担忧的信件：例如在 fos. 147ii 中收录的 2 月 28 日（旧历）写给施瓦岑贝格的信，信中催促他尽快向前推进；在 fos. 151i 中收录的 3 月 5 日（旧历）写给接替维特根施泰因的尼古拉·拉耶夫斯基的信，信中告诫他不要与其他部队隔绝，并时刻预期拿破仑将会出现。关于总司令部内的景象，见 Karl Fürst Schwarzenberg, *Feldmarschall Fürst Schwarzenberg：Der Sieger von Leipzig*, Vienna, 1964, pp. 306 – 8, 483 – 4. *Mémoires de Langeron, Général d' Infanterie dans l' Armée Russe：Campagnes de 1812, 1813, 1814*, Paris, 1902, p. 423。

［18］ Langeron, *Mémoires*, pp. 434 – 7 对这两种选择进行了精彩的讨论。

［19］ T. von Bernhardi, *Denkwürdigkeiten aus dem Leben des kaiserlichen russischen Generals der Infanterie Carl Friedrich Grafen von Toll*, 5 vols. , Leipzig, 1858, vol. 4ii, pp. 292 – 4，引用了拿破仑本人后来的谈话证明这一点。

［20］ RGVIA, Fond 846, Opis 16, Delo 3399, fo. 154ii, 沃尔孔斯基致格奈泽瑙，1814 年 3 月 10 日（旧历）。Friederich, *Feldzug* 和 Bogdanovich, *Istoriia… 1814* 中对事件的基本叙述是相同的。

［21］ Friederich, *Feldzug*, pp. 281 – 2. 关于对此前对厄特尔的批评，见 RGVIA, Fond 103, Opis 4/120, Sv. 12, Delo 126, fo. 71：巴克莱致厄特尔，1814 年 2 月 16 日（旧历）。A. Mikhailovskii – Danilevskii, *Opisanie pokhoda vo Frantsii v 1814 godu*, SPB, repr. 1841, pp. 284 – 5。

［22］ 此次讨论的目击者中唯一一个留下详细记载的是托尔：见 Bernhardi, *Denkwürdigkeiten*, vol. 4ii, pp. 310 – 14. 伯恩哈迪（Bernhardi）将奥地利人排除出计划作者之列是正确的，因为并没有能够证明这一点的依据，奥地利人制

订计划的说法也让施瓦岑贝格的行动变得毫无意义。然而，人们并不能这样轻易地将沃尔孔斯基排除在外。根据米哈伊洛夫斯基－丹尼列夫斯基的说法，亚历山大本人把沃尔孔斯基的建议告诉了他。如果说米哈伊洛夫斯基只是在他公开发行的历史著作中记录了这一点的话，那么可以将这一记载视为他取悦在尼古拉统治时期依然健在的显贵的诸多努力之一，从而将其轻易否定。但他在一份并不打算刊布的手稿中也同样这么说，他还在这份手稿中对前任上司（沃尔孔斯基）总体持批评态度：Mikhailovskii – Danilevskii, *Memuary 1814 – 1815*, SPB, 2001, pp. 33 – 5。不过也可以参阅迪比奇在 1817 年 5 月 9 日给若米尼的一封信中的简略记述，这封信被刊布在 Langeron, *Mémoires*, pp. 491 – 3。

[23] Schwarzenberg, *Schwarzenberg*, p. 323.

[24] Ibid. , pp. 308 – 9. RGVIA, Fond 103, Opis 4/210, Sv. 18, Delo 17, fos. 227 – 8, 235, 238 – 9, 坎克林致巴克莱, 1814 年 3 月 12、13、17 日（均为旧历）。

[25] 拉图尔伯爵在 3 月 17 日给拉耶夫斯基写了一封有趣的信, 信中表示奥军已经名誉扫地, 由于它此前两次无所作为, 任西里西亚军团自生自灭, 从而招致了普遍的批评: Fournier, *Congress*, no. 17, pp. 281 – 2。关于巴克莱对坎克林的称赞, 见他在 1814 年 3 月 10 日（旧历）的信, 这封信收录在 RGVIA, Fond 103, Opis 210/4, Sv. 17, Delo 17。

[26] 关于俄国视角, 可见 Bogdanovich, *Istoriia*… *1814*, vol. 1, pp. 456 ff 的优秀又细致的记载。关于法国视角——这一回双方差异并不太大——见 Houssaye, *Napoleon*, pp. 296 – 311。Friederich, *Feldzug*, pp. 287 – 90 一如既往地公正且合理。在英文著作中, 最近迪格比·史密斯提供了关于此战的一份描述: Digby Smith, *Charge: Great Cavalry Charges of the Napoleonic Wars*, London, 2003, pp. 207 ff。但和大部分关于 1813 ~ 1814 年的英文文献一样, 它在这方面依赖德文资料, 很大程度上低估了俄军的作用。以这一章节为例, 它给人以符腾堡骑兵在费尔尚普努瓦斯起到主导作用的印象, 这与事实相去甚远。

[27] Langeron, *Mémoires*, pp. 446 – 8.

[28] 关于主要资料, 见前文注释26。关于克拉斯内之战, 见本书 Ch. 5, pp. 162 – 4。米哈伊洛夫斯基－丹尼列夫斯基也在费尔尚普努瓦斯之战现场, 他提供了一份关于会战最终阶段的出色描述: *Opisanie 1814*, pp. 294 – 313。P. Pototskii, *Istoriia gvardeiskoi artillerii*, SPB, 1896, pp. 300 – 310 为近卫骑炮兵的角色提供了有趣的细节。

[29] Philip Dwyer, *Talleyrand*, Harlow, 2002, pp. 124 – 40 就塔列朗的观点和他在 1814 年所起的作用给出了出色而简洁的诠释。关于拿破仑的动作和摄政委员会, Houssaye, *Napoleon*, pp. 317 – 70。

[30] Count A. de Nesselrode (ed.), *Lettres et papiers du Chancelier Comte du Nesselrode*

1760 – 1850，Paris，n. d.，vol. 5，pp. 183 – 4，1814 年 3 月 28 日。

[31] Löwenstern，*Mémoires*，vol. 2，p. 376. I. Burskii，*Istoriia 8 – go gusarskago Lubenskago polka*，Odessa，1913，pp. 115 – 17 （Бурский И. Д. История 8 - го гусарского Лубенского полка. Одесса，1912. C. 115 – 117）. I. Radozhitskii，*Pokhodnyia zapiski artilerista s 1812 po 1816 god*，3 vols.，Moscow，1835，vol. 3，pp. 109 – 10.

[32] Mikhailovskii – Danilevskii，*Opisanie 1814*，p. 327.

[33] 在 Bogdanovich，*Istoriia … 1814*，vol. 1，pp. 506 – 60 和 Friederich，*Feldzug*，pp. 301 – 10 中对此战有详细叙述。

[34] Bogdanovich，*Istoriia … 1814*，vol. 1，pp. 534 – 7. Eugen，*Memoiren*，vol. 3，pp. 278 – 90.

[35] Langeron，*Mémoires*，pp. 465 – 73.

[36] 例如他给朗热隆下达的命令：RGVIA，Fond 846，Opis 16，Delo 3399，fo. 160ii，1814 年 3 月 16 日（旧历）和他向弗雷德提出的请求，收录在 Mikhailovskii – Danilevskii，*Opisanie 1814*，p. 324. M. F. Orlov，' Kapitulatsiia Parizha 1814 g. '，*VS*，37/6，1864，pp. 287 – 309。

[37] 例如卡斯尔雷向摄政王发表的意见，他认为俄国近卫军（的军容）是 "所能想象的最为壮观的"：*Castlereagh*，vol. 9，1814 年 1 月 30 日，pp. 210 – 12。

[38] Burghersh，*Operations*，pp. 250 – 52. Baron de Vitrolles，*Mémoires et relations politiques*，3 vols.，Paris，1884，vol. 1，p. 316.

[39] Orlov，' Kapitulatsiia '，p. 300. Vitrolles，*Mémoires*，vol. 1，pp. 311 – 12.

[40] 关于塔列朗，见前文注释29. J. Hanoteau（ed.），*Mémoires du Général de Caulaincourt，Duc de Vicenze*，3 vols.，Paris，1933，vol. 3，pp. 207 – 30. Houssaye，*Napoleon*，pp. 470 – 99. 关于塔列朗本人对这一时期的记载，见 *Mémoires du Prince de Talleyrand*，Paris，1891，pp. 156 – 67。

[41] 这一时期的所有重要文件都被刊布在 *SIRIO*，31，1881 第 403 到 416 页之间，其中包括了反法同盟的各种宣言、参议院的决议、马尔蒙的陈述和内塞尔罗德的短评。

[42] 关于亚历山大在 4 月 17 日给路易十八的信，见 *SIRIO*，31，1881，pp. 411 – 412。*Castlereagh*，vol. 9，pp. 450 – 51，收录了查斯·斯图尔特在 4 月 7 日给巴瑟斯特（Bathurst）的信，信中指责把厄尔巴岛送给拿破仑的决定，但未提到他的兄长（卡斯尔雷）在 4 月 13 日给巴瑟斯特的信：这封信被刊布在 Baron Fain，*Manuscrit de Mil Huit Cent Quatorze*，Paris，1825 一书 no. 4，pp. 420 – 3。由于信件的内容合乎情理，也没有理由去认为费恩虚构了这封信，所以最有可能的解释是，因为伦敦德里勋爵认为这封信对他的兄长不利，所以并未把它包括在他编纂的书信集里。他确实收录了许多给巴瑟斯特的其他书信。不过得为卡斯尔雷说句

公道话，他是在努力维系其他人制造的既成事实。

[43] Schwarzenberg, *Schwarzenberg*, p. 337.

[44] Löwenstern, *Mémoires*, vol. 2, pp. 342, 419 – 23. A. Zaitsev, *Vospominaniia o pokhodakh* 1812 *goda*, Moscow, 1853, pp. 29 – 34 （Зайцев А. Вспоминания о походах 1812 года. М., 1853. C. 29 – 34）. P. Nazarov, 'Zapiski soldata Pamfila Nazarova', *RS*, 9/8, 1878, pp. 539 – 40. 关于非正规骑兵立即启程，见 RGVIA, Fond 846, Opis 16, Delo 3399, fo. 172ii, 沃尔孔斯基致巴克莱，1814 年 4 月 2 日（旧历）。关于归国途中俄军部队在西里西亚得到的殷勤接待，见 Radozhitskii, *Pokhodnyia zapiski*, vol. 3, pp. 236 – 7。这一定程度上得益于普鲁士国王，出于对俄军的敬意，他下拨了 300 万塔勒用于聚会和宴会。关于近卫军的归国之旅，见 *Dnevnik Pavla Pushchina*, Leningrad, 1987, pp. 166 – 73。

参考文献

关于缩略语，见第 543 页（边码）列表。

Archives

1. Rossiiskii gosudarstvennyi voenno – istoricheskii arkhiv：

Fond 1：Chancellery of the War Ministry

Fond 46：A. S. Kologrivov

Fond 103：M. B. Barclay de Tolly

Fond 125：D. I. Lobanov – Rostovsky/Reserve Army

Fond 140：M. G. Titov

Fond 474：Otechestvennaia voina 1812g + kampaniia 1813 i 1814 gg. （campaigns of 1812 – 14）

Fond 489：Formuliarnye spiski（personnel records）

Fond 846：Military Scientific Archive（voenno – uchenyi）

Fond 9194：L. L. Bennigsen/Army of Poland

2. British Library

Lieven papers：Additional Manuscripts 47410，47424，47427

Published Documents

Akty，dokumenty i materialy dlia istorii 1812 goda，ed. K. Voenskii，2 vols. ，SPB，1910 – 11.

'Aperçu des transactions politiques du Cabinet de Russie'，*Sbornik imperatorskago russkago istoricheskago obshchestva*，31，1881.

Arkhiv grafov Mordvinovykh，ed. V. A. Bilbasov，SPB，1902，vol. 4.

Das Befreiungsjahr 1813：*Aus den Geheimen StaatsarchiVS*，ed. J. von Pflugk – Harttung，Berlin，1913.

Borodino：Dokumental' naia khronika，ed. A. M. Val' kovich and A. P. Kapitonov，Moscow，2004.

Briefwechsel König Friedrich Wilhelm III's und der Königin Luise mit Kaiser Alexander I，ed：P. Bailleu，Leipzig，1900.

'Bumagi A. I. Chernysheva za tsarstvovanie Imperatora Aleksandra Igo', *Sbornik imperatorskago russkago istoricheskago obshchestva*, 121, 1906.

Bumagi otnosiashchiasia do otechestvennoi voiny 1812 *goda*, ed. P. I. Shchukin, 10 vols., Moscow, 1897 – 1908.

Chuikevich, P. A. , 'Analiticheskii proekt voennykh deistvii v 1812 P. A. Chuikevicha', *Rossiiskii Arkhiv*, 7, 1996.

Correspondance de l' Empereur Alexandre Ier avec sa sœur la Grande Duchesse Cathérine 1805 – 1818 , ed. Grand Duke Nicolas, SPB, 1910.

Correspondance de Napoleon Ier, 32 vols. , Paris, 1858 – 70.

Correspondence, Despatches and Other Papers of Viscount Castlereagh, ed. Marquess of Londonderry, vol. 9, London, 1853.

Fel' dmarshal Kutuzov: Dokumenty, dnevniki, vospominaniia, ed. Iu. N. Gulaev and V. T. Soglaev, 2 vols. , Moscow, 1995.

Freiherr vom Stein: Briefwechsel, Denkschriften und Aufzeichnungen, 8 vols. , ed. E. Botzenhart, Berlin, 1957 – 71.

General Bagration: Sbornik dokumentov i materialov, ed. S. N. Golubeva, Moscow, 1945.

L' Imperatrice Elisabeth, épouse d' Alexandre Ier, ed. Grand Duke Nicolas, 4 vols. , SPB, 1908 – 9.

'Iz zapisok fel' dmarshala Sakena', *RA*, 22, 1900.

Karamzin's Memoir on Ancient and Modern Russia, ed. and trans. R. Pipes, Ann Arbor, 2005.

Materialy voenno – uchenogo arkhiva: Otechestvennaia voina 1812 *goda*, vols. 1 – 21, SPB, 1900 – 1914.

Materialy voenno – uchenogo arkhiva: Voina 1813 *goda*, vols. 1 – 2, SPB, 1915 – 16.

M. I. Kutuzov: Sbornik dokumentov, ed. L. G. Beskrovnyi, vols. 4i, 4ii, 5, Moscow, 1954 – 6.

'Nakanune Erfurtskago svidaniia 1808 goda', *RS*, 98, 1899.

Narodnoe opolchenie v otechestvennoi voine 1812 *goda*, ed. L. G. Beskrovnyi, Moscow, 1962.

Neithardt von Gneisenau: Schriften von und über Gneisenau, ed. F. Lange, Berlin, 1954.

Nesselrode, Count A de (ed.), *Lettres et papiers du Chancelier Comte de Nesselrode* 1760 – 1850, vols. 3, 4, 5, Paris, n. d.

Otechestvennaia voina v pis' makh sovremennikov, ed. N. Dubrovin, Moscow, 2006.

Pis' ma glavneishikh deiatelei v tsarstvovanie Imperatora Aleksandra I, ed. N. Dubrovin, Moscow, 2006.

Pokhod russkoi armii protiv Napoleona v 1813 *g i osvobozhdenie Germanii*: *Sbornik dokumentov*, ed. L. G. Beskrovnyi, Moscow, 1964.

Pol' noe Sobranie zakonov Rossiiskoi Imperii, 1807 – 14, vols. 30, 31, 32.

'Posol'stvo Grafa P. A. Tolstago v Parizhe v 1807 i 1808 gg. ', *Sbornik imperatorskago russkago istoricheskago obshchestva*, 89, 1893.

Les Relations diplomatiques de la Russie et la France 1808 – 12, ed. Grand Duke Nicolas, 6 vols. , SPB, 1905 – 6.

Sbornik istoricheskikh materialov izvlechennykh iz arkhiva Sobstvennoi Ego Imperatorskago velichestva kantseliarii, ed. N. Dubrovin, vols. 1 – 15, SPB, 1876 – 1915.

Shishkov, A. S. , *Zapiski, mneniia i perepiska A. S. Shishkova*, ed. N. Kiselev and I. Iu. Samarin, 2 vols. , Berlin, 1870.

Sobranie traktatov i konventsii zakliuchennykh Rossiei s inostrannymi derzhavami, SPB, 1876 and 1885, editor: F. F. Martens, vols. III and VII

La Suède et la Russie: *Documents et materiaux* 1809 – 1818, Uppsala, 1985.

Upravlenie General – Intendanta Kankrina: *General' nyi sokrashchennyi otchet po armiiam* (*krome Pol'skoi i Rezervnoi*) *za pokhody protiv Frantsuzov*, 1812, 1813, *i* 1814 *godov*, Warsaw, 1815.

Vneshnaia politika Rossii XIX i nachala XX veka: *Dokumenty Rossiiskogo Ministerstva Inostrannykh Del*, 1st series, ed. A. L. Narochnitskii, vols. 4, 5, 6, 7, Moscow, 1962 – 70.

Voennyi zhurnal, SPB, 1808 – 11.

'1807 god: Pis' ma s dorogi ot kniazia A. B. Kurakina k gosudaryne – imperatritse Marii Feodorovne', *RA*, 1, 1868.

Memoirs, Diaries, Private Letters

Arnol' di, I. , 'Berezinskaia pereprava', *VS*, 53/9, 1910.

Benckendorff, Count A. , *Zapiski Benkendorfa*, Moscow, 2001.

Bennigsen, L. L. , *Mémoires du Général Bennigsen*, 3 vols. , Paris, n. d.

Bernhardi, T. von, *Denkwürdigkeiten aus dem Leben des kaiserlichen russischen Generals der Infanterie Carl Friedrich Grafen von Toll*, 5 vols. , Leipzig, 1858.

Beskrovnyi, L. G. (ed.), *Dnevnik Aleksandra Chicherina*, 1812 – 1813, Moscow, 1966.

Borodino v vospominaniiakh sovremennikov, SPB, 2001.

Bortnevskii, V. G. (ed.), *Dnevnik Pavla Pushchina*, Leningrad, 1987.

Choiseul – Gouffier, Countess, *Historical Memoirs of the Emperor Alexander I and the Court of Russia*, London, 1904.

Dushenkovich, S. V. 'Iz moikh vospominanii ot 1812 goda', in*1812 god v vospominaniiakh sovremennikov* , Moscow, 1995.

Edling, Countess R. , 'Grafinia Roksandra Skarlatovna Edling: Zapiski', in A. Libermann (ed.), *Derzhavnyi sfinks*, Moscow, 1999.

Eiler, A. A. 'Zapiski A. A. Eilera', *RS*, 1/11, 1880.

Ermolov, A. P. , *Zapiski A. P. Ermolova* 1798 – 1826, Moscow, 1991.

Fezensac, Duc de, *Souvenirs militaires*, Paris, 1863.

Gielgud, A. (ed.), *The Memoirs of Prince Adam Czartoryski*, 2 vols. , London, 1888.

Glinka, S. F. *Pis' ma russkogo ofitsera*, Moscow, 1987.

Golitsyn, Prince A. , 'Zapiska o voine 1812 goda A. B. Golitsyna', *VS*, 53, 1910.

Grabbe, P. , *Iz pamiatnykh zapisok*: *Otechestvennaia voina*, Moscow, 1873.

Griboedov, A. S. *Sochineniia*, Moscow, 1953.

Griois, C. – P. – L. , *Mémoires du Général Griois*, Paris, n. d.

Hanoteau, J. (ed.) *Mémoires du Général de Caulaincourt*, *Duc de Vicenze*, 3 vols. , Paris, 1933.

Kharkevich, V. (ed.), *1812 god v dnevnikakh*, *zapiskakh*, *i vospominaniiakh sovremennikov*, 4 vols. , Vilna, 1900 – 1907.

Komarovskii, E. F. , *Zapiski grafa E. F. Komarovskogo*, SPB, 1914.

Konshin, N. M. , 'Zapiski o 1812 gode', *IV*, 4, 1884.

Langeron, A de, *Mémoires de Langeron*, *Général d' Infanterie dans l' Armée Russe*: *Campagnes de* 1812, 1813, 1814, Paris, 1902.

Lazhechnikov, I. I. , 'Neskol' ko zametok i vospominanii po povodu stat' i "materialy dlia biografii A. P. Ermolova"', *Russkii vestnik*, 31/6, 1864.

Lestvitsyn, V. (ed.), 'Zapiska soldata Pamfila Nazarova', *RS*, 9/8, 1878.

Longinov, N. M. , 'Dvenadtsatyi god: Pis' ma N. M. Longinova k grafu S. R. Vorontsovu', *RA*, 4, 1912.

Löwenstern, V. von, *Mémoires du Général – Major Russe Baron de Löwenstern*, 2 vols. , Paris, 1903.

Maevskii, S. I. , 'Moi vek ili istoriia generala Maevskago', *RS*, 8, 1873.

Mitarevskii, N. E. , *Raskazy ob otechestvennoi voine* 1812 *goda*, Moscow, 1878.

Murav' ev, N. , 'Zapiski Nikolaia Nikolaevich Muraveva', *RA*, 22, 23, 24, 25, 26, 28, 1885 – 91.

Muromtsev, M. M. 'Vospominaniia Matveia Matveevicha Muromtseva', *RA*, 27/3, 1890.

Norov, A. S. , *Voina i mir* 1805 – 1812 *s istoricheskoi tochki zreniia*, SPB, 1868.

Norov, V. S. , *Zapiski o pokhodakh* 1812 *i* 1813 *godakh ot Tarutinskago srazheniia do Kul' mskago boia*, SPB, 1834.

Orlov, M. F. , 'Kapitulatsiia Parizha 1814 g. ', *VS*, 37/6, 1864.

Ortenberg, I. , 'Voennyia vospominaniia starykh vremen', *Biblioteka dlia chteniia*, 24/6, 1857.

Radozhitskii, I. , *Pokhodnyia zapiski artillerista* s 1812 po 1816 god, 3 vols. , Moscow, 1835.

Raevskii, A. , *Vospominaniia o pokhodakh* 1813 i 1814 godov, Moscow, 1822.

Rochechouart, Comte de, *Souvenirs de la Révolution, l' Empire at la Restauration*, Paris, 1889.

Saint – Cyr, Gouvion, *Mémoires pour servir à l' histoire militaire sous le Directoire, le Consulat et l' Empire*, vols. 3, 4, Paris, 1831.

Schubert, F. von, *Unter dem Doppeladler*, Stuttgart, 1962.

Shcherbatov, Prince A. G. , *Moi vospominaniia*, SPB, 2006.

Simanskii, L. , 'Zhurnal uchastnika voiny 1812 goda', *Voenno – istoricheskii sbornik*, 3, 1913.

Solov' eva, D. V. (ed.), *Graf Zhozef de Mestr: Peterburgskie pis' ma*, SPB, 1995.

Tartakovskii, A. G. (ed.), *Voennye dnevniki*, Moscow, 1990.

Vitrolles, Baron de, *Mémoires et relations politiques*, 3 vols. , Paris, 1884.

Volkonskii, S. G. , *Zapiski Sergeia Grigorovicha Volkonskogo (dekabrista)*, SPB, 1902.

Vospominaniia voinov russkoi armii: Iz sobraniia otdela pis' mennykh istochnikov gosudarstvennogo istoricheskogo muzeia, Moscow, 1991.

Wolzogen, L von, *Mémoires d' un Général d' Infanterie au service de la Prusse et de la Russie (1792 – 1836)*, Paris, 2002.

Württemberg, Duke Eugen von, *Memoiren des Herzogs Eugen von Württemberg*, 3 vols. , Frankfurt an der Oder, 1862.

Zaitsev, A. , *Vospominaniia o Pokhodakh* 1812 goda, Moscow, 1853.

Key Secondary Literature

Adamovich, B. , *Sbornik voenno – istoricheskikh materialov leib – gvardii Keksgol' mskago imperatora Avstriiskago polka*, SPB, 1910.

Aksan, V. , *Ottoman Wars* 1700 – 1870: *An Empire Besieged*, Harlow, 2007.

Alder, K. , *Engineering the Revolution: Arms and Enlightenment in France, 1763 – 1815*, Princeton, 1997.

Aleksandrov, V. A. , *Sel'skaia obshchina v Rossii (XVII – nachalo XIX v.)*, Moscow, 1976.

Anderson, P. , *Lineages of the Absolutist State*, London, 1974.

Babkin, V. I. , ' Organizatsiia i voennye deistviia narodnogo opolcheniia v otechestven-noi voine 1812 goda', in*K stopiatidesiatiletiiu otechestvennoi voiny*, Moscow, 1962.

Bayly, C. , *The Birth of the Modern World* 1780 – 1914, Oxford, 2004.

Bell, D. A. , *The First Total War*, London, 2007.

Beskrovnyi, L. *The Russian Army and Fleet in the Nineteenth Century*, Gulf Breeze, 1996.

Bezotosnyi, V. M. , ' Bor ' ba general'skikh gruppirovok', in*Epokha* 1812 *goda*: *Issledovaniia, istochniki, istoriografiia*, TGIM, Moscow, 2002, vol. 1.

————, *Donskoi generalitet i ataman Platov v* 1812 *godu*, Moscow, 1999.

————, *Razvedka i plany storon v* 1812 *godu*, Moscow, 2005.

Bezotosnyi, V. P. *et al* (eds.), *Otechestvennaia voina* 1812 *goda*: *Entsiklopediia*, Moscow, 2004.

Bobrovskii, P. , *Istoriia leib – gvardii ulanskago E. I. V. gosudarnyi Imperatritsy Aleksandry Fedorovny polka*, SPB, 1903.

Bogdanovich, M. I. , *Istoriia otechestvennoi voiny* 1812 *goda*, 3 vols. , SPB, 1859 – 60.

————, *Istoriia voiny* 1813 *g. za nezavisimost' Germanii*, 2 vols. , SPB, 1863.

————, *Istoriia voiny* 1814 *goda vo Frantsii*, 2 vols. , SPB, 1865.

Bonney, R. (ed.), *Economic Systems and Finance*, Oxford, 1995.

Bowden, S. , *Napoleon's Grande Armée of* 1813, Chicago, 1990.

Burskii, I. , *Istoriia* 8*go gusarskago Lubenskago polka*, Odessa, 1913.

Charnetskii, S. E. , *Istoriia* 179 – *go pekhotnago Ust – Dvinskago polka*: 1711 – 1811 – 1911, SPB, 1911.

Clausewitz, K. von, *Der Feldzug in Russland und die Befreiungskriege von* 1813 – 15, Berlin, 1906.

Creveld, M. van, *Supplying War*: *Logistics from Wallerstein to Patton*, Cambridge, 1977.

Dandevil', M. *Stoletie* 5 – *go dragunskago Kurliandskago Imperatora Aleksandra III – go polka*, SPB, 1903.

Darwin, J. , *After Tamerlane*: *The Global History of Empire*, London, 2007.

Dawson, P. , and Summerfield, S. , *Napoleonic Artillery*, Marlborough, 2007.

DiMarco, L. , *War Horse*: *A History of the Military Horse and Rider*, Yardley, 2008.

Downing, B. , *The Military Revolution and Political Change*, Princeton, 1992.

Drabek, A. *et al.* (eds.), *Russland und österreich zur Zeit der Napoleonischen Kriege*, Vienna, 1989.

Dubrovin, N. F. , *Russkaia zhizn' v nachale XIX veka*, SPB, 2007.

Dzhivelegov, A. K. , Melgunov, S. P. , and Pichet, P. I. (eds.), *Otechestvennaia voina i russkoe obshchestvo*, 7 vols. , Moscow, 1911.

Esdaile, C. , *Fighting Napoleon*: *Guerrillas*, *Bandits and Adventurers in Spain* 1808 – 14, London, 2004.

Fain, Baron, *Manuscrit de Mil Huit Cent Douze*, Paris, 1827.

————, *Manuscrit de Mil Huit Cent Quatorze*, Paris, 1825.

Feuer, K. B. , *Tolstoy and the Genesis of War and Peace*, Ithaca, NY, 1976.

Fournier, A. , *Der Congress von Chatillon*: *Die Politik im Kriege von* 1814, Vienna, 1900.

Friederich, R. von, *Die Befreiungskriege* 1813 – 1815, vol. 1: *Der Fruhjahrsfeldzug* 1813, Berlin, 1911; vol. 2: *Der Herbstfeldzug* 1813, Berlin, 1912; vol. 3: *Der Feldzug* 1814, Berlin, 1913.

Gavrilov, S. V. , *Organizatsiia i snabzhenie russkoi armii nakanune i v khode otechestvennoi voiny* 1812 *g. i zagranichnykh pokhodov* 1813 – 1815 *gg*: *Istoricheskie aspekty*, candidate's dissertation, SPB, 2003.

Geniev, Captain, *Istoriia Pskovskago pekhotnago general – fel' dmarshala kniazia Kutuzova – Smolenskago polka*, Moscow, 1883.

Genishta, V. I. , and Borisovich, A. T. , *Istoriia* 30 – *go dragunskago Ingermanlandskago polka* 1704 – 1904, SPB, 1904.

Geschichte der Kämpfe österreichs: *Kriege unter der Regierung des Kaisers Franz. Befreiungskrieg* 1813 *und* 1814, 5 vols. :

vol. 1: Criste, O. , *österreichs Beitritt zur Koalition* , Vienna, 1913.

vol. 2: Wlaschutz, W. , *österreichs entscheidendes Machtaufgebot* , Vienna, 1913.

vol. 3: Horstenau, E. Glaise von, *Feldzug von Dresden*, Vienna, 1913.

vol. 4: Ehnl, M. , *Schlacht bei Kulm*, Vienna, 1913.

vol. 5: Hoen, Max von, *Feldzug von Leipzig*, Vienna, 1913.

Glinoetskii, N. , 'Russkii general' nyi shtab v tsarstvovanie Imperatora Aleksandra I', *VS*, 17/10, 17/11, 1874.

Godunov, V. , *Istoriia* 3 – *go ulanskago Smolenskago Imperatora Aleksandra III – go polka*, Libava, 1908.

Gol' mdorf, M. , *Materialy dlia istorii byvshego Dvorianskogo polka*, SPB, 1882.

Gooding, J. , 'The Liberalism of Michael Speransky', *Slavonic and East European Review*, 64/3, 1986.

Gourgaud, General, *Napoléon et la Grande Armée en Russie ou Examen critique de L' ouvrage de M. le Comte de Ségur*, Paris, 1826.

Grigorovich, A. , *Istoriia* 13 – *go dragunskago voennago ordena general – fel' dmarshala Grafa*

Minikha polka, 2 vols. , SPB, 1907 and 1912.

Gulevich, S. , *Istoriia 8 – go pekhotnago Estliandskago polka*, SPB, 1911.

Haythornthwaite, P. , *Weapons and Equipment of the Napoleonic Wars*, London, 1996.

Houssaye, H. , *Napoleon and the Campaign of 1814*: *France*, Uckfield, 2004.

Istoriia leib – gvardii egerskago polka za sto let 1796 – 1896, SPB, 1896.

Ivchenko, L. , *Borodino*: *Legenda i deistvitel' nost'*, Moscow, 2002.

Kamenskii, E. , *Istoriia 2 – go dragunskago S – Peterburgskago generala – fel' dmarshala knia-zia Menshikova polka 1707 – 1898*, Moscow, 1900.

Karnovich, E. , *Tsesarevich Konstantin Pavlovich*, SPB, 1899.

Keegan, J. , *The Face of Battle*, London, 1978.

Keep, J. , 'The Russian Army in the Seven Years' War', in E. Lohr and M. Poe (eds.), *The Military and Society in Russia*, 1450 – 1917, Leiden, 2002.

Khovanskii, N. F. , *Uchastie Saratovskoi gubernii v otechestvennoi voine 1812 g.* , Saratov, 1912.

Kielmansegg, P. Graf von, *Stein und die Zentralverwaltung 1813/14*, Stuttgart, 1964.

Kissinger, H. , *A World Restored*, London, 1957.

Klugin, L. , 'Russkaia sol' datskaia artel'', *RS*, 20, 1861.

Lieven, D. , *Empire*: *The Russian Empire and its Rivals*, London, 2001.

Longworth, P. , *The Art of Victory*, London, 1965.

McGrew, R. , *Paul I of Russia*, Oxford, 1992.

Madariaga, I. de, *Britain, Russia and the Armed Neutrality of 1780*, London, 1962.

Markov, Colonel, *Istoriia leib – gvardii kirasirskago Eia Velichestva polka*, SPB, 1884.

Marshall, P. J. (ed.), *The Oxford History of the British Empire*: *The Eighteenth Century*, Oxford, 1998.

Martin, A. , 'The Response of the Population of Moscow to the Napoleonic Occupa-tion of 1812', in E. Lohr and M. Poe, (eds.), *The Military and Society in Russia*, 1450 – 1917, Leiden, 2002.

Mel' nikova, L. V. , *Armiia i pravoslavnaia tserkov' Rossiiskoi imperii v epokhu Napo-leonovskikh voin*, Moscow, 2007.

Melton, E. , 'Household Economies and Communal Conflicts on a Russian Serf Es-tate, 1800 – 1817', *Journal of Social History*, 26/3, 1993.

Mikhailovskii – Danilevskii, A. I. , *Opisanie otechestvennoi voiny 1812 g.* , 4 vols. , SPB, 1839.

———, *Opisanie pokhoda vo Frantsii v 1814 godu*, 2 vols. , SPB, 1836. repr. in one vol. , 1841.

————，*Opisanie voiny* 1813 g. ，2 vols. ，SPB，1840.

Mironenko，S. V. ，*Samoderzhavie i reformy*：*Politicheskaia bor' ba v Rossii v nachale XIX v.* ，Moscow，1989.

Muir，R. ，*Tactics and the Experience of Battle in the Age of Napoleon*，London，1998.

Nikolaev，E. ，*Istoriia 50 pekhotnago Belostokskago Ego Vysochestva gertsoga Saksen – Al' tenburgskago polka*，SPB，1907.

Oncken，W. ，*österreich und Preussen in Befreiungskriege* ，2 vols. ，Berlin，1878.

Orlov，A. A. ，*Soiuz Peterburga i Londona*，SPB，2005.

Panchulidzev，S. ，*Istoriia kavalergardov*，SPB，1903，vol. 3.

Pestreikov，N. ，*Istoriia leib – gvardii Moskovskago polka*，SPB，1903，vol. 1.

Pitts，J. ，*A Turn to Empire*：*The Rise of Imperial Liberalism in Britain and France*，Princeton，2005.

Podmazo，A. A. ，'Kontinental' naia blokada kak ekonomicheskaia prichina voiny 1812 g'，in*Epokha 1812 goda*：*Issledovaniia*，*istochniki*，*istoriografiia*，TGIM，137，Moscow，2003，vol. 2.

Pomeranz，K. ，*The Great Divergence*：*China*，*Europe and the Making of of the Modern World Economy*，Princeton，2000.

Popov，A. I. ，*Velikaia armiia v Rossii*：*Pogon' ia za mirazhom*，Samara ，2002.

Popov，F. G. ，*Istoriia 48 – go pekhotnago Odesskago polka*，2 vols. ，Moscow，1911.

Pototskii，P. ，*Istoriia gvardeiskoi artillerii*，SPB，1896.

Prokhodtsev，I. I. ，*Riazanskaia guberniia v 1812 godu*，Riazan，1913.

Pugachev，V. V. ，'K voprosu o pervonachal' nom plane voiny 1812 goda'，in*K stopiatidesiatiletiiu otechestevennoi voiny*，Moscow，1962.

Rantsov，V. ，*Istoriia 96 – go pekhotnago Omskago polka*，SPB，1902.

Ratchinski，A. ，*Napoléon et Alexandre Ier*，Paris，2002.

Reboul，F. ，*Campagne de* 1813：*Les préliminaires*，2 vols. ，Paris，1910.

Rodger，N. A. M. ，*The Command of the Ocean*，London，2004.

Rousset，C. ，*La Grande Armée de* 1813，Paris，1871.

Rowe，M. （ed. ），*Collaboration and Resistance in Napoleonic Europe*，Basingstoke，2003.

Schwarzenberg，K. Fürst von，*Feldmarschall Fürst Schwarzenberg*：*Der Sieger von Leipzig*，Vienna，1964.

Scott，H. M. ，*The Birth of a Great Power System* 1740 – 1815，Harlow，2008.

————，*The Emergence of the Eastern Powers* 1756 – 1775，Cambridge，2001.

Shelengovskii，I. ，*Istoriia 69 – go Riazanskago polka*，3 vols. ，Lublin，1911，vol. 2.

Sherwig，J. M. ，*Guineas and Gunpowder*：*British Foreign Aid in the Wars with France* 1793 –

1815, Cambridge, Mass, 1969.

Shil' der, N. , *Imperator Aleksandr pervyi*: *Ego zhizn* ' *i tsarstvovanie*, 4 vols. , SPB, 1897.

Shtein, I. A. , *Voina 1812 goda v otechestvennoi istoriografii*, Moscow, 2002.

Shvedov, S. V. , 'Komplektovanie, chislennost' i poteri russkoi armii v 1812 godu', in*K* 175 – *letiiu Otechestvennoi voiny 1812 g.* , Moscow, 1987.

Simms, B. , *The Impact of Napoleon*: *Prussian High Politics*, *Foreign Policy and the Crisis of the Executive* 1797 – 1806, Cambridge, 1997.

————, *Three Victories and a Defeat*: *The Rise and Fall of the First British Empire*, 1714 – 1783, London, 2007.

Sked, A. , *Metternich and Austria*, London, 2008.

Smirnov, A. A. , 'Chto zhe takoi Shevardinskii redut?', in*Epokha* 1812 *goda*: *Issledovaniia, istochniki, istoriografiia*, TGIM, 3, Moscow, 2004, pp. 320 – 51; vol. 4, 2005, pp. 239 – 71; vol. 5, 2006, pp 353 – 68.

————, *General Aleksandr Kutaisov*, Moscow, 2002.

Smith, A. D. , 'War and Ethnicity: The Role of Warfare in the Formation, Self – Images and Cohesion of Ethnic Communities', *Ethnic and Racial Studies*, 44, 1981.

Speranskii, V. N. , *Voenno – ekonomicheskaia podgotovka Rossii k bor' be s Napoleonom v* 1812 – 1914 *godakh*, candidate's dissertation, Gorky, 1967.

Stamm – Kuhlmann, T. , *König in Preussens grosser Zeit*, Berlin, 1992.

Stoletie voennago ministerstva (SVM): 13 vols. , SPB, 1902 – 10:

vol. 2, books 1 and 2: Kvadri, V. V. , *Imperatorskaia glavnaia kvartira.*

vol. 4, part 1, book 1, section 2: Shchepetil' nikov, V. V. , *Glavnyi shtab*: *Komplektovanie voisk v tsarstvovanie Imp. Aleksandra I.*

vol. 5, part 1, book 2, section 1: Geisman, P. A. , *Glavnyi shtab*: *Vozkniknovenie i razvitie v Rossii general' nogo shtaba.*

vol. 4, part 1, book 2, section 3: Gippius, A. I. , *Obrazovanie (obuchenie) voisk.*

vol. 5: Shelekhov, V. V. , *Glavnoe intendantskoe upravlenie.*

vol. 7: Fabritsius, I. G. , *Glavnoe inzhenernoe upravlenie.*

vol. 13, book 3: Ermolov V. V. , and Ryndin, M. M. , *Upravlenie General – inspektora kavalerii*: *O remontirovanii kavalerii.*

Stroev, V. N. , *Stoletie sobstevennoi Ego Imperatorskago Velichestva kantseliarii*, SPB, 1912.

Svinin, P. P. , 'Tul'skii oruzheinyi zavod', *Syn Otechestva*, 19, 1816.

Tartakovskii, A. G. , *1812 god i russkaia memuaristika*, Moscow, 1980.

————, *Nerazgadannyi Barklai*, Moscow, 1996.

Tatishcheff, S. , *Alexandre Ier et Napoléon*, Paris, 1894.

Tilly, C. , *Coercion, Capital and European States*: *A. D.* 990 – 1992, Oxford, 1990.

Tivanov, V. V. , *Finansy russkoi armii*, Moscow, 1993.

Totfalushin, V. P. , *M. V. Barklai de Tolli v otechestvennoi voine* 1812 *goda*, Saratov, 1991.

Troitskii, N. A. , *Fel' dmarshal Kutuzov*: *Mify i fakty*, Moscow, 2002.

———, *1812 velikii god Rossii*, Moscow, 2007.

Trudy Gosudarstvennogo Istoricheskogo Muzeia (TGIM), *Epokha* 1812 *goda*: *Issledova-niia, istochniki, istoriografiia*, vols. 1 – 7, Moscow, 2002 – 7.

Tselerungo, D. G. , *Ofitsery russkoi armii, uchastniki Borodinskogo srazheniia*, Moscow, 2002.

Tulard, J. (ed.) *Dictionnaire Napoléon*, Paris, 1987; repr. in 2 vols. , Paris, 1999.

Uffindell, A. , *Napoleon's Immortals*, Stroud, 2007.

Ulianov, I. , *Reguliarnaia pekhota* 1801 – 1855, 3 vols. , Moscow, 1995 – 8.

Vandal, A. , *Napoléon et Alexandre Premier*, 3 vols. , Paris, 1891.

Vasilev, A. , *Srazhenie pri Maloiaroslavtse* 12/24 *oktiabria* 1812 *goda*, Maloiaroslavets, 2002.

Wolff, L. , *Inventing Eastern Europe*: *The Map of Civilization in the Mind of the Enlighten-ment*, Stanford, Calif. , 1994.

Woloch, I. , *The New Regime*: *Transformations of the French Civil Order*, 1789 – 1820s, London, 1994.

Zatler, F. , *Zapiski o prodovol'stvii voisk v voennoe vremia*, SPB, 1860.

Zawadski, W. H. , *A Man of Honour*: *Adam Czartoryski as a Statesman of Russia and Po-land* 1795 – 1831, Oxford, 1993.

Zlotnikov, M. F. , *Kontinental' naia blokada i Rossiia*, Moscow, 1966.

补充阅读英文书目

　　正如在序言中所述，关于俄国所做战争努力的（英文）文献是稀少而且时常不可靠的，大部分材料都源自法文和德文资料。一个例外是 Alexander Mikaberidze，*The Battle of Borodino*（Barnsley，2007）。同一位作者还编纂了一本关于这一时期俄国军官团的有用著作：*The Russian Officer Corps in the Revolutionary and Napoleonic Wars*，1795 – 1815（Staplehurst，2005）。同样颇有价值的是 Alexander and Iurii Zhmodikov，*Tactics of the Russian Army in the Napoleonic Wars*，2 vols.（West Chester，2003），但这是一个非常稀见的版本，书本身很难得到。克里斯托弗·达菲（Christopher Duffy）对英语读者理解俄军做出过巨大贡献，但他的主要著作涵盖的是拿破仑战争之前的时间段：*Russia's Military Way to the West*（London，1981）和 *Eagles over the Alps：Suvorov in Italy and Switzerland* 1799（Chicago，1999）。他还就奥斯特利茨会战和博罗季诺会战写过两本小书：*Austerlitz* 和 *Borodino and the War of* 1812，这两本书都在 1999 年由伦敦的 Cassell 出版社发行了新版。

　　许多西方学者已经撰写了大量优秀的英文图书，为（俄罗斯）帝国与拿破仑的战争提供了背景材料。尤其要参阅威廉·富勒（William Fuller）的卓越著作 *Strategy and Power in Russia*，1600 – 1914，New York，1992；Patricia Grimsted，*The Foreign Ministers of Alexander I*，Berkeley，1969；Janet Hartley，*Alexander I*，London，1994 和 *Russia*，1762 – 1825：*Military Power*，*the State and the People*，London，2008；John Keep，*Soldiers of the Tsar*，1462 – 1874，Oxford，1985；John Le Donne，*The Grand Strategy of the Russian Empire*，1650 – 1831，Oxford，2004；Alexander Martin，*Romantics*，*Reformers*，*Reactionaries：Russian Conservative Thought and Politics in the Reign of Alexander I*，De Kalb，Ill.，1997；Alan Palmer，*Alexander I：Tsar of War and Peace*，London，1974；Richard Pipes，*Karamzin's Memoir on Ancient and Modern Russia：A Translation and Analysis*，Ann Arbor，2005；Nicholas Riasanovsky，*A Parting of Ways：Government and the Educated Public in Russia* 1801 – 1855，Oxford，1976；David Saunders，*Russia in the Age of Reaction and Reform* 1801 – 1881，London，1992；Elise Kimerling Wirtschafter，*From Serf to Russian Soldier*，Princeton，1990。

　　寻觅俄国政府、社会和文化背景信息的读者可以参考我编纂的 *The Cambridge His-*

tory of Russia（Cambridge，2006）第二卷，其中包括了俄罗斯帝国史领域的专家们做出的诸多精彩贡献。在这一卷和前一段列出的参考书目里，有兴趣的读者都可以找到指引他们进一步深入亚历山大一世时代和与拿破仑战争有关的少数英文学术论文。

由参与战争的俄国人撰写的回忆录已经有不少被翻译成了英文：Nadezhda Durova，*The Cavalry Maiden*：*Journals of a Female Russian Officer in the Napoleonic Wars*，ed. and trans. Mary Fleming Zirin，Bloomington，Ill.，1989；Denis Davydov，*In the Service of the Tsar against Napoleon*：*The Memoirs of Denis Davydov*，ed. and trans. Gregory Troubetzkoy，London，2006；Aleksei Ermolov，*The Czar's General*：*The Memoirs of a Russian General in the Napoleonic Wars*，ed. and trans. Alexander Mikaberidze，London，2006；Boris Uxkull，*Arms and the Woman*，trans. Joel Carmichael，London，1966。

一些由并非俄国人的参与者撰写的回忆录和报道也有英文版本，他们对俄国所做战争努力的真知灼见也很有价值。这些著作包括：C. F. Adams（ed.），*John Quincy Adams in Russia*，New York，1970；A. Brett - James（ed.），*General Wilson's Journal 1812 - 1814*，London，1964；Lord Burghersh，*The Operations of the Allied Armies in 1813 and 1814*，London，1822；the Hon. George Cathcart，*Commentaries on the War in Russia and Germany in 1812 and 1813*，London，1850；A de Caulaincourt，*At Napoleon's Side in Russia*，New York，2003；Carl von Clausewitz，*The Campaign of 1812 in Russia*，London，1992；the Marquess of Londonderry，*Narrative of the War in Germany and France in 1813 and 1814*，London，1830；Baron Karl von Müffling，*The Memoirs of Baron von Müffling*：*A Prussian Officer in the Napoleonic Wars*，ed. Peter Hofschroer，London，1997；Baron von Odeleben，*A Circumstantial Narrative of the Campaign in Saxony in the Year 1813*，2 vols.，London，1820；Count P. de Ségur，*History of the Expedition to Russia*，1812，2 vols.，Stroud，2005。

关于拿破仑战争的英文二手著作总体而言相当丰富。David Chandler，*The Campaigns of Napoleon*，London，1993 是军事行动方面的权威著作，外交方面则应当阅读 Paul W. Schroeder，*The Transformation of European Politics*，1763 - 1848（Oxford，1994）。Charles Esdaile，*Napoleon's Wars*：*An International History* 1803 - 15（London，2007）是关于这一时期欧洲国际关系的良好近作。关于 1812 年战局，一部优秀的近作是 Adam Zamoyski，*1812*：*Napoleon's Fatal March on Moscow*（London，2004）。保罗·奥斯汀（Paul Austen）的*1812*：*Napoleon's Invasion of Russia*（London，2000）是基于法军及其同盟军人员的回忆录写成的，可读性极高，十分感人。英文著作对 1813 年战局的涵盖就要少一些，这可能是因为德意志民族主义——这一年的传统主题——自 1914 年后就很少能在英语圈子里激发多少热情。Jonathan Riley，*Napoleon and the World War of 1813*：*Lessons in Coalition Warfighting*（London，2000）是能够引人入胜的著作。M. Leggiere，*Napoleon and Berlin*（Stroud，2002）. 乔治·纳夫齐格（George Nafziger）关于 1813 年

的三卷本著作 *Napoleon at Lutzen and Bautzen*; *Napoleon at Dresden*; *Napoleon at Leipzig* (Chicago, 1992, 1994, 1996) 以及 Digby Smith, *1813 - Leipzig. Napoleon and the Battle of the Nations* (London, 2001) 也是有用的。至于 1814 年战局, 对英语读者而言, 起始点应当是 James Lawford, *Napoleon: The Last Campaigns. 1813 - 15* (London, 1976), 它出色的地图也是一个重要原因。完整得多的一部近作是 M. V. Leggiere, *The Fall of Napoleon: The Allied Invasion of France 1813 - 1814*, 它的第一卷已经在 2008 年由剑桥 (Cambridge) 出版。

索 引

图书在版编目（CIP）数据

俄国与拿破仑的决战：鏖战欧罗巴，1807~1814 /
（英）利芬（Lieven，D.）著；吴畋，王宸译．--北京：社会
科学文献出版社，2015.1（2019.10 重印）
ISBN 978 - 7 - 5097 - 6311 - 7

Ⅰ.①俄…　Ⅱ.①利…②吴…③王…　Ⅲ.①1812
年俄国卫国战争 - 史料　Ⅳ.①K512.34

中国版本图书馆 CIP 数据核字（2014）第 178914 号

俄国与拿破仑的决战
——鏖战欧罗巴，1807 ~ 1814

著　　者 / 〔英〕多米尼克·利芬
译　　者 / 吴　畋　王　宸

出 版 人 / 谢寿光
项目统筹 / 段其刚　董风云
责任编辑 / 冯立君

出　　版 / 社会科学文献出版社·甲骨文工作室（分社）（010）59366527
　　　　　　地址：北京市北三环中路甲 29 号院华龙大厦　邮编：100029
　　　　　　网址：www.ssap.com.cn
发　　行 / 市场营销中心（010）59367081　59367083
印　　装 / 三河市东方印刷有限公司

规　　格 / 开本：889mm × 1194mm　1/32
　　　　　　印　张：23.75　插　页：1　字　数：649 千字
版　　次 / 2015 年 1 月第 1 版　2019 年 10 月第 7 次印刷
书　　号 / ISBN 978 - 7 - 5097 - 6311 - 7
定　　价 / 88.00 元

本书如有印装质量问题，请与读者服务中心（010 - 59367028）联系